COMMANDANT DE BLAŸ DE GAÏX

Chef du Génie

HISTOIRE MILITAIRE

DE

BAYONNE

TOME II

DE LA MORT D'HENRI IV A LA RÉVOLUTION FRANÇAISE

NUNQUAM POLLUTA

BAYONNE

LAMAIGNÈRE, IMPRIMEUR-ÉDITEUR

9, Rue Jacques Laffitte, 9

1908

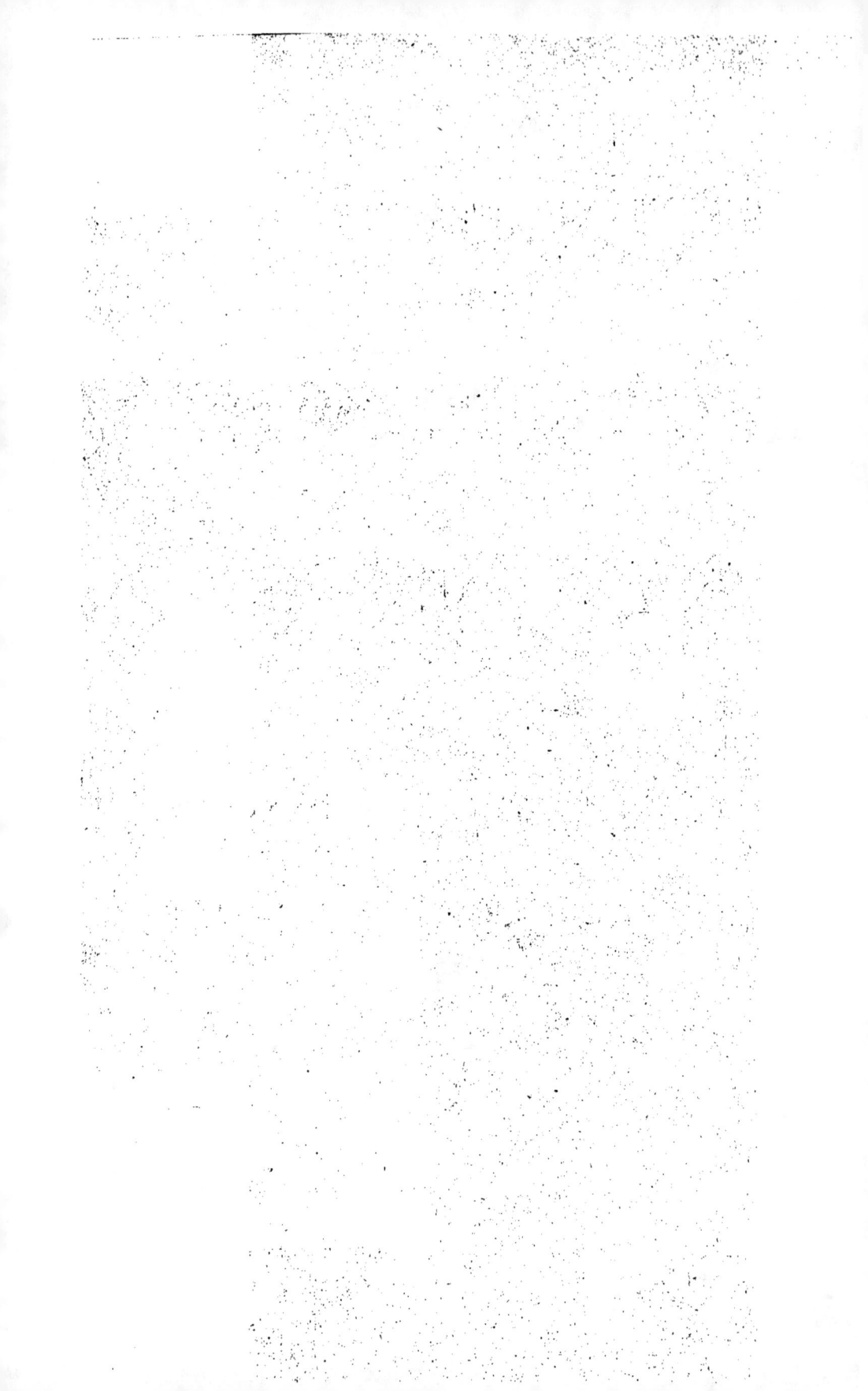

COMMANDANT DE BLAŸ DE GAÏX

Chef du Génie

HISTOIRE MILITAIRE

DE

BAYONNE

TOME II

DE LA MORT D'HENRI IV A LA RÉVOLUTION FRANÇAISE

NUNQUAM POLLUTA

BAYONNE

LAMAIGNÈRE, IMPRIMEUR-ÉDITEUR

9, Rue Jacques Laffitte, 9

1905

LÉGENDES DU PLAN DE FONTARABIE

(Extrait du livre : *De Obsidione Fontirabiæ*, du R. P. Moret — 1655)

A Palais de Fontarabie.

B Eglise.

C Arsenal.

D Bastion de la Madeleine.

E Bastion de Levia.

F Bastion de la reine.

G Bastion de Saint-Philippe.

H Camp retranché, quartier des habitants.

I Bastion et porte Sainte-Marie.

K Château et promontoire du Figuier.

L Station de la flotte française.

M Munition des Français et quartier du duc de Lavalette.

N Villa — prétoire du prince de Condé.

O Chapelle de Guadeloupe. — quartier munition de la Force.

P Troupe du marquis de Turrecusans.

Q Chapelle de N.-D. de Barbarie et troupe du marquis de Mortarre.

R L'amiral de los Veles avec l'armée espagnole.

S Munition des Français au pied de la colline de Guadeloupe et quartier du comte de Gramont.

T Deux forts français et lieu du combat de la cavalerie.

V Batterie retranchée contre le mur de Saint-Nicolas.

X Batterie de la colline de Grâce. — Quartier du marquis de Gébres.

Y Batterie de canons où s'opérait le jet des grenades.

Z Batterie contre la chapelle de la Madeleine.

AA Deux batteries retranchées sur le rivage.

BB Batterie d'Ondarraïz sur la rive française.

CC Hendaye, ville française à l'est de Fontarabie.

DD Eglise de Jacob d'où les Français passèrent en Espagne.

EE Fleuve de la Bidassoa, formant limite entre la France et l'Espagne.

FF Irun, ville d'Espagne. — Quartier de la cavalerie française et du duc de Saint-Simon.

GG Troupe de Pierre Giron près des munitions d'Irun.

HH Troupe d'Antoine Gandoff contre les embûches espagnoles.

II Munitions françaises près du pont de Mendel.

KK Pont de Mendel gardé par les Français.

LL Petite île de Lesaca au milieu de l'estuaire.

MM Digue de pierres conduisant à la porte Sainte-Marie à travers le marais.

Plan du siège de Fontarabie en 1638 (Extrait du livre de Moret)

SIÉGE DE FONTARABIE

NÉGOCIATIONS DE LA RÉGENTE MARIE DE MÉDICIS EN VUE D'UNIR LES MAISONS ROYALES DE FRANCE ET D'ESPAGNE. — DISCUSSION AU SUJET DE LA CAPITAINERIE DU CHATEAU-NEUF. — BAYONNE FÊTE LE PASSAGE DE LA PRINCESSE ELISABETH ET DE L'INFANTE. — LABOURD AGITÉ PAR LA LUTTE DE GRAMONT ET DE LA FORCE (1611-1616).

Régence de Marie de Médicis. — Démêlés de Gramont avec les échevins à propos du mot. — Gramont convoite la capitainerie du Château-Neuf. — Service funèbre du défunt roi Henri IV. — Faveur de la reine-régente pour Concini. — Condé nommé lieutenant-général en Guyenne. — Il visite Bayonne. — Désastres causés par une inondation de la Nive. — Négociations en vue de l'union des enfants de France et d'Espagne. — Rivalité de Gramont et de La Force. — Menaces de guerre civile. — Le gouverneur irrité par la défiance du Conseil. — Duel de Gramont et de La Force. — Préparatifs et fêtes à l'occasion du passage de la princesse Elisabeth et de l'infante. — Continuation de la lutte entre Gramont et La Force. - Agitation du parti huguenot en Béarn. — Amélioration des quais de la Nive près de l'estacade-aval.

Le corps inanimé d'Henri le Grand était encore sur son lit de parade, que tous les intrigants du royaume, prévoyant que le jeune roi de neuf ans et la reine, sa mère, ne pourraient exercer le pouvoir que nominalement, s'agitaient déjà pour prendre les rênes du gouvernement. Profitant de la stupeur générale, d'Epernon, ancien mignon d'Henri III, plus hardi que ses concurrents, envahit le Parlement, obtint de ce corps une décision favorable à la régence de Marie de Médicis et s'empara de la charge de premier ministre.

La reine mère s'empressa d'acheter la paix intérieure, en livrant à l'avidité des autres ambitieux l'or amassé par Sully et en leur distribuant des places. Le duc de Roquelaure fut nommé par elle lieutenant général en Guyenne ; il arriva à Bordeaux et reçut la visite des députés de Bayonne, venus pour le saluer, pour protester de la fidélité de la ville envers le nouveau roi et affirmer sa soumission à l'égard des officiers nommés par lui (3 juin 1610). Ces promesses de fidélité, se produisant au moment où un vent de révolte soufflait sur toute l'étendue de la France, reçurent bon accueil. Elles eurent pour résultat de rendre l'autorité royale favorable à la ville et de fournir à celle-ci un appui contre le gouverneur Gramont dont les empiètements étaient difficilement combattus par les échevins.

Régence de Marie de Médicis

Démêlés de Gramont avec les échevins à propos du mot.

Gramont souleva un premier conflit en exigeant que le mot du guet lui soit livré par les troupes faisant une ronde ou par les chefs de poste, lorsqu'il faisait lui-même la ronde.

Le 22 mai, vers onze heures du soir, le gouverneur se mettant à la tête d'une troupe en armes forte de vingt-cinq hommes, et s'étant fait accompagner par des soldats portant des flambeaux, contrairement aux règles admises, exécuta une ronde autour des remparts. En passant devant les postes du guet assis, qui occupaient les divers corps de garde de la ville et des portes, Gramont exigea des caporaux commandant ces postes qu'ils lui donnassent le mot de guet, qu'ils avaient reçu du lieutenant de maire, chef de la garde de la ville, et, accablant de menaces les habitants, il les força tous à lui donner le mot.

Le lendemain soir, le comte ordonna à son lieutenant de faire une ronde à la même heure. Le sieur d'Ibarbide, désigné pour conduire une ronde de bourgeois, après avoir reçu le mot de guet de l'échevin du Verger qui commandait à la porte Saint-Esprit, commença à parcourir l'itinéraire qui lui avait été tracé. A peine avait-il quitté le corps de garde établi dans le boulevard appelé « Pied de Mulet », qu'il rencontra la ronde de Sensac. Lorsque ce dernier voulut exiger d'Ibarbide qu'il lui livrât le mot du guet, il se heurta à un refus obstiné, basé sur le motif que l'usage ne permettait pas aux rondes de se donner réciproquement le mot. Pour toute réponse, Sensac fit saisir le bourgeois récalcitrant, et, après lui avoir infligé une heure de détention dans les prisons du Château-Vieux, il lui rendit la liberté.

Ces deux entreprises provoquent une vive émotion parmi les habitants ; le Conseil de ville et les bourgeois notables se réunissent en assemblée générale, dans la soirée du 23 mai, à la maison commune, et discutent les cas soulevés par le comte. On fait observer que les gouverneurs, en tournée de ronde, n'ont jamais exigé le mot des caporaux de garde et qu'ils le leur ont toujours donné eux-mêmes.

On rappelle aussi que, dans le cas où deux rondes se rencontrent, elles ne se donnent pas le mot, mais elles doivent se rendre ensemble au corps de garde le plus voisin où chacune d'elles donne le mot au caporal, chef de poste, et se fait reconnaître par lui. Néanmoins, l'assemblée, voulant s'éclairer plus amplement, décide de s'enquérir au sujet des usages adoptés dans les autres villes, et de prier le gouverneur de ne rien innover avant que les renseignements ne soient parvenus au corps de ville.

Mais Gramont, prétendant que le mot du guet vient en principe de lui-même, déclare aux délégués de l'assemblée, qui sont venus le trouver au Château-Vieux, qu'il lui paraît convenable de recevoir le mot des caporaux, quand il fera la ronde, sinon il lui sera impossible de vérifier s'ils ont le vrai mot donné par lui ; il conclut qu'à l'avenir, on devra se conformer à cet ordre.

Le Conseil de ville ne considère pas la décision de Gramont comme définitive ; il réunit, le 26 mai, une autre assemblée de bourgeois et d'officiers royaux (1) plus nombreuse que la première, et la discussion s'engage de nouveau. On reconnaît que, depuis soixante ans, sous tous les gouverneurs qui se sont succédé à Bayonne, Sr de la Chapelle, Cte du Ludde, Sr de Burie, Vte d'Orthe, Srs de Bahins et de Treignan, Sr de la Hillière et Srs de Gramont, jamais le soldat du guet et le caporal de garde n'ont livré le mot. Plusieurs des assistants qui ont habité La Rochelle, Rouen, Le Havre, Calais et d'autres villes flamandes, affirment n'avoir jamais vu un caporal donner le mot à celui qui faisait la ronde, mais ils assurent avoir constaté que le chef de ronde le donnait ou le faisait donner par un homme de sa compagnie au caporal qui était en garde. Cette règle ne peut souffrir, selon eux, aucune exception, et, pour le prouver, ils citent le cas du feu roi Henri, qui, faisant un soir la ronde, lui étant quatrième, et approchant d'un corps de garde, envoya un de ceux qui l'accompagnaient au caporal qui était dans le corps de garde, afin de lui donner le mot. « Ce serait vraiment une chose inouïe, ajoutent-ils, de voir les gardes du guet assis donner le mot aux rondes qu'ils ne doivent et ne peuvent reconnaître qu'après avoir reçu le mot d'elles. »

Une députation est envoyée vers le comte de Gramont afin de lui exposer les motifs invoqués par la ville, lui faire connaître que les conseillers ne veulent rien changer à l'usage adopté jusqu'à ce jour et le prier d'attendre la décision qu'ils vont solliciter du roi. En l'absence du gouverneur, Sensac accueillit les délégués au Château-Vieux et écouta leur remontrance. Il répondit que, quant à lui, il ne ferait aucune innovation, attendant un règlement du roi ; mais il profita de la circonstance pour faire savoir aux députés que son maître n'ignorait pas qu'il avait été assez malmené dans les assemblées convoquées au sujet de cette affaire, et il se plaignit de ce que l'on ait parlé de Gramont comme « d'un simple gentilhomme, le dardant de coups d'épingle « à chaque bout de champ. Mais, ajouta-t-il, il est gentil- « homme d'honneur et n'a jamais rien fait de contraire à

(1) Officiers du tribunal du sénéchal.

« à sa qualité ; c'est, d'ailleurs, au roi seul qu'il appartient
« d'examiner ses actes et non à tout un peuple qui a des
« préventions contre lui ».

Les députés protestèrent vainement de leurs sentiments
d'union et de respect envers la personne du gouverneur ;
Sensac, peu convaincu par ces propos de pure politesse,
voulut, avant de les congédier, leur démontrer que la
manière d'agir des échevins était en désaccord avec les
dispositions conciliatrices dont ils se disaient animés.

Le lieutenant du gouverneur, pour prouver ce qu'il avançait, signala l'insistance que mettait le Conseil de ville à
faire rechercher un de ses soldats morte-payes, pour le
mettre en prison, parce qu'il refusait de monter la garde
dans les postes de la ville ; or, ce soldat montait déjà la
garde dans les châteaux et ne pouvait faire un double service. Les délégués se bornèrent à alléguer que l'obligation
qu'ils réclamaient des morte-payes résultait d'une ordonnance royale du 29 décembre 1546, rendue à la suite d'un
accord entre le gouverneur de La Chapelle et la ville. On
se sépara sur cette réponse, chacune des deux parties
restant persuadée qu'elle avait le bon droit de son côté.

Gramont con-
voite la capi-
tainerie du
Château-Neuf. Une autre prétention du comte de Gramont préoccupait
bien plus vivement le Conseil de ville de Bayonne ; c'était
le passage de la capitainerie du Château-Neuf des mains
du vicomte d'Uza dans celles de Gramont. Dans la séance
du Corps de ville du 6 juillet 1610, on apporte la nouvelle
que la vente de cette capitainerie a été conclue pour le
prix de 6.000 écus ; on ajoute que l'évêque de Tarbes et
le Sr de la Salle vont bientôt déposer cette somme à Bordeaux, entre les mains d'une personne désignée et doivent
ensuite se rendre à la cour pour obtenir l'acquiescement du
roi à cette transaction. Le Conseil trouve que la nomination
de Gramont à la capitainerie du Château-Neuf sera grandement préjudiciable à la ville et à ses privilèges, car le
gouverneur, qui s'efforce, en outre, d'établir une garnison
à Bayonne, se trouvera ainsi maître de tout.

Le Conseil se décide à détourner ce coup, duquel il fait
dépendre « la liberté ou la servitude de Bayonne ». Il rédige
en toute diligence des mémoires et les envoie par un exprès
au député qui représente la ville en cour, lui prescrivant
de s'opposer à l'adoption d'une mesure si désastreuse pour
elle, en adressant des suppliques au roi, à la reine et au
Conseil d'Etat, et en usant de tous les moyens dont il pourra
disposer « sans y rien épargner ».

Gramont, voulant donner le motif de ses démarches et
obtenir des explications sur les agissements de la ville,
se présente lui-même à une séance du Conseil (16 juillet

1610), accompagné de son lieutenant Sensac. Il prend aussitôt la parole et expose qu'il a eu connaissance, durant un séjour à Bordeaux, des pourparlers engagés par plusieurs de ses ennemis avec le vicomte d'Uza ; ceux-ci, dans le but de lui nuire et de traverser ses projets, auraient tenté d'obtenir la capitainerie du Château-Neuf. Tant que cette charge était demeurée aux mains du vicomte d'Uza, le gouverneur ne l'avait pas convoitée, à cause de l'amitié qui existait entre eux. Ayant appris que d'Uza voulait s'en dessaisir, il n'avait pas hésité à traiter aussitôt avec lui. Gramont déclara au Conseil que cette affaire était donc conclue et il menaça ceux qui y porteraient opposition de les mettre de force hors du Château-Neuf, deux heures après qu'ils y seraient entrés, car il n'admettrait jamais que la garde de ce château fût confiée à un Espagnol, pendant que celle du Château-Vieux serait assurée par un vrai Français.

Ce dernier propos du gouverneur se rapportait à un changement prochain dans les vues politiques de la régente : celle-ci, prête à abandonner le programme d'Henri IV qui visait à abaisser la maison d'Autriche, recherchait l'alliance de l'Espagne. Ce revirement, peu goûté par Gramont, ami du feu roi, justifiait sa répugnance à voir installer au Château-Neuf un ami de l'Espagne. Pour tout concilier, le Conseil de ville délibéra, après le départ du gouverneur, de le prier d'appuyer une demande tendant à la conservation du Château-Neuf entre les mains du vicomte d'Uza. La reine mère, cédant aux instances de la ville, voulut bien écrire à ce seigneur le 25 juillet, de ne pas céder à Gramont la capitainerie du Château-Neuf ; elle fit savoir au Conseil, dans une lettre datée du 11 avril 1611, que sa volonté et celle de son fils étaient conformes à la demande des échevins. Cette affaire fut, en effet, réglée selon le vœu de la souveraine ; le vicomte devait conserver la capitainerie jusqu'en 1627, date à laquelle cette charge passa, sans aucune difficulté, au sieur de Montault.

Les plaintes que Sensac avait adressées aux députés de la ville sur le manque d'égards manifesté à la personne de Gramont furent renouvelées par ce dernier, dans la même séance du 16 juillet. Le lieutenant prétendit que le Corps de ville excitait le peuple de Bayonne contre son maître, l'accusant de vouloir mettre une garnison en cette ville ; il lui reprocha d'employer la garde extraordinaire établie depuis la mort du roi et le corau barbotal, monté par quinze hommes, auxquels devait incomber la garde des chaînes pendant leur réparation, à faire des reconnaissances le long des rives de l'Adour et de la Bidouze, près desquelles étaient placés les châteaux du comte, au lieu de veiller du côté de l'Espagne ; enfin, il accusa le Conseil de ville d'envoyer des espions vers Gramont par eau et par terre, afin de découvrir ses actions, et de leur donner ensuite une interprétation si malicieuse, que le comte ne pouvait assembler des amis dans ses maisons, sans être accusé de rassembler une compagnie prête à se jeter dans Bayonne pour y tenir garnison.

Le gouverneur s'était surtout formalisé du mauvais accueil que le Conseil avait fait à une demande d'armes que le lieutenant de maire avait présentée afin de fournir à son maître le moyen de résister à ses ennemis, qui voulaient attenter à sa vie et à son honneur. Ce manque d'égards l'avait d'autant plus blessé qu'il était convaincu d'avoir rendu des services à la ville : aussi, il déclara aux magistrats en exercice, de ne pas le regarder comme leur ami personnel et de ne jamais plus solliciter sa protection.

Gramont voulut toutefois expliquer le propos qu'il avait tenu dans la basse-cour du château Trompette, à Bordeaux, et dont le peuple s'était tant alarmé, propos qui lui attribuait l'intention de mettre six cents hommes de garnison à Bayonne. Le gouverneur dit que ses paroles avaient été mal rapportées. Il avait appris, à la vérité, à son dernier voyage à la cour du feu roi, en présence de la reine, qu'il était question de rassembler aux environs de Bayonne une troupe de six cents hommes et de deux mille chevaux, pour des raisons que le monarque lui exposa succintement et qu'il ne convenait pas de révéler (1). Ces troupes devaient être placées sous les ordres de Gramont, tandis que le sieur de la Force commanderait celles que l'on allait réunir en Béarn. Cette nouvelle l'avait comblé de joie à cause de l'honneur que cette importante mission ferait rejaillir sur sa famille. Mais le roi étant venu à mourir, le gouverneur était accouru vers la reine afin de savoir si l'entreprise devait se poursuivre : il lui fut répondu que le Conseil d'Etat avait pris d'autres résolutions. Gramont dit, en terminant que c'était là toute la recherche de garnison qui pût lui être imputée, et qu'il se garderait bien d'en demander une, car cela excédait son pouvoir : d'ailleurs, il désirait vivre en bonne intelligence et amitié avec la ville, se considérant comme son premier bourgeois, puis il quitta le Conseil, emportant les remerciements de l'assistance dont cette loyale explication avait effacé toutes les préventions.

Service funèbre du défunt roi Henri IV. — L'agitation produite par les ambitieux à la poursuite du pouvoir n'avait pas permis à la cour de faire procéder à des funérailles solennelles, aussitôt après la mort d'Henri IV.

_____

(1) Pour opérer contre l'Espagne.

On attendit deux mois avant d'ordonner des services funèbres dans les diverses villes de France. La cérémonie eut lieu, à Bayonne, le 19 juillet 1610 ; elle dura trois jours pendant lesquels tout travail fut interdit. La cathédrale fut ornée de tentures de velours et d'étoffes noires, décorées d'écussons aux armes de France et de Navarre ; au centre de la nef, une chapelle ardente fut dressée. Les religieux, les officiers royaux, les bourgeois et les manants allèrent prendre, au Château-Vieux, le gouverneur Gramont et Lauzun, son beau-frère ; ils se rendirent en cortège à la cathédrale pour assister à la grand'messe et entendre l'oraison funèbre du roi. Le soir, un immense feu de joie fut allumé, pour fêter l'avènement du nouveau roi Louis XIII, en présence du Corps de ville, des officiers royaux, des bourgeois et d'une compagnie de deux cents mousquetaires ou arquebusiers. A cette occasion, le jeune roi confirma aux Bayonnais les privilèges accordés par ses prédécesseurs.

Lorsque Marie de Médicis était venue s'établir en France, elle avait amené à sa suite sa sœur de lait et le mari de cette dernière, Concini, aventurier italien, qui avait réussi à capter la faveur de la reine. Il obtint d'elle, à force d'intrigues, les titres de marquis d'Ancre et de maréchal de France, en attendant le gouvernement de plusieurs provinces et la charge de premier ministre. Son faste désordonné fit éclater contre lui une haine universelle. La nouvelle orientation de la politique, vers l'Espagne, appuyée par Concini, amena à Bayonne des espions déguisés qui vinrent s'enquérir de plusieurs particularités concernant la frontière. Le Conseil de ville, ne voulant pas émouvoir les habitants, décida de faire traiter en secret ces sortes d'affaires et en confia l'examen à une commission choisie, par moitié dans son sein et par moitié en dehors de lui.

Faveur de la reine-régente pour Concini.

Le prince Henri II de Condé, qui a accepté quatre millions de la reine mère en échange d'une fidélité douteuse, ne montre pas, dès le début, de l'hostilité contre la régente. Il semble même, tout d'abord, lui être favorable et se rend en Guyenne dont la charge de lieutenant-général vient de lui être donnée. Le sieur du Linier, nouvellement choisi lieutenant de maire, et un échevin sont désignés pour aller le saluer à Bordeaux au nom de la ville (27 juin 1611).

Condé nommé lieut-général de la Guyenne

La visite du prince est annoncée à Bayonne ; le Conseil fait des préparatifs pour le recevoir dignement et l'engager, par ce moyen, à appuyer les affaires de la ville. Un premier emprunt de 2.000 écus est fait, afin de couvrir les dépenses de cette réception. Un poêle est apprêté ; trois douzaines de piques, choisies parmi les plus belles, sont achetées à Saint-Pée et précieusement conservées pour lui être offertes. On remplit les magasins d'avoine dont les nombreux chevaux du prince et de sa suite feront une grande consommation. Les claviers des offices sont invités à mettre leurs compagnies en bel équipage ; les échevins passent la visite des armes des voisins, et veillent à faire remplacer celles qui ont été perdues. Gramont, qui a oublié ses ressentiments, veut bien prêter à la ville, pour cette occasion, cent soixante-quinze mousquets à fourche, avec leurs bandoulières, arrivés récemment de Hollande et déposés au Château-Vieux.

Le Conseil se concerte avec lui au sujet des travaux qu'il serait nécessaire de faire à l'enceinte de la ville : mais leurs avis sont différents. Tandis que le comte veut faire continuer la muraille commencée au bastion Lachepaillet, le Corps de ville préfère accommoder le pied de mulet (1), ou, à défaut de ce travail, creuser le fossé du bastion Lachepaillet, plutôt que de construire son mur d'escarpe. On prendra là-dessus le sentiment du prince. (Juillet.)

Condé visite Bayonne. Mais Condé se retarde : son entrée est renvoyée au 2 septembre. De nombreux gentilshommes, convoqués par le gouverneur, pour lui faire escorte, sont partis de la ville afin de revenir à cette date. Tous les préparatifs sont faits et valent au Conseil un remerciement de Gramont : ces compliments échauffent le zèle des échevins et les poussent à se préoccuper de préparer le logis du prince, au cas où Gramont serait obligé de s'absenter. Ils s'assurent, dans ce but, la possession de huit pièces de tapisseries, qu'un marchand flamand, Bodenacq, leur cède pour 860 livres.

Ce fut seulement le 18 septembre 1611 qu'Henri de Bourbon, prince de Condé, put faire son entrée à Bayonne. Il se présenta à la porte de Saint-Esprit embellie par un arc de triomphe, et prit place sur une chaire de velours rouge posée sur une tribune tapissée, afin d'écouter les harangues. Pierre de Sorhaindo, lieutenant-général, parla le premier au nom des officiers du roi, puis vint le tour du sieur du Linier, lieutenant de maire, qui offrit les compliments de la ville. Le prince monta ensuite à cheval et se mit en marche, précédé par quatre échevins portant un magnifique poêle en satin rouge et passementeries d'or, sous lequel il n'avait pas voulu se placer ; le comte de Gramont, à cheval, précédait le poêle.

Une compagnie de mille cinquante hommes, composée de quatre cents mousquetaires, quatre cents arquebusiers et deux cent cinquante piquiers, était rangée depuis la porte Saint-Esprit jusqu'à l'église. Le cortège passa sous deux

---

(1) Bastionnet placé entre le bastion St-Jacques et la tour des Menons.

autres arcs de triomphe, l'un au bout du pont Mayou, devant la maison du Peron, l'autre à l'entrée de la rue Argenterie. Arrivé à l'église, le prince écouta la harangue de l'évêque Bertrand d'Etchaux, assista au chant du *Te Deum* et se rendit au Château-Vieux, où son logis avait été préparé. Il porta son attention sur les tapisseries qui ornaient les murs des maisons, le long du trajet, et s'arrêta un instant devant un quatrième arc de triomphe situé au bout de la rue du Château-Vieux, touchant les maisons du lieutenant-général et de feu le Sᵣ du Prat, au centre duquel se trouvait, tracée sur un cartouche, une inscription en vers latins contenant l'éloge de sa personne.

Après que la compagnie en armes eut défilé devant Condé, les échevins firent conduire près de lui, dans la cour du Château-Vieux, un beau cheval d'Espagne, de poil gris, que le prince voulut bien accepter en présent. Il termina la soirée par une visite des fortifications, escorté du comte de Gramont et de beaucoup de noblesse, afin de se rendre compte des travaux qu'il était nécessaire d'y faire.

Le prince employa la journée du 19 septembre à inspecter Saint-Jean-de-Luz et la frontière voisine. Il reçut, le lendemain matin, les bourgeois les plus notables du Conseil de ville qui l'étaient allés trouver au Château-Vieux, afin de lui faire certaines demandes intéressant la ville. Son attention fut appelée sur l'état du bastionnet, appelé pied de mulet, et de la courtine de la brèche, dont les murailles menaçaient ruine. Les maçonneries du bastion Lachepaillet étaient restées inachevées ; il fallait les compléter et transformer les autres bastions, à l'exception de celui du Nard, récemment établi. La délégation du Conseil demanda que ces travaux fussent exécutés avec des fonds prélevés dans les coffres du roi, car la ville avait d'autres charges à satisfaire. Condé reconnut la nécessité de fortifier Bayonne, qui était « le boulevard de la défense de la Guyenne du côté de l'Espagne » et déclara qu'il allait s'efforcer de faire réserver chaque année 10 à 12.000 écus pour en améliorer les remparts.

Il se transporta ensuite au Boucau dans une galupe ornée de tapisseries, accompagné par le comte de Gramont et les membres du Corps de ville. Ceux-ci le sollicitèrent de faire étendre la juridiction de Bayonne et de maintenir ses privilèges contre les efforts de Cap-Breton. Le prince, ayant débarqué au Boucau, fut conduit à cheval jusqu'à la Chambre d'Amour (1), où il trouva une grande table chargée de

---

(1) Quartier de la commune d'Anglet, voisin de la mer, qui se trouve en communication, par voie de terre, avec la digue du Boucau (rive gauche de l'Adour.

toutes sortes de confitures et décorée de feuillages que la
ville avait fait dresser. Lorsque Condé et les deux cent cinquante gentilshommes qui le suivaient eurent terminé leur
collation, toute l'assemblée rentra en ville ; le prince partit
le lendemain, 21 septembre, après avoir remercié le Conseil
de son accueil et lui avoir promis d'appuyer ses demandes.
Les échevins n'avaient pas ménagé la dépense de cette fête,
qui monta à 6.000 livres ; ils firent don à la fabrique de la
cathédrale du poêle préparé pour le prince.

Désastres causés
par une inon-
dation de la
Nive en 1611.

L'entrée à Bayonne du lieutenant-général de Guyenne n'eut
plus été possible, si elle avait été encore retardée, car, à la
suite de fortes pluies, une grande inondation de la Nive
emporta les ponts Pannecau et Mayou. (5 novembre 1611.)
L'estacade aval recevant successivement le choc de deux
gros bateaux et des bois des ponts entraînés par le courant,
ne put résister à tant d'efforts ; ses chaînes en fer, du poids
de 80 milliers, se perdirent, les ouvrages qui maintenaient
leurs extrémités furent anéantis et la ville resta ouverte
du côté de la mer. Les travaux de la conduite des eaux de
la fontaine furent aussi ruinés.

Il fallut remédier à ces désastres ; des experts estimèrent
que le pont Pannecau pouvait aisément se réparer et servir
à rétablir la communication entre les deux rives de la Nive ;
ils proposèrent de reconstruire en pierre le pont Mayou
entièrement détruit, et de refaire les chaînes aval dans leur
état primitif. La dépense de ces réparations fut évaluée par
eux à 78.000 livres ; le gouverneur et la ville envoyèrent
séparément en cour des députés qui, grâce à l'appui de
Condé, obtinrent la promesse des fonds nécessaires. Les
travaux furent mis en adjudication et attribués au bourgeois
Bertrand de Peyrelongue pour la somme de 83.000 livres.

Les projets d'alliance avec l'Espagne émurent les protestants et leur firent craindre l'anéantissement prochain de
leur culte. Aussi, commencèrent-ils bientôt à s'agiter. Dès
le 7 octobre 1611, les échevins reçoivent avis de la présence,
aux confins des Haute et Basse-Navarre, de diverses troupes de gens de guerre qui se sont livrés à quelques actes
d'hostilité ; les magistrats communiquent ces nouvelles à
Gramont et décident, pour garantir la sécurité, de chasser
de la ville les Portugais qui s'y trouvent encore, ainsi que
quelques Morisques qui, malgré l'interdiction qui leur avait
été faite de résider au sud de la Garonne, étaient restés à
Bayonne, comme domestiques.

L'agitation protestante se prolonge. Un nouvel avis, par-
venu le 13 février 1612, annonce que, dans le haut pays
(Navarre-Béarn), les habitants sont tous en armes sans que
l'on en connaisse le motif. Le Conseil est inquiet de savoir

s'il faut rétablir les chaînes de Saint-Esprit, récemment emportées ; il prévient Gramont et lui fait demander si la garde extraordinaire doit être installée ; en attendant des ordres, les échevins décident que tous les exemptés monteront la garde et font défense d'emporter vers le Béarn les piques de la ville.

L'inventaire général des canons, armes et munitions existant dans les magasins de la ville, fut dressé, le 1er mars,. par Jean de Mesmes, lieutenant du grand-maître de l'artillerie, assisté du sieur Fumose, garde provincial. Ce document certifié par le Conseil, démontra que la ville disposait de moyens suffisants pour sa défense : le recensement fit apparaître les cent soixante-quinze mousquets prêtés par Gramont, auquel ils furent restitués.

Le gouverneur reconnut la nécessité d'assurer la sécurité de la place en corrigeant les défauts de la fortification et en portant remède aux dégâts causés par de fréquentes inondations. Ces obligations nécessitaient, à son avis, la présence en ville d'un ingénieur capable, en cas de siège, d'inventer des machines et des ouvrages de défense, de dresser des moulins à eau, à bras ou à cheval. Passant du projet à l'exécution, Gramont décida l'architecte Louis de Millet, originaire de la ville et habitant Paris, à venir se fixer à Bayonne, lui assurant des appointements annuels de 500 livres tournois, dont 300 à la charge du roi et 200 à celle de la ville. Il lui accorda, en outre, un supplément de trois livres tournois pour chaque journée employée à surveiller ou à diriger les travaux.

Depuis l'intervention de Marie de Médicis dans le différend survenu entre le gouverneur et la ville au sujet de la capitainerie du Château-Neuf, leurs rapports s'étaient considérablement adoucis, et à des relations tendues s'étaient substitués des sentiments bienveillants, qui rendaient facile l'aplanissement des difficultés. Dans le cours d'une discussion soulevée au sujet de la nécessité de manutentionner le blé contenu dans les magasins du Château-Vieux, le lieutenant du gouverneur avait blessé, par quelques paroles vives, le sieur du Linier, lieutenant de maire. Ce dernier s'en plaignit au Corps de ville, qui envoya aussitôt une députation au gouverneur. Les députés furent reçus au Château-Vieux, exposèrent l'objet de leur mission et protestèrent contre les vexations de Sensac et de ses soldats ; Gramont leur déclara qu'il allait les faire cesser ; puis, appelant son lieutenant, il le décida à accorder à du Linier une réparation dont il dicta les termes. Sensac acquiesça, fit les excuses convenues, et scella la réconciliation en embrassant du Linier (14 mars 1612).

Les conseillers, reconnaissants de ces bons procédés, voulurent rendre service au gouverneur, en demandant que les questions ayant amené un différend entre lui et l'évèque de Bayonne fussent aplanies par l'entremise de M. Bruet, conseiller à la cour du Parlement. Ce magistrat était tout désigné pour cette mission, car il venait de réconcilier le comte de Gramont avec le duc de Roquelaure, son beau-père ; la conduite peu régulière de la comtesse, en faveur de laquelle ce dernier avait pris parti, était l'objet de leur désaccord. Le rétablissement de la bonne entente entre ces deux seigneurs avait une grande importance pour la ville, car le duc de Roquelaure, lieutenant-général pour le roi en Guyenne, pouvait nuire à la ville, par haine pour son gendre qui en était le gouverneur.

Négociations en vue de l'union des enfants de France et d'Espagne. La régente, poursuivant ses vues politiques, avait décidé d'unir par le mariage les enfants de France et d'Espagne. Le duc de Mayenne fut envoyé par elle et par Louis XIII vers le roi d'Espagne, afin de poursuivre les négociations. Ce grand seigneur passa à Bayonne, le 17 juin 1612, accompagné de trois cents gentilshommes ; il fut harangué à Saint-Esprit, pénétra en ville, en passant la Nive sur un pont de bateaux à défaut du pont Mayou détruit par l'inondation l'année précédente, alla loger au Château-Vieux et repartit cinq jours plus tard. Les pourparlers ayant pris bonne tournure, Mayenne revint à Bayonne, suivi, peu de jours après, par le duc de Pastrana, ambassadeur d'Espagne, qui fut reçu et fêté par le Corps de ville, en l'absence du gouverneur. (21 juillet.)

Gramont vint attendre l'ambassadeur, à son retour vers l'Espagne, accompagné de ses pages et carabins, suivi des échevins et des bourgeois notables ; il mit à sa disposition le logis du Château-Vieux. M. de Puisieux, secrétaire d'État, fut chargé de régler les derniers détails ; il alla en Espagne en passant par Bayonne (1er août). Le Conseil de ville ne manqua pas de profiter de son passage et de l'intéresser à une de ses principales préoccupations, en le menant visiter les travaux de la barre, au Boucau.

Le succès des démarches qui devaient amener l'alliance de la France et de l'Espagne, indisposa entièrement les protestants, qui résolurent de frapper un grand coup, afin de mettre obstacle au traité. Deux projets de mariage avaient été formés entre les deux maisons ; Louis XIII devait épouser l'infante Anne d'Autriche, tandis qu'Elisabeth de France s'unirait au prince des Asturies. Les protestants complotèrent de s'emparer du jeune roi, lorsqu'il se rendrait à Bordeaux pour ses fiançailles avec l'infante. Le prince de Condé, gagné par ses coreligionnaires, se rendit dans cette ville, afin de leur donner l'appui de son autorité ; il y fut salué par les députés bayonnais (1er août). Mais le roi se fit escorter en Guyenne par une suite qui était une véritable armée, et le coup de main fut déjoué. Condé, attiré à la cour, fut emprisonné par ordre de la reine et de son favori, le maréchal d'Ancre.

Les protestants n'avaient pas abandonné le parti de la résistance. Ils se concertèrent et le bruit de leurs complots arriva aux oreilles des échevins ; on raconta que les protestants de La Rochelle s'étaient vantés de se jeter sur Bayonne, au cas où la guerre se déclarerait, et de s'en emparer avec l'aide de leurs coreligionnaires du Béarn. Les conseillers décidèrent de faire la visite des armes, et d'exiger que le guet fût assuré par tous les habitants, exempts ou non exempts (4 janvier 1613). Ils purent croire un instant que la menace allait être exécutée en recevant de Corizande Dandoyns, comtesse de Guiche, durant une absence de son fils Gramont, le 13 novembre 1612, l'avis que la Guyenne était menacée d'un débarquement du prince de Galles.

Rivalité de Gramont et de La Force.

Le soulèvement des huguenots fut cependant retardé de plusieurs années, mais un conflit qui prit naissance entre le comte de Gramont et le duc de La Force vint porter un trouble profond dans le midi de la Guyenne. Une rivalité d'influence sur le Béarn s'était établie entre ces deux seigneurs, et chacun d'eux s'efforçait, par toutes sortes de moyens, d'affaiblir le pouvoir de son adversaire. Le duc de La Force, calviniste, était lieutenant du roi en Béarn ; il comptait de nombreux partisans parmi la population huguenote de ce pays et n'était pas disposé à reculer devant Gramont.

Sainte-Colombe, sénéchal de Béarn, étant venu à mourir au commencement de l'année 1613, le comte de Gramont demanda sa charge à Marie de Médicis, afin de faire échec à l'autorité du duc de La Force. Mais celui-ci pria la régente de n'en rien faire et la mit dans une grande perplexité. La reine, n'osant contrarier les deux antagonistes, chargea le duc de Roquelaure, beau-père de Gramont, de les réconcilier. Devant le refus de La Force, les tentatives de Roquelaure restèrent sans résultat.

Le duc de la Force avait riposté à la demande de Gramont, en sollicitant de la reine la survivance en faveur de son fils, au commandement de lieutenant du roi en Béarn qu'il exerçait ; il espérait ainsi contrecarrer, pour l'avenir, les visées de Gramont. Ce dernier s'oppose alors à la vérification des lettres de survivance, accordées à la Force et, pour mettre un terme à son opposition, le provoque plusieurs fois en duel. Le Conseil de ville de Bayonne, craignant une issue funeste pour Gramont dans le combat singulier qui se prépare, s'adresse d'abord à Roquelaure, lieutenant-général pour le roi en Guyenne, puis au premier président du Parlement de Bordeaux, et leur demande d'empêcher le duel ; cet événement put, en effet, être retardé et Gramont, informé du souci que la ville prenait à sa conservation, la fit remercier par son lieutenant (29 mars 1613).

Au lieu de se traduire par un combat, en champ clos, la querelle provoqua une bataille générale. Le Béarn et presque toute la Gascogne prirent parti pour l'un ou l'autre des deux ennemis et se partagèrent en deux camps. Gramont souleva en sa faveur l'Armagnac, la Chalosse, le Bigorre, le Comminges et, ayant réuni six mille hommes de pied et six cents chevaux, il s'apprêta à envahir le Béarn pour en chasser La Force. Malgré les menaces du Parlement de Navarre, qui, favorable aux protestants, s'était prononcé pour la Force, le comte n'hésita pas à mettre le siège devant Pau. Il ne put réussir à s'en emparer ; les provocations continuèrent, des cartels furent de nouveau échangés, et la reine finit par appeler les compétiteurs à la cour. Gramont, qui n'y avait paru depuis treize ans, se rendit seul à l'appel de la souveraine. Il fut accueilli avec de grands honneurs, fut approuvé par la régente, qui le pourvut non seulement de la charge de sénéchal du Béarn, mais qui le nomma vice-roi de Navarre et de Béarn, avec la mission d'expulser de ces pays La Force et ses partisans. Avant de quitter la Cour, il reçut le collier de l'ordre du Saint-Esprit et de Saint-Michel (31 mars 1613).

De retour en Béarn, Gramont se prépare à entrer en campagne. La Force, en bon manœuvrier, prend l'offensive ; il réunit les Etats qui lui accordent les fonds et autorisations nécessaires ; il rassemble les milices, les conduit avec six canons contre les places de Sordes et d'Hastingues, appartenant à Gramont, et défendues par un de ses capitaines, le sieur Peyrelage. Ce dernier se rend, après une vive résistance, mais Gramont et Poyanne accourent bientôt avec des troupes et reprennent successivement Sordes, Hastingues et Aire à la Force, qui perdit dans ces affaires ses meilleurs soldats.

Ne pouvant arriver à réduire son ennemi, Gramont sollicita de la régente des mesures énergiques ; il obtint que La Force fût déclaré rebelle, destitué de tout commandement, et fit donner au conseiller d'Etat Caumartin la mission de le chasser du Béarn ainsi que ses partisans. L'ordre de la reine ne put être exécuté de suite, faute de forces suffisantes. La scission, qui était imminente entre la reine mère et son fils, allait provoquer des désordres dans toute la France et englober dans un conflit plus général la querelle de Gramont et de La Force.

Depuis l'inondation de 1611, les ponts et chaînes avaient été laissés sans réparation, malgré leur état pitoyable et l'adjudication des travaux était restée en suspens, faute des fonds accordés par le roi et difficiles à trouver ; la ville obtint seulement, le 2 septembre 1613, l'octroi de 25.000 livres et pria le trésorier général de les imposer sur la généralité de Guyenne.

Le conflit Gramont-La Force fit naître, entre le comte de Gramont et le vicomte d'Orthe, une querelle que ces seigneurs s'apprêtèrent à vider par les armes. Deux mille hommes armés se trouvaient rassemblés ; Sensac avait emprunté à la ville, pour son maître, vingt arquebuses avec leurs fourniments, et deux quintaux de poudre d'arquebuse ; l'affaire était sur le point de s'engager, lorsque les échevins de Bayonne prièrent la cour du Parlement et le duc de Roquelaure d'accorder le différend. La lutte se trouva ainsi arrêtée et la ville rentra en possession de son prêt (27 janvier 1614).

Les efforts des échevins pour garantir la paix auraient été vains, s'ils ne s'étaient attachés à maintenir leurs bons rapports avec Gramont. Pour obtenir ce résultat, ils comblèrent de cadeaux le gouverneur et sa famille ; ils lui firent don, le 27 février, de six barriques de vin, offrirent à sa mère Corysande deux pièces d'ambre gris et six paires de gants de senteur, et donnèrent à chacun de ses deux fils, les comtes de Guiche et de Louvigny, une épée dorée avec écharpe de taffetas blanc à dentelle d'or, ainsi que deux paires de gants de senteur ; l'épouse de Gramont, Louise de Roquelaure, éloignée par son mari, fut volontairement omise dans la distribution des présents.

Il fallait l'union étroite du gouverneur et de la ville pour parer aux dangers qui se préparaient. Les nouvelles de Paris deviennent mauvaises ; le lieutenant de maire expose au Conseil que les princes, mécontents de la partialité affichée par la reine à l'égard de ses favoris, ont quitté la cour, ce qui est un présage de guerre civile. Déjà, des villes du royaume font garde extraordinaire ; sans prendre encore cette même mesure, les échevins passent la visite des armes et prescrivent à tous, exempts ou non, de monter la garde (28 février). Les capitaines de quartier mettent plus d'assiduité à exercer, chaque dimanche, les habitants et vignerons de leur quartier, au tir de l'arquebuse dans le boulevard Notre-Dame (21 mars).

Menaces de guerre civile.

2

Le Conseil de ville reçut des lettres écrites par la reine et par le prince de Condé ; chacun exposait à sa manière le motif de leur division (8 avril). Ces explications différentes démontraient l'imminence de la guerre civile ; aussi, le Conseil demanda au chapitre de la cathédrale des prières et sermons pour détourner du royaume le danger dont le pays était menacé (2 mai). Les mesures de sûreté devinrent plus étendues ; les magistrats firent la ronde chaque nuit, à tour de rôle ; les hôteliers donnèrent la liste des étrangers logés chez eux ; les guérites et les corps de garde des portes furent visités, afin d'être mis en état. La ville acheta deux cents piques, mais elle en prêta cent cinquante à Gramont qui les réclamait de Bidache pour aller secourir un de ses amis (4 mai 1614).

Le gouverneur irrité par la défiance du Conseil.

Le gouverneur de Bayonne prenait ses précautions contre une nouvelle surprise de La Force. Il rassemblait, les jours de dimanches et fêtes, tous ses sujets d'Urt, Bardos, Guiche, Bidache, Came, Sames, Lèves et Saint-Pée, formant une troupe de mille cinq cents hommes, qui exécutait divers exercices militaires, sous la direction de son fils aîné, le comte de Guiche. Voulant faire plaisir à ce dernier, Gramont projette de le faire assister avec sa belle troupe à la procession de la Fête-Dieu qui va avoir lieu à Bayonne ; il donne l'ordre de rassembler des bateaux qui devront transporter, la veille de la fête, ces soldats à Bayonne. Mais les habitants de cette ville craignent que ces préparatifs ne soient faits en vue de l'établissement d'une garnison dans leurs murs. Le Corps de ville envoie une députation au Château-Vieux demander à Gramont d'interrompre pendant quelque temps ces exercices militaires.

Le comte, en entendant cette requête singulière, se mit en grande colère et s'écria : « O peuple méchant ! O peuple « déloyal ! O peuple traître ! Je vois bien qu'il me veut du « mal ; je m'en vengerai par tous les moyens que je pour-« rai. » Il quitta aussitôt la ville et se retira à Bidache. Le Conseil voulut prévenir les effets de la mauvaise humeur du gouverneur et décida d'envoyer une délégation à la cour qui allait arriver à Poitiers, afin de porter plainte contre lui. Cependant, pour ouvrir la voie à un accommodement, les échevins députèrent deux des leurs à Bidache afin de prendre les commissions du comte pour la cour. Après les avoir fort mal reçus, Gramont, dont cet accès de colère avait détendu les nerfs, revint à Bayonne quelques jours plus tard. Son irritation étant tombée, il se présenta à une séance du Conseil, annonçant qu'il était député par la noblesse aux états généraux de Sens, et poussa la complaisance jusqu'à offrir ses bons services à la ville. En réponse à la question qui lui fut posée par le lieutenant de La Serré, s'il avait toujours de la haine contre Bayonne, le comte exprima le regret de ce qui s'était passé, affirmant qu'il n'avait songé qu'à faire plaisir à son fils, et il demanda que tout fût oublié. Il assura la ville de son dévouement, et on se quitta après s'être baisé les mains (12 mai 1614).

La cour ne se rendit pas d'abord à Poitiers, à cause des mouvements insurrectionnels suscités par le prince de Condé et par MM. de Vendôme, de Rohan et de Retz, en Poitou et en Bretagne ; mais un avis adressé, le 6 juillet, à la ville, par Lasalle qu'elle a députe à Paris, l'informe que la cour est partie pour Orléans. On a établi à Bayonne la garde extraordinaire, pour surveiller le grand nombre de commerçants et de mendiants qui encombrent la ville et pourraient causer du désordre. Une grande disette de blé s'est produite dans toute la Guyenne et a obligé cette province à venir s'approvisionner dans le port de Bayonne ; les pauvres des environs sont venus en grand nombre chercher du secours et reçoivent du Conseil de ville une pension de nourriture. Les échevins font faire des prières et une procession générale pour amener la cessation de cet état de misère.

La garde extraordinaire venait d'être réduite sur les nouvelles rassurantes envoyées par la reine, mais elle dut être augmentée à l'annonce que Saint-Sever était menacé de surprise. Par mesure de sûreté, Pierre de Lalande, nommé récemment capitaine de la tour Saint-Esprit, avec mission de la tenir et garder, fut invité à y résider effectivement. Dans le même ordre d'idées, il était bien nécessaire d'exhausser les murs du ravelin (1) qui couvrait la chaîne du port de Sault et pouvait être franchi à haute mer ; mais il fallait le consentement de Gramont, que le roi, récemment arrivé à Poitiers, retenait près de lui (1er août). En attendant son retour, le Conseil améliora le chemin de ronde le long du rempart des tanneries, le couvrit de dalles et l'organisa comme celui de la courtine des Jacobins ; il recouvrit d'un toit une petite tour voisine du Château-Vieux, dans laquelle un corps de garde devait être établi.

Le roi venait d'atteindre l'âge de sa majorité (quatorze ans) ; l'avis en fut donné par lui et par sa mère aux échevins qui s'empressèrent d'en accuser réception (7 novembre 1614). Gramont annonça leur arrivée à Bayonne pour le printemps suivant, et il se proposa de venir préparer leur entrée,

(1) Petit bastion en forme de V.

aussitôt que le cahier des états aurait été présenté à Leurs Majestés. La ville se préoccupa, dès ce moment, de se fournir de mousquets et de piques en quantité suffisante, afin de mettre sous les armes un corps important d'habitants (22 décembre).

Duel de Gramont et de La Force. L'accomplissement de la mission de député aux états n'était pas le seul motif qui retenait Gramont loin de Bayonne. Les nombreuses provocations adressées par lui à La Force avaient fini par amener le duel plusieurs fois retardé. Les deux champions s'étaient présentés sur le terrain, assistés de leurs seconds. Aux premières passes du combat, Gramont fut renversé, ainsi que son cheval ; son second, qui combattait à pied, eut son épée rompue près de la garde, dès les premiers coups. Les adversaires du comte prirent alors tout l'avantage et le duel fut arrêté. Gramont, blessé à la main droite, quitta la cour et alla se rétablir en Bourgogne. Par ordre de la reine, les maréchaux de France s'efforcèrent d'accommoder l'affaire, sans y parvenir toutefois, car l'année ne devait pas se terminer sans voir renaître les hostilités entre les deux ennemis. Aussitôt que la nouvelle de l'issue du combat fut parvenue à Bayonne, le Conseil députa vers la comtesse de Guiche et la félicita de ce que le résultat du duel n'avait pas été funeste à son beau-père ; la noble dame remercia le Conseil de l'intérêt qu'il montrait pour le chef de la famille (19 janvier 1615).

Le comte de Gramont ne quitta pas encore la Bourgogne, attendant la clôture des États généraux convoqués à Sens, d'où devait résulter une amélioration dans les affaires de France. Duplessis, qui devint cardinal de Richelieu, assista à cette assemblée comme député du clergé et s'y fit remarquer par son habileté politique et son éloquence. Pendant la tenue de ces états, une rumeur de guerre civile traversait le pays et forçait les échevins de Bayonne à prescrire une garde exacte, à prendre tour pour faire en personne la ronde de nuit ; ils renforcèrent la garde, achetèrent trente mousquets montés à la wallonne avec leurs fourchettes, et firent délivrer aux bourgeois soixante arquebuses appartenant à la ville, après avoir constaté, dans un recensement des armes, que beaucoup d'entre eux en étaient dépourvus. Ils visitèrent les fortifications et rappelèrent qu'il était nécessaire d'exhausser le ravelin protégeant les chaînes de Sault (27 avril 1615).

Le souci de la sécurité de la ville ne détourna pas le Conseil des apprêts qui devaient précéder la venue du roi : sa visite, annoncée déjà par Gramont, avait été confirmée par le sieur de Sillery, frère du chancelier, se rendant en Espagne ; les échevins, après s'être portés au devant de ce seigneur et avoir pourvu à son logement et à celui de son train, lui firent faire bonne chère et le conduisirent au Boucau (23 janvier 1615). Le roi avait fait écrire à la ville afin de prescrire le cérémonial à observer pendant le passage de l'infante d'Espagne et de la princesse Elisabeth. Abel de Lalande, nommé lieutenant de maire à la place de Pierre de Lalande, s'empressa d'emprunter, pour couvrir la dépense de ces fêtes, une somme de 6.000 livres (20 juin 1615).

Les chemins du côté de Saint-Esprit et du Talouchet, ainsi que le pont Saint-Esprit, par lesquels le roi devait arriver, sont aussitôt réparés : il en est de même du chemin de Saint-Léon que suivra l'infante, future reine de France (20 juillet) : les vignerons sont invités à nettoyer et à faucher les abords des quatre portes.

Préparatifs et fêtes à l'occasion du passage de la princesse Elisabeth et de l'infante.

M. de Gourgues arrive de la cour, afin de faire tout disposer pour l'entrée des princesses de France et d'Espagne ; il est reçu à une demi-lieue des portes et logé par la ville (31 juillet). Il transmet aux échevins, par l'intermédiaire du gouverneur, le désir manifesté par la princesse Elisabeth d'introduire les Capucins à Bayonne : Gramont désire qu'ils soient placés à l'église Saint-Thomas. Malgré leur répugnance à donner asile à de nouveaux ordres religieux, les échevins devaient céder au désir de l'auguste princesse.

Une tentative semblable avait été faite, l'année précédente, par six religieuses, du nouvel ordre des Ursulines fondé à Toulouse. Quatre d'entre elles s'établirent durant deux ans et demi chez Mlle Elisabeth Richard, veuve de M. de Haïtse, qui fut leur première bienfaitrice. Elles fondèrent ensuite, à Saint-Esprit, un couvent transformé plus tard en hôpital militaire et dont la rue Sainte-Ursule indique aujourd'hui l'emplacement.

Docile aux indications de M. de Gourgues, le Conseil arrête une taxe des vivres et des fourrages afin d'éviter la hausse des prix ; il retient en ville une grande provision de froment et d'avoine. Il fait dresser les poêles destinés aux princesses, avec des étoffes de Bordeaux et des feuilles d'or de Pampelune. Les habits des capitaines du guet sont refaits à neuf ; leur pourpoint est en taffetas blanc et leur haut-de-chausses en écarlatine rouge ; une trompette d'argent est commandée.

Au va et vient des ouvriers occupés aux apprêts de la fête, se mêle bientôt un mouvement de soldats ; la nouvelle s'est répandue que les protestants se sont emparés du château de Tartas et que les Rochelais s'arment. Les habitants sont avisés de se tenir prêts en armes, de veiller à la garde et d'avoir l'œil ouvert du côté du Béarn ; pour ce dernier motif, le corau barbotan, monté par six soldats armés de mousquets et d'arquebuses, est ancré en avant de la porte Mousserolles, d'où il surveillera le cours de l'Adour et le chemin du Béarn (11 septembre 1615).

Mais l'annonce de l'arrivée prochaine de M. de Beauregard, maréchal des logis des reines, écarte de l'esprit des habitants les appréhensions de guerre civile et fait accélérer les préparatifs de fête (5 octobre). Ceux-ci se poursuivent pendant l'absence du lieutenant de maire, parti pour Bordeaux où il a été voir le roi qui avait renoncé au projet de venir à Bayonne et le saluer de la part de la ville (7 octobre). On donne de l'uniformité à l'armement de la milice bourgeoise, en faisant monter à la wallonne tous les mousquets et toutes les arquebuses du magasin ; on dispose du canon à la tour du Nard pour saluer l'entrée de Mme Elisabeth, et sur le rempart de la Boucherie pour annoncer celle de l'infante.

On travaille activement à dresser deux arcs de triomphe aux deux portes principales de la ville. Celui destiné à l'entrée de Mme Elisabeth, sœur de Louis XIII, est élevé contre la porte Saint-Esprit ; au centre est représenté l'écu de France, accompagné de chaque côté de deux grands tableaux, représentant Neptune et Glaucus, et portant chacun une inscription en vers latins. Au-dessus du portail est organisée une estrade pouvant contenir trente musiciens, que le chanoine Du Verger était allé recruter en toute hâte à Toulouse. Des deux côtés du portail se trouvaient reproduits deux tritons et deux chevaux marins, et au-dessus d'eux, une coquille argentée soutenue par deux dauphins. Une belle estrade a été dressée en avant de la porte, dans le bourg Saint-Esprit, afin que la princesse Elisabeth puisse s'y reposer et entendre les harangues, avant d'entrer en ville ; elle est décorée d'étoffe bleue et de clinquant d'argent ; sa base, en charpente, est masquée par des tapisseries. Le poêle qui devait protéger la princesse était fait en velours à fonds d'or, chargé de cinq grandes armoiries ; il était garni intérieurement d'une étoffe bleu de ciel parsemée de fleurs de lis d'or, et décorée en son centre par un E entouré de palmes.

L'arc de triomphe faisant face à l'entrée de l'infante, reine de France, était non moins luxueux que le précédent. Les tours de Mignon qui formaient la porte Saint-Léon (1) au bout de la rue Mayou en constituaient le support. Après avoir été restaurées, elles reçurent en application sur la façade du côté de l'entrée, de part et d'autre de la porte, deux

(1) Aujourd'hui d'Espagne.

grands panneaux en forme de piliers de l'ordre toscan destinés à recevoir des peintures allégoriques. La ville de Bayonne fut figurée sur celui de droite par une jeune fille portant sur son bras le chaperon des magistrats ; sur le panneau de gauche, une personne peinte représentait la France. Au milieu de l'arceau étaient dessinés deux anges portant les écus de France et d'Espagne. Un retable, abritant les portraits fort bien peints du roi et de la reine, couronnait le monument. La face intérieure des tours Mignon était décorée par un portail d'ordre composite, orné de figures allégoriques représentant la paix, l'abondance, la Nive et l'Adour. Derrière le retable, un échafaudage avait été dressé pour les musiciens.

En avant de la porte Saint-Léon, une chaire et des oreillers garnis de velours étaient destinés à la reine ; on les avait disposés sur une estrade, dont les piliers et l'accoudoir étaient habillés de velours rouge semé de fleurs de lis. Des rideaux de damas rouges, des balustres dorés et une couronne à l'impériale garnissant le sommet, complétaient cette installation. Le poêle de la reine était fait de brocatelle d'argent, ornée des chiffres plusieurs fois répétés du roi et de la reine, et parsemée de fleurs de lis.

M. de Beauregard arrive le 26 octobre et approuve toutes les dispositions prises ; le Conseil lui remet un cadeau de cinquante écus. La comtesse de Guiche et Mgr d'Etchaux, évêque de Bayonne, le suivent de près et reçoivent chacun de la ville un tonnelet de vin. Le lieutenant de maire prend alors ses dernières dispositions, car l'entrée de la princesse Elisabeth est annoncée pour la fin d'octobre ; il fait publier un arrêté obligeant de tapisser les rues sous peine de 100 livres d'amende ; il fait prévenir les habitants de se tenir prêts à figurer armés et bien ajustés aux cérémonies de l'entrée des reines. Il a d'ailleurs pris soin de dresser les rôles d'une compagnie de guerre, comprenant mille deux cents mousquetaires-arquebusiers et quatre cents piquiers, tous Bayonnais, et de choisir Cruchette et Garritz pour la commander.

La députation désignée pour aller saluer à son passage à Béhobie la future reine de France, arrivant d'Espagne, se met en route. Les deux princesses, dont l'échange devait se faire sur la Bidassoa, avaient combiné leur voyage de manière à se rencontrer en ce point de la frontière.

Après avoir couché à Saint-Vincent, Elisabeth de France se dirige, le 31 octobre 1615, vers Bayonne, accompagnée par la duchesse de Nevers, les comtesses de Gramont et de Lauzun, femme et sœur du gouverneur. A la nouvelle de son approche, les gens de la ville tendent les rues de tapisseries et le bataillon de la milice se rend à Saint-Esprit.

Le cortège ne tarda pas à paraître ; le comte de Gramont s'empressa de présenter à la princesse les clefs de la ville sur un plat d'argent. Elisabeth, s'étant ensuite placée sur l'estrade préparée d'avance, écouta les harangues que prononcèrent successivement le gouverneur, le lieutenant-général et le lieutenant de maire. Les discours terminés, elle regagna sa litière et s'avança, abritée par le poêle que portaient le lieutenant de maire, le clerc et les deux premiers échevins.

Elle fit son entrée au son de la musique, au bruit du canon et de la mousqueterie ; elle se rendit à la cathédrale où elle fut reçue par l'évêque d'Etchaux, et après l'audition d'un *Te Deum* en musique, elle alla se reposer dans la maison du sieur de Lalande de Montault, où un logis avait été préparé pour elle. Durant la semaine qu'elle passa à Bayonne, la princesse Elisabeth fit plusieurs promenades du côté de la mer ; elle obtint du corps de ville l'établissement du couvent des Capucins et voulut présider elle-même à la cérémonie de leur installation. Les Jacobins, qui possédaient la petite église Saint-Thomas, placée près de leur couvent et du collège, consentirent à la vendre aux Capucins ; la princesse alla entendre la messe dans cette chapelle, puis elle procéda, en grande pompe, à la plantation d'une croix au milieu de la petite place située en avant de la porte, en signe de prise de possession.

Au moment de quitter Bayonne (6 octobre), elle remercia le Corps de ville de son accueil empressé. Après un dernier regard jeté sur la terre de France, Elisabeth passa la Bidassoa et se rendit à Fontarabie, où l'attendait le prince des Asturies, infant d'Espagne, plus tard Philippe IV, dont elle était destinée à devenir l'épouse.

Le lendemain du départ de la princesse, Gramont et les députés du Conseil s'acheminèrent vers Saint-Jean-de-Luz, afin de saluer l'infante ; cependant, cette princesse ne parut à Bayonne que le mercredi, 11 novembre 1615. Elle arriva assez tard, passa devant la compagnie de milice rangée en bataille hors la porte Saint-Léon et se plaça sur l'estrade déjà décrite, afin d'entendre les harangues et de recevoir la clef d'or de la ville que Gramont lui présenta ; cette cérémonie fut faite à la lueur de cent vingt torches et se termina à huit heures du soir. Puis, la reine remonta dans son carrosse, et parcourut la rue Mayour, précédée du poêle porté par les magistrats du Conseil. Elle fut conduite au palais Montaut, où elle logea.

La fête ne pouvait se terminer sans une distribution de cadeaux. Un coffret d'argent, fort artistement travaillé et pourvu d'une clef d'or, fut offert par la ville à la reine ; il contenait une pièce d'ambre gris de vingt onces ; chacune de ses faces était décorée par les armoiries de France, d'Espagne et de Bayonne ou par les portraits du roi et de la reine. Le duc de Guise et plusieurs autres grands seigneurs reçurent en présent une douzaine de piques, des gants ou des pièces d'ambre gris. Le lendemain, 12 novembre, la reine partit après les remerciements d'usage et alla coucher à Saint-Vincent. Gramont, qui venait d'être nommé vice-amiral de la Basse-Guyenne, escorta jusqu'à Bordeaux la reine Anne d'Autriche avec mille hommes de pied et cent chevaux, afin de lui éviter le désagrément qu'aurait pu lui causer une surprise du parti huguenot.

Le roi Louis XIII, redoutant que la présence en Poitou d'une armée importante rassemblée par Condé et d'autres grands seigneurs protestants ne vînt porter quelque empêchement à son voyage vers la reine, avait pris ses précautions en se faisant accompagner par une puissante escorte. Il alla rejoindre la reine à Bordeaux, le 17 novembre 1615. Le Conseil de Bayonne envoya vers lui une députation choisie parmi les bourgeois les plus qualifiés, avec mission de présenter les devoirs de la ville au roi, à la reine mère, à la jeune reine et aux grands seigneurs de leur suite. Ces députés étaient aussi chargés de soumettre diverses requêtes ; ils devaient demander, en premier lieu, une indemnité pour couvrir les frais de l'entrée des reines, puis solliciter, sans y mettre autant d'insistance : 1° l'abandon temporaire à la ville, en don gratuit, de la coutume ; 2° la confirmation des privilèges des marchands ; 3° la prolongation de l'impôt sur le vin ; 4° la suppression de toute exemption de monter la garde. Mais le roi ne put examiner à loisir ces demandes et en retarda l'étude ; il fit cependant écrire à la ville (7 décembre 1615) au sujet de l'établissement des Capucins, et obtint des échevins l'autorisation pour ces religieux de loger dans le collège en attendant la nomination d'un principal.

Profitant de l'absence de Gramont et du départ d'une partie de ses soldats qui forment l'escorte de la reine, le duc de La Force recommence ses incursions dans les terres du comte. Il met subitement le siège devant Hastingues, et s'en empare avant que Sensac ait pu envoyer à cette place des secours de toute sorte dont il avait demandé aux échevins la livraison immédiate (2 décembre 1615). La Force écrit à la ville de Bayonne, protestant qu'il n'a pas agi contre le service du roi, mais seulement pour nuire à son ennemi ; il déclare qu'il ne nourrit contre elle aucune mauvaise intention et lui fait offre de sa bonne volonté. Le Conseil se

Continuation de la lutte entre Gramont et La Force.

tient à son égard sur une prudente réserve, affirmant son désir de se conformer aux ordres du roi. En courtisans avisés, les échevins envoient à Louis XIII et à Gramont, qui sont à Bordeaux, une copie de leur réponse (3 décembre).

La demande de La Force tendait à détourner Bayonne de fournir des secours aux places du comte menacées par lui. Mais le Conseil reçoit de Bordeaux une lettre de Gramont, annonçant son arrivée et demandant des secours pour Sordes, Hastingues et ses autres châteaux en danger de tomber entre les mains de son adversaire, qu'il déclare ennemi du roi (3 décembre). En même temps, des demandes multipliées lui arrivent de tous côtés. Sensac réclame cent mousquetaires et cent piquiers pour aller reprendre Hastingues ; la ville les refuse, jugeant imprudent de se démunir de soldats et offre de l'aider de toute autre manière. Le capitaine Labadie demande pour Guiche des secours en munitions, biscuits, poudre, plomb et artillerie, et reçoit pour la défense du château cent dix livres de poudre, un quintal de balles et cent quintaux de biscuit. Laterrade sollicite l'envoi à Sordes, où il tient garnison, d'un quintal de poudre et de trois barres de plomb, certifiant que sa place ne se rendra pas aussi facilement que Hastingues ; il reçoit satisfaction sur l'heure. A Bidache, Subigaray réclame et obtient la même assistance.

Enfin, pour relier entre eux les commandants de ces places, le Corps de ville prête à Sensac des galupes armées de quatre fauconneaux et conduites par vingt-cinq hommes. Il lui confie aussi le corau pour transporter à Bidache quatre rondaches et cinquante quintaux de biscuit. S'il consent à se démunir en faveur de Gramont, gravement menacé, le Conseil empêche qu'on ne tire des armes de Bayonne pour les passer aux ennemis du roi et interdit toute assemblée illicite ou secrète qui ne pourrait que favoriser la révolte.

Malgré l'absence de Sensac qui emploie tout son temps à secourir les places menacées, les échevins sont exactement tenus au courant des événements. Labadie leur écrit de Handelatte que La Force a évacué Hastingues, après avoir incendié la tour (5 décembre) ; on présume qu'il va porter ses efforts sur Sordes, Bidache ou Guiche et que l'une de ces places sera attaquée dans la matinée. Deux jours après, Sordes se rend par capitulation à La Force ; la nouvelle en est annoncée de Bidache par Sensac (8 décembre). Les protestants, après avoir mis garnison dans cette place, tiennent leur troupe sur pied, dans le but d'accomplir un dessein important, peut-être celui d'attaquer Bayonne.

Pour la défense de cette ville, on a réservé les mille hommes du Labourd qui sont prêts à venir à son secours. Les magistrats prescrivent une garde exacte et l'envoi de sentinelles hors de la ville ; ils adressent au roi une demande de poudre. Mais ne pouvant attendre sa décision, ils traitent de l'achat d'un millier de poudre et de deux milliers de salpêtre ; ils font aussi l'acquisition de trois cents mousquets à la wallonne, avec leurs fourchettes et bandoulières, à Guillaume France, marchand en Flandres ; ces armes, distribuées aux bourgeois, sont remboursées par eux (3.320 livres). Enfin, ils passent la visite des armes, poudre et boulets, dans les divers quartiers et prescrivent à chaque habitant de compléter ses munitions (11 décembre).

Les partisans de La Force veulent, en effet, tenter une surprise sur Bayonne : ils arrivent au pont Saint-Esprit et sont près d'entrer en ville, lorsque Gramont s'élance à leur rencontre et les met en fuite, leur tuant dix à douze hommes, et n'ayant d'autre blessé qu'un cheval de ses carabins. Pour réparer l'insuccès de cette tentative, les rebelles menacent Dax et Tartas. La première de ces villes, voyant l'ennemi à ses portes, demande à Bayonne un secours de poudre (19 décembre 1615) ; son gouverneur, Poyanne, renouvelle la requête et en obtient quatre quintaux à titre de prêt (18 janvier 1616). Le Conseil en envoie deux quintaux aux jurats de Tartas, pour la défense de la ville basse, en raison de l'intérêt qu'attache la ville de Bayonne à voir les places catholiques du voisinage résister aux ennemis du roi.

Agitation
du
parti huguenot
en Béarn.

Afin de conjurer le danger causé par la présence des troupes protestantes dans les Landes, Gramont unit ses forces à celles de Poyanne et marche à la rencontre des ennemis commandés par MM. de Saint-Vallier et de Fabas ; il les met en déroute, les repoussant jusqu'à Belloc en Béarn. Le gouverneur annonce avec plaisir la nouvelle de cette victoire à Bayonne (4 mars 1616) et reçoit à Aire les compliments que lui apportent des députés de la part de la ville (21 mars). Les mouvements de Gramont avaient eu pour résultat de faire lever le siège d'Aire, et les échevins, qui avaient fourni au comte un trompette à cheval et une grande quantité de munitions pour atteindre ce résultat, ne furent pas les derniers à se féliciter de son succès.

Une trêve avait été conclue après la défaite des protestants : on assurait même (29 avril) que la paix allait se faire. Cependant, comme le Conseil de ville prétendait égaliser la corvée des armes entre les habitants, durant la paix aussi bien qu'en temps de guerre, il appliqua la décision royale, prise, sur sa demande, qui supprimait toutes exemptions de garde, et il fit saisir les meubles des défaillants.

Les députés envoyés près du roi à Bordeaux avaient reçu

bon accueil et avaient présenté le cahier des demandes de la ville ; ce document était passé sous les yeux du roi et de M. de Lomenie, secrétaire d'Etat, et il portait en marge des annotations indiquant que les demandes avaient été apostillées favorablement.

Mais, pour obtenir la réalisation de ses promesses, il faut aller trouver le roi à Paris, à un moment favorable, c'est-à-dire à une époque de calme. Or, la paix n'est pas encore prochaine ; M. de Guise opère en Champagne à la tête d'une armée (29 mars 1616). On redoute, en outre, une nouvelle prise d'armes en Béarn ; le vicomte d'Orthe s'apprête à se bien défendre et, après s'être concerté avec M. de Garro, il sollicite de la ville un prêt de cent piques et un demi quintal de poudre. Cette demande, conforme à l'intérêt de la ville, est bien accueillie, malgré les inconvénients de ces sorties de matériel. Elles occasionnent, en effet, à la ville, des pertes importantes : les armures prêtées à Gramont sont rendues rouillées et les hottes envoyées à Bidache reviennent en mauvais état ; une pièce de canon, appartenant à M. de Naguille, n'a pu encore être réintégrée : elle attend, dans le port de Guiche, le premier bateau qui viendra à Bayonne (9 mars).

Poyanne fait savoir que les ennemis du roi reçoivent des mousquets, des armes et des munitions, transportés par des bateaux flamands. Le Conseil procède aussitôt à la recherche des armes dans les maisons des marchands flamands, afin de les confisquer, et visite leurs navires (16 mai). Il étend cette dernière mesure à tous les vaisseaux qui se présentent, avant de leur laisser passer les chaînes, car il a reçu avis de quelque nouveau mouvement en Béarn (10 octobre).

Amélioration
des
quais de la Nive
près de
l'estacade aval.

Cependant, ces menaces non suivies d'effet n'empêchèrent pas le Corps de ville de poursuivre un plan d'amélioration de la porte Saint-Esprit et de ses abords. Il voulait en même temps l'embellir et la mettre en meilleure défense. Le programme des travaux n'était pas encore bien arrêté dans l'esprit du Conseil, mais, après avoir consulté le sieur Du Portal, trésorier des fortifications, et de Nicolaï, ingénieur, il se proposait de demander au roi de surélever les murs de quais, en voie de construction ou en projet, bordant la Nive depuis la maison Dibusty jusqu'à la porte (16 mai). Il faisait en outre continuer, sur la rive opposée, le nouveau quai réunissant l'extrémité du pont Mayou au corps de garde du Piedmont, et il projetait d'y établir soit des degrés, soit une cale (5 septembre). Le sol fut surélevé aux abords des quais, par des apports de terre ou de décombres, et la nouvelle plateforme ou boulevard de Saint-Esprit,

que l'on dressait près de la tour, fut armée avec les canons
de la ville, renfermés dans cette tour.

Quelques autres travaux d'utilité publique furent exécutés
alors ; on pava la rue du Port-Neuf, précédemment comblée.
On reconstruisit le corps de garde et la plateforme de Piedmont, déplacée depuis l'établissement du nouveau quai,
et on poursuivit l'édification de l'hôpital Saint-Nicolas en
érigeant un portail orné des armoiries de Bayonne.

Toujours ennemi des jeux de billards, voisins des portes,
qui détournaient de leurs devoirs les soldats de garde, le
Conseil de ville veut faire disparaître celui de la porte Lachepaillet et construire un corps de garde sur son emplacement.
Cédant aux instances du comte de Gramont qui trouve bon
de retirer un revenu de 300 livres de ce jeu loué au portier
de Lachepaillet, les échevins renoncent à ce projet, quoique
à contre cœur ; ils cherchent alors querelle au portier, lui
reprochant d'avoir fait un jardin au haut de la tour et d'avoir
établi sur le rempart de la ville (1) un passage qui permettait
de sortir en évitant le corps de garde. Leur attention, tenue
sans cesse en éveil, surtout quand il s'agit des intérêts de
la ville, s'arrête sur la nouvelle rapidement propagée que
le sieur d'Uza aurait fait abandon de la capitainerie du
Château-Neuf entre les mains d'une personne suspecte ; ils
sont décidés à empêcher cette transmission de charge et
le font savoir à M. de Sainte-Croix, lieutenant du Château-
Neuf ; celui-ci les rassure en affirmant la fausseté du bruit
(22 avril 1616).

Quoique les échevins eussent autorisé les capucins à se
loger dans le bâtiment du collège en attendant un principal,
ils n'entendaient pas renoncer à donner une forte impul-
sion aux études. Voulant réparer le désarroi des classes,
ils proposèrent au Conseil d'inviter le chapitre à mettre le
collège sous la direction des Jésuites. Les bourgeois montrèrent de l'opposition à ce projet et firent surseoir à son
exécution. Les Capucins profitèrent de ce désaccord en uti-
lisant le délai qui en fut la conséquence pour construire un
couvent avec des pierres données libéralement par la ville
(24 janvier 1617).

---

(1) Celui de l'enceinte romaine.

CHAPITRE II

LA CONSTRUCTION DE FORTS AU SOCOA ET A HENDAYE, POURSUIVIE MALGRÉ L'OPPOSITION DE BAYONNE ET DE ST-JEAN-DE-LUZ. — GRAMONT, EMPÊCHÉ PAR LES BOURGEOIS DE FORTIFIER LE CHATEAU - VIEUX DE BAYONNE, SOULÈVE LES ARTISANS CONTRE EUX. — RÉBELLION DES PROTESTANTS EN BÉARN. (1617-1623).

Concini assassiné est remplacé par Luynes. — *Construction des forts du Socoa et d'Hendaye combattue par Bayonne et Saint-Jean-de-Luz.* — Agitation en Béarn. — Arrivée à Bayonne du duc de Mayenne. — Nouveaux conflits amenés par la tension des rapports entre le gouverneur et la ville. — Un accord partiel s'établit entre Gramont et le Conseil. — La ville s'émeut d'un travail de fortification au Château-Vieux. — Les artisans prennent le parti de Gramont contre les bourgeois. — Mayenne amène un accord au sujet du Château-Vieux. — Une entente s'établit entre le Conseil et les artisans. — Louis XIII entame la campagne contre les huguenots ; il essaie en vain de pacifier le Béarn. — Navarrenx menacé par les protestants ; précautions à Bayonne. — Nouvelles tentatives de Gramont pour arriver à la capitainerie du Château-Neuf. — Gens armés, rassemblés à Urrugne pour empêcher les travaux du port du Socoa. — Mesures de précaution contre la révolte des huguenots. — Bayonne menacée de surprise par les protestants. — Entrée à Bayonne du duc d'Epernon et de l'évèque Claude de Rueilh. — Relations du Conseil avec les ordres religieux. — Mesures prises à l'égard des étrangers. — Gramont nommé *gouverneur général de la Navarre et du Béarn.* — Apparition de la peste aux environs de Bayonne.

Concini assassiné est remplacé par Luynes.

Les députés que le Conseil de ville de Bayonne avait depuis longtemps désignés pour aller trouver le roi et lui rappeler les promesses qu'il avait faites à Bordeaux pour répondre aux demandes de la ville, pensèrent que le calme nécessaire au succès de leur démarche était enfin arrivé. Après avoir visité Gramont, à Bidache, ils se rendirent à Paris emportant cinquante piques qu'ils devaient distribuer en cadeaux pour faire appuyer leurs requêtes (20 mars). Mais ils furent bientôt rappelés à cause des désordres qui se produisirent à la cour ; Gramont venait d'écrire à Charles de Sorhaindo, nouveau lieutenant de maire, lui annonçant que Concini, maréchal d'Ancre, avait été assassiné par ordre du roi ; cet événement, ajoutait-il, donnait du contentement aux gens de bien (29 avril). Les procédés hautains de Concini avaient, depuis plusieurs années, soulevé l'indignation générale ; Albert, duc de Luynes, page de Louis XIII, fut le premier qui osât conseiller à son maître de se débarrasser de cet étranger. Concini fut tué sur le pont-levis du Louvre et sa femme brûlée comme sorcière. De Luynes hérita de la faveur dont l'italien jouissait près du roi, et afin de disposer du pouvoir sans conteste, il fit exiler la reine mère à Blois. Usant de procédés semblables à ceux employés par Concini, il arriva bientôt à se faire détester comme lui.

Le nouveau ministre établit l'impôt sur le sel, appelé gabelle, contre lequel Bayonne et Mont-de-Marsan protestèrent ensemble. Il frappa aussi la sénéchaussée des Lannes, par l'intermédiaire du Parlement de Bordeaux, d'une contribution de 60.000 écus, qui souleva de non moins vives récriminations (22 septembre 1617). Cependant, cette dernière somme était applicable en grande partie aux travaux du Boucau, dont les digues exigeaient des réparations importantes et notamment la plantation de pieux dans les jetées nord et sud. On y conduisit M. de Seaux, secrétaire d'État, allant en Espagne, pour qu'il pût constater la nécessité des travaux ; un échevin, un jurat et vingt bourgeois étaient allés le prendre à Ondres et l'avaient mené chez Denis de Sorhaindo dont il fut l'hôte. A son retour, Gramont l'accueillit au Château-Vieux, et la ville lui donna un morceau d'ambre gris, six belles piques dorées et une carte du pays, qu'il avait demandée à son premier passage (9 octobre).

Tant de prévenances de la part de la ville avaient aussi pour objet d'obtenir un appui auprès du roi afin de combattre deux projets qui portaient ombrage aux Bayonnais. Le premier était relatif à la construction d'un port et d'un ouvrage fortifié au Socoa, près de Saint-Jean-de-Luz. Cette dernière ville joignit son opposition à celle de Bayonne, pour éviter la concurrence du port projeté que sollicitaient les habitants d'Urrugne. Néanmoins, l'exécution de ces travaux ne fut pas empêchée par la résistance des deux villes.

Construction des forts du Socoa et d'Hendaye, combattue par Bayonne et St Jean-de-Luz

Le projet de construction d'un fort à Hendaye souleva de plus grandes discussions que le port du Socoa. Gramont donna lecture, au Conseil, d'une lettre du roi adressée à la ville et dans laquelle le monarque faisait connaître sa décision (20 août 1618). Le gouverneur saisit l'occasion de se défendre une fois encore de vouloir mettre garnison en ville et traita ce bruit de calomnieux. Les abbés de Labourd, députés au Vilsar et représentant les paroisses de Saint-Pée et d'Urrugne, vinrent en assemblée du Conseil exposer que le pays était opposé à la construction du port d'Hendaye, et sans tenir compte de la décision du roi, ils demandèrent à la ville de s'unir à eux pour mieux résister (15 octobre 1618).

Au cours de la conférence que les échevins eurent avec les officiers du roi (1), ils apprirent que Gramont était

---

(1) **Officiers du sénéchal, amirauté, etc.**

déjà nommé par le roi capitaine et gouverneur du fort
projeté à Hendaye. Cet avantage expliquait à leurs yeux le
zèle du comte qu... était empressé, aussitôt après en avoir
reçu l'ordre, de rechercher, à Hendaye, avec l'aide d'ingénieurs envoyés vers lui, l'emplacement le plus propice à la
construction d'un fort et d'en fixer le tracé sur le sol au
moyen de piquets.

Gramont reçut la visite de quelques conseillers auxquels
il fit savoir qu'une requête adressée au roi pour empêcher
ce travail resterait sans effet. La décision du roi était bien
arrêtée ; le fort devait comprendre cinq ou six grands bastions et des logements pour une garnison de trois cents
à quatre cents hommes. Le gouverneur ajouta que les habitants d'Hendaye avaient demandé cet ouvrage afin de commander la navigation de la Bidassoa et d'en avoir le libre
usage, sans être obligés de subir les entraves suscitées à
leur commerce par la ville de Fontarabie. L'entretien du
fort devait être assuré par le pays à l'aide d'un impôt sur
le brai et la rousine.

Tenant peu compte de l'avis de Gramont, les magistrats
rédigent et adressent au roi (29 octobre) un mémoire, dans
lequel ils font ressortir que la ville de Bayonne ne peut
subsister que par la liberté du commerce, qui assure la
fréquentation de son port. Or, cette liberté n'existera plus
dans la Bidassoa, si deux forteresses rivales commandent
le parcours de cette rivière. On a déjà dépensé à Bayonne,
sous François Ier et ses successeurs, un million et demi
de livres en travaux de fortifications. Pourquoi augmenter
encore ces sortes de dépenses, qui amèneront un résultat
plutôt nuisible ?

Les forteresses d'Hendaye et de Fontarabie, ajoutaient les
échevins, sont si près l'une de l'autre qu'en un quart d'heure
l'une de ces places peut être surprise par l'autre. Ce ne
serait donc pas quatre cents hommes de garnison qu'il fau-
drait mettre à Hendaye, mais une troupe de douze mille à
quinze mille hommes. D'ailleurs, les garnisons n'ont pas
empêché la perte des places ; on l'a bien vu avec le château
de Béhobie que le capitaine Beaufils a abandonné sans coup
férir au connétable de Castille, et avec Fontarabie que le
capitaine Franget a rendu, sans un coup de canon, ce qui
lui valut dégradation de noblesse sur un échafaud, à Lyon.
Le roi Henri IV avait eu le même projet, mais il y avait
renoncé, sur le conseil de Sully, estimant mieux avoir
comme place frontière, la ville de Bayonne que ses habitants
ne vendront jamais à l'ennemi.

Mais Gramont, jugeant que ces belles périodes auraient
peu d'influence sur l'esprit du roi et de ses conseillers,

poussait activement la construction de l'ouvrage, et faisait argent de tout pour couvrir la dépense d'un fort dont son zèle devait lui assurer le gouvernement. D'ailleurs, un incident, survenu entre quelques pêcheurs des deux nations, vint démontrer l'utilité de la nouvelle fortification.

Des marins de Bidart, ayant blessé et harponné une baleine, en mer, la poursuivirent, aidés des habitants d'Hendaye, jusque dans la Bidassoa, en face de Fontarabie. Dix barques de cette ville sortirent du port de la Madeleine, tombèrent sur les Français, s'emparèrent de la baleine et amenèrent prisonniers vingt-six Hendayais. Gramont s'empressa de faire rédiger procès-verbal de l'incident et de l'adresser au roi. Mais les Bayonnais, persuadés que leur gouverneur allait exploiter l'événement pour rendre le roi encore plus favorable à la construction du fort, envoyèrent des instructions au délégué qui les représentait à la cour, afin de combattre les raisons que Gramont avait dû nécessairement invoquer. Et d'abord, le fort n'aurait pas empêché l'acte de piraterie commis par les Espagnols, car ses canons ne pouvaient, à cause de la distance, interdire leur sortie du port de la Madeleine ; ensuite, les marins espagnols n'étaient pas coutumiers de pareils actes, mais ils avaient voulu agir par représailles, mécontents de la longue captivité infligée à onze d'entre eux et de leur mise aux fers dans les prisons du Château-Vieux, ainsi que de la mort de cinq de ces prisonniers (16 février 1619).

Il était difficile au roi d'entrer dans les vues de la ville et de renoncer à la construction de forts, dans un moment où la révolte menaçait de tous côtés : scission de la cour, résistance aux impôts, mouvements et bruits de guerre en Béarn, tout au contraire poussait le roi à poursuivre le projet défendu par Gramont. Le pays de Béarn, excité par les partisans de La Force, se mutinait contre les officiers du roi et tentait de se soulever (25 juin 1618). Vainement, Louis XIII a fait remettre à La Force ses lettres par M. d'Esquile, lui intimant l'ordre de mettre fin à sa rébellion. Les échevins de Bayonne, inquiets de cette agitation, procèdent à la visite des armes et redressent les rôles du guet. Ils insistent auprès du sieur de Lalande, capitaine de la tour Saint-Esprit, afin qu'il assure efficacement la garde de cette tour en l'habitant.

Le Conseil de ville est de nouveau avisé, par deux billets anonymes, que les troubles se perpétuent (22 septembre 1618) ; on lui annonce que le Béarn est sillonné de rebelles qui vont et viennent, dressent deux ou trois compagnies de gens de pied, dans le but de s'emparer du Labourd et de faire une entreprise sur Bayonne. L'auteur des billets con-

Agitation en Béarn.

seille à la ville de faire bonne garde et de demander le secours de ses bons voisins des montagnes, qui, dans une prochaine réunion de l'assemblée du Vilsar du Labourd, à Ustaritz, vont arrêter des mesures de défense. Le Conseil se réservant de communiquer les billets à Gramont en même temps que la décision du Vilsar, ordonne des patrouilles et des rondes de nuit sur les remparts, sous la conduite d'un échevin, et s'efforce de faire exécuter l'arrêt de la cour obligeant les habitants de toute qualité à monter la garde.

Le zèle que les échevins avaient mis à servir en personne se calma bientôt ; ils se firent soulager dans la corvée des rondes par des bourgeois et se rendirent même fort irrégulièrement aux séances du Conseil, malgré les protestations du lieutenant de maire. Leur négligence s'expliquait d'autant moins, que diverses affaires de certaine importance étaient alors en discussion. La ville était en instance pour obtenir l'annexion au tribunal du sénéchal de Bayonne des juridictions de Gosse, Seignanx et Maremne ; elle sollicitait du roi une dotation de 20.000 livres pour achever la remise en bon état des ponts et des chaînes. Il fallait en même temps prendre une décision au sujet du déplacement de la poissonnerie installée jusqu'alors dans la rue du Port-Neuf, savoir s'il convenait d'abattre le pilori qui ne servait plus et encombrait la place publique (1), et statuer sur le comblement de l'ester de Pannecau et sur divers autres travaux de voirie, pour l'exécution desquels la ville pouvait disposer des fonds de la coutume que le roi venait d'accorder pour une durée de douze années.

En outre de ces diverses affaires, une question touchant aux attributions du Conseil de ville devait solliciter particulièrement l'attention de ses membres. L'élection des magistrats du Corps de ville était rendue très difficile par les nombreuses causes d'élimination : parentés, charges occupées, etc., contenues dans le règlement du maréchal de Gyé ; aussi, les conseillers réclamaient depuis longtemps la réduction de leur nombre. Le roi venait de leur donner satisfaction, par ses lettres patentes du 2 octobre 1617, qui réduisirent le corps de ville à un lieutenant de maire, un clerc, un syndic et six échevins. Les jurats se trouvèrent, dès lors, supprimés, ce qui déplut aux ouvriers dont les représentants étaient ainsi écartés du Conseil de ville.

Les claviers des offices, représentants officiels des artisans, manifestèrent leur mécontentement et prétendirent faire casser la décision du roi qu'ils disaient avoir été

(1) Place touchant la Cathédrale.

obtenue par surprise. Ils introduisirent une instance devant la cour du Parlement de Bordeaux, et réclamèrent le droit d'entrer dans le Conseil et de connaître de la police.

Gramont, qui devait plus tard soutenir les prétentions des artisans pour s'en faire un appui dans de longs démêlés qu'il eut avec les bourgeois, n'était pas encore intervenu dans cette affaire. Il s'était rendu aux états généraux de Rouen, convoqués pour amener l'apaisement entre les seigneurs de la cour (novembre 1617), et, durant son absence de Bayonne, avait épousé en secondes noces Claude de Montmorency. Il conduisit cette dame à Bayonne, le 7 août 1618, et la fit jouir des fêtes que la ville avait l'habitude d'offrir à la femme de son gouverneur, à l'occasion de sa première entrée ; rien ne manqua à la cérémonie : réception en pompe, belle compagnie en armes, chalupes montées par des mousquetaires, coups de canon et enfin cadeaux.

La réception de la comtesse vint précéder de quelques mois l'entrée du duc de Mayenne, nommé récemment lieutenant du roi en Guyenne. Déjà, dès son arrivée à Bordeaux, les échevins l'avaient envoyé saluer au nom de la ville (27 juillet 1618). Ce seigneur s'achemina en poste vers Bayonne le 10 décembre, et fit son entrée le 22 de ce même mois. Il traversa, vers quatre heures du soir, le grand pont de l'Adour, bordé d'une haie de troupes, et s'arrêta à la porte Saint-Esprit pour recevoir les compliments d'usage. Il monta sur une estrade surmontée d'un dais, au-dessous duquel était disposée une chaire, garnie de satin blanc et de clinquant d'or, dans laquelle il se plaça. Après avoir reçu le salut des officiers du roi et du Corps de ville, il entendit les harangues du lieutenant particulier et du lieutenant de maire.

Arrivée à Bayonne du duc de Mayenne.

La fin du discours fut signalée par une détonation d'artillerie ; le duc monta alors à cheval, précédé d'un poêle porté par quatre échevins, et s'achemina vers la ville, entre deux haies d'une compagnie de mille habitants très bien équipés, armés de piques et de mousquets, placés sur le pont Mayou et tout le long du trajet jusqu'aux Cinq-Cantons. En ce point, à l'entrée de la rue Argenterie, était disposé un arc de triomphe décoré d'inscriptions en vers appropriées à la cérémonie. Le lieutenant général, après avoir parcouru les rues dont les maisons étaient ornées de tapisseries, s'arrêta un instant à la cathédrale, et puis se retira au Château-Vieux, conduit par Gramont. La compagnie de la ville vint défiler sous ses fenêtres et fut grandement complimentée par lui.

Mayenne se rendit à Hendaye examiner l'emplacement du fort ; les échevins qui l'accompagnèrent se flattèrent que le duc avait paru apprécier les raisons sur lesquelles ils s'étaient apppuyés pour combattre la construction du fort. Afin de capter sa faveur, le Conseil lui fit cadeau d'un cheval d'Espagne, donna vingt-huit piques dorées et divers autres présents à ceux de sa suite. Le duc rentra ensuite à Bayonne et alla loger dans l'appartement que la ville avait préparé au palais Montaut ; il quitta Bayonne le 7 janvier 1619 pour rentrer à Bordeaux, escorté jusqu'à Saint-Vincent par une députation du Conseil.

Nouveaux conflits amenés par la tension des rapports entre le gouverneur et la ville.

Durant son séjour à Bayonne, le duc de Mayenne fut saisi d'une plainte portée par le Corps de ville contre Gramont, et occasionnée par les discussions relatives au fort d'Hendaye. Sauvat de Vergés, bourgeois de Bayonne, avait été envoyé au devant de Mayenne, afin de l'entretenir, au nom des habitants du Labourd, de l'affaire des deux forts avant que Gramont eût pu lui exposer cette question sous un jour favorable à ses propres vues ; le gouverneur avait eu vent de cette démarche et avait dépêché un de ses carabins, Pierre Daguerre, sur la route suivie par Vergés, avec ordre de lui infliger une correction. Le carabin rencontra le bourgeois au relai de poste de l'Esperon et lui administra une volée de coups de bâton au moment où celui-ci venait de parler au duc ; il ajouta même que cette correction lui était envoyée par Gramont.

Le gouverneur ayant appris que les échevins étaient les véritables instigateurs de la démarche de Vergés, vint les trouver, en séance du Conseil, et affirma avoir donné l'ordre d'infliger la correction (17 décembre 1618), ajoutant, en manière de bravade, qu'il avait, sur la route de Paris, cinq cents gentilshommes de ses amis, qui se seraient comportés comme lui en pareille occurrence. Chacun se garda de répondre et le comte se retira ; mais aussitôt qu'il fut parti, le Conseil délibéra de dresser une liste de toutes les exactions et violences faites par Gramont contre la ville, et d'en remettre des copies au roi et au duc de Mayenne ; il décida, en outre, que Vergés et le syndic de la ville feraient informer contre le carabin Daguerre et se saisiraient de lui, s'il rentrait en ville.

De tous ces projets de revanche, la plainte au duc fut seule retenue. Gramont ne manqua pas de faire courir le bruit, pour sa défense, que le peuple de Bayonne s'était ameuté et l'avait assiégé au Château-Vieux. Les conseillers magistrats, représentant particulièrement le peuple, et trente artisans, se rendirent au Château-Vieux afin de fournir à Mayenne des explications sur ce bruit et lui donner l'assurance que c'était pure calomnie. Le duc, voyant qu'en cette dispute, l'amour-propre était principalement en jeu, pensa qu'une démarche conciliante des échevins rétablirait la bonne harmonie. Sur son conseil, une députation du Corps de ville alla trouver Gramont au Château-Vieux, exposa ses plaintes et tenta un accommodement. Le résultat de la visite fut peu satisfaisant, car Gramont, dans sa réponse, reprocha aux magistrats de s'être assemblés contre lui pour soutenir Vergés (2 janvier 1619).

Gramont ne voulut pas désarmer. Il fit porter le poids de sa mauvaise humeur sur Antoine de Lalande, homme d'armes du Château-Vieux, qui avait pris part aux assemblées faites contre le gouverneur, et s'était abstenu de lui rapporter ce qui s'était passé dans ces réunions ; le comte lui en adressa de vifs reproches et lui retira sa charge d'homme d'armes. Tous les Bayonnais prirent parti en faveur du bourgeois dépossédé. Gramont, qui s'était retiré à Bidache, et Mayenne, son hôte, reçurent deux députés du Conseil et tous les hommes d'armes, qui vinrent intercéder, à tour de rôle, en faveur de Lalande (19 janvier 1619). Il est à présumer que le gouverneur, pressé par le duc, n'osa refuser de faire droit à de si vives instances.

Le désir qu'avait Mayenne de voir régner la bonne harmonie à Bayonne était d'autant plus méritoire, que la famille royale ne donnait guère le bon exemple. Le vieux duc d'Epernon, qui jalousait de Luynes, chercha à lui créer des embarras, en délivrant Marie de Médicis exilée à Blois et en la conduisant à Angoulême dont il était gouverneur. La reine mère, plus libre dans ses agissements, forma une cabale dans cette ville où elle attira les mécontents. Le déplacement de la reine fut annoncé à la ville par le duc qui lui transmit la copie d'une lettre du roi sur ce sujet (18 mars 1619).

La crainte de nouveaux désordres engage le lieutenant de maire à faire recommander la stricte exécution de la garde. Le Conseil profite de la menace de troubles pour obtenir le renouvellement des lettres patentes ordonnant l'expulsion des Portugais : il demande à Mayenne et à Gramont l'autorisation de les mettre à exécution à Bayonne, et s'efforce d'entraîner dans la même voie les habitants de Biarritz, en leur rappelant le sacrilège commis par une juive de leur ville, qui avait profané une hostie consacrée. Dans l'incertitude de la paix ou de la guerre civile, on établit la garde extraordinaire pendant huit jours (26 avril 1619). Ce délai expiré, les bonnes nouvelles de la paix permirent de décharger les habitants. Mais, à défaut de guerre civile, les querelles intestines se rallumèrent à Bayonne ; d'un côté, le sieur Dibusty, lieutenant de maire et les échevins, de l'autre, le gouverneur, représenté par Sensac, son bouillant lieutenant, et les conseillers-magistrats ou claviers des offices, formèrent deux camps bien tranchés.

Gramont éprouva un premier froissement, en voyant le Conseil rejeter sa demande tendant à faire exonérer de la garde et du guet trois habitants qu'il venait de nommer mortes-payes. La ville, en agissant ainsi, avait fidèlement interprété le règlement de Cognac ; elle tenait d'autant plus à sa stricte observation que le Parlement s'était permis d'y porter atteinte en exemptant les monnayeurs du service de garde, sauf le cas de péril imminent. Deux hommes d'armes du Château-Vieux, forts de cette exception, voulurent obtenir du Conseil une semblable faveur pour leurs archers, en arguant qu'hommes d'armes et archers logeaient ensemble et faisaient le même service, et que les uns étant exemptés de la garde, les autres ne pouvaient y être astreints. Pour punir l'un des archers d'avoir manqué au service de garde de la ville, les échevins lui confisquèrent trois barriques de vin ; puis, sur la plainte des hommes d'armes, ils consentirent à lever la confiscation. Mais résolu à rejeter la demande d'exemption, le Conseil retarda jusqu'au 8 novembre le moment de signifier son refus afin de laisser au gouverneur le temps de s'apaiser. Gramont exploita l'acte de confiscation arbitraire commis par le Corps de ville pour exciter contre lui les conseillers-magistrats et les claviers des Compagnies des artisans, qu'il fit réunir au Château-Vieux.

Ogier de Moisset, commissaire des mortes-payes, appuyant les prétentions de la ville, s'était attiré la haine de Gramont. Une discussion ayant surgi entre lui et Sensac, ce dernier voulut se saisir du commissaire, et, dans ce but, il se permit d'envahir et de fouiller, pendant la nuit, accompagné de trente à quarante gentilshommes, carabins et soldats du Château-Vieux, la maison du bourgeois de Xiert, avocat, où il le supposait caché. Cette violation de domicile n'amena pas l'arrestation de Moisset, mais elle fournit au Conseil l'occasion de dresser un procès-verbal contre Sensac (1er juillet 1619). Celui-ci, encore plus irrité, garda longtemps rancune au commissaire, et l'ayant rencontré cinq mois après dans la cathédrale, il l'injuria gravement.

Poursuivant ses actes vexatoires, le lieutenant du gouverneur fit emprisonner au Château-Vieux un habitant de Souraïde, qu'il accusait d'avoir constitué un dépôt de poudre destiné aux rebelles ; ses soldats du Château-Vieux, chargés de saisir la poudre chez plusieurs habitants qu'il leur désigna, en trouvèrent à peine quelques livres. Cette nouvelle fantaisie fut consignée dans une plainte que le Conseil se proposa de présenter à Gramont dès son retour à Bayonne.

Mais, après avoir attenté à la liberté des habitants, le lieutenant du gouverneur se permit de fouler aux pieds les
prérogatives des capitaines de garde aux portes. Il se présenta, le 13 juillet, à trois heures du matin, à la porte Lachepaillet suivi de quarante à cinquante hommes armés, et
il força les soldats du corps de garde à laisser sortir de la
ville une troupe de trente cavaliers. Cette fois, le Conseil,
passant par dessus la tête de Gramont, envoie à la cour le
procès-verbal de l'incident et le confie à M. de Niert qui s'y
est rendu pour réclamer contre la violation de son domicile ;
il y joint les autres procès-verbaux. La ville, décidée à ne
plus subir d'autres violences de Sensac, prend la mesure
de tenir une troupe prête à soutenir ses droits, et elle dispose
un corps de garde de quarante hommes en avant de la
maison de ville.

Gramont fait observer au Conseil qu'il aurait dû prendre **Un accord partiel**
son avis, avant d'établir ce corps de garde, et comme les **s'établit**
échevins persistent à le maintenir, le gouverneur leur fait **entre Gramont**
connaître qu'il va, de son côté, établir des corps de garde **et le Conseil.**
aux abords du Château-Vieux. Ces dispositions, pleines de
menaces pour la tranquillité de la ville, ne furent pas maintenues ; l'accord s'établit, le 22 juillet, sur les bases suivantes : 1° La ville supprimera le corps de garde de la
mairie, à condition que Gramont fasse cesser les entreprises
de ses soldats sur les corps de garde posés par la ville et
sur l'ouverture des portes ; 2° les soldats mortes-payes du
Château-Vieux ne rôderont plus en ville après la retraite ;
3° enfin, les canons, dits mousquets de fonte, posés sur le
rempart du Château-Vieux, ne seront plus braqués contre
la ville.

Niert était toujours à la cour poursuivant ses démarches,
et n'obtenait pas satisfaction. Gramont ne restait pas inactif ;
il avait décidé quelques conseillers-magistrats à l'accompagner en cour ; mais, voulant se munir de preuves, il faisait
passer de porte en porte un de ses domestiques et un clavier
des conseillers des offices afin de recueillir des signatures
au bas d'une pétition hostile aux échevins. Ceux-ci décidèrent alors d'envoyer à la cour un second député, Dibusty,
qui devait joindre ses efforts à ceux de l'avocat Niert.

Mais la cour avait des soucis autrement graves que d'accorder les autorités de Bayonne, et elle négligea d'intervenir
dans leurs différends. Le ministre de Luynes, ne pensant
qu'à susciter un concurrent à d'Epernon, décida le roi a
ouvrir les portes de la Bastille à Henri II de Condé. Le Corps
de ville de Bayonne fit parvenir à ce dernier une lettre qui
lui fut remise par Dibusty, dans laquelle il le félicitait de
sa mise en liberté (8 novembre) ; les remerciements du

prince ne tardèrent pas à parvenir aux échevins (15 décembre).

Le roi Louis XIII recula devant la guerre civile et surtout devant l'obligation de combattre sa mère. Il pensa obtenir le repos en lui abandonnant l'Anjou, par l'entremise de l'évêque de Luçon, qui fut plus tard le ministre Richelieu. La reine mère consentit à se rendre à Angers (20 octobre), sans toutefois cesser de combattre le duc de Luynes ; mais ce dernier réussit à attirer Condé de son côté. Ce prince qui n'avait osé, au sortir de sa prison, se déclarer pour le roi et s'était tourné vers les protestants, se rendit alors au parti de la cour pour combattre Marie de Médicis, à laquelle il ne voulait pardonner. Le roi, voyant le désordre s'aggraver, prit les armes et parcourut la Normandie. Il soumit Caen et Rouen, puis il marcha sur Angers ; entré dans cette ville, il se réconcilia avec sa mère et consentit à l'admettre dans le conseil d'Etat. De Luynes resta ministre et Richelieu, protégé de la reine, reçut le chapeau de cardinal.

Gramont, que le roi tenait au courant de la guerre qu'il faisait en Normandie contre sa mère, et de la prise des deux villes, fit part de ces nouvelles aux échevins (18 juillet). Le Conseil s'empressa d'assurer Louis XIII de sa fidélité (26 juillet) et intervint près du chapitre en vue de faire des processions et prières publiques pour amener l'apaisement des troubles.

La ville s'émeut d'un travail de fortification au Château-Vieux. Pendant que ces événements se déroulaient, les habitants de Bayonne tentaient de s'opposer à l'exécution d'un nouveau projet de Gramont. Le gouverneur avait placé des ouvriers dans le grand fossé du Château-Vieux, situé en avant de la porte d'entrée, et les employait à construire un gros mur de 9 à 10 pieds d'épaisseur : c'était le commencement d'un ouvrage de fortification destiné à couvrir la porte du château qui ouvrait vers la ville. Les bourgeois prétendent que cet ouvrage, dirigé contre Bayonne, semble mettre en doute la fidélité de ses habitants. Ayant appris que les artisans vont joindre leurs efforts à ceux du comte pour faire échec au Corps de ville et envoyer un des leurs à la cour, les échevins s'empressent de députer vers le roi l'avocat Sorhaindo afin de démontrer le zèle de la ville pour son service et l'engager à désapprouver la fortification élevée par Gramont (9 décembre 1619).

Les travaux se continuant, une assemblée de bourgeois se réunit (19 décembre) et décide que le lieutenant de maire ira trouver Gramont au Château-Vieux et essaiera de le détourner de son entreprise. Le comte refuse de se rendre à la prière du représentant des échevins, donnant pour prétexte les propos désobligeants pour sa personne qu'auraient

tenus en cour les députés de la ville. Sans avoir égard aux
protestations du lieutenant qui attribue ce bruit à de faux
rapports, il demande, avant de prendre une décision, que
la ville désavoue d'abord ses députés. La condition coûtait
trop à l'amour-propre du Conseil et ne pouvait être acceptée
par lui ; Gramont, en la formulant, s'était donné le moyen
de gagner du temps et de faire avancer l'ouvrage.

Le comte partit pour Bidache le jour même de l'entretien ;
le lieutenant de maire et quelques bourgeois l'accompagnèrent jusqu'à Saint-Esprit, dans l'espoir que cette marque
de prévenance amadouerait le gouverneur. Mais Gramont,
leur tournant le dos, s'adressa plusieurs fois avec affectation à des artisans qui se trouvaient sur son chemin et
leur dit à très haute voix : « Courage, mes amis, soyez
« assuré que je ferai pour vous tout ce que je pourrai. »
Il ne faut pas oublier que les artisans étaient en procès avec
le Corps de ville depuis que leurs représentants avaient été
éliminés de cette assemblée.

Sans se laisser décourager par ces procédés blessants,
les bourgeois s'assemblent de nouveau et envoient demander
à Sensac de faire surseoir au travail de la fortification ; celui-
ci répond qu'il ne s'arrêtera que sur l'ordre du roi. Ils se
décident alors à recourir aux moyens d'opposition légale.
Le syndic de la ville se rend, accompagné d'un notaire,
sur le chantier et dénonce aux ouvriers « œuvre nouvelle »,
tandis que le sénéchal leur signifie les défenses prescrites
par la loi ; même procédure est appliquée à l'égard de
Sensac. Ce dernier, sans s'arrêter à ces moyens de justice,
prend ses dispositions pour empêcher les ouvriers de se
débander. Il prescrit à Louis de Millet, architecte chargé
de conduire l'œuvre, et à d'autres personnes, d'aller, de
porte en porte, appeler les artisans au Château-Vieux ; après
les avoir réunis, il expose que le syndic, en voulant arrêter
le travail, leur enlève le moyen de gagner leur vie et favorise
les ouvriers étrangers qu'il va être obligé d'employer. Les
artisans, réunis aussitôt par leurs claviers, protestèrent
contre les sommations du syndic ; le Corps de ville s'éleva,
de son côté, contre ces réunions faites sans son autorisation
et délibéra finalement de se pourvoir devant le Parlement.

Les échevins attendaient des nouvelles de la cour ; Sorhaindo leur écrivit, le 7 février 1620, que Gramont avait
porté plainte devant le conseil d'Etat contre le Corps de ville,
auquel il reprochait d'avoir établi et maintenu, pendant
huit jours, sans son autorisation, au mépris de sa charge
et contrairement au service du roi, un corps de garde devant
la maison commune, derrière une barricade défendue par
des fauconneaux. Il concluait à une sévère punition, et

demandait le bannissement de certains magistrats et bourgeois. A cette nouvelle, le Conseil de ville, pris d'émotion, s'assemble pour rédiger un mémoire en réponse aux allégations du comte et l'envoie à Sorhaindo ; il lui fait connaître, en outre, que le duc de Mayenne est saisi des différends concernant le corps de garde reproché à la ville et l'ouverture nocturne de la porte Lachepaillet imputée à Sensac, et l'informe que le duc doit statuer, à son tour, sur les deux litiges, à son retour de la cour.

Ces divers débats n'empêchaient pas le lieutenant du gouverneur de faire poursuivre la construction entreprise au Château-Vieux, sans avoir égard à l'arrêt récemment rendu par le Parlement de Bordeaux ordonnant de suspendre les travaux (9 mars 1620). D'ailleurs, fort de l'appui de son maître, Sensac prenait de grandes libertés vis-à-vis des bourgeois. Voulant exercer une vengeance contre l'avocat Sorhaindo, il envahit sa maison à la tête de quinze ou vingt carabins porteurs de leurs armes, et pénétra dans une salle de bal dans laquelle on dansait le soir du 4 mars ; et, prenant une attitude de menace, il mit par deux fois la main à son épée, tandis que ses soldats abattaient les chaînes de leurs carabines : c'était une riposte aux agissements de Sorhaindo près du roi.

D'ailleurs, le lieutenant Sensac se permettait d'intervenir à tout propos dans les affaires de la ville, tantôt se fâchant de ce qu'un vigneron avait fait un fossé en avant de la porte Saint-Léon, tantôt entravant le commerce en faisant saisir du plomb par ses soldats chez un habitant. Les échevins résistèrent à ses entreprises et obtinrent la restitution du plomb ; ils se montrèrent même agressifs en essayant de supprimer le jeu de billard du Château-Vieux, tenu par le capitaine Jehan, sous prétexte qu'il s'y proférait des blasphèmes.

Les plaintes que Gramont avait produites devant le conseil d'Etat contre la fidélité de la ville, occasionnèrent de la froideur entre lui et le Corps de ville. Aussi, les échevins se dispensèrent d'aller saluer à Bidache le gouverneur qui rentrait de la cour (3 avril 1620) ; la marque d'hostilité était d'autant plus évidente que les échevins s'étaient empressés, le mois précédent, d'aller visiter à Saint-Jean-de-Luz M. de Farges, se rendant en ambassade vers le roi d'Espagne.

Les artisans prennent le parti de Gramont contre les bourgeois. Mais les conseillers-magistrats, voulant donner une leçon au Conseil et montrer leur affection pour le comte, se rendirent à Bidache, avec des artisans ; ils chargèrent, sur le pont d'un bateau, des fauconneaux de fonte verte que Sensac retira du Château-Vieux, et signalèrent leur visite à Bidache par des détonations répétées. Ils lâchèrent même quelques coups de cette artillerie, à leur départ de Bayonne et à leur retour dans cette ville, pour mieux narguer le Conseil.

La lutte se poursuivit encore par de petites escarmouches entre les deux autorités de Bayonne. Gramont fit saisir par le capitaine Haramboure et jeter dans les prisons du Château-Vieux, le postillon qui avait transporté à Paris le mémoire de la ville. Le lieutenant de maire le réclama en vain ; il fallut, pour obtenir sa mise en liberté, l'injonction du duc de Mayenne, à qui la ville avait adressé un procès-verbal de l'incident (21 avril). Gramont et Sensac se vengèrent de cette défaite par des insolences ; le premier, rencontrant à Bordeaux l'échevin député par le Conseil, se vanta de lui avoir réservé cinquante coups de bâton ; le sieur de Saint-Martin, fils de Sensac, tint à son égard des propos aussi offensants. Le Corps de ville se borna à adresser une plainte au Parlement, sans toutefois recourir à des poursuites qui auraient contribué à rendre les rapports plus tendus (8 mai).

Mayenne, chargé de régler le différend soulevé par la fortification du Château-Vieux, donna mission à l'ingénieur Jasmin Louis, de Bordeaux, de lever le plan de la muraille qui causait la dispute et il envoya M. de Fontaines faire une enquête de commodo et incommodo ; il se réserva de statuer, après avoir examiné le plan et le procès-verbal de l'enquête (7 juin).

Mayenne amène un accord au sujet du Château - Vieux.

La présence de Fontaines et ses démarches auprès du comte adoucirent les rapports. L'invitation d'assister aux feux de la Saint-Jean fut adressée en même temps à Gramont et à sa femme, à MM. de Sensac et de Fontaines, et fut favorablement accueillie (22 juin). Pour éviter les inconvénients redoutés par la ville et dissiper ses craintes, le gouverneur consentit à modifier le plan de la fortification qu'il projetait d'ajouter au Château-Vieux. Il s'efforça de lui enlever, en partie, le caractère d'ouvrage fortifié dressé contre la ville : dans ce but, il voulut bien limiter la construction du côté Nord au mur romain situé à droite de l'entrée du Château et vers l'Est, au mur de contrescarpe bordant le large fossé à l'opposé de la porte. Ce dernier mur devait être reconstruit et recevoir les mêmes dimensions en hauteur et épaisseur, que le rempart romain.

Le comte ajouta qu'il ferait ensuite exécuter, au-dessus de ces murs, un pavillon et une galerie, destinés à embellir le Château sans y faire d'autres ouvrages de fortification que quelques embrasures semblables à celles de la vieille muraille qui devait être démolie ; la cour intérieure du Château devait ainsi se trouver augmentée de cette avant-cour. Afin de faciliter l'entrée des carrosses et d'adoucir le tournant dans l'avant-cour, Gramont se proposait de déplacer la porte d'entrée en la rapprochant de quelques toises du mur romain et en établissant un pont aboutissant à la nouvelle porte du tambour.

Le Conseil ne demanda qu'à s'associer à l'embellissement du Château-Vieux et approuva les dispositions décrites par Gramont. Mais, sachant avec quelle désinvolture le gouverneur se permettait de modifier ses engagements, il obtint de l'ingénieur la livraison d'une copie du plan et des conditions de son exécution ; cette copie, signée par le comte, par Fontaines, par l'ingénieur et par les échevins, fut déposée aux archives, afin de pouvoir servir, en cas de besoin, à contrôler les travaux. Ainsi fut terminé cet irritant litige (28 juin 1620).

Une entente s'établit entre le Conseil et les artisans.

Fontaines avait été, en outre, chargé de ramener l'accord entre le Corps de ville et les conseillers-magistrats représentant les artisans. Ces derniers avaient envoyé en cour des députés soutenus par Gramont et avaient obtenu un arrêt du conseil d'Etat favorable à leurs prétentions (1er juin 1620) ; le délégué de Mayenne décida facilement le Conseil à accepter l'accommodement arrêté par le roi. Les conseillers-magistrats purent, dès ce moment, assister aux séances du Conseil, opiner avec le reste du Corps de ville dans les délibérations communes et ordinaires, traiter et gérer les affaires concernant les vivres, poids, aunes et mesures ; enfin, infliger des amendes à ceux qui auraient commis des abus à leur sujet. Les termes de l'accord furent les suivants :

1° Les conseillers-magistrats seront renouvelés chaque année par moitié, comme les autres magistrats du Conseil de ville. Leur nombre sera réduit de 12 à 6.

2° Ils auront désormais, contrairement aux patentes d'Henri III qui leur avaient enlevé toute autorité, la police générale sur les vivres, poids et mesures.

3° Ils assisteront à toutes les processions avec le Corps de ville, à l'exception de celle de la Fête-Dieu ; ils resteront exclus des cérémonies du cierge de la Pentecôte et des feux de Saint-Jean.

4° Chaque habitant pourra, en demandant une billete, faire entrer, sans fraude, une provision de cidre (poinade) pour lui et sa famille.

Le conseil d'Etat, en accueillant la demande des artisans, avait fait acte de bonne administration. Il voulut cependant accorder une satisfaction au Corps de ville, et émit, sur sa requête, un arrêt supprimant l'office de prévôt royal dont les attributions passèrent à la ville.

Louis XIII se voyant, depuis sa réconciliation avec la reine mère, débarrassé de la cabale dont elle était l'instigatrice, veut se défaire du parti huguenot. Il passe la Loire en s'emparant de Saumur, châtie diverses bourgades protestantes en Poitou et en Charente, puis il s'apprête à faire semblable besogne en Béarn.

Louis XIII
entame
la campagne
contre
les huguenots.

Le bruit court à Bayonne (14 août 1620), qu'en divers endroits du royaume, on a pris les armes et que les rebelles ont mis des garnisons dans des villes du Béarn et de la Basse-Navarre. Le Conseil, entièrement réconcilié avec Gramont, a été le visiter à Bidache à l'occasion d'une maladie ; il attend son retour en ville pour arrêter, de concert avec lui, certaines mesures de sûreté : fermer la porte de Mousserolles et alternativement celles de Saint-Léon ou de Lachepaillet ; faire circuler des patrouilles ; visiter les armes et munitions des habitants afin de les compléter.

Le Conseil veut, en outre, empêcher la sortie des armes de la ville en faisant poursuivre tous ceux qui se livrent à ce trafic ; il s'informe si les armes chargées sur un bateau venant de Niort ne sont pas destinées aux Béarnais, et il acquiert la preuve que le sieur de Pardaillan, gouverneur de Niort, en est propriétaire et qu'il les dirige chez lui, en Armagnac.

Peu de jours après, Gramont vient annoncer au Conseil que le duc de La Force a levé une armée de quatre mille hommes de pied et de mille à mille cinq cents chevaux, avec laquelle il se propose d'attaquer Saint-Sever. Le gouverneur et Poyanne ont tous les deux apprêté leurs soldats et vont les réunir. Gramont fait savoir qu'il se rend dans ce but à Saint-Vincent et qu'il va en même temps conférer avec Poyanne afin d'arrêter le plan des opérations. Il exhorte les échevins à continuer la garde avec vigilance, promettant d'accourir si la ville vient à être menacée.

La nouvelle que le roi approchait de Bordeaux ne pouvait que stimuler le zèle de ses fidèles sujets. Les échevins, désireux de ne pas se laisser surprendre par l'arrivée du roi à Bayonne, s'efforcent de connaître les projets du monarque et écrivent, dans ce but, à M. de Pontchartrain, secrétaire des commandements de Sa Majesté (7 septembre). L'échevin Dachères et Pierre de Lespès, sieur de Hureaux, vont à Bordeaux, saluer Louis XIII au nom de la ville. Gramont, prêt à remplir le même devoir, s'offre de présenter les députés au roi, prétendant que cette mission n'incombe qu'à lui ; les échevins laissent toute liberté, à cet égard, à leurs députés et les invitent cependant à suivre l'avis de personnes de bon conseil. Louis XIII reçut avec bienveillance leurs compliments et protestations de fidélité.

Le roi essaie en vain de pacifier le Béarn.

Mais le monarque avait pour unique objectif de pacifier le Béarn ; il délaissa Bayonne et se dirigea vers cette contrée à la tête de nombreuses troupes. Son arrivée cause une grande terreur aux habitants de la région qui redoutent les effets de sa justice. Aussi, ont-ils cessé toute résistance, ce qui permet au roi de faire son entrée à Pau (15 octobre 1620). Les échevins de Bayonne, prévoyant que Louis XIII pourrait manquer d'armes, ont eu soin de retenir en ville celles qui s'y trouvent et ont enjoint aux détenteurs de mousquets de ne pas s'en dessaisir. Ils ont, en outre, chargé un député de solliciter du roi la restitution des canons de la ville, pris par Montgomery à Tarides et retenus à Navarrenx. Gramont, informé de cette démarche, leur fait savoir que le moment n'est pas favorable (20 octobre) ; il court, en effet, de nouveaux bruits de guerre et d'attentat projeté par les Béarnais contre Navarrenx. Le gouverneur, à cause de ces menaces, ne peut venir à Bayonne, mais il invite le Conseil à se tenir en éveil, sans trop causer de fatigue aux habitants (16 décembre).

Navarrenx menacé par les protestants. Précautions à Bayonne.

Les magistrats renouvellent auprès des Bayonnais les recommandations anciennes concernant la garde, les patrouilles, l'expulsion des vagabonds et les déclarations des hôteliers. Ils envoient deux hommes épier hors ville, défendent aux étrangers de se promener sur les remparts, et font sonder les marchandises apportées par les navires flamands avec des tiges de fer appelées carabels, afin de s'assurer que des armes ne s'y trouvent pas cachées. Une lettre du roi, adressée de Calais à Gramont et datée du 27 décembre 1620, vient confirmer les nouvelles de rébellion communiquées par le gouverneur ; le duc de Mayenne et le président du Parlement de Bordeaux écrivent à la ville sur le même objet et font toutes sortes de recommandations au sujet de sa sûreté. Quoique toutes les mesures soient bien prises à cet égard, le Conseil régularise le service de garde en partageant les habitants en vingt-huit escouades.

L'éloignement du roi avait permis un nouveau soulèvement en Béarn ; le nombre des rebelles qui prenaient les armes sur toute l'étendue du royaume augmenta considérablement. Les habitants de Bayonne, avertis du mécontentement des protestants béarnais, s'offrent d'eux-mêmes au service de la garde. Le Conseil prescrit la visite des armes et munitions ; il défend, sous peine de mort, d'en tirer de la ville, et, d'accord avec le chapitre, fait une procession afin de détourner tout danger de Bayonne (29 avril).

L'émotion provoquée par cette nouvelle menace lui paraît une occasion favorable de rétablir le corps de garde de la maison commune, sous prétexte que l'on a tenté d'en forcer la porte ; il en avertit Sensac qui ne juge pas opportun de protester. Le Conseil voudrait aussi obtenir que les Portugais, déjà chassés de Bayonne et reçus à Biarritz, fussent définitivement renvoyés du gouvernement de Bayonne ; mais une lettre de cachet du roi contient des dispositions contraires à cette mesure et ne permet pas de réaliser les intentions des échevins (1er février 1621).

Le roi est descendu en Poitou, a attaqué Saint-Jean d'Angely, puis il s'est emparé de Sancerre et de Vitré. Pendant qu'il poursuit le cours de ses opérations et qu'il se prépare à mettre le siège devant Montauban, principal centre de résistance des huguenots en Guyenne, la reine régente et M. Gaston, frère du roi, arrivent à Bordeaux, où les députés de Bayonne viennent les saluer (16 juillet 1621).

Les échevins continuent leur mission de surveillance et prohibent tout passage d'armes aux mains des rebelles. Ils empêchent Etcheverry d'embarquer trois cents piques parce que la traite de ces armes est interdite et qu'elles peuvent, d'ailleurs, être saisies par les Rochelais, ennemis du roi, dont les navires croisent devant les côtes ; mais le commerçant s'adresse à Gramont et obtient un passeport l'autorisant à transporter les piques à Bordeaux pour le service du roi ; il présente cette pièce au Conseil et peut, dès lors, conduire ses armes à destination (18 juin).

Les protestants de La Rochelle et du Béarn se concertaient pour résister aux troupes royales ; leurs émissaires traversaient parfois Bayonne, en venant s'embarquer ou débarquer. Ils étaient cependant surveillés et souvent arrêtés. Un ministre béarnais fut saisi, au moment où il arrivait de La Rochelle, et livré par les échevins au lieutenant-général qui lui fit son procès. Les navires étrangers étaient l'objet de visites minutieuses et le commerce s'en trouvait gêné ; mais une mesure particulière était prise contre les Flamands et les Anglais, avec lesquels la trêve se trouvait rompue et dont les vaisseaux n'étaient point autorisés à franchir les chaînes de la Nive ; on leur permit cependant de « tenir planche » (établir leurs marchandises) sur le grand pont de l'Adour.

Le Conseil des échevins s'efforça de se tenir au courant des événements de guerre. Il décida (20 septembre 1621) d'envoyer chaque semaine un messager à l'armée royale devant Montauban, et il apprit par lui que deux consuls et le sergent-major de cette ville avaient demandé à parlementer. Rohan parvint cependant à ravitailler la place, et força le roi à lever le siège ; pendant ce temps, Mayenne assiégeait Nérac. Tout danger de surprise n'était donc pas écarté de

Bayonne, dont les magistrats continuèrent à assurer la sécurité.

Le duc de Luy..., ayant échoué devant Montauban, alla assiéger et prendre la place de Monheur, en Guyenne ; il trouva la mort dans cette affaire. L'opération fut présentée comme une victoire, qui fut célébrée à Bordeaux et à Bayonne par des prières et processions (19 novembre 1621). Gramont, retenu malade au camp devant Montauban, y reçut la visite d'un échevin et remercia la ville de son attention (26 novembre) ; il put cependant rentrer à Bidache le 9 décembre. Durant l'absence du comte, le nouveau lieutenant de maire, Sorhaindo, décida le Conseil à démolir le pilori et à le remplacer par un poteau muni d'un collier de fer ; gardien vigilant des prérogatives des échevins, il arrêta une tentative des conseillers magistrats qui voulaient se joindre au Corps de ville à l'occasion de la procession de la Fête-Dieu (10 juin 1621).

Nouvelles tentatives de Gramont pour arriver à la capitainerie du Château-Neuf. Gramont, profitant de la venue du roi en Béarn, avait obtenu de lui son acquiescement à une manœuvre qui devait faciliter le passage de la capitainerie du Château-Neuf entre ses mains, en obligeant les Bayonnais à abandonner leur opposition. La démission du vicomte d'Uza en faveur de Gramont était déjà convenue et le roi avait consenti à cette mutation à condition qu'elle fût agréée par les habitants de Bayonne ; dans le cas contraire, le Château-Neuf devait être démoli. A peine la nouvelle de cette combinaison machiavélique est-elle parvenue à Bayonne, que le lieutenant de maire provoque une réunion générale de tous les ordres de la ville (30 octobre 1620). Il expose que la transmission de la capitainerie du Château-Neuf est faite, contrairement aux règlements établis par les rois entre la ville et les divers gouverneurs. Il rappelle que le vicomte d'Orthe fut obligé par Charles IX de résigner cette capitainerie que Saint-Estèphe lui avait passée par voie de démission et qu'il dut céder à Fontenay ; que Gramont lui-même avait fait, en 1610, la même tentative, et avait dû y renoncer devant la volonté exprimée par le roi de maintenir les anciens règlements. Il s'agissait, en ce moment, de savoir si la patente, obtenue subrepticement par Gramont, et délivrée, sans entendre les raisons de la ville, abrogerait des règlements donnés avec tant de connaissance.

L'assemblée décide la rédaction d'un mémoire indiquant que la ville ne peut consentir, ni à la démolition du Château-Neuf, ni à la réunion de sa capitainerie dans les mains de Gramont qui détient déjà celle du Château-Vieux. Elle fait apporter ce document à Bidache par un député ; mais comme le gouverneur, absent pour sept à huit jours et ignorant les résolutions prises, pourrait agir dans un but différent, les échevins écrivent à Luynes, garde des sceaux et à Pontchartrain, secrétaire des commandements : ils chargent un garde de ville de remettre les lettres à leurs destinataires et le font partir aussitôt vers la cour.

Le gouverneur ne reçut, en effet, la communication du Conseil que le 19 novembre, et il annonça à son député qu'il se rendrait le lendemain à Bayonne, afin de donner connaissance à une assemblée générale du contenu des lettre et patente royales : il ajouta qu'il comptait prendre possession du Château-Neuf, sans autre formalité que le versement de 500 écus entre les mains du capitaine qui y commandait. Il se présenta, en effet, dans la salle commune, laissant à la porte les gentilshommes et carabins de sa suite, et fit donner lecture de la patente contenant sa promotion à la capitainerie et d'une lettre du roi datée du 20 octobre précédent. Cette missive adress'e au comte de Gramont, invoquait la nécessité d'assurer le repos de la ville de Bayonne et contenait l'ordre de faire démolir et raser le Château-Neuf, afin qu'il ne puisse servir de retraite à sa garnison au cas où celle-ci se révolterait. Le motif peu plausible allégué dans la lettre du roi n'était qu'un moyen d'exercer une pression sur la ville, en faveur du projet du gouverneur. On fait observer à Gramont que la religion de Sa Majesté a été surprise, car la fin de sa lettre indique que la ville désire la démolition du château ; or, toute l'assemblée, interrogée, témoigne que personne n'a exprimé ce désir. Avant de se retirer, le comte, jugeant inutile de protester contre l'interprétation donnée à ses démarches, demande seulement à l'assemblée de lui faire connaître sa réponse. Celle-ci, bientôt arrêtée et transmise au gouverneur, contenait une requête du roi de conserver la ville dans son état présent, de maintenir les anciens règlements et, en outre, sollicitait Gramont de ne rien innover avant toute nouvelle décision du roi. Le comte promit d'attendre jusqu'à la fin de novembre et invita les échevins à se pourvoir en toute hâte envers Sa Majesté.

Le jurat Sauvat de Lalande partit aussitôt pour la cour. Il rendit compte, le 23 novembre, de la manière dont il avait accompli sa mission. Il avait exposé au roi que le Château-Neuf avait été bâti, pour la garde et sûreté de la ville, par le roi Charles VII dont la statue en pierre se voyait encore dans la niche nord de la grosse tour du Château. Ce monarque avait jugé le Château si nécessaire, qu'il avait commis à sa garde un capitaine particulier, différent de celui qui commandait au Château-Vieux, et un certain nombre de mortes-payes pris parmi les principaux bourgeois de la ville.

« Ce Château, avait ajouté le député de la ville, est néces-
« saire à la conservation de Bayonne contre l'ennemi et sert
« à maintenir les habitants dans le devoir. Tant que sa
« capitainerie sera entre les mains d'un autre officier que
« le gouverneur, celui-ci, n'ayant pas toute liberté d'action
« dans Bayonne, n'osera pas détourner la ville du service
« du roi. Le rasement de cette forteresse, dans l'esprit de
« Gramont, est conditionnel, et ne se fera que s'il ne peut
« en avoir la capitainerie, même à prix d'argent ; mais cette
« démolition, motivée seulement par la jalousie du gouver-
« neur, ne doit pas se faire ; si les forts étaient rasés à
« mesure qu'ils causent de la jalousie, il n'y aurait point de
« fort au monde. »

Les raisons invoquées par Lalande furent goûtées par Louis XIII, qui ordonna (28 avril 1621) de surseoir à l'exé-cution de ses patentes et au rasement du Château-Neuf ; il enjoignit, en même temps, au vicomte d'Uza, à son lieute-nant et à ses hommes d'armes, de continuer la garde du Château, en la manière accoutumée, avec le soin et la fidélité auxquels ils étaient tenus. Un arrêt du conseil d'État repro-duisant la décision royale et ordonnant que le Corps de ville serait plus amplement ouï dans ses remontrances sur la démolition du Château-Neuf de Bayonne, fut signifié par les échevins au comte de Gramont, à son lieutenant, au vicomte d'Uza, à Sainte-Croix, son lieutenant, et à Martin du Vergier, premier homme d'armes du Château-Neuf (2 août 1621). Le texte même de l'arrêt laissait la question en suspens et autorisait Gramont à poursuivre la réalisation de ses vues, quand un moment plus favorable se présen-terait.

Comptant donc sur l'avenir, le comte de Gramont, sans montrer de dépit, continua de remplir ses diverses charges en conscience ; il prit ses dispositions pour faire exécuter, en sa qualité de gouverneur, le quai du port de Socoa, sans tenir aucun compte des démarches contraires faites par les habitants de Bayonne et de Saint-Jean-de-Luz. Mais il se heurta à la résistance des sieurs d'Amou, d'Urthubie et d'autres gentilshommes du pays, qui assemblèrent leurs vassaux en armes à Urrugne et s'apprêtèrent à empêcher par la force l'exécution du quai. Gramont envoya à Saint-Jean-de-Luz des troupes accompagnées de trois canons, dans l'intention de réduire les rebelles. Les échevins de Bayonne, désireux d'éviter toute effusion de sang, inter-vinrent auprès des révoltés d'Urrugne et obtinrent d'eux qu'ils missent bas les armes ; Gramont, que cette marque

Gens armés ras-semblés à Urru-gne pour empê-cher les travaux du port de So-coa.

de soumission n'avait pas touché, ne voulut pas abandonner son projet de châtier les rebelles. Vainement, le Conseil fit valoir auprès du gouverneur le danger auquel il allait s'exposer et le mal qui en pourrait résulter, celui-ci ne voulut écouter aucune remontrance. Mais il fut forcé de céder aux injonctions du duc de Mayenne, auquel les échevins avaient enfin demandé d'interposer son autorité, et qui interdit toute voie de fait au sujet du port de Socoa (3 juin).

La situation avait été examinée, peu de jours auparavant, par le duc d'Epernon, durant une courte visite à Bayonne, au Boucau et à Saint-Jean-de-Luz. Ce seigneur n'était investi d'aucune charge en Guyenne, mais il accomplissait une mission d'inspection. Le Conseil avait envoyé au devant de lui, à Peyrehorade (22 mai), une députation portée par trois galuppes et trois chaluppes. Le duc fut escorté par eux jusqu'à Bayonne ; il reçut à son arrivée le salut des échevins, pendant que les canons faisaient retentir les airs de leurs détonations et gagna son logis, escorté par une compagnie de cent hommes.

L'échec du roi devant Montauban et la mort de Luynes ont donné un nouvel élan aux rebelles. A Paris, le peuple les accuse d'avoir incendié deux cents maisons, et se soulève contre eux (27 septembre 1621). Les protestants agissent plus ouvertement en Guyenne ; deux mille d'entre eux se sont enfermés dans Tonneins et sont pressés vivement par le duc de Mayenne qui a juré de n'en laisser échapper aucun. Ils se défendent cependant avec valeur, pendant que M. de Sainte-Croix agite le Médoc et que M. de Fabas tient Soulac (avril 1622). Les troubles pourraient bien gagner Bayonne, où deux huguenots, Carrère et Ducasso, ont été trouvés, à dix heures du soir, parcourant les remparts. Cette découverte cause de l'émoi aux échevins et fait redoubler les précautions : la garde extraordinaire est rétablie, les armes visitées, les vagabonds expulsés, tout transport d'armes hors la ville interdit, le déchargement des bateaux prohibé entre les chaînes et seulement permis à Mousserolles. Le Conseil de ville fait placer, dans chaque corps de garde de porte, six mousquets avec leurs fourchettes et leurs bandoulières garnies de poudre, d'amorces et de balles ; il profite de la circonstance pour supprimer le jeu de billard voisin de la porte Lachepaillet et le remplacer par un corps de garde. Les préoccupations de Gramont détournèrent son attention de cette modification contraire à ses intérêts et déjà repoussée par lui.

Lesdiguières, ayant ceint l'épée de connétable laissée vacante par la mort de Luynes, rétablit l'ordre dans l'armée catholique et aida le roi à battre Soubise qui alla chercher

Mesures de précaution contre la révolte des Huguenots.

un asile en Angleterre (24 avril 1622). Louis XIII passa ensuite à Bordeaux où les députés de la ville allèrent le saluer ; Gramont avait envoyé Robillart vers le roi pour connaître ses intentions. En attendant le retour de cet officier, il prescrivit à tous ceux de son gouvernement de prendre les armes et d'être prêts à marcher. Mais le roi devait se diriger vers le bas Languedoc, et entrer ensuite en accommodement avec le parti calviniste par le traité de Privas, qui allait lui ouvrir les portes de Montpellier.

Tant que les épées ne sont pas assurées dans leurs fourreaux, les habitants de Bayonne restent exposés à des surprises. Ils ont cru un moment que les Huguenots s'étaient emparés de Mont-de-Marsan (6 mai 1622) ; Gramont, consulté par eux à Bidache, leur apprend que ce bruit inexact a pris naissance à la suite d'une querelle entre les habitants de cette ville et son gouverneur. Redoutant les conséquences de son agitation, les échevins rétablissent la garde extraordinaire, mettent le corau en rivière après l'avoir muni d'un corps de garde, défendent la sortie des armes et des munitions de guerre et recherchent les étrangers. Ils décident la formation d'un corps de garde à l'occasion de la Fête-Dieu prochaine et veulent obliger les étrangers, que cette fête ne manque pas d'attirer, à laisser leurs armes hors ville.

Bayonne menacé de surprise par les protestants. Ces précautions n'étaient pas superflues, car Bayonne se trouvait réellement menacé. Le Conseil de ville apprit cette grave nouvelle par une lettre que l'avocat-général de Sault lui écrivit de Nérac. La missive, datée du 12 août 1622, annonça que les Huguenots de Nérac se proposaient de tenter des entreprises contre Agen et Bayonne, et que l'opération contre cette dernière ville devait se faire dans dix ou douze jours. Gramont donna le même avis et prescrivit de faire marcher, durant ce délai, les quatre quartiers de la ville pour le service de garde. On lui demanda de tenir les gens de son gouvernement prêts à porter secours, et on fit transférer le marché à Mousserolles.

Le gouverneur craignit que les Huguenots ne fussent appuyés dans leur tentative par deux navires flamands qui stationnaient en face de Saint-Jean-de-Luz et donna ordre aux gens de Ciboure de s'en saisir. Il voulut attendre l'annonce certaine de l'approche des rebelles, avant d'autoriser les échevins à expulser de la ville tous les habitants huguenots ; il se borna à réprimander un gentilhomme étranger arrêté à Bayonne et conduit devant lui à Bidache, en l'invitant « à ne s'aller plus promener et à se retirer chez lui ». Pour en user vis-à-vis d'un rebelle avec tant de mansuétude, il fallait que Gramont espérât l'abandon prochain du projet des protestants contre Bayonne ; ses pronostics furent confirmés, l'épreuve d'une surprise fut cette fois encore épargnée à la ville. A peine échappé à ce danger, Bayonne retomba sous le coup d'une nouvelle menace. Le 8 mai 1623, la réception d'un billet anonyme avertissant la ville qu'une tentative se préparait pour forcer les chaînes de la Nive provoqua une vive alerte ; les précautions qui furent prises suffirent cependant pour ôter aux conjurés toute idée de réaliser leur projet.

Le duc d'Epernon, nommé gouverneur en Guyenne, arriva à Bordeaux le 9 janvier 1623 et annonça aux députés de Bayonne sa prochaine venue dans leur ville. Il y fit son entrée le 10 septembre et reçut les mêmes honneurs que le duc de Mayenne. La compagnie de milice, qui fut armée à cette occasion, comptait mille mousquetaires et quatre cents piquiers ; elle était commandée par un capitaine, un lieutenant et un enseigne.

Le Conseil avait fait préparer des arcs de triomphe, un théâtre (estrade) et un pavillon de satin blanc bordé d'or ; il avait envoyé, au devant du duc, à Saint-Vincent, deux magistrats et six bourgeois. Epernon fut logé au palais Montault et reçut en cadeau douze belles piques ; il apprit avec satisfaction l'arrivée prochaine d'un beau cheval que la ville avait fait acheter à Pampelune et qu'elle lui destinait.

Les échevins voulaient intéresser le duc à l'achèvement du boulevard de Saint-Esprit ; ils projetèrent de fermer cet ouvrage par un mur reliant le pont Mayou à la porte Saint-Esprit, et d'y placer un corps de garde. Mais Gramont caressait d'autres projets, et dans la crainte que ceux des échevins ne portassent préjudice aux siens, il les en détourna sous prétexte que leur exécution pouvait être renvoyée à une époque éloignée.

Le gouverneur se proposait d'édifier, sur l'emplacement de l'ancien rempart de la ville qui bordait le port et le quai des navires, un bâtiment de douane devant servir à entreposer les marchandises (1) ; il voulait, en outre, hâter la bâtisse entreprise au Château-Vieux.

L'entrée du duc d'Epernon avait suivi de près celle de l'évêque Claude de Rueilh Desmarest ; ce prélat, élevé au siège de Bayonne, le 7 décembre 1621, par le pape Grégoire III, avait vu sa nomination ratifiée par le roi, en ce qui concernait la jouissance du temporel, le 11 février suivant. Le nouvel évêque fit son entrée en ville, le 31 octobre 1622, avec toute la pompe usitée, et se rendit en séance du Conseil, afin de remercier les échevins de leur réception.

Entrée à Bayonne du duc d'Epernon et de l'évêque Claude de Rueilh.

(1) A l'emplacement de la mairie actuelle.

Ces magistrats attendirent l'arrivée du prélat, avant de réorganiser les études du collège. Le nouveau lieutenant de maire, M. Lespès, sieur de Hureaux, se concerta sur cette question avec l'évêque et fut chargé par lui de proposer aux échevins de faire enseigner la philosophie aux élèves du collège par les Pères de l'Oratoire (8 mai 1623).

Cette idée demeura encore à l'état de simple projet, car le Conseil resta divisé sur le choix de l'ordre religieux auquel il convenait de confier la direction des études.

Relations du Conseil avec les ordres religieux. L'évêque ne semble pas être intervenu dans un différend existant entre les échevins et les Ursulines. Ces religieuses, installées depuis 1614 chez la veuve de Haïtse, venaient de s'établir dans une maison que la veuve de Lalande avait fait bâtir pour elles au lieu de Pontriques. Le Conseil, qui ne leur avait donné aucune autorisation de séjourner en ville, se refusa à les y laisser résider plus longtemps ; il décida même de les chasser et de les engager à repartir pour Toulouse (26 novembre 1621). Le cardinal de Retz intercéda en leur faveur dans une lettre, datée du 7 juillet 1622, qu'il adressa au Conseil du camp devant Castelnaudary, et reçut une réponse négative. Gramont joignit ses instances à celles du cardinal (20 février 1623) et essuya le même refus. Il est à présumer qu'après avoir affirmé son droit, le Conseil prit en considération l'intervention de ces grands personnages et consentit à atténuer les termes trop absolus de sa décision, car un couvent d'Ursulines s'établit définitivement à Saint-Esprit ; cette solution mixte donna satisfaction aux religieuses, tout en maintenant en principe la volonté du Conseil, puisque l'installation en ville leur restait interdite.

La résistance du Corps de ville s'expliquait par la nécessité d'accorder des secours, à certains moments, aux ordres religieux et par le désir de limiter cette source de dépense.

En effet, cette même année, les Augustins reçurent du Conseil un don de 300 livres pour continuer leur dortoir, resté depuis longtemps inachevé. Les Cordeliers lui adressèrent aussi une demande de secours, pour réparer leur couvent qui se trouvait en très mauvais état ; cette dernière requête, oubliée pendant plusieurs années, reçut enfin satisfaction, le 22 mars 1627, après la constatation de nouveaux dégâts causés par une inondation de la Nive et donna lieu à la délivrance d'une égale somme de 300 livres.

Mesures prises à l'égard des étrangers. La décroissance du commerce bayonnais appauvrissait la ville et légitimait la résistance opposée par le Conseil à toute nouvelle cause de dépense. Les échevins recevaient des plaintes sur l'accaparement du négoce par les marchands flamands et portugais. On leur signala que quelques Portugais, tolérés à Saint-Esprit contrairement aux patentes du roi, y avaient des chais dans lesquels ils entreposaient des marchandises et se faisaient les commissionnaires des autres Portugais (25 octobre 1624). Le Conseil prit de nouveau la décision de renvoyer les Portugais ; il ne voulut plus accorder aux Flamands la résidence en ville, ni leur permettre d'y posséder un Conseil (29 novembre 1624).

Mais ces décisions, qui blessaient quelques intérêts, n'étaient généralement pas exécutées, car elles auraient amené une diminution du commerce. La crainte de ce résultat hantait le cerveau des échevins et était cause qu'ils s'opposaient à des représailles sollicitées contre des Flamands de la ville par des Bayonnais dont les vaisseaux avaient été capturés par des navires de guerre hollandais (4 décembre 1623). Les habitants de Saint-Jean-de-Luz agirent avec plus de décision et saisirent, pour un motif analogue, les marchandises d'un bateau flamand. Gramont, circonvenu par ces étrangers, voulut se saisir des objets enlevés ; il éprouva de la résistance et n'en vint à bout qu'avec le secours des troupes.

Le maréchal de Thémines fut nommé lieutenant général en Guyenne, à la place du duc de Mayenne ; la ville de Bayonne l'envoya saluer, le jour de son entrée à Bordeaux (22 avril 1624). Epernon conserva néanmoins sa charge de gouverneur en Guyenne ; il arriva de la cour (1er juillet), ayant obtenu en faveur de Gramont la charge de gouverneur général du royaume de Navarre et du pays de Béarn. Après avoir été grandement fêté à Bordeaux, le comte s'achemina vers Bayonne ; une partie du Conseil se porta au devant de lui, à cheval, suivi de trente bourgeois. A son arrivée à la porte Saint-Esprit, les honneurs lui furent rendus par le reste du Corps de ville, en robe et chaperon, et par une compagnie de cent mousquetaires, au bruit des détonations de l'artillerie (12 août 1624). *Gramont nommé gouverneur général de la Navarre et du Béarn.*

Mettant à profit les bonnes dispositions de Gramont, les échevins obtinrent l'autorisation de bâtir un corps de garde dans le bastion de Saint-Esprit et de démolir l'ancien rempart réunissant le pont Mayou au corps de garde de la porte Saint-Esprit, afin d'agrandir la place bourgeoise. Toutefois, le gouverneur exigea que le mur fût reconstruit, en lui donnant un pied et demi d'épaisseur, sur un emplacement plus voisin des chaînes de la Nive.

Bayonne, menacée par les ennemis de l'intérieur, allait courir le risque de la peste et le danger de l'invasion espagnole. Depuis longtemps, le fléau tant redouté faisait des victimes en Europe, et la ville, jadis si éprouvée par ce mal, s'efforçait de s'en garantir. Déjà, le 26 août 1611, le Conseil, *Apparition de la peste aux environs de Bayonne.*

dans la crainte d'une contagion, avait expulsé les morisques et « autres fainéants », qui venaient aborder en grand nombre. Le mal était signalé à Amsterdam (octobre 1617), puis à Paris et Rouen (septembre 1619) ; les apothicaires furent visités, et les navires suspects se virent obligés de décharger au Boucau. Une recrudescence de la peste se produisit ensuite à Rotterdam, à La Haye et dans diverses autres villes des Flandres ; elle intéressait particulièrement Bayonne, dont les relations de commerce avec ce dernier pays étaient très actives. Les échevins prirent encore des précautions contre les navires flamands et, désireux d'écarter le fléau qui infestait plusieurs régions de la France, ils demandèrent une procession (15 novembre 1624). Etampes, Orléans, Tours, Dieppe, furent éprouvés, à leur tour (2 octobre 1626) ; puis Lyon, Limoges, Agen, Montauban (26 juillet 1628), le Vieux-Boucau (19 septembre 1629). La peste gagna ensuite Toulouse et s'y propagea tellement que tous les couvents de cette ville, Cordeliers, Carmes, Augustins, Jacobins, Carmes déchaussés et le Grand Collège des Jésuites durent être évacués ; elle fit encore son apparition à Bordeaux (21 octobre 1630) et à Mont-de-Marsan (6 octobre 1631). A chaque nouvelle menace, les précautions étaient reprises, mais lorsque l'épidémie envahit Vieux-Boucau, la surveillance aux portes Saint-Esprit et Saint-Léon devint plus complète ; dans ce but, la garde fut renforcée et un rôle de bourgeois fut établi spécialement pour la garde de la santé. Une partie de ceux-ci inspectaient attentivement les étrangers à leur entrée en ville, tandis que d'autres se tenaient dans une loge placée au milieu des sables du Boucau et faisaient étaler les marchandises sur cette plage ; ces multiples précautions furent complétées par un nettoyage journalier des rues et par l'avis donné aux habitants de Biarritz de se garer des Portugais arrivant de pays infestés. Ces soins minutieux évitèrent cette fois encore l'introduction du fléau en ville.

CHAPITRE III

LES PROTESTANTS RÉDUITS PAR RICHELIEU. — UNE FLOTTILLE BAYONNAISE CONTRIBUE A RAVITAILLER ET A DÉGAGER SAINT-MARTIN-DE-RÉ BLOQUÉ PAR LES ANGLAIS. — LES MARINS BAYONNAIS AU SIÈGE DE LA ROCHELLE (1624-1630).

Dispositions hostiles de l'Espagne. — Précautions défensives prises par les échevins. — Ponts emportés par une inondation de la Nive. — Marchands flamands et portugais protégés par Gramont. — Menaces de l'Espagne. — Querelle entre Moisset et les échevins au sujet du Château-Neuf. — Richelieu réduit les protestants. — Une flottille bayonnaise ravitaille l'île de Ré. — Les Anglais lèvent le blocus de Saint-Martin-de-Ré. — Les marins bayonnais au siège de La Rochelle. — Diversion des protestants en Béarn. — Bayonne menacé par les Anglais et les protestants. — Travaux d'assainissement de la ville.

Bayonne ne se trouva pas seulement exposé au danger de la peste et aux menaces des Huguenots, elle éprouva aussi de vives alarmes, à cause des grands armements qui se faisaient en Espagne (28 novembre 1624) ; Gramont en transmit la nouvelle au roi et prescrivit bonne garde aux échevins. Ceux-ci, voulant seulement garantir la ville contre les surprises des Huguenots, s'étaient bornés à acheter cinquante mousquets et six longues arquebuses (3 février 1624), ils portèrent leur commande à cinq cents mousquets, sitôt qu'ils reçurent l'avis du gouverneur, et pressèrent la fabrication de ces armes.

Le revirement signalé dans les dispositions de l'Espagne était une conséquence du changement apporté à la politique extérieure par le nouveau ministre, Richelieu. Ce dernier s'était donné pour mission de rendre la France paisible au dedans, puissante et respectée au dehors. Dans ce but, il reprit les vues du roi Henri IV et poursuivit l'abaissement de la maison d'Autriche. Son premier acte fut de rompre la promesse de mariage consentie par la reine régente entre sa fille Elisabeth et le prince des Asturies, et de la faire épouser au prince de Galles, fils de Jacques Stuart, roi d'Angleterre. Puis, il marqua son hostilité contre l'Espagne, en s'emparant de la Valteline, province suisse, qui servait de communication entre l'Autriche et les provinces espagnoles.

Dès ce moment, l'Espagne, fixée sur la politique du cardinal, se prépare à combattre. Les biens des Français sont saisis tant à Saint-Sébastien que dans les autres villes espagnoles ; le duc de Guise use de représailles en capturant sur mer des sommes d'argent appartenant au roi d'Espagne et à des Gênois, ses alliés. On invite les Bayonnais qui ont été lésés à adresser des réclamations à Gramont qui les transmet au roi, et fait allouer une indemnité aux intéressés.

On empêche, dès lors, le passage de toute marchandise à la frontière d'Espagne (15 avril 1625). Tous les courriers, allant vers ce pays ou en arrivant, sont arrêtés malgré les représentations des échevins, s'ils ne sont munis de passeports délivrés par le duc d'Epernon ou l'ambassadeur d'Espagne (17 février 1625).

Précautions défensives prises par les échevins. Impressionnés par les préparatifs de guerre, les échevins prescrivent à tous les habitants, exempts ou non, de monter la garde, et ordonnent aux étrangers de ne pas quitter leurs maisons pendant la nuit et durant le temps que les portes de l'enceinte resteront fermées. Le Conseil ne limite pas ses soins à visiter les armes des Bayonnais et à compléter leur provision de poudre : il s'efforce en outre, de leur apprendre le maniement de la pique et de la hallebarde, et fait rechercher dans ce but, à Bordeaux, un maître de Palestine (14 avril). Le commissaire fait organiser de nouvelles pièces d'artillerie en réunissant ensemble quatre fauconneaux de fer (sortes de grandes arquebuses à croc), et établit sur des roues ces mitrailleuses primitives ; il remplace par trente nouveaux fauconneaux ceux qui ont servi à cette transformation (14 juillet). Il achète quinze quintaux de plomb pour faire des balles de mousquet, et fait blinder avec de la tôle de fer les portes de la tour de Naguille, qui sert de poudrière, de crainte que quelques Huguenots retirés en ville ne préparent un coup de main contre ce magasin, dans leurs conciliabules secrets. Mais, en même temps, les magistrats forcent les gens sans aveu à vider la ville et prescrivent aux hôteliers de fournir chaque soir le rôle des étrangers.

L'entrée des bateaux marchands est soumise à une surveillance minutieuse et leur chargement, sondé à l'aide de tarabets déposés au corps de garde de Saint-Esprit. Le cas est prévu où quelque navire de guerre se présenterait au Boucau et voudrait passer la barre de l'Adour : les pilotes ont reçu l'ordre d'abattre, dès son apparition, l'un des signaux du fanal et de supprimer ainsi l'indication du trajet que doivent suivre les vaisseaux en rivière.

Le gouverneur et les échevins arrêtent de concert l'état des travaux nécessaires à la fortification, et ceux-ci sont commencés d'urgence. Les chaînes de Saint-Esprit sont réparées ; celles de Sault sont défendues par un nouveau corps de garde dressé sur le mur de quai du côté du port de Sault ; des ponts-levis sont établis à l'extrémité des ponts fixes faisant suite aux portes Saint-Léon, Lachepaillet et Mousserolles. En outre, les fossés de la ville sont curés et approfondis du côté de la porte Mousserolles, afin de pouvoir y amener l'eau des rivières, et le terrassement intérieur du bastion du fer à cheval est entrepris après démolition du vieux bâtiment appartenant aux Cordeliers qui encombre sa plateforme. Le matériel contenu dans le magasin de la ville se trouve insuffisant pour exécuter rapidement ces travaux ; il est augmenté de trois cents hottes, deux cents petites corbeilles, trente pelles à manche, quelques palefers, cent pelles à douille, deux cents pelles de bois de chêne avec manche, cent pics de fer à une branche forte et cent manches de frêne pour foussoirs et bêches. Les habitants se rendent alors à la manœuvre et travaillent dans les fossés de Mousserolles, sous la direction de six surveillants payés par la ville, en attendant que Gramont se décide à amener dans le chantier les gens de son gouvernement.

Le comte faisait poursuivre, de son côté, l'achèvement du bastion Lachepaillet ; les parapets incomplets de cet ouvrage le laissaient ouvert à l'ennemi et le rendaient peu profitable à la ville. L'exécution de ce travail était d'ailleurs suspendue parce que Robillart ne pouvait le payer avec les fonds de la foraine dont il était receveur, cette ressource se trouvant bien diminuée par suite de l'interdiction du commerce avec l'Espagne. Le Corps de ville, qui n'avait pu, pour la même cause, rien retirer de la coutume, avança cependant 1.000 livres, en les empruntant à un bourgeois : ces fonds, livrés à Robillart et versés par lui au trésorier des fortifications, devaient servir à terminer le bastion (22 octobre 1625). Cet ouvrage se poursuit selon le projet dressé par Errard ; ses deux flancs, composés d'un parapet de terre et d'un mur appuyés contre la courtine de la place, présentaient l'inconvénient de faciliter l'entrée de la ville, puisqu'il suffisait d'arriver sur le parapet du bastion par escalade et de passer de là sur le rempart de la ville. Un échevin en fit la remarque au Conseil et indiqua qu'il serait prudent de donner, en ce point, plus de hauteur au rempart du corps de place, ce qu'il était aisé de faire en supprimant la partie du terrassement qui le touchait ; il crut aussi devoir faire observer que le travail du bastion se trouvait de nouveau arrêté et ne pouvait rester dans son état actuel. L'avis très sensé de l'échevin fut adopté, dans la suite, car le bastion fut transformé et reçut des flancs bas, appuyés au rempart (17 novembre 1625).

Le roi avait écrit à Gramont, au premier avis des menaces de l'Espagne, l'assurant qu'il se fiait à lui pour s'opposer aux levées d'hommes qui se faisaient des deux côtés de la frontière et déjouer les desseins de ses ennemis sur les places de son gouvernement ; il approuvait de nouveau la continuation du port de Socoa, rappelant que ce travail, dirigé par le comte, était utile à ses sujets, et recommandant d'y appliquer tous les fonds ordonnés pour son achèvement (3 janvier 1625).

Le monarque avait donné à Gramont le moyen de résister aux premières attaques de l'ennemi, en autorisant son fils, le comte de Guiche, à lever et à commander un régiment de douze cents à quinze cents hommes, qui devait rester dans le pays de Labourd, sur la frontière. Les députés de la ville, qui se trouvaient en cour, crurent devoir protester suivant le conseil des bourgeois bayonnais et, à l'instigation de Jacques de Lalande, lieutenant de maire, contre l'établissement de ce régiment, dont ils jugeaient la présence préjudiciable à la liberté de la ville et à celle de tout le pays ; ils voyaient dans la formation de cette troupe le premier pas vers l'installation d'une garnison et, pour écarter cette éventualité, ils s'efforçaient de faire revenir le roi sur sa décision (26 mai 1625).

Louis XIII n'écouta pas les plaintes des députés de la ville ; il avait, à ce même moment, d'autres soucis. Les côtes de France étaient menacées par une flotte que Soubise avait réussi à former, grâce aux ressources fournies par le port de La Rochelle. L'île de Ré était au pouvoir du rebelle qui, de ce point, pouvait fondre sur les côtes de Guyenne et du Labourd. Le roi n'avait pas attendu jusqu'alors pour réunir des vaisseaux et assurer la défense de cette partie du littoral. Il avait délivré, le 27 septembre 1621, une commission au sieur Palot pour acheter six navires de guerre et lever trois cents marins, tant à Bayonne qu'à Saint-Jean-de-Luz. Une petite flotte se trouvait formée, le 30 mai 1622, sous les ordres du comte de Joigny, général des galères. Ce marin reçut, au port de Passage où il se trouvait avec dix galères, les compliments des députés du Conseil de Bayonne (on était encore en paix avec l'Espagne) ; quelques autres galères, détachées de la flotte, étaient allées au Boucau, sous la conduite de Saint-Pé, lever quelques soldats et mariniers et embarquer un approvisionnement de pain et biscuit.

Il fallait, en outre des navires pour la garde des côtes. Gramont, qui a probablement constaté que la ville de

Bayonne n'est disposée à faire aucun sacrifice pour assurer ce service, a poussé les habitants de Saint-Jean-de-Luz et de Ciboure à demander au roi l'autorisation d'armer trois ou quatre navires, moyennant l'attribution de la moitié du produit de la coutume concédée à Bayonne. Les députés de la ville, qui sont à Paris, annoncent cette démarche aux Bayonnais et leur font connaître que le roi est disposé à donner la préférence à la ville de Bayonne (23 juillet 1625). L'offre est acceptée après une délibération de quatre-vingts officiers royaux et bourgeois, qui demandent, en outre, la faveur pour la ville de nommer les capitaines et chefs de navires, afin qu'elle puisse répondre de leur manière de servir.

Soit que la réponse de la ville parvint un peu tard à Louis XIII ou que ce monarque eût été circonvenu par Gramont, Saint-Jean-de-Luz obtint la moitié de la coutume et procéda sans aucun retard à l'armement des quatre navires. Cette préférence mit en grande colère les conseillers de Bayonne, furieux de voir échapper une ressource si importante ; un jurat proposa, en séance, de tirer vengeance des habitants de Saint-Jean-de-Luz, en révélant au roi leurs déportements, leurs actes de rébellion, et, en particulier, l'évasion favorisée par eux, moyennant le versement de 120.000 écus, d'un prisonnier espagnol, arrêté par le lieutenant particulier à la requête d'un marchand anglais. Après avoir fait préparer le dossier de la plainte, sous l'influence du premier accès de colère, les échevins renoncèrent à le transmettre au roi, certains d'avance que l'intervention du gouverneur devait la faire échouer (1er septembre 1625).

La flottille des quatre navires suffit à la garde du littoral du Labourd, car les vaisseaux de Soubise s'étant mesurés avec l'armée royale, subirent une défaite complète et abandonnèrent à Louis XIII l'île de Ré. La nouvelle de ce succès parvint à Bayonne le 22 septembre 1625.

Les nombreux préparatifs de défense faits par la ville en vue d'une attaque de l'Espagne furent contrariés par une inondation de la Nive, plus violente que celle de 1611. Elle se produisit, le 23 octobre 1625, à la suite d'un grand orage. Toutes sortes d'arbres entraînés par le courant avec les débris des ponts d'Ustaritz et de Cambo vinrent heurter contre les chaînes de Sault et les emportèrent ; ces masses flottantes arrivèrent sur le pont Pannecau, qui ne leur résista pas un instant. Le pont Mayou, après avoir tenu bon pendant une heure et demie, céda à son tour. La grande accumulation d'eau occasionnée par la résistance de ce dernier pont, le long duquel un barrage naturel avait été formé par les bois arrêtés contre ses piles, provoqua des affouillements sous la plateforme du bastion Saint-Esprit

Ponts emportés par une inondation de la Nive.

et derrière le grand quai contigu ; ces ouvrages aboutissaient d'une part au grand pont de l'Adour et de l'autre aux chaînes Saint-Esprit. Bientôt, une partie de cette plateforme, quoique maintenue par les murs du bastion qui avaient deux toises d'épaisseur, fut entraînée vers la rivière. La chute de cette pièce de fortification qui commandait le cours de l'Adour jusqu'aux sables du Boucau laissa le lit du fleuve sans défense. Le reste de la plateforme et l'extrémité des chaînes Saint-Esprit ne tardèrent pas aussi à être emportés. Une heure après, on vit tomber un pan de muraille réunissant, sur la rive droite de la Nive, du côté de la place bourgeoise, la tête du pont Mayou à la rue Bourg-Neuf. Enfin, pour clore la série des désastres, la grande plateforme située entre le pied de la tour des Menons et l'extrémité nord des chaînes de Sault vint à s'effondrer, quoique entourée d'un mur de deux toises d'épaisseur.

Ainsi toutes les chaînes, tous les ponts et une partie des quais n'existaient plus ; la ville était ouverte à l'ennemi aux deux entrées de la Nive. Gramont, avisé en toute hâte, vint réunir une grande assemblée, devant laquelle il exposa la nécessité d'envoyer au roi un procès-verbal et un dessin indiquant les dégâts causés par l'inondation, en insistant sur l'urgence de fermer sans retard les chaînes de Saint-Esprit et de Sault ; ces pièces furent confiées à de Lalande, qui partit aussitôt pour rejoindre la cour. Le gouverneur donna mission à deux experts maîtres charpentiers, Pierre de Milhet et Pierre de Lalance, d'évaluer, durant le temps qu'il allait présider les états de Saint-Jean-Pied-de-Port, les frais de la réparation des dégâts. Il apprit à son retour (29 octobre) que l'évaluation ne montait pas à moins de 200.000 livres. Le comte reconnut qu'une si forte dépense ne pouvait être mise à la charge des habitants qui avaient été personnellement éprouvés par le désastre, et il chargea le député de la ville de demander un secours au roi. Le duc d'Epernon voulut bien recommander de Lalande à Louis XIII, au chancelier, à Richelieu et à d'Herbault.

Sans attendre le résultat de ses démarches, le Conseil, voyant chaque jour la rivière emporter une partie du terreplein avoisinant le corps de garde de Saint-Esprit, fit planter une ligne de pieux, afin d'empêcher l'augmentation des dégâts. Le monarque avait transmis à M. de Montaudon, trésorier général, la demande des échevins, et lui avait prescrit de se rendre un compte exact de l'importance du désastre. Un arrêt du Conseil royal, daté du 6 juin 1626, statuant sur le rapport du trésorier, autorisa la ville à employer à la réparation des ponts et chaînes une somme de 30.000 livres pour commencer le travail, et à prélever ces fonds sur les trois deniers d'octroi dont la jouissance lui était laissée. Les trois autres deniers restant sur les six octroyés précédemment à la ville, furent accordés pour vingt ans à Saint-Jean-de-Luz et à Ciboure. Le Conseil n'accepta pas cette défaite, et envoya en cour quatre députés pour tenter d'obtenir toute la coutume. Par un nouvel arrêt du 6 décembre 1626, le Conseil royal accordait un supplément de 50.000 livres tournois, et le roi ajouta à cette somme celle de 30.000 livres prélevées sur son épargne. Tous ces fonds constituèrent un fort acompte qui devait permettre de mener les travaux à bonne fin. Le Conseil de ville acheta aussitôt les bois nécessaires et envoya à Pascault, à Paris, une procuration pour toucher les fonds de l'épargne ; il prit de grandes précautions pour assurer la conservation de l'argent donné par le roi, régler le mode d'achat des matériaux et le payement des travaux.

Gramont, en froid avec les échevins, s'était gardé de recommander à Paris les envoyés de la ville. Il ne perdait pas une occasion de s'élever contre leurs vues, et se permit même de prononcer des paroles injurieuses contre deux d'entre eux, le lieutenant de maire et le sieur de Prat, qui s'en offensèrent (juillet 1622). Le gouverneur soutenait les marchands flamands et ceux-ci, forts de sa protection, bravaient les mesures édictées par les échevins dans l'intérêt du commerce. Afin d'empêcher ces trafiquants de frelater les vins dans les pressoirs par l'addition de poudres qui empêchaient la fermentation, le Conseil de ville, redoutant que ces vins, emportés en cet état dans d'autres contrées, ne fussent nuisibles à la santé et ne fissent perdre la bonne réputation de ceux produits en Labourd, ordonna d'appliquer un arrêt du Parlement interdisant de pareilles pratiques (22 septembre 1625). Mais Gramont, dédaignant cet arrêt, fit répondre par son secrétaire, à une réclamation d'un marchand flamand, qu'il pouvait continuer à frelater le vin, se faisant fort d'en assurer la libre circulation, malgré les entraves élevées par les magistrats bayonnais (15 octobre 1625).

Marchands flamands et portugais protégés par Gramont.

De nouvelles plaintes furent adressées au Corps de ville contre l'accaparement du commerce par les Flamands et les Portugais qu'on désirait voir définitivement ·chassés du pays ; on réclama contre la facilité donnée aux Portugais de se retirer en nombre à Peyrehorade, Labastide-Clairence, Biarritz et Saint-Esprit. Gramont, épousant la cause des uns et des autres, entra en discussion avec les échevins et leur manifesta son mécontentement de ce que le Conseil faisait demander au roi, par des députés, l'autorisation de défendre · à tous étrangers d'acheter ou de vendre en ville autrement que par l'entremise des habitants. Dans une conversation entamée sur ce sujet entre lui et l'échevin Hody, des paroles vives furent échangées ; le gouverneur prétendit avoir été offensé par l'échevin, tandis que le Conseil de ville affirma, au contraire, que Hody avait subi l'offense. Le comte, poursuivant son obstruction, s'opposa de tout son pouvoir au renouvellement des patentes qui excluaient les Portugais de son gouvernement ; aussi, craignant de l'irriter, les échevins retardèrent l'envoi à la cour des pièces nécessaires à cette formalité (7 juin 1627).

Le moindre froissement d'amour-propre ranimait l'animosité entre Bayonne et Saint-Jean-de-Luz. Quelques paroles déplacées suffisaient à produire ce résultat. Lamy, receveur de la grande coutume à Saint-Jean-de-Luz, s'était permis de dire « que trois cents hommes, avec lui à leur tête, passeraient par dessus le ventre à tous les Bayonnais ». Ce propos inconsidéré fut rapporté en séance du Conseil, souleva la colère des échevins, qui reprochèrent à Lamy d'être protestant et déposèrent une plainte entre les mains du lieutenant général.

Menaces de l'Espagne. Depuis que la ville se trouve ouverte, du côté de la Nive, par suite de la chute des estacades, il a fallu prendre un surcroît de précautions pour assurer sa garde. Huit jours après l'inondation, les échevins procèdent à une visite générale des armes et des munitions, et enjoignent aux habitants de se munir, dans les trois jours, de tout ce qui leur manque (31 octobre 1625). Cette mesure est légitimée par les menaces qui se produisent sur la frontière. Des avis, parvenus au Conseil (21 et 24 novembre) font connaître que quelques compagnies de cheval et de pied sont arrivées de Castille en Navarre ; que l'Espagne fait des armements tout le long de la frontière, principalement à Saint-Sébastien et à Fontarabie, conduisant dans ces places une quantité de munitions de guerre et y faisant travailler nuit et jour à monter les canons. Il est même arrivé à Fontarabie cinq cents soldats, on ne sait dans quel dessein. Le lieutenant de maire a envoyé des espions vers ces quartiers, et, sans attendre d'autres nouvelles, il prescrit que les rondes seront conduites par des échevins. Il fait de nouveau visiter les armes et munitions des quatre quartiers par les capitaines, qui pressent les habitants de se munir, dans les vingt-quatre heures, en leur accordant trois mois pour payer les mousquets délivrés par la ville, s'ils ne préfèrent les rendre en bon état.

Quoique Sensac, lieutenant du gouverneur, ait obtenu l'autorisation de se démettre de sa charge, et qu'il dût la passer le 5 janvier suivant à Lasalle, désigné pour lui succéder, il continue néanmoins à renseigner Gramont sur la situation de la ville, et avertit M. d'Amou, bailli du Labourd, de tenir son monde prêt à accourir en cas d'appel. Le vicomte d'Orthe, sollicité directement par les échevins, se déclare tout prêt à venir défendre Bayonne. Le gouverneur, retenu au loin par les armements qui se font à la frontière, assure la ville de son zèle et se dit tout décidé à mourir avec ses habitants ; il annonce que tous les gens de son gouvernement ont été avisés de se tenir prêts et que Lasalle est de retour de Pampelune où il a trouvé les esprits pleins de mauvais desseins contre Bayonne. Aussi, Gramont recommande-t-il tout spécialement de surveiller les abords de la ville, en y posant des corps de garde (3 décembre 1625). Les échevins exécutèrent avec exactitude les instructions du comte, prirent dans les magasins des armes et des munitions, afin de les distribuer aux habitants ; il commandèrent, en outre, à divers fournisseurs du pays, trois cent soixante-quinze mousquets, cent paires d'armes, trente arquebuses à croc et sept cent trente rais pour roues de canon (1). On poussa si activement les travaux de réparation des chaînes et des ponts qu'ils se trouvèrent terminés le 19 janvier 1626 et que le gros engin (mouton) qui avait servi au battage des pieux put être réintégré, à cette date, dans les magasins de la ville.

Le Conseil se tenait en relations avec la cour par ses députés, et lui transmettait l'avis des préparatifs de guerre faits par l'Espagne dans ses ports du Guipuzcoa et de Biscaye (12 mars 1626). Toujours disposés à démontrer l'affection de la ville pour la famille royale, les échevins s'empressèrent, sur une lettre d'Epernon, d'allumer des feux de joie à l'occasion du mariage de Gaston d'Orléans, frère de Louis XIII, avec Mlle de Montpensier (21 août 1626).

Ces réjouissances contrastèrent avec le danger dont Bayonne se sentait menacé : quarante-huit pataches de guerre, à voiles et à rames, rassemblées dans les ports de Saint-Sébastien et de Passage, devaient embarquer huit compagnies de gens de guerre et partir, huit jours après, pour une destination inconnue (11 septembre). En effet, un espion bayonnais annonça, le 17 septembre, que les pataches avaient terminé leurs préparatifs et que leur départ était imminent. Lasalle, Gramont, Epernon furent aussitôt avisés ; de même les habitants de la ville. On prévint d'Amou, d'Urtubie, le vicomte d'Orthe et les gens du Labourd de porter rapidement secours à Bayonne, si elle était attaquée. Un

---

(1) 100 paires d'armes à Lestrade ; 50 mousquets à Bertrand Déharse ; 55 à Martel, arquebusier de Labastide-Clairence ; 50 à Menjonin de Berhondo, maître forgeron à Urt ; 120 à Domingo de Perusquy de Sare ; 30 arquebuses à croc à Domingo de Bidart, forgeron à Ainhoue.

4

corps de garde de six hommes fut placé hors la ville pendant la nuit ; les capitaines de quartier renouvelèrent la visite des armes et les capitaines de garde des portes furent exhortés à bien veiller.

Les échevins parcoururent la fortification ; ils se transportèrent aux chaînes de Saint-Esprit, se demandant s'il ne serait pas bon de les renforcer par une palissade supplémentaire ; ils se proposèrent de retenir l'eau dans le fossé placé devant la courtine des Jacobins entre Saint-Esprit et la porte de Mousserolles, à l'aide d'un barrage en gazon disposé près de cette porte, dans le fossé. Ils cherchèrent aussi à remédier au défaut déjà signalé par l'un d'eux à Sensac dans le bastion Lachepaillet, en supprimant les deux extrémités des flancs, qui joignaient le rempart de la ville des deux côtés de la porte Lachepaillet, afin d'éviter que l'on ne pût passer par là à l'aide d'échelles.

Lasalle, sollicité de laisser faire cette modification, veut en référer à Gramont ; les échevins décident alors d'envoyer deux députés au gouverneur afin de l'assurer qu'ils prendront l'engagement de rétablir ces parapets à la première demande ; puis, se ravisant, ils retinrent les députés et décidèrent de surélever le mur de rempart au point où aboutissaient les parapets, rendant ainsi impossible le franchissement du mur d'enceinte. Ils adoptèrent une disposition semblable au quai du Piedmont et traitèrent aussitôt avec Camade, maître maçon, pour l'exécution de ces murs. En se bornant à améliorer l'enceinte de la ville, le Conseil restait dans ses attributions ; il n'en était plus de même pour le bastion Lachepaillet, ouvrage payé par le roi et exécuté sous la direction du gouverneur. Afin de faciliter la défense de la porte Lachepaillet, le Conseil voulut établir en avant d'elle, au bout de la rue de l'évêque, une place d'armes, propre au rassemblement des troupes ; il avait acheté à cette intention deux maisons à Catherine Dandios, et il se proposa de les démolir pour procurer l'espace nécessaire.

L'alarme donnée à la ville ne tarda pas à se dissiper. Les pataches espagnoles au nombre de trente, quittèrent, le port de Passage, avec la majeure partie des gens de guerre arrivés dans cette ville, et s'éloignèrent de la côte, sans menacer Bayonne (27 novembre 1626). On réduisit aussitôt le service de garde de la ville et on renvoya les six hommes soldés formant le corps de garde chargé de veiller la nuit à l'extérieur.

Au milieu de toutes les préoccupations de la défense, les échevins avaient négligé d'entretenir au complet les approvisionnements dans les magasins du Château-Neuf.

Le bourgeois Augier de Moisset, qui avait succédé à Adrien Saubat de Sainte-Croix dans la charge de lieutenant de ce château, le 13 novembre 1622, avec la permission du vicomte d'Uza, s'en était souvent plaint. Cette négligence indisposa les soldats du château contre le Conseil de ville et amena des discussions entre eux. Un homme d'armes de sa garnison refusa même, le 29 décembre 1625, en l'absence de son capitaine, d'aller prendre le mot du guet chez le lieutenant de maire ; il ne consentit à se soumettre au règlement qu'après trois sommations et devant la menace d'avertir Gramont de son refus.

Moisset voulut avoir raison de l'apathie des échevins Il adressa à la cour, au nom du vicomte d'Uza, une requête dans laquelle il se plaignait que la ville, malgré les 50.000 livres dont elle jouissait annuellement, ne prenait pas la peine d'entretenir les denrées, vivres et munitions que les magasins du Château-Neuf devaient toujours contenir au complet. Il ajoutait qu'il était obligé d'assurer ce service de ses propres deniers, pendant que les bourgeois s'enrichissaient avec l'argent du roi ; il attribuait aux magistrats du Conseil la prétention de donner le mot du guet en l'absence du gouverneur ou de son lieutenant, prétention injustifiable, selon lui, puisque les échevins étaient, pour la plupart, marchands, cordonniers, etc. ; enfin, il protestait contre un tir d'arquebuses exécuté par les habitants, sur une cible adossée aux murs du Château-Neuf, et maintenu par le Corps de ville, en dépit de ses réclamations. Comme conclusion, Moisset demandait que la ville fût forcée de tenir au complet les denrées des magasins et de lui restituer les fonds dont il avait fait l'avance dans ce but (20 octobre 1626).

Querelle entre Moisset et les échevins au sujet du Château-Neuf.

Les magistrats de Bayonne s'offensèrent gravement de l'accusation d'avoir dérobé les deniers commis par le roi. Ils menacèrent de poursuite le vicomte d'Uza, s'il ne désavouait pas la requête produite par Moisset. Pendant que d'Uza répondait à la ville, le conseil d'Etat prenait un arrêt en vertu duquel le lieutenant de maire devait donner le mot en l'absence du gouverneur ou de son lieutenant ; il ordonnait encore que la ville serait tenue d'entretenir dans les magasins des deux châteaux l'approvisionnement de blé et de légumes secs ; enfin, il autorisait le lieutenant du Château-Neuf à faire rentrer dans la ville, sans payer de droits, sa provision de vin étranger (29 octobre).

La querelle, apaisée par cet arrêt, se renouvela au sujet des munitions que Moisset somma la ville de lui fournir pour assurer la défense du château, à la suite d'une menace des Anglais (25 juillet 1627). Les échevins répondirent négativement et signifièrent leur refus par un acte notarié. Ces démêlés prirent fin lorsque Montault fut pourvu de la charge du pétulant Moisset ; le nouveau lieutenant écrivait au Conseil, le 24 décembre 1627, lui demandant de remplir de blé les deux greniers du Château-Neuf, comme il en avait l'obligation, et ajoutait qu'en faisant bon accueil à sa requête, les échevins contribueraient à maintenir l'union indispensable à la bonne administration de la ville. Montault reçut non seulement du blé, mais le Conseil lui prêta un baril de poudre, deux quintaux de mèche et un quintal de plomb, sous la seule condition de les rendre à première demande (16 octobre 1628).

Richelieu réduit les protestants. — Richelieu, dont l'habile diplomatie avait pu maintenir les armées espagnoles loin des frontières de la France, eut le loisir de déjouer la conspiration tramée contre sa vie par le frère du roi et d'y mettre fin par la décapitation du comte de Chalais. Après avoir encore assuré d'une manière efficace l'exécution de l'édit contre le duel, en faisant exécuter le comte de Bouteville et son second, le grand ministre s'attaqua au parti protestant, toujours remuant et menaçant. La Rochelle était la capitale de cette faction ; ses adeptes y formaient un État dans l'État. Pour frapper le parti au cœur, il fallait détruire cette place ; c'est ce que Richelieu entreprit. Buckingham, premier ministre anglais, résolut de porter secours aux Rochelais, ses coreligionnaires, et arma une flotte de cent voiles.

La nouvelle de l'entrée en campagne du roi Louis XIII et de son armée, ainsi que de leur marche vers la Bretagne et le Poitou, afin de s'opposer à une descente des Anglais, arrive bientôt à Bayonne (19 juillet 1627). On apprend en même temps que les Anglais sont descendus aux Sables-d'Olonne et à l'île de Ré, et que les protestants de ces deux localités se sont joints à eux (25 juillet). Selon les ordres d'Epernon et de Gramont, le Conseil, dans la crainte que les huguenots béarnais ne s'agitent et n'occasionnent des troubles, prescrit l'augmentation de la garde et avertit les habitants de se tenir prêts avec leurs armes et munitions. Martin du Vergier, lieutenant de maire, prend ses dispositions pour faire tenir la foire à Saint-Esprit et loger les protestants étrangers dans une même hôtellerie où il sera facile de les surveiller. Les hôteliers sont tenus de fournir la liste des voyageurs et de placer une enseigne au-dessus de leur porte, afin de faciliter la surveillance de la police. Enfin, on avise, selon l'usage, les amis de la ville ; on ferme les portes Mousserolles et Lachepaillet, et on dresse au Boucau une loge dans laquelle on met un corps de garde.

Les portes des maisons, qui ont été ouvertes sur le rempart

Lachepaillet, échappent à la surveillance et peuvent servir à transmettre des signaux au dehors. Le Conseil charge le jurat de Lalande de les faire murer ; l'exécution de cette mesure, qui blesse des intérêts privés, occasionne force injures et paroles outrageantes dont le jurat se plaint au Conseil (25 juillet 1627).

Les événements de la guerre se déroulèrent régulièrement ; l'armée royale, arrivée devant La Rochelle, établit son camp. Ses chefs songèrent d'abord à envoyer du secours au brave Toiras, qui défendait la citadelle de Saint-Martin-de-Ré contre la flotte anglaise, commandée par Bukingham.

Cet ouvrage de fortification, commencé treize mois auparavant, était à peine ébauché ; ses parapets n'étaient pas revêtus de maçonnerie et l'emplacement ménagé pour la porte laissait une coupure si large qu'elle permettait à trente hommes d'entrer de front dans le fort. Sa garnison manquait de vivres et de munitions, ce qui faisait espérer aux ennemis d'en venir facilement à bout par la famine. La flotte anglaise, qui comprenait cent vingt barques et pataches, avait assuré le blocus de la citadelle, en établissant une estacade à l'aide de gros câbles soutenus par des barriques ; l'ennemi espérait ainsi fermer les passages par lesquels on pouvait arriver par mer jusqu'au fort.

Le cardinal voulut d'abord ravitailler la citadelle ; il ordonna à Gramont de réunir à Bayonne et à Saint-Jean-de-Luz quinze pinasses (1), de les charger de vivres et de munitions, et de les diriger sur les Sables-d'Olonne d'où le duc d'Angoulême devait partir pour tenter le ravitaillement. Les quinze pinasses, ayant reçu un chargement de cinquante tonnes de farine, pois, fèves, biscuit et morue, de vingt barils de grosse poudre, de dix de menu plomb, de mèches, etc., mirent à la voile, le 5 septembre 1627, sous la conduite du capitaine Valin. Grâce à la vitesse et au faible tirant d'eau de ces pinasses, ce hardi marin réussit à faire passer sa flottille sur les câbles de l'estacade, au milieu de la nuit et à la faveur d'une tempête, non sans essuyer les volées de coups de canon que lui décocha la flotte anglaise ; il put atterrir au pied de la citadelle, à deux heures du matin, sans dommage sensible, ravitailler sa garnison et repartir deux jours après, en suivant le même trajet, emportant malades et blessés. Le capitaine reçut 1.000 écus du roi, en récompense de sa prouesse ; ses matelots eurent 1.300 écus à se partager et une chaîne d'or fut donnée à deux de ses capitaines basques.

Une flottille bayonnaise ravitaille l'île de Ré.

(1) Bâtiments légers à voiles et à rames.

Grâce aux secours amenés par le capitaine Valin, Toiras a pu prolonger sa résistance. Bientôt, il ne lui reste plus que quarante jours de vivres et il en avise Richelieu. Ce ministre s'adresse de nouveau à Gramont, et lui écrit que le roi demande l'envoi de douze ou quinze pinasses, montées par cent ou cent vingt matelots basques : il ajoute que Louis XIII sera grandement satisfait si le comte peut porter la force de la flottille à vingt pinasses et à deux cents matelots. Le gouverneur fait appel à tous les ports de la côte : la compagnie des mariniers de Bayonne se réunit, déclare ne pouvoir fournir que trois pinasses, les autres étant en mer, et remet à Gramont une liste des marins susceptibles de servir (20 septembre 1627). Le comte, pour les encourager, promet, outre la solde, quatre livres à chaque soldat et six livres à chaque chef de pinasse : on parvient alors à trouver quatre pinasses disponibles, quarante hommes d'équipage et cinquante soldats (24 septembre).

Les Anglais lèvent le blocus de St-Martin-de-Ré. Une flottille de dix pinasses, réunie à Bayonne, se dirigea bientôt, sous les ordres du général Etienne Dandoings, bourgeois de la ville, et de son lieutenant Tartasse, vers les Sables-d'Olonne, point de rendez-vous fixé aux divers éléments de la flotte de ravitaillement, et elle y arriva le 6 octobre 1627. L'armée navale, forte de quatre cents matelots et de trois cents gentilshommes ou soldats, repartit le 7, à la nuit noire, vers Saint-Martin-de-Ré, guidée par le feu que Toiras avait allumé dans la citadelle. Quelques barques d'avant-garde précédaient le corps de bataille, composé de vingt-cinq pinasses bayonnaises, suivies par douze traversins ; venaient ensuite sept ou huit grandes barques d'Olonne formant l'arrière-garde. Monsieur, frère du roi, avait pris le commandement des quinze pinasses de Bayonne avec lesquelles Valin avait secouru une première fois Toiras, tandis que Dandoings et son lieutenant commandaient les dix autres qu'ils avaient amenées.

La flottille s'élança courageusement au travers de la flotte ennemie pour atteindre ensuite les estacades ; chaque bateau fut vivement assailli et se défendit avec courage. Dandoings coupa la main d'un Rochelais qui voulait s'emparer du gouvernail de sa pinasse, pendant qu'un coup de pierrier faisait voler en mer son contre-mât et blessait deux matelots. Les Anglais furent enfin forcés de céder le passage à la flotte française et de lui laisser franchir en liberté les cordes de l'estacade. On eut bientôt coupé les câbles avec des coutelas et enfoncé dans l'eau, à l'aide de piques et de hallebardes, les mâts et poutres qui empêchaient les navires d'avancer. Vingt-neuf bâtiments français arrivèrent à la citadelle, vers trois heures du matin, et leurs équipages répondirent par le cri joyeux de « Vive le roi ! » au « Qui-vive ! » des défenseurs.

Pendant que le secours abordait et que Toiras accourait vers lui, s'avançant dans l'eau pour embrasser plus tôt ses amis, la présence d'une barque rochelaise parmi la flotte française fut révélée à Dandoings par le jargon de son équipage ; ce capitaine dirigea sa pinasse vers elle, et après lui avoir vainement demandé le mot et le contre-mot, il l'attaqua furieusement avec l'aide de ses mousquetaires, tua ou blessa une partie de l'équipage et fit le reste prisonnier. Après divers autres combats, les Anglais se rembarquèrent et levèrent le blocus de l'île de Ré. Dandoings avait perdu sept hommes ; il renvoya à Bayonne vingt-sept malades conduits par les capitaines Pathoque et Lacoture, restant avec le reste de sa flottille au service du roi. Il fut employé au blocus de La Rochelle, que le cardinal avait rendu effectif par une digue de mille cinq cents toises et qui dura onze mois.

Le Corps de ville, désireux de retenir les bonnes grâces du roi, délibéra d'envoyer une députation vers lui au camp de Nètre, près La Rochelle. Mais il n'était pas encore permis à la ville de Bayonne de se reposer sur les lauriers si vaillamment conquis par ses marins, car une diversion tentée par les protestants du Languedoc pour dégager La Rochelle allait faire l'objet de ses préoccupations. Les échevins apprennent, le 17 novembre 1627, que le sieur de Rohan, général huguenot, a passé la Garonne avec une armée de gens de pied et de cheval ; il s'est rendu en Béarn et, de là, il pourrait arriver jusqu'à Bayonne. Lasalle est averti de l'arrivée de Rohan par le gouverneur qui lui envoie l'ordre de conduire à Pau les troupes levées sur ses terres. Avant son départ, Lasalle recommande au Conseil de bien garder la ville.

Les échevins avaient déjà, sans attendre cet avis, pris diverses mesures : visite des armes, expulsion des étrangers suspects ; interdiction aux protestants de faire la garde en personne, mais obligation pour eux de payer seize sols pour leur remplaçant ; avertissement adressé à d'Amou, bailli du Labourd, de tenir prêts les mille hommes dus pour la défense de la ville. Ils firent, en outre, confectionner cent mousquets pour les vendre aux habitants qui en étaient dépourvus ; ils mirent en magasin les armes trouvées sur six pinasses flamandes, et demandèrent au cardinal les canons provenant de navires portugais échoués sur la côte (24 décembre 1627). Les précautions furent accrues au moment de la foire ; on défendit aux étrangers d'entrer en armes en ville, et on interdit aux protestants, aux Portugais

Les marins bayonnais au siège de La Rochelle. Diversion des protestants en Béarn.

et aux porte-paniers (1) de coucher dans Bayonne (6 mars 1628).

L'agitation qui se produisit en Béarn força le duc d'Epernon à intervenir ; il fit arrêter et traduire devant le Parlement de Bordeaux un seigneur nommé Lusignan qui fut trouvé porteur de commissions pour divers officiers et qui s'apprêtait à lever quatre mille hommes de guerre protestants. La nouvelle d'une surprise que les religionnaires avaient tentée à la suite d'un grand jeûne, sur les places de Limoges, de Libourne et sur plusieurs autres, étant arrivée à Bayonne, fit craindre des tentatives sur la ville de la part des protestants qui s'y trouvaient logés, et amena à rechercher les armes qu'ils pourraient posséder. Toutes ces menaces du parti rebelle étaient appuyées par une nouvelle démonstration de la flotte anglaise ; celle-ci, qui avait abandonné les côtes françaises après sa défaite à l'île de Ré, se montra devant La Rochelle, afin de secourir cette ville. De là, elle pouvait se jeter sur un autre port de la Guyenne : cette éventualité porta les échevins à réparer le corps de garde du Boucau et à avertir d'Amou de préparer ses gens. Une procession fut faite à travers les rues de Bayonne pour écarter ce danger et demander le succès de l'armée royale devant La Rochelle : tous les Augustins et Jacobins, venus en ville pour la tenue du chapitre de la province, y assistèrent (5 mai 1628). Le même danger de surprise pouvait provenir de la présence, dans le port de Bayonne, de 30 à 40 navires de Flandre ou de Maremne, ayant ensemble plus de 800 hommes d'équipage huguenots ; les échevins y prirent garde, défendirent à ces marins de venir en ville durant la Fête-Dieu et firent décharger, avec la permission de Lasalle, les armes, canons et munitions de ces bateaux.

Le siège de La Rochelle se prolongea quelque temps encore. Gramont, après avoir séjourné au camp formé devant cette place, revint à Bayonne et remit au lieutenant de maire une lettre du roi contenant l'ordre de délivrer au gouverneur des armes et de la poudre pris dans le magasin de la ville ; le lieutenant, indisposé contre Gramont à cause de la préférence que ce dernier montrait en faveur de Saint-Jean-de-Luz, eut un moment la pensée de lui refuser la délivrance des armes. Il déclara cependant que la ville était prête à obéir ; mais, afin de ne pas dégarnir les magasins, il demanda au gouverneur d'y faire rentrer les armes qui lui avaient été prêtées à diverses reprises et qui étaient restées en sa possession. Cette requête fut portée directement par le Conseil à la connaissance du roi et de Philippeaux, et reçut leur approbation (4 août 1628).

(1) Portefaix étrangers.

L'aide de Bayonne fut demandée, une seconde fois, pour une levée de deux cents matelots destinés à la flotte devant La Rochelle. L'état de guerre existant entre la France et l'Angleterre, et bientôt aussi avec l'Espagne poussa le Conseil à faire tenir en bon état le magasin de guerre et à garnir de blé les greniers de la ville (22 septembre).

Des prières et une procession venaient d'être renouvelées pour assurer le succès des armées du roi (13 octobre), lorsque la nouvelle de la prise de La Rochelle, réduite par la famine, parvint à Bayonne (8 novembre) : le roi était entré dans cette ville le jour de la Toussaint (1er novembre). A l'imitation de toutes les villes du royaume soumises au roi, qui donnèrent des marques de leur satisfaction, les échevins allumèrent des feux de joie et firent une procession avec l'assentiment de Gramont (9 novembre).

Les habitants de La Rochelle virent leurs fortifications rasées et leur privilèges anéantis par le roi ; avec cette ville, tomba la puissance des calvinistes. Richelieu les fit poursuivre dans leurs repaires ; par son ordre, le Languedoc fut dévasté et Privas détruit. Durant les dernières convulsions de ce parti, Montmorency avait avisé Gramont que les Anglais, aidés des protestants de la région, voulaient tenter une entreprise sur Bayonne (18 mai 1629). Le Conseil, aidé de Lasalle, fit la visite des armes, munitions et vivres, empêcha la sortie des blés, expulsa les vagabonds et prit les mesures propres à découvrir les menées des ennemis. Cette menace, non suivie d'effet, fut le prélude de la paix conclue avec l'Angleterre et publiée à Bayonne, le 10 juin 1629, par ordre d'Epernon.

Bayonne menacé par les Anglais et les protestants.

L'opposition faite par la ville de Bayonne à l'établissement du port de Socoa avait amené dans le pays M. de Servian, maître des requêtes. Ce dernier se rendit à Saint-Jean-de-Luz, afin de procéder à l'enquête réglementaire ; la ville s'y fit représenter par deux échevins et un expert, auxquels elle avait donné mission de conclure à l'inutilité du port (28 juillet 1628).

Ce magistrat, ne limitant pas son rôle au texte de sa commission, recueillit, durant les six mois qu'il passa dans la région, des renseignements sur toutes les questions d'intérêt général ; il se fit aider par le sieur Octanio, ingénieur du roi, dont la ville avait sollicité la venue. Par leur entremise, le roi consentit à accorder, pour l'entretien des digues du Boucau, une imposition de 7 sols et 6 deniers par barrique de vin étranger, pendant une durée de six ans. Grâce à ce subside, un éperon put être exécuté à la digue, du côté d'Anglet, afin de dissiper un banc de sable de récente formation.

On fit aussi, avec son approbation, certains travaux aux fortifications et aux quais. La reconstruction des chaînes à Saint-Esprit et au port de Sault fut entreprise ; le bourgeois Bertrand de Peyrelongue, qui la dirigea, reçut, pour sa peine, une paye de 30 sols par jour (10 juillet 1628). Il planta plusieurs files de pieux, et les couronna par une assise de châssis horizontaux, en bois, destinés à supporter les nouveaux murs du bastion Saint-Esprit.

Travaux d'assainissement de la ville. Le comte de Gramont se mit d'accord avec les échevins pour édifier à frais communs un bâtiment, sorte d'entrepôt qui devait servir de dépôt pour les marchandises et contenir, en outre, les bureaux de la douane, de la coutume et du poids de la ville ; l'édifice fut placé près de la muraille du Piedmont, sur la partie occupée par le prolongement de l'ester du Port-Neuf, qui servait de canal au moulin de la ville (9 avril 1629). Cet ester, dans lequel croupissaient les eaux pluviales, était une cause d'infection pour le quartier voisin ; il en était de même pour celui de la Galuperie. Leur comblement fut effectué par Bertrand de Sanguinet. On dut déplacer le canal du moulin et en faire un nouveau recouvert par une voûte qui fut prolongée jusqu'à l'entrée de la rue Port-Neuf.

L'accord établi entre le Corps de ville et le gouverneur n'empêcha pas ce dernier de donner libre cours à l'accès de mauvaise humeur soulevé par un acte possessoire que la ville venait de faire sur le cours de l'Adour, en face d'Urt, pour maintenir des privilèges de commerce : Gramont s'emporta contre les délégués du Conseil, leur disant que « la « continuation des actes possessoires sur une partie de sa « seigneurie n'était que celle de leurs insolences », et ajouta que « c'était bien à lui qu'ils devaient les maux dont ils se « plaignaient ». Le comte faisait allusion, dans ce dernier membre de phrase, à l'appui qu'il donnait aux demandes de Saint-Jean-de-Luz au détriment de celles de Bayonne.

Vainement, en effet, le Conseil avait rappelé au roi son offre de construire quatre navires et deux pataches de guerre à la condition de jouir des deniers de la coutume, car le roi influencé par Gramont, s'abstenait de répondre. Cependant, l'opposition du comte ne fit que retarder la décision de Louis XIII au sujet des sollicitations de la ville, mais elle ne put en décider le rejet, car les six navires furent construits à Bayonne et se trouvèrent prêts à faire voile le 9 juin 1630. Le Conseil choisit pour chef et général de la flottille le bourgeois Sauvat de Sorhaindo, et désigna David Fun et Jean de Vienne pour capitaines des deux pataches. Ces officiers, après avoir fait embarquer les soixante hommes enrôlés comme soldats ou mariniers, donnèrent le signal du départ et allèrent rejoindre la destination que le roi avait indiquée.

Si le Conseil ne jouissait pas de la faveur des autorités locales, c'est qu'il usait parfois à leur égard d'une raideur qui écartait la sympathie. N'écoutant que sa rancune contre le vicomte d'Uza, il se refusa à rendre visite à ce seigneur, au risque de le blesser profondément, en allant visiter M. de Montault chez qui d'Uza était descendu. Pour éviter une offense à son hôte, le nouveau capitaine du Château-Neuf remercia la ville et lui déclara qu'il tenait sa visite comme faite (5 novembre 1627). Cet officier avait choisi pour son lieutenant le sieur du Prat, bientôt remplacé par Denys de Sorhaindo. Il allait encore nommer un autre titulaire à cette charge, ayant fait choix du chevalier de la Mothe, lorsque le Conseil protesta, affirmant que ce gentilhomme n'était pas enfant de la ville. Montault demanda à réfléchir et réclama communication des règlements (3 janvier 1631).

CHAPITRE IV

OPÉRATIONS DE LOUIS XIII EN ITALIE CONTRE LES TROUPES DE FERDINAND D'AUTRICHE. — FRÉQUENTES MENACES DE L'ESPAGNE SUR LA FRONTIÈRE DU LABOURD, SUIVIES D'UNE DÉCLARATION DE GUERRE. — NOMBREUX CONFLITS ENTRE LE GOUVERNEUR ET LE CONSEIL DE VILLE (1631-1636).

Hostilités engagées par Louis XIII en Italie. — Comte de Guiche blessé et fait prisonnier à Mantoue. — Succès des armées françaises en Italie. — Série d'alertes occasionnées par les préparatifs de l'Espagne. — Règlement d'Epernon sur le mot du guet. — Débat entre Gramont et le Conseil au sujet d'une livraison de canons. — Suppression de la charge de maire. — Institution de la fonction de sergent-major. — Déclaration de guerre avec l'Espagne. — Précautions prises contre l'invasion espagnole. — Suicide d'un espion portugais.

Hostilités engagées par Louis XIII en Italie.

La paix conclue avec l'Angleterre avait permis au cardinal de tourner les forces de la France contre l'Espagne et ses alliés. Louis XIII alla opérer en Italie, pendant que Gustave Adolphe, roi protestant de Suède, recevait de Richelieu d'importants subsides et parvenait, grâce à ce secours, à enlever à Ferdinand II d'Autriche de nombreuses provinces. Les hostilités avaient été précédées de pourparlers. Le marquis de Rambouillet, envoyé en Espagne comme ambassadeur extraordinaire, avait repassé la frontière le 22 novembre 1627 ; il fut salué à Bidart par les échevins, escorté par eux jusqu'à Bayonne, où il logea chez de Lalande et puis reconduit jusqu'à Tarnos. Sa mission n'avait pu amener la pacification ; l'ambassadeur ordinaire envoya d'Espagne un courrier qui passa à Bayonne le 8 décembre 1628 et transmit en diligence à Louis XIII, la nouvelle du mauvais accueil fait par le roi d'Espagne à ses propositions ; son sentiment était que ce monarque, fâché de ce que la France avait contribué à la prise d'une flotte des Indes, inclinait vers la guerre.

Cette nouvelle ayant été communiquée par le courrier au lieutenant Lasalle, celui-ci décida le Conseil à envoyer des espions en Espagne, afin de découvrir si des armées étaient formées contre la France en Biscaye et dans la Haute-Navarre. Les espions annoncèrent bientôt que Saint-Sébastien devait doubler sa garde et acheter quatre pinasses à des marchands bayonnais qui trafiquaient dans ce port.

Le nouveau lieutenant de maire, Dominique Detchegaray, ignorant à quels desseins visent ces préparatifs, prescrit de faire exacte garde et défend aux étrangers d'aller en ville après nuit close (25 mai 1629). Il ne veut pas que tous les ouvriers monnayeurs puissent s'affranchir de la garde, ce qui affaiblit beaucoup ce service ; il demande aux officiers de la Monnaie la liste des vingt ouvriers dispensés de la garde par le Parlement, afin d'obliger les autres à la monter (13 décembre 1629).

Le comte d'Urbal, ambassadeur d'Espagne près la cour de Louis XIII passa à Bayonne, rentrant dans son pays, à cause de l'ouverture des hostilités (14 janvier 1630).

Le roi Louis XIII ne se mit pas aussitôt en campagne. Il quitta Paris se dirigeant vers le Sud-Est (8 mars) ; les échevins, voyant les forces françaises s'éloigner de la frontière espagnole, redoutèrent moins une attaque prochaine. Ils crurent cependant nécessaire de se prémunir contre un mouvement d'hommes armés signalé à Saint-Sébastien où mille mousquets venaient d'être débarqués (10 juillet) et s'assurèrent que tous les habitants de Bayonne étaient bien armés. On apprit bientôt que les troupes espagnoles devaient s'embarquer pour l'Italie afin de s'opposer à l'irruption de l'armée française dans ce pays. Les Bayonnais, tranquillisés, firent alors une procession pour demander la conservation du roi (15 juillet).

Les impériaux réussirent, au début de la campagne, à prendre Mantoue aux Français. Lasalle annonça aux échevins que le comte de Guiche (1) avait pris part à un grand combat livré aux Vénitiens ; après avoir reçu trois grandes blessures qui mirent sa vie en danger pendant quelques jours, il avait été fait prisonnier par le général impérial Coralte. Laissé par ce dernier chez le prince de Bandolloyes, à cinq heures de Mantoue, prisonnier sur parole, Guiche fut si soigneusement traité, qu'il guérit complètement (28 juillet). Les succès obtenus par les ennemis décidèrent le Conseil de ville à prendre certaines mesures de sûreté : établissement du service de garde extraordinaire, avertissement aux habitants de se fournir de munitions, expulsion de gens sans aveu, augmentation des soldats de guet à gages dont le nombre fut porté de douze à dix-huit. Ceux-ci, constituant une troupe de police, devaient se tenir devant le logis du lieutenant de maire, pour parer à tous besoins urgents (20 septembre).

Comte de Guiche blessé et fait prisonnier à Mantoue.

L'armée française se préparait à prendre en Italie, à la fin de septembre, une éclatante revanche ; son succès fut demandé à Bayonne dans une procession générale. La victoire fut accordée à Louis XIII, dont les troupes, comman-

Succès des armes françaises en Italie.

(1) Fils aîné d'Antoine de Gramont.

dées par le duc de Montmorency, battirent, à la journée de Veillane, les Impériaux, Espagnols et Savoisiens. Le comte de Guiche rentra d'Italie plusieurs mois après (28 avril 1631) : il fut reçu avec de grandes manifestations de joie par le Conseil de ville qui lui offrit une barrique du vin le plus exquis qui se put trouver à Bayonne. Guiche se rendit au Boucau, accompagné de la comtesse de Gramont et des échevins, et visita avec eux l'éperon nouvellement fait à la digue sous la direction du bourgeois Duvergier Caulonque. Grâce à ce travail, l'entrée du havre avait été débarrassée d'un banc de sable et restait ouverte aux navires de commerce. Non contents de favoriser le commerce de Bayonne en rendant le chenal libre, les magistrats maintenaient, en outre, toutes les prérogatives de la ville contre Cap-Breton ; dans ce but, ils obtenaient du Parlement bordelais un arrêt défendant aux habitants de cette localité de faire dans les sables un canal communiquant avec l'Océan et propice au débarquement des marchandises (29 avril 1630).

La campagne d'Italie avait fait contracter à Louis XIII une maladie qui le mit en danger de mort. Gramont, en annonçant cette nouvelle à la ville, lui apprit en même temps la guérison à Lyon et approuva l'intention manifestée par les Bayonnais de rendre grâces à Dieu par un *Te Deum* et une procession générale (4 octobre 1630). Ce fut à cette occasion que la reine mère, profitant de la maladie du roi, avait tenté d'obtenir de lui la disgrâce de Richelieu ; le ministre n'avait eu qu'à paraître devant le monarque pour reprendre tout son empire sur lui ; la reine exilée mourut à Cologne et Marcillac, qui avait voulu supplanter le cardinal, fut décapité.

Ces événements causèrent à la cour une grande agitation dont la ville fut avertie par son député. Le Conseil craignit qu'il n'en résultât une entreprise de l'Espagne sur la frontière ; il nomma des commissaires pour la visite des armes et établit des patrouilles de nuit conduites par des magistrats. Afin de procurer aux bourgeois les armes qui leur manquent, les échevins commandent, à Estrade, trente-trois paires d'armures à pique, à l'épreuve du pistolet, au prix de 64 livres chacune (22 novembre 1630). Ils décident de dégager tous les abords de la fortification du côté de l'Espagne et désignent dans ce but des commissaires spécialement chargés de faire couper les arbres et les haies dans les jardins situés le long des fossés et au pied des remparts, depuis le Château-Vieux jusqu'à la tour de Sault (16 décembre 1630).

Série d'alertes occasionnées par les préparatifs de l'Espagne. Ces précautions paraissent encore insuffisantes au Conseil tant que le quai inachevé de Saint-Esprit présentera une large brèche ; aussi, il émet l'avis de faire avancer ce travail.

Il s'occupe en même temps de reprendre le projet de bâtir, près de la tour des Menons, un moulin fort nécessaire en cas de siège (21 mars 1631). Tout cela ne pouvait se faire sans les fonds que les députés de la ville s'efforçaient d'obtenir du roi, avec l'assistance de Duvergier, abbé de Saint-Cyran, un enfant de la ville. La sécurité de Bayonne n'était donc pas entièrement assurée et cependant, les Espagnols, sans oser encore prononcer une attaque, se livraient à des actes qui dénotaient leurs tendances hostiles. Des bateaux de Bayonne allant commercer à Saint-Sébastien, étaient rançonnés par des pataches de cette ville, et les réclamations de Gramont auprès de l'ambassadeur d'Espagne ne parvenaient pas à modifier la situation (18 novembre 1830). En même temps, une conspiration se tramait à Hendaye ; la nouvelle en fut envoyée diligemment au roi, pendant que deux échevins, accompagnés d'une troupe imposante, allaient essayer de se saisir des conspirateurs.

Pour mettre fin aux actes de piraterie commis par les pataches de Saint-Sébastien et de Fontarabie sur les vaisseaux qui se dirigent vers le havre ou qui s'en éloignent, le cardinal Richelieu, à la suite de la capture d'un navire entrant au Boucau, adresse au procureur de l'amirauté de Bayonne une commission pour armer deux pataches de guerre, qui devront courir le long de la côte. Les bourgeois de Bayonne, craignant des représailles, essaient en vain d'obtenir de Gramont que l'armement des pataches se fasse ailleurs ; il font en même temps des démarches auprès des gouverneurs des deux ports espagnols pour amener la cessation des voleries, sans qu'il soit nécessaire d'armer les navires. Ces fonctionnaires répondent placidement qu'ils sont désolés et qu'ils vont faire rechercher les pirates (20 octobre 1631).

De nouveaux avis annonçant des menaces de guerre parviennent à la ville les 1er août et 15 septembre 1631 ; le lieutenant de maire, Pierre Duvergier de Joannis, fait aussitôt procéder à la visite des armes et approvisionner les habitants en munitions ; il prescrit à tous ceux qui sont de guet assis ou de ronde après minuit, de ne point quitter les corps de garde, avant le coup de canon, signal de l'ouverture des portes. Au milieu des apprêts de guerre, Monseigneur de Montagne, nouvellement promu à l'évêché de Bayonne, arrive d'Urtubie ; il fait son entrée en ville, est reçu à la porte Saint-Léon par les échevins en robe, puis harangué par le lieutenant (22 septembre 1631).

Gramont estima que la menace des ennemis était plus sérieuse que les précédentes ; il écrivit de Pau aux échevins, annonçant sa prochaine arrivée et leur recommandant de bien prendre garde à la conservation de la ville (2 janvier 1632). Ceux-ci prirent les précautions usitées, et garnirent de vivres les magasins de Bayonne. Les espions envoyés par le Conseil avaient pour mission de découvrir les complots ourdis contre la ville ; ils signalèrent un projet d'entreprise (5 avril 1632) et parvinrent ainsi à le faire avorter, grâce aux dispositions prises par Lasalle et le lieutenant de maire.

Les prévisions de Gramont ne tardèrent pas à se réaliser. Après que Schomberg eût écrasé par la victoire de Castelnaudary la révolte de Gaston, frère du roi, et que Montmorency eût payé de sa tête la faiblesse d'avoir écouté les mauvais conseils de Monsieur, Louis XIII et Richelieu, débarrassés de leurs ennemis de l'intérieur, reprennent la guerre contre l'Espagne et l'Autriche. Le roi de France rassemble deux armées, l'une pour passer le Rhin et la seconde pour menacer le Piémont. De son côté, le roi d'Espagne fait de grands armements ; il se dispose à quitter la Catalogne et à marcher vers Saragosse et Pampelune.

Les échevins ordonnent aussitôt la garde extraordinaire, et prescrivent aux étrangers de se renfermer dans leur domicile, dès la fermeture des portes. Ils défendent de tirer des armes de la ville sans permission, expulsent les vagabonds et empêchent les voyageurs d'entrer armés. Des magistrats visitent le boulevard Saint-Jacques où quelques travaux sont nécessaires et assurent la conservation des roues des canons disposés dans le Piedmont en faisant paver le sol qui les supporte.

L'attitude défensive est adoptée des deux côtés de la frontière. Tandis que le duc d'Épernon se rend de Montauban à Bayonne et prescrit aux échevins de cette dernière ville de faire garde exacte afin d'éviter tout accident (2 août 1632), et que Gramont leur adresse les mêmes recommandations, les espions signalent que des gens de guerre sont arrivés à Fontarabie pour défendre cette place, mais ne manifestent pas l'intention de passer la frontière (17 septembre 1632). D'ailleurs, l'Espagne réservait ses forces pour lutter contre le duc de Saxe-Weimar qui recevait de Louis XIII un subside annuel de quatre millions. Aussi, le roi de France se désintéressa-t-il de la frontière des Pyrénées ; il traversa rapidement Toulouse et Bordeaux (11 octobre 1632), suivi peu de jours après par la reine, le cardinal et le garde des sceaux, et laissa à peine aux échevins de Bayonne le temps de venir le saluer.

Chacun des préparatifs de guerre faits par les Espagnols dans le voisinage de la frontière ne manquait pas de causer une alerte à la ville ; mais, l'émotion qu'ils produisaient se calmait généralement, car ils se rapportaient le plus souvent à des opérations très éloignées de Bayonne ; ce cas se produisit, une fois encore, dans le courant de juin 1633. De nombreux enrôlements furent signalés dans la Haute-Navarre, Guipuscoa, Biscaye et autres contrées limitrophes de la Guyenne ; tous les hommes, chevaux et armes de ces provinces furent rassemblés, passés en revue et tenus prêts à partir au premier ordre. Les villes de Fontarabie et de Saint-Sébastien reçurent un supplément de garnison, et une somme considérable fut envoyée à cette dernière place. Des mesures importantes étaient prises pour transporter par mer ces nombreuses troupes : onze navires de guerre venant de Dunkerque étaient attendus à Passage ; le roi d'Espagne avait fait défendre à tous les capitaines de marine, par l'intermédiaire de Don Alonzo de Diacaytz, chef de la flotte, de conduire en course leurs pataches et navires de guerre, afin de se tenir prêts à exécuter son commandement. A ces moyens de transports allaient bientôt s'ajouter les pataches et bateaux ras, propres à naviguer à la voile ou à la rame, que l'on construisait en hâte dans les ports voisins de la frontière.

Lasalle, lieutenant du gouverneur, et les échevins, ne sachant vers quel but tendaient ces préparatifs importants, prirent leurs précautions afin de n'être pas surpris. Pendant que le sieur de Luc faisait espionner à l'étranger, ils passèrent la visite des remparts, les garnirent de canons remis en bon état. Une revue générale des habitants en armes fut ordonnée, après invitation à chacun d'eux de compléter ses armes et munitions ; elle eut lieu dans chaque quartier, le 17 juin 1633, à dix heures du matin. Les gens du quartier du maire se réunirent aux Cloîtres Notre-Dame, ceux de Saint-Esprit aux Jacobins, ceux de Mousserolles aux Cordeliers et ceux du Prévôt aux Augustins (1). Les vignerons des faubourgs assistèrent aussi à une monstre générale le dimanche après la Saint-Jean. Malgré les avis déjà donnés par Lasalle aux gens de son gouvernement, les échevins écrivent directement à d'Amou, bailli du Labourd, à d'Orthe et à d'Urtubie, et leur demandent de tenir prêts les mille hommes du Labourd (25 juin).

Les habitants qui n'étaient pas pris par le service de garde extraordinaire ou par celui des patrouilles travaillaient à la manœuvre des fortifications, achevant de couper les arbres des fossés, et faisant des embrasures à canon dans les murs du port de Sault. Le quai de Saint-Esprit, près des chaînes, venait d'être terminé, avec l'aide des carriers de Saint-Jean-de-Luz qui avaient pu fournir la pierre nécessaire ; on se

(1) Rue Mayour, aujourd'hui d'Espagne.

contenta d'y ajouter une guérite, près de la tour Saint-Esprit. L'alarme se dissipa quand on apprit que la flotte espagnole s'était concentrée à la Corogne et avait fait voile vers le port brésilien de Pernambuco.

Si le départ de ces navires a calmé un instant les inquiétudes des Bayonnais, il n'a pas mis fin aux préparatifs de guerre en Espagne. Aussi, le duc d'Epernon se dispose à venir juger de l'état de la ville ; deux magistrats sont désignés pour l'aller prendre à Tartas et le premier échevin, du Vergier, lui prépare un logement dans sa maison (29 octobre 1633). Le lieutenant général constate que la manœuvre des fortifications est appliquée par les échevins à niveler un tertre situé en avant de la porte Saint-Léon et à transporter la terre dans une fondrière voisine ; il inspecte le chantier du nouveau bastion Saint-Esprit dont la construction est surveillée par un échevin et un jurat, et il vérifie que la muraille tombée dans le fossé du Saint-Esprit, près du corps de garde, a été refaite.

A deux moments différents, l'émotion gagne de nouveau la ville. Une première fois, pendant le séjour d'Epernon, on apprend que des troupes de gens de guerre, traînant avec eux un convoi considérable d'armes et de munitions, viennent de la Navarre et d'autres provinces espagnoles, et se dirigent vers les places de Pampelune, Saint-Sébastien, Fontarabie et Irun. Le roi, le cardinal et Gramont, alors présent à la cour, furent avertis de ces mouvements par un exprès, pendant qu'un espion alla surveiller la frontière et que les armes furent visitées. L'espion de la ville, établi à Hendaye, apprit de ce point d'observation, que quatre mille hommes de pied marchaient vers la frontière en se dirigeant sur Pampelune (3 mars 1634). Cette troupe arriva ensuite à Fontarabie, en même temps qu'un convoi de plomb et de poudre (15 mars). Le commandant de l'artillerie de Pampelune, Jean Ortiz, était venu trouver le gouverneur de Fontarabie, et avait combiné avec lui un projet d'attaque de Bayonne en se servant d'un plan de cette ville qu'il avait réussi à se procurer ; pendant qu'un corps d'Espagnols, après avoir franchi la frontière, devait donner l'assaut à la porte Saint-Léon, une deuxième troupe, dissimulée dans des pataches chargées de cercles de barriques, débarquerait subitement près des chaînes de Saint-Esprit.

A l'annonce de ce danger, les échevins écrivent au roi, à Richelieu, à d'Epernon, à Lavrillière. Ils assurent la garde et envoient de nouveaux espions. D'Epernon, satisfait des préparatifs, veut cependant compléter le magasin de guerre et demande un état de ce qu'il contient ; il annonce aux conseillers que tout Bordeaux a eu connaissance du projet des ennemis et il espère que « les Bayonnais ne paraîtront pas des mouches, mais des lions, pour dévorer les Espagnols ».

Cependant, aucun événement anormal ne se produisit. On reçut bien l'avis que treize grands navires de guerre, venus de Dunkerque, stationnaient dans le port de Passage, sans doute pour embarquer les gens de guerre et les munitions, que l'on avait dirigés vers la frontière. Mais le duc d'Epernon, qui en fut informé, écrivit aux échevins pour les rassurer, affirmant que l'Espagne n'avait ni le moyen ni le dessein de faire une entreprise sur la ville et que les troupes espagnoles se trouvaient à plus de trente lieues de la frontière. Il recommanda toutefois de bien veiller, car les menaces devaient se répéter (14 avril 1634).

Sur les instances du Corps de ville, le duc, voulant mettre un terme aux différends qui se produisaient entre échevins et bourgeois au sujet du mot et éviter une cause de trouble, fit un règlement sur le mot du guet. Il décida, conformément à la pratique constante entre gens de guerre, que le chef des armes qui a donné le mot peut seul le recevoir, quand il se présente devant un corps de garde, de celui qui le commande ; au contraire, tout autre habitant, même s'il est capitaine ou lieutenant, doit livrer le mot au corps de garde qu'il visite. La même règle devait s'appliquer à la rencontre de deux rondes. Epernon termina son règlement par une exhortation à l'union dans l'intérêt du service. Le Conseil, paraphrasant ces dispositions, établit, sous forme de règlement inviolable, que, toutes les fois que le premier échevin ou tout autre ancien magistrat ayant la qualité de chef des armes, aura donné le mot d'ordre aux capitaines de garde aux portes de la ville, ceux-ci, ou les caporaux qui en dépendent, seront tenus de rendre le mot au seul chef des armes, lorsqu'il les visitera ; mais ils devront le recevoir de tout autre qui ferait la visite des portes et corps de garde.

Règlement d'Epernon sur le mot du guet.

Ce règlement de la garde avait été fait en dehors de la participation de Gramont, qui se trouvait depuis longtemps à Paris. Le comte, qui était en délicatesse avec les échevins sur divers points, n'avait pas été avisé par eux des armements espagnols ; il leur en fit la remarque, dans une lettre du 27 mars 1634, leur apprit qu'il en avait eu connaissance par une autre voie, et termina sa missive en leur recommandant de se bien garder. Il renouvela son reproche le 23 avril, en l'accompagnant d'une pointe d'ironie ; « il a lu les « dépêches envoyées par le Conseil à Richelieu et Lavrillière, et il ne partage pas la bonne opinion que Messieurs « de la Ville (échevins) ont sur la solidité de la place de « Bayonne ». Faisant ensuite allusion à l'intervention du duc pour le mot, il les railla agréablement « des beaux « règlements qu'ils ont faits, car il ne les croyait pas de si « grands capitaines ».

Débat entre Gramont et le Conseil au sujet d'une livraison de canons.

Les échevins avaient plusieurs motifs de plainte contre leur gouverneur. La protection dont celui-ci couvrait les marchands flamands nuisait aux intérêts commerciaux des habitants ; pour en contrarier les effets, le Conseil renouvela la défense de frelater le moût de raisin emporté en Flandres (28 septembre 1633). Un autre conflit s'éleva au sujet de cinq canons échoués à la côte de Saint-Jean-de-Luz ; Richelieu, qui joignait à la charge de premier ministre celle de surintendant de la navigation et du commerce, les avait accordés à Bayonne pour armer ses remparts. La ville de Saint-Jean-de-Luz, ayant probablement des prétentions sur cette artillerie, s'oppose, par la personne de son bailli, à l'enlèvement des canons (9 janvier 1634). Les échevins de Bayonne informent de cette résistance le roi et le cardinal : ils en avisent aussi Gramont. Celui-ci répond qu'il désire garder ces canons pour lui et que c'est bien par son ordre que le bailli a refusé de les laisser enlever.

Le 6 février, un ordre du roi, prescrivant une seconde fois de délivrer les canons, est apporté au bailli de Saint-Jean-de-Luz par un échevin et un jurat ; second refus du bailli et nouvel avis de sa résistance adressé au roi et au cardinal.

Le Conseil d'Etat rend, le 21 juin, un arrêté conforme à l'ordre du roi. En exécution de l'arrêt, le bailli est sommé, une troisième fois, de livrer les cinq canons : il se retranche de nouveau derrière la volonté de Gramont, et annonce que si les Bayonnais font emprisonner, selon les termes de l'arrêt, des habitants de Saint-Jean-de-Luz, il usera de représailles (24 juillet). Comme les délégués de Bayonne avaient été menacés, le Conseil décida d'intenter contre les agresseurs une poursuite devant le lieutenant général du siège de Bayonne ; il voulut aussi faire arrêter des habitants de Saint-Jean-de-Luz et ne renonça provisoirement à l'exécution de ce projet que sur la prière du lieutenant de Lasalle.

Gramont prétendit que cet arrêté avait été obtenu par surprise, en faisant croire au roi que ces canons étaient nécessaires pour armer le Château-Vieux, et il incita le bailli à repousser encore les instances de la ville (22 septembre). Cependant, le comte comprit qu'il ne pouvait résister plus longtemps sans éveiller la colère du cardinal ; le bailli et les jurats de Saint-Jean-de-Luz ne refusèrent plus, dès lors, de délivrer les canons, pourvu que Bayonne leur en donnât décharge. Le jurat de Lalande fut chargé d'aller prendre ces pièces d'artillerie et de les conduire dans la maison commune de Bayonne ; les bouviers qu'il avait amenés ne purent traîner que deux canons à la fois, et comme les échevins ne voulurent donner décharge entière avant d'avoir reçu l s quatre pièces, le jurat fut retenu en otage à Saint-Jean-de-Luz jusqu'au départ du deuxième convoi. Lalande put, dès lors, ramener triomphalement à Bayonne ces trophées dont l'abandon coûtait tant à l'amour propre de Gramont. Le transport des cinq pièces coûta 373 livres (20 novembre).

Ces démêlés amenèrent des rapports peu amicaux entre le gouverneur et les échevins ; ceux-ci, voulant éviter que l'emploi , dans leur correspondance avec le comte, du titre de « monseigneur » ne soit considéré par lui comme une marque de condescendance ou de flatterie, s'abstinrent d'en faire usage et s'attirèrent une remontrance pour cette omission volontaire. Une assemblée de bourgeois, consultée sur la conduite que l'on devait tenir à cet égard, décida que, malgré les avis reçus de Paris indiquant le droit de Gramont à recevoir cette qualification, la ville devait continuer à lui appliquer le titre de monsieur qu'elle n'avait cessé de lui donner, même depuis qu'il était gouverneur de la ville et du Béarn (4 septembre 1634). Cependant, cédant à des conseils venus de Paris, les échevins se décidèrent à donner à Gramont la satisfaction qu'il demandait et le qualifièrent dès lors de monseigneur (25 octobre).

Cette concession tardive ne suffit pas à ramener les bons rapports entre le gouverneur et la ville, car d'autres différends les divisaient encore. Dans une visite faite par quelques échevins à Gramont, le 8 décembre 1634, pendant un séjour à Bidache, ce dernier ne dissimula pas la colère dont il était animé contre le Conseil et se refusa à venir à Bayonne avant de partir pour la cour. Le principal motif de son dépit était la résistance opposée par la ville au retour de la mairie de Bayonne entre ses mains et à l'installation d'un sergent-major.

La charge de maire avait été vendue pour le prix de 24.000 livres par Gramont à Robillart, son secrétaire, le 2 juin 1633, pour se procurer des fonds et parce que le titre honorifique de maire de Bayonne brillait peu parmi les autres titres et hautes fonctions dont il était gratifié. Le roi, sur les instances de la ville, avait accordé la suppression de cette charge, à la seule condition de rembourser à Robillart la somme délivrée par lui au gouverneur. L'arrêt de suppression de la mairie laissait à Gramont et à Guiche, son fils, un délai de deux mois pour en opérer le rachat ; il leur fut signifié le 27 juin 1633. Lorsque le délai fut expiré, les échevins se reconnurent redevables envers Robillart de la somme de 24.000 livres, et s'obligèrent à la payer dans six ans. Cette

Suppression
de la charge de
maire.

charge demeura dès lors supprimée, malgré les tentatives de Gramont pour la reprendre.

Les guerres suscitées par Richelieu occasionnèrent sur le territoire de la France des mouvements fréquents de troupes et amenèrent le roi à réglementer le mode de fourniture des vivres et du logement des soldats de passage. L'ordonnance royale du 14 février 1634 fixa les fournitures à faire pour les étapes des gens de guerre, ainsi que le taux de l'allocation correspondant à chaque gîte d'étape ; elle laissa aux gens d'armes, qui amenaient avec eux plus de trois chevaux, la faculté de traiter de gré à gré avec leurs hôtes, mais sans les fouler. Le règlement fut publié à Bayonne le 21 juin 1634.

Institution de la fonction de sergent-major.

Louis XIII, voulant faire contrôler et uniformiser le service de garde dans les villes, confia cette mission à une catégorie spéciale de fonctionnaires militaires qui reçurent le nom de sergents-majors. M. de Guilharseau, nommé à Bayonne, reçut ses lettres de provision le 29 juillet 1634, et fut mis en possession de sa fonction par le comte de Gramont le 12 septembre. Il se présenta, le lendemain, devant le Conseil, et, répondant à une question des échevins, fit connaître les attributions de sa charge. Elles lui imposaient l'obligation de poser les gardes de la ville, de leur donner le mot d'ordre, de faire la première ronde, de se trouver le matin à l'ouverture des portes, et de faire auparavant sortir des mousquetaires par les guichets afin de s'assurer qu'il n'y avait hors ville rien qui pût nuire à sa sécurité : il devait, en outre, dresser des procès-verbaux contre les délinquants, les faire punir, assister aux jugements rendus à leur sujet par le Corps de ville et, d'une manière générale, intervenir dans toutes les décisions prises pour assurer la sûreté de la ville.

Les échevins s'aperçurent aussitôt que, s'ils admettaient l'installation du sergent-major, leurs prérogatives militaires allaient se trouver anéanties. Ils formulèrent des objections, prétendirent que M. de Guilharseau ne pouvait avoir de droit sur les habitants qui faisaient librement leur service militaire, et que son action devait se limiter aux hommes d'armes et aux archers des châteaux. Le Conseil décida d'en appeler respectueusement devant le roi ; il sollicita en même temps de Gramont un délai dans l'application de la décision royale, mais celui-ci ne voulut consentir à retarder, même d'une heure, l'entrée en fonctions de Guilharseau. En l'absence du gouverneur, son lieutenant Lasalle ne crut pas pouvoir refuser le mot au sergent-major. Il résista aux instances du premier échevin qui avait envoyé vers lui, à deux reprises, le capitaine du guet afin de prendre le mot, selon l'ancien usage, et répondit qu'il avait déjà accompli cette formalité à l'égard de Guilharseau. Cependant, il céda devant une troisième demande, et donna satisfaction au premier échevin. Il resta à Guilharseau la seule ressource de faire sommation à ce magistrat de lui laisser exécuter sa charge.

Les échevins essayèrent de gagner à leur cause le comte qui s'était rendu à la cour ; ils décidèrent de lui offrir un présent de mille pistoles, à condition qu'il renonçât à poursuivre l'installation du sergent-major, et ils chargèrent de cette négociation les députés de la ville près de la cour (19 janvier 1635). Ils n'avaient cependant que peu de confiance dans l'appui du gouverneur qui saisissait toutes les occasions de faire échouer leurs demandes ; dans une instance pendante devant le Conseil du roi, relative à l'élection des magistrats du Corps de ville, il était intervenu (3 janvier 1635), en proposant que le roi choisisse le premier échevin sur une liste de douze bourgeois élus par tous les bourgeois et en cherchant à enlever ainsi la nomination directe de ce magistrat au Corps de ville.

Le comte, voyant les échevins disposés à négocier de nouveau avec lui, tenta de ressaisir la mairie. Les députés de la ville en cour firent savoir les concessions que Gramont était prêt à faire, si le Conseil laissait rétablir en sa faveur la charge de maire. Il offrait de renoncer aux 1.500 pistoles qui lui étaient dues, de se désister de son intervention dans le procès sur l'élection des magistrats, d'obtenir en faveur de la ville une imposition sur le vin afin de payer les travaux du havre, et enfin de faire supprimer la charge de sergent-major. Ces nombreux avantages ne furent pas jugés équivalents aux inconvénients qui devaient résulter pour la ville de la perte de la mairie, d'autant plus que Gramont n'offrait pas de rembourser les 24.000 livres, prix de cette charge. Il fut donc informé, à la suite de la décision prise par une assemblée de bourgeois, que ses propositions ne pouvaient être agréées (24 mai 1635). Le comte se borna à répondre qu'il était résolu à installer le sergent-major ; il voulut bien, cependant, sur la demande de la ville, renvoyer cette installation à un mois.

Les menaces plus fréquentes de l'Espagne retardèrent quelque temps encore la solution de ces différends. Elles se produisirent toujours sous la même forme : amas de troupes espagnoles à Pampelune, Saint-Sébastien, Passage et Fontarabie, et arrivée de douze cents runberges d'Angleterre. Les autorités d'Espagne rassemblèrent, pour transporter ces troupes, tous les bateaux qu'il fut possible de trouver, mais elles ne purent emprunter ceux des Basques Labourdins, car on fit rentrer en hâte à Bayonne les chalupes et pinasses stationnées le long de la côte française. Les moulins

à cheval de la ville et quatre moulins à bras furent remis
en état, pendant que l'on constituait une provision de blé
et de farine, et que, par mesure de conséquence, on défendait d'emporter le froment. Le vicomte d'Orthe et Poyanne
offrirent leurs services à la ville, tandis que d'Amou, bailli,
faisait apprêter les mille hommes du Labourd. Deux alertes
se produisirent, le 24 avril et le 24 juillet 1634; elles amenèrent
les précautions d'usage : garde extraordinaire, espions envoyés au delà de la frontière, classement des balles en divers
lots correspondant aux différents calibres des mousquets, etc.

Certaines mesures ordonnées par le vice-roi de Navarre,
telles que mouvements de troupes, déplacement de seize
canons tirés de la citadelle de Pampelune et conduits à Mar-
tinguet, localité située à quatre lieues de Saint-Jean-Pied-
de Port, provoquèrent une vive émotion, qui se calma bientôt
lorsqu'on apprit que cette agitation précédait la mise en
route d'un renfort vers l'armée de Catalogne (13 août 1634).
De nouveaux avis signalant encore des armements sur la
frontière durant l'hiver 1634-1635, furent transmis au Conseil par le lieutenant de Lasalle : ils furent suivis des précautions habituelles et amenèrent la capture d'un inconnu
qui épiait, la nuit, les remparts de la ville du côté de Tarride.

Le vieux Lasalle, fidèle lieutenant du gouverneur, décéda,
le 16 mars 1635 ; Gramont ne tarda pas à lui donner pour
successeur le sieur d'Artagnan, qui vint se présenter devant
le Conseil, le 24 mai, et protester de son affection pour la ville.
En attendant cette nomination, les clefs de la ville avaient
d'abord été déposées chez le premier échevin : elles furent
reprises ensuite par le capitaine Labassère, qui avait l'intendance des mortes-payes, et portées au Château-Vieux. Cet
officier consentit, cependant, à écouter les protestations du
Conseil dont il ne pouvait contester le droit de garder les
clefs, mais il exigea avant de les restituer, une sommation
en bonne forme.

Labassère avait été poussé à s'assurer des clefs par l'intention très louable de répondre de la garde de la ville, au
moment où se produisait une nouvelle alarme, causée par
·rrivée de gens de guerre en Navarre et sur la frontière
'spagne, ainsi que par l'apparition, dans les ports du Pas-
et de Saint-Sébastien, de onze navires Dunkerquois,
·és à transporter ces troupes. Le duc d'Epernon écrivit
·seil et l'engagea à se tenir sur ses gardes (26 mars
·commandation superflue, car les bourgeois compo-
·seil de guerre s'étaient déjà réunis et avaient averti
·bitants, les invitant à faire provision de farine pour
·tte denrée fut mise à leur disposition dès que les
·s et à cheval, terminés à la hâte, eurent moulu

deux cents conques de froment extraites du magasin. On recensa dans chaque quartier les armes et munitions, en complétant, au moyen de prêts, celles des habitants qui se trouvaient démunis ; cette opération fut faite dans les cloîtres de Notre-Dame, des Jacobins et des Cordeliers. On tira parti, dans cette circonstance, du don de vingt-cinq mousquets à bandouillères que le sieur de Bruchs, récemment reçu voisin, venait de faire à la ville. Le Conseil de ville décida, en outre, de monter les canons sur les remparts, de faire des gabions partout où le besoin en serait reconnu, d'avertir les circonvoisins et gens de Labourd de se tenir prêts. Poyanne, Orthe et les habitants du Labourd promirent d'être exacts au rendez-vous, sitôt que le signal leur serait donné ; les localités d'Hendaye, Ciboure, Saint-Jean-de-Luz et Biarritz s'engagèrent à avertir la ville de tout ce qui pourrait intéresser sa sécurité (4 avril 1635).

Après avoir pris toutes les mesures propres à la défense de la ville et s'être assuré de leur exécution, le Conseil secret, sachant que sa délibération devait être placée sous les yeux du roi, voulut mettre à profit cette circonstance pour empêcher la réalisation d'un projet caressé depuis longtemps par Gramont : il émit l'avis que Bayonne n'avait pas besoin d'un régiment pour la défendre, à cause du secours qu'elle pouvait recevoir des gens du peuple qui se trouvaient aux environs de la ville en nombre suffisant pour faire obstacle aux desseins des troupes espagnoles massées sur la frontière.

Les circonstances ne semblaient pas justifier pareille prétention ; la guerre venait, en effet, d'être déclarée entre les rois de France et d'Espagne, et l'on annonçait que quatre mille Espagnols allaient marcher sur la frontière (16 juin 1635). Mais ces troupes, destinées à opérer sur la frontière des Flandres, où les hostilités se produisirent tout d'abord, ne menacèrent pas Bayonne. Aussi, les échevins se bornèrent-ils à convoquer tous les habitants pour la garde.

Déclaration de guerre contre l'Espagne.

L'armée ennemie envahit la France du côté des Flandres et réussit à s'emparer de Roye et de Corbie. Elle avait même réussi à passer la Somme, lorsque Louis XIII se porta à sa rencontre, la repoussa jusqu'à la Meuse et se rendit maître non seulement des deux villes qui lui avaient été prises, mais de Saint-Mihiel, Hesdin et Arras.

L'Espagne, en attendant le moment favorable d'opérer une diversion sur la frontière des Pyrénées, ne cessait d'y amasser des gens de guerre, qu'elle dirigeait ensuite vers les ports pour les transporter sur le théâtre de la guerre. Ces accumulations répétées de troupes près de la frontière constituaient pour Bayonne une perpétuelle menace et étaient l'objet de fréquents avis suivis de nouvelles mesures.

L'arrivée de soldats wallons, venant de Fontarabie et désertant l'armée espagnole, causa un certain émoi (18 juin). On leur fit quitter rapidement Bayonne dont ils auraient pu compromettre la sûreté et on les dirigea vers la France par la porte Saint-Esprit. D'Epernon craignit aussi que la ville ne fût troublée par l'arrivée de séditieux qu'il avait chassés de Bordeaux à la suite d'une émeute vivement réprimée, et il recommanda aux échevins de se concerter avec le gouverneur sur les précautions à prendre contre eux.

Le duc fut remplacé, dans la charge de lieutenant général en Guyenne par son fils, le duc de Lavalette, qui reçut les délégués du Conseil venus près de lui afin de le saluer (16 juillet 1635). Cette mutation de charge coïncida avec une panique produite à Bayonne par la nouvelle d'une irruption des Espagnols dans le Bastan et l'entrée de quatre de leurs compagnies à Fontarabie. Les habitants, croyant à une attaque imminente, prirent tous les armes avec beaucoup de zèle (20 juillet) ; on leur distribua de la poudre (1) et on en prêta même un baril au capitaine du Château-Neuf. Tous les ouvriers disponibles furent employés à monter les canons ; les barrières des quatre portes furent visitées et mises en bon état.

Précautions prises contre les invasions espagnoles. Les circonvoisins se préparèrent à secourir la ville ; d'Amou écrivit à Saint-Pé qu'il ferait de son mieux et Gramont alla recruter des troupes en Basse-Navarre, puis revint à Bayonne. Les Espagnols s'étant bornés à une simple démonstration, les échevins purent continuer avec moins de précipitation les mesures de défense ; ils ne négligèrent pas d'avertir le député en cour du zèle déployé par les habitants en cette circonstance, persuadés que le roi en accueillerait la nouvelle avec satisfaction (1er août).

Le gouverneur avait cependant la certitude que les Espagnols feraient un jour ou l'autre irruption dans le Labourd et qu'ils s'y préparaient en nouant des intelligences avec des gentilshommes officiers du roi, voisins de la frontière ; il voulut, en conséquence, visiter les fortifications avec les échevins et ordonner les travaux d'amélioration indispensables. Ils décidèrent d'appeler à la manœuvre les gens du gouvernement et des paroisses, afin de continuer le nivellement du champ Saint-Léon, à la sortie de la porte ; ils convinrent ensuite d'approfondir le fossé entourant le bastion de Sault et d'y construire une écluse pour retenir l'eau. Le même travail de creusement devait ensuite se continuer dans le fossé de la courtine joignant le Château-Vieux au bastion du Nard et dans celui du boulevard Lachepaillet · pour

(1) Ils la payèrent 10 sols la livre.

garantir cette dernière pièce de fortification contre toute surprise, ils voulurent la munir d'un second pont-levis. Mais ces travaux, assez importants, ne pouvaient se faire sans recourir aux fonds de la foraine, et, tandis que l'autorisation d'user de cette ressource était, selon l'usage, demandée au roi, auquel on transmit les plans et devis dressés par l'architecte Millet, ces améliorations furent entreprises en raison de leur nécessité.

Les troupes espagnoles amassées à Irun, Fontarabie, Passage et Saint-Sébastien avaient rapidement épuisé les provisions de ces villes ; certains commerçants de Bayonne, dans un but de lucre, se disposèrent à les renouveler en envoyant dans ces ports des bateaux chargés de blé et même de pain ; mais ils avaient compté sans la vigilance des échevins qui coupèrent court à cette pratique peu patriotique. Ces magistrats, toujours appliqués aux devoirs de leurs charges, invitèrent les habitants à se munir d'armes et de munitions à bref délai, sous peine de 25 livres d'amende. Ils demandèrent au capitaine du Château-Neuf la restitution du baril de poudre qui lui avait été prêté durant l'alarme précédente, le menaçant d'une plainte au roi, s'il ne s'approvisionnait de munitions à ses frais ; car, s'ils avaient enfin consenti à l'obligation pour la ville de garnir de vivres les magasins du Château-Neuf, ils se refusaient à donner la même satisfaction au capitaine, pour ses munitions.

Le gouverneur, que cette querelle intéressait peu, partit pour organiser la résistance sur la frontière d'Espagne, (26 août 1635), laissant aux échevins le soin de conduire les travaux, mais leur refusant toujours l'autorisation de chasser les Portugais du faubourg Saint-Esprit, sans se laisser émouvoir par la menace d'une poursuite devant le roi. Cependant, l'un de ces étrangers fut trouvé porteur de documents importants, rédigés dans la langue espagnole, sur lesquels le Conseil secret fut appelé à délibérer ; vainement, cette assemblée signala le danger des relations quotidiennes que les Portugais entretenaient avec les Espagnols, Gramont ne voulut pas se départir de la faveur qu'il accordait aux premiers. Il abandonna cependant le Portugais arrêté, Miguel de Fonseca, à la justice du Conseil ; l'espion, n'attendant pas la sentence, se suicida dans sa prison ; son corps fut suspendu par les pieds à la potence, traîné ensuite dans les rues et jeté à la voirie (21 janvier 1636). Deux espions bayonnais, Jean de Seignaus et Jean de Sorhaindo, arrêtés en Espagne, échappèrent à une fin si tragique ; le vice-roi de Navarre leur fit expier par un long emprisonnement, malgré les démarches de la ville, leur dévouement à la France.

En l'absence du gouverneur, la comtesse de *Gramont* émit

Suicide d'un espion portugais.

la prétention de donner le mot (27 août 1635) ; les échevins, s'affranchissant cette fois des règles de la galanterie, s'opposèrent fermement à l'ingérence de la comtesse dans leurs attributions, et défendirent au capitaine du guet de prendre le mot d'elle, prétendant fort justement d'ailleurs que le droit de le donner leur appartenait, en l'absence du gouverneur ou de son lieutenant. Lavalette, ne jugeant pas le moment propice de faire son entrée solennelle en ville, arriva inopinément à Bayonne, alla loger au Château-Vieux où il reçut les salutations du Conseil, et repartit après s'être assuré que toutes les précautions avaient été bien prises contre une attaque de l'ennemi (17 septembre 1635).

Les armements des Espagnols allèrent sans cesse en augmentant sur la frontière : signalés d'abord le 7 janvier 1636, ensuite le 4 février 1636, ils furent poussés très activement à Saint-Sébastien et à Fontarabie avec l'intention de pénétrer dans le Labourd. Dans ce but, l'ennemi songea à constituer un grand approvisionnement de froment à Saint-Sébastien, et tenta inutilement de le tirer de Bordeaux, car la correspondance relative à cette affaire fut interceptée par le Conseil et transmise à d'Epernon. Le cardinal fut mis au courant de tous ces préparatifs, et des mesures furent prises par les échevins pour les déjouer : envoi d'un jurat à la frontière, milice tenue en haleine : le lieutenant d'Artagnan se multiplia, faisant des rondes, exigeant le mot des chefs des autres rondes, au mépris du texte du règlement et des protestations du Conseil et emprisonnant ceux qui lui résistaient.

Sans s'arrêter à réprimer les excès du lieutenant, le Conseil s'efforça d'accroître les moyens de défense de la ville, en demandant les canons des navires naufragés sur la côte voisine, en sollicitant la permission d'armer quelques pinasses pour courir sus aux navires espagnols qui infestaient la côte et interdisaient l'accès du havre, enfin en provoquant l'échange de Turcs détenus à Bordeaux contre des Bayonnais captifs de ces infidèles, invoquant à l'appui de leur requête, les droits de l'humanité et l'avantage de rendre à la ville quelques bons marins.

Louis XIII, tenu au courant des menaces de l'Espagne, écrivit à la ville et lui recommanda de faire bonne garde. Une revue des habitants en armes fut passée par les quatre capitaines de quartier : l'évêque même demanda au Conseil de lui prêter douze mousquets et douze piques pour armer ses gens en cas d'alarme. Ce prélat rentrait de la cour où il avait obtenu un subside de 15.000 livres sur le Labourd, afin d'augmenter les constructions de l'évêché. Il commença, avec l'autorisation du gouverneur, par ouvrir une porte dans le mur de clôture de son jardin faisant face au Château-

Vieux ; puis il voulut, quelques mois, après, édifier le bâtiment nouveau sur une place vide voisine de la porte Lachepaillet, mais il se heurta à l'opposition du Conseil, défenseur
des droits du chanoine d'Iliriart, propriétaire du terrain.
L'évêque, irrité par cette résistance, traita les magistrats de
tyrans et d'ingrats ; il les froissa tellement que ceux-ci décidèrent de s'abstenir à l'avenir de visiter le prélat en corps,
et qu'ils interdirent à ceux d'entre eux qui garderaient des
relations avec lui, d'assister aux séances où cette affaire serait
encore débattue. A la suite de nouvelles explications, la
bonne entente fut rétablie et le prélat put enfin réaliser son
projet, d'accord avec le chanoine.

L'épithète d'ingrat appliquée au Conseil visait certaines
démarches que l'évêque avaient faites en cour pour amener
un accord entre la bourgeoisie et le Corps de ville au sujet
de l'élection des magistrats. Gramont, ignorant la décision
du roi, s'était opposé à l'élection des échevins. En rentrant
de Paris, l'évêque, mieux renseigné que le gouverneur,
avait félicité le Conseil de l'heureux résultat du procès porté
devant le Conseil d'Etat. L'arrêt rendu par cette assemblée
fixa à six échevins, un clerc, quatre jurats et un syndic
la composition du Corps de ville et ordonna de procéder à
des élections. Les nouveaux magistrats nommés prêtèrent
serment le 7 mars 1636.

Cette question d'élection qui aurait, en des temps plus
calmes, soulevé de grandes discussions, passa presque ina-
perçue à cause des menaces constantes des Espagnols.
Ceux-ci firent arriver à la Corogne quatorze vaisseaux Dunkerquois, transportant du matériel destiné à l'armée de
Catalogne. L'un de ces navires déchargea à Passage deux
cents officiers de commandement, des ingénieurs, dix-huit
canons portatifs pouvant tirer vingt livres de balles, des
armes, des ponts démontables. Tout ce matériel ayant été
acheminé vers la Haute-Navarre, le vieux duc d'Epernon et
Gramont crurent un instant que ces préparatifs inusités
menaçaient Bayonne ; ils avisèrent le roi du dénuement dans
lequel se trouvait le pays, et le comte réclama l'ordre de
mettre sur pied le régiment de Béarn.

Toujours à l'affût d'une bonne prise, le gouverneur,
sachant que les vaisseaux flamands allaient repartir pour
conduire en Flandre le marquis de Mirabel et le comte
d'Ognato, porteurs de fonds considérables destinés à l'armée
des Pays-Bas, offrit au roi de les faire capturer par un bon
marin de Saint-Jean-de-Luz, Martin de Laffont, ancien chef
d'escadre espagnole. Il aurait aussi voulu tenter un coup
sur Fontarabie, par un brèche naturelle de quinze toises de
large, mais pendant qu'il parvenait avec peine à réunir

quelques hommes du Labourd, les Espagnols garnirent leur ville de troupes, renforcèrent la brèche avec des pièces de bois et obligèrent Gramont à abandonner son projet.

Lors de l'alarme donnée par les vaisseaux flamands, les mille hommes du Labourd avaient été réunis sans retard pendant que le bailli d'Amou allait se renseigner à Hendaye. Il apprenait que le matériel déchargé par les navires ne prenait pas le chemin de Bayonne et que les soldats espagnols vus à Saint-Esteban étaient originaires de la localité (5 février 1636). La réunion rapide du contingent du Labourd donna de l'assurance aux Bayonnais et les encouragea à poursuivre avec ardeur les travaux de fortifications commencés suivant les ordres de Gramont. D'Épernon dispensa les habitants du Labourd, à cause du service des mille hommes qui leur incombait, de venir travailler à la manœuvre de la ville, mais il maintint cette obligation pour les autres localités du gouvernement de Bayonne. Il avait envoyé, par ordre du roi, l'ingénieur de Lanau diriger les travaux des nouveaux ouvrages. Ceux-ci comprenaient : 1° Du côté regardant l'Espagne : la transformation du bastion Lachepaillet en une demi-lune par la suppression des murs de flanc appuyés à l'ancien rempart, l'exécution de deux tenailles ou ouvrages à corne et de leur chemin couvert, l'une placée en avant du rampart réunissant le Château-Vieux au bastion du Nard, l'autre couvrant la porte Saint-Léon et le bastion de la Boucherie, avec sa place d'armes extérieure (demi-lune) et enfin la construction d'une demi-lune entre la porte Saint-Léon et le bastion du Sault ; — 2° à Bourg-Neuf : l'édification d'une demi-lune en avant de la porte de Mousserolles et d'un ouvrage en terre commençant à la tour des Menons pour aboutir vers le milieu de la courtine voisine. Le remboursement des dégâts occasionnés aux héritages par ces travaux fut garanti par la ville, mais l'indemnité d'achat du sol resta à la charge du trésor royal.

Conformément à l'ordre du roi, le comte fit avertir les gens de son gouvernement de venir travailler et il exprima à la ville le désir de la voir contribuer aux travaux par ses manœuvres, ses hottes et ses outils (4 mars 1636). Le Conseil, se conformant aux prescriptions de Gramont, commanda les habitants de la ville et les vignerons, à raison d'un ouvrier par maison, et prépara son matériel pour exécuter les projets des ingénieurs. Les travaux commencèrent sur les quatre points à la fois ; des gazons extraits des prairies de *Balichon* furent transportés par les ouvriers de la ville au chantier du bastion Lachepaillet et servirent à maintenir les talus ; d'autres équipes allèrent couper et transporter des bois pour établir des palissades défensives à Saint-Esprit.

La démolition des murailles formant les deux flancs du bastion Lachepaillet fut mise en adjudication, avec le consentement du comte.

La dépense de ces travaux devait être couverte à l'aide d'une imposition de 10.000 livres que le roi avait ordonné de lever sur la ville par lettre patente adressée à Gramont. En vain, le Corps de ville pria le gouverneur de renoncer à cet impôt et de se contenter de la manœuvre ; le comte refusa avec raison de consentir à cette demande, car la manœuvre, suffisante pour les terrassements, ne pouvait être appliquée aux ouvrages d'art. Gramont essaya cependant d'obtenir le paiement des 20.000 francs de l'épargne destinés à la fortification de Bayonne, ce qui lui eût permis de donner quelque soulagement aux habitants. D'ailleurs, il se ménageait peu et n'osait pas quitter la ville, de peur qu'il ne survint en son absence quelque grave incident. De son côté, d'Epernon sollicitait du cardinal l'assistance de son fils Lavalette et lui demandait d'envoyer dans la province des troupes, de l'artillerie et des munitions de guerre.

La peste, qui avait déjà causé de grands ravages à Fontarabie, en novembre 1634, entraînant la mort de plus de mille habitants en deux ou trois jours, régnait alors à Bordeaux où elle faisait de nombreuses victimes (31 juillet 1636). Les échevins de Bayonne réussirent à empêcher l'introduction de ce fléau dans leur ville, en supprimant la foire d'août, en faisant garder les portes et surveiller les hôteliers ; ils épargnèrent ainsi une grande calamité aux habitants et facilitèrent la bonne marche des travaux de fortification.

CHAPITRE V

INVASION DU LABOURD PAR LES ESPAGNOLS. — OCCUPATION DE SAINT-JEAN-DE-LUZ ET DE CIBOURE. — LEUR RETRAITE PROVOQUÉE PAR LES BASQUES (1637-1638).

Projet d'invasion des Espagnols. — Préparatifs du vice-roi de Navarre. — Epernon et Gramont organisent la défense. — Bayonne se prépare à soutenir un siège. — Révélations importantes d'un espion espagnol. — L'ennemi franchit la frontière. — Défection de milices françaises. — Combat à Saint-Jean-de-Luz. — Bayonne demande un secours d'argent à Richelieu. — Organisation active de la défense. — L'ennemi se retranche à Ciboure et au Socoa. — Saint-Jean-Pied-de-Port menacé. — Prise par Gramont du fort de Sainte-Barbe. — Rivalité entre Gramont et Lavalette. — Lavalette entre en campagne. — Sa tentative contre Saint-Jean-de-Luz. — Continuation des travaux de défense à Bayonne. — Garnison de Bayonne augmentée. — Règlement d'Epernon sur la subsistance des troupes. — Insistance de Gramont à loger en ville le régiment de Béarn. — Etablissement d'hôpitaux militaires. — Landresse revendique la charge de sergent-major. — Bayonne surchargé de dépenses. — Biarritz menacé. — Organisation du camp d'Espelette. — Bayonne fournit le pain au camp. — Soulèvement en Guyenne et en Périgord. — Travaux de défense continués. — Révélations d'un prisonnier espagnol. — Gramont fortifie Saint-Jean-Pied-de-Port. — Espagnols décimés par les Basques. — Dislocation de l'armée du camp d'Espelette. — Création des allées Boufflers. — Conflits divers du Conseil de ville.

Les chantiers des travaux de fortifications étaient en pleine activité à Bayonne lorsqu'un espion, envoyé à Madrid, fit parvenir à Gramont, le 7 septembre 1636, la nouvelle que don Juan de Cabrera, amiral de Castille, avait reçu l'ordre d'entrer en France avec les troupes rassemblées dans les provinces de Biscaye, Guipuzcoa, Navarre et Rioja.

Projet d'invasion des Espagnols. Le plan de campagne des Espagnols avait été arrêté, après huit jours d'études, dans une conférence tenue à Vittoria. Trois attaques devaient se produire le 20 septembre. L'amiral de Castille, à la tête de la flotte et d'un corps de six mille hommes, passerait l'embouchure du Boucau et tiendrait la rivière de l'Adour afin d'empêcher les secours de France d'arriver à Bayonne. Le duc de Ciudad-Real prenant le commandement d'un corps de troupes assemblé à Irun et à Fontarabie, franchirait la Bidassoa et prendrait Hendaye, Urrugne, Ciboure et Saint-Jean-de-Luz. La troisième attaque serait faite par un corps comprenant huit mille hommes de pied, deux mille chevaux de Castille et vingt canons, sous le commandement du marquis de Los Velez, vice-roi de Navarre et d'Aragon ; cette troupe devait passer le col de Roncevaux et attaquer Saint-Jean-Pied-de-Port.

Depuis trois mois, le vice-roi préparait son expédition ; il avait fait descendre vingt canons de la citadelle de Pampelune et les avait munis de petites roues, en vue de faciliter leur passage par les défilés ; il s'était pourvu en outre d'une quantité de pelles, hoyaux, hottes, sacs à terre et de dix mille torches de cire ou de résine, objets destinés au siège de Bayonne. Loin de dissimuler son projet d'attaque sur cette ville, le vice-roi en faisait part publiquement, et tenait constamment à la main une carte très exacte des passages de la frontière. Les Espagnols avaient, en outre, préparé en Guipuzcoa des canons montés sur petites roues et fait construire récemment, à Saint-Sébastien et à Passage, cent vaisseaux plats, avec lesquels l'amiral de Castille se disposait à passer la Barre de l'Adour.

Le duc d'Epernon, gouverneur de Guyenne, reçoit à Bordeaux, par un courrier que d'Amou a dépêché vers lui, l'avis de l'attaque imminente des Espagnols ; il donne aussitôt des ordres pour assurer la conservation de Bayonne et de Saint-Jean-de-Luz, qui lui paraissent être l'objectif de l'ennemi. Gramont, de son côté, avise le cardinal de la menace des Espagnols ; il lui signale le dénuement de Bayonne qui manque de gens de guerre et la faiblesse de ses fortifications qui n'offrent pas une résistance suffisante ; puis, il part le 8 septembre pour Saint-Jean-Pied-de-Port, capitale de la Basse-Navarre, dont la conservation lui incombe spécialement en sa qualité de lieutenant général et de vice-roi. Mais les habitants de Saint-Jean-de-Luz, s'imaginant que l'ennemi se dirige vers eux, lui envoient des députés qui lui font rebrousser chemin et le ramènent dans leur ville ; le comte les rassure et les empêche de démeubler leurs maisons. Afin d'opposer une résistance aux agresseurs, il fait exécuter quelques travaux défensifs à Saint-Jean-de-Luz ainsi qu'à Ciboure, et élever une redoute pour cinquante hommes à Socoa, d'après les indications du capitaine de Lanau, ingénieur du roi, qui l'accompagne.

En même temps, il charge Saint-Martin et deux cents hommes d'occuper le village d'Aïnhoue et la hauteur voisine du Mondarrain, qui commandent le chemin aboutissant au col de Maya ; ce capitaine demande en toute hâte, à Bayonne, des armes et des munitions.

Après avoir ordonné au bailli de Labourd de réunir quatre mille hommes de sa juridiction, afin de secourir Bayonne en cas d'attaque, Gramont rassemble deux mille hommes à Hastingues, Sordes et Peyrehorade, les y loge avec l'autorisation d'Epernon, et les tient prêts à se jeter dans la place à la première menace. Le gouverneur accourt ensuite à Saint-Jean-Pied-de-Port, réconforte ses habitants effrayés et assu-

Epernon et Gramont organisent la défense.

7

rer la défense du pays avec les milices. Il parcourt les montagnes comprises entre la frontière et cette place, en compagnie de l'ingénieur, du vicomte d'Etchaux, du baron d'Armendaritz et d'autres gentilshommes du pays, faisant avec eux la reconnaissance de quatre chemins par lesquels les canons pourraient arriver de Pampelune. Il fait pratiquer des coupures dans chacune de ces voies, obstruer les passages en faisant abattre une quantité de hêtres, et laisse pour garder ces barricades six cents hommes des compagnies de milice voisines de Cize.

Sur les instances du parlement de Béarn, il consentit même à lever deux mille hommes dans les pays de Cize et de Mixe, et les plaça sous la conduite d'Etchaux et de Belzunce, afin de mieux défendre tous les passages par lesquels les Béarnais appréhendaient que l'invasion se produisît ; mais il refusa de rester en Béarn afin de protéger ce pays, car il était pressé de rentrer à Bayonne pour l'échéance fatale du 20 septembre. Il confia la défense du Béarn à Poyanne qui vint se jeter dans Navarrenx, remit en état les remparts de cette place et se tint prêt à toute éventualité.

Pendant que Gramont s'empressait de regagner Bayonne, apportant la nouvelle que l'ennemi avait rassemblé ses troupes, réuni des approvisionnements à Saint-Esteban et à Berro, et amélioré les chemins conduisant à Roncevaux, les Espagnols ralentissaient leurs préparatifs par suite d'un différend survenu à Pampelune au sujet du nombre excessif de soldats levés parmi les habitants de cette ville. Profitant de ce répit, le comte se rendit de nouveau à Saint-Jean-Pied-de-Port, le 1er octobre, et accompagné de l'ingénieur, du capitaine de la place et de quelque noblesse, il monta jusqu'aux masures de Château-Pignon. Un examen rapide de la position permit de constater qu'elle offrait six passages accessibles aux mulets ; après en avoir réparti la garde à deux compagnies, comptant ensemble 1.500 hommes, Gramont ordonna aux divers groupes de se prêter mutuellement secours. Saint-Jean-de-Port, désigné comme lieu de retraite pour les troupes de la montagne, reçut trois compagnies pour sa défense ; les portes de la ville furent toutes retranchées et pourvues de barricades. Le commandement général fut partagé entre le capitaine châtelain de Saint-Jean et le sieur de Belzunce, bailli de Mixe ; les communautés ou villages de la région reçurent ordre de fournir aux soldats la poudre, le plomb, les mèches, et de pourvoir à leur subsistance en donnant à chacun d'eux deux pains de trois sols.

Le gouverneur, sur le point de partir vers Pau, reçoit, le 3 octobre, une dépêche qui le rappelle à Bayonne ; elle lui apprend que l'armée espagnole se forme dans la plaine de

Pampelune, que la flotte ennemie se rassemble à Cadix, la Corogne et Santander, et elle lui signale l'urgence de fortifier les chaînes et le havre de Bayonne.

Le gouverneur trouve les Bayonnais organisant la défense de leur ville, établissant des plates-formes d'artillerie dans les boulevards Notre-Dame et Saint-Jacques, plaçant des gabions au bastion du Nard et des fascines en divers autres points, fabriquant des pièces d'artifice et prenant, en un mot, toutes les mesures propres à assurer une énergique résistance.

Bayonne se prépare à soutenir un siège.

Ces travaux se poursuivirent avec fièvre, en attendant l'arrivée d'Epernon ; celui-ci quittait Nérac le 11 octobre, pour gagner Bayonne et, dans une lettre aux échevins, il exprimait l'espoir de mettre, avec l'aide de Gramont et des habitants, la ville à l'abri d'un coup de main ; il annonçait aussi que son fils, le duc de Lavalette, quittait Paris et venait le rejoindre. Une nombreuse noblesse se dirigeait vers la ville, emmenant des chevaux ; mille boisseaux d'avoine furent achetés à Bordeaux par le Conseil et apportés à Bayonne, afin de faire vivre cette cavalerie (13 octobre).

Les échevins allaient pouvoir renseigner les ducs, dès leur arrivée, d'une façon certaine sur les projets de l'ennemi, grâce aux révélations d'un espion espagnol ; cet émissaire venait d'être arrêté, pendant qu'il visitait sous un costume de prêtre les habitants de la frontière et tentait de les gagner au parti de l'Espagne (11 octobre). Questionné, il fit connaître que la flotte, empêchée par un vent contraire, n'avait pu mettre à la voile et que cet incident imprévu n'avait pas permis à l'armée espagnole de franchir la frontière. L'ennemi, ajouta-t-il, persistait à vouloir envahir le Labourd, avec l'intention de prendre d'abord le Socoa, puis Saint-Jean-de-Luz ; une fois établi dans le pays, il comptait attaquer plus aisément Bayonne.

Révélations importantes d'un espion espagnol.

Or, le Socoa n'est pas dépourvu de défense ; suivant les indications de l'ingénieur, un fort y a été commencé par les habitants de Ciboure, Urrugne et Saint-Jean-de-Luz, et se continue selon l'ordre d'Epernon. Mais Gramont, qui a préposé à sa défense deux cents hommes pris sur les mille hommes du Labourd, n'a pas grande confiance dans cette troupe ; il y voudrait d'autres soldats, probablement ceux du régiment de Béarn, et demande de nouveau à Richelieu une commission pour armer et payer cette troupe aux dépens du roi, car il se ruine à entretenir sa compagnie de gens d'armes et les deux mille hommes qu'il a réunis dans ses terres.

Le 17 octobre arriva le duc d'Epernon, gouverneur de

Guyenne, accompagné depuis Ondres par une députation du Conseil. Il fut reçu à la porte Saint-Esprit et logé à la maison de Montaut ; ayant désiré s'assurer par lui-même de l'état de la milice, il se plaça devant la grande porte de la cathédrale, du côté de la place commune et fit défiler devant lui la compagnie de la ville commandée par Julien de Lalande de la Palisse ; elle comprenait mille trois cents hommes, tant bourgeois qu'habitants et vignerons, et elle produisit, par sa bonne ordonnance, une impression favorable sur le duc d'Epernon.

L'ennemi franchit la frontière.
Le lendemain, 18 octobre, l'armée espagnole, forte de huit mille hommes, entra en Labourd ; elle évita de forcer les passages gardés et pénétra sur le territoire français par Biriatou, après avoir passé la Bidassoa. Les habitants de ce village frontière, situé à deux kilomètres au sud-est de Béhobie, n'opposèrent aucune résistance ; ils étaient, depuis plus de six mois, visités par des espions et, cédant aux promesses du vice-roi de Navarre, ils avaient consenti à prendre le parti de l'Espagne. La population des villages voisins avaient aussi écouté les propositions des ennemis et cet état de choses, favorable à la marche de l'armée espagnole, laissa à celle-ci la faculté de franchir la frontière et le loisir de préparer sa marche vers Urrugne sans être inquiétée, sans même que la nouvelle de son entrée se propageât.

Dès que les ennemis se furent mis en mouvement, les habitants de la région menacée par eux s'enfuirent à leur approche, soit par crainte, soit qu'ils fussent de connivence avec eux. Gramont, averti enfin de l'irruption des Espagnols par le syndic de Labourd, monta aussitôt à cheval, le jeudi 23 octobre, à sept heures du matin, laissant à Bayonne le vieux d'Epernon malade ; il s'avança en hâte dans la direction de Saint-Jean-de-Luz, à la tête d'un petit corps composé de sa compagnie de gens d'armes, de celle du duc et de mille cinq cents hommes de pied, dans l'intention d'appuyer la résistance des population comprises entre Urrugne et Hendaye, ou plutôt de les empêcher de se déclarer en faveur des envahisseurs. Il alla, ce même jour, prendre position entre Urrugne et l'armée ennemie et mit obstacle, par sa présence, à la réunion de la milice avec les Espagnols ; après avoir passé la nuit à Saint-Jean-de-Luz, il renouvela sa démonstration le lendemain et établit, vers le haut d'Urrugne, la compagnie des gens d'armes d'Epernon et mille hommes de pied, avec ordre de donner la main à la milice locale, dans le cas où elle voudrait se défendre.

Le duc de Lavalette, arrivé la veille à Bayonne, n'avait fait que traverser cette ville pour aller rejoindre Gramont. Ce dernier vint trouver le duc qui, sans perdre un instant, rechercha les moyens de défendre Saint-Jean-de-Luz et Ciboure. Les deux seigneurs, à la tête de mille deux cents à mille cinq cents chevaux, s'avancèrent du côté des Espagnols, en route dans la direction de Ciboure.

Les gens du pays, déjà gagnés à l'ennemi, n'attendaient que son apparition pour tourner casaque ; malgré la présence de Lavalette et de Gramont, les milices locales, postées au haut de Ciboure, mirent le feu aux poudres, dès qu'elles virent les Espagnols s'approcher, et tendirent les bras vers eux. Les généraux français, par suite de la faiblesse numérique des troupes restées fidèles, n'eurent d'autre parti à prendre que de battre en retraite sur Bayonne.

Défection des milices françaises.

Pendant que la compagnie de gens d'armes d'Epernon et les mille hommes de pied laissés au haut d'Urrugne se dirigeaient vers la capitale du Labourd, Gramont et Lavalette voulurent disputer à l'ennemi la ville de Saint-Jean-de-Luz, avec les cent gentilshommes volontaires qui leur restaient. Ces valeureux guerriers, abrités derrière les barricades qu'ils avaient dressées aux avenues de la ville, attendirent l'attaque des Espagnols ; elle se produisit le 26 octobre. On combattit longtemps à une longueur de pique ; le sieur de La Roche et les gardes du duc d'Epernon firent des merveilles pour défendre le pont de Saint-Jean-de-Luz. Les Français ne perdirent qu'un seul des leurs, tandis que les Espagnols eurent cent tués, parmi lesquels un capitaine de grande valeur.

Combat à St-Jean-de-Luz.

Enfin, voyant l'impossibilité de tenir davantage, les soldats de Lavalette battirent en retraite. Le fort de Socoa, à peine ébauché et défendu par deux cents soldats, ne résista que quelques heures et sa garnison obtint une bonne capitulation ; Hendaye tomba également aux mains de l'ennemi. Celui-ci, devenu maître de la côte, put dès lors disposer, en sus de ses ressources, de sept mille marins et de deux à trois cents navires ou bateaux pour réaliser ses projets ultérieurs.

Gramont se renferma dans Bayonne ; Epernon et Lavalette quittèrent cette ville, le 30 octobre, et allèrent en Guyenne rassembler une armée de secours. Ils donnèrent, de tous côtés, l'ordre de réunir les contingents avec lesquels cette armée devait être formée. Celui du Béarn, composé de deux mille cinq cents hommes choisis parmi les plus agiles, fut appelé par Poyanne au rendez-vous de Navarrenx ; il devait ensuite, sous la conduite de ce chef, rallier l'armée à Dax ou à Bayonne, selon que l'ennemi envahirait la Navarre ou assiégerait la capitale du Labourd. Lavalette rendit compte au cardinal que l'attaque des Espagnols avait causé un grand effroi à ses troupes et un certain étonnement aux Bayonnais ; mais, le premier moment de stupeur passé, les unes et les autres se rassurèrent et gardèrent fidélité au roi, ne suivant pas l'exemple des Basques de Saint Jean-de-Luz, traîtres à la patrie et à la royauté.

Les ennemis, informés de la panique des troupes, se trouvaient encouragés à assiéger Bayonne. Mais, l'hiver s'approchant, ils auraient dû, au cas où ils eussent voulu entreprendre le siège de vive force, commencer immédiatement les tranchées d'approche. Or Lavalette, ne les voyant pas s'avancer, estima que tel n'était pas leur projet, mais il ne perdit pas de vue que l'Espagnol étant à deux heures de marche de la ville, une surprise de sa part restait toujours possible. Toutefois, admettant l'hypothèse d'une attaque de Bayonne, le duc fit savoir au cardinal qu'il fallait envoyer dans cette ville des hommes de commandement, ayant déjà acquis l'expérience des sièges et sachant remuer la terre, c'est-à-dire tracer et diriger l'exécution des tranchées ; il ajouta que la place devait être pourvue de vivres et de munitions, toutes choses que l'on ne pouvait se procurer sans argent.

Bayonne demande un secours d'argent à Richelieu. Les échevins, se proposant d'acheter des munitions de guerre, avaient fait appel aux ressources des particuliers et usé du crédit de la ville auprès des voisins. Ils avaient aussi le devoir d'entretenir les quatre mille hommes de guerre composant la garnison de défense et ceux qui arrivaient tous les jours sans savoir si ces nouvelles dépenses seraient remboursées à la ville. La distribution des rations se faisait dans le plus grand désordre ; elle dut être régularisée par Epernon qui ordonna à son secrétaire Fages d'établir un rôle exact des soldats et d'en délivrer copie au Conseil de ville. Le pays, peu fertile, ne pouvant pas suffire à la nourriture d'une troupe si nombreuse, les échevins sollicitent du cardinal un secours d'argent.

Gramont adresse au cardinal une demande analogue ; il s'est empressé de lever à ses frais une partie du régiment de Béarn et l'a introduit à Bayonne sans avoir encore reçu l'ordre qui doit prescrire comment seront payées les dépenses d'armement et de subsistance de cette troupe ; il attend le reste des compagnies, lesquelles, aussitôt levées, doivent rentrer dans la place ; mais il est ruiné et ne peut suffire à toutes dépenses, depuis que la jouissance des fonds produits par le bureau de la coutume de Saint-Jean-de-Luz, bureau dépendant de celui de Bayonne, lui a été enlevée (30 octobre). Il insiste encore, le 14 novembre, pour mettre dans Bayonne le régiment de Béarn, dont douze compagnies s'y trouvent déjà, alléguant, à l'appui de sa demande, la nécessité d'introduire, dans une ville dont la garde est confiée à son zèle, des soldats qui lui donnent confiance.

Le gouverneur rend compte au cardinal qu'il hâte la
construction des forts de Saint-Esprit, qui doivent servir à
garder la rivière et à conserver la communication de la ville
avec la Guyenne et le Béarn ; ces ouvrages seront en état
de défense dans quinze jours, et seront prêts à recevoir la
garnison qu'il demande.

Organisation
active
de la défense.

Si l'amiral de Castille eût voulu, après la capitulation du
Socoa, se diriger sur Bayonne, et arriver sous les murs de
cette ville, il n'aurait rencontré que la petite troupe placée
sous les ordres de Gramont et l'aurait sans nul doute culbutée;
son inertie sauva la capitale du Labourd. Sans attendre le
retour du gouverneur, les échevins commencèrent, dès le
23 octobre, des travaux afin de garder de toute surprise la
partie de l'enceinte exposée aux atteintes de l'ennemi ; ils employèrent les corvées à presser en toute diligence les ouvrages
extérieurs destinés à couvrir les portes Saint-Léon et Lachepaillet ; ils firent poser et dresser des canons sur les remparts, couper les chemins à Sainte-Croix et à Balichon ; cinq
jours après, le Corps de ville, sur l'ordre écrit d'Epernon
et d'après les indications du sieur de la Roche, capitaine
de ses gardes, fit démolir le pont de Balichon, rompre au
moyen de grandes tranchées trois levées de terre formant
passage à travers le marais de Balichon dans la direction
de Saint-Jean-de-Luz, et barricader, en coupant plusieurs
grands arbres, un autre chemin dirigé dans le même sens.
Le zèle des ouvriers employés à tous ces travaux fut récompensé par une distribution de vin et de cidre.

Comme la ville était dépourvue de poudre, le Conseil en
fit acheter deux cents quintaux à Bordeaux et décida de
contracter un emprunt de 20.000 livres. Lalande, chargé de
cette mission, fut obligé de faire des recherches à Bordeaux,
Bergerac, Montauban et Toulouse, et rapporta quatre-vingt-
quatre barils de poudre, deux cent cinquante quintaux de
plomb et dix milliers de mèche ; il ramena aussi six bons
canonniers pour aider ceux de la ville, et réalisa un premier
emprunt de 12.000 livres.

Cependant, l'armée espagnole, après les rapides succès
de son entrée en France, parut vouloir s'établir aux environs
de Saint-Jean-de-Luz. Elle améliora le Socoa et fit un grand
ouvrage au-dessus de Ciboure, sur une hauteur appelée le
Bordegaing : ce fort fut appelé par les espagnols fort de
Castille, en l'honneur de leur général en chef, l'amiral de
Castille. Selon toute apparence, le roi d'Espagne, Philippe IV,
voulait limiter son action sur cette frontière à cette simple
démonstration, sinon il eût renforcé son armée. Son intention était de venger l'échec qu'il venait de subir en Bourgogne, et s'il réussit en Labourd, il fut moins heureux sur

L'ennemi
se retranche à
Ciboure
et au Socoa.

les côtes de Bretagne dont les habitants empêchèrent le débarquement de sa flotte. Les efforts des armées de Louis XIII et de Philippe IV se dépensèrent sur la frontière de Picardie et le petit corps espagnol borna son ambition à se maintenir sur les confins du Labourd.

Voyant que les Espagnols s'apprêtaient à passer l'hiver dans le Bordegaing, le duc d'Epernon avait cru pouvoir s'éloigner de Bayonne. Le jour de son départ (29 octobre 1636), il voulut régler d'une manière immuable le service de garde afin d'éviter toute nouvelle contestation ; il établit l'ordre des patrouilles et des rondes qui devaient se faire à l'avenir et prescrivit à leurs chefs de livrer le mot au gouverneur ou au premier échevin, l'un et l'autre remplissant la charge de sergent-major, à défaut du titulaire dont la ville était dépourvue.

Le gouverneur de Guyenne avait laissé au Conseil, avant de partir, des ordres pour fortifier le faubourg de Saint-Esprit dont la conservation lui semblait devoir assurer celle de Bayonne ; il avait donc prescrit de travailler incontinent et sans interruption aux forts qu'il avait fait tracer par des ingénieurs au Saint-Esprit, et d'y employer des vignerons ou tous autres gens que l'on pourrait trouver, en interrompant au besoin les autres travaux. Ces ouvriers, à la disposition desquels furent mis les outils du magasin, devaient être surveillés par deux habitants rendus responsables de l'avancement de la besogne ; leur travail fut payé à la toise courante de retranchement.

En attendant l'organisation des chantiers du faubourg Saint Esprit, la ville fait réparer le parapet maçonné qui borde les quais de la Nive à son embouchure et renforcer les ponts Saint-Esprit et Mayou par l'adjonction de quelques madriers, travaux que l'ingénieur de Lanau a reconnu très nécessaires pour la sécurité de la ville (24 novembre 1636). Elle fait concourir à sa défense, selon l'ordre du duc, des navires flamands qui se trouvent dans le port ; deux d'entre eux sont placés à l'embouchure de l'Adour et deux autres, mouillés en avant de Saint-Bernard, doivent disputer le cours de la rivière dans le cas où l'ennemi réussirait à franchir la barre. Mais le Conseil applique tous ses soins à améliorer les fronts de la fortification tournés du côté de l'Espagne. Il renforce le rempart de la courtine comprise entre la porte Saint-Léon et le bastionnet du Cul-de-Loup (1) par une galerie en bois de pin reposant sur des traverses scellées dans le mur, disposition qui permet aux défenseurs de mieux surveiller les fossés. Il remet en état les deux ouvrages qui

_____

(1) Près bastion de Sault.

appuient cette courtine à ses deux extrémités : à cet effet, les parapets en terre couronnant le bastion Saint-Léon sont redressés et soutenus par des barriques vides empruntées aux habitants, tandis que sur le bord de la Nive, la tour de Sault et les chaînes voisines sont également restaurées. Il continue en outre les ouvrages extérieurs de cette partie de l'enceinte, déjà commencés par Grammont, et pour mieux surveiller la route de Saint-Jean-de-Luz, il fait construire hors ville, en avant de la porte Saint-Léon, un corps de garde et des guérites, employant à ce travail des mâts de navires à défaut de bois plus communs.

Epernon, ne pouvant contribuer par son épée à la défense de Bayonne, ordonne aux villes de Dax, de Tartas et de Cadillac de la secourir par des envois de blé, farine et vivres, et recommande aux échevins de renvoyer de la ville les bouches inutiles. Il fait répartir les habitants des paroisses de la baronnie de Seignanx pour les corvées des travaux projetés au faubourg Saint-Esprit et annonce au Conseil que le roi va envoyer à Bayonne des personnes expérimentées à la défense des villes.

La promesse du monarque fut bientôt accomplie ; MM. de Landresse et du Fresche, suivis à bref délai par MM. de Larret et de Lessart, vinrent se mettre à la disposition de Gramont. Lavalette et son père poursuivirent aussi la réunion du corps d'armée destiné à secourir Bayonne contre les Espagnols. Epernon fut nommé commandant de cette armée ; mais il remercia le roi de cette faveur, s'excusant de ne pouvoir en remplir les obligations à cause de son grand âge et de sa mauvaise santé ; il l'assura que sa place serait honorablement tenue par son fils auquel il ne marchanderait pas l'appui de son expérience (20 décembre 1636).

La force du corps d'invasion donna lieu à des évaluations diverses ; selon certains bruits, les huit mille soldats de l'amiral de Castille se trouvaient réduits à six mille, et quelques-uns disaient même que ce chef n'avait plus que six cent à sept cents hommes, mais que sa troupe allait s'augmenter du ban et de l'arrière-ban de Castille.

Le vice-roi de Navarre n'avait pas cessé de menacer Saint-Jean-Pied-de-Port ; il maintint deux mille hommes à Ronce-veux et à Burguette à partir du 6 novembre 1636, et il attendit un renfort de deux mille hommes pour forcer les retranchements de la frontière voisine. Gramont, avisé par Poyanne auquel des secours avaient été demandés, envoya à Saint-Jean les compagnies des capitaines du Vignau et de Munein, prélevées sur les troupes de Bayonne.

St-Jean-Pied-de-Port menacé.

Le gouverneur, ayant reçu du roi l'autorisation qu'il sollicitait pour son régiment de Béarn, le remercia et l'assura

Prise par Gramont du fort de Sainte-Barbe.

qu'avec ses deux mille hommes, il ne laisserait pas l'ennemi entrer à Bayonne (1er décembre). Pour donner une preuve de son zèle, il prépara une petite expédition contre Saint-Jean-de-Luz. Les Espagnols construisaient un fort à la pointe de Sainte-Barbe ; ce promontoire, limitant la baie de Saint-Jean-de-Luz vers le Nord, était séparé par une distance de cinq cents pas du bourg et des retranchements qui abritaient l'ennemi. Voulant interrompre les travaux de celui-ci, Gramont partit de Bayonne le mercredi soir, 10 décembre 1636, avec neuf cents hommes de pied prélevés sur les régiments de Lusignan, Calonges et Béarn, et formés en trois colonnes de trois cents hommes commandées par les lieutenants-colonels ; il adjoignit à cette troupe, cinquante gentilshommes de sa suite et sa compagnie de chevau-légers forte de quatre-vingts maîtres.

Arrivé à Sainte-Barbe à deux heures du matin, le comte attaqua vigoureusement le fort et le prit en une demi-heure. La garnison se réfugia dans une chapelle placée dans l'ouvrage ; les Français y mirent le feu et, pendant qu'ils en forçaient l'entrée, l'incendie gagna l'église et une tour voisine. Ils pénétrèrent alors dans le bâtiment et tuèrent tous les ennemis qui s'y trouvaient. Deux canons furent pris et précipités à la mer, faute d'équipages pour pouvoir les emmener.

Les Espagnols, retranchés dans les forts de Ciboure, tirèrent deux coups de canon contre la troupe de Gramont ; ils détachèrent ensuite contre elle deux escadrons de vingt chevaux chacun, qui s'approchèrent par la plage de sable longue de cinq cents pas. Le gouverneur s'avança pour les charger ; il se fit précéder de vingt cavaliers de sa compagnie de chevau-légers, commandés par le maréchal-des-logis d'Etchart. Celui-ci alla droit aux ennemis, faisant sonner la charge par son trompette, et repoussa les cavaliers espagnols dans leurs retranchements.

Durant cette brillante riposte, l'infanterie achevait de prendre la chapelle et d'exterminer ses défenseurs ; les trois lieutenants-colonels, le sieur de Lessart qui, en qualité d'aide de camp, conduisit l'infanterie au combat, le sieur du Fresche, qui fit de même, s'étaient tous comportés très bravement. Le capitaine Galibert, du régiment de Lusignan, qui eut le bras rompu, un caporal et deux soldats furent seuls blessés dans cette affaire. Après le combat, Gramont et sa troupe restèrent formés en bataille trois heures durant, bravant les ennemis, trompettes sonnant et tambours battant de tous côtés pour les exciter à sortir de leur camp. Mais les Espagnols ne bougèrent pas ; ils laissèrent Gramont battre en retraite et parcourir quatre lieues sans l'inquiéter.

Ce succès vaut à Gramont les félicitations du roi et un commandement dans l'armée de Guyenne, laissée sous l'autorité supérieure d'Epernon ; dès lors, Lavalette prend le comte en jalousie et se plaint au cardinal que ce commandement lui a été donné à l'encontre de son père et de lui-même (10 janvier 1637). Leur rivalité entraîne des tiraillements et des plaintes ; d'Amou, protégé de Lavalette, se donne le malin plaisir d'arrêter des espions, que Gramont envoie au camp ennemi en vue de combiner une nouvelle expédition. Le gouverneur se plaint que d'Epernon, rentré à Bordeaux, entrave la défense, en voulant être renseigné sur tout ; de plus, il défend à Gramont de laisser subsister en ville sa compagnie de chevau-légers, afin, par ce moyen, d'empêcher le gouverneur, retenu par sa charge à Bayonne, de faire chaque jour des entreprises à la campagne avec cette troupe qui ne se trouve plus sous sa main.

Rivalité entre Gramont et Lavalette.

Ces vexations n'empêchent pas Gramont de remplir son rôle en Labourd. Ayant appris que le vice-roi de Navarre a quitté le camp de Roncevaux et qu'il est retourné à Pampelune, le comte, tranquille du côté de Saint-Jean-Pied-de-Port, s'efforce d'entraîner le cardinal à tenter une attaque importante contre Saint-Jean-de-Luz. Il prétend que l'amiral de Castille n'a auprès de lui, dans cette place, que quatre mille hommes de pied et quatre cents cavaliers ; aussi, ce dernier appréhende-t-il une attaque des Français. On peut, dans le délai d'un mois, réunir sept à huit mille hommes, et chasser facilement les Espagnols ; si l'on reste inactif, l'ennemi va se fortifier et, en mars prochain, toutes les forces de l'Espagne seront à Ciboure prêtes à assiéger Bayonne ; on dit même que Philippe IV doit venir assister aux opérations du siège (31 décembre 1636). Mais, en attendant les ordres du cardinal, Gramont s'appliqua à affamer le corps d'occupation ennemi ; il fit capturer en mer un bateau chargé de grains, qui allait déposer à Saint-Sébastien et à Passage sa cargaison destinée à l'alimentation des troupes espagnoles, et il récompensa des habitants d'Urrugne pour avoir enlevé cinq cent soixante moutons aux troupeaux que l'ennemi tenait rassemblés entre son camp et Fontarabie.

Lavalette, concurrent de Gramont, voulut prouver, comme lui, qu'il ne restait pas inactif. Il fut avisé par le comte, le 30 janvier 1637, que les Espagnols se disposaient à brûler Saint-Pée et Espelette, et il décida de les en empêcher. Il partit donc de Mont-de-Marsan, emmenant avec lui douze compagnies du régiment de Guyenne, le régiment de Sérignan fort de quatorze compagnies, la compagnie des gens d'armes d'Epernon, celle des chevau-légers du vicomte de Pugeols ; il ordonna, en outre, aux huit compagnies res-

Lavalette entre en campagne.

tantes du régiment de Guyenne d'achever rapidement leurs préparatifs et d'aller le rejoindre à Dax. Il s'achemina vers Saint-Pée, avec le projet de s'y retrancher et de le défendre : puis, au cas où l'ennemi parviendrait à forcer ce bourg, Lavalette voulait se retirer à Espelette en continuant à résister. N'ayant à sa disposition qu'une faible troupe, dépourvue d'artillerie, il ne pouvait songer à chasser l'ennemi et s'estimerait fort satisfait s'il l'empêchait de s'étendre en Labourd.

Ayant pris son logement à Saint-Pée, le 25 février 1637, Lavalette apprit que les Espagnols faisaient un fort, au pas de Béhobie, sur la rive française et résolut de le détruire. Il fit reconnaître cet ouvrage, puis il partit, le 28 février, à deux heures du matin, avec quatre cents mousquetaires des régiments de Guyenne et de Sérignan, quarante maîtres des gens d'armes d'Epernon et vingt mousquetaires des gardes. Après un certain trajet dans la direction de Saint-Jean-de-Luz, le duc arrêta sa troupe et envoya contre le fort de Béhobie, sous la conduite de M. de Biscarrat, un détachement comprenant soixante mousquetaires basques commandés par les deux frères d'Amou, et soixante cavaliers de Pugeols, sous les ordres du lieutenant de Valfons. Pour favoriser l'opération et empêcher l'amiral de Castille de porter secours à ceux de Béhobie, Lavalette se posta, entre Ciboure et Béhobie, sur le chemin qu'aurait dû suivre l'ennemi. La petite troupe de Biscarrat arriva près du fort en construction, défit une compagnie de cinquante carabins espagnols qui le gardait, en tua la majeure partie et brûla les logements du fort. Elle rejoignit ensuite Lavalette qui s'avança, avec tout son monde, droit au Bordegaing sur lequel était placé le camp ennemi de Ciboure.

Tentative de Lavalette contre St-Jean-de-Luz.

Le duc vit que l'amiral avait fait prendre position à sa cavalerie sur un mamelon distant de cent pas du camp retranché et qu'il l'avait formée en quatre escadrons. Il détacha du gros de sa troupe deux cents mousquetaires de Guyenne et, les adjoignant au détachement de Biscarrat il donna l'ordre à celui-ci de se lancer contre la cavalerie ennemie. A peine le mouvement des Français s'était-il dessiné, que trois des escadrons espagnols rentrèrent au camp : le quatrième, formé de carabins, attendit l'approche des adversaires, et après avoir fait sa décharge contre eux, se retira au galop dans le camp. Biscarrat le poursuivit jusqu'au retranchement et essuya une salve qui ne tua aucun de ses hommes. Voyant que les Espagnols se bornaient à la défensive, Lavalette fit approcher sa réserve, et alla reconnaître les travaux des ennemis ; puis, après être resté longtemps en bataille, sans que l'ennemi songeât à engager le combat, le duc se retira avec toute sa troupe. Il se saisit, en rentrant au camp d'Espelette, d'un convoi de vivres que les Espagnols faisaient arriver de Vera (1), par les montagnes, vers leur camp.

D'Epernon avait recommandé aux échevins de surveiller le travail des forts de Saint-Esprit (9 novembre 1636). Les tranchées étaient déja commencées à celui du mont Saint-Jean, au pied duquel se trouvait le couvent des hospitaliers (2) ; ce fort prit ensuite le nom de Saint-Bernard. L'ingénieur de Lanau avait fait entreprendre, peu de jours après, les travaux du fort Saint-Louis, sur la hauteur de Castelnau (3), ceux d'une redoute au bout de la Chaussée de Sainte-Croix (4) et d'un petit ouvrage formant tête de pont au bout du pont Saint-Esprit, vers le faubourg. Ces ouvrages se composaient d'un parapet en terre soutenu par des gazons et précédé d'un fossé ; le parapet était garni sur tout son développement d'une fraise ou barrière formée de poteaux presque jointifs et appointés par le sommet ; ceux-ci avaient pour but d'empêcher l'ennemi de pénétrer dans l'ouvrage après avoir franchi le fossé. Des huttes en rondins et torchis furent construites dans les forts pour abriter la garnison ; on aménagea pour les officiers des baraques en bois de pin et l'on y créa des magasins à munitions sur le même type.

Le sieur de Lanau, ingénieur ordinaire du roi, mesurait les longueurs de tranchée exécutées, sous le contrôle de deux commissaires bourgeois, ainsi que l'avait ordonné le duc d'Epernon ; la ville faisait ensuite payer aux ouvriers la somme résultant du toisé de l'ingénieur. A ce dernier vint se joindre le capitaine de Lessart, ingénieur envoyé, selon la promesse du roi, pour défendre la ville. Celui-ci se présenta, en séance du Conseil, le 12 décembre 1636, et annonça « qu'il était envoyé par le roi, durant ces mouvements, pour « voir les défauts et manquements qui se trouvent aux for « tifications de la ville et les choses qu'il conviendrait d'y « faire pour la mettre en état de défense ». Les bourgeois d'Accarette et Harriet, commissaires des travaux, l'appuyèrent de tout leur pouvoir et s'occupèrent activement de leur mission ; le premier, chargé du fort Saint-Louis, décida le Conseil à y construire un corps de garde en bois ; le second pressa l'exécution du fort Saint-Bernard et de la demi-lune, qui le couvrait vers le Nord.

Cependant, le capitaine de Lessart ne projeta pas de changements à la fortification et se borna à faire garnir de palis-

Continuation des travaux de défense à Bayonne.

___

(1) Village espagnol, au sud d'Urrugne.
(2) Aujourd'hui, plateau élevé appelé *Le Fort*, à l'est de la rue Maubec.
(3) Occupée aujourd'hui par la citadelle de Vauban.
(4) Quartier de Saint-Esprit.

sades les ouvrages construits à l'extérieur de la ville ; le
Conseil se décida à entreprendre d'abord celles qui devaient
entourer les deux ouvrages à cornes couvrant la porte Saint-
Léon et le Château-Vieux, et il fit rechercher des bois de
pin pour faire ces barrières. Il fallut aussi songer à indemniser les propriétaires des maisons et des héritages ruinés
par l'exécution des ouvrages ; on procéda d'abord à une
expertise, qui fut faite par les bourgeois Léon Duvergier,
Denis Daccarette, et par les laboureurs Jean du Barrail, Jean
de Coussens (30 déc. 1636). L'état, dressé par ces experts,
montre que le fort Saint-Louis fut établi sur un terrain élevé,
appelé Castetnau, appartenant à Pierre de Lespès, lieutenant-
général au sénéchal de Bayonne, et que celui de Saint-Bernard occupa l'héritage, dit de Behic, possédé par David de
Naguille.

Les travaux se poursuivirent avec la même activité ; la
ville, qui avançait les fonds, se trouva bientôt dépourvue et
obtint du duc d'Epernon un prêt de 12.000 livres (5 janvier
1637). Grâce à ce secours, les terrassements des forts furent
bientôt terminés ; les couvertures des magasins à munitions
et des logements de la troupe, rapidement achevées, furent,
enduites d'une couche de brée (goudron) ; le même procédé
de conservation fut appliqué aux parois en planches de ces
constructions, dont les joints avaient été préalablement
garnis d'étoupes. Ces ouvrages furent pourvus de corps de
garde et de guérites ; le fort Saint-Bernard, déjà muni de
deux corps de garde, d'un magasin et de deux logements
pour les chefs des compagnies, reçut six guérites ; l'entrée
de ce fort fut protégée par une file de palissades, interrom-
pue seulement au passage de la porte. On s'empressa de
donner satisfaction à Lavalette, dont l'arrivée était proche,
en établissant suivant son ordre trois guérites dans la demi-
lune Lachepaillet, un corps de garde et des guérites dans la
demi-lune faite en avant du bastion de Sault ; on décida aussi
de donner à prix fait le travail de la palissade qui devait
être posée le long des fossés des remparts (26 janvier 1637).

Le bastion du Piémont, commandant les chaînes Saint-
Esprit, fut considérablement amélioré ; le parapet en
gabions, qui couronnait le quai contigu à cet ouvrage, fut
remplacé par un mur. Dans ce nouveau parapet furent pratiquées douze grandes embrasures (canonnières) en pierre
de taille et cinquante-quatre plus petites pour le tir du mousquet. Une fenêtre basse de la tour Saint-Esprit, par laquelle
l'ennemi aurait pu s'introduire en ville, reçut un solide
grillage. Les commissaires des travaux ne ménageaient pas
les encouragements aux ouvriers et ne laissaient passer
aucune occasion de leur être agréables. Ils arrêtèrent un

certain jour devant le chantier de l'ouvrage à cornes Saint-Léon, un habitant de Biarritz qui faisait conduire à Bayonne sa provision de vin afin de la soustraire au pillage de l'ennemi, et après avoir fait décharger une barrique, ils en distribuèrent le contenu aux manœuvres des fortifications. Le prix de ce vin fut exactement remboursé à son propriétaire par les soins du Conseil (22 février 1637).

L'approche de l'ennemi modifia les dispositions du Corps de ville sur le moyen de défendre Bayonne et lui fit abandonner le projet d'y suffire avec les habitants ; la nécessité d'une garnison était admise en principe par une partie des magistrats (12 septembre 1636). Quoique la majorité du Conseil ne voulût point solliciter cette dérogation aux privilèges de la ville, elle était disposée à s'incliner devant le fait accompli, sans émettre aucune protestation. Aussi, le duc d'Epernon, évitant de prendre l'avis du Conseil, ordonna à Gramont d'introduire à Bayonne les régiments de Béarn, d'Albret et de Lusignan. Ces troupes étaient rendues à destination le 25 octobre ; elles furent logées chez l'habitant. Diverses compagnies des régions voisines arrivèrent successivement : celles du vicomte et du baron d'Orthe s'établirent aux Carmes (25 octobre), celle de M. de Salmion fut casée provisoirement dans les cloîtres de la cathédrale (15 novembre) ; on les répartit ensuite, avec la compagnie de Burosse, dans les maisons particulières. Garnison de
Bayonne
augmentée.

Le régiment d'Albret, commandé par M. de Soubize, lieutenant-colonel, comptait six capitaines, six lieutenants, cinq enseignes, un maréchal des logis ; celui du marquis de Lusignan avait à sa tête le baron de Galapian, lieutenant-colonel et comprenait en outre un sergent-major, un aide-major, neuf capitaines, sept lieutenants, huit enseignes, un maréchal des logis. Un quatrième régiment, celui de Calonges, arriva, à son tour, en novembre 1636. Pour dégager la ville, ces trois régiments furent transportés au faubourg Saint-Esprit (15 février 1637) et il ne resta à Bayonne que le régiment de Béarn que la ville continua à entretenir.

D'Epernon établit un règlement assurant la subsistance des troupes (29 octobre 1636). Afin de ménager les vivres de la ville, principal moyen de maintenir celle-ci en la possession du roi, il ordonna que tous les soldats introduits dans la ville par Gramont et provenant des localités voisines, telles que Peyrehorade, Maremne, Gosse, Seignans, et autres villages de la prévôté de Dax, seraient nourris par les soins de ces communautés et à leurs frais ; en cas de refus, celles-ci seraient contraintes comme pour les propres affaires du roi. Le duc défendit en même temps aux soldats de la garnison, sous peine de mort, d'exercer des violences contre Règlement
d'Epernon sur la
subsistance
des troupes.

leurs hôtes, ni d'exiger d'eux, pour leur subsistance, plus que le règlement ne le comportait. Des bourgeois furent établis commissaires, pour assurer les diverses distributions aux troupes et signer les ordonnances résultant du fait de la guerre ; ils se réunirent trois fois la semaine dans la maison commune. La mission de ces bourgeois consista à recevoir des localités intéressées les vivres et les fonds nécessaires à la subsistance de leurs contingents respectifs. Il fallut réclamer la stricte exécution du règlement à Gramont et au vice-sénéchal des Landes ; ce dernier fut requis par le gouverneur de contraindre les communautés à envoyer à Bayonne le blé, vin, bétail et argent auxquels elles avaient été taxées. Gramont dut aussi vaincre la résistance du vicomte d'Orthe, qui voulait affranchir de cette obligation les habitants de sa seigneurie, sous prétexte que deux cents d'entre eux formaient la compagnie qu'il avait menée en ville.

Les commissaires procurèrent aux régiments de Lusignan et de Calonges, logés à Saint-Esprit, des objets de literie que ce faubourg ne pouvait fournir en quantité suffisante ; des paillasses et des couvertures en laine, qu'ils firent confectionner, servirent au couchage des soldats dans les maisons de Saint-Esprit, et ensuite dans les huttes et les corps de garde des forts, lorsque les troupes purent occuper ces ouvrages. Ils s'employèrent avec beaucoup de zèle à distribuer le vin, à recevoir le blé, à le faire moudre et à le délivrer aux soldats. Afin d'assurer ce service, d'Epernon leur avait ordonné d'établir quatre moulins à cheval nouveaux, en augmentation des sept moulins à bras existants ; ils commencèrent par en faire installer deux pour le prix de 750 livres. La farine produite par ces moulins étant encore défectueuse, ils découvrirent que le blé envoyé par le sieur Petit, fournisseur de l'armée, était avarié. Ils adressèrent leur réclamation à Gramont et déclinèrent à cet égard toute responsabilité. Pour accomplir leur mission avec exactitude, ces commissaires, ne recevant pas des trésoriers du roi les fonds nécessaires, avaient constamment puisé dans les coffres de la ville ; le Conseil de ville se refusa à supporter plus longtemps cette charge et décida d'envoyer un député pour demander au roi le remboursement de toutes les avances faites par la ville au trésor depuis que l'ennemi avait passé la frontière.

A défaut de denrées, le Conseil en versait le prix aux soldats ; ne pouvant fournir aux régiments de Lusignan et de Calonges le cidre accordé par d'Epernon, il y suppléa en payant à chaque soldat un double par jour. Il délibéra le payer en argent les capitaines et officiers du régiment logé en ville et fixa la solde journalière des capitaines à 30 sols, celle des lieutenants à 20 sols et celle des enseignes à 15 sols. L'approche de l'hiver entraînait l'obligation de pourvoir au chauffage des troupes ; le duc n'ayant pas prévu la fourniture du bois dans son règlement, les soldats ne se faisaient faute de couper des arbres dans les héritages voisins des forts de Saint-Esprit. D'Epernon, sollicité par la ville, contraignit les communautés de Labourd de fournir mille charretées de bois à brûler pour les soldats logés à Bayonne et à Saint-Esprit.

La nécessité de pourvoir à tous les besoins de la défense et des troupes avait empêché le Conseil de se réunir régulièrement ; l'hiver, en arrêtant les opérations militaires et en amenant un calme relatif, lui promit de reprendre ses diètes ordinaires (12 décembre 1636). Néanmoins, il ne perdit pas de vue les mesures de sécurité ; les marchés, offrant à l'ennemi un moyen facile de se glisser en ville, furent supprimés avec l'autorisation de Gramont et les portes fermées pendant les jours où ces marchés auraient dû se tenir, tant que les Espagnols occuperaient le Bordegaing.

Les échevins se rendent au Château-Vieux faire leur cour à M. de Biscarrat, lieutenant de la compagnie du cardinal de Richelieu, et se renseignent auprès de lui sur l'événement mentionné dans une lettre que Louis XIII leur a adressée le 20 novembre 1636 ; le roi annonçait dans cette missive que son frère et le comte de Soissons avaient quitté la cour et il invitait la ville à prendre soin de sa garde. Ils se plaignent en même temps à d'Epernon du nombre considérable de soldats que la ville doit entretenir ; ils obtiennent de lui que l'effectif en soit maintenu à celui résultant de la revue passée par M. de Fages, son secrétaire. Le Conseil fait observer au duc que le peu de fourrage qui se trouve en ville va être consommé par la compagnie des chevau-légers de Gramont, et qu'il est nécessaire d'en approvisionner une grande quantité pour les autres compagnies de cavalerie que le roi envoie à Bayonne.

Le gouverneur s'efforça de loger en ville tout le régiment de Béarn, et demanda au Conseil d'y mettre la compagnie du sieur de Bombarde qui était restée à Mousserolles. Pour obtenir ce résultat, le député du comte exposa que ce régiment était composé de soldats, voisins de la ville et doués d'un naturel bien plus doux que celui des autres soldats qui devaient arriver (18 décembre 1636). Les échevins trouvèrent que la ville était tellement remplie de soldats qu'il lui était impossible d'en loger davantage et qu'elle pourrait encore moins pourvoir à leur subsistance. Le Conseil réussit cependant à loger la compagnie de Bombarde, mais il annonça à

Insistance de Gramont à loger en ville le régiment de Béarn.

Gramont que, pour se décharger de dépenses qu'il ne pouvait plus supporter, il se résolvait à demander au roi un régiment entretenu, c'est-à-dire un régiment de garnison entretenu aux frais du roi. Gramont attendait depuis longtemps l'expression de ce vœu, mais il aurait voulu que les magistrats demandassent le régiment de Béarn qu'il possédait et qu'il avait introduit en ville ; or, il apprit que le Conseil demandait un autre régiment ; il tenta de le dissuader de poursuivre ce projet, alléguant que c'était le heurter et prendre à tâche la ruine du régiment de Béarn ; la résistance des échevins irrita le gouverneur, qui déclara même, dans un accès de colère, que lui et ses enfants en garderaient toujours un vif ressentiment. Le comte, très puissant près du roi, devait arriver à ses fins et faire maintenir en garnison à Bayonne son régiment de Béarn.

Etablissement d'hôpitaux militaires. Lorsque les ducs d'Epernon et de Lavalette firent entrer les régiments dans la ville, en novembre 1636, ils voulurent assurer des soins aux soldats qui, durant le siège probable, seraient blessés ou tomberaient malades. Ils prescrivirent au Conseil d'établir deux hôpitaux militaires, mis à la charge de la ville, en la faisant bénéficier des rations attribuées aux soldats malades. Cet ordre reçut aussitôt un commencement d'exécution ; la maison du sieur Conte, désignée par les échevins pour servir d'hôpital militaire, fut dotée de neuf lits empruntés à l'hôpital Saint-Nicolas. Quelques mois après (mars 1637), cet établissement était transféré dans le chai de Fossecave, où il recevait cinquante lits donnés par les habitants. Le personnel de l'hôpital était composé de trois religieux de la charité et d'un valet ; ceux-ci étaient attachés à l'armée et, à ce titre, chacun d'eux recevait de la ville une ration et demie de viande, de pain et de vin.

Les armes nécessaires à la défense étaient prélevées indifféremment dans les magasins du roi et dans ceux de la ville. Le gouverneur se fit prêter par les échevins cinquante piques pour compléter l'armement d'une compagnie qui devait venir à Bayonne (4 décembre 1636), et il délivra à la ville cinquante-deux boulets de fer, correspondant au calibre des canons amenés de Saint-Jean-de-Luz.

La fourniture de la poudre et de la mèche aux régiments de Saint-Esprit souleva quelques difficultés. Le sieur de Galibert, aide-major au régiment de Lusignan, demanda aux échevins, qui venaient d'acheter à Bordeaux vingt-huit quintaux de poudre, une certaine quantité de cette munition, afin d'en constituer un dépôt dans les forts de Saint-Esprit ; ayant essuyé un refus, il alla s'adresser à Gramont, lequel refusa à son tour de délivrer la poudre et le renvoya au Conseil (31 décembre 1636). Le cas de cette fourniture n'avait pas été prévu par le règlement d'Epernon. Afin de s'accorder, sur ce point, avec Gramont, le Conseil députa deux de ses membres pour démontrer que le soin de fournir la poudre aux soldats des régiments de Lusignan et de Calonges, chargés de garder les forts du Saint-Esprit contre les attaques de l'ennemi, incombait au gouverneur. Le Conseil s'offrait bien à pourvoir les soldats de mèche, balles, chandelle, bois et autres denrées indispensables ; mais il se décida à fournir en outre la poudre, devant l'obstination de Gramont qui déclara n'en vouloir rien faire. Le Conseil fit construire, sous la direction du sieur Darretche, un petit magasin dans les deux forts et constitua dans chacun d'eux une provision d'un quintal de poudre, deux de mèche et deux de balles en plomb.

Ayant échoué auprès de Gramont, le Conseil se retourna du côté d'Epernon et lui demanda de l'aider à payer un achat de deux cent cinquante quintaux de poudre à canon, qu'il venait de recevoir (20 mars 1637). Le duc consentit à cette demande, mais il n'hésita pas, dès lors, à faire prélever, sur le magasin de la ville, diverses munitions et engins (1) nécessaires à la défense du camp d'Espelette, qu'il commençait à organiser. Le Conseil continua à entretenir dans les magasins des forts et dans les coffres des corps de garde, le petit approvisionnement de munitions.

Depuis que Guilharseau avait renoncé à se faire agréer par le Conseil de ville comme sergent-major, cette charge était restée vacante. Le sieur de Landresse, envoyé à Bayonne pour en assurer la défense, voulut se la faire attribuer et fit des démarches près du roi : la ville, ayant eu vent de ses menées, donna mission à de Lalande, son député à la cour, d'y faire opposition ; elle écrivit aussi à d'Epernon, le priant d'empêcher cette nomination à une charge qui devait porter dommage à Bayonne (29 décembre 1636). Malgré la résistance des échevins, Landresse fut pourvu de la charge de sergent-major ; étant venu en ville, il y fut accueilli aussi froidement que son prédécesseur. Furieux de n'avoir pas été reçu le jour même de son arrivée, il repartit aussitôt vers la cour, afin de requérir des ordres formels pour son installation ; le Conseil avisa d'Epernon et Guiche de l'incident et sollicita de nouveau leur appui (3 avril 1637). Trois jours après, Gramont recevait du roi l'ordre de surseoir à la réception de Landresse.

Landresse revendique la charge de sergent-major.

(1) Le sieur de Lessart reçut du jurat commissaire du magasin, dix quintaux de poudre à canon, vingt-quatre grenades de fonte chargées, vingt-quatre haches, deux cuillères avec refouloirs, deux tire-bourres à canon, quatre quintaux de mèche, un burin et des câbles pour monter le canon.

Le régiment d'Albret quitta Bayonne au milieu de l'hiver, et fut transporté par eau à Mont-de-Marsan ; après le départ de cette troupe, il ne resta plus dans la place que les trois régiments de Béarn (1), de Lusignan et de Calonges (2) ; le premier toujours logé en ville, et les deux autres dans les forts du Saint-Esprit. Les huttes dans lesquelles couchaient les soldats de ces deux régiments étaient établies dans de si mauvaises conditions qu'elles occasionnèrent parmi les troupes de nombreuses désertions, et réduisirent leur effectif total à quatre cents hommes. Les officiers se plaignirent que leurs soldats partaient, parce qu'ils manquaient de paillasses et de couvertures. Les échevins ne contestèrent pas l'exactitude de la plainte, mais ils répondirent que les soldats n'auraient pas été poussés à vendre le matériel de literie et à déserter si la solde leur avait été exactement payée. Toutefois, le Conseil prit ses dispositions pour faire coucher les troupes de Saint-Esprit dans les métairies des environs et leur distribuer deux cents paillasses et couvertures. Les bourgeois commissaires apportèrent aussi du relâchement dans la distribution des rations, et furent, pour ce motif, l'objet de menaces de la part des officiers et des soldats (20 janvier 1637). M. de Burosse, capitaine d'une compagnie, tint même des propos outrageants contre les échevins qui s'en plaignirent à d'Epernon.

Le défaut des distributions n'était pas entièrement imputable au Conseil, et provenait du retard apporté par les communautés à fournir leur part de vivres. Le syndic de la ville adressa à ce sujet une réclamation à Lavalette contre Dax, Orthe et les neuf paroisses de la vicomté de Maremnes ; celles-ci se refusaient à envoyer à Bayonne les taxes et les vivres d'étapes réglés par le duc, sous prétexte que les deux cent cinquante soldats de cette vicomté s'étaient retirés de la ville, avec le régiment d'Albret ; leur excuse n'était pas valable, puisque ces soldats avaient été remplacés par des compagnies du régiment de Béarn, et que la charge de nourrir celles-ci, jusqu'à concurrence d'un égal nombre de soldats, devait incomber à la vicomté de Maremnes ; l'échevin de Lalande alla demander à Lavalette de compléter son règlement par un article en vertu duquel Maremnes serait cotisée pour le même effectif qu'auparavant, sans avoir égard à la

(1) Le régiment de Béarn comprenait alors quinze compagnies : celles de Trubesse, colonelle mestre de camp, de Bahus, de Susmion, d'Artagnan, de Borde, de Salies, du baron d'Arsac, d'Abadie, de Prugues, du baron d'Orthe, de Ravenac, de Burosse, de Larroque.

(2) Parmi les compagnies des régiments de Lusignan et de Calonges se trouvaient celles de Tartas, de la Crosse, du baron de Campels, Gualibert, d'Ondres, Seldebru, de Hauguet, Ferraudet, etc.

provenance des soldats. Il lui fit observer que Bayonne avait été obligée d'emprunter des rations pour assurer la subsistance de cette troupe et qu'elle n'avait pas le moyen de rembourser ses prêteurs. Le duc rendit une ordonnance donnant satisfaction à la ville.

Afin de réprimer les désordres et les insolences que commettaient les soldats du régiment de Béarn, le Conseil, sur la demande du major, donna ordre au pontier de construire deux estrapades, l'une à Bayonne sur une place située hors la porte Saint-Léon et servant d'emplacement au marché, l'autre à Saint-Esprit. Cet instrument, employé alors pour châtier les soldats était formé d'une pièce de bois, pouvant basculer autour d'un axe qui la supportait vers son milieu ; le soldat puni était ligoté sur la partie la plus longue de la pièce, et subissait des secousses violentes toutes les fois que la poutre, préalablement soulevée par son extrémité libre, retombait lourdement vers la terre.

La ville de Bayonne se lassa bientôt d'avoir à payer à la fois la nourriture des soldats, leur chauffage, la construction des forts de Saint-Esprit, celle des bâtiments, huttes et guérites, les nouveaux travaux de fortifications et les palissades ordonnés par de Lessart, la solde de cet ingénieur, etc. ; elle déclara à Lavalette qu'elle se ruinait et qu'elle allait être obligée d'emprunter de nouveau, si le duc ne la déchargeait pas des vivres de la garnison. Celui-ci entra dans les vues du Conseil, et prit des dispositions pour diriger sur le camp d'Espelette les deux régiments de Saint Esprit ; mais il laissa en garnison celui de Béarn dont la ville voulait aussi être déchargée à cause du peu d'aide donnée par les autres communautés (13 mars 1637).

> Bayonne surchargé de dépenses.

Lavalette insista de nouveau auprès des localités de Maremnes, Orthe, Gosse et Seignaux pour obtenir d'elles qu'elles fournissent des vivres au régiment de Béarn. Il ordonna en même temps à Bayonne d'assurer chaque jour une paye de 4 sols et le pain de munition à chaque soldat de ce régiment. Mais le duc se heurta à une fin de non-recevoir, appuyée sur un arrêt du Conseil privé, en date du 25 décembre précédent, qui déchargeait la ville de l'entretien des gens de guerre, et dut céder aux protestations de la ville.

Le roi daigna enfin écouter les réclamations des échevins. Verthamon, intendant général de Guyenne, vint vérifier les comptes de Bayonne depuis l'entrée de l'ennemi, et fit espérer le prochain remboursement des avances faites par elle. Cependant, comme il fallait assurer la subsistance du régiment de Béarn, maintenu à Bayonne et partagé entre la ville et les forts de Saint-Esprit, le duc de Lavalette la mit à la charge de la sénéchaussée du Bordelais, à l'exception de Bordeaux, invoquant à l'appui de sa décision que ce régiment faisait partie de l'armée du roi. Les territoires de Maremnes, Orthe, Gosse et Seignanx cessèrent d'être taxés spécialement, et concoururent, avec le reste de la sénéchaussée, pour la nouvelle taxe. Les rations furent fixées, pour chaque soldat, à 12 onces de viande, moitié bœuf, moitié mouton, et à une pinte, moitié vin, moitié cidre, par jour. Elles furent avancées par les bourgeois de Bayonne, à partir du 14 février 1637, à charge de remboursement, au taux de 4 sols par ration, par la sénéchaussée du Bordelais. Les Bayonnais, considérant cette fourniture comme une affaire commerciale, voulurent réaliser un bénéfice sur elle : ils traitèrent avec les officiers du régiment de Béarn et convinrent de payer 3 sols la ration journalière des soldats, ce qui leur procura un gain d'un sol par ration. Avant de partir pour le Béarn, Gramont engagea les habitants de la ville à se comporter avec douceur envers les soldats de Béarn.

Biarritz menacé. Vers la fin de l'hiver, les Espagnols opérèrent quelques mouvements de troupe près de la frontière voisine ; on signala l'arrivée à Saragosse de deux mille hommes venant de Barcelone ; on reçut l'avis que l'ennemi voulait s'emparer du lieu appelé *La Talleye*, voisin de Biarritz, afin de tenir le havre de l'Adour et serrer la ville de près (20 janvier 1637). Les échevins rappelèrent aux habitants que, malgré la présence des troupes, ils étaient tous tenus de faire le service de garde, et ils renouvelèrent aux capitaines, chefs des escouades, la prescription de passer la nuit entière aux corps de garde, une fois sur trois. Les portes de Mousserolles et de Lachepaillet furent fermées avec autorisation du gouverneur ; celle de Saint-Léon resta ouverte sous la garde d'un poste et d'un bourgeois surveillant les entrées. Le Conseil dépensa 500 livres pour acheter des mèches, réparer les canons et affûts, payer les gages de cinq canonniers ; il obtint du cardinal de Richelieu l'autorisation de prendre à Saint-Jean-de-Luz et à Cap-Breton les canons provenant des carraques portugaises échouées et de les employer à la défense de la ville. Cette faveur ne souleva plus l'opposition de Gramont, trop absorbé par la nécessité d'organiser la résistance. Dans la prévision d'un siège, les échevins réussirent à acheter en cachette, à Saint-Jean-de-Luz, malgré la présence des Espagnols, trois cents quintaux de poisson séché et moulu, pour le prix de 1650 livres.

Lavalette, après avoir mené à bonne fin l'expédition contre le fort de Béhobie, s'était rapproché de Bayonne à l'annonce des mouvements de l'ennemi. Il donna l'ordre à d'Amou, bailli de Labourd, d'arrêter tous les gens qui iraient renseigner les Espagnols ; quelques habitants de Bayonne qui se rendaient, la nuit, vers l'ennemi, pour l'approvisionner ou l'informer des mesures de précaution prises contre lui, furent saisis et emprisonnés à Saint-Pée, dans le château du bailli.

Le gouverneur de Guyenne, voulant former un rassemblement de troupes à proximité des Espagnols, fit commencer par son fils l'établissement d'un camp à Espelette. Le noyau de l'armée fut formé avec les régiments de Lusignan et de Calonges, qui quittèrent Saint-Esprit, à la fin de janvier 1637. A partir de ce moment, le Labourd fut sillonné de colonnes de troupes, en marche vers Espelette. On vit passer successivement à Bayonne et y faire étape, les régiments de Guyenne et de Serignan (26 février), ceux d'Epernon, de Sarlabousse et de Marun (2 avril), celui du marquis de Tonneins (5 avril) et les compagnies de Merinville, de Lure, du baron de Mousny, de Reversat, appartenant à divers régiments. La levée de quatre mille hommes ordonnée en Béarn et la rentrée des 20.000 livres nécessaires à leur entretien se faisaient sans difficulté, sous l'autorité de Gramont, car le paysan béarnais était prêt à tous les sacrifices pour chasser l'ennemi. On lui disait que le roi d'Espagne allait se rendre, vers le 20 mars, à Saragosse où il avait convoqué les hidalgos de la province et qu'il préparait une armée de cinquante mille hommes pour descendre sur Saint-Jean-Pied-de-Port : ce monarque ne put cependant réunir plus de douze mille hommes, après six mois d'efforts et ne fut pas en état de passer la frontière (14 avril). Gramont, voulant parer à toute éventualité, avait donné des ordres pour la garde des vallées du Béarn, et avait renforcé la garnison de Saint-Jean-Pied-de-Port ; cette place, bien fortifiée, manquait d'artillerie et n'avait qu'un approvisionnement de munitions insuffisant. *(Organisation du camp d'Espelette.)*

Le contingent béarnais, n'ayant plus à redouter l'invasion des troupes de Saragosse, s'était acheminé vers le Labourd : trois mille hommes et cinq cents maîtres avaient déjà traversé Pau, le 1er mars 1637. Tous les contingents se trouvèrent réunis à Espelette, lorsque Lavalette vint les inspecter. Il avait fallu emprunter des outils à Bayonne pour les installations du camp ; le sieur de Lessart, sur l'ordre du duc, avait pris dans le magasin de la ville trois cents pelles qu'il s'engagea à rendre ; il reçut, en outre, du commissaire quinze quintaux de mèche nécessaires aux troupes.

L'intendant de Verthamon, qui accompagne le duc dans sa revue, a pris ses dispositions pour nourrir l'armée. Il fait transporter du blé de Mont-de-Marsan à Bayonne, où il a donné l'ordre de le convertir en farine dans le moulin de la ville et d'en faire du pain (11 mars). L'échevin Dollins va le trouver à Espelette pour s'entendre avec lui sur les *(Bayonne fournit le pain au camp.)*

moyens de hâter la fabrication du pain destiné à l'armée (20 mars). Ils décident en commun d'y employer des femmes dont la ville fait dresser une liste soumise à l'intendant et dont la tâche est réglée de telle sorte que le travail se poursuive sans relâche ; un envoi de 20.000 pains est fait ce même jour. La réception des blés et la confection du pain se continua ainsi, sous la surveillance des bourgeois commissaires, tant que dura le camp d'Espelette ; on fit également fabriquer du biscuit par les boulangers de la ville, qui en délivrèrent, en juin et août, deux cent soixante quintaux au prix de 10 livres le quintal, à M. Martenot, secrétaire de l'intendant. Ce fonctionnaire constitua à Bayonne un approvisionnement de cinq cents quintaux de foin apportés de Dax par bateaux et gardés dans cette ville en attendant de nouveaux ordres.

Soulèvements en Guyenne et en Périgord. La levée des deniers destinés à la subsistance des troupes n'avait pas été aussi bien accueillie en Guyenne qu'en Béarn. Les rentrées de fonds se faisant mal, l'argent des prêts manqua dès le 10 mai 1637. Les troupes menaçant de se débander, Epernon leur avait procuré des fonds, en les faisant prendre de force ; mais une partie de la Guyenne s'était alors soulevée (14 mai) et le reste de la province se disposait à faire de même. Lavalette avisa le cardinal qu'il se rendait en Périgord, à la place de son père impotent, afin de combattre le soulèvement et d'agir principalement contre deux centres de révolte, Ribérac et la Sauvetat ; il émettait l'espoir que, durant son absence du Labourd, l'ennemi ne bougerait pas, et il informait Richelieu de la remise du commandement de ses soldats à M. de Poyanne.

Pendant que Lavalette opérait victorieusement contre les révoltés périgourdins, Gramont, son compétiteur, blessé de n'avoir pas été placé à la tête des troupes, s'efforça d'accomplir avec ostentation les devoirs de sa charge et alla passer à Bayonne la revue du régiment de Béarn (18 juin). Le comte avait enfin obtenu du roi l'ordre nécessaire à la subsistance de ce corps et s'était empressé de l'en remercier (15 juin). Ce régiment comptait alors 362 officiers et 1718 soldats, moitié mousquetaires et moitié piquiers, répartis en vingt compagnies (1). Le nombre des compagnies stationnées en ville s'était donc accru de quatre en quelques mois.

Travaux de défense continués. Quoique les forts de Saint-Esprit soient presque terminés, il reste à parachever quelques ouvrages accessoires. Les

(1) Colonelle, mestre de camp, de Bonas, de Borde, baron d'Orthe, de Trubesse, de Ravenac, d'Angosse, d'Abadie, d'Artagnan, de Bahus, de Salies, d'Urtubie, d'Armendaritz, d'Espoucy, de Prugues, de Susmion, d'Arsac, de Bombardes, de Mousny.

abords du fort Saint-Louis sont occupés par quelques tranchées. On met la dernière main aux palissades ordonnées par de Lessart ; c'est un travail très considérable, car l'obstacle n'a pas moins de deux toises (1) de hauteur ; il est exécuté par Jean de Millet et Arnaud de Casaux, maîtres-charpentiers, et coûte à la ville 7.330 livres. Une de ces palissades, longue de 160 toises, réunit la porte Saint-Léon à la tour du Sault ; une autre de 110 toises entoure l'ouvrage à corne de la porte Saint-Léon. Les défenses de ce front ont été augmentées d'un corps de garde pour cent hommes, en avant de la courtine comprise entre Saint-Léon et la Nive, des huttes et d'un corps de garde dans la demi-lune couvrant la porte Saint-Léon. Une palissade de 140 toises disposée en avant du Château-Neuf réunit le bastion Notre-Dame à la porte Mousserolles, et la demi-lune placée devant cette entrée est garantie par une partie de 70 toises. A l'intérieur de la ville, la tour Saint-Esprit a été garnie d'une galerie en bois ; une hutte pour soldats a été construite en dehors de la porte Saint-Esprit et protégée par une tranchée ; les avenues du pont Mayou, de la rue Bourgneuf et du pont Saint-Esprit sont barrées par une palissade de 30 toises ; enfin, une petite partie de 10 toises ferme la place d'Armes de la porte Saint-Léon. Ainsi la ville a fait confectionner et mettre en place un développement de palissades ayant plus d'un kilomètre de longueur (1.030 mètres).

Le bastion que de Lessart se propose de faire édifier en avant de la porte Saint-Esprit présente une certaine importance, puisqu'il doit aboutir d'un côté à la porte et de l'autre aux chaînes de la Nive, près de la tour Saint Esprit ; il défendra l'entrée des chaînes, conservera la possession de la rivière et mettra la ville en sûreté contre l'ennemi. Ces avantages le font apprécier par les bourgeois qui sentent le besoin d'être protégés. Dix d'entre eux prêtent dix écus chacun pour commencer ce travail, en attendant de trouver les 12.000 livres auxquelles il a été évalué. Le Conseil a recours à une souscription et fait dresser, par quartier, une liste des bourgeois qui veulent prêter des fonds ; il fait connaître que ce mode de procéder a été déjà employé, en 1590, lorsque la ville fut menacée d'un siège.

Lavalette avait donné l'ordre, en partant pour le Périgord, de le tenir au courant des événements de la frontière. Gramont voulut bien l'aviser des mouvements des Espagnols à Burguette ; peut-être même lui fit-il part d'une petite expédition navale que le cardinal lui avait ordonné de tenter contre le port de Passage, dans le but de reconnaître la force

(1) La toise équivalait à 1m90 ou 2m environ.

de la flotte ennemie. Se conformant aux instructions de Richelieu, le gouverneur fit partir de Bayonne une petite flottille de pinasses, montée par mille bons hommes (1) et commandée par les sieurs de Larralde, de Meillet et de Urolic. En rendant compte de ce départ, Gramont exprimait au cardinal son regret de n'avoir pas été autorisé à appuyer l'opération de la flotte par une attaque qu'il aurait pu faire sur Passage, du côté de terre, avec les six mille hommes dont il disposait (15 juin). Mais l'escadrille bayonnaise dut trouver Passage fortement occupé et ne fit aucune tentative contre ce port. Le gouverneur, tenu à l'écart par Lavalette, s'occupa d'organiser la défense à Sauveterre et à Saint-Jean-Pied-de-Port ; il avisa le Conseil de ville que, si l'ennemi se mettait en marche contre Bayonne, son fils Toulonjeon (2) et lui voleraient à son secours (15 juillet).

L'ennemi avait rassemblé une escadre à Passage et tous ses préparatifs indiquaient qu'il avait l'intention de débarquer des troupes à proximité de Bayonne ; le bruit se répandit même que la flotte ennemie avait été vue cinglant sur cette ville et causa une vive alarme. Gramont, retenu en Béarn par ses fonctions, prit des dispositions pour être avisé de l'arrivée de l'escadre, sitôt qu'elle se présenterait ; il envoya en ville son fils Toulonjeon, mestre de camp au régiment de Béarn, et le mit en rapport avec les échevins afin d'arrêter ensemble les mesures complémentaires de défense. Après avoir effectué le transport des canons sur les remparts, le Conseil fit déposer près de ces pièces des boulets du calibre convenable ainsi que les ustensiles nécessaires à leur chargement. Il utilisa le crédit de Toulonjeon auprès du roi et du cardinal, pour obtenir le don d'une certaine quantité d'armes restées sans emploi sur les quarante pinasses conservées dans le port de Bayonne, après avoir servi au ravitaillement de l'île de Ré.

Le mauvais état des chaînes pouvant occasionner un grand danger en donnant à la flotte ennemie la possibilité de les forcer, le Conseil écarte cette éventualité, au moyen d'un emprunt de 3 à 4.000 livres, suffisant pour assurer l'exécution des travaux indispensables. Il est encore à craindre que les Espagnols, après avoir passé le havre, n'opèrent un débarquement sur la rive droite de l'Adour et ne viennent attaquer les forts de Saint-Esprit. L'ingénieur de Lessart trouve que ces ouvrages ne sont pas en complet état de défense et qu'ils pourraient tomber entre les mains de l'ennemi ; il juge que les magasins de ces forts doivent sans

(1) C'est ainsi qu'on nommait parfois les habitants de Bayonne.
(2) Henri, premier enfant, issu du second mariage de Gramont.

retard être pourvus de denrées. Sur l'ordre de Verthamon, le Conseil de ville y fait apporter douze barriques de cidre et quarante quintaux de biscuit. Il réclame à l'ingénieur un état des travaux à faire à la fortification, afin d'en demander l'exécution à Lavalette et à Gramont dont la présence a été sollicitée par les échevins (20 juillet).

L'ingénieur déclare qu'il est nécessaire d'établir des ouvrages de fortifications au bas du faubourg Saint-Esprit, pour repousser tout débarquement ennemi ; il demande, en outre, un bastion en avant de la porte Saint-Esprit, et quelques améliorations aux deux forts. Lavalette approuve ce projet et en ordonne l'exécution immédiate (4 août) ; le Conseil fait un premier emprunt de 3.000 livres et se met à la besogne. Une saisie d'outils cachés dans neuf barils est opérée dans le chai du portugais Diego Rodriguez Lazado ; elle procure au magasin de la ville 70 haches, 70 foussoirs ou hoyaux qui sont aussitôt utilisés dans les ouvrages commencés au bord de l'Adour, à Saint-Esprit. Un lot de toile confisqué avec les outils, est transformé en paillasses de troupe et en sacs à farine.

De Lessart, accompagné des échevins, se rend au havre, afin de rechercher les moyens de s'opposer au passage des vaisseaux ennemis et à une descente en ce lieu. Il juge tous travaux inutiles, car il ne voit pas comment on pourrait empêcher les Espagnols de passer librement ; il donne seulement le conseil de retirer les mâts mis en dépôt près du havre pour les réparations de la digue et de les apporter à Bayonne où ils seront très utiles dans le cas d'un siège (14 août). Les habitants sont invités à faire provision de blé, de bois, de munitions et à tenir leurs armes prêtes.

Pendant que Toulonjeon surveille tous ces préparatifs, Lavalette se tient au camp d'Espelette, prêt à tout événement ; Gramont se rend près du duc, avec l'échevin Dollins, et prend ses ordres. Il se rend ensuite à Saint Jean-Pied-de-Port qui vient d'être menacée d'une attaque.

Le vice-roi de Navarre, revenu au camp de Burguette, avait rassemblé en ce lieu, à la fin de juin, trois à quatre mille hommes et y faisait de grands préparatifs. Le sergent-major général de ces troupes, Sébastien Dourmis, effectuait la reconnaissance des passages, avec un détachement de huit cents hommes. Le sieur de Landresse, lieutenant de Gramont à Saint-Jean-Pied-de-Port, l'épia pendant quelque temps, réussit à le surprendre un soir qu'il s'était logé dans une maison de Valcarlos, et le fit prisonnier. Cet Espagnol révéla que le vice-roi voulait fortifier Burguette et en faire une place aussi forte que Pampelune, parce qu'elle était la clef du seul passage par où l'Espagne pouvait craindre d'être

Révélations d'un prisonnier espagnol.

envahie ; il ajouta qu'on y avait déjà amené des canons de Pampelune. Cet aveu démontra que l'invasion n'était pas imminente de ce côté.

Gramont fortifie Saint-Jean-Pied-de-Port. Cependant, comme les moyens de défense de Saint-Jean-Pied-de-Port étaient incomplets en artillerie et en munitions, Gramont voulut combler ces lacunes. Il sollicita du roi l'envoi, dans cette place, de six pièces de canons que d'Epernon devait retirer de Moissac, de Marmande et de Langon. Toutefois, le vieux duc ne se pressant pas de les envoyer, le comte obtint du roi l'ordre de prendre quatre canons à Navarrenx ; Poyanne, qui avait cédé cependant deux couleuvrines à Lavalette pour le camp d'Espelette, refusa de livrer les canons. Sa résistance, inspirée par Lavalette, méritait un châtiment que Gramont sollicita de Louis XIII ; sous le coup de cette menace, Poyanne se soumit et laissa conduire les quatre canons à Saint-Jean. Les pièces furent montées sur les remparts de la citadelle, à l'aide de cordes, de chèvres et de roues que les échevins de Bayonne avaient prêtées ; ces magistrats firent, aussi, une avance de corde et de mèche, de telle sorte que la place se trouva complètement munie. Gramont venait même d'y faire construire des moulins à bras par l'architecte Millet, appelé tout exprès de Bayonne. Afin de satisfaire à toutes les demandes de secours qui leur parvenaient de divers côtés, les échevins se virent obligés d'emprunter 18.500 livres ; cette dépense ne leur incombait aucunement, elle constitua une avance qui fut d'ailleurs intégralement rendue. Quoique la ville eût déjà beaucoup emprunté, elle n'avait pas encore dépassé la limite de son crédit, et c'était pour elle la seule manière, dans les cas urgents, de se procurer des ressources. Elle avait fourni 18.387 livres au compte de la subsistance des gens de guerre et demandait vainement à Verthamon de hâter la vérification et le remboursement de cette dépense. La petite somme empruntée par le Conseil pour les fortifications ordonnées par de Lessart était aussi épuisée, et, malgré le désir manifesté par l'ingénieur de voir terminer les ouvrages, la ville se déclarait impuissante à lui donner satisfaction (9 septembre).

Le grand pont de Saint Esprit se trouvait fort endommagé par le passage des troupes et des convois ; sa réparation, fort nécessaire, devait entraîner le démontage des pièces de bois dont il était formé et interrompre la circulation. Gramont prévoyant que la ville se trouverait sans communication directe avec Saint-Esprit et que l'on ne pourrait, si l'ennemi venait à tenter quelque effort sur Bayonne, échanger des secours entre les deux rives de l'Adour, demande au Conseil de surseoir à la réparation pendant quinze a

vingt jours, et de se borner à remplacer quelques parties du
tablier du pont (28 août). Aucun événement ne s'étant produit durant le délai demandé, Gramont estima que la saison
était trop avancée et par suite peu favorable à une attaque de
l'ennemi. Il jugea le moment propice pour se rendre à la
cour, et sollicita une autorisation du roi, en faisant valoir
que Saint-Jean-Pied-de-Port allait être protégé par la neige
pendant que Bayonne serait suffisamment garanti, du côté
de la mer, par les bourrasques de novembre, et du côté de
terre par le régiment de Béarn (4 octobre).

Le gouverneur n'ignorait pas l'affaiblissement considérable qu'avait subi le corps ennemi, depuis son entrée en
France. Les Basques, après s'être engoués des Espagnols,
se retournèrent contre eux pour arrêter leurs déprédations.
Mettant à profit l'agilité et la dextérité, propres aux gens de
leur race, ils s'approchaient des ennemis, en se dissimulant,
et les faisaient périr en grand nombre. Tantôt rampant vers
les hauteurs au sommet desquelles se trouvaient postées des
sentinelles espagnoles, ils enlevaient celles-ci au moyen de
crochets lancés adroitement, puis ils fondaient à l'improviste
sur le quartier voisin et exterminaient les soldats qui l'occupaient; tantôt cachés dans les fougères, ils arquebusaient
les sentinelles, au moment où elles venaient se poser. Pour
dépister ces adversaires invisibles, les Espagnols firent précéder leurs sentinelles, lors de la relève, par des chiens,
et grâce à cette précaution ils épargnèrent la vie de quelques-uns des leurs. Les détachements de troupes en marche se trouvèrent en butte à d'autres dangers ; ils ne pouvaient se déplacer sans risquer de tomber dans une embus-
cade. Leur cavalerie fut particulièrement décimée ; obligée
de s'engager dans des chemins creux ou bordés de haie, elle
se trouvait souvent arrêtée en avant par une barricade et
en arrière par une corde couchée sur le sol et subitement
relevée après le passage des derniers chevaux. La troupe,
ainsi prise comme dans une souricière, était à la discrétion
des Basques qui la guettaient et semaient la mort dans ses
rangs.

Le corps d'occupation espagnol fut décimé, soit par la
fièvre et la disette, soit dans les embuscades ; il perdit un
effectif de six à huit mille hommes, et se trouva réduit à
quatre mille soldats. Aussi, l'ennemi, voyant arriver la
mauvaise saison, se décida à battre en retraite, et évacua,
dans la nuit du 25 au 26 octobre 1637, les forts de Socoa et
des Peyrières, celui de Castille sur le Bordegaing, et le bourg
de Saint-Jean-de-Luz. Redoutant de rencontrer les Basques
sur la route de terre, les Espagnols se retirèrent presque
tous par mer.

Espagnols
décimés par les
Basques.

Lavalette, qui présidait, de Cambo, où il avait fixé sa résidence, à l'instruction des troupes ramenées d'Espelette au camp d'Ustaritz, et principalement des recrues qui venaient d'arriver, leva le camp et se hâta d'aller prendre possession de Saint-Jean-de-Luz et des ouvrages abandonnés par l'ennemi. Il plaça M. de Magnas et deux cent cinquante soldats du régiment d'Espenan-et-Mun, au fort de Socoa que les Espagnols avaient commencé à démolir ; il donna la garde des forts du Bordegaing et des Peyrières à M. d'Amou et aux Basques dont les attaques incessantes avaient forcé l'amiral de Castille à la retraite.

A la vue du développement des fortifications élevées par l'ennemi, Lavalette aurait pu s'étonner de sa fuite, s'il n'avait connu ses pertes importantes en hommes et la dépense de son occupation montant à plus de deux millions d'or. Les Espagnols, exactement renseignés sur les mouvements de l'armée française, évacuèrent Hendaye, le 28 octobre, et abandonnèrent, la nuit suivante, le poste du pont de Béhobie placé sur la rive française de la Bidassoa, après avoir rompu une partie notable du pont. Une quantité considérable de vivres fut dirigée par les Français sur le camp de Saint-Jean-de-Luz ; Bayonne continua à fournir le biscuit de l'armée, jusqu'à sa dislocation, qui eut lieu vers la fin du mois de novembre.

La nouvelle de la retraite des Espagnols fut portée par les échevins à la connaissance du roi ; désireux de perpétuer le souvenir de cette époque agitée, ces magistrats firent dresser une relation détaillée des événements survenus entre l'arrivée et le départ de l'ennemi. Les échevins présentèrent à l'intendant Verthamon un état des avances faites par la ville, depuis l'irruption en France de l'armée espagnole, tant pour assurer l'existence des régiments de Calonges, Béarn, Lusignan et de la compagnie de Burosse, que pour édifier les forts Saint-Bernard et Saint-Louis, les redoutes et autres ouvrages de fortification, que pour indemniser les propriétaires des terrains occupés. Cet état s'élevait à 196.000 livres, dans laquelle la valeur des terres et maisons prises par les nouvelles fortifications étaient comprises pour 32.000 livres. La ville fut autorisée à se récupérer de ses avances sur la moitié de la grande coutume, qui produisait au total 20.000 livres par an.

Dislocation de l'armée du camp d'Espelette. A la demande de Lavalette, la fuite des Espagnols fut célébrée à Bayonne par des feux de joie et le chant du *Te Deum*. Le duc, invoquant la disette du blé, se décida à retirer les troupes, loin de la frontière. La dislocation de l'armée s'effectua à partir du 15 novembre et se poursuivit jusqu'au 3 décembre 1637 ; les régiments de Calonges, de

Roquelaure, de Tonneins, de Guyenne, d'Epernon et de Navailles repassèrent à Bayonne en regagnant leurs quartiers d'hiver. Le reste de l'armée fut disséminé dans les pays environnants. Le régiment de Roquelaure remonta l'Adour en bateau jusqu'à Peyrehorade où il hiverna ; d'autres troupes gagnèrent Dax. L'armée laissa à Bayonne les malades et les blessés ; on les fit soigner dans une maison à Blancpignon.

Voyant les troupes françaises débandées, le vice-roi de Navarre et l'amiral de Castille étaient revenus à Ciboure sans être inquiétés et combinaient probablement de nouvelles entreprises pour le printemps suivant ; les habitants du Labourd s'émurent de ces conciliabules, précurseurs d'une invasion prochaine des troupes de Biscaye, et de l'incendie de leurs villages. Ils se rassurèrent cependant lorsqu'ils apprirent que le régiment de Guyenne était sur pied, et que l'on attendait des troupes de Languedoc. Lavalette manifesta sa résolution de venir à leur secours, sans perte de temps, à la première menace de l'ennemi (22 décembre). Fort heureusement pour les Labourdins, les généraux Espagnols n'osèrent donner suite à leurs projets.

Malgré l'éloignement de l'ennemi, le Conseil n'en poursuivit pas moins l'amélioration des fortifications de la ville. Les travaux de la demi-lune entreprise entre la porte Saint-Esprit et la rive de l'Adour, furent continués ; afin d'empêcher l'éboulement des terres de cet ouvrage, dont le pied n'était pas protégé contre l'action des eaux, on limita le parapet par une file de pieux, sur le bord de l'Adour ; il eût été préférable d'assurer cette protection par un mur de défense, procédé qui avait été employé au bastion Saint-Esprit ; mais il fallut, par raison d'économie, recourir à un moyen moins coûteux. La demi-lune fut, en outre, entourée par une palissade qui ne présenta d'autre interruption que celle d'une porte donnant accès au pont Saint-Esprit.

On entreprit, en même temps, un mur de soutènement en pierres sèches afin de soutenir le revers du fossé (ou contrescarpe) de la courtine comprise entre Saint-Esprit et Mousserolles ; une plantation d'ormeaux le long de ce fossé fut l'origine des allées Boufflers (février 1638). La transformation du bastion Lachepaillet en demi-lune fut aussi continuée ; des manœuvres vignerons enlevèrent une partie du terreplein du bastion, près du rempart de l'enceinte, et rétablirent le fossé devant l'ancienne porte.

Tout en poursuivant l'achèvement des travaux de fortifications déjà entrepris, la ville s'empressa de démonter les canons, de remiser au magasin des Carmes les bois des plates-formes et de retirer aux habitants les quatre cents

Création des allées Boufflers

mousquets prêtés au moment où l'ennemi avait franchi la frontière. Le danger passé, les habitants se désintéressèrent de la garde et des patrouilles, dont la mauvaise exécution fut l'objet d'une observation du Conseil ; il fallut même procéder à une visite des quartiers et établir de nouveaux rôles afin de renforcer la garde.

Un grand relâchement s'était aussi produit dans la discipline des troupes ; la propriété privée ne fut pas épargnée, et le Conseil s'en plaignit à Gramont, lui demandant l'autorisation de faire tirer sur les soldats qui pillaient les jardins. Le gouverneur rappela aux régiments les anciennes défenses et permit seulement aux habitants de courir sus aux soldats pillards et de les punir, en les menant en ville, troussés et liés. Le comte Toulonjeon, usant envers le Conseil de la même condescendance que son père, ordonna au sergent Hirigoyen, de la compagnie d'Urtubie, d'adresser des excuses aux échevins pour les injures qu'il avait proférées contre eux.

Les nécessités de la défense avaient rapproché les échevins et la famille de Gramont, et rétabli entre eux la bonne harmonie. A l'occasion d'une fête religieuse, la comtesse de Gramont, Toulonjeon et d'Artagnan, furent priés par le Corps de ville d'assister à la cérémonie et s'y rendirent avec empressement.

Conflits divers du Conseil de ville. Cependant, ni les uns ni les autres n'avaient rien abdiqué de leurs prétentions relativement à la garnison. Toulonjeon se rendit à la cour, en accompagnant son frère, le comte de Guiche, nommé lieutenant du roi en Normandie, et se proposa d'obtenir du roi que la subsistance du régiment de Béarn, dont il était mestre de camp, fût laissée à la charge de la ville de Bayonne ; les échevins, informés de ce projet, avertirent leurs députés à la cour et les invitèrent à y mettre obstacle.

Le droit de donner le mot souleva encore de nouvelles contestations ; les officiers du régiment de Béarn répugnaient à le recevoir d'un bourgeois. Appuyés par Toulonjeon, ils obtinrent du gouverneur qu'avant son départ pour la Basse-Navarre, il signifiât au Conseil leur intention de garder les clefs de la ville et de donner le mot d'ordre durant son absence. Gramont voulut bien faire la commission, mais il dit loyalement aux échevins qu'il existait un règlement en faveur de la ville, et il ajouta qu'il soumettrait à Lavalette la demande des officiers. Le Conseil fit, de son côté, des démarches auprès du duc, afin de maintenir ses prérogatives. Après le départ du comte, Mᵐᵉ de Gramont prit le parti des officiers et de son fils ; elle eut à ce sujet une discussion avec l'échevin de Lalande, sieur de Lapalisse (20 novembre

1637). Lavalette ne donna pas de solution au différend et
les tiraillements continuèrent ; enfin, Gramont finit par intervenir en faveur du Conseil et donna l'ordre au major du
régiment de Béarn de ne plus envoyer un sergent prendre
l'ordre du premier échevin, mais de s'y rendre en personne
ou de se faire remplacer par son aide-major (30 mars 1638).

La ville de Bayonne ne reçut pas de nouvelles troupes
durant l'hiver de 1637-1638 ; mais elle conserva le régiment
de Béarn. Il faut croire que le métier militaire offrait quelques agréments, puisque des habitants de la ville ou du voisinage se firent inscrire dans ce régiment. Cet enrôlement
ne fut pas vu d'un bon œil par le Conseil, car il occasionna
une certaine gène dans le service de la garde bourgeoise ;
aussi, les échevins le prohibèrent sous peine de prison et
de 50 livres d'amende.

Si le port de l'uniforme militaire offrait quelque attrait,
la nourriture des soldats laissait à désirer ; le pain, fabriqué
en ville, fut surtout l'objet des plaintes du major, parce
qu'il contenait du sable frauduleusement ajouté pour en
augmenter le poids. Les deux échevins, chargés d'assurer
ce service, firent à deux reprises (5 mars, 9 avril), emprisonner les boulangers coupables. Les officiers n'avaient pas été
mieux traités ; ils furent obligés de faire réclamer, par
l'aide-major de Bordes, le pain blanc que l'intendant Verthamon avait commandé pour eux.

Un conflit de préséance s'était produit, le 3 mars 1634,
entre le Conseil et les hommes d'armes du Château-Vieux
à l'occasion de la procession de Saint-Léon. Au moment où
le cortège pénétrait dans la chapelle dédiée à ce saint, près
de la porte Saint-Léon (1), le lieutenant de Lasalle était
entré le premier, suivi immédiatement par les hommes d'armes. Les échevins, revêtus des insignes de leur magistrature, n'avaient pu trouver place dans la chapelle, remplie
par la première partie du cortège, et s'étaient vu forcés de
rester à la porte. Le Conseil avait aussitôt protesté auprès de
Lasalle ; il lui avait signifié qu'il ne tolérerait plus à l'avenir
de semblables procédés, se refusant à considérer les hommes
d'armes, archers et mortes-payes comme faisant partie de la
suite du gouverneur ou de son lieutenant.

Le même cas se reproduisit à la procession qui se déroula
dans la cathédrale le jour de la fête de la Chandeleur (3 février 1638). Le lieutenant d'Artagnan s'y présenta, suivi d'un
grand nombre d'officiers et de soldats du régiment de Béarn,
de ses valets et domestiques, qui se trouvèrent ainsi placés
avant le Corps de ville. Celui-ci adressa sa réclamation à

(1) Aujourd'hui d'Espagne.

d'Artagnan et en obtint la promesse d'éviter au Conseil toute cause de mécontentement ; le lieutenant s'excusa en disant qu'il n'avait osé empêcher M. d'Urtubie et quelques autres gentilshommes, qui l'avaient attendu devant le Château-Vieux, de se joindre à lui, et manifesta le désir de vivre en bonne amitié avec la ville. Il donna une preuve de ses intentions conciliantes en accueillant une protestation des échevins contre l'ouverture d'une porte qu'il venait de pratiquer à la tour Saint-Esprit, du côté des chaînes, sans en avoir référé au Conseil ; il consentit a faire murer la porte (8 mars 1638).

En attendant la reprise des hostilités, Bayonne rétablit les foires, mais non sans faire surveiller exactement les étrangers chez les hôteliers et à leur passage aux portes ; l'un d'eux, Joanis de Pelentarena, surpris transportant des lettres en Espagne, est arrêté comme espion et livré aux officiers royaux (16 avril). Le roi et le duc d'Epernon, sensibles aux plaintes des commerçants, permettent de négocier avec les Espagnols, voisins de la frontière, jusqu'au moment où l'armée entrera en campagne (9 avril).

La ville, préoccupée par l'éventualité d'un siège, se met en mesure de faire remplacer, aux frais du roi, le blé de ses magasins dépensé pour nourrir les gens de guerre (12 février) et obtient de l'intendant Verthamon une forte expédition de froment. Mais à peine ses greniers ont-ils été regarnis qu'elle est aussitôt appelée à répondre à de nouveaux besoins. D'après les ordres de Gramont et du prince de Condé, elle fait transporter cent muids de blé à Saint-Jean-Pied-de-Port par bateaux et par charrettes, afin de venir en aide à la population de cette ville (30 avril). Dubourg, commandant du Socoa, s'attendant à quelque événement, réclame au Conseil une provision de blé, vingt matelas et des munitions. Il le remercie de ses bonnes dispositions et l'assure que, s'il est attaqué, il n'imitera pas son prédécesseur et se défendra jusqu'à la mort (11 mai). D'Amou, bailli du Labourd, réclame également du blé pour la garnison du fort de Castille dont il est gouverneur (6 juin). Les échevins se préoccupent, en outre, de réorganiser l'hôpital militaire de Saint-Esprit et d'y faire entrer les malades du régiment de Béarn que leurs hôtes ne peuvent soigner.

CHAPITRE VI

COOPÉRATION ACTIVE DES BAYONNAIS AU SIÈGE DE FONTARABIE DIRIGÉ PAR CONDÉ. — SUCCÈS DE L'AMIRAL DE CASTILLE FAVORISÉ PAR LA TRAHISON DE LAVALETTE (1638-1643).

Condé appelé au commandement de l'armée des Pyrénées. — Son arrivée à Bayonne. — Bidassoa franchie. — Prise de Passage. — Investissement de Fontarabie. — Condé réclame l'appui d'une flotte. — Echec des Espagnols à Passage. — Arrivée de la flotte française devant Fontarabie. — Agissements de Lavalette pour faire échouer le siège. — Répartition des troupes françaises en quatre quartiers. — Sourdis anéantit la flotte espagnole à Guetaria. — Condé demande du secours à Bayonne. — Installation d'un hôpital à Biarritz. — Assaut mal combiné par Lavalette. — Défection du duc. — Fontarabie secourue. — Retraite de Condé. — Evacuation des blessés sur Peyrehorade. — Destitution d'Epernon et fuite de Lavalette. — Condé prescrit de fortifier la frontière. — Bayonne taxée pour 9.000 livres. — Nouveaux armements espagnols. — Précautions défensives. — Exécution d'un espion bayonnais. — Les Espagnols fortifient la frontière. — Bayonne menacée par terre et par mer. — Soldats espagnols dirigés vers le Roussillon. — Sourdis inspecte la frontière. — Menace de l'ennemi rassemblé à Pampelune. — Nouvelle menace des Espagnols. — Institution de la gabelle. — Inondation de la Nive. — Arrivée de l'évêque Fouquet. — Incarcération de l'abbé de Saint-Cyran. — Bons rapports entre la ville et la famille Gramont. — Naissance de Louis XIV. — Conquête du Roussillon. — Conspiration contre Richelieu. — Mesures offensives des Espagnols. — Echange de prisonniers.

Louis XIII et son ministre Richelieu formèrent le projet de s'emparer de Fontarabie et donnèrent des ordres pour la réunion de l'armée des Pyrénées. Peu satisfaits du vieux duc d'Epernon, lequel, pour ménager sa popularité, n'avait pas prêté son concours à des levées de deniers extraordinaires destinés à repousser l'ennemi et mécontents de Lavalette qui, malgré ses protestations, avait mollement aidé les Basques et les Béarnais à chasser les Espagnols du Labourd, ils ne voulurent donner le commandement de cette armée ni à l'un, ni à l'autre. Ils nommèrent généralissime un prince du sang, Henri de Bourbon, prince de Condé (1), qui, par sa haute situation, devait imposer son autorité à tous ses compétiteurs.

Cette nomination excita l'ambition de Lavalette et de Gramont. Le duc, en accusant réception au cardinal de la décision royale, se déclara éloigné de tout sentiment de jalousie, protesta de son dévouement, lui fit ses offres

Condé appelé au commandement de l'armée des Pyrénées.

_____

(1) Père du grand Condé.

de service et l'avisa de l'arrivée prochaine des troupes du Languedoc amenées par le duc d'Halluin. Il obtint la lieutenance générale dans l'armée de Condé (29 avril 1638), et adressa ses remerciements et ceux de son père qu'il excusa, à cause de ses quatre-vingt-quatre ans, de ne pouvoir aller les présenter au roi. D'Epernon et Lavalette firent des démarches afin d'empêcher Gramont d'obtenir la sous-lieutenance de l'armée ; ils appuyèrent la candidature d'Amou, et chargèrent Verthamon d'informer le chancelier Seguier qu'ils refusaient de servir, si cette charge était réservée à Gramont. Celui-ci ne resta pas inactif ; n'ayant pu quitter le Labourd faute d'avoir obtenu le consentement du roi, il envoya, pour défendre ses intérêts à la cour, le sieur de Landresse, son lieutenant à Saint-Jean-Pied-de-Port. Puis, profitant du départ du comte de Guiche, il le chargea de dire un mot au roi et au cardinal des impertinences que Lavalette lui avait infligées et d'insister sur la défense faite par le duc de le laisser marcher précédé de ses gardes, quoiqu'il jouît de la charge de vice-roi de Navarre-Béarn.

Arrivée de Condé à Bayonne. L'arrivée du prince de Condé est annoncée à la ville, le 14 juin 1638 ; pendant un arrêt à Bidache, les habitants apprêtent leurs armes et leurs équipements. Le général est suivi par une armée que Baylac évalua à 30.000 hommes. Le passage d'une troupe si importante amène le renchérissement des objets de première nécessité ; sur l'ordre de l'intendant Machault, le Conseil de ville établit une taxe de vivres, fourrages, vêtements, chaussures, etc., la fait afficher dans la ville et en distribue des copies aux officiers de l'armée.

Quelques échevins vont prendre Condé à Bidache et le ramènent, accompagné de Lavalette, dans une galupe. Les deux généraux sont reçus par une compagnie de miliciens armés ; le prince va loger au palais Montaut, et le duc chez le lieutenant-général (22 juin). Tous les deux s'associent aux prières publiques faites à la cathédrale pour le succès de l'armée ; cette cérémonie succéda à celle du 12 avril précédent, dans laquelle les habitants avaient remercié Dieu de l'heureuse grossesse de la reine, en lui demandant de donner un dauphin à la France. Ce dernier vœu devait être exaucé, le 5 septembre suivant, jour de la naissance de Louis, Dieudonné.

Avant de quitter Bayonne et de passer la frontière, le généralissime donna des ordres relatifs à la discipline et à la subsistance de l'armée ; il reçut un cadeau offert par les échevins comprenant vingt-quatre piques de liste et une carte de la frontière dressée par Millet, ingénieur de la ville.

La poudre destinée à l'armée fut apportée à Bayonne par

les soins du sieur de Calloty, commissaire de l'artillerie.
Craignant de la déposer dans une tour du Château-Neuf
qui lui était désignée comme magasin, à cause de la faiblesse
des planchers et des feux que l'on allumait dans deux ou
trois cheminées, il obtint du Conseil, avec l'agrément de
Gramont, l'autorisation de la renfermer dans le collège. Il
se fit rendre en même temps quatre milliers de poudre que
d'Epernon avait laissés en garde à la ville au commencement
de l'hiver, et qui avaient été mis dans les cloîtres de Notre-
Dame.

Condé fit appel aux ressources des magasins de Bayonne,
et à l'industrie de ses habitants pour constituer le matériel
du siège de Fontarabie. Deux mille hottes nécessaires à
l'équipage de l'artillerie furent confectionnées et dirigées
vers Hendaye, avec des pics, des pelles, un soufflet de forge,
vingt aunes de toile cirée utilisables dans les mines souterraines. Ce convoi fut accompagné d'une bande de maçons
destinés à l'installation du camp. Le prince fournit en même
temps à Dubourg, gouverneur de Socoa, le moyen de résister à une attaque, et fit garnir ses magasins de deux barils
de poudre et de six cents conques de blé. Le fort de Castille,
en Bordegaing, reçut aussi du magasin de Bayonne une
provision de trois cents conques de froment que d'Amou,
son gouverneur, fit renfermer, sur l'ordre de Lavalette, pour
assurer la nourriture de la garnison.

Le prince passa la Bidassoa, le 1er juillet 1638, après avoir
mis en fuite une faible troupe espagnole. Il entra dans Irun
et établit son camp près de cette ville. Gramont fut chargé
par lui, le lendemain, de prendre le château et le port du
Figuier, placés entre Fontarabie et la pointe extrême de la
côte espagnole. L'opération, tentée par les régiments de
Roquelaure et de Béarn réussit à souhait. Les gens de la
garnison se rendirent et obtinrent la vie sauve ; le commandant, qui était capitaine espagnol, fut envoyé prisonnier à
Bayonne et confié à la garde d'un échevin ; quatre de ses
soldats, qui l'avaient suivi, furent mis en prison. Le même
jour, d'Epernon se rendait à Passage et occupait ce port sans
résistance. Il y trouva les vaisseaux d'une escadre préparée
pour les Indes ; dominés par les forts dont les troupes
s'étaient emparés, les équipages des navires ne songèrent
pas à se défendre et tombèrent au pouvoir des Français.

Le prince de Condé, redoutant une attaque de la flotte
espagnole sur le Socoa, donna des ordres pour apporter
dans ce fort, des canons, des vivres et toutes choses nécessaires à la guerre, et, afin de s'assurer que l'on se confome
rait à sa volonté, il commit MM. Du Bourg et de Prouville
pour dresser l'inventaire de tout ce qui y serait envoyé. Dans

Bidassoa
franchie.
Prise de Passage

une lettre écrite par lui de Saint-Jean-de-Luz, le 3 juillet, à l'intendant Machault à Bayonne, Condé remerciait la ville des soins qu'elle apportait aux fournitures de l'armée ; il ajoutait ensuite : « Je viens de recevoir des nouvelles d'Eper-
« non qui mande des choses admirables. Nous avons à Pas-
« sage sept galions et six vaisseaux entiers, un galion échoué
« à l'entrée du port en voulant sortir avec quarante pièces
« de canon, un autre que nous avons brûlé, deux cents
« pièces de canon, six mille mousquets tout neufs, des muni-
« tions de bouche et autres denrées à l'infini. Il me prie de
« lui envoyer des matelas ; je vous demande la même chose
« et vous prie de commander à ceux de Bayonne d'en en-
« voyer jour et nuit sur des pinasses et chaloupes, droit à
« Passage, la plus grande quantité qu'ils pourront. Hier au
« soir, le château du Figuier se rendit à discrétion, sans
« coup férir ; nous y avons trouvé quatre belles pièces de
« canon. M. de Serres y est dedans, qui y commande cent
« hommes. Je suis, monsieur, votre très assuré à vous
« servir. »

Armée approvisionnée par une flottille bayonnaise. L'échevin Dandoings, qui avait été nommé, par le prince, général de trente pinasses, se prépara à partir sans retard pour Passage. Il se fit prêter par le Conseil, pour armer sa pinasse, deux petites couleuvrines de bronze, quatre ron-daches, quatre casques à l'épreuve du mousquet, trente piques, trente mousquets et un baril de poudre de vingt-quatre livres qu'il retira du magasin de guerre. Huit pinasses furent apprêtées ; elles reçurent des vivres (pain, vin et cidre) pour huit jours et furent montées par deux cent dix-neuf marins bayonnais ; les maîtres des pinasses reçurent leur paye d'avance, en présence de deux échevins. Machault, impatienté de ne pas les voir partir sur l'heure, s'emporta contre les échevins ; ceux-ci, qui se dépensaient en efforts pour exécuter les ordres de Condé, firent savoir au prince, par un député, qu'ils ne méritaient pas le blâme de l'intendant. La flottille mit à la voile le 5 juillet, emportant à Passage dix à douze mille rations destinées aux régiments de Sérignan, d'Epernon et de Mun ; elle chargea dans ce port et rapporta en ville, le 19 juillet, les canons et autres dépouilles de l'ennemi.

Investissement de Fontarabie. Le lendemain de la prise de Passage, le prince alla au Figuier reconnaître la place de Fontarabie ; il convint, avec les autres généraux de faire deux attaques. Il fit faire les camps et commencer les approches sans perdre un seul homme. Dans une lettre adressée au roi, le 7 juillet, le géné-ralissime lui annonça qu'il était déjà à demi-portée de mous-quet des remparts et qu'il avait bon espoir de réussir dans son projet. Cependant, il ne put disposer de tout son monde

pour l'attaque, car il avait beaucoup de soldats employés
au loin : mille hommes à garder Irun et le pont de Fontarabie, mille à Hendaye, trois mille à Passage et soixante au
Figuier. Il adressa au roi un plan représentant le passage
de la Bidassoa et il annonça l'envoi prochain d'une carte
indiquant l'emplacement du camp et des batteries, dès que
celles-ci seraient faites.

Le prince craignait aussi une attaque de la flotte espagnole ;
il était facile d'entrer à Fontarabie par mer, à marée haute,
ce qui lui causait inquiétude et gêne. Il se proposait bien de
remédier à ce danger en plaçant, à l'embouchure de la
Bidassoa, des pinasses armées, un grand corps de garde
de mousquetaires et deux bastardes (canons) ; mais il reconnut que son projet serait peu efficace et qu'une flotte pouvait
seule s'opposer réellement à l'entrée des ennemis dans la
rivière. Le cardinal écouta Condé et donna des ordres, afin
qu'une flotte vint appuyer son attaque. Pendant que celle-ci
se rassemblait à l'île de Ré, sous le commandement de Monseigneur de Sourdis, archevêque de Bordeaux, le prince
poussait ses cheminements vers la place et la tranchée atteignait le fossé, le 15 juillet, pendant que les Espagnols,
revenus de leur stupeur, assemblaient des troupes à Tolosa
et à Saint-Sébastien.

Condé réclame
l'appui
d'une flotte.

A peine arrivé devant Fontarabie, Condé avait ordonné
de faire conduire dans son camp les canons de batteries qui
étaient à Bayonne ; le nombre trop restreint des chevaux de
l'artillerie ne pouvant suffire à les amener dans un court
délai, il ordonna de réquisitionner tous les bœufs des communautés environnantes. Un jurat se rendit successivement
à Tarnos, Ondres, Labenne. Saint-Martin, Saint-André et
Biaudos ; il réunit trois cent quarante-six paires de bœufs
et les bouviers qui devaient les conduire (3 juillet).

Le prince, en passant à Bayonne, avait aussi constitué,
par prélèvement sur le magasin de guerre, un premier
convoi de pics, pelles, hoyaux et autres ustensiles nécessaires au camp de Fontarabie ; il y avait fait joindre des
pétards, sur la demande de Gramont. Un grand nombre de
paniers et hottes propres à transporter la terre furent con-
fectionnés par des ouvriers que fournirent les jurats et l'abbé
de Laressore ; la ville en avança le payement et les fit partir
avec le convoi. Quoique mis en route le 4 juillet, ces outils
furent réclamés le 6 par Lavalette. Gramont, qui se trouvait
aussi au camp d'Irun, demanda, le 12, l'envoi, sans aucun
délai, de dix-huit maçons et de tous les charpentiers qui
pouvaient se trouver à Bayonne, et Condé appuya cette
demande, le 19 juillet. Ce nombre d'ouvriers resta insuffisant pour toutes les installations du camp, car les 29 et

30 juillet, les échevins reçurent d'Irun de pressantes missives réclamant douze, puis vingt bons maçons avec leurs outils.

Pendant que les Français s'établissaient devant Fontarabie, les Espagnols firent une tentative pour reprendre Passage. Leur attaque resta infructueuse ; ils durent battre en retraite, après avoir perdu cent hommes (19 juillet 1638). Condé envoya à Bayonne vingt-deux prisonniers blessés ; il donna l'ordre au Conseil d'en loger cinq au palais Montaut (officiers) et dix-sept au Château-Neuf (soldats), lui recommandant de les soigner et promettant de rembourser la dépense de leur entretien. L'armée française fut renforcée par trois mille hommes, provenant du Béarn et de la Navarre, ce qui porta à douze mille le nombre de rations de pain que Bayonne devait fournir par jour, pour sa part, à l'armée de Fontarabie (11 août).

Dès le 5 juillet, des boulangers Bayonnais se rendent à Saint-Jean-de-Luz pour aider à la fabrication du pain de l'armée dans cette ville. Dix charrettes munies de cages propres à contenir un chargement de pain, et traînées par vingt paires de bœufs prélevés sur les territoires de Saint-Martin-de-Hinx et de Sainte-Marie-de-Gosse, font le va-et-vient entre la boulangerie et le camp. Quatre bourgeois sont constamment occupés à recevoir à Bayonne, les blés, les farines et le pain destinés à l'armée, et à en assurer le transport. Le 30 juillet, cent soixante paires de bœufs sont employés à ce service. La ville délivre aux commissaires, sur ordonnance de Machault, trois mille huit cent soixante-six conques de seigle, prises dans le magasin (2 août). Quinze jours après le nombre des rations à fournir au camp monte à seize mille ; on donne l'ordre d'adjoindre les boulangers des environs à ceux de Bayonne, et de faire trois voyages de pain par semaine au lieu de deux.

Comme la plupart des bœufs du pays se trouvent employés au transport des vivres, Condé éprouve de la difficulté à s'approvisionner en munitions. Il ordonne, le 14 juillet, de rassembler le plus grand nombre de charrettes qu'il sera possible de trouver, pour porter les munitions de l'armée. Il requiert encore, le 23 juillet, cinquante charrettes attelées de bœufs pour les amener au camp devant Fontarabie. Une nouvelle demande est adressée à la ville (30 juillet) ; elle comprend dix milliers de mèche, quarante milliers de poudre, deux mille boulets à canon, tous les boulets à couleuvrine, tout le plomb converti en balles ; après ce prélèvement, le magasin de guerre de la ville allait se trouver vidé. La plus grande quantité de ces munitions ne pouvant être charroyée à Fontarabie, y fut transportée dans des pinasses. Le siège avait consommé les provisions de poudre et de projectiles ; Condé, qui voulait s'en procurer d'urgence, prétendit, sur la foi de certaines révélations, que les commissaires de l'artillerie de Bayonne avaient caché dans les maisons la plus grande partie de leur poudre, et fit opérer une perquisition chez les habitants par le sieur de Dampierre, exempt de ses gardes. Il fit en outre venir de Nantes, de la poudre, des mèches et du plomb, que l'on disposa dans les magasins de la ville (17 août).

L'archevêque amiral, Henri de Sourdis, avait ramené à l'île de Ré dix-huit vaisseaux de la Méditerranée. Il leur en adjoignit vingt-trois autres achetés ou loués en Hollande, puis il leva l'ancre, le 25 juillet 1638, et quitta Saint-Martin-de-Ré pour remplir la mission que le cardinal lui avait donnée. Celle-ci consistait à appuyer les opérations de Condé et à pousser jusqu'en Portugal, afin d'appuyer les mécontents de ce pays, que Saint-Pé avait été préalablement sonder.

Arrivée de la flotte française devant Fontarabie.

La flotte française arriva, le 1er juillet, devant Fontarabie et prit position à l'embouchure de la rivière. Le lendemain, une flottille espagnole, composée de huit pataches et de vingt-sept chaloupes, se présenta ; elle apportait aux assiégés des munitions de guerre et un secours de quatre à cinq cents fantassins irlandais et castillans, commandés par Don Alonzo. Monseigneur de Sourdis lui fit donner la chasse par quatre vaisseaux et toutes ses chaloupes ; les bateaux espagnols furent coulés ; ceux qui les montaient n'eurent d'autre ressource pour assurer leur salut que de se jeter à la mer et d'atteindre la côte à la nage ; ils gagnèrent ensuite Saint-Sébastien par la voie de terre. On fit des prisonniers et on apprit par eux que cette ville était occupée par l'amiral de Castille, avec deux mille hommes de pied et quatre-vingts chevaliers.

Agissements de Lavalette pour faire échouer le siège.

Le succès de la flotte et la destruction des secours envoyés par l'ennemi pouvait faire espérer la chute prochaine de Fontarabie. Mais, contre toute attente, le siège traînait en longueur. Lavalette, qui commandait en second, empêchait sous main, pour se venger de Richelieu, les communes et la noblesse gasconne de répondre à l'appel de Condé et de rejoindre l'armée, tandis qu'Epernon maltraitait ceux qui se disposaient à obéir ; l'armée ne fut donc renforcée que par les milices de Béarn. Le duc ne fit pas seulement porter sur les affaires de l'Etat les effets de son ressentiment ; non content de jalouser Condé, il ne souffrit pas que Gramont disposât d'une autorité indépendante de la sienne, et il montra une extrême susceptibilité à l'égard de l'archevêque de Bordeaux.

Une ancienne dispute de préséance séparait ces deux chefs ; l'un et l'autre avaient reçu le commandement d'une flotte et aucun d'eux n'avait voulu céder la tête. Le roi avait alors décidé que lorsque leurs deux flottes seraient réunies, celle de Sourdis passerait la première. Lavalette se froissa de cette décision et s'abstint de paraître dans le Conseil de guerre aussitôt que l'archevêque vint se joindre à l'armée du siège ; son absence ne souleva pas les observations de Condé qui craignait, en admonestant le général, de l'aigrir davantage contre lui. Non content de manifester son hostilité aux généraux de l'armée, le duc eut l'audace de porter le découragement parmi les soldats en publiant que le siège serait bientôt levé et en envoyant ses meubles à Bayonne. Il allait bientôt montrer, dans les diverses phases du siège, que le souci de son ressentiment primait dans son esprit l'intérêt sacré du pays.

La place de Fontarabie était établie sur une presqu'île attenante à la rive gauche de la Bidassoa, et se trouvait entièrement entourée d'eau, lorsque les flots des fortes marées remplissaient les fossés qui la séparaient de la terre. La partie de son enceinte tournée vers la gorge de la presqu'île, c'est-à-dire vers le seul côté où l'ennemi pouvait établir des attaques, avait été soigneusement fortifiée par la construction de trois bastions : celui de la reine, à l'est, du côté d'Irun ; celui de la Madeleine, du côté de l'Océan ; et celui de Levia, entre les deux premiers ; un quatrième bastion, de grande dimension, celui de Saint-Philippe, était tourné vers l'amont de la Bidassoa. Deux portes s'ouvraient dans cette enceinte ; l'une, de Sainte-Marie, à laquelle on accédait par une digue de pierres traversant le marais en côtoyant l'île de Lesaca, était voisine du bastion Saint-Philippe ; l'autre était contre le bastion de Levia, vers l'est. Au point culminant de la ville, s'élevait l'ancien château de Charles-Quint, du sommet duquel l'artillerie pouvait dominer toutes les attaques.

La communication ne pouvait se faire d'une manière certaine entre Fontarabie et la France, que par le pont de Béhobie, Irun et le pont de Mendel, jeté sur un bras espagnol de la Bidassoa. L'armée française ne suivit pas ce chemin, pour arriver à Fontarabie ; elle profita de la basse mer pour franchir la Bidassoa et quitta la rive française à la chapelle de Saint-Jacques (1), voisine d'Hendaye. Quatre quartiers de troupes furent établis ; trois occupèrent les revers de la montagne de la Guadeloupe, à la base de la presqu'île de Fontarabie, et interceptèrent ses communications du côté de la terre.

(1) Débarcadère actuel de Santiago (Saint-Jacques).

Condé établit son quartier sur la rive gauche de la Bidas-soa, entre Fontarabie et le Figuier, face au bastion de la Madeleine ; il le protégea, du côté de la terre, par un retranchement pourvu de deux ailes en retrait. Celui de Lavalette, placé à la suite du précédent, en regard du bastion de Levia, fut renfermé dans une redoute close, de forme rectangulaire, défendue par quatre bastionnets. Le quartier du comte de Gramont fut établi dans un ouvrage retranché, en forme de lunette ou de bastion, tournant sa pointe vers l'ouest, et dont la position fut choisie au pied de la colline de Guadeloupe. A ces trois quartiers d'attaque, il faut ajouter celui de la réserve, commandé par Saint-Simon et établi aux abords d'Irun ; il contenait surtout des troupes de cavalerie.

Répartition des troupes françaises en quatre quartiers.

Le camp de Gramont se trouvait placé au débouché des routes arrivant d'Espagne vers Fontarabie ; ce point de grande importance stratégique était tenu par deux ouvrages français composés d'un grand parapet faisant face au sud et de deux ailes. La défense de ces retranchements devait être assurée par les soldats de La Force qui s'étaient établis, en arrière d'eux, contre la chapelle de Guadeloupe, et par ceux de Gramont. Le marquis de Gèvres fit camper sa troupe en face de la face gauche du bastion de la reine, à l'origine de la digue en pierres ; Pierre Giron et Antoine Gandolf établirent leurs soldats sur la rive gauche de la Bidassoa, entre Irun et la place assiégée.

La tête du pont de Mendel, opposée à Fontarabie, fut gardée par une redoute triangulaire et bastionnée, servant de dépôt intermédiaire de munitions ; celles-ci étaient ensuite transportées de ce point dans la redoute de Lavalette. Le pont lui-même était organisé défensivement par le moyen d'un barrage formant parapet, qui abritait les soldats.

Les Français avaient construit sept batteries d'artillerie autour de la place. Deux sur le rivage de la Bidassoa, près de Condé et une contre la chapelle de la Madeleine, tirant toutes, avec huit canons, contre le bastion de ce nom ; une batterie de trois pièces, près du mur de Saint-Nicolas, battant la porte du bastion Levia ; enfin, deux batteries, voisines du quartier du marquis de Gèvres, envoyant des projectiles contre le bastion de la reine. Sur la rive française de la Bidassoa, une batterie de trois pièces portait le trouble dans le camp retranché des habitants, qui avaient cru échapper au bombardement en se portant sur la limite de l'enceinte côtoyant la rivière.

L'armée de Condé avait commencé deux attaques contre les bastions de la reine et de la Madeleine. Pour atteindre le bord du fossé, il fut nécessaire de faire des cheminements en tranchées. Un crochet (1) suffit en face du bastion de la reine ; il en fallut deux devant l'autre bastion.

Gramont conduisait spécialement l'attaque de droite, dite de Guyenne, contre le bastion de la reine, tout en se trouvant placé sous la dépendance de Lavalette. Il attendait un grand résultat d'une mine qu'il faisait préparer ; mais il se heurtait à la jalousie du duc, peu pressé d'ouvrir la brèche.

Condé, manquant de décision et de coup d'œil, ne savait pas se faire obéir, et écarter les causes de lenteur. L'archevêque Sourdis trouva qu'au lieu de franchir souterrainement le fossé au moyen de galeries, Gramont pouvait le passer en abritant ses soldats derrière de bonnes traverses, à l'épreuve du canon, et aisées à construire. L'archevêque s'offrit même à exécuter ce travail avec ses troupes, mais la jalousie des autres officiers obligea Condé à repousser sa proposition. Le général en chef, au lieu de garder près de lui un si précieux auxiliaire, lui commanda d'aller occuper Passage avec son infanterie et une partie de ses vaisseaux, afin de garantir l'armée de siège contre une attaque de l'amiral de Castille venant de Saint-Sébastien ; il ne voulut retenir à Fontarabie que l'artillerie de la flotte.

Sourdis anéantit la flotte espagnole à Guetaria. Sourdis, peu satisfait du rôle effacé qui lui était attribué, voyant la discorde parmi les généraux et redoutant une disette prochaine dans le camp, puisque les troupes n'avaient du pain et de l'argent que jusqu'à la fin du mois d'août, songea à accomplir la deuxième partie de la mission qui lui avait été donnée par Richelieu, en portant un grand coup à la flotte ennemie. Il renonça d'ailleurs à occuper Passage, estimant que ce port, plus dominé par les montagnes que celui de Brest, et si étroit qu'une pierre, lancée d'un bord, atteignait aisément l'autre, ne pouvait se conserver qu'en y construisant quatre bons forts, ou mieux encore en s'emparant de Saint-Sébastien. Aussi l'amiral-archevêque quitta-t-il Passage le 22 août et s'avança-t-il avec dix-huit gros vaisseaux et douze brûlots contre la flotte ennemie mouillée dans la rade de Guetaria, sur la côte cantabrique. Les Espagnols se retirèrent au fond de la rade ; ils y furent atteints, le 24 août, par les Français, dont les brûlots, marchant en tête, incendièrent treize galions et bien d'autres bâtiments de moindre importance. L'escadre espagnole fut anéantie ; l'ennemi perdit sept à huit mille marins ou soldats. Dans ce nombre était compris un renfort de trois mille hommes destiné à Saint-Sébastien ; cinq cents canons, dirigés aussi vers cette place, furent engloutis dans les eaux. Sourdis rendit

(1) Forme de cheminement en crochet pour éviter les coups d'enfilade.

compte au cardinal de cette brillante victoire et le renseigna sur les événements de Fontarabie.

Les travaux du siège étaient ralentis par l'invasion de l'eau dans les mines souterraines que les Français avaient creusées pour atteindre le pied du rempart et le faire sauter.

Condé demande du secours à Bayonne.

Condé demanda, le 12 août, aux échevins, des pompes, ainsi qu'un pompier et des aides, pour épuiser les eaux des mines, en déclarant que cette opération était d'une importance extrême. Il réclama aussi, pour faire brèche dans les murs d'escarpe, un grand nombre de maçons, douze coins en fer, vingt-quatre pics à roc. Ce matériel, transporté sur vingt charrettes, fut complété par cinq cents pots dits grenades, six cents paniers, six cents planches, cinquante seaux en bois, mille deux cents sacs à terre en toile, trois cents brasses de cordes et cinq mille clous. Tous ces objets devaient servir à exécuter les tranchées du siège et les mines, à l'exception des grenades destinées à chasser le défenseur des ouvrages dont l'assiégeant voulait s'emparer. Quoiqu'ils eussent été demandés le 14 août, ces divers objets n'étaient pas encore parvenus à destination le 21 et ils furent, à cette date, réclamés de nouveau par Gramont.

Le travail des mines resta interrompu par la présence de l'eau, et, malgré l'envoi de dix aunes de toile cirée très large destinée à isoler de l'humidité les boîtes de poudre, il est à présumer que le mode d'attaque par la mine présenta beaucoup de difficultés. Cet obstacle imprévu vint favoriser la résistance de la garnison espagnole et amena du relâchement parmi les assiégeants. Ce résultat était une conséquence de l'attitude de Lavalette dont la mauvaise volonté confinait presque à la trahison, car on disait à Fontarabie que le duc avait fait prévenir les troupes espagnoles, qui s'avançaient vers la ville pour la secourir, de faire un effort, sinon elle risquait d'être prise dans deux jours par l'archevêque de Bordeaux.

Quelques désertions se produisirent dans le camp français ; les poltrons allèrent se réfugier à Saint-Jean-de-Luz et à Bayonne. L'intendant Machault rendit une ordonnance enjoignant à tous les soldats de l'armée, tant cavaliers que fantassins, de quitter dans une heure la ville de Bayonne, sous peine d'être punis pour désertion devant l'ennemi. Des échevins se placèrent aux portes de la ville pour arrêter les soldats, et tinrent spécialement fermés la porte de Lachepaillet et son guichet, dont la surveillance était peu aisée. Les jurats de Saint-Jean-de-Luz renvoyèrent à l'armée cent cinquante fainéants qui s'étaient embusqués dans leur ville.

Les opérations du siège auxquelles les Espagnols opposaient une vive résistance, provoquèrent une réduction d'ef-

Installation d'un hôpital à Biarritz.

fectifs dans l'armée française, par suite de blessures ou de maladie. Les militaires atteints étaient évacués sur Bayonne, en même temps que les prisonniers. Le sieur de La Plaine, qui avait été blessé dans une sortie des Espagnols, fut recommandé par Condé aux bons soins des échevins. Les malades et blessés de l'armée étaient reçus dans un hôpital que la ville avait établi à Biarritz, sur l'ordre de Machault ; les soins leur furent donnés par deux médecins et deux chirurgiens. Comme il y régnait un grand désordre, le Conseil plaça cet hôpital sous la surveillance d'un magistrat et fit dresser une liste des soldats traités. Une grande partie du matériel de literie avait été puisée à Bayonne ; cependant, les autres villes de la région contribuèrent à meubler l'hôpital ; Mont-de-Marsan fournit pour sa part un lot de linge.

Les goujats et petits garçons que l'armée avait traînés à sa suite ayant été expulsés du camp où ils semaient le désordre, vinrent se réfugier à Bayonne ; mais le Conseil, craignant que tout ce monde, qui gisait dans les rues, n'apportât en ville quelque maladie, fit procéder à leur expulsion.

Condé prépare un dernier effort. Les échevins attendent avec impatience le résultat des dernières opérations du siège. Condé se prépare à tenter un dernier effort ; l'archevêque de Bordeaux est venu dans le camp donner du courage aux soldats. On croit, d'après une lettre du prince, que Fontarabie sera prise le 7 septembre 1638 ; on envoie, sur l'ordre de Machault, un convoi de vivres en prévision de cet événement, et l'on y joint quelques chaînes de galuppes, réclamées par Monseigneur de Bordeaux, pour servir à ses brûlots durant l'attaque finale. Les échevins, persuadés qu'il suffit d'envoyer à l'armée la quantité de vivres nécessaire pour nourrir pendant trois ou quatre jours les seize mille rationnaires de l'armée assiégeante, la font charger sur des charrettes à cage que traînent quatre-vingt-quatre paires de bœufs réquisitionnés sur les paroisses de la rive droite de l'Adour.

Cependant, les travaux de mines exécutés sous la direction de Gramont, arrivèrent à complète perfection. La mine joua une première fois, mais Lavalette, qui commandait à la tranchée, n'y voulut faire exécuter le logement (1) malgré les ordres de Condé ; il fallut que le comte de Gramont et le marquis de Gèvres le fissent faire avec l'aide de quelques hommes et officiers. Trois nouveaux fourneaux furent ensuite prêts à jouer sous le saillant du bastion de la reine ; Condé, prévoyant de nouvelles résistances, envoya Duplessis-Bezancon porter à Lavalette l'ordre de donner l'assaut ou de se loger sur la brèche, aussitôt après la détona-

(1) Petit parapet de terre sur les bords de l'entonnoir formé par la mine.

tion ; il lui fit réitérer son ordre après le jeu de la mine. Le duc vint alors trouver Condé, et cherchant à justifier son inertie par une nouvelle excuse, il invoqua l'avis de Landresse lequel, envoyé vers la brèche, ne l'aurait pas trouvée raisonnable (1), et lui annonça qu'il n'en avait rien fait. Condé protesta énergiquement, et chargea à l'instant le sieur du Bourg, commandant du Socoa, d'aller examiner la brèche. Celle-ci fut trouvée praticable et le généralissime, sortant un moment de son naturel, menaça Lavalette de lui passer son épée au travers du corps.

Le prince ordonna alors au chevalier de La Rochelle d'aller, avec ses officiers, donner l'assaut à la brèche ou d'y faire le logement. Cet officier jugea indispensable d'exécuter une partie de tranchée pour approcher du pied de la brèche et demanda à Lavalette des travailleurs et toutes les choses nécessaires à ce travail. Une nouvelle opposition du duc amena Condé à lui adresser de vifs reproches et à le rendre responsable de ce que Fontarabie n'était pas encore aux mains des Français. Cependant, lorsque le général en chef voulut confier à Sourdis et à ses troupes la tâche que Lavalette se refusait d'accomplir, celui-ci, voyant son concurrent prêt à obéir, se ravisa.

Après quelques préparatifs, il fit donner l'assaut à sept heures du matin, mais son attaque, conduite avec confusion, n'eut aucun succès et occasionna la perte de quelques soldats. Ce piteux résultat décida Condé à ne plus employer Lavalette et à faire appel au zèle de Sourdis, aidé par Gramont et La Force. *Assaut mal combiné par Lavalette.*

Mais il n'était plus temps de prendre des résolutions viriles. Pendant les hésitations de l'armée française, l'ennemi avait pris ses dispositions pour dégager Fontarabie. Il occupait le massif de la montagne de Guadeloupe, à l'extrémité de laquelle La Force était retranché. Condé comptait bien être attaqué de ce côté, pendant qu'il livrerait l'assaut à la ville ; il ordonna en conséquence à Lavalette, qui avait sous son commandement les principales troupes, de venir se substituer à La Force et de repousser, durant l'assaut, l'effort des Espagnols.

Sur le refus du duc, Condé, dans une situation si critique, se borna à exiger de son lieutenant rebelle la remise des tranchées, et le laissa se retirer dans sa redoute. Il ordonna à tous les quartiers de secourir ceux qui seraient attaqués, laissant à chaque chef le soin d'agir suivant les nécessités. *Défection du duc.*

Le 7 septembre 1638, toutes les dispositions étaient prises, *Fontarabie secourue.*

(1) Une brèche est raisonnable, quand elle permet à l'assiégeant de s'y loger.

pour tenter l'assaut, à deux heures du soir. Mais au moment
où cette opération allait être entreprise, trois corps de troupes espagnoles débouchèrent simultanément des gorges de
la Guadeloupe ; l'un commandé par le marquis de Mortarre,
le second par le marquis de Torrechèse, et le dernier, contenant un nombreux contingent de cavalerie, par l'amiral
de Castille et le marquis de Los Veles.

Ces troupes, au nombre de huit mille hommes, attaquè-
rent le quartier de La Force, placé à la chapelle de Guadeloupe ; celui de Condé fut également assailli, sans qu'il lui
vint aucun secours de Lavalette, de Saint-Simon et de Gramont. Un combat important de cavalerie se livra autour des
deux redoutes ouvertes qui protégeaient La Force ; Condé,
Sourdis, La Force, Duplessis-Bezancon firent tous leurs
efforts pour résister aux ennemis. Le prince et Sourdis
essayèrent en vain de maintenir les troupes au combat ; les
chevau-légers d'Epernon et une partie de la cavalerie prirent
la fuite, et ne purent être ramenés qu'une seule fois sur
l'ennemi, par Condé et par Sourdis qui eut un cheval tué
sous lui. Les cavaliers, les rênes au vent, vinrent même
passer au travers d'un bataillon français qui s'était maintenu
réuni.

Lavalette, qui disposait de neuf régiments et de treize
cornettes de cavalerie, s'était renfermé dans son quartier,
et quoiqu'il n'eût pas été attaqué, il ne porta aucun aide à
Condé. Ce prince eut beau lui réclamer des secours, ou lui
demander d'occuper le quartier de Gramont, afin de rendre
les troupes de ce dernier disponibles, il ne put rien en
obtenir.

Retraite de
Condé. Après avoir perdu la moitié des régiments de la Meille-
raye et de la Garonne et la plupart des officiers de ces régiments, Condé, voyant la victoire lui échapper, voulut rejoindre, par Hendaye et Béhobie, les troupes de Saint-Simon
restées intactes à Irun. La marée l'en empêcha et, le lendemain, quand il arriva à Béhobie, la retraite était complète.
Sourdis s'était, en même temps, retiré à bord de son navire.

La retraite fut protégée par la compagnie des mousquetaires de l'amiral et ce qui restait du régiment de la Meille-
raye. Ces braves gens défirent, en se retirant, quatre cents
Espagnols, qui attendaient l'issue de l'attaque du quartier de
Guadeloupe, pour entrer en ville. Lavalette et Saint-Simon
s'étaient bornés à défiler de leurs quartiers en suivant le
mouvement des fuyards des autres camps, et en abandonnant à l'ennemi l'artillerie, les munitions et même l'argenterie de Condé. Gramont n'avait pas montré plus de vail-
lance ; après s'être renfermé dans son quartier où l'ennemi
l'avait laissé en repos, il avait défilé, sans même défendre

une redoute occupée par lui et achevée depuis trois jours.

La défaite ne rendit pas Lavalette plus docile. Lorsque Condé le rencontra à Béhobie et lui ordonna d'employer les chevaux et les bœufs dont il disposait à sauver les trois canons en batterie et les munitions mises en dépôt sur la rive française de la Bidassoa, le duc refusa d'y employer ses hommes, alléguant que le roi ne les payait pas. Le capitaine français du château du Figuier suivit l'exemple général ; il abandonna son fort, sans aucune sommation, oubliant même d'enclouer les canons et de brûler les affûts. Sourdis avait fait remonter tout son monde dans les navires stationnés à l'embouchure de la rivière et se tint prêt à tenter un coup sur la côte espagnole afin de détourner l'ennemi d'envahir le Labourd. Il donna même l'avis à Condé et au cardinal, de faire à Hendaye une forteresse qui équivaudrait à la possession de Fontarabie, car cet ouvrage commanderait la rade et serait soutenu en arrière par les forts du Socoa, des Peyrières et du Bordegaing.

La brèche que Lavalette avait jugé insuffisante pour un assaut fut assez large pour le passage de l'amiral de Castille et de nombreux cavaliers, lorsqu'ils entrèrent à Fontarabie.

Les habitants de cette ville établirent, en commémoration de leur délivrance, une procession annuelle, qui a encore lieu, le 7 septembre, dans les rues de la ville.

Procession commémorative de la levée du siège.

Condé, rendant compte des événements, le 11 septembre, au secrétaire d'État de la guerre, déplora son malheur, décrivit tous ses efforts et rappela l'abandon dans lequel tout le monde l'avait laissé ; il imputa la défaite à la jalousie existant entre Lavalette et Sourdis. Le duc, qui voulait se garantir contre la colère du cardinal, lui écrivit, le 18 septembre, et se plaignit de ceux qui s'efforçaient de le déshonorer par toutes sortes d'artifices et de suppositions ; il protesta de son innocence et se déclara prêt à comparaître devant le roi, dès qu'il serait appelé. Le cardinal ne se borna pas à adresser des consolations à Condé ; il se prépara à châtier Lavalette et demanda au prince un rapport sur les agissements du traître.

Un billet adressé du camp aux échevins leur fit connaître que les affaires n'étaient pas en très mauvais état, qu'il y avait eu peu de morts et que les généraux cherchaient à rallier l'armée ; il contenait en outre l'ordre d'envoyer à l'armée tous les soldats valides et d'y renvoyer tous ceux qui s'en étaient échappés. Au lieu du bullettin de victoire qu'ils attendaient, les échevins furent ainsi instruits de l'insuccès des armes françaises ; ils eurent en même temps connaissance des bruits qui couraient au sujet d'une trahison et ils apprirent qu'une enquête allait être faite pour en découvrir les auteurs.

Evacuation des blessés sur Peyrehorade.

La déroute ne fut pas complète, puisque le camp resta pendant un mois encore. Les malades et les blessés furent d'abord évacués de Saint-Jean-de-Luz sur Bayonne où on les recueillit dans l'hôpital militaire de Saint-Esprit à défaut de celui de Biarritz qui venait d'être supprimé. Cependant, les échevins, redoutant que ces soldats n'apportassent en ville quelque contagion, s'efforcèrent de persuader à l'intendant Machault de les évacuer, par mer, sur Bordeaux. Ils les établirent, en attendant sa décision, dans la maison de Blancpignon à Hausquette, les firent nourrir et soigner, et leur envoyèrent deux religieux pour assister les mourants. Enfin, le 23 septembre, l'ordre de diriger les malades militaires sur Peyrehorade enleva à la ville tout souci de contagion.

Le Conseil fut encore tenu de transporter à Saint-Jean-de-Luz et à Fontarabie le pain nécessaire à l'armée ; les chariots du convoi rapportèrent les provisions de poudre, de mèche et de plomb qui n'étaient pas tombées entre les mains de l'ennemi. Ces munitions furent renfermées dans les magasins de la ville, après avoir été pesées ; les caissons et chariots de l'armée furent remisés dans un chai de Saint-Esprit.

Destitution d'Epernon et fuite de Lavalette.

Condé, Epernon et Gramont quittèrent le camp devant Fontarabie dans le milieu d'octobre. Epernon fut aussitôt dépouillé de son gouvernement de Guyenne, qui fut donné à Condé ; Gramont avait envoyé un de ses officiers au roi pour présenter la justification de ses actes ; il ne fut pas disgracié. Quant à Lavalette, il n'osa répondre à l'appel du roi et s'évada en Angleterre. Louis XIII présida à Saint-Germain les séances du Conseil d'Etat, appelé à juger le duc. Celui-ci fut condamné à mort ; le jugement décréta la prise de corps contre Landresse, Lessard et Pressac, pour avoir prétendu que la brèche n'était pas raisonnable ; Lessard s'était réfugié en Italie.

Les troupes gagnèrent leurs quartiers d'hiver ; au moment du départ des généraux, quelques compagnies furent logées dans les faubourgs de Bayonne ; celui de Saint-Pierre-d'Irube reçut une compagnie de dragons qui traînait à sa suite une troupe de valets et de goujats. Ceux-ci, profitant de la saison des fruits, s'empressèrent de piller les vignes et héritages voisins et ne mirent un terme à leurs déprédations que sur un ordre formel de l'intendant.

Condé prescrit de fortifier la frontière.

Le prince de Condé avait quitté le Labourd le 22 octobre 1638 pour regagner Bordeaux. Il avait ordonné à Gramont, avant son départ, d'élever certaines fortifications à la frontière. Le gouverneur adressa à la ville une demande d'outils (deux cents pioches, deux cents pelles et deux cents paniers).

Le magasin de Bayonne avait été entièrement vidé par le siège de Fontarabie et aucun matériel n'était rentré de cette opération malheureuse. Il en était de même des armes prêtées à Dandoings. Toutefois, voulant donner satisfaction à Gramont, le Conseil commanda des outils pour une somme de 300 livres (15 octobre 1638).

L'assemblée des sénéchaussées de Guyenne fut convoquée, le 7 novembre 1638, à Agen, par le prince de Condé, en sa qualité de gouverneur de Guyenne, afin de pourvoir à l'établissement des troupes et à leur subsistance dans le pays durant l'hiver. Le prince réunit ensuite à Bordeaux le 16 novembre, les députés des principales villes de la province et leur fit connaître que le chiffre total de la dépense d'entretien et de la subsistance, durant le présent quartier d'hiver, de l'armée placée sous son commandement, était de 1.187.500 livres. Il donna la répartition de cette somme entre les villes, et ajouta que, moyennant ce sacrifice, l'armée serait en état de reprendre une nouvelle campagne selon le désir du roi.

La ville de Bayonne fut tenue de verser, pour sa part, 9.000 livres et décida de lever cette somme sur les vins. Et cependant, elle attendait toujours que le roi voulût bien lui faire rembourser la dépense des travaux et de l'entretien des soldats, qu'elle avait avancée depuis l'entrée des Espagnols dans le Bordegaing, et qui s'élevait, le 28 novembre 1638, à 39.468 livres. Mais le Conseil n'osait pas trop faire de réclamations, car il avait échappé, grâce à l'appui de Condé, à une taxe de 60.000 livres que le roi lui avait imposée par emprunt ; M. Foullé, intendant de la justice, était venu exiger le paiement de cette somme, puis il avait consenti à temporiser, faisant cas des bonnes dispositions du prince en faveur de la ville.

Bayonne taxé pour 9.000 livres.

Les fortifications ordonnées par Condé à la frontière et le maintien de l'armée en Guyenne furent justifiés par des préparatifs qui se firent en Espagne. Dubourg, commandant du Socoa, apprit, par des prisonniers, que les ennemis armaient de nouveau, afin de tenter une opération sur la frontière ; des embauchages de marins pour le compte de l'Espagne furent signalés en même temps par d'Aroue, du fort de Castille (28 janvier 1639). Les deux officiers firent connaître qu'ils étaient prêts à se défendre, mais ils demandèrent un envoi de vivres. Cet avis est renouvelé le 4 février. Gramont, aussitôt averti, se rend à Saint-Jean-de-Luz et prend quelques dispositions. Il fait réunir des galuppes à Bayonne, afin de transporter rapidement des troupes où le besoin se fera sentir.

Nouveaux armements espagnols.

L'évêque d'Aire transmit une ordonnance relative à la réunion des milices de Guyenne ; il avisa la ville de tenir prêts les gens de guerre auxquels elle avait été taxée pour le service du roi, cette année, dans l'armée de Guyenne, que Condé était appelé à commander. Mais, à cause des charges qui pesaient sur la ville, les échevins comptèrent que l'évêque consentirait à la dispenser, comme l'année précédente, de fournir des miliciens et des prisonniers. D'ailleurs, le danger ne parut pas pressant, car le prince n'avait pas quitté Paris (1er mars) et il ne devait arriver à Bordeaux qu'à la fin d'avril. L'archevêque de cette ville, qui avait déjà coopéré au siège de Fontarabie, fut nommé lieutenant des armées royales en Guyenne.

Précautions défensives. Malgré la présence à Saint-Esprit des dix premières compagnies du régiment de Béarn, il est nécessaire d'assurer la garde de la ville à l'aide de la milice urbaine. Or, d'Artagnan trouve que le service de garde est très mal exécuté ; la chose, déjà mauvaise durant la paix, est dangereuse en temps de guerre. Les échevins, sensibles à la plainte du lieutenant, font appeler les capitaines des escouades et leur adressent de vifs reproches ; ils organisent des patrouilles durant la nuit sous la conduite de l'un d'entre eux, visitent les habitants et les armes, recommandent d'amasser des vivres et font distribuer des munitions, à charge de restitution ou de paiement. Ils garnissent le magasin de guerre de quelques outils indispensables (deux cent cinquante pelles en fer, deux cent trente pelles de breton, deux cents pelles de Béarn ferrées, deux cent cinquante foussoirs, deux cents pics, vingt-huit marteaux de maçon, quatre cent douze hottes et cent dix bayards), et se trouve dès lors en mesure d'exécuter quelques ouvrages de défense.

Les canons et leurs affûts furent remis en état ; la fortification reçut diverses améliorations. Les deux extrémités de la chaîne amont de la Nive furent protégées par des palissades entourant les tours de Sault et des Menons, et furent prolongées, le long du quai de la rive droite, jusqu'au bout du pont Pannecau. On restaura les embrasures de la tour de Sault et on fit un corps de garde hors la porte Saint-Léon ; on commença, en outre, un mur de fortification crénelé au-dessus du quai, voisin de la porte Saint-Esprit et contigu aux chaînes. Les travaux du faubourg Saint-Esprit rentraient dans les attributions de Gramont, qui n'eut garde de les négliger. Au moment de s'absenter, le gouverneur chargea le Conseil de faire achever la redoute commencée au-dessus du port de ce faubourg, sur le bord de l'Adour, et il lui recommanda d'y placer une batterie de canon, afin d'arrêter les progrès de l'ennemi arrivant par la rivière. L'architecte

Millet évalua à 300 livres la dépense restant à faire pour finir cet ouvrage, non compris le travail des manœuvres et corvées qui fut fourni par les circonvoisins ; le Conseil consentit à avancer cette faible somme, et prit la direction des travaux.

Les échevins eurent aussi grand soin d'arrêter les espions et d'empêcher certains Français d'offrir leurs services à l'Espagne. Ils recherchèrent en vain l'un de ces derniers, marchand à Ciboure, signalé par M. d'Aroue, comme s'étant enrôlé dans la marine espagnole, dans les maisons de Bayonne où on le croyait caché ; ils réussirent à découvrir un Ecossais soupçonné d'espionnage, l'arrêtèrent et le livrèrent au sénéchal.

Jean de Lamarque, habitant de Bayonne, fut assez dénaturé pour oser trahir sa patrie. Cet homme se rendait fréquemment à Fontarabie, sous prétexte de visiter un habitant d'Hendaye, Jean de Galborète, détenu par les ennemis. Il avait déjà eu plusieurs conférences secrètes avec Traversero, Gabriel d'Abadie, notaire à Fontarabie et quelques autres Espagnols, lorsqu'une lettre que lui adressait Galborète fut saisie ; elle lui donnait un rendez-vous auprès du gouverneur de Fontarabie. Lamarque, arrêté et interrogé par les échevins, avoua ses relations avec l'ennemi ; il leur apprit même que l'Espagne, craignant une nouvelle incursion des Français et voulant se tenir sur ses gardes, avait fait arriver à Tolosette, près de Saint-Sébastien, neuf régiments napo'itains et quatre mille chevaux. Le Bayonnais, convaincu d'espionnage, fut condamné, le 22 février 1639, par le tribunal du sénéchal, à être pendu et étranglé ; son exécution eut lieu le même jour, puis sa tête fut exposée au haut de la porte Saint-Léon. Le roi écrivit aux échevins, le 14 mars, loua leur zèle pour son service et assura qu'il saurait le reconnaître à l'occasion.

Exécution d'un espion bayonnais.

Le cardinal n'avait pas encore pris, à la date du 5 mai 1639, de décision au sujet des opérations à tenter sur la frontière espagnole, et hésitait à attaquer de nouveau Fontarabie. Le rendez-vous de la flotte française avait été fixé au 16 mai, mais cette date était trop avancée, car il fallait assembler les troupes de Languedoc qui n'étaient pas encore prêtes. Le marquis de Sourdis, frère de l'archevêque, et commandant les troupes de la frontière, se chargea de conduire des soldats devant les remparts de Fontarabie, pendant que la flotte de son frère devait s'emparer du château du Figuier ; il donna le Conseil de prendre Passage afin de fournir un abri aux vaisseaux qui, passé le mois d'août, ne pourraient tenir dans la rade de la Bidassoa. Il demanda au roi de lui envoyer M. de Biscarrat dès que le siège serait décidé, pour surveiller les travaux de la circonvallation et des trois atta-

Hésitations du cardinal sur la suite des opérations.

ques indispensables, car les régiments étaient dépourvus de mestres de camp et ne comptaient que de jeunes officiers, n'ayant jamais vu la guerre.

Les Espagnols
fortifient
la frontière.

Louis XIII opta définitivement pour la conquête du Roussillon ; il ordonna au marquis de Sourdis de se rendre avec Condé en Languedoc, où les préparatifs de la campagne étaient très peu avancés, et d'amener avec eux les pionniers, la milice et l'équipage d'artillerie de l'armée de Guyenne (25 mai). Le prince ne conserva, dans cette dernière province, que les cinq régiments d'infanterie : Navailles, Béarn, Poitou, Saintonge et Rabat, ainsi que les compagnies de cavalerie : gendarmes de Sainte-Croix, chevau-légers de Saint-Simon, d'Orgern et de Marin, mousquetaires à cheval de Saint-Simon.

Les Espagnols, qui avaient engagé de nouvelles opérations en Italie et avaient entrepris de bloquer dans les Flandres la place de Cateau-Cambrésis, dans laquelle s'était jeté le comte de Guiche, se soucièrent aussi peu que les Français de passer la Bidassoa. Ils se bornèrent à construire deux forts afin de protéger Fontarabie contre les attaques venant de la montagne de Guadaloupe ; ces ouvrages occupèrent la place sur laquelle Condé et Gramont avaient établi leurs quartiers pendant le siège précédent. L'intervalle qui séparait les deux forts fut garni, du côté de la montagne par une demi-lune et quelques autres ouvrages extérieurs.

Les ennemis se préoccupèrent, en outre, de défendre Saint-Sébastien, et fortifièrent la crête de rochers comprise entre cette place et Fontarabie ; ils s'assurèrent la possession de l'embouchure de la rivière Urumea et de la plage voisine en construisant la batterie Saint-Elme armée de six pièces de canon. Depuis le départ de l'armée française, ils avaient repris leur projet de menacer le Labourd, et leurs agissements démontrèrent qu'ils jugeaient le moment favorable à la réalisation de leur dessein. Un ingénieur flamand du nom de Marc Antoine fit, clandestinement, pour le compte de l'Espagne, une reconnaissance de la place de Bayonne ; il proposa d'assaillir cette ville par les voies de terre et de mer, en s'emparant de Saint-Esprit. Les Espagnols se ménagèrent des intelligences dans la cité, par l'entremise de deux Basques espagnols ; ceux-ci se rendaient de Fontarabie à Bayonne deux fois par semaine, et s'abouchaient avec deux Bayonnais d'un patriotisme douteux, puisqu'ils avaient été liés jadis avec un espion condamné au supplice de la roue.

Bayonne
menacé par terre
et par mer.

Les ennemis tenaient prêtes dans le port de Bilbao trois cents chalupes propres à former des ponts, avec lesquelles ils se proposaient de rétablir les communications à travers l'Adour et la Nive, dans le cas où les Français auraient coupé les ponts sur ces rivières.

Le marquis de Mortarre arriva, le 24 juin 1639, à Irun avec mille cinq cents hommes de pied et trois cents chevaux ; son infanterie comprenait neuf compagnies du comte-duc et deux compagnies de gens du pays. Le marquis de Torrechèse se rapprocha de Saint-Sébastien avec neuf compagnies du comte-duc et deux compagnies de napolitains. Ces deux généraux avaient ordre de se jeter, l'un dans Fontarabie, l'autre à Saint-Sébastien, dans le cas où l'une ou l'autre de ces villes serait attaquée. L'ennemi limitait ainsi son action à la défense de sa frontière, ayant été obligé de renoncer à l'offensive à cause des disputes survenues entre soldats irlandais et castillans et à la suite de nombreuses désertions survenues parmi ses troupes napolitaines : il prit même la précaution d'éloigner de la frontière les soldats étrangers.

Du côté de la France, le marquis de Sourdis, sans vouloir croire à une attaque de l'ennemi, avait cependant réparti ses régiments dans les forts de la frontière. Le régiment de Béarn avait été partagé par moitié entre le fort de Castille au Bordegaing et ceux de Saint-Esprit à Bayonne ; quatre compagnies de Navailles s'étaient établies au Socoa, pendant que le reste du régiment restait en réserve. Il conservait ceux de Poitou et de Saintonge, au bord de la mer, afin de les embarquer au premier signal sur la flotte de son frère. Mais l'archevêque-amiral avait cinglé droit sur la Corogne, où il avait paru le 9 juin ; les vaisseaux espagnols, craignant de se mesurer avec la flotte française, allèrent se mettre sous la protection des forts de ce port. Monseigneur de Sourdis remonta alors à hauteur de Bayonne et obligea les chefs espagnols à exécuter des mouvements de troupe pour couvrir les ports menacés.

Pendant que la flotte se tenait aux environs de la Corogne, le marquis de Sourdis arriva à Bayonne avec d'autres généraux et une suite nombreuse de seigneurs ; le logement de tous ces officiers avait été préparé, à l'avance, par un fourrier assisté de deux échevins. Le corps de ville prit leur avis sur la situation imposée à Bayonne par la présence, au large du havre de l'Adour, de pataches et de chaloupes espagnoles. Ces navires capturaient chaque jour les navires, bateaux et barques entrant ou sortant du havre, de sorte que la ville voyait son négoce arrêté et se trouvait comme bloquée du côté de la mer. Les généraux se rangèrent à l'avis de Gramont, qui proposa d'armer des navires et de donner la chasse à l'ennemi.

Le sieur de la Tour, commissaire ordinaire de l'artillerie, se présenta, par ordre du grand-maître afin de recevoir et

de remiser en magasin toutes les munitions d'artillerie adressées à Bayonne pour servir à former l'équipage de l'artillerie
dans l'armée de Guyenne (31 mai). Il se fit aussi délivrer,
sur un ordre de Condé, les boulets, la poudre, la mèche et
le plomb, laissés précédemment par le prince à la garde du
Conseil ; cette livraison permit de débarrasser le collège.

Le train d'artillerie arriva le 7 juin ; Gramont donna l'ordre
aux échevins de loger les officiers de ce corps à Bourgneuf,
et les deux cents chevaux à Mousserolles, dans les chais
qu'ils avaient occupés l'année précédente. Certains habitants de ce faubourg firent des difficultés pour recevoir les
chevaux et ne se soumirent que sous menace de peines. Plus
accommodants envers le sieur Rouau, représentant du traitant Roze, fournisseur des blés de l'armée qui devait opérer
en Espagne, ils consentirent à lui allouer leurs chais
(11 avril).

Les mouvements de troupes et de matériel ne s'interrom-
pirent pas. Quatre compagnies du régiment de Navailles
furent reçues, à Cames, dans des galupes bayonnaises et
transportées en ville, d'où elles gagnèrent le camp d'Ustaritz
(8 juin). Le marquis de Sourdis fit prendre à Bayonne et
transporter au fort Socoa des munitions d'artillerie par
vingt-quatre charrettes à bœufs des paroisses de Seignans,
Tarnos et Ondres, et il envoya par eau à Mont-de-Marsan,
cinq pièces de canon coulées de fer, que le sieur Coudureau
commandant l'équipage d'artillerie de l'armée était venu
choisir parmi celles qui garnissaient les remparts.

Soldats espagnols dirigés vers le Roussillon. Tous ces déplacements n'étaient dictés par aucun plan
d'attaque ; Sourdis, en les faisant exécuter, savait que les
Espagnols n'opéraient des mouvements de troupes que pour
masquer leur véritable objectif et diriger furtivement leurs
soldats vers le Roussillon : il se borna donc à suivre leur
exemple. Il aurait cependant voulu tenter quelque opération
contre l'ennemi, mais il en fut empêché par le peu de troupes dont il disposait, la difficulté des passages, l'intelligence
des habitants de la frontière avec les ennemis qui étaient
renseignés par eux sur tout ce qui se passait en France, et
enfin la jalousie de Gramont, dont l'ambition se bornait à
garder la frontière.

Ces deux officiers étaient pourvus du grade de lieutenant-
général de l'armée en Guyenne, et aucun des deux ne voulait
être subordonné à l'autre. Cependant, Gramont, afin de
n'être pas accusé de mettre obstacle aux opérations militaires conçues par Sourdis, envoya, le 15 juillet 1639, Landresse et le baron d'Orthe, au camp d'Ustaritz, afin de proposer à son collègue de prendre alternativement le commandement des troupes. Le marquis refusa de partager un pou-

voir qu'il prétendait avoir reçu en entier, mais il déclara ne vouloir entreprendre aucune opération avant que le roi ait statué sur leur différend. Gramont, dont cette réponse ménageait l'amour-propre, offrit son concours, en attendant la décision royale.

La flotte française ne put se maintenir dans le golfe de Gascogne, à cause des vents qui la chassèrent vers le Nord, et elle fut rejetée vers Belle-Isle. Il fallut dès lors renoncer à toute tentative sur Saint-Sébastien et les côtes de Biscaye, et se mettre en défense sur la frontière contre les attaques possibles.

Sourdis et Gramont parcoururent la vallée du Bastan et estimèrent qu'il n'y avait aucun parti à tirer du château de Maya. Le marquis reconnut que le fort de Socoa n'avait d'autre utilité que de garder le petit port voisin, et qu'il aurait été préférable de le raser, si le port n'eût pas existé. Toutefois, pour se conformer aux ordres du cardinal, il se disposa à le munir de bons remparts et de parapets en terre bien gazonnés, et il donna mille écus pour payer les travaux déjà commencés à ce fort. Il insista, en outre, auprès de Richelieu, afin que le chiffre de sa garnison soit arrêté et que le mode de subsistance de cette troupe soit réglé par une ordonnance.

Sourdis inspecte la frontière.

Le fort de Castille, placé sur le Bordegaing, fut aussi l'objet d'un examen minutieux de la part de Sourdis. Son inspection fut faite avec d'autant plus d'attention que le cardinal avait manifesté le désir d'améliorer cet ouvrage, tandis que Dubourg avait déjà en main l'ordre de le démolir. Le marquis le jugea mal situé, n'interdisant aucun passage, pas même l'accès de Saint-Jean-de-Luz et de Ciboure. Il le trouva fort grand, dépourvu d'eau ; il jugea impossible l'exécution d'un travail destiné à couvrir sa porte, car celle-ci débouchait dans un côté excessivement étroit. Aussi, Sourdis fut-il d'avis, avec Gramont et beaucoup d'autres officiers, de construire, au saut de Ciboure, un fort à quatre bastions, et puis d'abattre le fort de Castille, n'estimant pas que la protection du village de Ciboure justifiât l'existence de deux forts.

Les travaux de défense de la frontière furent exécutés avec une somme de cinquante mille livres que Richelieu avait fait avancer à Monseigneur de Sourdis. Toutefois, la moitié de ce subside ayant été déjà dépensée aux préparatifs du siège de Fontarabie, il ne resta plus que l'autre moitié disponible pour les travaux.

Les troupes espagnoles, qui avaient été envoyées défendre le Roussillon, voyant Salces perdu, revinrent à Pampelune. On compta bientôt dans cette ville (21 juillet 1639), un corps

Menace de l'ennemi rassemblé à Pampelune.

comprenant quatre mille cinq cents hommes de pied et sept cents chevaliers. L'amiral de Castille forma le projet de se réunir au marquis de los Veles, au marquis de Mortarre, et à d'autres chefs, afin de passer la frontière. A cet effet, Mortarre fit assembler les jeunes miliciens de Navarre et de Biscaye, et les organisa en les encadrant avec de vieux soldats. Gramont, craignant une irruption du côté de Saint-Jean-Pied-de-Port, demanda au cardinal un secours pour cette place.

Le soin de l'organisation de la défense sur la frontière ne détournait pas Sourdis des améliorations réclamées par les fortifications de Bayonne. Ce général désirait, selon le vœu d'Errard, supprimer les portes Saint-Léon et Lachepaillet, et les remplacer par une seule entrée ; il projetait aussi de faire en ville des quais le long des deux rives de la Nive, depuis les chaînes du Saint-Esprit jusqu'à celles de Sault, afin de rendre tout débarquement difficile, mais il demandait la participation des riverains à ce dernier travail. Son projet, devant entraîner de grandes dépenses, ne pouvait se faire à ce moment ; néanmoins, dans la suite, la ville adopta l'idée de faire participer les riverains, lorsque la construction de certains quais fut jugée opportune.

L'abandon de ce grand projet ne fit pas délaisser l'exécution de la palissade déjà commencée près de la tour des Menons ; les échevins reconnurent aussi la nécessité d'appliquer ce mode de défense à la partie de fortification comprise entre le Château-Vieux et la tour du Nard, afin de la mettre à l'abri de toute surprise (1er juillet 1639). Ils attendaient cependant qu'une nouvelle menace des Espagnols se fût produite (27 janvier 1640), avant de mettre la main à ce travail ; le lieutenant d'Artagnan, accompagné de l'architecte Millet, fit le tour de l'enceinte et approuva la palissade le long de la courtine aboutissant à la tour du Nard. Avec l'autorisation de Gramont, on construisit cette palissade avec les bois de celle qui restait inutilisée à Saint-Esprit. D'Artagnan trouva encore qu'il fallait terminer les fortifications de Tarride (ouvrage à corne devant le Château-Vieux), les renforcer d'une palissade, et parachever, au moyen de fascines et de gazons, certaines parties de la redoute couvrant le port Saint-Esprit.

Le Conseil fit remettre en état les trois portes Saint-Esprit, Mousserolles, Lachepaillet et réparer le chemin compris entre les deux ponts de la porte Saint-Léon. Reconnaissant l'impossibilité d'empêcher le pillage des bois et des planches composant les galeries établies sur le rempart entre Saint-Léon et la tour de Sault, les échevins se décident à démolir celles-ci et à conserver leurs débris dans le magasin. L'un de ces magistrats s'occupe particulièrement de faire accommoder la demi-lune, fort endommagée, qui se trouve devant le milieu du front bordant l'Adour, entre les portes Saint-Esprit et Mousserolles, de garnir d'une palissade le fossé de ce front, et d'établir une banquette en terre contre son mur de courtine ; un autre fait exécuter un mur à la gorge de la demi-lune de l'ouvrage à cornes Saint-Léon, afin de soutenir les terres.

Le 10 avril arriva un avis plus pressant annonçant que l'Espagne armait puissamment sur la frontière dans le but d'attaquer Bayonne. Cette nouvelle menace, qui ne devait pas être plus suivie d'effet que les précédentes, fit prendre les précautions habituelles ; on ordonna aux habitants de se munir d'armes et de munitions, et on leur distribua quatre barils de poudre sous condition de paiement. Les travaux commencés aux fortifications furent plus activement menés ; une manœuvre, commandée par quartier, se disposa à garnir de terre l'intérieur d'un ouvrage bas, en forme de bastion, qui avait été ébauché derrière les Cordeliers durant l'envahissement du Labourd par les Espagnols. Ce bastion occupait la place du bastion royal édifié plus tard par Vauban ; c'est celui qui est attenant à l'arsenal d'artillerie côtoyant la berge droite de la Nive. Les échevins, craignant ensuite que la gratuité de la manœuvre ne portât du retard à l'exécution de l'ouvrage, décidèrent que les habitants se cotiseraient afin de pouvoir le mettre en adjudication. *Nouvelle menace des Espagnols.*

Louis XIII, que ses nombreuses guerres avaient entraîné à créer de nouvelles ressources, avait donné l'ordre (juillet 1630), d'établir en Labourd l'impôt sur le sel, communément appelé gabelle. Les habitants du pays ayant supplié le roi de renoncer à son établissement, cette question sommeilla, par suite de l'irruption des Espagnols, jusqu'en 1639 ; à cette date, Gramont voulut organiser la perception de cet impôt, et fut également supplié d'y renoncer (24 janvier 1639). Les échevins eurent recours au comte de Guiche pour se rendre Gramont favorable. Leurs relations avec le gouverneur s'étaient bien améliorées, à la suite d'un accord intervenu entre eux au sujet du partage de la terre de Seudan ; ce vaste territoire, qui confinait aux territoires de la ville de Bayonne et des communautés de Guiche, de Bardos et d'Urt, dépendant de Gramont, était convoité par les propriétaires limitrophes. L'acte de partage du 11 avril vint mettre un terme à leurs compétitions. *Institution de la gabelle.*

En même temps qu'il tentait de décider la ville à accepter la gabelle, Gramont l'exhorta à se soumettre aussi à la **volonté du roi**, en acceptant un sergent-major. Mais le **Conseil** se proposait de résister à ces deux innovations ; il se concerta avec les villes de Saint-Sever, Tartas et Dax afin de trouver un expédient pour s'opposer à la gabelle (3 juin 1639). Le prince de Condé, arrivé à Bordeaux, fut salué par les échevins et prié de donner son avis ; il leur indiqua que la ville pourrait se libérer de la gabelle en faisant au roi un présent d'une importance suffisante (16 juin).

La question fut aussitôt examinée par une assemblée générale, qu'il était d'usage de réunir pour ces graves affaires et qui comprenait les patrons et claviers des métiers unis au corps des magistrats, aux bourgeois et aux marchands. L'assemblée ne put se décider à suivre le conseil de Condé. Cependant, le roi ayant fait de nouvelles instances, la ville fut obligée d'envoyer des députés à la cour pour soutenir ses prétentions et de les faire appuyer par quelques puissants seigneurs (2 mars 1641). Le cardinal, restant inébranlable, envoya à Bayonne un vaisseau de guerre, chargé de lever la nouvelle imposition. Gramont obtint le rappel de ce navire ; il se prévalut ensuite de cette faveur auprès des échevins et leur demanda en récompense de consentir à le laisser rentrer en possession de la mairie (30 août). Le Conseil se tira de cette embûche par des excuses, se retranchant derrière l'opposition générale des habitants et la volonté du roi qui avait supprimé la charge de maire.

Du moment que Gramont n'eut plus aucun intérêt à appuyer la résistance du Conseil, il fit exécuter les ordres du roi. La levée de l'impôt de la gabelle occasionna, la première fois, une émotion populaire à Bayonne (16 septembre 1642). Le Conseil, battu sur ce point, devait tenter d'obtenir une compensation en demandant l'octroi de la coutume. Les députés, qui défendaient près du roi les intérêts de la ville, avaient été invités par les échevins à faire renouveler l'octroi de la ferme de la coutume et confirmer le privilège des marchands bayonnais (16 septembre 1641). L'appui de Gramont était nécessaire au succès de cette démarche ; pour l'intéresser, la ville offrit de lui abandonner deux mille livres par an sur le produit de la coutume pendant tout le temps qu'elle en jouirait, s'il parvenait à la faire mettre en possession de la moitié de ce droit.

Le Conseil demandait, en outre, au gouverneur de renoncer à toute autre prétention sur la moitié de la coutume pour ses droits personnels, promettant de s'engager à remettre en état les ponts et les chaînes qu'une nouvelle inondation de la Nive venait de ruiner (4 mars 1643).

Inondation de la Nive.

Le désastre se produisit au commencement de février ; les deux ponts Pannecau et Mayou furent presque détruits. On décida d'employer tous les fonds détenus par le trésorier

de la ville, à réparer provisoirement le pont Pannecau et à
rétablir les estacades de la Nive avec de gros mâts enchaî-
nés ; on prit soin de placer, près des chaînes, des galupes
couvertes, montées par des corps de garde, afin de s'opposer
au passage des vaisseaux ennemis et d'éviter toute surprise.
Mais le Conseil se réservait de demander au roi des fonds
pour faire la réparation complète des dégâts ; Gramont,
consulté, fut d'avis que le roi ne pourrait fournir des fonds
de l'épargne, et qu'il était préférable de lui demander, pour
quelques années, la moitié de la coutume.

Une requête fut adressée à la cour, selon le conseil du
gouverneur ; le clerc d'Etcheverry, qui avait été député à
Paris, rapporta, le 24 avril, un projet d'arrêt concédant, pour
douze ans, la coutume à la ville sous condition de réparer
les ponts et chaînes, de faire le bastion commencé en avant
de la tour Saint-Esprit, et enfin de construire des quais
surmontés de parapets défensifs sur les deux rives de la
Nive. Ceux-ci devaient régner, sur la rive droite, depuis la
tour des Menons jusqu'au Saint-Esprit, et sur la rive gauche, du port de Sault au Piémont.

Avant de répondre au roi, le Conseil de ville voulut faire
évaluer ces importants travaux afin de mettre Louis XIII
à même de juger de la charge qu'il voulait imposer à
Bayonne. Il est à présumer que l'entente ne tarda pas à
s'établir, car les échevins passèrent, le 29 avril 1643, un
contrat devant Mᵉ Haran, notaire, avec Jean de Marassin
et David de Lanusse, maîtres maçons, pour la construction
du bastion du roi, derrière la tour Saint-Esprit. Les remparts de cet ouvrage devaient être fondés sur pilotis, et
payés à 28 livres tournois la toise (queue royale) de muraille.
La décision définitive du roi, octroyant à la ville la moitié de
la grande coutume, devait être donnée cinq mois après la
mort de Louis XIII (20 novembre 1643) ; pour faire droit à
certaines plaintes du Corps de ville, la concession fut portée
de 12 à 15 ans, et courut à partir du 1ᵉʳ janvier suivant.

Parmi les dépenses imposées à la ville, figuraient les frais
d'entretien des troupes, mis à la charge de tout le royaume,
durant les quartiers d'hiver. La part de Bayonne dans ces
frais ne fut pas modifiée, et resta de 9.000 livres, tant que
l'armée fut maintenue. La ville continua à se procurer cette
somme en prélevant deux livres sur chaque barrique de vin
entrant en ville ou à Saint-Esprit ; mais elle dut ajouter à
ce droit insuffisant une taxe de 1 sol sur chaque livre de
viande (la livre de 40 onces), de telle sorte que la livre de
bœuf fut portée à 6 sols et la livre de mouton à 9 sols. La
ville, appelée à participer aux frais généraux des troupes,
se crut dès lors dispensée d'assurer l'entretien du régiment

de Béarn, dont elle avait été d'ailleurs déchargée par Gramont, depuis que cette troupe était logée à Saint-Esprit et à Saint-Étienne. Mais la rentrée de la taxe sur le vin s'opérant lentement, les officiers avaient été obligés d'avancer des fonds pour faire vivre leurs soldats (du 13 avril au 25 mai 1640). Le prince de Condé, arrivé à Bordeaux le 18 mai, fut mis au courant de cette situation, et profitant d'une visite que lui firent Gramont et les échevins, il prescrivit à ces derniers de pourvoir à la nourriture du régiment de Béarn, tant qu'il serait en garnison dans leur ville, jusqu'à ce qu'il eût pourvu lui-même à cette dépense. Bayonne supporta, en vertu de cet ordre, une charge temporaire de 3.500 livres par an ; elle en demanda le dégrèvement au maréchal de Schomberg, nommé gouverneur de Guyenne, pendant trois ans, à la place de Condé (21 juin 1641), mais celui-ci ne voulut rien changer à la décision du prince. Il reprocha même à la ville d'avoir négligé de payer la plus grande partie des fonds nécessaires à la subsistance des dix compagnies du régiment de Béarn, et ajouta qu'elle ne pouvait se soustraire à cette imposition de première nécessité. Enfin, le Conseil prit le parti de s'exécuter ; il fit rembourser, le 23 octobre 1641, aux officiers les avances qu'ils avaient faites et paya dès lors les vivres des soldats.

Voulant aussi se faire dégrever de 1.000 livres imposées à la ville pour l'entretien des trois compagnies du régiment de Béarn qui tenaient garnison à Saint-Jean-Pied-de-Port, les échevins s'adressèrent directement au prince de Condé et lui envoyèrent des députés qui le trouvèrent à Narbonne, occupé à préparer la campagne contre le Roussillon (8 juillet 1641) ; Schomberg, arrivé ce même jour à Bayonne, ne voulut pas écouter les réclamations du Conseil, et donna l'avis de les soumettre à Condé. Les Basques accueillirent moins facilement que les Bayonnais les troupes qui vinrent tenir garnison chez eux : ils repoussèrent même la compagnie de chevau-légers du maréchal et l'obligèrent à venir demander un logement aux échevins. Ceux-ci consentirent à lui donner asile, à la condition que la ville serait remboursée de ses frais de loyer, et avisèrent Gramont de cet incident (29 septembre 1641).

L'approche de l'hiver était le signal du pillage des palissades en bois, garnissant la fortification, que l'on démolissait pour faire du feu ; les soldats et les habitants de la ville étaient également coupables de ce méfait. Le Conseil menaça les derniers d'une amende de 500 livres ; quant aux soldats qui ne se privaient pas plus de piller les palissades que de dégrader les échalas et autres clôtures de jardins, ils appartenaient à la juridiction militaire ; et Gramont trouva plus expédient, au lieu de leur infliger des peines, de leur donner du bois de chauffage sans qu'il en coutât rien au roi. Il ordonna à cet effet aux échevins de prélever des bûches sur chaque bateau chargé de bois, arrivant en ville, à raison de six bûches par galupe de 16 et à proportion égale sur les autres bateaux, selon leur importance ; il fit ensuite transporter ce bois dans les deux corps de garde des forts Saint-Louis et Saint-Bernard (appelé aussi Saint-Esprit). Ce procédé de confiscation partielle nuisait au commerce et n'avait pas l'agrément des échevins ; ceux-ci demandèrent que le bois de chauffage fût fourni aux troupes des forts Saint-Esprit d'une façon normale, par les juridictions de la vicomté de Maremnes, comme cela s'était déjà pratiqué pour le régiment de Béarn. Il est à présumer que cet avis si sage fut mis à exécution.

Au milieu de l'appareil militaire qui remplissait la ville, la nouvelle entrée de l'évêque Fouquet vint apporter une agréable diversion. Monseigneur arriva, le 2 décembre 1639, par la porte Saint-Esprit, fut reçu avec les compliments d'usage à l'entrée ménagée dans la palissade qui précédait la porte, puis il alla rendre visite aux échevins dans la salle du Conseil. Son premier soin fut de débarrasser les prisons épiscopales des barils de poudre que la ville y avait déposés, afin de tenir ces locaux disponibles pour renfermer les délinquants soumis à sa juridiction. Les échevins, déférant à son désir, placèrent les poudres dans la tour de Naguille. Cette mesure, qui pouvait ressembler à une menace, n'était, de la part de l'évêque, que le libre exercice de son droit de propriété. Loin de remplir ses prisons, le prélat se montra compatissant envers les habitants ; il obtint des échevins que le chirurgien de la ville fût cassé aux gages pour avoir refusé à la femme du bourreau d'aller pratiquer une saignée à ce dernier qui était sur le point de mourir. A peine installé, l'évêque fit des démarches auprès du Conseil, afin d'établir un couvent de la Visitation à Bayonne ; sa demande fut agréée sans aucune difficulté (13 février 1640). Il s'efforça d'entretenir l'usage de tendre les rues de draperies à l'occasion de la procession de la Fête-Dieu. A la suite d'une plainte formulée par son vicaire général, au sujet de Romalet et de quelques autres protestants, qui s'étaient dispensés de tapisser, ces derniers furent condamnés par le Conseil à une amende de cinq livres. Ces processions, exactement suivies par le Conseil des échevins qui tenait essentiellement à marcher immédiatement après le gouverneur et son lieutenant, furent troublées par la présence d'hommes d'armes, mortes-payes et même de valets, qui s'étaient glissés derrière le lieutenant d'Artagnan. Le même cas se produisit

Arrivée
de l'évêque
Fouquet.

de nouveau (21 mars 1642) le jour de la fête de Saint-Joseph et causa aux échevins un grand mécontentement.

Echange de courtoisies entre le prélat et le Conseil.

Pour être agréable à l'évêque, le Conseil voulut lui offrir le collège de la ville, malgré l'opposition d'une partie des habitants. En attendant une décision définitive, l'architecte Millet examina si un autre collège ne pourrait pas être construit sur la place des Lisses, près du couvent Sainte-Claire. Il faut croire que le Corps de ville ne réalisa pas son offre gracieuse (17 janvier 1642) ; il manifesta toutefois son désir de plaire à Monseigneur Fouquet en l'autorisant à faire un portail du côté de la rue de l'Evêché et à ajouter aux bâtiments de son palais un pavillon appuyé contre l'ancien rempart romain. Aussi, sensible à ces bons procédés, l'évêque, avant d'aller faire sa tournée pastorale en Basse-Navarre, vint en séance saluer le Conseil et échanger avec lui des paroles courtoises ; les échevins eurent soin de lui rendre, avant son départ, sa visite à l'évêché (21 mars). Monseigneur était de retour, le 22 août, pour célébrer, suivant l'ordre du roi, une cérémonie funèbre, à l'occasion du décès de sa mère, la reine Marie de Médicis ; le comte et la comtesse de Gramont assistèrent à ce service, avec toutes les autorités de la ville.

Incarcération de l'abbé de Saint-Cyran.

Jean Duvergier de Hauranne, plus connu sous le nom d'abbé de Saint-Cyran, était un enfant de Bayonne qui avait acquis quelque célébrité parmi les moines de l'abbaye de Port-Royal ; l'ascendant que cet abbé sut prendre, grâce à ses talents, sur le roi Louis XIII, le rendit suspect à Richelieu, qui ne pouvait souffrir, dans les conseils du gouvernement, un esprit indépendant et contrecarrant son influence. Aussi, le cardinal le fit-il arrêter et enfermer à Vincennes (14 mai 1638). L'abbé de Saint-Cyran resta cinq ans en prison et fut rendu à la liberté deux mois après la mort de Richelieu (6 février 1643). Sa libération fut célébrée à Port-Royal par des signes d'allégresse et par le chant du *Te Deum* ; les échevins lui adressèrent à cette occasion des félicitations (28 février 1643) et reçurent, en réponse de lui, une lettre de remerciements.

Le cardinal était resté quelque temps hésitant avant de décider s'il attaquerait l'Espagne par le Roussillon ou le Guipuzcoa. Aussi avait-il fait dresser en même temps des camps aux deux extrémités des Pyrénées ; Sourdis et Gramont avaient présidé à la formation de celui d'Ustaritz, qui fut maintenu assez longtemps. Les régiments qui le composaient se débarrassèrent de leurs malades en les envoyant à Bayonne, mais les échevins ne voulurent pas prendre à la charge de la ville le soin de ces soldats et demandèrent aux

deux généraux d'établir un hôpital pour l'armée de Guyenne
(3 août 1639).

L'Espagne, attendant les événements, effectua, en mars
1640, quelques mouvements de troupe. Ne voulant pas être
surpris, Gramont fit dresser par le premier échevin une liste
des habitants de la ville et des vignerons des quatre portes
susceptibles de prendre les armes en cas de besoin. Ce
magistrat fit procéder, de son côté, à la visite des armes
dans chaque quartier et défendit de les exporter en Espagne ;
il donna des ordres afin que les roues des canons de la ville,
gâtées par la pluie, fussent aussitôt remplacées. Le magasin
contenait des pièces de bois toutes prêtes, provenant d'ormeaux de Mousserolles, que le Conseil avait eu soin de faire
abattre en 1634 et de remiser à cette intention. Pour éviter
que les roues ne se dégradent de nouveau, on construisit
un appentis sur la place Saint-Esprit, sous lequel les canons
et leurs affûts furent abrités contre les intempéries.

Afin d'apprécier la convenance de substituer de petites
roues à celles de grande dimension, en usage jusqu'alors
pour les affûts, le Conseil en fit pratiquer l'essai par un
jurat ; l'expérience dut donner un résultat satisfaisant, car
le changement fut opéré à tous les canons de la ville (21 janvier 1641). Une autre modification fut apportée par les commissaires du magasin de guerre, aux pièces de canons ; elle
consista à recouvrir les bassinets des canons avec des pla-
tines en fer, afin d'empêcher que l'on ne puisse les enclouer.
Les échevins ne se lassèrent pas de réclamer la restitution
de la poudre délivrée au prince de Condé lors du siège de
Fontarabie ; ils adressèrent leur protestation au grand maître
de l'artillerie, mais encore sans succès.

Cependant, Gramont ne faisait plus d'opposition aux
demandes de la ville ; les relations étaient même devenues
très amicales et les échevins ne perdaient pas une occasion
de manifester leur gratitude envers le gouverneur. Mlle de
Gramont, fille du comte, ayant épousé le marquis de Saint-
Chamond fut l'objet des courtoisies de la ville. Les nouveaux mariés, partis de Bidache dans des bateaux envoyés
par le Conseil, arrivèrent à Bayonne, salués par les coups
de canon de la ville et les décharges de mousqueterie que
les soldats du régiment de Béarn tiraient des forts de Saint-
Esprit. Le Corps de ville offrit aux jeunes mariés un dîner
à la maison d'Anglade, et, après les avoir promenés sur
l'Adour depuis Bayonne jusqu'au havre, il les reconduisit
à Bidache (13 juillet 1640).

Le Conseil n'omit pas de présenter ses félicitations à Gramont, au sujet de la nomination de son fils aîné, le comte
de Guiche, à la dignité de maréchal de France (7 octobre

Bons rapports entre la ville et la famille Gramont.

1641). Mais il ne mit plus de bornes à la manifestation de ses sentiments amicaux, lorsque Gramont lui ayant fait part de la naissance d'une fille, Mlle d'Aster, demanda au Corps de ville de servir de parrain à cet enfant. Durant la cérémonie des baptisailles qui eut lieu le 24 décembre 1642, Mlle d'Aster fut tenue sur les fonts baptismaux par le premier échevin, représentant le Corps de ville et par Mlle de Guiche. En l'absence du maréchal, Mme de Guiche avait autorisé sa fille à accepter le rôle de marraine et en fut remerciée par le Conseil. Le baptême eut lieu le 12 janvier 1643, au bruit des détonations de l'artillerie. A la suite de la cérémonie, un festin comprenant des confitures et de la venaison fut offert au comte et à la comtesse de Gramont par le Conseil, M. d'Artagnan, le baron d'Orthe et vingt-six bourgeois y furent également conviés. Le 1er juin, les échevins allèrent inviter leur filleule, Mlle d'Aster, à la procession de la Fête-Dieu, et l'emmenèrent de Bidache dans une chalupe ; la fête, rehaussée par la présence de M. Duplessis-Besançon, que le Conseil avait été prier à Saint-Jean-de-Luz, fut marquée par des salves de mousqueterie.

Pour ne pas troubler les bons rapports si heureusement établis entre Gramont et la ville par un échange de politesses, les échevins n'opposèrent aucun obstacle au désir que leur manifesta le gouverneur de s'attribuer quatre canons de fonte verte, provenant d'une carraque portugaise échouée près de Saint-Jean-de-Luz (13 septembre 1642). Ils n'usèrent pas de la même condescendance envers un autre voisin, le sieur de Saint-Martin, vicomte de Biscarosse. Ce dernier s'était permis de construire près de la chaussée du Boucau neuf, sur un fonds de terrain appartenant à la ville, un moulin dont il tirait revenu (13 juillet 1640) ; le Conseil protesta et multiplia tellement ses réclamations que le vicomte consentit à s'accorder avec la ville en lui abandonnant la moitié du fermage du moulin (26 septembre 1642). Les bourgeois de Bayonne n'avaient pu tolérer de laisser construire, sans avoir été consultés, ce premier établissement sur la digue du Boucau dont la conservation garantissait le commerce de la ville. L'entretien des digues appelait tous leurs soins et était assuré par des levées de fonds opérées lorsque les travaux les rendaient nécessaires. Le Conseil avait levé, en mai 1635, quelques deniers sur l'entrée des vins, pour faire des réparations urgentes ; il fut de nouveau obligé de restaurer les digues, en juillet 1642, et paya ces travaux au moyen d'une imposition de 7 sols et 6 deniers sur chaque barrique de vin, que le roi voulut bien concéder à cet effet.

Préoccupés par les nécessités de la défense, les échevins

n'avaient pu s'appliquer à améliorer la voirie de la ville ; ils décidèrent cependant de combler et de paver l'ester des Menons qui causait l'infection du quartier voisin et ils firent reconstruire une partie de quai, situé sur la rive gauche de la Nive, touchant le pont Pannecau et presque ruiné par l'inondation. Enfin, ils introduisirent en ville la fontaine de Coquainhe dont la possession avait occasionné jadis une lutte si épique et placèrent les armoiries de la ville sur le timbre de la nouvelle fontaine.

La naissance de Louis XIV, demandée avec tant d'instance, avait été fêtée en 1638, à Bayonne, par mille démonstrations d'allégresse. Celle du duc d'Anjou ne causa pas moins de satisfaction ; dès la réception d'une lettre du roi annonçant que son second fils était né le 21 septembre 1640, des feux de joie furent allumés. Pendant le chant du *Te Deum* et durant la procession générale les canons de la ville et des vaisseaux firent retentir les airs du bruit de leurs détonations et toutes les fenêtres des maisons situées sur le passage de la procession restèrent illuminées. *Naissance de Louis XIV.*

Le prince de Condé avait déjà quitté Bayonne et se tenait dans le Bas-Languedoc, où il préparait l'expédition du Roussillon. Le maréchal de Schomberg, nouveau gouverneur de Guyenne, ne tarda pas à venir faire son entrée en ville. Il arriva le 8 juillet 1641 et vit les habitants sous les armes ; il quitta bientôt sa charge pour aller prendre part au siège de Perpignan et fut remplacé par le comte d'Harcourt (31 janvier 1642). La fonction de gouverneur de Guyenne passa ensuite aux mains du vicomte d'Arpagon (18 juillet 1642). Tout en prenant grand soin d'aller saluer à Bordeaux chaque nouveau titulaire de cette fonction et de le bien recevoir à son entrée dans Bayonne, les échevins fondant peu d'espoir dans la protection de ces gouverneurs éphémères, entretenaient par des cadeaux les bonnes dispositions des vieux amis de la ville. Ils envoyèrent cent six jambons à l'avocat Pascault qui s'occupait des affaires du Conseil de ville à Paris et le chargèrent d'en faire la distribution aux amis de Bayonne (le prince de Condé, le chancelier, 'e surintendant, MM. Tubœuf et de la Vrillière, l'évêque Fouquet, etc.) (1) ; ils adressèrent un cadeau de même nature (2 à 3 douzaines de jambons) à ceux de Bordeaux. *Conquête du Roussillon.*

La campagne que Louis XIII avait entreprise en Roussillon contre les Espagnols, amena la conquête de cette province ; le baron d'Orthe d'Aspremont participa à cette opé-

(1) Voici la répartition : 24 au prince, 12 au chancelier, 12 au surintendant, 12 à Tubœuf, 12 à la Vrillière, 6 à Marchant, 6 à de Léon, 6 à M. Fouquet, 6 à Galamé, 6 à Bonneau et 4 à Pascault.

ration et se signala par de brillants exploits. On pouvait craindre que l'Espagne ne voulût prendre une revanche de sa défaite en attaquant Bayonne. Des mouvements furent signalés à la frontière voisine de cette ville. Le Parlement de Bordeaux demanda à être promptement renseigné, par le Conseil, des événements qui pourraient se produire ; afin de l'instruire exactement, les échevins firent épier les actes des ennemis par les abbés et jurats des paroisses voisines de la frontière. Mais il prit, en outre, toutes les mesures nécessitées par la défense de Bayonne : il ordonna de faire exactement la garde ; il plaça, en dehors de la ville, un corps de garde de huit hommes, qui prit position sur l'emplacement de l'ancien hôpital Saint-Léon, près la porte de ce nom, et reçut la consigne de faire des rondes pendant la nuit en avant des remparts. Des balles furent fondues avec de vieux tuyaux en plomb, tandis que l'on réparait promptement les chaînes de Saint-Esprit et de Sault (27 juin 1642). Les habitants durent en même temps faire provision de blé, et les voisins furent menacés de peines sévères, s'ils continuaient à dégrader les ouvrages à corne placés hors des portes de la ville en y gardant leur bétail, et s'ils se permettaient encore de creuser les fossés ou d'entamer les parapets des remparts pour en tirer de la terre.

Conspiration contre Richelieu. L'intervention du Parlement en faveur de la sécurité de Bayonne était légitimée par la nécessité de résister à la conspiration de Gaston d'Orléans, lequel, aidé du duc de Bouillon, de Cinq-Mars, favori du grand écuyer et de de Thou, voulaient décider Louis XIII à sacrifier le cardinal Richelieu. Le ministre réussit à démontrer à son roi que les conspirateurs avaient traité en secret avec le roi d'Espagne Philippe IV, son ennemi, et allaient ouvrir à ce dernier les portes de la France. Dès lors, les conspirateurs furent sacrifiés à la haine du cardinal. Les échevins apprirent, le 28 juin, que M. Le Grand (écuyer) et M. de Thou avaient été arrêtés ; ce dernier et son ami Cinq-Mars furent exécutés à Lyon : Bouillon perdit son duché de Sedan. Richelieu survécut peu de jours à ses ennemis : le roi annonça sa mort à Gramont dans une lettre qui maintenait les ordres établis du vivant du cardinal et dont lecture fut donnée au corps de ville (17 décembre 1642).

Mesures offensives des Espagnols. La disparition du grand ministre ranima l'ardeur des Espagnols ; ils firent transporter par huit grands navires dunkerquois et décharger dans les ports de Passage et de Saint-Sébastien une troupe de deux mille hommes, comprenant des gens de pied et de cheval. On ne savait si ce corps avait des intentions sur Bayonne, ou bien s'il devait être dirigé vers l'Aragon et la Catalogne. D'accord avec le lieutenant d'Artagnan, les échevins prirent des mesures de précaution ; ils exhortèrent les habitants des quatre quartiers à se trouver prêts et à faire provision de poudre. Le Conseil reconstitua la réserve de blé de la ville employée pour la nourriture des troupes pendant l'invasion du Labourd, en achetant trois mille conques de blé qu'il fut autorisé à payer avec un droit levé sur chaque loc de vin étranger (10 avril 1643).

Le pontier fit en outre exécuter quelques réparations urgentes : relever les palissades renversées, boucher dans la tour de la porte Lachepaillet une issue permettant de sortir vers la muraille de la ville, remettre en état le grand engin qui servait à manœuvrer le câble des chaînes. Les pilotes du Boucau furent avisés de signaler l'apparition de tous navires de guerre et de tenir toujours prêts, pour transmettre les avis, une chalupe et des bateliers.

Gramont, craignant que le fort Saint-Louis, élevé sur la hauteur de Castelnau, ne fût pas en état de résister à une attaque des Espagnols, avait conçu le dessein d'augmenter considérablement cet ouvrage de fortification. Les échevins, pressentant qu'un tel projet occasionnerait de nouvelles dépenses à la ville et l'augmentation de la garnison, députèrent vers le gouverneur, dès que le bruit leur en parvint, le supplièrent humblement d'abandonner son projet et de témoigner à la ville, en cette occasion, l'affection dont il lui avait donné, depuis peu de jours, des preuves très précieuses ; ils lui firent considérer que la réalisation de son plan provoquerait « la ruine du commerce de la ville et « entraînerait la suppression de toutes ses libertés ».

Gramont, peu convaincu par les phrases pompeuses des députés, répondit à ceux-ci qu'il s'en rapportait là-dessus à l'appréciation de M. Duplessis-Bezançon et du président Gassion, venus pour juger les travaux nécessaires à la sûreté de Bayonne, et il ajouta ensuite : « Messieurs, rapportez cela « à votre communauté qui pourra juger plus sainement de « mes actes et qui pourra connaître que je n'ai pas, en toutes « occasions qui s'offriront, une plus forte inclination que celle de ses intérêts. » Il termina l'entretien en protestant par serment de ses bons sentiments envers la ville.

Le président Gassion, du Parlement de Pau, avait été nommé intendant de la justice pour les affaires de la guerre en Guyenne ; il était venu à Bayonne assurer la défense, le logement des troupes et l'échange des prisonniers, de concert avec du Plessis. Il fit prélever, sur le matériel de l'hôpital de l'armée confié à la garde des échevins, neuf lits complets pour les soldats de garde au fort de Saint-Esprit (Saint-Louis). Le sieur des Essart, commandant de ce fort, voulant améliorer le couchage de ses troupes, fit prendre de force, aux vignerons de Saint-Esprit, les draps et linceuls de leurs lits, et constituer des supports avec les échalas de leurs vignes. Il n'avait aucun droit à s'emparer de ces divers objets et fut obligé, par ordre de Gramont à qui le Conseil s'était plaint, de les restituer et de s'abstenir de toute nouvelle déprédation (9 mars 1643).

Echange de prisonniers. L'échange des prisonniers avait été réglé à Bayonne, en juin et juillet 1642,' par M. Duplessis-Bezançon, pour la France, et Don Alonzo de Castros, pour l'Espagne. Déjà, un premier échange avait été traité, le 21 mars 1639, avec les autorités de Saint-Sébastien, qui voulaient libérer des Espagnols détenus à Brouage. La garnison espagnole de Collioure, conduite par le marquis de Mortarre, passa l'Adour à Bayonne, le 16 mai 1643, et alla attendre à Saint-Jean-de-Luz, le moment de sa libération. Vingt officiers passèrent au moment où les délégués se concertaient pour l'échange et furent conduits à cheval jusqu'à la frontière. La garnison de Salces arriva ensuite (13 septembre 1642) et se dirigea sur Fontarabie, suivie d'un convoi de charrettes que les échevins fournirent pour transporter les bagages.

L'année suivante, une troupe espagnole, forte de deux cent trente-trois officiers et mille cent trente-trois soldats et valets, s'arrêta à Bayonne où elle fit étape (25 mai 1643); la ville avait fait préparer à l'avance du pain et du vin, qu'un échevin et un jurat allèrent partager entre les prisonniers, réunis à Busquette. Tous les chevaux de la ville furent réquisitionnés pour transporter les officiers et les bagages de cette troupe jusqu'à Saint-Jean-de-Luz, où le sieur Talou procéda à leur échange avec des prisonniers français. Enfin, le 15 juin, Duplessis donna l'ordre relatif au passage du dernier convoi de prisonniers, comprenant quatre capitaines espagnols.

La ville apprit, le 27 mai 1643, par une lettre de Gramont, la victoire remportée à Rocroy par le duc d'Enghien; le gouverneur lui communiqua en même temps une lettre écrite au nom de la reine et du jeune roi, son fils, annonçant la mort de Louis XIII. Les échevins attendirent le retour de Gramont, avant de faire célébrer un service funèbre à la mémoire du roi défunt, et ils s'inspirèrent, pour cette cérémonie, du programme adopté pour celle du roi Henri le Grand.

CHAPITRE VII

MINORITÉ DE LOUIS XIV ET RÉGENCE D'ANNE D'AUTRICHE. — INSISTANCE DE LA VILLE A S'AFFRANCHIR D'UNE GARNISON. — RAPPORTS TRÈS AFFECTUEUX ENTRE LA FAMILLE DE GRAMONT ET LES BAYONNAIS. — TRAVAUX D'EMBELLISSEMENT (1643-1647).

Régence d'Anne d'Autriche. — Bayonne menacé de loger le régiment de Toulonjon. — Rasement des forts de Saint-Esprit et de Saint-Bernard. — Echange de prisonniers sur la Bidassoa. — Menaces de troupes espagnoles réunies à Pampelune. — Fontaine et poème de Saint-Léon. — Bons rapports de l'évêque avec la ville. — Mariage de la filleule de Bayonne. — Réglementation du service de garde. — Danger de la peste. — Construction du bâtiment de la Douane. — Erection de la porte monumentale de Saint-Esprit et constructin du bastion de Saint-Esprit. — Réfection de l'estacade de Sault.

Le fils de Louis XIII était âgé de cinq ans, lorsqu'il monta sur le trône. Son règne, qui devait durer soixante-douze ans, commença, comme celui de son père, par une régence. Afin de donner à Anne d'Autriche plus de pouvoirs que ne lui en accordait le testament du roi défunt, Mazarin soumit ce document au Parlement et en fit modifier les dispositions selon son gré. Dégagé de toute entrave, il gouverna à son aise, au nom de la régente. Régence d'Anne d'Autriche.

Le duc de Lavalette, devenu duc d'Epernon, rentra en grâce et fut nommé lieutenant général pour le roi en Guyenne. Il reçut à Bordeaux les salutations des députés de Bayonne, en même temps que le maréchal de Saint-Luc (13 octobre 1643). Gramont eut aussi sa part dans les bontés de la régente qui le fit duc et pair (3 janvier 1644). Il obtint encore la création d'un régiment d'infanterie comptant vingt compagnies à cent hommes, en faveur du fils aîné de sa seconde femme, le comte Toulonjon, qui en fut nommé maréchal de camp. Voulant aussi que ce fils préféré lui succédât dans la charge de gouverneur de Bayonne, le duc de Gramont lui fit donner l'autorisation de prendre le commandement de cette ville durant ses absences.

Le comte Toulonjon se présente devant le Conseil, le 12 février 1644, accompagné de d'Artagnan et de quatre gentilshommes ; le premier échevin de Lalande, sieur de la Palice, l'accueille gracieusement et fait insérer son titre de nomination dans le registre des délibérations.

Après avoir levé son régiment en Labourd, ce seigneur se dispose, conformément aux ordres de son père, à loger sa troupe à Saint-Esprit, à Saint-Etienne et d'autres villages Bayonne menacé de loger le régiment de Toulonjon.

des environs de Bayonne. Les échevins prévoient qu'un tel voisinage ne peut qu'accroître les charges qui pèsent sur la ville ; Toulonjon, questionné par eux, se retranche derrière les ordres du duc de Gramont. Ce dernier, harcelé à Bidache où il s'est retiré, consent à promettre aux députés de la ville qu'elle ne sera pas grevée des frais de subsistance et du logement de ce régiment. Mais le Conseil, ayant eu vent que le vicomte d'Etchaux, lieutenant-colonel du régiment, est allé à Paris, demander des ordres au sujet du logement et de la subsistance de cette troupe, écrit à Pascault, son député près la cour, de veiller à ce que personne ne tente d'imposer cette charge à la ville (9 mai 1644).

Le régiment se trouva bientôt réuni à Ustaritz et prêt à se transporter dans sa nouvelle garnison ; Gramont et Toulonjon envoyèrent d'Artagnan vers le Conseil et lui donnèrent ordre d'assurer le transport par eau à Peyrehorade de quatorze compagnies et de loger au bourg de Saint-Esprit les six compagnies restantes. Le Conseil refusa d'exécuter la dernière partie de cet ordre, avant d'avoir pris connaissance de la décision royale. D'Artagnan préféra patienter que lutter ; il envoya les six compagnies à Biarritz, en attendant que le duc d'Epernon lui ait transmis de nouvelles instructions (24 mai 1644).

Afin d'écarter tout prétexte à l'installation d'une garnison à Bayonne, les échevins décident de demander la démolition des forts du Saint-Esprit. Ils écrivent à Gramont, le priant d'obtenir l'autorisation nécessaire (2 janvier 1644). Celui-ci laisse passer deux mois sans répondre ; il arrive enfin en ville et ne paraît pas disposé à appuyer les desseins du Conseil. Mais une grande assemblée de notables ayant décidé d'insister de nouveau auprès du duc de Gramont, on obtint du gouverneur la promesse qu'il ne s'opposerait pas au rasement des forts.

Rasement des forts St-Louis et St-Bernard. Le décès du duc vint retarder la solution de cette affaire : les échevins n'omirent pas d'envoyer des députés présenter les compliments de condoléance de la ville à Mme de Gramont, retirée à Bidache (26 août 1644). Il est cependant probable que l'on cessa d'entretenir les baraquements et les magasins des deux forts, et que ces ouvrages restèrent abandonnés jusqu'à leur démolition. Ce dernier travail fut exécuté en avril 1650 ; mais les directeurs de l'œuvre, au lieu de combler les fossés en rasant les parapets voisins, y jetèrent de la terre qu'ils prirent dans l'intérieur des forts, et qu'ils entassèrent jusqu'au niveau supérieur des parapets ; ceux-ci, bien loin de disparaître, se trouvèrent renforcés. Le clerc de ville ne put s'empêcher de critiquer ce mode de procéder et fit remarquer au Conseil qu'il favorisait la création de cavaliers ou plates-formes élevées, susceptibles de causer plus de dommage à la ville que les forts anciens. Le Conseil de ville alla visiter les lieux et fit porter remède au défaut signalé par le clerc.

Peu après le décès de Gramont, le duc d'Epernon, gouverneur de Guyenne, fit son entrée à Bayonne (29 septembre 1644). Il fut reçu, au bruit du canon, par une compagnie d'habitants en armes, puis il alla visiter les digues du Boucau.

La ville reçut aussi la visite du maréchal de Gramont, fils aîné du duc décédé ; c'était Antoine, comte de Guiche, issu du mariage de son père avec Louise de Roquelaure. Il arriva à Bayonne, le 27 février 1645, accompagné de son frère du second lit, le comte de Toulonjon, que le roi venait de nommer gouverneur de la ville. Les clefs des portes furent présentées à ce dernier, dès son arrivée devant la porte de Saint-Esprit, dans un bassin d'argent, par Labassure, capitaine des hommes d'armes. Après avoir écouté la harangue de Lespès, lieutenant-général et celle de Lalande, sieur de la Palice, premier échevin, le comte s'avança jusqu'à la cathédrale, escorté par quatre cents habitants en armes ; puis, accompagné par les échevins vêtus de leurs robes rouges, il se rendit au Château-Vieux où l'attendait son frère, le maréchal. Le lendemain, on conduisit les deux seigneurs au Boucau, et après leur avoir fait visiter les travaux, on leur offrit une belle collation.

Le maréchal de Gramont ne tarda pas à repartir pour Bidache (4 mars 1645). Mais avant de prendre congé du Conseil, il l'informe que le roi lui a accordé la faculté de reprendre la mairie de Bayonne, à la condition de rembourser à la ville le prix auquel son père avait vendu cette charge ; il ajoute qu'il n'est pas disposé, pour le moment, à utiliser cette faveur, n'ayant aucune commodité pour se procurer les fonds. Pendant une tournée du maréchal dans ses domaines du Béarn, le Conseil se met en rapport avec son secrétaire et l'engage à appuyer les intérêts de la ville.

Afin de rentrer en possession d'une somme de 193.000 livres que le Conseil d'Etat, par un arrêt en date du 10 juillet 1641, a reconnu lui être due par le trésor royal, la ville se propose de se faire payer cette dette au moyen d'un impôt levé sur la généralité de Guyenne. Elle gagne le secrétaire par la promesse d'une gratification de 3.000 livres, et elle fait proposer par son intermédiaire un cadeau de 40.000 livres au maréchal, s'il veut s'intéresser au remboursement de la dette. Gramont consentit à poursuivre, dès son retour à la cour, la solution de cette affaire.

Le Conseil de ville avait déjà reçu des gages de la bienveillance de la régente, en obtenant d'elle, aussitôt après le décès de Louis XIII, la confirmation des privilèges et des franchises antérieurement accordées aux Bayonnais. Il avait, en outre, fait renouveler, pour une durée de seize années, le don à la ville de la moitié de la grande coutume, et obtenu l'établissement d'une judicature des marchands.

Les préoccupations des échevins, étrangères aux intérêts de la défense de la ville, semblaient indiquer qu'aucun danger de guerre ne la menaçait. En effet, la campagne engagée par les Français, sous le règne précédent contre Philippe IV et les Espagnols, se continuait, loin des Pyrénées, dans les plaines de la Meuse : cinq jours après la mort de Louis XIII, la célèbre victoire de Rocroy était gagnée sur l'infanterie espagnole, jusqu'alors réputée invincible ; ce succès était dû au jeune duc d'Enghein, fils du prince de Condé et qui devait être le Grand Condé.

Pendant que ce général poussait ses conquêtes jusqu'au Rhin, une armée française opérait en Catalogne. Les troupes dont elle était composée n'avaient aucune solidité et faisaient peu de progrès ; elle fut affaiblie par le départ de nombreux déserteurs, durant l'hiver de 1643 à 1644, et le roi, pour enrayer ce mouvement, dut ordonner à d'Epernon de faire arrêter ces soldats et de les livrer à M. de Lauzun, intendant de la justice. Plusieurs régiments rentrèrent même de Catalogne en France pour se reconstituer ; ils passèrent par Bayonne et se rendirent à Dax par bateaux (3 novembre 1644).

Craignant que la mort de Louis XIII et de Richelieu ne fût l'occasion de démonstrations hostiles sur la frontière, les échevins avaient posé un corps de garde en dehors de la porte Saint-Léon, afin de surveiller les avenues de la ville de ce côté ; puis, aucun danger ne s'étant manifesté, ils firent cesser ce service (7 septembre 1643). Ils continuèrent toutefois à exercer leur vigilance sur les étrangers, faisant arrêter ceux qui leur étaient signalés comme espions ; leur zèle les entraîna même jusqu'à se saisir d'un huissier de Dax, qu'ils avaient pris pour un espion envoyé par un ministre d'Espagne afin de visiter la côte de France et de noter les préparatifs de guerre (9 mai 1644).

A la suite de la bataille de Fribourg, qui fut gagnée par d'Enghein et Turenne sur les troupes bavaroises, et à laquelle prirent part le maréchal de Gramont et son dernier frère, Philibert, comte de Gramont, des négociations de paix furent engagées. Don Francisco de Melos passa par Bayonne, en regagnant l'Espagne (6 novembre 1644) ; selon l'ordre du roi, ce personnage reçut bon accueil et fut accompagné jusqu'à la frontière. On usa des mêmes procédés à l'égard du duc de Pomeranda, ministre plénipotentiaire d'Espagne, se rendant à Munster, où devaient être arrêtées les conditions d'une paix générale (janvier 1645).

Ces pourparlers restèrent sans résultat, et la guerre se poursuivit avec des alternatives de succès et de revers. Cependant, des réjouissances eurent lieu à Bayonne pour célébrer la prise de deux places, ainsi qu'un succès en Catalogne (28 juillet 1645). Le maréchal de Gramont fut fait prisonnier dans une rencontre avec l'armée bavaroise ; le Conseil, sitôt qu'il fut informé de cette nouvelle, envoya des députés à la maréchale et au comte Toulonjon, gouverneur, afin de leur faire connaître qu'il s'associait à leur peine (28 août). Le maréchal ne tarda pas à recouvrer sa liberté, car il assistait, avec son frère Philibert, à la bataille de Nordlinghen, gagnée par le duc d'Enghien sur les Bavarois et se trouvait, le 17 octobre, au camp devant Philisbourg. Des feux de joie furent allumés à Bayonne, en l'honneur de cette victoire (14 septembre), et pour célébrer de nouveaux succès (25 septembre).

Durant le cours de ces opérations, les puissances ennemies échangeaient leurs prisonniers et s'épargnaient ainsi les frais de leur entretien, lesquels, en raison de la longue durée de la guerre, auraient été considérables. Cette raison d'économie valut à la garnison espagnole de Ballague sa mise en liberté ; cette troupe, après avoir traversé le Languedoc, se présenta à Urt sur les bords de l'Adour, passa cette rivière, et gagna Fontarabie par le pays de Labourd (11 décembre 1645).

Echange de prisonniers sur la Bidassoa.

Un autre échange de prisonniers de guerre français et espagnols fut traité à la frontière par Toulonjon ; le gouverneur, emmenant avec lui le tambour de ville, alla faire battre la caisse du côté de Fontarabie et communiquer aux autorités espagnoles la dépêche du roi relative à cet échange (19 octobre 1646). Aussitôt l'accord établi, les officiers et soldats français, prisonniers des espagnols, furent libérés et passèrent à Bayonne.

Philippe IV parut un moment vouloir attaquer la France par la frontière de Guyenne. L'espion que la ville s'était ménagé à Pampelune, donna avis que le roi d'Espagne devait se rendre dans cette place après Pâques (25 mars 1646) ; ce monarque s'y transporta effectivement (11 avril), suivi d'une troupe de huit cents hommes. Dans la crainte d'une attaque, les gens des quatre quartiers de la ville furent commandés de garde extraordinaire, et le tour de service fut fixé à quatre jours ; des rondes circulèrent à l'extérieur de la ville, et les habitants reçurent l'ordre de se tenir prêts à répondre au premier signal (11 avril 1646). Le roi de France,

Menace de troupes espagnoles réunies à Pampelune.

averti de la menace, répond aussitôt (23 avril), en recommandant aux échevins de redoubler de vigilance. Ceux-ci
préviennent d'Amou, bailli de Labourd, de réunir les mille
hommes qu'il est tenu de fournir ; même recommandation
est adressée au vicomte d'Orthe, à Peyrehorade. Les courriers rapportent à la ville l'assurance que ses demandes
recevront satisfaction.

Le commissaire des magasins de guerre se préoccupe de
la difficulté que la garnison éprouverait à traîner avec elle,
en cas de sortie, les canons de la ville, montés sur de
petites roues ; il est d'avis de remplacer celles-ci par de
grandes roues. Cette transformation est jugée trop importante par le Conseil, pour être réalisée de suite ; d'ailleurs,
la menace de l'Espagne ne paraît plus devoir s'exécuter
(3 mai). Durant les préparatifs de défense, on a reconnu
que les étendards de la ville étaient hors de service : on
les refait sur le même modèle, en taffetas bleu et blanc,
portant en broderie les armoiries de Bayonne.

L'éloignement du danger permit de soulager les habitants ;
la garde extraordinaire fut supprimée, et le tour de garde
ordinaire établi de sept en sept jours. Les gens originaires
de Saint-Esprit furent compris dans les rôles, et astreints
aux services de la garde et du guet : les Portugais en furent
toutefois exceptés. On conserva encore, par mesure de précaution, les patrouilles à l'intérieur et à l'extérieur de la
ville (17 mai 1646). Le siège de Dunkerque par l'armée française avait détourné Philippe IV de ses projets au sujet de la
Guyenne ; la prise de cette place importante fut célébrée à
Bayonne par un feu de joie et le chant du *Te Deum ;* une
compagnie de deux cents habitants tira des salves de mousqueterie jusqu'à l'extinction du feu.

L'évêque Fouquet, qui avait su s'attacher les Bayonnais
en leur rendant de nombreux services, fut remplacé par
Monseigneur Jean d'Olce (15 juillet 1643) : mais il obtint,
avant de partir, un don de trois mille livres en faveur des
religieuses de la Visitation, que le Conseil accorda généreusement, sur la demande du prélat, en remerciement des
démarches qu'il avait faites à la cour, afin d'épargner aux
Bayonnais la punition de leur révolte contre l'impôt de la
gabelle. L'entrée du nouvel évêque fut retardée jusqu'au
9 mai 1645 ; elle fut marquée par une harangue que le premier échevin, entouré de tout le Conseil, prononça à la
porte de Saint-Esprit. Grâce à l'intervention de ce prélat, le
prieur des Augustins, qui n'avait d'autres ressources pour
augmenter son couvent, que celles provenant de la générosité des habitants, obtint du Conseil l'autorisation de quêter
afin de continuer le cloître et la sacristie (12 mai).

Fontaine
et poème de
St-Léon.

La fontaine de Saint-Léon, située à l'endroit où l'apôtre avait été décapité, était aménagée depuis l'an 1600 ; mais son eau, à laquelle on attribuait une vertu miraculeuse, était exposée à l'air libre et se trouvait parfois visitée par le flot de la marée. La confrérie de Saint-Léon avait décidé, avant l'arrivée de Monseigneur d'Olce, de s'entendre avec le chapitre de la cathédrale, afin d'améliorer à frais communs l'installation de cette fontaine. Le Conseil de ville voulut aussi participer à ce travail ; il fit démolir le pilori, situé sur la place publique, voisine de la cathédrale, et jugé sans utilité. Les pierres de taille provenant de cette démolition servirent à bâtir les murs de l'édicule entourant la fontaine et la voûte qui le recouvrit ; le reste des matériaux fut affecté à d'autres travaux de restauration (1er juillet 1644).

Le zèle des échevins pour le patron de Bayonne ne se borna pas à cette manifestation. Jacques Feuga, docteur et médecin ordinaire de la ville, ayant composé, en l'honneur de « Monsieur de Saint-Léon », un poème décoré du titre prétentieux de *Leonides*, le soumit à l'approbation des chanoines, puis il le donna au Corps de ville ; le poème fut envoyé à Bordeaux et imprimé aux frais de la ville pour la prix de 50 écus (10 septembre 1649).

La piété des membres du Conseil fut offusquée par les infractions de certains artisans contre une ordonnance défendant de travailler et d'ouvrir boutique les jours de dimanche et de fête (4 septembre 1648) ; les délinquants reçurent une vive admonestation.

On agit de même à l'égard d'un grand nombre d'habitants de la rue Pannecau, qui avaient négligé de tendre la façade de leurs maisons durant le passage de la procession de la Fête-Dieu (1er juin 1648). Cette cérémonie se faisait toujours en grande pompe, suivant la coutume ancienne. Le maréchal de Gramont et son fils, le comte de Guiche, vinrent assister à celle de l'année suivante, et furent comblés par le Conseil de toutes sortes d'attentions. L'ordre adopté dans le cortège soulevait parfois des réclamations, surtout lorsque des mortes-payes, laquais et gens de la suite du gouverneur, se plaçaient immédiatement après cet officier. Toulonjon accueillit favorablement une plainte de cette nature que lui présentèrent deux jurats ; il leur déclara ne vouloir rien innover contre les anciens usages et promit de mettre bon ordre à ces irrégularités (23 juin 1645).

La tenue du chapitre général de l'ordre des Capucins, qui se fit à Bayonne en juin 1648, fournit aux échevins l'occasion de montrer leur ferveur religieuse. Le R. P. de Catala-Giroune, sicilien, ministre général de l'ordre, entra en ville le 18 juin ; comme le duc d'Epernon avait recommandé d'avoir de grands égards pour ce moine important, les échevins allèrent le recevoir au bruit du canon. Le père Capucin se rendit à l'hôtel de ville afin de remercier les membres du Conseil, puis, les ayant fait agenouiller, il les bénit, et leur distribua des médailles. Le lendemain, les magistrats du Corps de ville allèrent tous à la chapelle des Capucins, assistèrent à la messe que le ministre général célébra à l'intention de la ville, et reçurent la communion de sa main : un bouquet avait été offert à chacun des membres du Conseil, avant le commencement de l'office. Pendant les douze jours que dura le chapitre, il y eut, dans les rues de Bayonne, grande foule de tous pays, composée principalement de malades et d'infirmes qui venaient toucher les vêtements du père de Catala.

Bons rapports de
l'évêque
avec la ville.

Les relations entre les échevins et Monseigneur d'Olce n'étaient pas moins cordiales ; si un désaccord s'éleva au sujet de la désignation d'un prédicateur pour la station de l'avent (4 septembre 1648), ce léger nuage ne tarda pas à s'évanouir. L'existence de ces bons rapports donna à l'évêque toute facilité d'empêcher que les cloîtres de Notre-Dame ne servent de lieu de dépôt pour les poudres de la ville : ces matières, qui ne pouvaient être entièrement remisées dans les tours de Naguille et des Chaînes, auraient constitué un danger dans les cloîtres, et le chapitre ayant invoqué la crainte de la foudre, Monseigneur d'Olce crut devoir faire des difficultés, auprès du Conseil qui consentit à renoncer à son projet (15 décembre 1651).

Le Corps de ville donna encore la preuve de ses bonnes dispositions à l'égard de l'évêque, en lui fournissant 3.000 livres, afin de l'aider à construire un nouveau bâtiment dans son palais épiscopal : l'usage de loger dans cet édifice les gouverneurs de la province justifiait amplement le don de la ville. Poursuivant le cours de leurs générosités, les échevins fondèrent une prébende dans la chapelle de Saint-Léon, afin de procurer aux malades de l'hôpital Saint-Nicolas le ministère d'un aumônier (8 juillet 1651).

L'arrivée à Bidache du maréchal de Gramont, venant de l'armée de Catalogne, donna l'occasion au Conseil de manifester à l'égard des chefs militaires des sentiments aussi amicaux qu'envers les autorités ecclésiastiques. Après avoir fait présenter au maréchal les saluts de la ville par une députation (20 décembre 1647), les échevins, voulant le fêter à Bayonne, l'envoyèrent prendre à Bidache, dans une galupe, par un échevin et un jurat. Pendant que le Corps de ville l'accueillait au débarcadère de la porte Saint-Esprit, les canons des remparts et des vaisseaux annoncèrent son entrée par de multiples détonations (22 janvier 1648). Gramont se rendit ensuite, à pied, au Château-Vieux, escorté par tout le Conseil et un grand nombre d'habitants.

Un magnifique repas lui fut offert, à son retour de Saint-Jean-de-Luz qu'il alla visiter, dans la maison de M. Duvergier de Joannis. A ce souper étaient conviés : l'évêque, le comte Toulonjon, la sœur du maréchal, un grand nombre de gentilshommes du pays, le lieutenant d'Artagnan, de Lespès, lieutenant-général, de Lalande, procureur du roi, les sieurs Duvergier de Joannis, Dolleins, de Lucq, de Nyert, de Lalande, de Lapalice, du Vergier de Hauranne, tous anciens premiers échevins. On fit de la musique durant le festin, qui fut suivi d'un bal très brillant. Le maréchal et son frère Toulonjon, appelés à Paris, ne partirent pas sans avoir remercié le Corps de ville et échangé, avec ses membres de vives protestations d'amitié.

Le mariage de Mᴸˡᵉ Françoise Bayonne de Gramont, fille du maréchal et filleule de la ville, avec le baron du Lau, vint fournir l'occasion de sceller cette amitié. En l'absence du maréchal, la duchesse sa femme chargea son écuyer, le sieur de Burquerieu, d'inviter le Conseil de ville au mariage de sa fille qui devait se célébrer le dimanche suivant, et la conduire à l'autel (26 février 1648). Le premier échevin s'empressa aussitôt d'aller au Château-Vieux remercier la duchesse de l'honneur qu'elle faisait à la ville et il reçut d'elle un parfait accueil. Le jour de la cérémonie arrivé, tous les membres du Conseil en robes rouges se rendirent au Château-Vieux, où Mᵐᵉ de Gramont remit, en leur présence, sa fille entre les mains du premier échevin ; ce magistrat conduisit la noble demoiselle dans la grande chapelle de la cathédrale, précédé des capitaines, des sergents et gardes de la ville ; les membres du Conseil marchèrent immédiatement après eux, suivis par la noblesse et la bourgeoisie. Le baron du Lau, qui s'était rendu séparément à l'église, reçut alors son épouse des mains du premier échevin.

Mariage de la filleule de Bayonne.

Pendant la cérémonie du mariage que célébra l'évêque de Bayonne, le canon de la ville fut tiré en signe de joie. La messe terminée, la jeune épouse reprit le chemin du Château-Vieux, donnant la main droite à son mari et la main gauche au premier échevin ; le cortège se forma dans le même ordre au retour qu'à l'aller, et pénétra dans les salons du château. Les échevins échangèrent des civilités et des remerciements avec la duchesse, le baron et son épouse, qui les reconduisirent jusqu'au pont du château. Quelques membres du Conseil furent invités, le soir, à une fête qui se donna au château et à laquelle toute la noblesse du pays avait été conviée.

Peu de semaines après, les magistrats du Corps de ville, désirant s'acquitter de tous les devoirs que les parrains avaient coutume de rendre à leurs filleules, à l'occasion de leur mariage, et leur donner en même temps une marque de leur affection, firent présent à la dame du Lau de diverses pièces d'argenterie : un grand bassin, une aiguière, deux salières et six chandeliers. Les échevins, suivant le désir exprimé par la duchesse, firent graver les armes de la ville sur chacun de ces objets.

D'Artagnan, lieutenant du gouverneur, ayant eu un fils de Mlle de Gassion, sa femme, se crut tenu d'imiter l'exemple donné par la famille de Gramont, et pria les magistrats du Conseil de tenir son enfant sur les fonts baptismaux. Les échevins, après avoir recherché ce qui avait été fait lors du baptême de Mme du Lau, accepta et désigna pour marraine, la duchesse de Gramont. Celle-ci choisit pour l'enfant les noms de Louis, Bayonne, et assista au baptême avec le premier échevin représentant la ville. Un repas fut donné à l'Hôtel de Ville, pendant que la duchesse et Mme d'Artagnan, empêchées d'y assister, recevaient en cadeau deux bassins de confiture (3 janvier 1650).

De telles marques de prévenance démontraient que les discussions occasionnées par des questions de service ne laissaient après elles aucune trace d'aigreur. L'exécution de la garde soulevait cependant de fréquents conflits ; d'Artagnan, qui s'en préoccupait, faisait des rondes fréquentes, même pendant la présence du gouverneur. Il voulut, dans une de ses rondes, forcer le caporal de guet, placé dans le bastion du Cul-de-Loup, voisin du port de Sault, à lui donner le mot, et comme ce dernier résistait, sachant Toulonjon en ville, le lieutenant le maltraita à coups de canne. Le Conseil avait aussitôt protesté, rappelant à d'Artagnan qu'il ne pouvait prétendre au mot qu'en l'absence de son chef et que d'ailleurs tout manquement à la garde imputé à un habitant devait être déféré au Corps de ville. Le lieutenant s'excusa et promit même de ne plus faire de ronde, durant la présence de Toulonjon (18 janvier 1649).

Afin d'éviter les contestations qui se produisaient parfois entre les capitaines préposés à la garde des portes et les capitaines de quartier appelés à renforcer la garde en cas d'alarme, d'Artagnan et le Conseil se mirent d'accord pour établir un règlement qui laissait le commandement aux capitaines des portes. Il fut arrêté par eux qu'au premier signal d'alarme, chaque capitaine de quartier devait rassembler ses hommes au lieu marqué et, après avoir reçu les ordres du premier échevin, renforcer le corps de garde de son quartier et les sentinelles qui en dépendent. Ils

Réglementation du service de garde.

furent en outre tenus de prêter assistance au capitaine des portes pour assurer la garde des portes de leur quartier, sans dessaisir cet officier de son commandement et sans l'obliger à donner le mot d'ordre au chef des troupes de renfort. Le capitaine de quartier ne devait se retirer avec ses hommes, qu'après y avoir été invité par le premier échevin. Ce règlement fut affiché aux quatre portes (20 novembre 1648) ; mais son application révéla de nombreuses lacunes et le fit bientôt réformer.

Un nouveau règlement au sujet de la répartition des gardes extraordinaires et du commandement des portes en cas d'alarme, fut alors institué par le gouverneur Toulonjon, qui le fit accepter par le Conseil et ordonna de s'y conformer sous peine de mille livres d'amende (20 mai 1650). En cas de garde extraordinaire, le premier échevin devait former, avec les habitants figurant sur le rôle de la garde, en consultant les capitaines de quartier, cinq compagnies de garde, destinées à la maison de ville et aux quatre portes. Avant de se rendre sur la place, les détachements de garde, conduits par leurs chefs, joindront d'abord leur capitaine de quartier ; ils recevront ensuite l'ordre du premier échevin, puis tireront au sort les portes qu'ils devront garder et rejoindront l'une des cinq portes. En cas d'alarme, le capitaine de quartier prendra le commandement sur le capitaine des portes de son quartier ; il en recevra le mot, renforcera à son gré le corps de garde, reconnaîtra les rondes qui passeront par son poste ; il enverra celles qu'il jugera nécessaires, et en prendra le commandement, de préférence au capitaine de porte, lequel ne devra, dans aucun cas, abandonner son poste.

Il n'était pas aisé de maintenir sur le rôle de la garde un nombre d'habitants assez grand pour empêcher ce service de constituer une lourde charge. Les ouvriers de la monnaie, excipant d'une dispense applicable à vingt d'entre eux, se refusaient à accomplir le service de garde. Après les avoir inutilement menacés de la prison, le Conseil leur intenta un procès devant le Parlement de Bordeaux (10 juillet 1648). Le relâchement était aussi grand parmi les autres habitants, et surtout parmi les bourgeois. Pour éviter que ces actes de négligence ne fussent imputés au manque d'armes, les échevins décidèrent que l'on mettrait chaque jour, à la disposition des douze caporaux, faisant le guet et entrant en garde, douze mousquets du magasin ; les capitaines du guet furent chargés de délivrer ces armes et d'en prendre soin (7 août 1648). Les caporaux de garde ayant trouvé ces mousquets trop lourds les firent remplacer par des demi-mousquets d'un poids moindre (18 mars 1650).

De nouvelles menaces de guerre civile et étrangère et le danger d'une conspiration contre Bayonne heureusement écarté firent maintenir pendant quelque temps le service de garde extraordinaire. Puis, la situation s'étant améliorée, on soulagea les habitants appelés à monter la garde tous les six jours en espaçant ce service. On porta d'abord à huit jours l'intervalle entre deux gardes, puis on rétablit la garde ordinaire (15 janvier 1652). Les quatre sergents de quartier, dont la tâche s'était trouvée considérablement augmentée pendant les neuf mois qu'avait duré le service extraordinaire, reçurent un supplément de paye.

L'adoucissement de la garde amena un tel relâchement que, le 15 janvier, vingt-huit hommes manquèrent au guet ordinaire et cinq guérites restèrent dépourvues de soldats. Effrayé de ces abus, le Conseil établit un nouveau règlement pour le guet et la garde ordinaire. Il décida que les deux capitaines du guet seraient constamment de service ; l'un d'eux se tiendrait à la disposition du premier échevin, tandis que l'autre surveillerait le guet de la ville, en maintenant au complet le nombre des soldats et établissant la garde chaque soir.

Le Conseil adopta, pour les douze soldats du guet à la solde de la ville, des dispositions analogues. Il les divisa en deux groupes de six, dont le service devait alterner d'une semaine à la suivante ; tandis que l'un des groupes se tiendrait auprès du premier échevin, l'autre garderait les portes, chaînes et ports, veillerait au guet des vignerons et s'assurerait que le nombre de ces derniers désignés pour monter la faction ne diminuait pas. Les deux capitaines et les douze soldats du guet furent, en conséquence, invités à se trouver chaque soir devant la maison du premier échevin, à l'heure de la pose du guet, sous peine de perdre leur charge.

Danger de la peste. Aux multiples obligations de police qui incombaient à la troupe du guet, vinrent s'ajouter des mesures préventives contre la menace d'une épidémie de peste. Ce mal, signalé à Bordeaux (24 novembre 1645), avait entraîné l'exécution de quelques prescriptions à l'égard des marchandises provenant de ce port ; la plus efficace consista à exposer celles-ci, à l'air libre, à Blancpignon. Un nouvel avis, reçu de Bordeaux, fit supprimer la foire d'août (9 juillet 1646), et surseoir à la réunion du chapitre des capucins ; pour conjurer le fléau, on fit une procession et on augmenta la surveillance aux portes de Saint-Léon et de Sault, en renforçant leur garde avec celle de la porte Lachepaillet, fermée provisoirement. Puis la peste ayant décru à Bordeaux, les échevins permirent de faire entrer en ville les marchandises provenant de lieux non suspects, tout en continuant de faire

« espuanter » à Blancpignon celles fournies par des localités contaminées.

Les mouvements de troupes, qui se produisirent en 1652, favorisèrent la propagation du fléau. L'armée française en fut atteinte sous les murs de Barcelonne. Les échevins, dès le premier avis (13 mai 1652), donnèrent des ordres pour empêcher qu'aucun soldat espagnol, venant de cette place étrangère, ne pût pénétrer en ville, même pour la traverser. Bientôt, la peste gagna Saragosse et Toulouse (30 juillet 1652) ; on la signala ensuite à Bilbao (26 août), en Béarn et en divers lieux circumvoisins (16 septembre). Dès lors, toute marchandise fut tenue éloignée de la ville, jusqu'à déclaration de sa provenance ; les prières destinées à écarter le fléau furent multipliées, et les échevins se placèrent eux-mêmes à chacune des trois portes (la quatrième de Lachepaillet restant fermée), afin d'interroger les arrivants et de s'opposer, le cas échéant, à leur entrée. Ces précautions multiples, qui, dans des circonstances semblables, avaient suffi à épargner à la ville le fléau de la peste, furent, cette fois encore, couronnées d'un plein succès.

Le séjour imposé aux marchandises suspectes sur les sables de Blancpignon apportait au négoce des entraves que les Bayonnais eussent voulu éviter. Ils avaient grand souci de la prospérité de leur commerce ; aussi s'attachaient-ils particulièrement à entretenir en bon état les digues du Boucau, qui avaient pour but de faciliter l'entrée des navires dans l'Adour. L'action destructive des marées forçait la ville à réclamer souvent de nouveaux travaux ; ses magistrats n'omettaient jamais de conduire au Boucau les personnages importants qui pouvaient, par leur influence, faire accorder des secours. Ils se conformèrent à cet usage lorsque M. de Senuault, trésorier de France, vint à Bayonne, le 15 avril 1646, et ils lui offrirent une collation près des digues.

Des travaux de réparation furent exécutés aux deux digues en 1645 et à la digue sud en 1652, avec des fonds produits par le droit de 7 sols et 6 deniers que la ville avait été autorisée à prélever sur chaque barrique de vin. Ce droit, accordé une première fois jusqu'au 31 décembre 1645, fut prorogé d'abord jusqu'en 1652, et ensuite jusqu'en 1661.

Le bon entretien des digues assura la conservation des relations commerciales entre Bayonne et les ports des Flandres. Il faut croire que leurs échanges présentaient une certaine activité, puisque le Conseil de ville de Bayonne faisait apporter de ces contrées des seaux à incendie en cuir bouilli, y envoyait une couleuvrine fendue pour la faire refondre (1649), et chargeait deux Bayonnais, Charles et

François de Lalande, d'acheter à Amsterdam, pour le magasin de guerre, mille mousquets et deux cents bandoulières : ces armes furent payées sept livres chacune (15 juillet 1652).

Les commissaires du magasin avaient quelque peine à maintenir au complet le matériel de guerre qu'ils avaient en charge. Lorsque Toulonjon, voulant armer un fort construit à Biarritz sous sa direction, tenta de s'approprier deux fauconneaux, renfermés dans la tour Saint-Esprit, il dut reculer devant l'opposition des commissaires, qui revendiquèrent les droits de propriété de la ville sur les pièces, les armes et les munitions contenues dans cette tour (1651). Le fort fut cependant armé avec des fauconneaux, et le Conseil, soupçonnant qu'ils avaient été retirés de la tour de Sault, osa demander au sieur Valentin, commandant du fort, quelle était la provenance de ces pièces (11 mars 1652).

Le magasin, qui s'était augmenté, en 1650, de trois canons et de deux cents boulets rendus par le marquis de Poyanne, en fut dépossédé l'année suivante par ce même officier. Afin de parer à ces diverses diminutions, le Conseil fit procéder à des achats et à des réparations ; il se procura, le 10 mars 1651, dix paires d'armures complètes ; il donna ordre de fabriquer de nouveaux affûts en remplacement de ceux qui étaient pourris, et il utilisa comme plates-formes à canon des fonds de bateaux construits jadis pour le siège de Fontarabie et restés sans emploi (25 octobre 1651). Enfin, cette assemblée, non contente de veiller à la conservation des pièces d'artillerie, eut soin d'en assurer l'utilisation ; elle donna ordre, dans ce but, à l'échevin et au jurat, commissaires du magasin de guerre, d'exercer quelques habitants de la ville au tir du canon ; cet exercice eut lieu, sur un terrain du quartier de Liposse, à Saint-Esprit, avec un canon pris à la tour du Nard (9 juillet 1649).

Si le commerce avec les Flandres était soumis aux alternatives de la paix et de la guerre, le même inconvénient affectait les relations de négoce entre le Labourd et la province espagnole de Guipuzcoa. Le Corps de ville de Bayonne s'entendit avec la junte de Saint-Sébastien afin de porter remède à cette situation, et il leur sembla que le meilleur moyen d'y parvenir était l'établissement d'un traité de commerce entre les habitants des deux côtés de la frontière. Pendant que la junte déléguait quelques-uns de ses membres à Madrid, pour obtenir de Philippe IV l'autorisation de conférer, les échevins de Bayonne, appuyés par le maréchal de Gramont, agirent dans le même sens auprès du roi de France (6 mai 1652). Conformément aux ordres des deux souverains, des pourparlers furent engagés entre le gouverneur de Bayonne et le capitaine général du Guipuzcoa. Toulonjon ne paraissait pas favorable à ces négociations ; il fit mauvais accueil aux ouvertures des bourgeois de Ciboure sur cet objet, et refusa de s'occuper du traité, se retranchant derrière un ordre du roi qui interdisait le négoce (11 décembre 1652). Cependant, il laissa les échevins poursuivre la rédaction du traité, dont le texte fut bientôt arrêté sans que le gouverneur ait jugé utile d'y apporter des modifications (24 janvier 1653).

La création d'un entrepôt de marchandises apporta au commerce bayonnais de grandes facilités ; le Conseil décida de le construire, à proximité de l'ancienne muraille de Piémont, joignant le fossé du moulin de la ville. On décida de renverser cet ancien rempart et d'employer ses matériaux à la nouvelle bâtisse. La démolition de ce vieux mur, placé derrière les maisons Dolluns, etc., avait été demandée, en décembre 1646, par les propriétaires des immeubles voisins ; mais après avoir obtenu du roi la permission nécessaire, les bourgeois avaient changé d'avis. Afin de justifier leur volte-face, ils avaient exposé au gouverneur que cette muraille, faisant suite aux chaînes de la Nive, était très nécessaire à la défense de la ville, surtout dans le cas où l'attaque se porterait sur les chaînes (22 février 1649). Toulonjon s'était laissé convaincre sans difficulté et n'avait pas exigé de modification à l'ancien état des lieux.

Construction du bâtiment de la douane.

La question fut définitivement résolue, dans la séance du 13 mai 1652, et la construction de l'entrepôt de la douane aussitôt commencée par la démolition du vieux mur. Le bâtiment devait comprendre un rez-de-chaussée et un étage ; dans le rez-de-chaussée : un chai destiné à l'entrepôt des marchandises apportées en ville, le bureau de la grande coutume et des petits revenus, un local affecté aux poids de la ville ; au premier étage : un parquet pour le tribunal de commerce et un magasin à blé de la ville. La construction de cet édifice se poursuivit avec les fonds fournis par un droit de vingt sols sur chaque barrique de vin transportée par mer ; on ajouta à ces ressources une somme de 600 livres payée par les bourgeois dont les immeubles bénéficiaient de la démolition du vieux rempart.

Le maréchal de Gramont ne s'était pas aperçu que la concession faite à la ville du droit de 20 sols par barrique, lésait ses intérêts, puisque cette recette faisait partie des droits de coutume dont il possédait une part. Celle-ci avait été concédée par le roi Henri IV à la famille de Gramont, en échange du comté de Blaye, de quelques autres places, et du palais de Lambeye à Bordeaux. Aussi, lorsque les échevins s'adressèrent directement à la couronne pour obtenir la continuation de ce droit, le maréchal, avisé du tort, que cette disposition faisait à ses intérêts, ne put se dispenser d'en faire l'observation au Conseil. Le premier échevin, sachant le maréchal prêt à partir pour la cour où il aurait pu desservir la ville, se rendit aussitôt à Bidache, accompagné des sieurs de Lalande et de Lapalisse, avec l'intention de lui offrir un cadeau important. Mais Gramont, informé à l'avance des offres qui allaient lui être faites, ne laissa pas aux députés le temps de les exprimer, et leur dit que la grande affection qu'il avait vouée à la ville ainsi que son désir de la servir avec amour, lui faisaient un devoir de refuser tout présent d'elle ; Dubois, ingénieur du maréchal, suivit l'exemple de son maître en n'acceptant aucun cadeau de l'échevin (4 novembre 1652).

Les sentiments professés par le maréchal à l'égard de la ville étaient bien véritablement ceux qu'il avait exprimés durant cette visite. Il les manifesta à l'occasion d'une bastonnade infligée au boucher Horsans, de Bayonne, par le chevalier de Gente, le 29 juillet précédent ; ce gentilhomme, voyageant sans passe-port, avait été surveillé par la police de Bayonne. Afin de tirer vengeance de ce qu'il considérait comme un manque d'égards, il assaillit à coups de bâton le premier Bayonnais qui tomba sous sa main ; ce fut Horsans qu'il violenta dans les rues de Saint-Jean-de-Luz et à qui il dit pour toute explication qu'il pouvait informer le premier échevin du mauvais traitement qu'il venait de subir.

Cet incident aussitôt connu, le maréchal ordonna au sieur d'Urtubie d'arrêter le chevalier et de le livrer à la justice de la ville. Son procès était en cours d'instruction lorsque le duc de Guise, qui s'intéressait au chevalier, envoya requérir sa mise en liberté. Le maréchal déféra à cette demande, mais il exigea que Gente se rendît en séance du Conseil, afin d'entendre, en présence de tous les conseillers en robes rouges et du boucher Horsans, la déclaration suivante que son secrétaire avait reçu l'ordre de faire : « Messieurs, M. le « maréchal de Gramont m'a commandé de vous mener de « sa part M. le chevalier de Gente, lequel vous assure qu'il « est au désespoir de l'action qu'il a faite contre un habitant « de la ville et des discours qu'il lui a tenus, dont il vous « demande pardon, vous assurant que ça a été par un déportement d'esprit et sans dessein aucun de vous offenser. »

D'ailleurs, le Conseil ne se lassait pas de protester toutes les fois qu'il constatait un manquement aux règlements. Le refus de recevoir le mot du premier échevin et de lui livrer les clefs de la ville, durant l'absence du gouverneur et de son lieutenant, opposé par le capitaine de Labassure, commandant les mortes-payes, fut l'objet d'une réclamation que des députés du Conseil transmirent au gouverneur dans le château de Bidache, et qu'ils appuyèrent d'un extrait du règlement (14 septembre 1645). Les échevins signalèrent encore l'existence anormale d'un jardin établi par un morte-paye sur le terre-plein et les parapets du bastion Lachepaillet, et voulurent savoir en vertu de quelle autorisation le soldat avait agi (16 avril 1649).

Les magistrats du Conseil ne mettaient pas moins de ténacité à défendre les prérogatives de leur justice. Ils résistèrent au lieutenant-général du sénéchal, qui voulait mettre la main sur la justice criminelle. Ce litige fut l'objet d'un procès devant le Parlement de Bordeaux (janvier 1646). L'affaire durait encore, le 4 novembre 1652, la ville persistant toujours à réclamer pour elle la prévention des crimes et délits contre le lieutenant général de Lespès. Ce dernier, se prétendant offensé par les accusations portées contre lui dans le cours du procès, résolut de cesser tous rapports avec les échevins et refusa de se rendre à une séance du Conseil de guerre, à laquelle il avait été convié par la ville ; le procureur du roi suivit l'exemple de son chef et s'abstint avec lui.

Le Corps de ville prit la résolution, au commencement du nouveau règne, de terminer le bastion de Saint-Esprit, placé au confluent de l'Adour et de la Nive ; il résolut en même temps de reconstruire le vieux pont sur le fleuve et d'ériger une porte monumentale à la tête de ce pont, en avant des deux vieilles tours qui flanquaient la porte dite de Saint-Esprit. Pour diriger ces travaux importants, les échevins, jugeant que Louis de Millet, ingénieur ordinaire de la ville, ne présentait pas des capacités suffisantes, obtinrent du roi l'envoi à Bayonne du sieur Desjardins, l'un de ses ingénieurs.

Erection de la porte monumentale de Saint-Esprit et construction du bastion voisin.

Cet homme de l'art arriva en ville, en juin 1643, avec le titre de directeur des fortifications de Bayonne et de Saint-Jean-Pied-de-Port, et fut logé par les soins du Conseil. Il trouva les travaux de reconstruction du pont et du bastion sur le point d'être engagés par l'entrepreneur Morassin.

Les murs du bastion offraient si peu de solidité qu'ils ne pouvaient résister aux trépidations causées par les salves d'artillerie ; à l'occasion de l'entrée du duc d'Epernon, les canons ayant été placés sous un nouvel appenti et mis en batterie dans les embrasures de la muraille, Desjardins constata que les maçonneries du parapet et du corps de garde voisin s'étaient fortement crevassées et que les encadrements et embrasures avaient été disjoints. L'ingénieur jugea imprudent d'aggraver le mauvais état de cette maçonnerie en continuant les tirs et décida le Conseil à transférer les canons dans le boulevard du Nard, où un abri leur fut préparé (29 septembre 1644).

L'édification de la nouvelle porte fut commencée en janvier 1647 ; afin de se conformer au projet dressé par Desjardins, les échevins voulurent la faire en pierre de Taillebourg, localité située sur les bords de la Charente. Quoique le transport de cette pierre par eau eût été relativement facile, il fallut y renoncer parce que les carrières ne pouvaient fournir des blocs de pierre suffisamment grands. On la remplaça par la pierre blanche d'Urcuit, d'après le Conseil du sieur Nicolas, maître maçon à Bidache. Les travaux furent régulièrement exécutés par les maîtres maçons, Jean de Morassin et Bertrand de Sanguinet, suivant un marché à prix faits ; le toisé en était relevé, à mesure de leur avancement, par Desjardins, et servait de base au payement des sommes dues aux entrepreneurs. Six mois après l'ouverture du chantier, l'ouvrage se trouvait déjà bien avancé ; le mur d'enceinte du bastion était presque terminé ; la courtine en avant de l'ancienne porte s'élevait hors de terre, ayant, en son milieu, le nouveau portail en pierre blanche ; il en était de même du rempart en retour qui rattachait cette courtine au front des Jacobins.

Deux projets avaient été dressés pour la partie supérieure du portail Saint-Esprit ; l'un par l'ingénieur Desjardins, le second par Nicolas de Bidache. Le Conseil donna la préférence à celui de l'ingénieur (18 août 1649), et, pour dédommager Nicolas, il le chargea des sculptures de la porte. La difficulté de se procurer des fonds était parfois la cause des arrêts qui se produisaient dans la marche du travail ; ces interruptions étaient le seul moyen dont disposaient les entrepreneurs Jean de Morassin et David de Lanusse pour décider les échevins à faire opérer le toisé de l'œuvre et à leur verser des à-comptes (30 décembre 1650) ; il le renouvelèrent, l'année suivante, quand ils voulurent se faire payer le rempart en retour. Durant ces périodes d'arrêt forcé, le pontier prenait des précautions afin d'éviter les dégâts que la pluie aurait occasionnés aux maçonneries, et il recouvrait avec soin l'arceau de la porte (3 juillet 1650).

Le sieur Duvergier de Caulonque fut préposé pendant six ans à la surveillance de ces travaux ; il prit soin de faire placer une rangée de pieux en dehors du bastion Saint-Esprit afin d'empêcher les bateaux de dégrader cet ouvrage. Puis les magistrats, jugeant qu'il suffisait au surveillant de connaître la qualité du mortier employé et de s'assurer que les pierres des maçonneries étaient bien assujetties à coups de marteau, décidèrent, par raison d'économie, de supprimer l'office de Caulonque et remplacèrent cet employé par deux conseillers, Pierre de Lalande de Lapalisse et Jean de Fonsecave, qui acceptèrent d'exercer gratuitement la surveillance des travaux.

Sous cette nouvelle direction, on mit en place les ferrures du pont-levis de la nouvelle porte (roues en fer, chaînes et crocs pour la manœuvre, consoles pour lanternes, etc.). et on revêtit de maçonnerie le fossé du pont-levis ; on fit transporter dans le bastion de Saint-Esprit douze pièces d'artillerie en fer pour armer ses remparts, et on releva plusieurs fois le sol des embrasures qui s'affaissait constamment, afin de maintenir les pièces à hauteur convenable. Le terre-plein intérieur du nouveau bastion fut nivelé, après enlèvement des pierres et de la terre qui l'encombraient. Le corps de garde fut reconstruit entre le portail et l'une des anciennes tours de la porte. Toulonjon ayant fait observer que cette construction masquait les fenêtres de la chambre occupant l'étage de la tour, on pratiqua de nouvelles fenêtres d'un autre côté de cette tour. Les travaux d'installation du corps de garde et du pont-levis, entrepris le 9 octobre 1651 et terminés le 24 septembre 1652, coûtèrent à la ville 2.440 livres.

Conformément à l'usage adopté depuis peu de temps, on assura la protection de la nouvelle porte, en plaçant en avant d'elle une palissade dont Larrieu, de Bidache, avait envoyé le plan aux échevins (1er juillet 1646). On prit aussi le soin d'éviter que l'eau provenant du fossé des Jacobins et s'écoulant sous le nouveau pont-levis de Saint-Esprit ne causât du dommage au bastion ; dans ce but, on lui donna une autre direction au moyen d'un canal courbe, et on la fit en même temps écouler du côté de Mousserolles (18 décembre 1645). Parallèlement aux travaux du bastion et de la porte Saint-Esprit, les échevins surveillants firent reconstruire le grand pont sur l'Adour, après avoir démoli l'ancien, le 14 juin 1646.

Ils présidèrent en même temps au rétablissement des chaînes ou estacades de Sault ; celles-ci avaient été emportées par une inondation de la Nive, le 1er décembre 1645. Des mesures de sûreté furent prises pour parer à ce désastre ; on renforça les corps de garde du port de Sault et de la tour des Menons, placées aux deux extrémités de la chaîne, on rappela leur consigne aux chefs de la garde des quatre portes, enfin on recommanda aux habitants de se fournir d'armes et de munitions. Puis, les échevins firent pousser si activement les travaux de restauration des chaînes, qu'ils purent annoncer leur achèvement, le 9 février 1656, au roi et au gouverneur. Ils avaient en outre fortifié les abords de la tour des Menons, au moyen d'une palissade comprenant

Réfection
de l'estacade
de Sault.

cent cinquante pals reliés entre eux par trois cours de moises. La réfection des chaînes de Sault avait coûté 10.245 livres.

Une si forte dépense était justifiée par l'importance de l'estacade restaurée. Cet ouvrage, qui barrait la Nive entre la tour des Menons et de Sault, se composait de cinq piles ou palées supportant à demeure un plancher formé par vingt-une poutres jointives ; la dernière travée, du côté de la tour de Sault, était laissée vide, pour livrer passage aux bateaux. Chaque pile comprenait sept pieux couronnés par une poutre ou chapeau. Afin d'interdire aux bateaux le passage entre les piles, six grands mâts en sapin étaient maintenus à fleur d'eau, en travers du courant, par de grosses chaînes rattachées aux poutres du plancher et ajustées de manière que les mâts puissent suivre librement le niveau de la marée. La travée réservée au passage des bateaux était barrée par une espèce de rideau en treillis de fer placé verticalement et réunissant les deux palées limitant l'intervalle ; ce rideau formait un treillis flexible, constitué par cinq grosses chaînes en fer, placées horizontalement les unes au-dessus des autres, et rattachées entre elles, dans le sens vertical, par des chaînons de fer. Le treillis était replié vers la rive gauche, à l'aide d'un câble ; celui-ci venait s'enrouler autour d'un tambour que l'on mettait en mouvement par le moyen d'une roue à pignon. Ce mécanisme était supporté par deux chevalets de bois, placés aux deux extrémités de la travée de passage.

La ville avait été autorisée par le roi à disposer de la recette de la grande coutume pour payer ces divers travaux, savoir : bastion et porte Saint-Esprit, grand pont sur l'Adour, chaîne amont de la Nive. Selon l'usage établi, elle mit en afferme ce droit, aussi bien à Bayonne qu'à Biarritz et à Saint-Jean-de-Luz. Comme le maréchal prétendait justement à la moitié de cette recette, les échevins consentirent à lui payer, à forfait, sa part de la grande coutume, au taux de 10.000 livres par an, durant tout le temps que la ville conserverait le bénéfice de cette recette. Le recouvrement en fut dès lors simplifié et n'entraîna plus de conflit avec le maréchal (19 décembre 1645). Le toisé de la porte et du bastion Saint-Esprit ne fut entièrement arrêté que le 3 avril 1656, et fit ressortir une dépense totale de 25.000 livres.

Les palissades qui entouraient les fortifications de la ville, étaient sujettes à de nombreuses causes de dégradations. Les intempéries et les chocs des passants en facilitaient la chute ; les mortes-payes et les soldats de garde poussaient aussi à leur destruction, afin d'en utiliser les bois pour se chauffer ; ils pillaient en outre les corps de garde placés à l'extérieur de la ville. Malgré les procès-verbaux dressés par ordre du Conseil, les dégâts ne cessèrent pas ; d'Artagnan, lieutenant du gouverneur, constata même, durant une visite des fortifications, que les palissades de pin établies dans les fossés étaient presque entièrement détruites et jugea qu'il était prudent de recueillir ce qu'il en restait (3 novembre 1645).

Voyant qu'il n'avait pas pu empêcher la ruine des palissades, le Conseil de ville se décida, le 8 février 1649, à les rétablir ; il envoya dans ce but des ouvriers abattre des pins, dans la région de Marennes. Afin de couper court à de nouvelles déprédations et démolitions qui se produisirent près du fossé de Mousserolles, le Conseil fit ouvrir une information par censure ecclésiastique, pour découvrir plus sûrement les coupables. Les travaux de rétablissement des palissades se continuèrent en 1650. On les reconstruisit : 1° de Mousserolles au bastion Saint-Jacques, le long de la brèche ; 2° de la tour de Sault à la porte Saint-Léon ; 3° du Château-Vieux à la tour du Nard ; enfin, on refit d'autres parties de moindre importance.

Les commissaires des fortifications firent exécuter, d'après les avis de Desjardins, quelques autres améliorations. Par leurs soins, les abords de la demi-lune de la porte Saint-Léon furent débroussaillés ; le pont fixe de cette porte, dont les piliers en maçonnerie se trouvaient trop faibles, fut consolidé par la construction de piliers supplémentaires ; enfin, le fonctionnement défectueux des herses des quatre ponts-levis fut corrigé.

L'ingénieur Desjardins voyant que la ville tardait à le rémunérer de ses peines, fit intervenir le président Gassion, du Parlement de Pau. Ce magistrat recommanda aux échevins d'appliquer aux travaux de fortifications l'argent qui leur était destiné, et de récompenser l'ingénieur ; à la suite de cette démarche, la ville offrit 600 livres à Desjardins, autant pour les divers services qu'il lui avait rendus, que pour la visite des chantiers du bastion et du pont, le priant de se contenter de cette somme.

CHAPITRE VIII

TROUBLES DE LA FRONDE. — BAYONNE SUR LE POINT D'ÊTRE LIVRÉ A L'ESPAGNE. — GRANDS TRAVAUX DE FORTIFICATIONS DIRIGÉS PAR DUBOIS (1647-1653).

Fidélité de la ville durant les troubles de la Fronde. — Flottille bayonnaise dirigée contre Bordeaux. — Trahison de Mantilla. — Son supplice. — Bayonne gravement menacé par les Espagnols. — L'ingénieur Dubois la fortifie. — Construction de la plate-forme du Château-Neuf. — Ouvrages à corne de St-Léon et du Château-Vieux. — Remparts renforcés par des parapets en terre. — Fourneaux de mine sous les glacis et traverses défensives dans les fossés. — Construction d'un fort à Biarritz. — Sa démolition poursuivie par la ville. — Bayonne menacé se met en défense.

Fidélité de la
ville durant les
troubles
de la Fronde.

La conduite des travaux importants exécutés dans la ville de Bayonne n'empêcha pas cependant les échevins de suivre attentivement les événements qui se passaient en France. Le duc d'Enghein, qui venait de prendre le titre de prince de Condé, à la suite du décès de son père, donna de l'inquiétude à la reine mère, à cause de la popularité que lui valaient ses succès. Elle l'envoya opérer en Catalogne avec de mauvaises troupes levées en Poitou ou composées d'étrangers ; cette armée fournit tant de déserteurs, que le roi ordonna au duc d'Epernon de les arrêter et de les emprisonner (5 avril 1647). Condé échoua devant Lérida ; il obtint alors d'être rappelé en Artois, d'où il réussit à chasser l'archiduc Léopold, dont il battit les troupes dans les plaines de Lens ; le maréchal de Gramont et son frère Philibert participèrent à cette victoire, à l'occasion de laquelle des réjouissances eurent lieu à Bayonne, sur l'ordre d'Epernon (3 décembre 1648). Mais cet état de guerre et la réunion de régiments espagnols ou wallons à Saint-Sébastien obligèrent les échevins à se tenir sur leur garde. Ils chassèrent les mendiants ; ils firent escorter par des soldats pris dans les escouades de garde, durant leur traversée de la ville, les pèlerins et tous les militaires français ou espagnols qui passaient en grand nombre par Bayonne ; ils avertirent enfin les habitants de se tenir prêts, avec munitions et armes au complet.

Le désir d'accaparer le pouvoir entraîna le Parlement de Paris et un groupe de gentilshommes surnommés les « Importants » à se révolter contre Anne d'Autriche et son ministre Mazarin. Le peuple de Paris, soulevé par Beaufort, força la reine à se retirer à Saint-Germain, avec la cour et le jeune

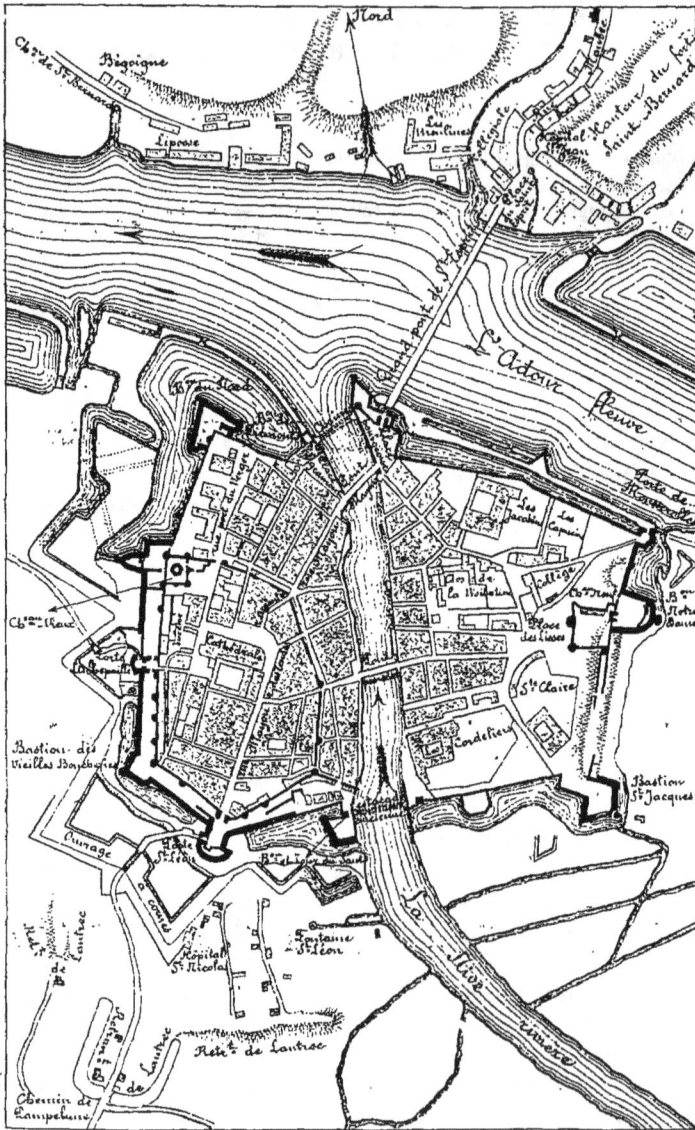

BAYONNE DE 1654 A 1680

roi. Le prince de Condé prit la défense de l'autorité royale, ravagea avec son armée les environs de Paris et eut bientôt raison de ses habitants (janvier 1649). Les échevins de Bayonne, avertis successivement par le gouverneur et par le roi, prirent des précautions pour se bien garder, et écrivirent au maréchal de Gramont de se porter garant de la fidélité de la ville envers le pouvoir royal (1er février 1649).

Cependant, Condé ayant voulu à son tour empiéter sur le gouvernement de la régente, fut emprisonné dans le donjon de Vincennes, où il alla rejoindre deux gentilshommes de la cabale, Conti et Longueville. Anne d'Autriche résolut de convoquer les états généraux, à Orléans, le 15 mars afin d'amener l'apaisement ; mais auparavant, elle ordonna la réunion des états provinciaux qui devaient choisir les délégués. Les états des Lannes furent convoqués à Dax par Henri de Poyanne, sénéchal de cette circonscription ; la ville de Bayonne protesta contre le choix de cette ville, prétendant avoir le premier rang sur toutes ses concurrentes pour le service du roi. Néanmoins, son député, l'échevin de Lafont, se rendit à la convocation ; mais, appelé à siéger au troisième rang, après Dax et Saint-Sever, il fit valoir les revendications de Bayonne et quitta l'assemblée (22 février 1649).

La paix ne tarda pas à se faire entre le roi, d'une part, les membres du Parlement et les seigneurs de la cabale, d'autre part ; avis en fut donné à Bayonne par d'Epernon (16 avril 1649). Mais le prince de Condé, gardé prisonnier, ne voulut pas désarmer. Pendant sa captivité, sa femme avait soulevé la Guyenne en sa faveur ; des troubles graves s'étaient produits à Bordeaux (30 mars) ; ils furent suivis d'un combat livré à Libourne entre les révoltés et le duc d'Epernon qui avait juré de les châtier. Ce seigneur finit par faire capituler les meneurs dans le château Trompette (1) (28 octobre 1649). Durant cette lutte, les échevins bayonnais, redoutant que l'Espagne, dans le but de tirer parti de cette situation, ne voulût opérer quelque surprise du côté de la frontière, soumit le cas au Conseil secret des douze bourgeois ; ceux-ci firent arrêter à Saint-Jean-de-Luz un certain Diez, qu'ils soupçonnaient d'espionnage, parce qu'il se dirigeait en poste du côté de Saint-Jacques de Compostelle ; ce mode de locomotion, peu usité par les pèlerins, avait éveillé leur attention. Les soupçons des échevins furent corroborés par l'évasion de l'espion (28 septembre 1649).

Le duc d'Epernon, après avoir délivré Bordeaux, remonta la Garonne, afin de soumettre le haut pays. Il écrivit de

(1) Ancienne citadelle de Bordeaux.

Marmande aux échevins de Bayonne, leur demandant du plomb en balles, des boulets et des mèches (30 novembre) : il envoya en ville le sieur Larcher, commissaire ordinaire de l'artillerie, prendre livraison de soixante quintaux de poudre, six quintaux de mèche et mille boulets, qui furent extraits du magasin de guerre. Cet officier emporta aussi cinq cents piques commandées précédemment par le duc aux fabricants de la contrée (décembre 1649).

Pendant que d'Epernon était retenu loin de Bordeaux par la répression de l'insurrection, celle-ci reprenait de nouvelles forces dans la capitale de la Guyenne, encouragée par la nouvelle que l'Espagne amassait des troupes sur la frontière (4 avril 1650). Le Conseil secret de Bayonne se réunit aussitôt, et arrêta certaines mesures propres à augmenter la sûreté de la ville et à empêcher les surprises (13 mai) ; il fit réclamer un secours de cinq cents soldats au vicomte d'Orthe, et écrire à d'Urtubie, en l'absence du bailli de Labourd, de tenir prêts les mille hommes de ce pays. On plaça à l'extérieur de la ville, en un lieu appelé le Banquet, situé entre les deux rivières, du côté de Mousserolles, un corps de garde de six hommes, duquel on fit partir des rondes fréquentes fouillant les environs. Les patrons et claviers des vignerons des quatre portes, coupèrent, aux abords de celles-ci, les arbustes et broussailles, encombrant les fossés, que l'ennemi aurait pu transformer en fascines et utiliser pour l'approche des remparts. Les herses des quatre portes furent visitées et remises promptement en bon état de fonctionnement. Le blé du magasin, changé en farine, servit à confectionner du biscuit que l'on renferma dans des barriques. Les canons en fer, placés sur les remparts et au-dessus des portes furent réparés, et la brèche faite dans l'enceinte par la démolition de la guérite de Saint-Léon ne tarda pas à être bouchée par une guérite neuve. Il fut en outre décidé que, pour impressionner les ennemis et les rebelles et leur donner une preuve de la force de la ville, une compagnie d'habitants armés serait préparée, la plus forte possible, pour maintenir l'ordre durant la Fête-Dieu. Enfin, on arrêta que la foire d'août, occasion fréquente de désordres, ne serait tenue, cette année, qu'en présence d'une garde imposante.

En même temps que ces divers préparatifs s'exécutent, le sieur Duhalde, appelé à Saint-Sébastien par le soin de ses affaires, s'est informé discrètement des desseins de l'ennemi. Les échevins sont en mesure de renseigner le roi au sujet des secours que l'Espagne se propose d'envoyer au parti de la Fronde ; ils lui font connaître les mouvements de troupe qui s'exécutent tant en Guyenne qu'en Espagne, et, avant de terminer leur lettre, ils ont soin de faire ressortir la pauvreté de la ville en artillerie et de solliciter un envoi de pièces de canon et de poudre. (27 mai 1650).

Le cardinal, après s'être réconcilié avec Turenne que les rebelles avaient réussi à attirer un moment dans leur camp, jugea utile de conduire le jeune roi devant Bordeaux, afin d'amener la soumission de cette cité.

Les échevins de Bayonne décidèrent d'envoyer vers Louis XIV, à Libourne, malgré les troubles, une députation pour le saluer. Le monarque leur fit mander, par le sieur de la Vrillière, son secrétaire, d'armer et d'équiper dix pinasses et deux corvettes ; ces navires, réunis aux six pinasses demandées à Saint Jean-de-Luz et à Ciboure, devaient se rendre dans la Gironde, afin de combattre 'a flotte des Bordelais révoltés. Il recommanda de placer sur ces bateaux six pièces de canon et un grand nombre de boulets, laissés à Bayonne par le prince de Condé, père, après son échec devant Fontarabie.

Flottille de dix pinasses, commandée par Maubec, dirigée contre Bordeaux.

L'assemblée des bourgeois, consultés par les échevins, fut flattée de la préférence dont la ville était l'objet et, dans l'espoir qu'il en résulterait pour elle quelques profits, décida d'accomplir la demande du roi. Chaque bourgeois offrit de contribuer à la dépense selon ses facultés ; la ville emprunta 5.600 livres pour armer cette flottille. L'assemblée désigna, pour général des pinasses, de Maubec, sieur de Peilic, lequel choisit à son tour les chefs de chaque pinasse. Les dix capitaines furent pris à Bayonne, à Vieux-Boucau et à Cap-Breton ; ils se nommaient : Doushons, Jacques Daubail, Arnault et Martin de Biaune, Jean de Maignon, Dupuy, Jean Duler (1), Lafargue, Magire et Coulonque (2).

Ces capitaines composèrent des équipages de vingt-cinq à trente marins ou soldats ; ils enrôlèrent beaucoup de gens de Bayonne, puis ils firent appel aux habitants de Cap-Breton et du Vieux-Boucau en les alléchant par le paiement anticipé d'un mois de solde. Ce procédé réussit médiocrement, car les esprits se montraient peu disposés à favoriser les intentions du roi, et il fallut, pour compléter les rôles, tous les efforts des délégués de Bayonne, aidés de deux gardes du gouverneur en uniforme qui ne quittèrent ces deux localités qu'après la clôture des listes (5 août 1650). Les échevins firent acheter des mousquets et ravitaillèrent les pinasses de toutes sortes de vivres : biscuit, vin, sel, huile, vinaigre, chandelle, etc. Le 12 août 1650, la flottille mit à la voile, sous la conduite des sieurs de Maubec, père et fils.

(1) Du Boucau vieux, commandant la pinasse *La Jeanne*.
(2) La ville dut allouer, plus tard, des indemnités aux héritiers de ces capitaines, pour des frais qui ne leur avaient pas été remboursés.

M. d'Artagnan de Castelmore, gentilhomme du cardinal, qui était venu à Bayonne, s'embarqua dans la pinasse de Maubec, et donna l'ordre à ce dernier de rejoindre en mer le sieur de Montcuq, garde-côte de France, qui les attendait avec deux navires pour les conduire.

La flottille mit six jours pour arriver à Blaye, à l'embouchure de la Gironde. Maubec débarqua et suivit d'Artagnan jusqu'à Libourne où se trouvait la cour. Le général bayonnais fut présenté par le maréchal de Gramont au roi, puis à la reine mère et ensuite au cardinal Mazarin qui l'embrassa plusieurs fois. Il regagna son navire et ne remit plus pied à terre ; la flotte royale était composée de quatre grands vaisseaux, de quelques galiotes de La Rochelle et des pinasses de Bayonne ; elle tira, nuit et jour, contre la ville, jusqu'à cinq cents coups de canon par jour. La flotte bordelaise n'osa jamais se mesurer avec elle, redoutant de s'éloigner des batteries de la ville et de se priver ainsi de leur protection. Grâce à l'appoint fourni par la flottille bayonnaise, la flotte royale fut assez respectable pour en imposer au roi d'Espagne et lui enlever toute envie d'envoyer par mer aux Bordelais les secours qu'il leur avait promis.

Après quelques préliminaires de paix, la cour entra à Bordeaux, le 5 octobre 1650 ; elle y fut froidement accueillie et retourna bientôt à Paris, où Mazarin avait hâte d'arrêter les progrès que la Fronde y avait faits durant son absence. Le vieux Maubec, qui avait eu ses deux bras cassés dans cette campagne, rejoignit Bayonne (10 février 1651), sans autre récompense que la satisfaction d'avoir fidèlement servi son roi. Lorsqu'il fut entièrement rétabli, il se présenta devant le Corps de ville et le remercia du choix de sa personne ; il fit connaître en même temps qu'il n'avait reçu du roi aucune paye pour lui, son lieutenant et sa suite. Le Conseil trouva que Maubec devait être récompensé et remboursé de ses dépenses ; ayant appris que ce marin était obligé, en exécution des dispositions testamentaires d'un de ses aïeux, de payer à l'hôpital Saint-Nicolas une rente annuelle, il lui fit abandon du capital et des arrérages de cette rente, estimant avec raison que cette concession ne porterait aucun tort aux pauvres de l'hôpital, dont l'entretien restait à la charge des fonds communs de la ville. Ainsi, conclut le Conseil, la vertu des gens de bien étant récompensée, chacun sera excité à servir la ville.

A la suite de la capitulation de Bordeaux, la princesse de Condé fut obligée de se retirer dans ses terres. Quant au prince, son mari, il recouvra sa liberté et ne tarda pas à se révolter de nouveau. En l'absence de Mazarin, qui se sacrifia pour amener la pacification et se retira à Cologne, Condé et le cardinal de Retz se disputèrent le pouvoir. La reine mère, en correspondance secrète avec Mazarin, se décida, sur son conseil, à faire déclarer la majorité de son fils, à peine âgé de treize ans, afin d'écarter d'elle ces deux rivaux.

Condé adopte alors le parti de la révolte ouverte et se joint à l'armée espagnole. La Guyenne et quelques provinces du Midi se replacèrent sous le drapeau du rebelle. Pendant que Mazarin rentrait en France, emmenant à Turenne un renfort de sept mille hommes, afin de donner à l'armée royale le moyen de réduire les partisans de Condé, les Espagnols faisaient à Saint-Sébastien et à Passage des rassemblements de troupes et manifestaient le dessein de tenter une attaque sur Bayonne. Le Conseil des douze bourgeois s'empressa d'organiser la résistance, et fit recommander aux gens aisés de constituer à leurs frais des provisions de blé, ajoutant qu'ils pourraient facilement les revendre lorsque tout sujet de crainte aurait disparu.

Trahison de Mantilla son supplice.

Deux incidents vinrent corroborer les appréhensions du conseil secret. D'abord l'apparition de deux frégates espagnoles qui se présentèrent audacieusement à l'embouchure de l'Adour et ne se retirèrent qu'après en avoir sondé les fonds (10 février 1651) ; ensuite l'arrestation d'un espion qui avait comploté de livrer Bayonne aux Espagnols. Ce personnage, nommé Pedro Munés Mantilla, était né à Logrono en Espagne ; entré au service du duc de Ferrandine, comme arquebusier, il avait volé 50.000 piastres à ce grand seigneur espagnol. A la suite de ce méfait, Mantilla avait abandonné son pays d'origine et s'était réfugié à Saint-Jean-de-Luz. Cet homme, plein de hardiesse et très adroit, résolut de livrer Bayonne aux Espagnols, afin d'obtenir en récompense de ce service l'absolution de sa faute. Durant l'un de ses voyages à Saint-Sébastien, il communiqua son projet au capitaine Orgniota, lequel, approuvant son idée, se rendit à Madrid afin d'en conférer avec Don Luis de Haro, secrétaire du roi. En correspondance constante avec le baron de Watteville, gouverneur de Saint-Sébastien, qui avait reçu les ordres de la cour, Mantilla concerta avec cet officier les mesures à prendre pour réaliser son projet.

Dix pinasses pleines de troupes devaient partir de Guétary, en Espagne ; quatre frégates également remplies de soldats quitteraient Passage le même jour. La flottille, après être rentrée de nuit dans le havre de l'Adour, déchargerait les troupes sur la rive gauche du fleuve, près du moulin de Sabalse. Celles-ci, conduites par Mantilla, devaient se diriger vers le bastion du Château-Vieux, en passant par Anglade et par la corderie de Naguille (1) ; après s'être jetées dans le fossé, et avoir escaladé les murs du bastion, ces troupes auraient pénétré dans le Château-Vieux, à la suite de l'espion qui avait le moyen d'abattre les ponts-levis et d'ouvrir les portes. Les Espagnols auraient alors envahi les murs de la ville et surpris les habitants pendant leur sommeil. Pour appuyer cette tentative, le baron de Watteville devait amener secrètement, par voie de terre, des troupes sous les murs de Bayonne.

Afin d'arrêter les détails d'exécution de son projet, Mantilla quitta Saint-Jean-de-Luz et, poussant devant lui un troupeau de dindons, il le mena paître aux pieds des remparts de Bayonne qu'il examina ainsi à loisir. Il remarqua que le bastion du Château Vieux présentait des facilités d'accès dont il se promit de tirer profit. Cependant, il projeta d'abord de faire escalader le mur d'enceinte de la ville dans la partie relativement basse placée, entre le Château-Vieux et le bastion du Nard, derrière le jeu de pomme du sieur Niert, mais il dut renoncer à cette combinaison à cause du voisinage du corps de garde, appelé les Loms, dont la sentinelle aurait donné l'éveil à la troupe du guet. Il se décida dès lors à introduire les ennemis par le bastion du Château-Vieux. Cet ouvrage n'était pas gardé ; quant au château lui-même, il était habité par Henri de Montesquiou d'Artagnan, parent et lieutenant du gouverneur Toulonjon. La garnison du château comprenait, à la vérité, un capitaine, un lieutenant, un portier, quatorze hommes d'armes assistés chacun par un archer, treize soldats mortes-payes ; mais toute cette troupe se bornait à faire un service de parade, se produisant dans les cérémonies, portant le mot du guet, et abandonnant pour ainsi dire le château pendant la nuit, pour habiter des maisons de la ville.

Cette situation favorable à une surprise n'échappa pas à Mantilla qui se mit en mesure de prendre l'empreinte à la cire de toutes les serrures des portes qu'il fallait ouvrir pour pénétrer dans le Château-Vieux. Après avoir franchi la porte des barrières extérieures, il grimpait, en s'aidant d'un croc, le long des chaînes du pont-levis défendant l'entrée du bastion (2), dont le tablier était redressé, et, sautant à l'intérieur de l'ouvrage, il prenait l'empreinte de la porte à battants placée derrière le pont-levis. A l'aide de ces empreintes, il confectionnait des clefs qui lui permettaient, à la visite

(1) Aujourd'hui Lanne, sur les allées Paulmy.

(2) Ce pont levis était placé devant la poterne faisant communiquer le bastion avec les fossés ; l'ouverture de celle-ci se voit encore du côté Ouest, mais elle a été murée.

suivante, de pénétrer plus avant dans le château. Enfin, muni de toutes les clefs nécessaires pour arriver jusqu'à l'entrée de la cour du Château-Vieux, il ne lui restait plus qu'à réaliser son funeste projet, lorsque, par un hasard providentiel, toute sa trame fut découverte.

Pedro Munés logeait à Saint-Jean-de-Luz, chez une certaine Marion Garay, épouse de Pedro Philiguer, portugais, et il avait attiré l'attention de cette femme par ses déplacements fréquents. Un vol de farine commis par lui dans un chai de Saint-Jean-de-Luz, où il avait pénétré avec une fausse clef, amena une perquisition dans son domicile ; cette opération fit découvrir une lettre cachée sous son traversin et destinée au baron de Watteville, dans laquelle le traître donnait, à mots couverts, rendez-vous pour l'expédition prochaine. On trouva aussi les empreintes de cire et les clefs fabriquées qui s'adaptèrent aux portes du Château-Vieux.

L'espion fut immédiatement arrêté, la nuit suivante, par le vicomte d'Urtubie, puis conduit à Bayonne et condamné à mort par sentence du tribunal du sénéchal. Il fut pendu sur la place publique, le 1er avril 1651, et sa tête attachée à un poteau, resta exposée au-dessus de la poterne par laquelle il avait voulu introduire les ennemis. Le peuple de Bayonne était tellement excité contre ce misérable, qu'il avait obligé les échevins à presser son jugement et à procéder aussitôt après à son exécution.

Rappelant les dernières paroles de Mantilla, attribuant à Dieu seul la découverte de sa trahison, le clerc de ville émit l'avis qu'il serait juste d'en rendre grâce au Seigneur en établissant annuellement une procession solennelle ; Monseigneur d'Olce souscrivit au désir du Conseil et institua, le dimanche avant celui des rameaux, une procession, précédée d'une grand'messe avec sermon et chant du *Te Deum* ; le cortège devait sortir de la ville par la porte Saint-Léon, s'arrêter à la chapelle de ce saint et rentrer par la porte de Lachepaillet.

Philiguer et sa femme Marie Garay ne furent pas oubliés ; une quête faite, par un échevin et un bourgeois, produisit une somme suffisante pour renouveler leur mobilier et leurs vêtements. De plus, le Conseil décida d'allouer à ces honnêtes artisans, leur vie durant, une pension de 300 livres, afin de les récompenser et d'exciter chacun à la conservation de Bayonne. Pedro Philiguer cumula cette pension avec les émoluments d'une charge de morte-paye qu'il conserva jusqu'à sa mort survenue le 11 février 1664 ; la ville prit alors soin de sa fille, qu'elle dota d'une pension de 75 livres, et de ses petits enfants, confiés au bureau des pauvres.

Il était temps d'empêcher la réalisation des projets de Man-

tilla, car Watteville avait commencé d'exécuter les combi
naisons arrêtées de concert avec le traître. Quinze cents
hommes, envoyés par lui peu de jours auparavant à Fontarabie, afin de rejoindre Bayonne par voie de terre, se saisirent des bateaux utilisés au passage d'Hendaye, sous le vain
prétexte qu'il y en avait un trop grand nombre, et captu-
rèrent des barques chargées de blé appartenant à des marchands de Saint-Jean-de-Luz. Ces actes de violence causèrent un grand émoi parmi les habitants de la frontière, dont
beaucoup envoyèrent à Bayonne leurs objets précieux. Quoique d'Artagnan fût renseigné par un système de signaux,
qu'il avait organisé pour mettre le Château-Vieux en correspondance avec divers postes de la frontière, et que les
échevins fissent épier les avenues de la ville du côté de l'Espagne, il parut nécessaire de faire, à l'avance, tout ce qui
ne pouvait se réaliser au moment de l'attaque, à savoir : de
mettre les canons en place, d'en augmenter le nombre et
de raffiner les poudres. Le Conseil estima, en outre, qu'il
serait prudent de condamner le pont-levis du Château-Vieux,
en ménageant toutefois la susceptibilité du gouverneur, seul
commandant de cette forteresse. La facilité avec laquelle les
bateaux ennemis pouvaient remonter le cours de l'Adour et
approcher de la ville, ayant été démontrée par le projet de
Mantilla, les échevins firent placer deux des plus grosses
pièces d'artillerie dans le bastion Saint-Esprit et deux autres
sur la tour du Nard, afin de défendre les rivières ; ils construisirent des couverts pour abriter ces canons et les muni-
rent de plates-formes en bois indispensables à leur manœuvre. Les portes de la ville et autres parties faibles de l'enceinte furent l'objet d'une visite minutieuse. Une distribution
de poudre, de mèches et de balles fut faite aux habitants
par l'intermédiaire des claviers et patrons des offices dans les
cloîtres accoutumés ; chacun reçut au plus deux livres de
poudre, à raison de 10 sols la livre.

La guerre civile continua aux environs de Paris. Gaston
d'Orléans et sa fille, appelée la grande demoiselle, adoptèrent le parti Condé, et prirent une part active aux opérations. Le prince, battu dans le faubourg Saint-Antoine,
excita la populace de Paris contre le Parlement qui lui avait
refusé son appui et occasionna l'assassinat de plusieurs de
ses membres. Des avis annonçant de prochaines rencontres
entre les troupes royales et celles du prince parvinrent aux
échevins (1er décembre 1651 — 26 avril 1652) ; les prières
publiques qui furent dites à cette occasion par ordre du
roi, n'empêchèrent pas cependant les habitants d'assister
aux courses de taureaux que le Conseil de ville avait auto-
risées dans le but de divertir le peuple. Elles furent orga-

nisées à tour de rôle le dimanche dans chaque quartier ; la rue Mayour, la place publique et celle de Saint Esprit étaient les trois emplacements désignés par les échevins.

Quoique éloignée du théâtre de la guerre civile, la ville ne peut se dispenser de prendre certaines mesures de sécurité. Le Conseil de guerre des douze bourgeois, ayant appris que les troupes royales parcourent la Guyenne et que l'ennemi pourrait avoir quelque dessein sur Bayonne, fait compléter le rôle des gardes par l'addition des exemptés, décide que les capitaines des portes seront remplacés par des échevins tant que durera le danger et prescrit une revue des habitants en vue de compléter leurs armes et leurs munitions (25 février 1652). La sortie des armes, hors de l'enceinte, est interdite, de peur qu'elles ne passent aux mains de l'ennemi ; cependant, une exception est faite en faveur de Poyanne, loyal serviteur du roi, qui demande à transporter cent piques et quelques mousquets jusqu'à Dax, où il arme son régiment (15 juin 1652). Enfin, le Conseil estimant que, durant cette période de troubles, il est indispensable d'avoir de fréquentes nouvelles, porte à deux par semaine le *nombre des courriers sur Bordeaux* ; il n'hésita pas, dans cette circonstance, à aller à l'encontre d'une décision qui avait réduit le nombre des courriers à un seul, croyant n'avoir pas excédé son droit, puisque la ville contribuait à payer les messagers.

Malgré la fidélité éprouvée que Bayonne conservait à l'égard du roi, ses magistrats furent obligés d'avoir des relations avec le prince rebelle. Les commandants des troupes de ce dernier firent parvenir aux échevins deux ordonnances réclamant à la paroisse de Saint-Etienne le paiement, au commencement de chaque mois, de la taille et de l'impôt nécessaires à la subsistance de leurs troupes. Le cas était épineux, car la seigneurie de Saint-Etienne se trouvait placée sous la dépendance du prince de Condé, comme duc d'Albret ; la ville lui avait même adressé, à Nérac, le 10 décembre 1646, la pièce d'ambre gris pesant une once, qu'elle était tenue, par hommage de cette seigneurie, de lui envoyer tous les trente ans. Le lieutenant général du sénéchal, consulté par les échevins, n'osa pas exprimer un avis et se réserva d'en référer au gouverneur. Celui-ci était alors retenu à Bidache par le décès de la duchesse de Gramont, et n'eut pas le loisir de traiter cette affaire : il reçut les compliments de condoléance de la ville, en même temps que le maréchal, son frère, le baron du Lau et sa femme (18 avril 1652).

Pendant que l'armée de Condé se faisait battre sous les murs de Paris, le duc d'Harcourt, général de l'armée royale, opérait en Guyenne contre les révoltés. Dans le but de donner la main à ces derniers, l'Espagne amassa des troupes sur la frontière et envoya des espions en Labourd ; deux d'entre eux, hollandais, furent arrêtés au moment où ils examinaient les travaux de fortifications qui se faisaient en avant du Château-Vieux ; on trouva sur eux des lettres adressées par le roi d'Espagne à l'archiduc Léopold et au baron de Watteville. Ces étrangers comparurent devant le maréchal de Gramont et, après un interrogatoire sommaire, ils furent mis en prison en attendant que leur procès soit instruit (5 août 1652).

Bayonne gravement menacé par les espagnols. L'ingénieur Dubois la fortifie.

La reprise de Barcelone par les Espagnols provoqua des réjouissances dans toute la péninsule. La nouvelle des feux de joie allumés à Pampelune parvint aux échevins de Bayonne en même temps que celle de nouveaux préparatifs d'attaque (25 octobre 1652). Watteville, qui se proposait de mettre quatre mille hommes de garnison dans Bordeaux préparait un secours important destiné à cette ville. La noblesse et les communes de la Biscaye et de la Navarre avaient reçu l'ordre de se tenir prêtes à marcher ; les habitants de ces provinces fabriquaient du biscuit à la hâte et poursuivaient avec activité la construction de quarante pinasses.

Toulonjon, déjà ému par ces nouvelles, s'alarma plus encore en les voyant confirmées par les agissements des émissaires espagnols en Labourd. Ceux-ci, s'étant mis en rapport avec des tuiliers Labourdins, leur persuadèrent de ne pas redouter le passage de la frontière par les troupes espagnoles, assurant que contrairement à ce qui s'était passé en 1636, dans une circonstance semblable, ils ne seraient l'objet d'aucun mauvais traitement et n'auraient pas à craindre l'incendie de leurs maisons. Ces tuiliers furent si bien gagnés à la cause espagnole, qu'ils maltraitèrent un habitant du Labourd qui voulut soutenir devant eux le parti du roi de France. Aussi, pour éviter tout contact pernicieux aux gens du Labourd, le roi fit défendre à ces derniers, sous peine de mort, d'aller servir soit en Espagne, soit à Bordeaux et au pays bordelais ; il ordonna en outre de confisquer les marchandises de ceux qui trafiqueraient avec des gens de ces pays.

Le gouverneur Toulonjon appelle au Château-Vieux le Corps de ville et les officiers, et invoque la nécessité d'agir en parfait accord, à cause des derniers succès des armes espagnoles et de l'arrivée récente à Saint-Sébastien du capitaine général, qui a conduit les opérations militaires en Espagne. Quant à lui, il est résolu à appeler les milices de son gouvernement et les gens de guerre enrôlés en Béarn par son frère, le maréchal, et prêts à exécuter ses ordres (30 novembre 1652). L'assemblée désigne aussitôt quatre conseillers et quatre bourgeois, qui se concertent avec le gouverneur, et arrêtent ensemble les mesures habituelles de défense : visite des poudres et des munitions, revision des rôles de la milice, confection de dix moulins à bras, constitution de divers approvisionnements (souliers, lard, bœuf salé, etc.). Le Conseil fait visiter les nombreux navires chargés de blé, dans lesquels pourraient se cacher quelques ennemis ; il prend bonne note des prescriptions que l'ingénieur Dubois (1) lui adresse de Paris, pour parer à une attaque contre la ville. Mais il fait enlever, sans tarder, et rentrer entre les chaînes, les bateaux amarrés dans le fossé de la courtine des Jacobins au moyen desquels l'escalade de ce rempart aurait été singulièrement facilitée. Les mille mousquets achetés en Flandre arrivent heureusement et sont renfermés dans l'ancienne bourse, derrière l'hôtel de ville (31 décembre 1652). Enfin, pour conserver à la ville tous ses défenseurs et toutes ses armes, interdiction est faite aux armateurs de partir en course.

En prévision du danger dont Bayonne était menacé, le maréchal de Gramont avait fait exécuter des améliorations importantes dans les parties extérieures de la fortification. Il avait amené de Paris M. Dubois d'Avancour, ingénieur fort expert dans la défense des places, afin de tracer et de diriger la construction des nouveaux ouvrages ; il permit aux échevins d'avoir recours aux lumières de cet homme de l'art pour les travaux qui leur incombaient. La manœuvre des fortifications commença en avril 1651 et dura jusqu'en septembre 1653 ; elle ne subit d'interruption que durant les vendanges ; les ouvriers étaient appelés par le tambour de ville aux séances de travail, qui eurent lieu deux fois par jour. Pierre de Lalande, désigné par le maréchal pour conduire les chantiers extérieurs, prit tellement à cœur l'accomplissement de sa mission, qu'il fit généreusement l'avance à la ville des fonds pour payer les travaux, lorsque le trésorier tardait à les fournir.

À l'intérieur du Bourgneuf, on améliora le bastion des Cordeliers, en exhaussant son terre-plein avec du lest déposé dans son voisinage (février 1652), et en fermant sa gorge (2) au moyen d'une palissade. Un travail plus important fut exécuté, près du Château-Neuf, à la limite des Lices ; il consista en une grande masse de terre, terminée par une vaste plate forme et soutenue par un mur du côté de la ville. Le trésorier de France, M. de Sénuault, avait, dans sa visite

Construction de la plate-forme du Bourg-neuf.

(1) Le sieur Dubois s'était déjà occupé des fortifications de Bayonne, ainsi qu'on le verra plus loin.

(2) Gorge, côté du bastion ouvert vers la ville.

du 15 avril 1646, arrêté les bases de ce projet, destiné à assurer la défense du quartier de la brèche, dont le rempart menaçait de tomber. Cette mesure de protection était d'autant plus nécessaire qu'il suffisait, pour entrer en ville, de renverser la palissade placée au pied de la brèche et de grimper le long de celle-ci comme dans une échalassière.

Dubois conseilla de renforcer en même temps la brèche et sa palissade par une redoute ou une demi-lune en terre, posée à l'extérieur, du côté de Mousserolles. Il fit établir un batardeau au point où l'eau des fossés se jetait dans l'Adour, auprès de la porte Mousserolles, afin d'en régler l'écoulement. Il décida aussi les échevins à faire construire deux fourneaux de mine sous les glacis, en avant des bastions de Notre-Dame et de Saint-Jacques, dans le but de bouleverser les travaux d'approche que pourraient faire les ennemis pour arriver à couvert près des bastions. La maçonnerie des fourneaux fut aussitôt exécutée par l'entrepreneur Morassin, sous la surveillance de Lapalisse (16 février 1652).

Les premiers travaux de terrassement ne sont d'abord exécutés que par les manœuvres de la ville. Puis, les échevins demandent au maréchal et au gouverneur de leur adjoindre les gens du gouvernement de Bayonne. Le vilsar du Labourd, invité par ces deux seigneurs à coopérer aux travaux de fortification, parlemente longtemps sur la forme à donner à son concours ; il fait enfin connaître que les pays de Labourd, de Maremne et de Gosse, préfèrent payer chacun 2.000 livres plutôt de subir la corvée. Lapalisse, se voyant dès lors assuré d'une somme de 6.000 livres, engage des ouvriers basques et les met au travail dans les chantiers de la ville haute.

La plateforme des lices qui, étant un ouvrage intérieur, se fait aux frais de la ville, préoccupe spécialement les échevins. Le Conseil de guerre des douze bourgeois s'oppose à ce que les habitants aisés de la ville, qui veulent garder près d'eux leurs valets et leurs servantes, puissent les exempter de la manœuvre, en payant pour eux 5 sols par journée de travail. Le jurat chargé de la surveillance reçoit des recommandations expresses à cet égard ; cependant, le maréchal de Gramont, s'étant rendu au chantier des lices, n'y trouve que de jeunes garçons, et fait l'observation que le travail avance peu et qu'il serait préférable d'admettre des ouvriers à gages ; on taxe alors les bourgeois à 5 sols et les artisans à 3 sols. La taxe donna peu de fonds et la tâche n'avança guère ; aussi, les échevins, craignant de voir le travail se prolonger durant l'été, se proposèrent d'employer aux fortifications de l'intérieur de la ville les fonds produits par la levée de 4 livres par tonneau de vin que le roi avait accordée à la ville (19 avril 1652) pour être appliquée aux ouvrages extérieurs. Toutefois, la corvée des lices resta imposée aux domestiques et aux servantes des habitants (3 juin).

La plate-forme était bien près d'être achevée lorsque, le 26 août, les échevins firent poser des marches en pierre, afin de faciliter l'accès de son terre-plein et de celui du bastion Saint-Jacques aux rondes venant du Château-Neuf. Les vendanges obligèrent ces magistrats à fermer le chantier ; ouvert de nouveau le 21 octobre 1652, il fut maintenu en activité jusqu'au milieu de l'hiver. Ainsi, grâce aux bonnes dispositions prises par les échevins, les travaux de terrassement de cet ouvrage avaient pu se faire sans qu'il en coûtât rien à la ville.

La partie de l'enceinte comprise entre la Nive et l'Adour, face à l'Espagne, reçut des améliorations plus importantes. L'ingénieur Dubois traça, en avant des remparts, deux grands ouvrages à corne et une demi-lune ; ces pièces de fortification furent constituées par des retranchements en terre, dépourvus de revêtements en maçonnerie et entourés de fossés et de chemins couverts. Les ouvrages à corne étaient, comme les demi-lunes, des ouvrages détachés de l'enceinte ; ils avaient pour objet de retarder la prise de la ville en forçant l'ennemi à n'attaquer les remparts de l'enceinte qu'après s'être emparés de ces ouvrages avancés. Ceux tracés par Dubois se composèrent d'une courtine placée entre deux bastions ; ils avaient environ deux cent vingt mètres de longueur et occupaient, en avant des remparts, une bande de terrains ayant cent vingt mètres de profondeur. L'un d'eux fut disposé en avant du front constitué par les bastions Saint-Léon et des Vieilles-Boucheries, de manière à le couvrir complètement ; son emplacement est presque le même que celui de l'ouvrage à cornes actuel. L'autre, jeté en avant de la courtine réunissant le Château-Vieux à la tour du Nard, fut porté vers l'Est, de façon à masquer le bastion du Château-Vieux, dont la faiblesse venait d'être signalée par l'entreprise de Pedro Munés, et à laisser découvert le bastion du Nard, bien mieux protégé par les eaux de son fossé.

Lapalisse, sans attendre que les gens du gouvernement de Bayonne lui aient fait parvenir par l'intermédiaire de MM. d'Urtubie et d'Artagnan, les 6.000 livres promises par eux, se rendit sur les lieux avec des ouvriers basques ayant déjà l'expérience des travaux de terrassements ; il convint du prix de 4 livres par toise de retranchement, faute de pouvoir faire accepter à ces ouvriers l'ancien prix de 30 sols (5 avril 1652). L'exécution de ces ouvrages entraîna la prise de possession de terrains appartenant à des bourgeois ;

Ouvrages à corne de St-Léon et du Chateau-Vieux

l'avocat Naguille ayant observé qu'une partie de sa prairie de Tarride avait été piquetée et allait être changée en fossé de l'ouvrage à cornes du Château-Vieux, réclama une indemnité. On fit aussi des changements à la demi-lune placée en avant du bastion de Sault, et on l'entoura d'un chemin couvert.

Il fallut déplacer les chemins qui traversaient la nouvelle fortification ; un chemin fut établi entre la porte Saint-Léon et la fontaine de ce saint, en évitant l'ouvrage à corne ; celui conduisant au port de Sault et aux tanneries, coupé par le chemin couvert de la demi-lune de Sault, suivit le bord de la Nive. Les ouvrages extérieurs furent terminés dans le courant de l'année 1654 ; la ville, se trouvant dépourvue de fonds pour les achever, s'en procura en vendant pour 1.500 livres de biscuit et de farine (7 août 1654). Les échevins voulurent ensuite assurer le bon entretien des ouvrages, et réparer les éboulements qui s'y produisirent ; ils chargèrent de ce soin un ouvrier basque, qui reçut 40 écus par an.

Remparts renforcés par des parapets de terre

Non content de renforcer par des ouvrages extérieurs l'enceinte de la ville haute, Dubois en améliora certaines parties. Il fit renforcer par un parapet de terre le mur du bastion de Sault, longeant la Nive à hauteur du port de ce même nom, et se terminant à la guérite qui commandait les chaînes de la rivière. La terre nécessaire fut prise en premier lieu, dans un terrain voisin de la fontaine Saint-Léon, appartenant au sieur d'Etcheverry, médecin ordinaire de la ville (25 octobre 1651) ; plus tard (5 décembre 1652), elle fut tirée du Piedmont par manœuvres et transportée dans des galupes. Ce terrassement dut être soutenu, vers l'intérieur du bastion, par une muraille, exécutée à forfait. Les embrasures à canon de ce rempart furent prolongées par des voûtes, dans l'épaisseur du parapet de terre et du nouveau mur, ce qui constitua des abris pour les pièces d'artillerie ; la partie supérieure fut organisée en banquette pour les feux de mousqueterie. Ce mode de renforcement du rempart et l'organisation de la banquette pour mousquetaires furent étendus à toute la courtine comprise entre les bastions de Saint-Léon et de Sault, en passant par la guérite Cul-de-Loup ; Jean de Morassin, maître maçon, exécuta ce travail, ayant traité avec les échevins au prix de 6 livres par toise de muraille et de 30 livres pour chaque arceau d'artillerie (3 janvier 1653).

Le Conseil, se conformant ponctuellement aux indications de Dubois, renforce le bastion de la porte Lachepaillet, en y établissant des banquettes de mousqueterie et en surélevant le mur pour empêcher l'escalade ; ces changements assurent la surveillance de la demi-lune Lachepaillet (ancien bastion d'Erard), et renforcent les abords de la porte. L'accès de celle-ci est rendu plus facile à la suite de l'acquisition de deux maisons, dont la démolition procure un nouvel agrandissement de la place d'Armes, avoisinant la porte Lachepaillet. Le Corps de ville fait, en outre, établir tout le long du rempart intérieur un terre plein adossé au mur et formant banquette de mousqueterie ; ce travail commencé d'abord entre les portes Saint-Léon et Lachepaillet, est continué derrière l'évêché et dans le bastion du Nard. On prend soin de visiter et de nettoyer les casemates des bastions avant d'y introduire les canons, et de réparer leurs embrasures.

Comme les bouviers et les bouchers de la ville se sont empressés de mettre à profit l'herbe qui a bientôt recouvert les nouveaux terre-pleins, en y menant paître leur bétail, non sans causer des dégradations, ils sont menacés de l'amende par deux échevins chargés par le Conseil d'en assurer le bon entretien. Dans ce même but, les magistrats protègent les traverses et autres ouvrages établis dans les fossés, en les entourant de barrières.

Sept fourneaux de mine sont construits en maçonnerie derrière la contrescarpe, en avant des bastions, afin de bouleverser les travaux de l'ennemi dans la partie correspondante des glacis ; les clefs des portes servant à interdire l'accès des fourneaux restèrent déposées entre les mains des échevins. Enfin, pour bien assurer le flanquement au pied des courtines, on établit des traverses en terre avec banquettes pour mousquetaires dans les fossés des remparts, principalement au pied des flancs des bastions ; ces traverses avaient pour but de protéger les défenseurs, descendus dans les fossés par les poternes basses.

Fourneaux de mine sous les glacis et traverses défensives dans les fossés.

Les travaux des traverses et des terre-pleins furent exécutés par des habitants de Villefranque ; les hommes reçurent 12 sols par jour, et les femmes 6 sols. Le gouverneur émit l'idée, afin de hâter les travaux, d'introduire en ville cinq cents soldats du régiment de Gramont : ils auraient été logés chez l'habitant et nourris avec le produit de leur travail ; enfin, il se seraient trouvés prêts à défendre Bayonne en cas d'attaque inopinée. Cette proposition ne sourit pas au Conseil qui redoutait toujours la présence des soldats et répondit évasivement aux offres de Toulonjon.

Le pont de la porte Saint-Léon, muni de travées en bois, fut reconstruit, sur les conseils de Dubois, avec des arceaux en pierre (6 octobre 1653). Lorsque le maréchal de Gramont vint le visiter, en mai 1654, il critiqua cette disposition qui rendait la rupture du pont plus difficile, en cas de pressante nécessité ; mais il approuva l'enlèvement des mâts de navire qui avaient servi à renforcer les chaînes de Saint-Esprit et de Sault lors de la récente menace de l'Espagne. Les bois furent réintégrés dans le bassin des Cordeliers.

L'allée de Madame, qui servait de promenade aux bourgeois, était située entre les murs de l'évêché et le rempart Lachepaillet. Un parapet maçonné, surmontant le mur des fortifications, privait les promeneurs de la vue de la campagne. Ce masque inutile à la défense fut supprimé et remplacé par une banquette de mousqueterie (24 juillet 1654).

L'ingénieur Dubois, plus désintéressé que Desjardins, prêta gratuitement son concours à la ville. Toutefois, les échevins, profitant d'une visite à Bidache où ils étaient allés offrir un cadeau au maréchal à l'occasion de la prolongation sollicitée par eux du droit de coutume, remercièrent l'ingénieur de ses services et lui offrirent cent louis d'argent. Ce dernier imitant l'exemple de Gramont, refusa le présent, les assurant qu'il ne voulait pas de récompense ; mais il ajouta qu'il s'empresserait de revenir à Bayonne, dès que la ville se trouverait dans l'obligation de rechercher des gens de guerre pour se défendre (4 novembre 1652).

Dubois ne devait pas retarder longtemps l'accomplissement de sa promesse. Le roi et le duc de Vendôme l'envoyèrent à Bayonne, à la suite de nouvelles menaces de l'Espagne, avec mission d'exécuter aux parties dangereuses de l'enceinte de cette ville les modifications indispensables (25 mai 1653). Aussitôt avisés de la venue de l'ingénieur, les échevins s'empressent d'exécuter certains travaux recommandés par lui du côté de Mousserolles et négligés jusqu'à ce jour. Dubois se présenta dès son arrivée devant le Conseil (16 juin 1653) et reçut de la bouche du premier échevin le témoignage du plaisir que le choix de sa personne causait aux habitants. Afin de présenter au roi l'énumération de tous les travaux de fortification, auxquels la ville donna son concours, sous la direction de l'habile ingénieur, le Conseil devait faire dresser, quelques mois plus tard, par l'architecte Louis de Millet, un plan général de ces travaux et l'envoyer à la cour (7 novembre 1653).

Le gouverneur Toulonjon avait aussi utilisé les talents de Dubois à faire construire un fort à Biarritz. La construction, commencée dans les derniers mois de 1651, avait porté ombrage aux échevins de Bayonne, car ils craignaient que les fonds destinés aux fortifications de la ville ne soient appliqués en partie à ce fort, et ils redoutaient aussi que le pays ne soit grevé de nouvelles charges pour son entretien et la subsistance de sa garnison. Ils soupçonnèrent même Toulonjon d'exécuter ce travail sans en avoir obtenu l'autorisation ; mais leur soupçon eût-il été fondé, que les intérêts du monarque étaient sauvegardés, car le fort s'édifiait aux frais du gouverneur.

Le Conseil de guerre des douze bourgeois, appelé à délibérer sur ce travail, est d'avis que la ville doit s'y opposer. Se doutant que le fort a été armé avec des fauconneaux provenant de la Tour de Sault, les magistrats font demander au sieur Valentin, son commandant, quelle est la provenance de ces canons (11 mars 1652). Ils requièrent, en même temps, par l'intermédiaire du syndic de la ville, le prêtre prébendier de la cathédrale, d'adresser un monitoire à trois soldats mortes-payes, afin de les amener à révéler, sous peine d'excommunication, le nom de celui qui a emporté les fauconneaux. Parmi ces trois militaires, l'un d'eux, nommé Reboul, était particulièrement soupçonné. L'acte fut publié au prône, mais il n'amena aucune révélation. L'insistance du Conseil à poursuivre le coupable se justifiait par la nécessité de mettre de l'ordre dans le matériel du magasin de guerre, que les commissaires avaient trouvé en état d'abandon, principalement les fauconneaux, mousquets à croc, pelles et hôtes (3 juin 1652).

Les échevins donnèrent à Pascault, avocat, chargé de défendre à Paris les intérêts de la ville, des instructions au sujet de cette affaire ; ils apprennent bientôt par lui que Toulonjon sollicite devant le Conseil d'Etat une ordonnance relative à l'entretien du fort et à la subsistance de sa garnison. Le gouverneur espérait, grâce à ce secours, rentrer successivement dans ses déboursés (29 novembre 1652).

Moins de deux ans après, la solution désirée par la ville se réalisa. Le maréchal, accueilli royalement par les Bayonnais, se montra favorable à la démolition du fort de Biarritz et voulut bien y consentir au nom de son frère, sous la réserve que ce dernier recevrait un dédommagement à cause des avances considérables que cet ouvrage lui avait coûtées. Les échevins répondirent que cette compensation regardait moins la ville que le pays de Labourd qui bénéficierait de la suppression du fort. Grâce à l'active intervention de d'Artagnan, l'entente ne tarda pas à s'établir et le comte Toulonjon se contenta de 6.000 livres, dont 4.000 fournies par le Labourd et 2.000 par la ville (16 juin 1654). Le Conseil s'empressa tout d'abord de réclamer la restitution des deux fauconneaux de fonte, provenant de la tour de Sault et réclamés en vain au commandant Valentin. La démolition du fort fut confiée à M. de Chourie (31 juillet), et dès le 25 septembre, les palissades étaient enlevées et apportées par des bouviers à Bayonne ; achetées par le Corps de ville, elles servirent à barricader le fourneau du bastion Saint-Léon, et puis ceux des autres bastions. D'Artagnan reçut de la ville en remercïement du zèle qu'il avait déployé en cette circonstance, une gratification de 2.500 livres (24 octobre 1654).

Bayonne menacé se met en défense

Depuis que Toulonjon et les échevins s'étaient mis d'accord au sujet des mesures de défense, les menaces des Espagnols sur la frontière n'avaient cessé de mettre Bayonne en danger. Quatre mille Irlandais furent débarqués dans les ports de Saint-Sébastien et de Passage, bientôt suivis par six mille de leurs compatriotes (10 janvier 1653) ; trois cent cinquante d'entre eux désertent aussitôt •et arrivent à Bayonne par mer ; ils sont reçus et soignés par les échevins qui les nourrissent avec du biscuit préparé pour le cas de siège. Cette troupe se met au service de la France et est dirigée vers la frontière par le gouverneur.

Celui-ci estime que l'arrivée continuelle de gens de guerre près de la frontière d'Espagne est le présage d'une invasion du Labourd et d'une marche de l'ennemi sur Bayonne ou sur Dax ; car, si le roi catholique se préparait à une expédition vers Bordeaux, il ferait radouber au port de Passage les vaisseaux de guerre affectés au transport de ses troupes. Toulonjon ne manque pas de troupes pour arrêter l'ennemi ; il dispose des mille hommes du Labourd, du régiment mis sur pied par son frère le maréchal. Il peut appeler aussi les régiments de cavalerie stationnés dans les villes de Mont-de-Marsan et de Saint-Sever, sur lesquels il a droit de commandement en qualité de mestre de camp des armées du roi en Guyenne. Il serait bien utile de passer la revue de toutes ces troupes ; cependant Toulonjon y renonce, de peur que, durant cette parade, le rebelle Balthazar, qui occupe Tartas avec ses compagnies, ne fasse quelques progrès dans les Landes, et il se réserve de ne déplacer les troupes qu'en cas de nécessité.

Le Corps de ville renforce le service de garde et fait surveiller les avenues, la nuit, par un corps de garde de huit hommes établi hors ville ; il prescrit que l'alarme soit donnée par le tambour et les trompettes, plutôt que par la cloche du beffroi, mode d'appel usité dans les villages. L'ennemi pouvant aussi arriver par mer, les pilotes du Boucau reçoivent l'ordre de guetter à tour de rôle, avec les bateaux et équipages. On ferme les portes de Mousserolles et de Lachepaillet, afin de mieux assurer, avec le même personnel, la surveillance des issues restées ouvertes. Les commissaires du magasin de guerre font fabriquer quatre quintaux de balles en plomb pour les mousquets récemment arrivés des Flandres ; puis ils rassemblent les vignerons et artisans, et leur distribuent armes et munitions. Toulonjon fait le tour des remparts suivi de d'Artagnan et de trois échevins auxquels il indique les places que doivent occuper les canons : sur la plate-forme de Mousserolles, dans les embrasures des bastions de Notre-Dame et de Saint-Jacques, au bastion de Sault, aux remparts de la porte Saint-Léon, à l'allée de Madame, au Piedmont ; il prescrit en outre de faire, en divers points de l'enceinte, des traverses en terre pour abriter les mousquetaires.

Poyanne se préoccupe aussi de défendre la ville de Dax, dont il est le gouverneur. Des bateaux chargés de blé lui sont envoyés, sur sa demande, par les échevins de Bayonne. Deux députés sont chargés d'accompagner les bateaux afin d'effectuer la livraison du froment et d'en recueillir le prix ; ils sont reçus en toute cordialité, et échangent avec les échevins de Dax la promesse de se prêter assistance mutuelle en cas d'attaque de l'ennemi (7 février 1653).

Le lieutenant au baillage de Labourd, Mathieu Dolluns, montra, à l'égard de la ville, des sentiments bien différents de ceux du gouverneur de Dax. Ce fonctionnaire, assistant à une assemblée du vilsar de Labourd, que Toulonjon avait réunie à Ustaritz afin de lui donner ses instructions, tenta de détourner cette assemblée de porter secours à Bayonne, sous prétexte que ses habitants dépensaient en constructions ridicules les fonds accordés pour les fortifications. Le gouverneur, que ce langage avait offusqué, consentit à laisser les échevins exercer une poursuite contre Dolluns devant le tribunal du sénéchal.

CHAPITRE IX

GRAVE ÉCHEC D'UNE FLOTTILLE BAYONNAISE —
TROUBLES GRAVES A BAYONNE A L'OCCASION
DE L'ÉTABLÌSSEMENT DES JÉSUITES EN VILLE
ET PARTAGE DES HABITANTS EN DEUX PARTIS
ENNEMIS (1653-1658).

Flottille bayonnaise dispersée par les Espagnols. — Danger d'un débarquement des Espagnols. — Avis de Dubois sur la manière de défendre Bayonne. — Règlement de la garde réformé. — Soumission de Bordeaux. — Le maréchal de Gramont remplace Toulonjon comme gouverneur. — Traité de bonne correspondance entre le Labourd et le Guipuzcoa. — Troubles causés par l'établissement des Jésuites. — Leur maison saccagée. — Colère du roi contre les échevins. — Nouveaux soulèvements. — La rue du Pont Mayou barricadée. — Mesures d'apaisement.

Mazarin, voulant se sacrifier encore pour amener l'apaisement, s'exila volontairement à Sedan, pendant que le roi prononçait une amnistie générale. Mais le résultat qu'il cherchait ne se produisant pas, le cardinal rentra en France, six mois après l'avoir quittée (mars 1653), et fut accueilli par la populace de Paris avec la même ardeur qu'elle avait mis à demander sa tête. Les échevins de Bayonne apprenant la réintégration de Mazarin dans les conseils du gouvernement, lui adressent les félicitations de la ville (28 mars). L'Espagne poursuivit dès lors ses armements avec plus d'énergie ; grâce à l'appui des rebelles, elle mit garnison dans la ville de Bourg, située au confluent de la Gironde et de la Dordogne, tout près de Bordeaux.

Cette puissance ennemie tenait la mer par ses vaisseaux. Afin de lui résister, le duc de Vendôme, amiral, demanda à Bayonne, à Saint-Jean-de-Luz et à Socoa, l'envoi dans la rivière de Bordeaux de quinze pinasses semblables à celles qui avaient rejoint Bourg, deux ans auparavant, pendant le séjour du roi dans cette ville. Le sieur de Guyot, officier de l'amirauté à Bayonne, prit le commandement des douze pinasses réunies dans ce port ; il obtint des échevins le prêt de deux petits fauconneaux qui vinrent augmenter l'armement de sa pinasse. Il partit pour aller rejoindre la flotte française dans la Gironde ; durant sa route, une frégate espagnole, qui épiait la sortie de la flottille, lui donna la chasse. Les capitaines Solomba et Jean Debuc commirent la lâcheté de se séparer d'elle ; le reste de la flottille alla s'échouer sur la côte d'Arcachon à l'exception de deux pinasses que Guyot réussit à mener à Blaye, où il fut reçu par le duc de Vendôme et embrassé par lui pour ce haut fait. Ces pinasses furent employées à transporter des troupes d'une rive de la Garonne à l'autre ; plus tard, après la reddition de Bourg, elles servirent à rapatrier la garnison espagnole de cette place. Quant aux commandants des pinasses échouées, ils se virent infliger, à la demande des échevins, le châtiment qu'ils méritaient.

En vue de préparer une nouvelle attaque sur Bordeaux, Watteville faisait radouber à Passage les vaisseaux qu'il avait rappelés de la Gironde, assurant que les armées navale et terrestre seraient prêtes le 15 avril 1653. Un gros approvisionnement de brai et de rousine dont il avait besoin pour les brûlots qu'il faisait confectionner, se trouvait accidentellement à Bayonne, chargé dans sept navires. De peur de les voir tomber entre les mains des Espagnols, les échevins, qui avaient reçu avis de la présence de frégates ennemies au large du havre de l'Adour, défendirent à leurs capitaines, non seulement de faire route vers l'Espagne, mais même de les conduire à Bordeaux où le duc de Vendôme les demandait ; le même avis fut adressé aux marins du Boucau-Vieux et de Cap-Breton (21 mars 1653). On prit encore soin d'interdire à tous les ouvriers cordiers d'aller en Espagne travailler aux cordages des navires ennemis ; malgré cette défense, Menaut Renault, maître cordier, avait embauché des ouvriers de son métier et les avait envoyés au Passage, en même temps qu'il faisait franchir la frontière à des barriques de goudron qui passaient pour contenir du vin. Ce patron peu patriote fut arrêté et livré aux officiers du sénéchal.

Grâce à la présence, dans l'embouchure de la Gironde, de nombreux brûlots, vaisseaux, frégates, galères et galiottes accumulés par Vendôme depuis l'arrivée de renforts venus de Brouage et de La Rochelle, la flotte espagnole pouvait difficilement arriver jusqu'à Bordeaux. Cette situation était susceptible d'amener un débarquement de l'ennemi sur la côte du Labourd ou sur celle de Guyenne. Aussi Gramont écrit de Paris aux échevins, annonçant la marche probable des Espagnols vers la frontière, afin de tenter une diversion sur Bayonne ou sur Dax ; il conseille à la ville de faire comme lui qui n'a pas hésité à donner le plus clair de son bien pour fortifier Saint-Jean-Pied-de-Port et de compter sur elle seule pour assurer sa propre conservation (12 mai 1653).

Dociles aux conseils du maréchal, les bourgeois bayonnais avancent 30.000 livres, afin de payer les grains que l'amiral de Vendôme a donné toute facilité à la ville de prendre en Bretagne. Le Conseil empêche les marchands portugais de coucher à Bayonne et les invite à rester à Saint-Esprit ; il augmente le nombre des corps de garde et en place de nou

Danger d'un débarquement des Espagnols

veaux à l'hôtel de ville, hors de l'enceinte et au havre de l'Adour. Redoutant que le feu ne soit mis aux ponts par les équipages des nombreux bateaux étrangers, déchargeant entre les chaînes de la Nive, et soit ensuite communiqué aux maisons de la ville, les magistrats forcent ces navires a passer dans l'Adour.

Le marquis de Candale, qui commande à Mont-de-Marsan, se déclare fermement décidé à s'opposer à la descente de l'ennemi sur la côte voisine. Le commandant de Saint-Sever, le chevalier d'Aubeterre, projette de son côté, de mettre le siège devant Tartas et d'empêcher le rebelle Balthasar de lever des droits dans cette place ; mais il a besoin d'une provision de seigle et froment, que le Conseil lui expédie par eau.

Toulonjon se disposant à son tour à mettre en état de défense les passages de la frontière par lesquels l'ennemi pourrait pénétrer en Labourd, va se rendre sur les lieux avec quatre mille hommes, tant fantassins que cavaliers. Mais il veut auparavant avoir l'avis du vicomte d'Orthe, du syndic de Labourd, et des députés de Bayonne, Gosse, Marennes, Seignanx, au sujet d'une levée de vivres que le marquis de Candale, général d'armée, fait opérer par l'intermédiaire de Poyanne, dans les localités dépendant du gouvernement de Bayonne, afin d'assurer la nourriture de ses troupes. Cette levée réduisant d'autant les ressources applicables à la défense du pays, on décide d'obtenir sur cette affaire un règlement du roi et on lui députe le sieur d'Amour (12 mai 1653).

Un avis pressant fait connaître à la ville que six mille Espagnols ou Wallons rassemblés à Passage, à Saint-Sébastien et à Fontarabie, vont se joindre à mille Irlandais de Riotho, pour passer la frontière, pendant que les habitants du Guipuzcoa prendront les armes et qu'une autre troupe espagnole débarquera du côté de Cap-Breton. Les échevins s'empressent de faire moudre trois cents conques de blé ; ils font bon accueil à Dubois que le roi a envoyé pour parer à ce cas critique et s'emploient vaillamment, sous la direction de l'ingénieur, à l'œuvre des fortifications. Ils réparent les parapets des remparts, remettent en état les casemates et les embrasures, construisent, dans les fossés, des fourneaux, des traverses et des palissades. Ces divers travaux, dont la dépense incombe à la ville, sont exécutés par des ouvriers que le gouverneur a rassemblés ; afin d'en activer l'exécution, les travailleurs sont placés sous la surveillance d'un échevin et d'un bourgeois, aidés par un sergent de quartier et un soldat du guet.

La surveillance de la zone extérieure est assurée par le

baron d'Amou, bailli de Labourd, au moyen d'un poste de
cent hommes, relevés tous les huit jours et choisis parmi
les gens du pays. Le gouverneur remit, en outre, un second
poste de deux cents hommes, qui doit se tenir prêt à occuper
Blancpignon, au premier ordre.

Durant l'exécution de ces multiples préparatifs, les blocus
de Bordeaux et de Bourg se poursuivent avec succès. L'amiral César de Vendôme, qui les dirige, tient les échevins de
Bayonne au courant de leurs progrès ; il leur écrit de Blaye,
qu'il a appris la nouvelle de la prochaine arrivée de la flotte
espagnole, quoiqu'ils aient omis de la lui annoncer, et que,
loin de se laisser influencer par cette menace, il a, depuis
trois jours, ouvert la tranchée contre la place de Bourg.
Il sait que la garnison parle déjà de se rendre, et pour hâter
ce résultat, il fait exécuter une contre-batterie (30 juin 1653).
Il compte bien que les marins espagnols éprouveront une
grande surprise, lorsqu'ils constateront l'entière perfection
de ses retranchements et qu'ils verront ses quarante canons
placés en batterie sur une seule ligne.

Des divisions se produisirent dans la ville de Bordeaux,
à la suite de l'alarme occasionnée à ses habitants par la
nouvelle que M. de Candale arrivait, par le Médoc, à la tête
de dix mille hommes, et rendirent sa résistance moins énergique. D'un autre côté, des déserteurs irlandais abandon-
naient l'armée espagnole, et venaient se réfugier à Bayonne ;
Vendôme engagea les échevins de cette ville à les bien
accueillir, afin d'entraîner leurs camarades à agir de même,
et d'affaiblir l'armée ennemie, qui se trouverait dans l'impossibilité de secourir Bordeaux, si les troupes irlandaises
venaient à lui manquer.

Le roi Philippe IV, jugeant que sa flotte n'était pas en
mesure d'agir efficacement dans la Gironde, combinait un
projet d'attaque contre la place de Bayonne et le fort de Biarritz, et se proposait de faire transporter les troupes de débarquement par quatre-vingts pinasses bastardes (28 juin 1653).
C'est par M. de Chouppe, un des principaux officiers de l'armée du prince de Condé, et rentré depuis peu dans le devoir,
que le roi apprit le projet des Espagnols. Il le communiqua
aussitôt au maréchal, qui en écrivit les détails aux échevins
de Bayonne. Le matériel de siège a été rassemblé à Saint-
Sébastien et à Fontarabie ; il comprend dix mille pics et
pelles; autant de sacs à terre et de grenades, vingt pièces de
canon de batterie, dix affûts de réserve, cent cinquante milliers de poudre, soixante milliers de mèche et autant de
plomb. Le général qui doit diriger le siège de Bayonne est
désigné ; c'est le marquis de Mortarre qui a délivré Barcelonne, et qui sera aidé par Watteville. L'attaque principale

de la ville doit se faire du côté de l'ouvrage à corne de Saint-Léon. A la flotte espagnole se joindront huit frégates anglaises armées chacune de trente-six pièces. Si, comme il est probable, cette armée navale ne réussit pas à débloquer Bordeaux, elle se rabattra sur Bayonne, afin de tirer parti de tant de préparatifs.

Gramont termina sa lettre en rappelant aux échevins le danger couru par la ville, lorsque le serrurier Pedro Munés, qu'elle a fait pendre, fut si près d'entraîner sa ruine. Il conjura les échevins de faire travailler aux parapets, surtout à ceux compris entre le bastion du Nard et la tour de Sault, et à la belle palissade commencée au fond des fossés. « Aussi, ajouta-t-il, il n'y a bourgeois ni demoiselle qui ne doive porter la hotte avec joie. » La Vrillière, secrétaire du roi, joignit ses recommandations à celles du maréchal, prescrivant aux échevins de suivre les conseils de l'ingénieur Dubois d'Avancour.

Cet avis est aussitôt appliqué. Dubois consulté sur le meilleur moyen de défendre les chaînes sur lesquelles les pinasses ennemies se jetteront tout d'abord, estime que le plus pressé est de mettre les canons en état, et d'en assurer le service en recherchant des canonniers, soit en ville, soit au dehors. Vingt-sept canons sont répartis en dix batteries et placés sous l'autorité de quinze bourgeois (1) ; une batterie de deux pièces, mise sur le quai de Piémont, bat la Nive le long de la chaîne Saint-Esprit. On retire les canons de quelques navires pour les mettre dans les casemates et sur les remparts ; les autres navires qui se trouvent convenablement armés sont ancrés hors de la chaîne de manière à pouvoir tirer librement sur les pinasses ennemies durant l'attaque, et leurs maîtres sont avisés de décharger leur artillerie sur toute barque ennemie qui se présentera. Les chaînes sont aussi protégées par une estacade de mâts placée en avant d'elles.

Le vilsar du Labourd, réuni à Ustaritz (2 juillet 1653), offre son concours ; il décide d'armer mille hommes dans

_____

(1) Pour les canons prêts à tirer, on adopte l'ordre suivant : La batterie de 5 pièces du bastion St-Esprit sera commandée par le bourgeois Pierre Dubroc et le corretier de Lafon ; celle de 3 canons de la chaîne St-Esprit et les 2 pièces sur le quai pour battre le long de la chaîne, par le sieur de Nolibos ; les 2 pièces du Piémont par le sieur Geoffroy de Sault ; les 2 pièces de la tour du Nard par les sieurs Adam Doluns et Bourdette ; 2 pièces à Lachepaillet par les sieurs Jean de Sorhaindo et Ogier Seignaux ; 3 pièces à St-Léon par les sieurs Dayterre et Jougla ; 4 pièces à la tour de Sault par les sieurs Ouescomb et Villardy ; 2 canons à St-Jacques par les sieurs Millet et Desbartres ; 2 canons au boulevard Notre-Dame, par le sieur de Gantes, corretier.

les huit jours et de tenir prêt le reste des gens du pays. Il importe de ne pas perdre un instant, car les marées qui ont lieu la nuit et le calme de la mer favorisent l'entrée dans l'Adour de la flotte ennemie. Le vicomte d'Orthe, qu'un échevin va trouver à Peyrehorade, déclare être toujours prêt à secourir la ville et vouloir même se poster dans les fossés, s'il éprouve de la difficulté à faire entrer ses soldats dans Bayonne. Le gouverneur, qui voulait tout d'abord introduire en ville cinq cents soldats du régiment de Gramont, renonce à son projet après s'être assuré que la population de la ville et de la juridiction peuvent fournir deux mille hommes en armes. On procède, dans chaque quartier, à la visite des hommes et des armes ; on renforce les postes des portes et on invite les vignerons à se réunir, en cas d'alarme, près des remparts de leurs quartiers. Deux échevins font mettre les moulins en état et fabriquer de la farine sans discontinuer ; le 7 juillet, cinq cents conques de blé se trouvaient moulues et les commissaires se demandaient s'il était nécessaire de poursuivre ce travail.

On annonçait, en effet, que la flotte ennemie venait de quitter Passage, et se dirigeait vers Bordeaux. Cette force navale resta, du 7 au 9 juillet 1653, en vue des côtes du Labourd, puis elle cingla vers le Nord. Le danger d'attaque se trouvant dès lors bien diminué, Dubois fit aussitôt congédier le régiment de mille hommes posté sur la frontière et retirer du fort de Biarritz les soldats qui venaient d'y être envoyés. Suivant l'exemple de l'ingénieur, les échevins supprimèrent momentanément la garde extraordinaire, à l'exception du poste du Boucau, maintenu jusqu'à ce que la ville ait reçu des nouvelles certaines sur la route suivie par la flotte espagnole et sur le résultat de sa tentative probable en faveur de Bordeaux.

Le sort de la capitale de la Guyenne allait bientôt se décider. Des lettres écrites par des Bordelais faisaient connaître au marquis de Santa-Crux, général de l'armée d'Espagne et à Don Luis de Haro, secrétaire d'État, que si cette ville n'était secourue avant huit jours, sa chute était certaine, et réclamaient qu'on hâtât l'arrivée des secours. Ces missives furent saisies à Sare et à Saint-Pé sur des valets envoyés en Espagne par Condé et Balthazar ; Toulonjon en prit connaissance et les communiqua aux échevins. La flotte espagnole n'osa cependant s'approcher de Bordeaux ; elle resta en vue des côtes de France constituant pour Bayonne une menace perpétuelle.

Sur ces entrefaites, la garnison de Bourg vint à capituler, et fut rapatriée par des navires français (13 juillet). A peine était-elle arrivée en territoire espagnol que Watteville forma

Avis de Dubois sur la manière de défendre Bayonne.

le projet de l'amener avec lui afin de rejoindre la flotte espagnole qui tenait la mer et de venir opérer un débarquement à Bayonne au moyen de doubles pinasses ; il aurait, ensuite, fait approcher de la ville le matériel de siège préparé à l'avance. Cette nouvelle fut annoncée par le maréchal de Gramont qui la tenait de M. de Chouppe. L'ingénieur Dubois, appelé à donner son avis dans une réunion du Conseil de Ville, démontra que le projet de siège était probable, car il était conforme aux règles de la guerre : l'armée navale d'Espagne, n'étant pas en état de secourir Bordeaux, devait tenter une diversion sur une autre place, et, de préférence, sur Bayonne, voisine de la frontière d'Espagne, d'où elle pourrait tirer facilement ses armes et sa subsistance. Il conclut que la ville devait se mettre en état de résister à l'attaque des Espagnols (22 juillet 1653).

Le Conseil se conforma aussitôt aux diverses prescriptions de l'ingénieur. Il fit construire des fourneaux de mine dans les fossés et deux traverses au pied du bastion Lachepaillet pour flanquer le bas des fossés voisins. Il établit un parapet en maçonnerie sur le contour de ce bastion afin d'abriter des mousquetaires qui auraient pour mission de couvrir de feux l'intérieur de la demi-lune (ancien bastion d'Errard). Il mit un poste de quatre hommes dans la guérite du bastion de Sault correspondant à la demi-lune du dehors, et, afin d'empêcher les désordres qui se produisaient dans divers quartiers, il interdit aux soldats mortes-payes, résidant à la tour de Sault et au-dessus des portes de la ville, de continuer à tenir chez eux des cabarets, sous menace de 50 livres d'amende.

Pendant les deux jours que la flotte espagnole stationna en vue du havre de l'Adour, grande fut l'émotion des échevins. Dubois, consulté par eux, trouva leurs craintes très justifiées et leur indiqua les moyens que l'ennemi pourrait employer pour s'emparer de Bayonne.

Il y avait, selon lui, trois manières de prendre les places. La première consistait à introduire un certain nombre de soldats déguisés, en leur ordonnant de se saisir d'un poste par surprise et de s'y maintenir jusqu'à l'arrivée d'un secours. La tour de Sault, dont le logis sert de cabaret où se réunissent de nombreux étrangers se prêterait à une semblable tentative ; la suppression de ce cabaret s'imposait donc sans aucun retard et le Conseil a agi prudemment en prenant une décision dans ce sens.

Le second moyen que l'ennemi peut employer d'autant plus facilement qu'il est à quatre lieues de la place est d'amener de nuit, au pied des remparts, quelques mineurs. Ceux-ci, après deux ou trois nuits de travail, auront pratiqué des cavités dans le bas des murs, et pourront, en quelques minutes, les garnir de poudre et faire sauter une partie des remparts. Mais il est aisé de remédier à ce danger, car il existe des casemates pourvues d'embrasures, aux portes Saint-Léon et Lachepaillet, ainsi que dans la plupart des bastions ; il faut ouvrir les entrées de ces abris, placés au ras des fossés, afin d'y loger soit des canons, soit des mousquetaires qui assureront la défense du pied des remparts ; à défaut de ces casemates, il suffira d'établir, dans les fossés, des traverses en terre pour abriter des mousquetaires. Enfin, le troisième procédé d'attaque est un siège en règle ; l'ennemi fait brèche, par le canon, aux remparts et aux chaînes, puis, par un grand effort, il livre un assaut général, en passant par les brèches ainsi pratiquées. Pour parer à ce dernier cas, il faut avoir à sa disposition trois mille deux cents défenseurs, y compris les habitants en état de combattre, et s'approvisionner d'une quantité suffisante de vivres et de munitions de guerre ; ces défenseurs, mis à couvert du canon et de la mousqueterie par les parapets en cours d'exécution, auront toute facilité pour repousser l'attaque. Ainsi, lorsque tout sera mis en parfait état, la ville ne devra plus redouter les menaces de l'ennemi. Ces paroles encourageantes réconfortèrent les échevins, qui les firent transcrire dans le registre de leurs délibérations et s'efforcèrent d'appliquer les recommandations qu'elles contenaient.

Cependant, Dubois trouva, d'après la manière dont la garde se faisait, qu'il ne pouvait en résulter que désordre et confusion en cas d'alarme ; il était donc urgent de remédier à ce service. Chacun des quatre quartiers possédait un nombre insuffisant de chefs et d'officiers, et comme ceux-ci, fréquemment changés, étaient inconnus d'une partie des soldats de garde, on devait redouter que cet état de choses ne produisît, dans des circonstances critiques, un désordre irréparable. Pour se conformer aux règles usitées dans les villes de guerre bien organisées, les échevins décidèrent d'adopter un nouveau règlement de la garde. Ils formèrent dans chacun des quatre quartiers huit escouades, ayant chacune un capitaine, un lieutenant, un enseigne, un sergent et un caporal. L'un des huit capitaines eut le titre de colonel de quartier et le droit de commander aux sept autres ; son escouade fut appelée la compagnie colonelle, et les autres escouades furent souvent désignées par le nom de compagnies. Les capitaines de ces groupes devaient être pris parmi les plus notables bourgeois de la ville, afin d'être plus facilement obéis.

Trois conseillers et trois bourgeois établirent le rôle des gardes et en firent la répartition par escouades ; ils y com-

Règlement de la garde réformé.

prirent les vignerons des quatre portes, et s'attachèrent.
selon les prescriptions de Dubois, à faire les escouades
égales. Le Conseil procéda en même temps à la nomination
des officiers et des gradés et il les répartit entre les escouades. Grâce à cette manière de procéder, les soldats n'étant
plus séparés de leurs officiers, apprirent à les connaître et
se prêtèrent à exécuter ponctuellement leurs ordres.

Le service de la garde ordinaire fut établi de la façon suivante : les quatre premiers capitaines des quatre quartiers
monteront la garde le premier jour aux quatre portes ; le
jour suivant, viendra le tour des quatre seconds capitaines,
et ainsi de suite jusqu'au huitième jour où le tour étant
épuisé, le service sera repris par la tête. Chaque quartier se
trouvera ainsi toujours gardé par l'une de ses huit escouades. En cas d'alarme, le capitaine-colonel n'aura qu'à commander à l'un quelconque de ses capitaines disponibles de
se porter avec son escouade réglée vers le lieu de son quartier qu'il y aurait nécessité de défendre.

Le Conseil de ville n'ayant pas loisir de rédiger le nouveau règlement, réunit une assemblée générale de tous les
bourgeois, des patrons et claviers des compagnies d'artisans, afin de leur exposer l'organisation de la garde (26 juillet 1653) ; ces nouvelles dispositions furent unanimement
adoptées. Le premier échevin informa ensuite l'assemblée
que des personnes sûres lui avaient appris les agissements
des Espagnols. Quoique la flotte ennemie eût quitté Passage,
des mouvements de troupe se produisaient à la frontière ;
des corps d'infanterie et de cavalerie arrivaient de tous côtés
vers Saint-Sébastien, et d'autres y étaient attendus ; on
annonçait même que quatre mille hommes de pied et mille
cavaliers s'apprêtaient à entrer en France par voie de terre.
Il fallait se tenir d'autant plus sur ses gardes, que la flotte
espagnole ne paraissait pas devant Bordeaux.

**Soumission
de Bordeaux.**

Les échevins prévinrent de cette situation, Vendôme, Candale et Gramont ; ils envoyèrent des députés vers le baron
d'Amou, le vicomte et le baron d'Orthe, et en reçurent des
protestations de dévouement et la promesse de tenir leur
monde prêt (28 juillet). La soumission de Bordeaux rendit
toutes ces précautions inutiles, car elle découragea les
Espagnols et les détourna de toute tentative sur le Labourd ;
Vendôme, entré dans cette ville avec Candale, y reçut les
députés que Bayonne lui envoya pour le complimenter, et
les accueillit à bras ouverts (30 juillet 1653). Cet événement
fut suivi d'une amnistie, dont Balthazar profita en rendant
le calme à la région des Lannes.

Le règlement sur la garde fut alors rédigé à loisir ; il
comporta sept articles. Les devoirs de chacun des capitaines

préposés à la garde des quatre portes étaient précisés. Ces officiers furent tenus de faire visiter chaque jour les embrasures, casemates et fausses-portes de leur quartier. Le nombre des canonniers de la ville fut arrêté à huit. Chaque sentinelle devait monter la garde avec une arme à feu et une pique de hallebarde. Afin de faciliter l'exécution de ces dernières prescriptions, le Conseil décida que douze piques et douze hallebardes seraient déposées dans chaque corps de garde des portes et mises à la disposition de chaque homme, sans le dispenser toutefois d'apporter le mousquet et la bandoulière, qu'il était tenu de posséder (6 octobre 1653).

Conformément à ses décisions, le Corps de ville fait distribuer à la garde soixante-douze hallebardes et sept cents mousquets, retirés du magasin ; il remplace par des fusils les carabines dont les soldats gagés du guet étaient armés. Le service des capitaines et soldats du guet ayant été considérablement chargé par le nouveau règlement, leurs gages sont élevés respectivement de 500 et 150 livres ; les mêmes dispositions sont prises en faveur des quatre tambours de quartier, qui sont tenus de battre, à chaque porte, la diane le matin, l'assemblée et la marche, le soir, au moment de la garde montante (15 décembre 1653). Les gages des quatre sergents de quartier sont portées à 120 livres par an ; leur mission consiste à porter aux capitaines de garde de leur quartier le mot d'ordre pris chez le premier échevin, à distribuer aux vignerons les armes délivrées le soir par le capitaine de quartier et à les réintégrer le lendemain matin, enfin à compléter jusqu'à douze le nombre des vignerons de chaque quartier, avec des vignerons de la ville.

Tant que Dubois resta à Bayonne, le nouveau service fonctionna sans difficulté ; il n'en fut plus de même lorsqu'il eut quitté la ville pour se rendre à la cour en compagnie de Toulonjon. Des contestations s'élevèrent entre les capitaines, au sujet du commandement des portes, à l'occasion de l'alarme causée par l'incendie des écuries du maréchal au Château-Vieux. Il fut arrêté que, dans tous les cas, le commandement des portes resterait au capitaine de garde ; en l'absence du colonel de quartier, son autorité serait dévolue au plus ancien capitaine dans chaque quartier. De plus, une ordonnance indiquant les lieux de rassemblement en cas d'alarme, fut affichée dans tous les corps de garde : les quartiers de Saint-Esprit et de Mousserolles aux places d'armes voisines de leurs portes, ceux du maire et du prévôt aux places d'armes aux points indiqués dans l'ordonnance.

Ces prescriptions complémentaires visaient certaines discussions survenues entre les capitaines colonels et les

anciens capitaines de quartier qui prétendaient reprendre
leur ancienne autorité. Deux de ces derniers, les sieurs de
Naguille et Guyot se soumettent difficilement, prétextant
que la charge dont ils avaient joui était restée plus de deux
cents ans dans leur famille ; d'autre part, le sieur Dolluns
et le procureur du roi, pourvus de la charge de capitaine-
colonel dans les quartiers de Mousserolles et du maire ne
sont pas disposés à abandonner bénévolement leurs nouvelles prérogatives (14 décembre 1654). Mais les capitaines-
colonels, quoique attachés à leurs charges, ne prenaient pas
l peine de réunir leur escouade et laissaient tout le poids du
service aux autres capitaines. Le Conseil les invita à paraître
de temps en temps à la tête de leur troupe afin d'encourager
chefs et soldats à faire leur devoir. Néanmoins, prévoyant
leur abstention, les échevins décident qu'ils pourront se faire
remplacer par leurs lieutenants pour le service de garde,
et que, en cas d'alarme, le capitaine le plus ancien prendra
le commandement à leur place, s'ils ne sont pas présents
près de la porte de leur quartier. Cette décision est communiquée aux quatre capitaines-colonels, autrement appelés
mestres de camp, alors en fonction, savoir : le lieutenant-
général (du sénéchal), Dolluns, de Mailhare et le procureur
du roi (26 avril 1655).

Afin de ramener à leur ancien chiffre les gages des officiers, sergents et tambours, qui avaient bénéficié d'une augmentation globale de 800 écus au moment où le service de
garde avait été modifié, et réaliser ainsi une économie notable, les échevins, tout en maintenant le nouvel ordre de la
garde, décident d'en réduire certaines obligations, dispen-
sent les sergents du service du mot et restituent cette tâche
aux capitaines de garde (11 octobre 1655). L'application de
cette mesure amena un certain relâchement dans le service
et poussa quelques habitants à esquiver la garde, en se faisant inscrire comme archers dans les châteaux, non sans
soulever des protestations.

Le maréchal de
Gramont,
remplace
Toulonjon,
comme
gouverneur.

Le danger d'une invasion espagnole semblant devoir être
épargné au pays de Labourd, le roi consentit à accepter la
démission de gouverneur de Bayonne que lui avait offerte
Toulonjon, et à donner cette charge au maréchal de Gramont, son frère (17 janvier 1654). Le baillage de Labourd
changea en même temps de titulaire, à la suite du décès de
d'Amou, auquel succéda Urtubie. Le maréchal, qui était à
la cour, quitta bientôt Paris, pour rejoindre son nouveau
poste et faire son entrée comme gouverneur. Bien qu'il eût
exprimé aux échevins le désir qu'il ne lui soit pas fait de
réception solennelle, le Conseil envoya au devant de lui, un
échevin, un jurat et une troupe de jeunes bourgeois de la

ville, à cheval, jusqu'à Magesc pour le saluer. Gramont arriva, le 4 mai 1654, et fut harangué, d'abord par les officiers du sénéchal entre la barrière extérieure et le pont-levis de la porte Saint-Esprit, puis par le premier échevin devant le corps de garde de la porte. Ce magistrat eut soin de qualifier d'excellence le nouveau gouverneur ; il était accompagné du corps de ville en robes rouges, et d'une compagnie de quatre cents mousquetaires de la milice bourgeoise, commandés par le capitaine du sacre (1), et rangés en haie le long du trajet. Le maréchal fut conduit à la cathédrale, puis au Château-Vieux devant lequel les soldats déchargèrent leurs armes pendant que les canons tonnaient sur les remparts.

Le gouverneur se rendit d'abord à la chambre du Conseil, afin de remercier la ville de son accueil. Le premier échevin le fit asseoir sur une chaire garnie de satin blanc et de passementeries écarlates ; puis il répondit aux bonnes paroles du maréchal en l'assurant de l'affection de tous les habitants. Le Conseil, sachant que le maréchal aimait extrêmement les chevaux, s'était procuré un cheval d'Espagne, du prix de 2.000 livres ; il l'offrit à Gramont qui l'essaya et se déclara très satisfait de ce présent.

Il alla ensuite visiter les fortifications et manifesta son contentement de les trouver en bon état. Il décida que les portes devaient rester fermées la nuit, sans exception pour personne, même pour lui, et il demanda que la liste des étrangers logés chez les hôteliers lui soit présentée chaque soir. Le Conseil s'empressa de déférer à ces prescriptions qui n'avaient d'autre but que d'assurer la conservation de la ville. Il procéda de même à l'égard d'une autre observation faite par le maréchal au sujet de l'admission entre les chaînes des vaisseaux étrangers chargés de blé ; ceux-ci étaient assez vastes pour contenir un gros de 100 ou 200 hommes qui, après entente avec les troupes ennemies de la frontière, pouvaient, à la faveur d'une panique, se rendre facilement maîtres du port. Quoique se disant Hollandais, les matelots de ces navires étaient peut-être originaires d'Ostende, de Dunkerque ou d'un autre port soumis à l'Espagne, et dès lors constituaient un danger pour la ville. Des cas de surprise analogue s'étaient déjà produits ; aussi, le Conseil fit-il sortir ces vaisseaux du port, les obligeant à décharger leur blé au moyen de barques.

Louis XIV fut sacré à Reims, le 27 juin 1654, à l'âge de seize ans ; il continua la lutte contre les monarques d'Espa-

---

(1) Choisi pour commander la troupe de milice à la procession du sacre ou Fête-Dieu prochaine.

gne et d'Autriche ; le prince de Condé, persistant dans son égarement, ne quitta pas les rangs ennemis. Après avoir repris Rocroy, ce général fut obligé de reculer devant Turenne et d'abandonner le siège d'Arras, au moment où cette place allait tomber au pouvoir des Espagnols ; parmi ses défenseurs se trouva Philibert de Gramont, frère cadet de Toulonjon, qui fut ensuite exilé de France à la suite d'une aventure galante, et passa plusieurs années en Angleterre.

Condé, après son échec, s'était retiré dans ce pays, où il se tenait en relations constantes avec les Bordelais. Le roi redouta que les Anglais ne le décident à faire une nouvelle tentative en Guyenne, car il avait appris que ces derniers s'étaient engagés à fournir quarante vaisseaux au roi d'Espagne Philippe IV pour la nouvelle campagne, et que le prince de Condé était fortement sollicité par des Bordelais de mener des forces anglaises dans leur ville où un bon accueil leur était assuré. Le maréchal de Gramont, retiré à Hagelmau, manda près de lui le premier échevin, afin de lui communiquer ces nouvelles, qu'il tenait du sieur d'Estrade, lieutenant-général en Guyenne ; cet officier les avait connues par une lettre du roi, contenant l'ordre de garnir le château Trompette de canons et de gens de guerre. Le maréchal exprima l'avis que Condé, brouillé avec l'archiduc Léopold et le comte de Sardaigne, ne resterait plus à leur service et pourrait venir porter la guerre en Guyenne ; il engagea donc le premier échevin à se tenir en éveil, et le congédia après l'avoir comblé de caresses. Dès son retour, le magistrat fit procéder à la visite des quartiers, plaça des pilotes en faction au Boucau ; il donna en outre des ordres pour réparer les moulins de la ville, raffiner les poudres et remonter les mousquets dégarnis de bois (13 juillet 1654).

Gramont s'était montré d'autant plus aimable avec le premier échevin, qu'il désirait calmer le ressentiment qu'avait causé un manque d'égard du roi envers la ville. Contrairement à l'usage, le roi, qui venait d'être sacré à Reims, n'en avait pas informé directement le Corps de ville, et s'était borné à lui faire transmettre cette nouvelle importante par le gouverneur, en prescrivant un feu de joie et le chant du *Te Deum*. Les échevins s'étaient néanmoins rendus en livrée à la cérémonie, pendant laquelle avaient retenti les canons des remparts et des vaisseaux, puis ils avaient exposé leurs griefs dans une lettre particulière adressée à La Vrillière. L'année suivante, le roi, méprisant les anciens usages et négligeant de s'adresser au Corps de ville, écrivit directement à l'évêque de Bayonne pour demander un *Te Deum* à l'occasion de la prise de Landrecies et d'une place de Catalogne. Le Corps de ville, outré de cet oubli systématique

décide d'adresser à La Vrillière, secrétaire du roi, une autre
lettre de protestation, « parce que la ville n'est pas traitée
« comme les autres cités du royaume qui ont reçu ordre de
« Sa Majesté de faire feu de joie et de tirer le canon », et de
rédiger la missive « en termes qui marquent le juste ressen-
« timent de la ville, afin qu'il y fasse, s'il lui plaît, la considé-
« ration que la chose mérite, et qu'à l'avenir, les anciens
« ordres soient mieux observés » (9 août 1655).

Les relations entre les Gramont et la ville restèrent cependant aussi étroites qu'auparavant, le Conseil ne laissant
échapper aucune occasion de leur manifester ses sentiments
amicaux. Apprenant (24 septembre 1655), que le maréchal
est arrivé à la cour, après être rentré sain et sauf de l'armée,
il lui envoie le témoignage de la joie que lui cause son retour,
et le reçoit ensuite à Bayonne, en allant au devant de lui et
en faisant tirer le canon (26 mai 1656). Il n'omet pas d'aller
saluer son fils Armand, comte de Guiche, à son passage à
Bidache (27 octobre 1656), et de donner à ce jeune seigneur
des marques de sympathie à l'occasion d'une blessure de
guerre (5 juillet 1658).

Désireux d'entretenir les bonnes dispositions du maréchal,
indispensables à la réussite de diverses affaires, le Conseil
de ville lui donne un cadeau de 4.000 livres (20 avril 1657),
et lui adresse des compliments à l'occasion de son retour
d'Allemagne (30 septembre 1658). Ce seigneur, jouissant d'un
grand crédit près du roi, venait de remplir une mission
diplomatique auprès des princes du Nord ; il avait eu soin,
dans son ambassade, d'énumérer tous ses titres et qualités
dont il était d'usage de faire parade. « Antoine, duc de Gra-
« mont, comte de Toulonjon, pair et maréchal de France,
« souverain de Bidache, gouverneur de Navarre, Béarn,
« Bayonne, plénipotentiaire pour le roi vers les princes du
« Nord ».

La ville apporta non moins d'attention à ménager la délicatesse des autres autorités, soit en envoyant saluer le duc
d'Epernon à Cadillac (9 juillet 1655), soit en assurant le
prince de Conti, nouvellement nommé gouverneur de 'a
province, de ses humbles services (22 mai 1658), soit enfin
en faisant cadeau à La Vrillière de deux panneaux de tapis-
serie, en cuir doré de Cordoue, du prix de 1.500 livres. La
plainte des échevins avait d'ailleurs produit bon effet près
de La Vrillière ; aussi, ce dernier prit-il soin de leur faire
écrire directement, afin de prescrire des réjouissances soit
pour célébrer la prise de Montmédy (27 août 1657), soit pour
fêter le rétablissement de la santé du roi (27 août 1658).

Le voyage du maréchal en Allemagne était le prélude de la
paix. Cependant, en attendant sa conclusion définitive, la

ville de Bayonne dut encore se prémunir contre une menace causée par quatorze frégates arrivées à Fontarabie avec mille quatre cents soldats. A la vérité, le bruit courut que cette flotte devait se diriger vers Dunkerque ou le Portugal, mais la plus élémentaire prudence imposa certaines mesures de préservation, telles que : placer deux corps de garde hors ville et au Boucau, envoyer des espions en Espagne, retirer des chaînes les vaisseaux étrangers, visiter les casemates, inspecter les étrangers, passer la revue des hommes et des munitions, placer les canons sur les remparts et enfin réparer les fortifications (1er juillet 1658). A ce moment, la France n'avait rien à redouter de l'Angleterre ; cette puissance avait recherché son alliance, afin d'en retirer un appui pour disputer avec plus de chances de succès l'empire des mers à la Hollande. Cromwel, signataire du traité d'alliance, céda le pouvoir aux Stuarts, qui en respectèrent les clauses. Condé perdit la bataille des Dunes contre les soldats français et anglais, en voulant disputer à Turenne la possession de Dunkerque.

Traité de bonne correspondance entre le Labourd et le Guipuzcoa. Pendant que Bayonne, longtemps tenue sous la menace d'une invasion imminente des Espagnols, mettait toute son énergie dans les préparatifs de sa défense, ses commerçants, lassés de voir leurs affaires entravées par des alertes perpétuelles, s'étaient efforcés d'arrêter les bases d'un traité de commerce entre les provinces françaises et espagnoles limitrophes de la frontière. Le gouverneur Toulonjon sollicita l'approbation du roi en faveur de ce traité dont le projet avait été signé par lui et par Diégo de Cardenas le 10 février 1653. La sanction royale fut donnée le 4 juillet suivant. Les commerçants de Labourd d'une part, ceux de la province de Guipuzcoa et de la seigneurie de Biscaye d'autre part, étaient seuls appelés à bénéficier de cet accord. Toutefois, le maréchal de Gramont, indisposé contre les habitants de Saint-Jean-de-Luz, empêcha quelque temps la notification du traité ; les Bayonnais pressèrent leurs voisins de faire lever, par une démarche bienveillante, l'opposition du maréchal, et obtinrent que le traité, dit de bonne correspondance, fût appliqué au commencement de 1654. Une des clauses de ce document imposa aux bâtiments de guerre espagnols de se tenir à plus de quatre lieues de distance du havre de l'Adour, afin de laisser aux bateaux marchands la possibilité d'en sortir sans craindre d'être capturés. Le traité fut généralement respecté jusqu'à la paix ; quelques rares infractions imputables aux Espagnols furent signalées à la junte de Saint-Sébastien par les échevins de Bayonne qui la sollicitèrent d'intervenir auprès du baron de Watteville, capitaine général de la province.

La question de l'établissement des jésuites à Bayonne vint semer la discorde parmi ses habitants et ajouter de nouvelles alarmes à celles occasionnées par la menace de l'étranger. Elle avait été, une première fois, discutée en assemblée générale, à la prière de Gramont et de La Vrillière, et elle avait soulevé une vive opposition (6 février 1654). La répugnance de la bourgeoisie de la ville à accueillir les jésuites se justifiait par les relations de parenté et d'amitié que Duvergier de Hauranne, abbé de Saint-Cyran, janséniste célèbre et leur principal adversaire, avait conservées à Bayonne d'où il était originaire. Ce novateur, que Richelieu avait fait enfermer au château de Vincennes, était mort en 1643, en sortant de prison, et sans nul doute, les Bayonnais durent reporter, sur l'ordre des jésuites, la responsabilité de l'emprisonnement subi par leur illustre concitoyen. Les dangers de l'invasion firent mettre cette question de côté, mais elle fut de nouveau agitée quand la ville revint au calme. Le Conseil, peu désireux de voir occuper par de nouveaux couvents les emplacements restés libres en ville, avait empêché l'installation des jésuites dans l'intérieur de l'enceinte. Il pria même Gramont de ne pas leur laisser construire une demeure à Saint-Esprit et réussit un moment à convertir le maréchal à son opinion, ce qui mit le peuple en joie. Puis Gramont, changeant d'avis une deuxième fois, permit à cinq ou six pères jésuites de s'établir à Liposse (1), quartier de Saint-Esprit ; il leur donna même une adhésion publique en assistant à la pose de la première pierre de leur couvent.

Les échevins soumettent de nouveau la question à l'assemblée générale des bourgeois. Celle-ci ne donne que sept voix favorables aux jésuites, chiffre bien inférieur à celui de leurs partisans qui n'osent se démontrer. Le Conseil s'adresse alors au provincial des Jésuites, et lui demande par correspondance de renoncer à son établissement en ville (1er juillet 1656). Les pères se sont logés provisoirement tout près de Liposse, dans la maison de campagne de Bégoigne, appartenant au bourgeois Dibusty et ne semblent pas prêts à déguerpir. Les échevins insistent auprès d'eux, afin de les décider à partir, en alléguant le mécontentement du peuple ; les jésuites se bornent à répondre qu'ils sont en dehors de la juridiction de la ville, et qu'ils n'ont pas eu connaissance des murmures que leur présence aurait fait naître à Bayonne. Ils sont d'ailleurs disposés à rester, parce que telle est la volonté du maréchal.

Reconnaissant le bien fondé de la réponse qui leur est

Troubles causés par l'établissement des jésuites.

(1) A l'emplacement de la gare des marchandises de la Compagnie du Midi.

faite, les échevins s'adressent à l'évêque de Dax, dans le diocèse duquel se trouve compris Saint-Esprit et réclament son intervention. Le prélat, tout en faisant remarquer que les jésuites ont obtenu du roi des lettres patentes les autorisant à s'établir à Saint-Esprit, lettres qui ont été enregistrées au Conseil de ville sans opposition, promet d'appuyer la demande de la ville auprès du père provincial (9 mars 1657).

Cette démarche n'ayant pas amené de résultat, l'évêque de Dax, voulant à tout prix ramener le calme dans la ville, envoya à Saint-Esprit un délégué inviter les jésuites à se retirer, sous menace de mettre la chapelle en interdit ; le supérieur répondit, sans s'émouvoir, qu'il occupait la maison avec ses confrères par autorisation du roi et qu'il ne la quitterait pas (14 mai 1657).

Des artisans, apprenant cette réponse, s'attroupent sur la place de l'Hôtel-de-Ville et menacent de troubler le repos public ; un grand nombre d'entre eux, armés d'épées, envahissent les cloîtres Notre-Dame. Le premier échevin accourt et somme ces ouvriers de se disperser, sous peine de mort ; mais ceux-ci, bien que protestant de leur obéissance, restent groupés et menaçants. Durant ce temps, un habitant parcourt les rues de la ville, battant le tambour, et rassemble à sa suite des gens armés. Ces derniers sont rejoints par les échevins qui les invitent au calme et leur promettent d'obtenir le départ des jésuites vers lesquels ils envoient aussitôt des députés. Les attroupés, craignant que cette démarche ne soit qu'une vaine démonstration, refusent de se disperser, et réclament le départ immédiat des jésuites, demandant même à plusieurs échevins de se mettre à la tête de la manifestation. D'autres groupes, amenés par le tambour, envahissent la cathédrale, malgré la résistance du vicaire général, et montent au sommet du clocher où ils mettent en branle la grosse cloche réservée pour les cas de feu et de guerre.

En l'absence du gouverneur et de son lieutenant, le premier échevin, usant de son pouvoir militaire, fait aussitôt fermer les portes Saint-Léon et Lachepaillet, regardant la frontière, pourvoit à la garde des châteaux, met deux corps de garde devant la porte de chacune des deux tours contenant du matériel de guerre, et en place un troisième bien barricadé dans l'Hôtel de Ville. Le sieur de Hureaux, lieutenant général du sénéchal, est prié de se rendre à l'Hôtel de Ville pour prêter son appui aux échevins ; mais, ne voulant pas se rendre à son appel, il fait répondre que le désordre est trop grand pour qu'il y puisse mettre bon ordre ; d'ailleurs, il est personnellement favorable aux jésuites et il ne veut pas donner son aide contre les religieux au Conseil de ville, qui leur est hostile et qu'il soupçonne de favoriser en sous main la révolte des artisans, pour arriver à ses fins par la violence.

Sur ces entrefaites, une partie du peuple quitte la place publique et se dirige vers la porte Saint-Esprit, qu'il franchit avant que l'échevin de Villars et le conseiller-magistrat Duhalde, envoyés en hâte pour la fermer, aient pu y réussir. Le sieur de Naguille, syndic et procureur de la ville, veut se renfermer dans le poste de la porte ; il en est empêché par plusieurs hommes armés et se voit placé de force à la tête d'une grande troupe de manifestants en marche vers Saint-Esprit. Cette bande est rencontrée en chemin par les députés du Conseil porteurs de la réponse des jésuites ; c'étaient l'échevin de Lalande, le jurat de Seignanx, et les bourgeois Daymar et du Linier. Ils étaient allés trouver les pères à Bégoigne, et leur avaient décrit le péril auxquels ils allaient se trouver exposés, les invitant à s'éloigner au plus vite pour sauver et rendre le repos à la ville. Le supérieur, homme de grand sang-froid, offrit d'envoyer une lettre par express à son provincial de Pau et exprima l'espoir que ce dernier rappellerait les pères.

Leur mission accomplie, les députés font savoir au premier échevin qu'ils ont croisé, sur leur route, un grand nombre de gens armés se rendant à Bégoigne et prêts à exercer des violences irréparables. Ce magistrat, suivi de quelques échevins, s'avance rapidement vers la demeure des jésuites, afin d'instruire le peuple de la réponse du supérieur et de l'empêcher de commettre des actes violents ; le reste du Conseil demeure en séance, pour parer à toute éventualité.

Mais la troupe de peuple avait pu, avant l'arrivée du premier échevin, envahir la maison de Bégoigne, et sans faire du mal aux pères, enlever une partie des tuiles de la toiture, pendant que d'autres artisans, pénétrant dans la chapelle, s'étaient emparés de la pierre consacrée de l'autel, de la lampe et de la cloche. Un prêtre, accouru sur les lieux, avait pris le saint-ciboire contenant des hosties consacrées et s'était dirigé processionnellement vers la cathédrale, suivi d'une foule de peuple. Le premier échevin qui, semble-t-il, aurait pu prévenir ces incidents, arriva lorsque la manifestation avait repris le chemin de la ville ; il trouva la maison de Bégoigne en grand désordre, ses meubles épars et renversés ; les jésuites avaient été forcés de l'abandonner. Aussi, lorsque le premier échevin, après avoir fait mettre le mobilier sous clef et en avoir assuré la garde, rentra en ville, il trouva les habitants vacant à leurs affaires, sans émotion apparente, et il apprit que le calme s'était rétabli dans la

La maison des jésuites saccagée.

ville, dès que la nouvelle du départ des pères avait été connue.

Le défaut de prévoyance des échevins rendait leur rôle très louche, et devait faire naître l'idée qu'ils avaient, sinon favorisé, du moins toléré la manifestation qui s'était terminée par l'expulsion des jésuites. Ce fut le sentiment du maréchal qui voulut, avant son départ pour l'Allemagne, entendre les explications de la ville ; le Conseil, estimant que Gramont ne pouvait, avec des renseignements incomplets, porter un jugement équitable sur les événements dont la ville avait été le théâtre, lui envoya une copie de l'enquête que l'officialité de Dax avait faite à Saint-Esprit sur cette affaire (13 juin 1657).

Colère du roi contre les échevins. Le roi Louis XIV qui, malgré son jeune âge, avait su imposer au Parlement l'exécution de ses ordres et le forcer à enregistrer de nouveaux impôts nécessités par la continuation de la guerre, ne voulut pas permettre que son autorité fût méconnue par les échevins bayonnais. Il leur exprima, dans une lettre écrite le 6 juin, à la Fère, la surprise que lui avait causée la sédition du 14 mai, surprise d'autant plus grande qu'il avait fait connaître son intention au sujet de l'établissement des jésuites à Saint-Esprit, localité non comprise dans la juridiction de la ville. Aussi, voulant tenir de leur propre bouche le récit de ce qui s'était passé, il invita les deux premiers échevins à l'aller trouver, afin de lui rendre compte de la sédition et de leur conduite personnelle.

Les premiers magistrats de la ville ne furent guère désireux de s'exposer à la colère du roi. Ils réunirent le Conseil, le 27 juin, et tout en manifestant publiquement l'intention d'obéir au monarque, ils surent obtenir de leurs collègues une délibération conforme à leur désir intime. Le Conseil, dans sa réponse, exposa au roi les empêchements qui retardaient l'exécution de ses ordres ; le premier échevin, chargé, en sa qualité de chef des armes, d'assurer la garde de la ville, ne pouvait quitter Bayonne dans un temps si troublé par des menaces de guerre ; quant au deuxième échevin, il était empêché de voyager par deux maladies, la goutte et la pierre, et par son âge avancé (1). Le roi fut donc supplié de se contenter de former son jugement d'après les actes de procédure qui lui avaient été transmis, et, dans sa requête, le Conseil exprima l'espoir que Sa Majesté pourrait s'assurer, par la lecture de ces documents, que les magistrats avaient fait tout leur possible pour maintenir l'ordre. Afin

_____

(1) Il était âgé de 78 ans.

d'amener le roi à cette appréciation, on écrivit à La Vrillière, à l'évêque de Bayonne, qui se trouvaient à Paris, au
sieur d'Etcheverry, bourgeois, qui était à la cour, en les
priant de s'employer activement en faveur de la ville.

Louis XIV n'accueillit pas favorablement la requête de la
ville et, dans une lettre de Stenay, du 31 juillet 1657, il intima
l'ordre à de Lalande et Daccarette, premier et deuxième échevins, de satisfaire à l'obéissance qu'ils lui devaient et de
partir promptement. La Vrillière répondit en même temps
à la lettre du Conseil, l'exhortant à la soumission, et lui
signalant le danger qu'il courait, s'il en usait autrement.
Les premiers magistrats, en face d'un ordre aussi impératif,
n'osent se refuser à partir, mais ils hésitent encore et cherchent des biais. Ils veulent d'abord attendre l'établissement
des dépêches qu'ils devront emporter ; puis ils sollicitent
encore, au sujet des raisons à donner, l'avis du Conseil et
des douze bourgeois, généralement consultés dans les circonstances difficiles. La réunion .e cette assemblée est
plusieurs fois remise.

Ces divers atermoiements laissent à l'esprit public le temps
de s'échauffer ; les partisans des jésuites, menacés par la
population, prennent des mesures de défense. Le sieur de
Hureaux, fils du lieutenant général, aidé par de Lalande,
juge de l'amirauté, Barboro, Arcoudeau et Moisset, distribue
des armes aux amis des pères, et il les groupe en un corps
de garde dans la maison de son père, située dans la rue
du Pont-Mayou. Les croix tracées à la craie blanche sur les
portes de leurs maisons, démontraient que le peuple nour-
rissait contre eux de noirs desseins et justifiaient les dispositions qu'ils venaient de prendre pour assurer leur sécurité. Lorsque, le 9 août, le Conseil se réunit enfin pour délibérer, les esprits étaient tellement excités, qu'un groupe de
quinze à vingt hommes armés, partisans des jésuites, rencontrant dans la rue du Pont-Mayou, le deuxième échevin
Daccarette qui se rendait à l'assemblée, l'apostrophèrent et
le frappèrent violemment.

Nouveaux
soulèvements.
La rue
du Pont-Mayou
barricadée.

Cette démonstration amena une manifestation contraire
dans le camp opposé. Un attroupement de gens, armés de
pistolets et d'épées, commença à se former sur la place
publique, puis augmenta rapidement. Ces manifestants voulurent pénétrer de force dans l'Hôtel de Ville, et empêcher
l'assemblée de décider le départ vers la cour des deux échevins ; ils prétendaient que la présence de ces magistrats était
nécessaire au repos de la ville et au service du roi, afin de
réduire à l'impuissance les partisans des jésuites qu'ils accu-
saient de s'être armés pour accomplir quelque mauvaise
action.

Afin de les calmer, le Conseil envoya le jurat de Larre intimer l'ordre à leurs adversaires de déposer les armes, sous peine de mort. Etant entré dans la maison de Hureaux, rue du Pont-Mayou, Larre entendit tirer des coups de feu derrière lui et, se retournant, il vit que, parmi les personnes hostiles aux pères qui l'avaient suivi, une d'elles venait d'être blessée. Les gens du corps de garde formé chez M. de Hureaux refusèrent de désarmer, alléguant la nécessité de se défendre contre les attaques probables de ceux qui avaient tracé des croix blanches sur les portes de leurs maisons.

Durant cette discussion, les partisans des jésuites élevaient des barricades aux deux extrémités de la rue du Pont-Mayou, et, lorsque Larre se rendit dans la salle du Conseil afin de faire connaître l'insuccès de ses efforts, le peuple, pris de fureur, cria de tous côtés : « Aux armes! Aux armes! » Il forma un rassemblement devant l'Hôtel de Ville et demanda des armes, tandis qu'un groupe d'hommes armés envahit la cathédrale, bousculant trois magistrats qui s'efforçaient de les arrêter, et monta au clocher sonner le beffroi. Le Conseil fit alors appeler les bourgeois et habitants de la milice, au son de la cloche, à l'Hôtel de Ville, afin de remédier, avec leur assistance, à ce dangereux tumulte.

Les capitaines-colonels de chacun des quatre quartiers se présentent à l'Hôtel de Ville et reçoivent l'ordre de se rendre, chacun à leur quartier où les miliciens doivent les rejoindre, selon la règle établie. Deux magistrats vont avertir d'Artagnan, lieutenant du gouverneur, des troubles qui agitent la ville et le décident à fermer les portes de l'enceinte ainsi que les chaînes qui barrent la Nive aux deux bouts de la ville ; d'autres échevins vont trouver Sorhaindo, lieutenant du capitaine qui commande au Château-Neuf, ils l'invitent à se tenir sur ses gardes et à fournir au Conseil un renfort pris dans la garnison de cette forteresse. Pendant le même temps, quelques échevins assurent la garde des tours, et des locaux des portes, servant de magasin de guerre ; ils font exécuter des rondes, afin de prévenir toute surprise et de constater si les corps de garde sont pourvus de soldats ; enfin, après avoir distribué des armes à quelques miliciens, ils retiennent un certain nombre de ces derniers pour garder l'Hôtel de Ville et renvoient les autres dans leurs quartiers assurer la défense des postes.

Ces mesures prises, les magistrats sortent de l'Hôtel de Ville et tentent par leurs conseils de ramener le calme. Mais le peuple ne veut rien écouter et réclame à grands cris l'enlèvement des barricades, qui obstruent la rue du Pont Mayou. Le premier échevin, suivi d'un jurat et d'un conseiller magistral, se dirige vers cette rue, dépasse la barricade des Cinq-Cantons et s'arrête à la maison de Hureaux, devant laquelle est amassée une troupe de gens favorables aux jésuites et armés de mousquetons, de fusils, de pistolets et d'épées. De Lalande ordonne à ceux-ci de démolir la barricade, qui cause tant d'émotion en ville et les y décide après une grande discussion ; l'obstacle enlevé, les partisans des pères rentrent dans la maison du lieutenant-général.

Cette concession ne donna pas satisfaction au peuple, lequel, plus ému que jamais, occupait la place publique et vociférait des menaces contre ces gens armés qu'il accusait de vouloir tenter l'impossible pour introduire les jésuites en ville contre le sentiment général ; aussi, persistait-il à vouloir empêcher le départ des premiers magistrats. Mais, il témoigna vivement son ressentiment des mauvais traitements infligés au sieur Daccarette, dont l'affront rejaillissait sur le Conseil, et des blessures faites, sans provocation, à quatre ou cinq habitants, à coups de pistolets et de mousquetons, déclarant qu'il ne déposerait pas les armes avant d'avoir tiré vengeance de ces attentats.

N'ayant pu persuader au peuple de cesser les attroupements, le premier échevin de Lalande rentre à l'Hôtel de Ville, vers six heures du soir, et, après avoir pris l'avis du Conseil, il décide de faire en ville une grande démonstration. Se plaçant à la tête de la milice, la pique à la main, précédé d'un tambour battant, il fait le tour de la ville en visitant les portes, ne s'arrête qu'à l'approche de la nuit et réussit à faire rentrer chaque habitant chez lui.

Pour éviter que de nouveaux désordres ne se produisissent pendant la nuit suivante, du 9 au 10 août, la plupart des miliciens furent gardés sous les armes par leurs colonels de quartier. Les magistrats passèrent cette nuit à l'Hôtel de Ville, prêts à toute éventualité, et gardèrent sous la main une troupe importante. Des rondes et patrouilles furent faites continuellement, tant à l'intérieur de la ville, qu'à l'extérieur, le long des chemins et des bords des deux rivières. Deux chaloupes s'avancèrent même jusqu'au Boucau et à Urt, afin de rendre compte des mouvements qui se produiraient entre ces deux ports.

Le lendemain matin, 10 août, le peuple, de nouveau rassemblé en armes, veut aller disperser les habitants groupés en un corps de garde dans la maison de Hureaux, leur reprochant toujours d'avoir blessé quelques Bayonnais et d'être en intelligence avec les jésuites pour favoriser leurs desseins. Le premier échevin expose devant le Conseil, réuni dès six heures du matin, que la continuation des troubles est inévitable si d'habiles mesures ne sont prises. La première de toutes, celle que Lalande désirait secrètement, était de décider que les deux premiers magistrats ne partiraient pas vers la cour ; le Conseil l'adopta et émit en outre l'avis de députer auprès du roi une personne intelligente afin de lui demander son absolution pour tous les désordres et d'avoir cette résolution pour agréable puisqu'elle devait faire cesser les troubles, déposer les armes et assurer le repos public.

Le peuple, mis au courant de la délibération du Conseil, en agréa la conclusion ; il prom... de ne plus s'assembler, à condition que les jésuites fussent définitivement exclus de la ville. Ayant appris qu'une information était ouverte contre les fauteurs de désordres devant le syndic de Labourd, il demanda que l'on comprît dans les poursuites les sieurs de Hureaux, Darretche, Delchegaray marchand, et le fils aîné de Bernard de Larre.

Le sieur d'Artagnan, l'évêque de Dax et le baron d'Orthe, qui se trouvaient à Bayonne, furent consultés sur le choix des personnes qu'il convenait de déléguer vers le roi ; les deux derniers reçurent du Conseil l'offre de cette députation. L'évêque, qui avait agi dans un sens opposé aux intentions royales, ne crut pas qu'il lui serait possible de solliciter l'indulgence de Louis XIV en faveur de la ville ; il manifesta aux échevins sa reconnaissance, mais se récusa pour cause de fièvre, et leur assura qu'il se rendrait plus tard à la cour. Le baron d'Orthe, moins compromis, accepta la mission, et promit de faire agir le duc d'Epernon en faveur de la ville : le Conseil lui remit un mémoire et une somme d'argent ; il avisa aussi le bourgeois d'Etcheverry, présent à la cour, de se concerter avec le baron (13 août 1657).

Mesures d'apaisement. Dans un but de pacification, le Conseil écarta des rôles de la garde les partisans des jésuites, sous prétexte que le peuple refusait de leur obéir. La diminution d'effectif qui en résulta surchargea le service de garde, dont le tour dut être fixé à six jours (27 août) ; toutefois, cette aggravation fut seulement maintenue jusqu'au 5 octobre suivant. L'ordre de réintégrer dans le magasin les armes prêtées par la ville, contribua plus efficacement à l'apaisement des esprits. Un moment cependant, les échevins redoutèrent le renouvellement des troubles ; dans une réunion d'hommes tenue à la corderie de Larsac, hors la porte Saint-Léon, quelques habitants proposèrent d'arborer des rubans blancs, comme signe de ralliement, par opposition à une marque de couleur différente que voulait adopter le parti contraire. Cette tentative de scission demeura sans effet, grâce à l'intervention des compagnies d'artisans, que le Conseil avait fait assembler dans les cloîtres des Jacobins, des Carmes, des Cordeliers et des Augustins, lieux habituels de leurs réunions, et qu'il avait sollicités de s'entremettre pour amener la paix (7 septembre 1659).

La maréchale de Gramont et l'évêque de Bayonne, récemment arrivés à Paris, joignirent leurs efforts à ceux d'Etcheverry et du baron d'Orthe, et ils appuyèrent les démarches faites auprès de La Vrillière, secrétaire d'Etat ; comme le roi était encore absent de Paris, le baron d'Orthe se décida à faire le voyage de Francfort, en Allemagne, afin de joindre le maréchal de Gramont et de solliciter son assistance (6 octobre). Le sieur de Lalande, qui venait d'abandonner la place de premier échevin pour prendre celle de procureur du roi, n'ayant plus les mêmes motifs de se dire retenu à Bayonne, ne crut pas devoir différer son départ vers le roi, afin de lui présenter la justification de ses actes ; il se chargea d'excuser le sieur Daccarette, à qui son grand âge interdisait tout voyage (23 octobre).

Cependant, le temps se passe, et les députés de la ville n'ont pas encore réussi à voir le roi (26 novembre) ; comme d'un autre côté, le sieur de Hureaux et quelques partisans des jésuites se sont rendus à Paris, où ils sont soupçonnés de calomnier le Conseil de ville et de le dépeindre sous un aspect odieux, les échevins pressent leurs députés de se présenter au roi et de lui fournir leurs raisons. Les intentions de Hureaux et des gens de son parti ayant été révélées au Conseil par le sieur de Lespès, son père, lieutenant-général, dans une lettre peu civile, cette assemblée rappela ce haut fonctionnaire au respect des convenances.

Le sieur de Lalande ayant enfin comparu devant Louis XIV, lui donna des explications satisfaisantes de sa conduite ; le roi le congédia et voulut bien dispenser Daccarette de la visite ordonnée par lui. L'ancien premier échevin avait fait connaître au monarque que le Conseil avait décerné des décrets de prise de corps contre les bourgeois de la ville, composant le corps de garde organisé dans la rue du Pont-Mayou, au moment où la sédition avait éclaté en ville ; il lui avait en même temps demandé, par mesure de pacification, de surseoir à l'exécution de ces décrets. Le roi y avait consenti et avait sanctionné sa décision par un décret du 26 janvier 1658. Le Conseil, ayant réuni les quatre compagnies d'artisans, les invita à obéir à la volonté royale, en laissant rentrer en ville les personnes visées par les décrets, sans les outrager par actes ou par paroles. Les corps de métiers acquiescèrent à cette demande et réclamèrent les mêmes égards pour leurs membres. La paix fut dès lors rétablie et le lieutenant de Lespès se déclara disposé à vivre en bon accord avec la ville.

Le Conseil de ville sut reconnaître les services rendus ;

il remercia le maréchal de Gramont, fit de beaux cadeaux à La Vrillière, au baron d'Orthe et à de Lalande ; l'évêque de Bayonne reçut aussi, au moment où il rentra de la cour, un présent de 3.000 livres. De plus, afin de se conformer à la volonté du roi, que leur transmit La Vrillière, les échevins firent verser la somme de 6.000 livres entre les mains du lieutenant-général, qui était chargé de la distribuer à trois catégories de victimes : d'abord, aux bourgeois *décrétés*, partisans des jésuites, afin de les indemniser des dépenses occasionnées par leur voyage à la cour ; ensuite, aux habitants blessés devant la maison du lieutenant-général ; enfin, à ceux dont les maisons et les meubles avaient été endommagés durant les désordres, et, en particulier, au sieur Dibusty ou à ses hôtes, les pères jésuites.

Cette agitation laissa, malgré les efforts conciliants du Conseil, quelques traces de discorde dans les esprits. Le lieutenant-général du sénéchal, ayant voulu changer un commis greffier qui s'était démontré contre lui, son procureur, de Lalande, prit la défense de ce dernier et entama avec Lespès une grande discussion, fort nuisible au bon ordre du tribunal. Le roi intervint par une lettre par laquelle il exhorta les deux officiers à faire la paix, chargeant au besoin le premier président du Parlement de Bordeaux de trancher leur différend (1er juillet 1658).

CHAPITRE X

TRAITÉ DES PYRÉNÉES CONCLU PAR MAZARIN DANS L'ILE DES FAISANS. — MARIAGE DE LOUIS XIV A SAINT-JEAN-DE-LUZ. — SON PASSAGE A BAYONNE (1559-1661).

Venue de Mazarin pour le traité des Pyrénées. — Louis XIV salué à Bordeaux par les Bayonnais. — Publication du traité. — Réception du roi à Bayonne. — Mariage du roi et réception de la reine. — *Don gratuit imposé à la ville.* — Bourgeois capturés par les collecteurs du don gratuit. — Prérogatives des représentants des bourgeois réclamées par ceux des artisans.

Profitant de la lassitude générale occasionnée par la guerre qui régnait aussi bien en France qu'en Autriche et en Espagne, Mazarin se décida à entamer des négociations en vue de conclure la paix. Il se dirigea vers la frontière des Pyrénées, où il devait se rencontrer avec Don Luis de Haro, favori du roi d'Espagne ; l'île des Faisans, située à l'embouchure de la Bidassoa, fut choisie comme lieu de rendez-vous des plénipotentiaires.

Venue de Mazarin pour le traité des Pyrénées.

Les échevins se préoccupèrent, dès le 6 juin 1659, de la réception qu'il convenait de faire au cardinal, dont le passage s'annonçait très prochain. Ils allèrent à Pau trouver le maréchal de Gramont afin de régler avec lui les détails de la cérémonie ; le gouverneur de Bayonne fit très bon accueil aux délégués du Conseil de ville et recommanda de rendre au cardinal les plus grands honneurs possibles. Afin d'encourager les bonnes dispositions de Gramont, les délégués lui offrirent une gratification annuelle de 2.000 livres, en promettant de la maintenir pendant les douze années que la ville devait jouir d'un droit de 3 livres pour chaque tonneau de vin exporté par mer, droit que le roi avait bien voulu accorder, à la sollicitation du maréchal. Le Conseil, non moins reconnaissant envers la maréchale à cause de son entremise dans l'affaire des jésuites, lui manifesta son désir de lui faire un cadeau de 6.000 livres, à l'occasion de sa première entrée à Bayonne, et lui dit combien il serait heureux de la voir accepter. La noble dame ayant désiré faire son entrée en ville durant le séjour du cardinal, le maréchal, en raison de cette circonstance, s'efforça de réduire le cérémonial de la réception. Il permit seulement à deux magistrats de se rendre à Bidache avec une flottille de quatre galupes pour prendre sa femme et la conduire jusqu'à la porte Saint-Esprit ; il ne voulut pas d'escorte en armes, ni de détonations d'artillerie. La maréchale, accueillie à la descente du bateau par les magistrats du Conseil, en manteau court, eut soin de leur adresser ses remerciements pour la belle collation de confitures et de viandes conservées qui lui avait été offerte durant le trajet par eau.

Averti par une lettre du maréchal que Mazarin s'achemine vers Bayonne, où il doit arriver après s'être arrêté à Bidache, le Conseil des échevins dépêche vers lui, le 15 juillet. les sieurs de Gestas, clerc, et de la Barde, jurat ; ces envoyés passent à Dax et s'avancent à la rencontre de son éminence jusqu'à Roquefort, où ils la saluent au nom de la ville. Le 23 juillet, une députation, comprenant deux magistrats et quatre bourgeois, part pour Bidache où la présence du cardinal vient d'être signalée. Elle comprend les sieurs du Sault, échevin, de Mimiague, jurat, de Naguille, Daccarrette, Daymar et du Vergier de Bélay, bourgeois ; ceux-ci arrivent au quai de Bidache, montés sur six galupes bien équipées, l'une d'elles portant à l'arrière un grand écusson aux armes du cardinal. Après que Gramont eut accompli la formalité de la présentation des députés, le ministre monta avec sa suite dans les galupes, et prit place sur une chaise garnie de velours rouge et cramoisi ; il fit asseoir près de lui les députés et leur dit combien était grand son désir de voir Bayonne. Dans la noble compagnie qui constituait la suite du cardinal se trouvaient l'archevêque de Lyon, les maréchaux de Clérambeau et de Villeroy, le duc de Crigny, fils du grand maître La Millebay, le seigneur de Lionne, ministre d'Etat. Tout ce beau monde fut régalé, durant le trajet, par les soins des échevins et arriva, le lendemain 24 juillet, vers deux heures du soir, devant le rempart de Saint-Esprit, à hauteur de la demi-lune correspondant au couvent des Jacobins.

Pendant que la flottille est saluée par le tir des canons de la ville et des navires, les habitants sont divisés en trois bataillons : l'un se place sous les ormeaux du Saint-Esprit, le second au bout du pont Majour vers la ville, le troisième sur la place publique. Le cardinal débarque à Saint Esprit ; il est reçu et complimenté par les officiers du roi et le lieutenant particulier, en l'absence du lieutenant-général, empêché par la maladie. Puis, Mazarin passe le pont Saint-Esprit, rencontre le Corps de ville en robes rouges, qui l'attend en avant du pont-levis, est salué par lui et reçoit, de la bouche du sieur de Naguille, premier échevin, les compliments de la ville. Après avoir répondu quelques mots très affectueux, le cardinal, que la goutte empêche de marcher, se fait transporter à l'évêché dans une chaise à porteurs, précédé par sa noblesse et escorté par le maréchal de Gramont à sa droite, et par le Corps de ville à sa gauche. Les échevins prennent ensuite congé de Mazarin au pied des degrés de l'évêché, pendant que la compagnie de la ville, forte de mille hommes, défile devant la façade de cet édifice.

Le séjour du cardinal à Bayonne ayant attiré de nombreux étrangers dont la présence pourrait causer des troubles, le Conseil, afin de bien assurer la garde de la ville, fait distribuer aux vignerons des armes et des munitions.

Comme le bruit se répand que le roi se prépare à un voyage vers Bordeaux, le Conseil, dans l'éventualité de sa venue à Bayonne, décide que les habitants garderont les armes et les cuirasses qu'ils ont déjà reçues pour l'entrée du cardinal, et il prescrit de distribuer celles qui sont en magasin aux habitants qui n'en sont pas encore pourvus, en faisant participer à cette distribution tous les hommes dont l'âge est compris entre dix-huit et soixante-dix ans.

Mazarin poursuit cependant ses conférences avec Luis de Haro ; il réside à Saint-Jean-de-Luz, où il reçoit la visite du premier échevin et de deux magistrats bayonnais qui viennent le saluer de nouveau au nom du Conseil et l'entretenir dans les bons sentiments qu'il a manifestés à l'égard de la ville (4 août).

Le roi salué à Bordeaux par les Bayonnais.

Le roi arrive bientôt à Bordeaux, accompagné de sa mère et du duc d'Anjou, son frère. Sitôt cette nouvelle connue, une députation est envoyée vers Leurs Majestés (22 août) ; elle comprend le premier échevin Naguille, le jurat d'Etcheverry et les bourgeois David de Naguille et du Linier. Ces députés vont d'abord saluer M. du Luc, lieutenant-général pour le roi en Guyenne, qui se charge, sur leur prière, de les faire parvenir jusqu'au roi. Il les accompagna d'abord chez le prince de Conti, qui les reçut dans son lit et leur dit, après échange de compliments, de ne pas se mettre en peine, car il voulait les présenter lui-même au monarque.

Pendant que ce seigneur s'habillait, les députés reçurent la visite de M. de Niert, de la maison du roi, qui leur apprit que Louis XIV avait demandé si les députés de Bayonne étaient arrivés. Aussitôt que le prince de Conti eut averti le roi, celui-ci se rendit dans la grande salle où le prince fit la présentation ; le maître des cérémonies les fit mettre à genoux, et au premier mot du discours prononcé par le premier échevin, Sa Majesté se découvrit et se recouvrit ensuite. Le roi répondit en disant qu'il ne doutait pas de la fidélité des Bayonnais et qu'il leur témoignerait son affection ; puis, il salua les députés en ôtant son chapeau.

La reine mère, près de laquelle ils furent conduits par le maître des cérémonies et présentés avec le même cérémonial, leur dit qu'elle se souvenait des courtoisies dont la ville

l'avait comblée lors de son passage ; elle les exhorta à persé-
vérer dans leur fidélité, les assurant que le roi ne manque-
rait pas de les chérir comme de bons sujets. Ils présentèrent
ensuite leurs compliments debout au duc d'Anjou, qui les
reçut fort agréablement, à M. de la Vrillière, secrétaire du
roi pour la province de Guyenne, et enfin au duc d'Epernon
qui témoigna sa grande amitié pour Bayonne et les embrassa par deux fois. Leur dernière visite fut pour M. d'Artagnan, lieutenant des gardes du roi, qui leur fit des civilités
extraordinaires et se mit entièrement au service de la ville.

Pendant le séjour du roi à Bordeaux, le cardinal pressait
la conclusion de la paix ; il reçut à Saint-Jean-de-Luz, le
22 septembre 1659, les compliments du nouveau Conseil de
ville de Bayonne, ayant à sa tête le premier échevin Dollins.
Les pourparlers avec l'Espagne prirent fin le 7 novembre,
et Mazarin regagna Paris, faisant son premier arrêt au château de Bidache, chez le maréchal ; il avait été accompagné,
durant le trajet, par les sieurs Duhalde et Rivière, délégués
du Conseil, qui rendirent compte, dès leur retour, des témoi-
gnages de bienveillance que le cardinal avait prodigués en
leur personne à la ville de Bayonne.

La paix des Pyrénées, à laquelle avait collaboré le maréchal
de Gramont, envoyé en ambassade à Madrid, avec ses deux
fils, les comtes de Guiche et de Louvigny, fut un succès
pour les négociateurs. Si elle rendit la Catalogne à l'Espagne, elle donna à la France une belle partie de l'Artois, de
la Flandre, du Hainaut, du Luxembourg, le Roussillon et
la Cerdagne. Enfin, par ce même traité, Philippe IV donna sa
fille Marie-Thérèse en mariage à Louis XIV.

Publication du traité des Pyrénées. Une lettre du roi, datée du 3 février 1660, annonça aux
échevins de Bayonne le traité et son prochain mariage. Les
officiers du sénéchal et le Corps de ville procédèrent, le
27 février, en livrées rouges et à cheval, à la publication
solennelle de la paix. Les officiers du sénéchal, précédés de
leurs greffiers et autres subordonnés, étaient placés, en file,
du côté droit, tandis que le Corps de ville, précédé aussi de
ses greffiers, des capitaines du guet à cheval, des gardes du
guet, massiers ou sergents ordinaires, étaient semblable-
ment disposés du côté gauche. En tête se trouvaient le premier échevin, le clerc assesseur et le deuxième échevin,
marchant côte à côte avec les trois officiers du sénéchal ;
puis venaient le reste des membres du Corps de ville s'avançant deux à deux. A chaque carrefour, le cortège s'arrêta et
chacun des deux greffiers lut simultanément les articles du
traité de paix. Cette publication se fit aux cris souvent répétés de : « Vive le roi ! » ; les canons de la ville et des navires
tonnèrent pendant cette cérémonie, et ils se firent entendre

pendant les nuits suivantes, afin de répandre au loin la joie dont le peuple de la ville était débordant. Le dimanche suivant, un *Te Deum* fut chanté en grande pompe, et des feux de joie allumés par d'Artagnan, au bruit de la mousqueterie et au grondement du canon.

Au commencement du printemps, le roi s'achemine vers la frontière, pour réaliser le mariage projeté. Le maréchal de Gramont part de Bidache pour aller au devant de lui (17 avril 1660). Le duc d'Epernon, que les échevins ont fait complimenter à Agen (29 mars) à l'occasion de son rétablissement dans le poste de gouverneur de Guyenne, se hâte de faire son entrée à Bayonne avant l'arrivée du roi ; il est accueilli, le 26 avril, par le Corps de ville en robes rouges et par un grand nombre de bourgeois, qui l'attendent entre la porte Saint-Esprit et la barrière voisine ; après les compliments d'usage, le duc est salué par les soldats du poste renforcé de cinquante hommes, ayant refusé toute autre démonstration militaire.

Réception du roi à Bayonne.

Le Conseil prend des dispositions pour assurer la subsistance de la cour durant le séjour qu'elle doit faire en ville ; il réserve le commandement de la compagnie qui doit figurer à l'entrée du roi et à celle de la reine, à un bourgeois expert au métier des armes et habile à disposer l'infanterie. Ce service est demandé à M. Delalande du Luc, qui accepte avec empressement ; on lui adjoint, comme aide-major, le sieur de Tendron. La compagnie commandée pour l'entrée de la reine est dotée de trois officiers qui reçoivent chacun 400 livres pour se bien équiper, et de sergents ceints d'une écharpe blanche.

Après avoir fait renouveler sa livrée rouge, le Corps de ville n'attend plus que la venue de Louis XIV ; il désigne, pour aller au devant de lui, une députation composée de Dollins, premier échevin, Delcheto, jurat, Duvergier de Belay et de Mailhare, bourgeois ; il envoie Duhalde, échevin, et Delalande, jurat, à Orthez, saluer le cardinal (19 avril). Enfin, il met la dernière main au cahier des requêtes, qui doit être présenté au roi, et dans lequel se trouve la demande d'exonérer la ville du don gratuit de 20.000 livres.

Le jeune monarque passa à Dax le 30 avril, et y fut salué par les députés de la ville. Ceux-ci rentrèrent en toute hâte le lendemain 1er mai à Bayonne ; ils annoncèrent l'arrivée du roi, pour ce même jour, à quatre heures du soir, et firent connaître que Sa Majesté ne voulait aucune cérémonie à son entrée, refusant même de voir les habitants sous les armes.

Le maréchal de Gramont, le duc d'Epernon et le Corps de ville en robes rouges, se placèrent au bout du pont Saint-

Esprit. Le Conseil, ayant fait préparer un bateau d'une fort belle structure, dans la pensée que le roi arriverait de Bidache par l'Adour, et voulant l'exposer aux regards du monarque, le fit placer au milieu de la rivière, près du pont Saint-Esprit, entouré de vingt-quatre petits bateaux.

Le maréchal et le duc s'avancèrent les premiers vers le carrosse qui contenait le roi, le duc d'Orléans son frère, la reine mère et Mademoiselle. Après les compliments d'usage, le duc présenta au roi le premier échevin Dollins, qui, s'étant mis à genoux ainsi que tout le Corps de ville, offrit les compliments de la ville ; le roi répondit qu'il continuerait son affection à la ville de Bayonne. Il se fit conduire ensuite à l'hôtel du sieur de Sorhaindo, rue Orbe (1), qui avait été aménagé pour le recevoir, en passant sur le pont bordé d'une double haie de cinq cents mousquetaires ; à peine le roi était entré dans l'hôtel, que le ciel fut obscurci par la fumée produite par un nombre infini de coups de canon tirés tant de la ville que des navires.

Louis XIV n'omit pas, au passage du pont, d'admirer la belle frégate préparée à son usage et les évolutions des bateaux qui l'entouraient. Sur le pont du navire avaient été disposés quatre pavillons vitrés, au sommet desquels flottaient des banderoles parsemées de fleurs de lis et des étendards en taffetas blanc sur lesquels les armoiries du roi étaient peintes en couleur d'or ; sept joueurs de hautbois, placés sur l'avant, augmentaient, par leur harmonieux concert, le charme du spectacle.

Le lendemain, 2 mai, la reine mère reçut, à l'évêché, les saluts et compliments du Corps de ville ; il en fut de même le surlendemain pour Mademoiselle. Le cinquième jour du séjour de Sa Majesté, le Conseil de ville offrit de beaux présents : le roi reçut cent piques à fer doré, des jambons et des vins exquis ; il prit dans ses mains l'une des piques, la mania, la trouva fort belle et en adressa ses remerciements à la ville ; la reine mère eut quatre douzaines de jambons et six grands bassins de confitures sèches ; Monsieur, Mademoiselle, le cardinal et d'autres grands seigneurs de la cour furent aussi régalés de jambons et de vins.

Après avoir séjourné à Bayonne, l'espace de huit jours, pendant lesquels il s'était promené aux alentours de la ville et avait admiré la beauté du paysage, le roi se dirigea vers Saint-Jean-de-Luz où il devait attendre la célébration de son mariage, fixée au 9 juin. Le prince de Conti, puis le maré-

---

(1) Aujourd'hui, rue Gambetta.

chal de Gramont et M. de Guiche, son fils aîné, passèrent successivement à Bayonne, se rendant à la cérémonie.

Le premier échevin n'a pu manquer d'aller faire sa cour à la future reine ; il en a reçu des promesses d'affection et une requête en faveur des pauvres pour lesquels elle voudrait que Bayonne construisît un hôpital. Le Conseil de ville, consulté, décide que sa demande sera accordée et délègue le sieur Dollins pour l'en informer.

Pendant que les pompes du mariage royal se déroulaient dans les rues de Saint-Jean-de-Luz, les habitants de Bayonne travaillaient avec ardeur à décorer leur ville afin de recevoir dignement leur nouvelle reine. Un arc de triomphe, orné de peintures allégoriques, relatives à la paix, au mariage du roi et à la fidélité de Bayonne envers son souverain, fut dressé, par les soins de l'architecte de Millet, en avant de la barrière précédant le bastion Saint-Léon.

Mariage du roi et
réception
de la reine.

Au-dessus du pont-levis de la porte de ce nom, était suspendu un grand tableau, peint à l'huile, représentant le roi et la reine ; le cardinal, peint un peu au-dessous et entre eux, portait le flambeau de l'hyménée.

Sous l'arceau de la porte romaine, appelée Mignon, au bout de la rue Saint-Léon (1), était un autre tableau qui représentait Louis XIV refoulant la guerre et assurant la paix à son peuple. Sur la façade, au-dessus de l'arceau, était peint un grand écu aux armes de France et d'Espagne, environné de lauriers, et supporté par Mazarin et Louis de Haro. Des joueurs de hautbois, mandés exprès de Toulouse, devaient se placer dans les galeries de Mignon et jouer pendant le passage du cortège royal.

Le duc d'Epernon devance la cour et arrive à Bayonne, le 13 juin, après les fêtes qui ont suivi la célébration du mariage. Il se joint, le 15 juin, au Corps de ville en robes rouges, afin d'attendre la reine à la porte Saint-Léon, près du pavillon dressé pour les compliments. Cette construction carrée, de douze pieds de large et de quinze de haut, était placée sur trois estrades superposées, ayant sept marches chacune ; sur l'une des faces du pavillon, un artiste avait représenté Louis XIV à cheval, ayant la même attitude que Louis XIII dans la statue équestre de la place Royale à Paris. Le dôme en était recouvert d'un taffetas incarnat, et l'intérieur garni de damas cramoisi, parsemé de fleurs de lis et d'L dorées. Sur le faîte, une grande couronne à l'impériale, toute dorée ; sur les quatre sommets des pavillons, des bouquets de plume de toutes couleurs. Enfin, des rideaux

(1) Aujourd'hui, rue d'Espagne.

de damas rouges, surmontés de courtines en velours frangées d'or, fermaient les côtés du pavillon.

La nouvelle reine se présenta, le 15 juin, vers quatre heures du soir, près de ce pavillon, après avoir passé en revue une compagnie de deux mille Bayonnais, rangés en trois bataillons, sur les terrains découverts, voisins de l'hôpital, en avant de la porte Saint-Léon ; cette troupe était placée sous le commandement de David de Naguille.

Après avoir reçu les compliments des officiers du sénéchal et ceux des magistrats du Conseil, la reine quitta le pavillon et remonta en carrosse, précédée d'un poêle d'une très grande richesse que portaient, tête nue, les trois premiers échevins et le clerc. Le roi, qui accompagnait la reine, s'arrêta dans l'église Notre-Dame où il fut harangué par l'évêque. Après le chant du *Te Deum*, le cortège se reforma et se rendit à la maison du roi (1), qui était destinée au logement de la reine ; tout le long du trajet, les rues étaient tapissées et jonchées de fleurs.

L'étendard de la ville, ceux des Corps de métiers et des compagnies, avaient été plantés sur le bastion Saint-Léon ; ils furent tous très remarqués. Vers huit heures du soir, le Corps de ville alluma un feu de joie sur la place publique en présence de trois cents mousquetaires qui déchargèrent leurs armes. Les particuliers contribuèrent à ces magnificences en allumant de nombreux feux dans les rues et en plaçant à leurs fenêtres des flambeaux allumés. La soirée se termina par des détonations d'artillerie, derniers échos de cette mémorable journée.

Leurs Majestés partirent pour Dax, le lendemain, 16 juin, vers neuf heures du matin, après avoir entendu la messe à la cathédrale et avoir reçu une dernière fois, par l'organe des échevins, les protestations du respect et de la fidélité de la ville. Ce dernier devoir accompli, le Corps de ville se retira dans la maison commune avec la satisfaction de n'avoir rien omis de ce qui pouvait signaler son zèle à l'égard de Leurs Majestés. Il démontra encore son attachement à la famille royale, en célébrant par des fêtes publiques la naissance du dauphin, le 11 novembre 1661 et celle d'une princesse, le 1er décembre 1662.

Don gratuit imposé à la ville. Les échevins avaient compté sur le revenu de la coutume pour solder les frais des fêtes données à l'occasion du passage du roi ; en attendant la rentrée de ce fonds, ils avaient emprunté 4.000 livres, le 18 août 1659, pendant que le cardinal conférait à la frontière. Aussi, combien fut grande

(1) En face le Château-Vieux.

leur stupéfaction, lorsqu'ils apprirent, le 3 octobre 1659, que le roi, ayant décidé de faire supporter par les villes du royaume les frais de son voyage en Guyenne, avait fixé à 20.000 livres la part de Bayonne.

Après avoir pris l'avis de tous les anciens échevins et jurats, ainsi que des officiers de la sénéchaussée, réunis pour examiner cette grave question, le Corps de ville adresse une protestation à l'intendant de Guyenne, alléguant que la ville a été entraînée à faire des dépenses particulières à l'occasion du mariage du roi et que, se trouvant sans ressources, elle n'est pas en état de fournir un don gratuit de 20.000 livres ; ils ajoutent que, dans des circonstances semblables, Bayonne fut dispensée de fournir tout subside. La requête que les échevins présentèrent au roi, pendant son séjour à Saint-Jean-de-Luz, demandait l'exonération de cette somme.

L'intendant de Guyenne voyant que la ville retardait le moment de payer sa part, fit arrêter par deux cavaliers un de ses bourgeois, le sieur de Seignanx, le 27 juillet 1660, au moment où il quittait Bordeaux après avoir terminé ses affaires, et le fit enfermer dans la citadelle de Blaye. Ce bourgeois fut peu après remis en liberté, par ordre du duc d'Epernon, à qui les échevins l'avaient réclamé, mais cette libération ne leur fut accordée qu'à la condition de ne pas dépasser un délai de deux mois pour obtenir décharge du don gratuit.

Les démarches faites dans ce but par le Corps de ville étant restées sans effet, une nouvelle arrestation a été opérée à Bordeaux en la personne du sieur Dibusty, qui est détenu dans la citadelle de Blaye (14 mai 1661). Des instances pressantes sont faites auprès de la maréchale de Gramont et du sieur d'Etcheverry, qui se trouve à Paris (17 mai), afin de tenter un dernier effort pour obtenir décharge. Le roi voulut bien libérer la ville de la moitié du don gratuit, mais cette concession ne décida pas encore les échevins à se procurer l'argent nécessaire pour payer l'autre moitié. Afin de les y contraindre, on capture d'autres Bayonnais ; le maître cordonnier de Hiribarne est arrêté ; puis, après un long intervalle de temps, les fermiers du don gratuit réussissent à mettre la main, à Bordeaux, sur le sieur de Lalande de Hondaro, échevin de la ville (13 avril 1663).

Cette prise importante décide les bourgeois de Bayonne à s'assembler aussitôt, pour délibérer sur le moyen de faire mettre en liberté un de leurs concitoyens. Diverses solutions sont examinées ; le roi leur ayant laissé le choix de lever une cotisation sur les habitants ou d'imposer les denrées, les uns proposent un emprunt de 10.000 livres, les autres préconisent un impôt sur le vin pendant le carême ; enfin, d'autres, voulant que les fonds soient versés sans délai, émettent l'avis de se servir de l'argent contenu dans le coffre des magasins du blé.

Cette dernière solution est adoptée, sauf à remplacer l'argent dans le coffre, mais sans préciser à quelles ressources on aurait recours. La nouvelle de cette décision se répand parmi le peuple de la ville ; un attroupement de gens, organisé par les conseillers magistrats (1) et ayant à sa tête le sieur de Bruix, avocat, syndic constitué, va trouver le premier échevin, pour protester contre l'emploi irrégulier de l'argent des blés, et demander que l'on se procure des fonds en mettant en gage la terre de Seudan qui appartient à la ville.

Le premier échevin reproche aux réclamants de refuser obéissance à la décision de l'assemblée et ordonne d'informer contre eux. Il ne peut toutefois faire ouvrir le coffre contenant les deniers du blé, sans disposer des deux clefs dont l'une est confiée à la garde du conseiller magistrat Garat. Or, ce dernier refuse de livrer sa clef, soutenu par le peuple dont les attroupements se prolongent bien avant dans la nuit, et sans égard pour une nouvelle délibération de l'assemblée. Les conseillers magistrats justifient leur opposition sur ce fait que les bourgeois ont jadis retiré du blé du magasin sans l'avoir encore remplacé, acte qu'ils qualifient de vol aux dépens de la ville ; le premier échevin proteste contre cette accusation, disant qu'il est toujours temps de remettre dans le coffre les fonds représentant le blé.

Enfin, Garat, ayant maintenu son refus, malgré plusieurs sommations, le Corps de ville le déclara suspendu de ses fonctions et envoya prendre un forgeron qui ouvrit le coffre en brisant son cadenas. La somme de 10.000 livres en fut aussitôt retirée et envoyée à Bordeaux. Le 13 juin suivant, le Corps de ville décida de remplacer cette somme en établissant un droit sur le vin de la prochaine vendange. Le sieur Garat consentit alors à faire des excuses et fut rétabli dans son ancienne fonction.

Prérogatives des représentants des bourgeois réclamées par ceux des artisans. Cet incident mémorable était la conséquence d'un défaut d'union entre les représentants des bourgeois et des artisans au sein du Corps de ville. Les derniers étaient froissés de ne pas jouir des prérogatives attribuées aux autres. Déjà, ils s'étaient plaint, dans une séance du 14 février 1654, d'avoir été tenus à l'écart dans la cérémonie de la réception du maréchal de Gramont. Afin d'obtenir une modification des règlements favorable à leurs prétentions, les conseillers

(1) Représentants des artisans dans le Corps de ville.

magistrats présentèrent une instance devant le Parlement de Bordeaux ; un accord fut tenté sans succès, soit par l'intermédiaire d'arbitres, soit dans une assemblée générale des bourgeois des deux partis.

A l'occasion du feu de joie allumé pour célébrer la naissance du dauphin, le 11 novembre 1661, une discussion s'élève entre un échevin et un conseiller magistrat, ce dernier ayant eu la prétention mal fondée de faire allumer par ses collègues les feux de joie tant sur la place publique que dans les rues. Le Corps de ville n'ayant pu aplanir amiablement le différend, intenta un procès à Bordeaux aux conseillers magistrats (26 mai 1662). Un arrêt du Parlement, favorable aux échevins, repoussa la prétention émise par les conseillers magistrats d'assister à toutes les cérémonies extraordinaires. Mais, à l'occasion de ce procès, quelques membres du Parlement s'étant permis des railleries sur le compte du Corps de ville, celui-ci s'offusqua d'un pareil manque d'égards, et pensa qu'il serait plus digne d'en éviter le renouvellement, en demandant au roi d'accorder au Conseil la faculté de trancher lui-même ces sortes de différends (19 février 1663).

L'arrêt du Parlement n'empêche pas les prétentions des conseillers magistrats de se reproduire. Ils protestent de nouveau contre leur exclusion de deux cérémonies religieuses, en essayant de se joindre au Corps de ville ; le 9 juin 1672, ils prétendent assister, en livrée officielle, à la procession de la Fête-Dieu, avec le Conseil, et ne se retirent, sur l'invitation du premier échevin, qu'après avoir injurié ce dernier. Le Conseil secret des bourgeois délibère sur cette nouvelle incartade et décide d'en référer au gouverneur de la province, à la première occasion favorable.

Celle-ci se présenta, le 21 août 1673, lorsque le maréchal d'Albret vint faire son entrée à Bayonne ; le gouverneur tenta vainement d'amener la réconciliation, par l'entremise de l'évêque, entre les deux partis. Cependant, grâce à l'insistance des autorités, un accord définitif put être conclu, le 13 septembre 1675. En vertu de cet arrangement, les conseillers magistrats, représentant les patrons et claviers des Corps de métier, devaient être convoqués, en livrée, aux cérémonies d'actions de grâce pour victoires et naissances, et les officiers être choisis d'après leur mérite, sans avoir égard à leur rang social.

CHAPITRE XI

LES HOSTILITÉS RALLUMÉES ENTRE LA FRANCE ET L'ESPAGNE PAR SUITE DES REVENDICATIONS DE LOUIS XIV SUR LE BRABANT. — LE ROI DÉCLARE LA GUERRE A LA HOLLANDE DONT LA FLOTTE MENACE BAYONNE. — LES FINANCES DE LA VILLE EXAMINÉES PAR L'INTENDANT DE LA PROVINCE (1661-1665).

Gouvernement personnel de Louis XIV. — Précautions contre l'Espagne. — Le lieutenant Saint-Pé succède à d'Artagnan. — Guiche au passage du Rhin. — Projet d'attaque contre Bayonne. — Annonce de la flotte hollandaise. — Travaux de défense. — Vive alerte. — Nombreuses troupes assemblées. — Passage de la flotte ennemie en vue des côtes. — Projet de surprise abandonné. — Funérailles du maréchal de Gramont. — Dernières alertes précédant la paix avec l'Espagne. — Passage de la reine d'Espagne. — Mesures prises en vue de la construction d'un hôpital. — Menaces de peste. — Travaux d'embellissement. — Sage administration du Conseil. — Nouveaux impôts établis pour satisfaire les créanciers.

Gouvernement personnel de Louis XIV.

La mort de Mazarin, survenue en 1661, permit à Louis XIV de gouverner par lui-même. Il disgracia Fouquet, surintendant des finances, dont le luxe exagéré démontrait les malversations, et il sut s'entourer d'auxiliaires dignes de toute confiance. Le diplomate Hugues de Lionne, les magistrats Lamoignon et d'Aguesseau, les ministres Colbert et Louvois l'aidèrent dans les négociations, la réforme des lois et la réorganisation de l'armée, de la marine, du commerce et des finances.

Il contribua à l'anéantissement de la flotte algérienne devant Tunis et à la défaite des Turcs, combattus par l'empereur Léopold, en 1664. Ces ennemis de la chrétienté infestaient les mers et retenaient en captivité les équipages des bateaux qu'ils capturaient. Pour racheter ceux de ces captifs qui appartenaient à la ville, les échevins avaient constitué un fonds spécial alimenté par des quêtes périodiques et détenu par un honorable habitant (1).

Le sieur de Saint-Luc, nommé lieutenant-général du roi en Guyenne, vint à Bayonne, le 27 mars 1665, pour y faire

(1) Pour libérer le fils du bourgeois de Sorhaindo, le Conseil de ville dut fournir, en 1671, une partie de la somme de 500 livres réclamées par les Turcs. Deux autres captifs, Duter et Laborde, allaient être rachetés pour la somme de 150 livres, lorsque leur décès, survenu à Alger en 1677, rendit cette somme disponible et permit au sieur de Lalande, baron de Hinx, trésorier, de l'employer à racheter deux autres captifs.

son entrée. Après avoir été salué à Dax par une députation, il fut reçu à Tarnos par quarante bourgeois à cheval. Le Conseil de ville, en robes rouges, le complimenta, près de la porte Saint-Esprit, pendant que les canons de la ville annonçaient sa présence. Il logea à l'évêché et reçut, pendant son séjour, un cadeau consistant en un beau cheval d'Espagne que le Conseil avait fait acheter à Madrid, pour le prix de 425 piastres, et qui excita l'admiration du duc de Saint-Simon.

A la mort de Philippe IV, roi d'Espagne, le Brabant fut réclamé par Louis XIV en paiement de la dot de sa femme ; le sieur d'Elcheverry, conseiller d'État, vint à Bayonne durant les négociations, et reçut des politesses de la part du Conseil, à cause des services qu'il avait rendus à la ville. La prétention du roi alluma la guerre entre la France et l'Espagne, soutenue par l'Angleterre. La déclaration de guerre fut publiée à Bayonne le 19 février 1666. On défendit de faire des enrôlements de soldats pour le compte des ennemis, et on fit surveiller les ports et les passages de la frontière, afin d'empêcher leur sortie de France. On transporta un canon au Boucau, dans le but d'annoncer la présence en mer de tout navire ennemi signalé par les pilotes. Afin de parer à une descente des ennemis sur la côte, un service de garde extraordinaire fut établi sur les remparts, sans avoir égard aux privilèges d'exemption de garde accordés à divers habitants.

Précautions contre l'Espagne.

Il fallut, en outre, pourvoir à la défense du fort d'Hendaye. Cet ouvrage, nouvellement construit, avait déjà été armé, en 1663, par ordre du roi, de deux canons et de deux cents boulets de 16 livres, fournis par la ville ; sur la demande du sieur de Lisle, gouverneur du fort, et par ordre du lieutenant-général Saint-Luc, le Conseil envoya d'urgence à Hendaye, le 8 juillet 1667, des provisions de bouche et de guerre, savoir : deux barils de poudre, balles et mèches, un quintal de biscuits, deux barriques de vin, deux quartiers de lard, un quintal de farine, dix hallebardes ou pertuisanes.

La guerre s'alluma dans les Flandres, lorsque Turenne envahit ce pays à la tête d'une armée ; diverses places tombèrent successivement au pouvoir de ce vaillant capitaine. A chaque nouvelle victoire, les échevins firent allumer des feux de joie, tirer le canon et chanter le *Te Deum ;* les prises de Courtrai et de Lille furent particulièrement fêtées (les 5 août et 18 septembre 1667).

Non contents de célébrer les victoires françaises, les Bayonnais avaient grand soin de manifester, par des démonstrations publiques, toute la part qu'ils prenaient aux événements, heureux ou malheureux, qui survenaient dans la famille royale. La naissance d'une princesse et d'un second prince furent l'occasion de grandes réjouissances. Une cérémonie funèbre fut célébrée à la cathédrale, le 22 février 1666, à l'occasion du décès de la reine mère, par ordre du Corps de ville, qui chargea deux députés, les sieurs de Romatet et de Naguille, d'aller porter au roi ses condoléances.

Le lieutenant Saint-Pé succède à d'Artagnan.

La mort de d'Artagnan, lieutenant du gouverneur, survenue le 28 août 1667, ne laissa pas les échevins indifférents ; ils allèrent visiter sa veuve et s'efforcèrent de la consoler. Le corps du défunt fut porté dans le couvent des Carmes ; le deuil était conduit par le lieutenant-général, le lieutenant-particulier, et par les membres du Corps de ville en robes noires, précédés de leurs massiers ; quatre gentilshommes et quatre hommes d'armes, portant deux draps mortuaires, marchaient en avant du cercueil.

Les menaces de guerre ne permettaient pas de laisser vacante la charge de lieutenant du gouverneur. Elle fut donnée au sieur de Saint-Pée, qui reçut, le 17 octobre, des lettres royales de provision, et se présenta à Bayonne le 28 novembre. Il rendit visite au Corps de ville dans la chambre du Conseil et fut reçu avec le cérémonial habituel.

Le passage à Bayonne (28 et 30 août), de deux ambassadeurs, l'un espagnol, le marquis de Fuente, revenant de Paris, l'autre français, l'archevêque d'Embrun, rentrant de Madrid, firent pressentir que les deux cours désiraient la paix ; aussi, les échevins, attentifs à suivre le conseil du maréchal de Gramont, allèrent saluer à l'évêché l'ambassadeur d'Espagne, et firent tirer le canon à son arrivée. Ces pourparlers amenèrent la paix avec l'Angleterre. Mais l'état de guerre avec l'Espagne n'ayant pu prendre fin, les échevins prescrivirent des mesures de préservation ; ils ordonnèrent aux hôteliers de fournir les noms des voyageurs, ils firent rentrer en magasin les poudres prêtées aux particuliers et ils empêchèrent que les blés ne fussent emportés en Espagne, sans traverser la ville.

La conquête de la Franche-Comté par Turenne sur les Espagnols fut célébrée à Bayonne, le 16 mars 1668, par le chant du *Te Deum*. Cette province resta peu de mois entre les mains du vainqueur ; elle fut rendue à l'Espagne par le traité d'Aix-la-Chapelle, publié en ville, le 11 juin ; un feu de joie fut allumé par le comte de Guiche, fils aîné du maréchal de Gramont, représentant le gouverneur et le premier échevin.

Ce traité donna seulement deux années de tranquillité ; Louis XIV, voulant se venger de ce que la Hollande avait suscité contre lui une triple alliance, négocia un accord avec

Charles II, roi d'Angleterre, contre ce pays. Le marquis de Villars, ambassadeur du roi en Espagne, est envoyé à Madrid pour obtenir la neutralité de ce royaume ; en passant à Bayonne, le 16 novembre 1671, il est salué par le canon et reçoit force révérences et honnêtetés du Corps de ville. La guerre contre les Etats de Hollande fut publiée le 25 avril. Le duc d'Albret, pourvu depuis le 8 mai de la charge de gouverneur de la Guyenne, prit la direction de la défense, aidé par l'intendant de la province Daguesseau, qui venait de remplacer le sieur Pelot ; toutefois, le nouvel intendant ne conserva guère cette fonction et la céda, le 11 mai 1672, au sieur de Serres. Ce dernier, voulant apaiser le différend existant entre les conseillers magistrats et le Corps de ville, vint à Bayonne, le 5 octobre suivant ; il fut reçu à la porte Saint-Esprit, avec le cérémonial ordinaire.

Suivant l'exemple de l'intendant, le maréchal d'Albret ne tarde pas à faire son entrée en ville, comme gouverneur de la province. Il arrive de Dax, le 1er septembre 1673, transporté par les bateaux de la ville, et est débarqué au bout du pont Saint-Esprit ; M. de Saint-Pé s'avance et lui présente les clefs de la ville sur un plat d'argent ; puis le sieur de Lalande, baron de Hinx, s'avance et fait son compliment. Le gouverneur, après avoir passé en revue le poste de Saint-Esprit, monte en carrosse et se rend à l'évêché où son logement a été préparé. Les rues qu'il parcourt sont garnies par deux rangs d'habitants armés ; deux bataillons, placés sur son trajet, l'un à la place bourgeoise, l'autre à la place publique, lui rendent les honneurs. Le maréchal d'Albret accepta l'offre de la ville de mettre sentinelle devant son logis et remercia les capitaines des châteaux qui lui avaient fait une offre semblable.

La campagne contre la Hollande fut menée brillamment ; le comte de Guiche, qui accompagnait le roi au passage du Rhin, s'élança le premier dans le fleuve, le traversa à la nage et entraîna l'armée par son exemple. Louis XIV écrivit au maréchal de Gramont, son père, une lettre de félicitations. Ce vaillant officier devait mourir de la fièvre, l'année suivante, sous les murs de Mayence, dans les bras du comte de Louvigny, son frère cadet, qui devint dès lors l'héritier des Gramont.

La Hollande ayant fait la paix avec l'Angleterre en 1672, les bourgeois bayonnais s'effrayèrent des secours que cette nation pouvait apporter aux brigantiers hollandais qui couraient le long des côtes de Biscaye, faisant de fréquentes prises. Une lettre de Londres leur apprend que les Anglais ont vingt-quatre bâtiments pour défendre les brûlots ; le ministre Colbert, à qui la ville a demandé un secours contre

Guiche
passage du Rhin.

les navires ennemis, rejeta la requête, et répondit que la ville pouvait se protéger elle-même en armant quelques vaisseaux à la mer, ajoutant que la chose lui était facile puisqu'elle n'avait pas fourni un seul matelot pour la marine royale. Colbert était d'autant moins disposé en faveur de la ville, qu'il avait dû renoncer au projet d'en tirer dix à douze pinasses propres à lancer des brûlots, à cause de l'opposition des bourgeois bayonnais. Ceux-ci se concertent alors (27 juin 1672), pour armer des vaisseaux afin de donner la chasse aux brigantiers hollandais, mais ils insistent auprès du maréchal pour obtenir de Colbert l'envoi d'un vaisseau de guerre dans les eaux de Bayonne.

Une ligue se forma contre la France entre l'Empire, l'Espagne et la Suède. La déclaration de guerre contre l'Espagne fut annoncée le 20 octobre 1673. On procéda aussitôt à la révision des rôles de garde et on nomma des officiers aux places vacantes. Les échevins défendirent de faire commerce avec les Espagnols ; afin d'empêcher ceux-ci de tirer indirectement du blé de la ville, il fut prescrit aux commissaires de semaine de prendre la garde aux portes Saint-Léon et Lachepaillet, qui conduisent à la frontière.

Le comte de Molina, ambassadeur d'Espagne, et le marquis de Villars, ambassadeur de France, rentrèrent dans leurs pays respectifs à la suite de la déclaration de guerre. Comme ils devaient traverser en même temps la Bidassoa, Molina, qui arriva à Bayonne douze jours avant son collègue français, fut récréé par les échevins qui lui firent visiter la plage de Biarritz et la grotte appelée Chambre-d'Amour.

Le roi donna la charge de gouverneur de Bayonne au comte de Louvigny, à la place du maréchal de Gramont, son père. Il fut grandement fêté, lors de son entrée qui eut lieu le 23 mars 1674 ; en outre des honneurs habituels, les échevins lui offrirent un beau repas, suivi d'une course de taureaux. Le comte ne voulut pas se montrer indifférent à tant de prévenances ; il fit des largesses au peuple de la ville, lui jetant des pièces de 7, 14 et 15 sols pour une valeur de 30 pistoles, ce qui lui attira l'amour, la louange et l'amitié des habitants.

Projet d'attaque contre Bayonne.

Louvigny ne tarda pas à faire usage des pouvoirs que lui donnait sa nouvelle charge ; il reçut un avis, le 11 avril 1674, l'informant que les Hollandais avaient formé le projet de se joindre aux Espagnols pour opérer une descente sur les côtes voisines de Bayonne, avec le dessein d'attaquer cette place.

A cette nouvelle, les échevins prennent des mesures afin de mettre la ville en état de résister. Ils exhortent les habitants à faire des provisions de bouche et de guerre, visitent les moulins à bras et les font mettre en état. Le vicomte d'Orthe et le vilsar du Labourd sont priés de tenir mille hommes prêts à combattre.

L'approvisionnement du blé est également assuré. Une visite des magasins des marchands fait constater l'existence de 8.000 conques de blé ; la sortie de ces grains est défendue sous peine de confiscation et d'une amende de 100 livres. Les échevins font convertir en farine le froment enfermé dans les magasins de la ville. Enfin, les commissaires du magasin de guerre parcourent les casemates de l'enceinte et les font mettre en état convenable.

Le roi envoya à Bayonne le sieur Lombard Bourdalades, commissaire de la marine, visiter les fortifications de la place et faire réparer en toute diligence les parties les plus faibles ; un crédit de 10.000 livres fut accordé pour les premiers travaux.

Depuis la construction de la porte et du bastion de Saint-Esprit dirigée par l'ingénieur Desjardins en 1643 et l'exécution des deux ouvrages à corne de Saint-Léon et du Nard que l'ingénieur Dubois avait tracés en 1652, aucune modification importante n'avait été faite dans la fortification de Bayonne. Les débordements de la Nive, en 1658 et 1667, ayant emporté chaînes et ponts, le Conseil de ville s'était vu dans l'obligation de les rétablir. Les palissades élevées autour de la ville, ruinées par le passage des bêtes et des gens, étaient mises au pillage, malgré la menace des amendes et la surveillance exercée par un Basque aux gages de la ville. Il fallut que le roi infligeât un blâme aux échevins, le 31 janvier 1670, leur reprochant de laisser ruiner les palissades, traverses et casemates de la fortification, pour que la ville se décidât à remettre en bon état ces divers ouvrages.

Ces réparations furent exécutées par les soins de Théodore Boucheron, qui s'était fait remarquer des échevins en sculptant avec goût, en 1663, les armoiries de la ville, de Gramont et du roi, sur le fronton de la porte Saint-Esprit ; aussi avait-il été choisi par ces magistrats pour remplacer Louis de Millet, ingénieur ordinaire de la ville, chargé de l'entretien des fortifications, au décès de ce dernier survenu en 1664.

Lorsque, en 1636, les armées espagnoles avaient fait irruption dans le Labourd, des emplacements d'ouvrages avaient été pris au bourg Saint-Esprit, dans des terrains appartenant à divers bourgeois de la ville, afin d'édifier les forts Saint-Bernard et Saint-Louis. La ville avait été autorisée par le roi à prélever sur la moitié de la grande coutume la somme nécessaire pour désintéresser les possesseurs de ces terrains. Mais ceux-ci, n'ayant rien reçu, adressèrent une réclamation au Conseil en 1657, puis en 1660, en demandant capital et

intérêts. Selon toute apparence, les fonds destinés à ce payement avaient reçu un autre emploi, car le Conseil se borna à
faire patienter les intéressés en leur payant les intérêts.

Le commissaire Lombard, sitôt arrivé en ville, avait parcouru, en compagnie du sieur de Romatet, premier échevin,
l'enceinte de la ville. Il trouva que le parapet en terre de
l'allée de Madame était bas et trop mince, et il conseilla de
l'élever et de l'épaissir. Le lendemain, 20 avril, dès cinq
heures du matin, le chantier fut organisé sous la surveillance des échevins : Romatet, Sorhaindo, avocat, du Vergier,
de Joannis et de Lalande Gayon, assistèrent à la première
séance de travail. Pendant que les vignerons des portes pio-
chaient la terre dans les fossés de Lachepaillet, les domestiques des bourgeois la transportaient dans des paniers, et
des Basques de Villefranque, payés par Lombard, coupaient
des gazons dans une prairie de Tarride, appartenant au sieur
de Naguille et en formaient le talus du parapet bordant les
allées de Madame.

Annonce de la
flotte
hollandaise.
Travaux
de défense.

Comme des nouvelles arrivent continuellement, annonçant l'arrivée des Hollandais à Bayonne dans le courant du
mois de mai, les travaux sont poussés activement, même
pendant les jours de fête. On réorganise la terrasse qui conduit à Anglade derrière la vigne des Carmes, hors de la porte
Lachepaillet, et on élargit le fossé qui sépare le Bancot de
l'ouvrage à cornes Saint-Léon, en employant la terre à combler un petit étang situé au bout de la vigne du Bancot. Les
pays de Gosse, Seignanx et Maremne ont envoyé cent hommes de corvée, auxquels sont venus s'ajouter trois cents
autres des pays de Saint-Martin, d'Ondres et de Tarnos, et
deux cents du Vieux-Boucau.

Les échevins fournirent des hottes, corbeilles, pelles et
pioches ; ils firent distribuer du cidre aux ouvriers de la
ville et à ceux de la campagne. L'intendant de Serres les
informa que Colbert venait de lui envoyer 12.000 livres pour
payer les frais des travaux.

Le 11 mai, Saint-Pé invita le Conseil à se munir de blé :
comme les fonds manquaient pour en acheter, les bourgeois
se cotisèrent, chacun selon ses moyens, donnant 100, 200,
500 et jusqu'à 1.000 francs. On envoya aussitôt à Mont-de-
Marsan le corretier Lamarque, acheter de 3.000 à 4.000 conques de blé et 1.000 de seigle. Il partit à la fermeture des
portes, courut toute la nuit et arriva le matin au marché où
il put s'acquitter de sa commission.

L'assemblée du Labourd fut réunie ce même jour. Electri-
sée par un discours patriotique du sieur d'Etcheverry, délégué de Bayonne, et docile aux exhortations du vicomte d'Urtubie, bailli du Labourd, cette assemblée consentit à donner

non seulement les mille hommes dus à la ville, mais encore toutes les autres milices, à condition que la poudre et le plomb leur seraient fournis par les échevins.

Pendant que les travaux se poursuivent activement, que l'on transforme en redan le ravelin protégeant la tour de Sault, que l'on améliore la courtine Saint-Léon, en élargissant ses embrasures et en la munissant d'une banquette permettant de tirer dans les fossés, que l'on exhausse la demi-lune de Tarride et celle qui couvre la courtine des Faures, les autorités viennent animer, par leur présence, le zèle des travailleurs. Le comte Toulonjon, gouverneur de La Rochelle et frère du maréchal de Gramont, visite les chantiers, le 21 mai, et, pour activer les travaux, il donne 800 hommes des terres du maréchal ; celles de Guiche, de Bardos, de Sames et de Came fournirent la moitié de ce contingent.

Le lendemain, jour de la Fête-Dieu, le comte de la Serre se présenta, envoyé par le roi. Il visita, le matin, les dehors de Saint-Léon et de Lachepaillet ; il passa le soir à ceux de Mousserolles, et loua la ville de l'avancement des travaux. Il voulut assister à la procession de ce jour ; il remarqua la bonne tenue des 2.000 habitants qui y figuraient en armes et les jugea propres à la défense de la place. Il les félicita de ne pas s'alarmer des menaces de guerre, et même de continuer les réjouissances et les danses publiques.

Le discours du maréchal d'Albret, gouverneur de la province, arrivé le 27 mai, en compagnie de l'intendant de Serre, ne fut pas moins élogieux. Reçu à l'Hôtel de Ville, par les officiers du roi, le Conseil et les bourgeois, il leur dit que Bayonne était menacé par les Hollandais et les Espagnols, du côté de la mer et sur la frontière de terre, et il exprima l'espoir que les Bayonnais se montreraient les dignes héritiers de leurs pères. Il ajouta, pour les encourager, que le roi n'avait pas l'intention d'imposer à la ville une garnison et de les grever de l'impôt de la gabelle ; il termina en assurant la ville de son affection et en promettant d'amener de Guyenne toute la noblesse et toutes les milices qu'il lui serait possible de réunir. Puis, l'assemblée étant passée dans une pièce voisine où des rafraîchissements avaient été préparés (1), le maréchal prit un verre et dit, d'une voix retentissante : « A la santé des braves Bayonnais ! » Il se rendit, le lendemain, dans la plaine de Sainte-Barbe, suivi par l'intendant et par une députation du Conseil, et passa la revue des mille hommes du Labourd. Avant de regagner Dax, il embrassa les magistrats et prit congé d'eux ; il laissa

(1) Bassins d'écorce de citron.

l'ordre à M. de Saint-Pé, lieutenant du roi à Bayonne, de loger hors la ville les 4.000 hommes des milices qui allaient arriver, d'en mettre une moitié à Saint-Etienne et au faubourg Saint-Esprit, et l'autre moitié dans les dehors de Saint-Léon, Lachepaillet et Mousserolles.

Le roi lui-même écrivit, du camp devant Bezançon, pour exprimer aux Bayonnais sa satisfaction de l'ardeur qu'ils montraient dans les travaux de défense.

Le mois de mai étant près de finir, le Conseil, fatigué d'attendre l'arrivée des ennemis, vient de se décider à soulager les manœuvres et vignerons de la ville, en les appelant au travail tous les quatre jours, au lieu de deux, lorsque la nouvelle arrive, le 1er juin, que la flotte hollandaise, comptant 120 voiles, est partie, passant devant Calais, le 27 mai, pour venir attaquer Bayonne : il apprend, en outre, que le maréchal d'Albret, l'intendant, et le comte de Louvigny se dirigent en toute hâte vers cette ville.

Vive alerte. Nombreuses troupes rassemblées. Les échevins décident que tous les habitants doivent se mettre sous les armes. On réunit les compagnies d'artisans dans leurs cloîtres habituels, où elles trouvent le lieutenant-général, le procureur du roi et les magistrats, qui les exhortent à bien se défendre et à périr plutôt que d'abandonner la place. Elles sont prévenues qu'en cas d'attaque annoncée par la cloche de la ville, chacun devra se rendre dans son quartier et y recevoir des ordres, soit pour prendre les armes, soit pour travailler aux fortifications.

Les milices voisines arrivent rapidement : le 3 juin, le régiment de Gramont s'établit à Mousserolles ; le 4 juin, trois cents hommes du vicomte d'Orthe se logent à Saint-Esprit, et cinq cents hommes du régiment de Lasalle, comprenant dix compagnies (1), augmentées de la compagnie colonelle et d'une autre de dragons à pied, à Saint-Etienne ; le 5 juin, le régiment d'Arberoue, commandé par le vicomte de Belsunce, colonel, à Saint-Esprit ; les 11 et 12 juin, trente compagnies de Béarn fortes de cinquante hommes chacune (1.500 en tout), logées aux vignes de Saint-Léon, Saint-Esprit et Mousserolles ; enfin, mille cinq cents hommes du pays de Labourd, ayant pris leur quartier à Biarritz et à Anglet.

Le maréchal d'Albret et l'intendant, après avoir touché barre à Bayonne, du 4 au 7 juin, en repartent pour faire avancer la noblesse et les troupes de la province. Louvigny, qui se trouvait au siège de Dôle, près du roi, reçut l'ordre de rejoindre immédiatement Bayonne et d'en assurer la

---

(1) Trois de Gosse, trois de Seignanx, trois de Maremne, une de Cap-Breton.

défense. Investi de pouvoirs illimités, et ayant reçu l'autorisation de prendre à Lyon tout l'argent qui lui serait nécessaire pour remplir sa mission, il ne perdit pas son temps à s'arrêter dans cette ville, et, après six jours de route, arriva à Bayonne, le 5 juin, à huit heures du soir.

Ayant aussitôt réuni les principaux habitants, il leur apprend que le roi lui a commandé de périr plutôt que de rendre Bayonne aux ennemis, montrant ainsi qu'il avait en lui toute confiance dans l'accomplissement de sa tâche et sollicite leur concours. Ceux-ci répondent qu'ils sont en grande joie de le voir à leur tête et « qu'ils créveront plutôt « que de rendre Bayonne ».

Outre les milices campées hors la ville, Toulonjon avait à sa disposition sept cent gentilshommes, venus tant du Béarn que de la Guyenne et du Périgord. Le maréchal de Gramont, ayant appris la mission confiée à son fils, arriva en carosse de Paris, le 12 juin, après treize jours de voyage, malgré ses soixante-dix ans d'âge et une goutte violente, voulant prendre part à la défense d'une ville dont il avait été longtemps le gouverneur.

Cependant, la flotte hollandaise tarde à se montrer. On apprend, le 18 juin, qu'elle a tenté une attaque contre Belle-Isle ; l'île de Noirmoutiers est même tombée en son pouvoir ; La Rochelle et l'île de Ré sont directement menacées. Le danger étant moins imminent, à Bayonne, on laisse partir les milices du Labourd et les troupes du vicomte d'Orthe, toujours prêtes à revenir au premier commandement. Douze cents hommes, choisis dans les milices béarnaises et navarraises, et dans le régiment de Lasalle, sont conservés ; ils sont passés en revue dans la plaine Saint-Léon (1), puis distribués de la manière suivante : six cents hommes du côté de Saint-Léon, Lachepaillet et Mousserolles, trois cents à Saint-Esprit et trois cents à Saint-Étienne. Le maréchal de Gramont, à qui le roi avait envoyé 10.000 écus pour payer les milices, avait désigné celles des troupes de défense qu'il fallait retenir après avoir pris l'avis du maréchal d'Albret.

En même temps que s'effectuaient les mouvements de troupes, les travaux étaient poursuivis activement ; les ouvriers de la ville, au nombre de trois mille, édifiaient des redans, à Mousserolles, dans la terre de Condoc, appartenant à Duvergier de Hauranne, avocat au Parlement, et continuaient les ouvrages de Lachepaillet. Gramont, à qui le roi a annoncé l'envoi de 10.000 écus, destinés aux travaux de fortifications qu'il jugera nécessaire de faire entreprendre, après achève-

(1) Champ de manœuvre actuel.

ment des ouvrages en cours d'exécution, fut en même temps avisé de l'arrivée prochaine d'un ingénieur (1). Le ministre Colbert, voulant ménager les deniers de l'Etat, et jugeant que Bayonne n'était plus exposé à une menace subite, donna l'ordre de réduire à deux cents le nombre des ouvriers travaillant aux frais du roi. Son exemple fut suivi par les échevins qui firent cesser la manœuvre des domestiques, des bourgeois et des habitants.

Le maréchal d'Albret profita de la circonstance pour amener des troupes de cavalerie dans le gouvernement de Bayonne et les établit à Biaudos, à Saint-André, à Saint-Martin-de-Hinx et à Seignanx, malgré les protestations des échevins. Ceux-ci exprimèrent la crainte que ces troupes ne consommassent les provisions fourragères du pays, au grand détriment des habitants et des défenseurs de la ville ; le maréchal reçut courtoisement les députés de Bayonne, les invita à sa table, mais il ne modifia pas ses ordres.

Passage de la flotte ennemie en vue des côtes. Le 30 juillet, la ville est de nouveau sous le coup d'une menace sérieuse. Une flotte hollandaise, composée de cinquante à soixante vaisseaux portant quatre mille hommes, a été aperçue se dirigeant vers les côtes d'Espagne, et saluant Fontarabie avec son artillerie. Aussitôt, Gramont expédie des ordres dans toutes les directions ; Urtubie, bailli de Labourd, va lever les mille hommes de ce pays et les dirige vers Saint-Jean-de-Luz que le maréchal croit menacé ; le vicomte de Saint-Martin d'Aroue est envoyé dans cette place, qu'il devra garder jusqu'à nouvel ordre ; le régiment de ses terres est avisé de marcher au premier signal. Il avertit aussi Cap-Breton d'observer la mer, de faire bonne garde, et d'allumer le fanal en cas de danger.

Enfin, pour dissuader les Espagnols de donner la main aux Hollandais, le maréchal écrit aux jurats de Saint-Jean-de-Luz, de répandre le bruit que si les ennemis viennent saccager, brûler ou taxer un village quelconque de la frontière, Gramont se rendra en Espagne avec une grosse armée, pour y porter le ravage.

Projet de surprise abandonné. Le maréchal étant allé, le 1er août, à Saint-Jean-de-Luz, afin de se renseigner, fut informé que dix-sept vaisseaux hollandais avaient paru en vue de Biarritz, mais qu'un marin s'étant avancé en mer en avait compté cinquante-deux. Il apprit, deux jours après, que l'amiral Tromp et le comte de Horn avaient débarqué à Saint-Sébastien, où ils avaient conféré avec Don Bernard de Salines, venu tout exprès de Madrid. Ce diplomate espagnol, ayant jugé que la surprise de

(1) Deshoulières.

Bayonne était impossible, dissuada son gouvernement d'y prêter la main. La flotte hollandaise renonça dès lors à son projet et après un court séjour en vue de Santander, elle regagna la Manche.

Le comte de Louvigny partit en poste vers Paris, le 13 août, annoncer au roi le départ des ennemis, et fut félicité pour son zèle. Durant son séjour à Bayonne, Louvigny avait eu soin, en sa qualité de gouverneur, de présider aux fêtes données à l'occasion de la prise de Bezançon, de Dôle et de Gray ; les échevins lui donnèrent, comme marque d'attachement de la ville, un beau cheval d'Espagne. M. de Saint-Pé, son lieutenant, eut aussi sa part des générosités du Conseil et reçut 2.000 livres.

Avant de quitter Bayonne, le maréchal de Gramont fit renfermer dans les magasins des tours du Nard et de Sault les gabions et les palissades qui avaient été préparés en vue du siège, afin de les mettre à l'abri du pillage. Ce seigneur, à qui la ville était très attachée, ne revint à Bayonne que pour y mourir. Son décès, précédé d'une courte maladie, eut lieu le 12 juillet 1678. Bien que le maréchal eût demandé à être enterré à Bidache et eût prescrit que ses funérailles fussent dépourvues de pompe mondaine, la cérémonie des obsèques revêtit cependant un certain apparât. Le cortège partit du Château-Vieux : en avant du clergé s'avançaient le vicomte d'Orthe, l'abbé de la Salle, doyen de Saint-Esprit, son frère, et quelques autres gentilshommes ; M. Denys de Niert, syndic et chanoine du chapitre qui devait officier, venait ensuite, suivi de tous les moines appartenant aux ordres religieux mendiants de la ville. Quatre officiers de la maison du maréchal portaient un drap devant le cercueil ; c'étaient les sieurs de Sarrecabe, capitaine de ses gardes, de la Vilette son gentilhomme, son secrétaire et son maître d'hôtel. Le corps du maréchal était porté par six chapelains de Notre-Dame, aidés par six hommes en habits et manteaux noirs. Immédiatement après le cercueil s'avançaient les officiers du roi à la sénéchaussée de la ville précédés d'huissiers en robe et bonnet. Puis venaient les membres du Corps de ville en robe rouge, précédés de leurs massiers, escortés par les soldats du guet rangés en file sur les deux côtés, portant leurs fusils sous la casaque, la pointe abaissée vers la terre. Une foule nombreuse de bourgeoisie et de peuple terminait le cortège.

Dans la cathédrale, le catafalque fut entouré d'un grand nombre de flambeaux, sur lesquels étaient attachées les armoiries des Gramont ; des cartouches représentant les mêmes attributs ornaient la grille du chœur et le maître-autel où fut célébré l'office des morts. Après l'oraison funèbre prononcée par le père Alexis, cordelier, le cortège se

Funérailles du
maréchal
de Gramont.

reforma et conduisit le corps du maréchal à l'église des capucins, où il fut déposé jusqu'à l'heure de la marée montante. Il fut alors repris, conduit processionnellement à la porte Saint-Esprit, et déposé dans une chaloupe qui le transporta à Bidache, où se fit l'enterrement.

Depuis la menace de la flotte hollandaise jusqu'à la paix de Nimègue, en 1678, qui assura la possession de la Franche-Comté à la France et marqua l'apogée du règne de Louis XIV, la ville de Bayonne s'associa aux victoires françaises en les célébrant par des réjouissances publiques. Des feux de joie annoncent successivement aux habitants les victoires remportées successivement en Alsace par Turenne sur les Impériaux (8 février 1675), les prises de Limbourg, Condé, Bouchain, Aigre, Valenciennes, Cambrai, Saint-Omer, Gand et Ypres, dans les Flandres (1675 à 1678), enfin celle de Puycerda en Catalogne (27 juin 1678).

Dernières alertes précédant la paix avec l'Espagne. Une lettre de Louvois à Gramont vint cependant causer une grande émotion aux Bayonnais ; elle annonçait que les ennemis entretenaient des intelligences secrètes avec un gentilhomme résidant près de la frontière, dans le but de surprendre la ville. A cette nouvelle, les échevins pressent Gramont de quitter Bidache et de venir à Bayonne donner des ordres pour sa défense (22 mai 1677). Le maréchal arrive aussitôt et organise des corvées avec les ouvriers de la ville, et ceux de ses terres et de son gouvernement, pour remédier à la faiblesse des fortifications ouvertes sur plusieurs points. Il décide de faire venir mille quatre cents hommes de son gouvernement et de ses terres pour garder les dehors de la ville, et il se propose de les installer dans les quartiers extérieurs de Lachepaillet, de Saint-Léon et de Mousserolles. Quatre cents hommes sont déjà arrivés, le 6 juin, lorsqu'un avis parvient au maréchal que tout danger est écarté et permet à la ville de Bayonne de reprendre son aspect habituel.

La manœuvre et la corvée furent de nouveau reprises, en janvier 1678, à la nouvelle annoncée par Gramont qu'une guerre avec l'Angleterre devait éclater le mois suivant. Saint-Pé visita les canons de la ville et en fournit un état au maréchal. Ce dernier vint en ville et procéda à la visite des fortifications. Dans le cours de son inspection, il constata que des troupeaux de bœufs s'introduisaient dans les bastions et causaient des dégradations aux parapets en terre ; il s'empressa de mettre un terme à cet abus, en provoquant la destitution des soldats du guet qui le toléraient.

La nouvelle de la guerre que l'on croyait imminente n'était qu'une vaine menace, car la paix fut bientôt signée avec la Hollande d'abord, puis avec l'Espagne et l'Empire. Le marquis de Villars se hâta de rejoindre son poste d'ambassadeur à Madrid, traversant Bayonne le 7 juin 1679.

Son passage précéda de quelques mois celui de Marie-Louise de Bourbon, fille du duc d'Orléans. Cette princesse arriva en carosse, le 26 octobre 1679, à six heures du soir, escortée par cinquante-deux gardes du corps, se rendant en Espagne où elle allait épouser le roi Charles II. Elle fut complimentée, au bout du pont Saint-Esprit, par le sieur Wescomb, premier échevin. Puis le carrosse, suivi d'un dais et accompagné par le Corps de ville avec ses capitaines et gardes de la ville, s'avance à la lumière de trente flambeaux, jusqu'au Château-Vieux, les compagnies de la ville formant la haie sur le trajet, au bruit des canons des remparts et des navires, au son des tambours et des fifres.

Passage de Marie-Louise de Bourbon, reine d'Espagne.

La reine prit son logis au Château-Vieux, à la porte duquel le dais, préparé pour la future reine, fut livré à ses valets, selon un antique usage. Le Conseil offrit en cadeau à la reine des confitures et des jambons de Bayonne ; il donna des jambons et des vins d'Espagne au duc de Batbasse chargé par Charles II de négocier son mariage, et au prince d'Harcourt.

La princesse de Bourbon ayant désiré faire une promenade à la barre de l'Adour, le Conseil mit gracieusement à sa disposition une galupe recouverte de tapisseries. Elle fut accompagnée par le prince et la princesse d'Harcourt, la maréchale d'Eyrance, Mme de Saint-Chaumont, le sieur d'Urpès, quelques autres seigneurs, le Corps de ville et deux trompettes du roi. On régala la compagnie, durant le trajet, en lui offrant une collation de confitures et de fruits. Plusieurs bateaux suivaient celui de la reine ; dans l'un, l'évêque de Bayonne, avec sa maison et ses amis ; dans un autre, l'évêque de Condom et sa suite ; des joueurs de violon occupaient le troisième ; enfin, les derniers portaient des habitants de la ville.

La reine mit pied à terre près de l'embouchure, sur la rive droite, se promena longtemps, admira beaucoup la mer, monta un instant à cheval, puis rentra assez tard au Château-Vieux. Le lendemain, jour de son départ, elle fut conduite à la porte Saint-Léon avec le même cérémonial qu'à son arrivée. Le premier échevin l'accompagna jusqu'à la frontière. Afin de conserver un souvenir de ce passage mémorable, le Conseil fit racheter pour trente pistoles le dais qui avait figuré dans le cortège.

Cette reine, âgée de dix-sept ans, devait mourir après dix ans de mariage, et être bientôt remplacée par Marie-Anne de Neubourg, princesse de Bavière, laquelle, par une coïncidence singulière, devait être plus tard exilée à Bayonne.

Marie-Louise avait, en passant en ville, demandé au premier échevin que le Conseil voulût bien consentir à l'établisment des jésuites. Cette requête causa un grand embarras aux échevins, car ils craignaient de déplaire à la reine par un refus qui, cependant, correspondait au sentiment du Conseil. Le sieur Wescomb s'en tira par une réponse évasive, en invoquant la nécessité de prendre l'avis de ses collègues ; puis, une fois la reine éloignée, il fut décidé qu'on ferait le silence sur cette question qui avait causé tant de désagrément à la ville.

Mesures prises en vue de la construction d'un hôpital. Un accueil plus favorable avait été fait à une demande de la reine Marie-Thérèse, lorsqu'en traversant la ville, le 28 mai 1660, elle avait sollicité du premier échevin la construction d'un hôpital pour les pauvres. Déjà, en 1654, le Conseil s'était préoccupé d'amasser des fonds pour construire un hôpital à l'intérieur de la ville ; celui de Saint-Nicolas, placé hors la porte Saint-Léon, était tout à fait insuffisant, puisque la ville se trouvait dans l'obligation de payer une pension à une partie de ses pauvres. Elle avait obtenu du roi, pour la soulager de ces frais, le droit de prélever pendant neuf années vingt sols par tonneau de vin sortant par mer. Cette ressource, accrue des legs que les personnes charitables pourraient laisser, devaient rendre possible l'édification d'un nouvel hôpital.

Le Conseil résolut de créer, à l'exemple d'autres villes, un bureau des pauvres chargé de recueillir et de gérer ces fonds, mais il en retarda l'organisation jusqu'en 1664. Ce bureau, présidé par le premier échevin, comprenait en outre quatre bourgeois appelés directeurs ; il eut la tutelle et l'organisation des pauvres, de leurs rentes et revenus, dont le Corps de ville demeura désormais déchargé. Les quatre bourgeois, choisis la première fois par le Conseil, étaient renouvelables deux par deux chaque année, au choix des membres du bureau. L'aumônier de l'hôpital, dont la prébende avait été fondée par le Conseil, était également choisi par ces bourgeois. Les quatre premiers directeurs furent : Antoine David de Naguille, Pierre de Gestas, Michel d'Ayerre et Jean de la Forcade, bourgeois. La dépense annuelle à laquelle le bureau avait à pourvoir était de 8.000 livres.

Les directeurs achetèrent, près du collège, une maison dite d'Agourette et un emplacement voisin, dans le dessein de bâtir un hôpital sous le vocable de Saint-Léon ; ils se proposaient d'y transférer les services de l'hôpital Saint-Nicolas, depuis longtemps menacé de démolition.

Mais le bureau des pauvres ne procéda pas à l'installation projetée, faute de ressources nécessaires, et s'attira les observations du roi qui réclama, en 1669, la création d'un hôpital général à l'intérieur de la ville. Le Conseil répondit au monarque que la ville était impuissante à lui donner satisfaction avec ses seules ressources. La question revint sur le tapis, en 1674, lorsqu'il fallut mettre Bayonne en état de résister aux menaces des Hollandais. Afin d'ôter à l'ennemi le moyen de se mettre à couvert, au pied des remparts, le roi décida que l'hôpital Saint-Nicolas devait être démoli ; il promit à la ville un dédommagement pour les frais du nouvel hôpital et l'autorisa à choisir un emplacement pour cette construction.

Cependant, cette affaire resta sans solution, car l'évêque et le Conseil ouvrirent des conférences, en 1676 et 1679, par ordre du roi, au sujet de l'établissement de cet hôpital général.

Une épidémie de peste qui sévissait, en 1676, dans les royaumes de Valence et d'Aragon, justifiait suffisamment l'insistance du roi. Afin d'interdire l'entrée de la ville aux gens suspectés de porter cette maladie, un échevin se tint à chacune des portes ; celle de Lachepaillet fut toutefois fermée, ce qui permit de renforcer la garde des autres portes. Ces précautions furent maintenues durant quatre mois, jusqu'à ce que l'épidémie eût disparu de l'Espagne.

D'autres menaces de peste avaient, peu d'années auparavant, fait courir grand danger à la ville. En 1655 et 1656, ce fléau régnait à Terre-Neuve et aurait pu gagner Bayonne par des navires venant de pêcher la morue, si ceux-ci n'avaient été prudemment tenus à l'extérieur des chaînes de la ville. Dix ans après, le Parlement de Bordeaux, voulant préserver tous les ports de son ressort de la peste qui infestait Londres en septembre 1665, fit interdire l'entrée des ports aux navires anglais ; cette mesure fut appliquée à Bayonne qui se trouva, encore une fois, préservée de la contagion.

La répugnance du Conseil à laisser les jésuites s'établir dans la cité, était loin de se manifester à l'égard des autres ordres religieux. En effet, cette assemblée ne fit aucune difficulté pour accorder l'autorisation aux religieuses de la Visitation d'édifier un couvent au bout de la rue Bourg-Neuf, du côté des Capucins, en 1669. L'année suivante, elle permit aux Augustins d'ajouter à leur couvent la tour de Naguille, attenante à la chapelle, qu'elle leur vendit pour le prix de 3.500 livres ; elle les aida, en 1673, à construire un nouveau bâtiment, au moyen d'une quête faite par les conseillers.

Le Corps de ville savait aussi prendre sa part dans les manifestations religieuses, soit en s'associant, comme en

Menaces de peste.

1662, par des détonations d'artillerie à la solennité de la
béatification de saint François de Sales, soit en faisant exécuter par un orfèvre bayonnais une chàsse en argent destinée
à renfermer les reliques de saint Léon, patron de la ville ;
le prix de cet objet d'art fut payé au moyen d'une quète faite
par les échevins le 24 juillet 1671.

Le service de la poste fut aussi l'objet des soins des échevins. Non contents d'avoir établi des courriers entre Bayonne
et Bordeaux, ils négocièrent avec Pampelune, en août 1655,
l'établissement d'une correspondance avec cette ville au
moyen de deux messagers. Mais en 1673, Louvois ayant
voulu créer des services réguliers, donna ordre d'en établir
un entre Bordeaux et Bayonne ; ce service fut donné à l'entreprise. Le Conseil, se voyant dans la nécessité de supprimer celui que la ville avait établi, demanda un délai de deux
mois afin de porter ses doléances au roi. Le maréchal d'Albret accorda un mois seulement, par pure bienveillance,
sachant d'avance que la mesure prise ne serait pas rapportée.

**Travaux d'em-
bellissement.** Le bâtiment de la Douane, entrepris sur un côté de la
place du Piedmont, fut terminé, en 1659 ; la place fut alors
aménagée et embellie. Les échevins placèrent dans cette
nouvelle construction le siège de la Bourse en 1661 ; avant
de procéder à l'installation solennelle de la justice commerciale dans ce local, ils eurent soin de l'orner afin de le rendre digne de son affectation. D'autres parties du bâtiment
servirent de bureau de la coutume ou de magasin aux poids
de la ville, pour lesquels on avait, jusqu'alors loué des chais.

Le Conseil décida de créer une deuxième place ; il fit combler de terre, de 1670 à 1672, la fosse des Tanneries, située
derrière le couvent des Carmes, et réceptacle de toutes les
eaux déversées par les tanneurs du voisinage. Cet emplacement fut pavé et servit d'arènes aux courses de taureaux.
Sa situation centrale donna l'idée de l'utiliser comme place
d'armes ; afin de lui donner un bel aspect, on prit soin d'imposer un alignement aux façades de ses maisons et on fit
reculer celles qui le dépassaient.

Aux travaux de création et d'embellissement des places
vint s'ajouter la suppression d'obstacles gênant la circulation. L'entrée à la rue de la Salie, du côté de la rue Poissonnerie, était presque bouchée par une ancienne tour
romaine, appartenant à M. de Cheverrus ; cet édifice antique
fut démoli le 28 juillet 1672 par ordre du Corps de ville.
Le mauvais état des quais de la Nive préoccupait aussi cette
assemblée ; les habitants des maisons placés en bordure de
cette rivière, voyant des affaissements se produire dans
les quais correspondants, à la suite de la grande inondation
de 1677, essayent de les faire reconstruire aux frais de la

ville, en invoquant le prétexte qu'ils servent au public ; mais les échevins, ne voulant pas s'écarter des règles d'une sage économie, se bornent à leur accorder un secours, et préfèrent appliquer leurs ressources à relever les chaînes de Sault et le pont Mayou, emportés par la crue. La reconstruction du pont Pannecau se fit même sans aucune dépense à la charge de la ville ; ce travail fut exécuté aux frais de l'échevin Etchenique, à qui le Conseil accorda, en compensation, la faculté de nommer les interprètes de langues étrangères.

Tout en s'efforçant d'agrandir leur ville, les échevins s'appliquaient à garder intactes les ressources mises à leur disposition, en corrigeant les abus, et ne laissaient pas échapper les occasions d'en créer de nouvelles. Ils surent éconduire poliment l'abbé de Lahonce, lorsque celui-ci, s'autorisant d'une recommandation de Le Tellier, son parent, demanda à introduire du vin dans Bayonne, sans payer de droits. Les juifs portugais de Saint-Esprit, qui avaient réussi à se faire exempter par le maréchal de Gramont du paiement des droits de la coutume, virent leurs marchandises étroitement surveillées par une garde que les échevins placèrent à Saint-Esprit, en attendant le résultat d'une réclamation faite au roi sur cet objet (1659) ; le Conseil s'opposa formellement à laisser ces commerçants placer au bout du pont Saint-Esprit des boutiques volantes, à cause du tort que ce négoce portait aux marchands de la ville (1675).

Sage administration du Conseil.

Il avait été établi que tout étranger devait vivre sous le pot et feu d'un bourgeois ; ce statut offrait un moyen de surveillance facile et procurait quelques profits. L'inexécution de cette prescription causait du préjudice aux habitants ; afin d'y remédier, le Conseil, ayant fait dresser une liste des étrangers, leur ordonna de se soumettre ou de quitter la ville (février 1673). Les magistrats eurent soin de visiter fréquemment les prisons, afin d'éviter les abus et les malversations qui pouvaient s'y commettre. Ils combattirent efficacement la prétention des habitants d'Anglet de se constituer en paroisse et d'échapper ainsi aux impôts qu'ils payaient à la ville. Une autre ressource fut tirée du monopole que le Conseil concéda à un Espagnol de vendre de la glace à Bayonne, pour une durée de six années (1663).

La bonne gestion financière du Corps de ville n'excluait pas cependant certaines libéralités. Cette assemblée ayant demandé au roi l'ennoblissement des premiers échevins, décida de pourvoir aux frais d'obtention des titres de noblesse, au cas où sa demande serait accueillie (1663). Elle ne permit pas que M. de Compaigne, avocat du roi à Dax et auteur des Chroniques de la ville de Bayonne, supportât les frais d'impression de cet ouvrage, et elle le défraya de toute dépense.

C'est probablement pour exécuter ce travail, que le Conseil fit venir de Toulouse l'imprimeur Besocq, le prit à son service et lui accorda des gages de 120 livres par an pour faire tous les imprimés nécessaires à l'administration de la ville ; Besocq se fit recevoir « voisin », et donna à la ville la contribution habituelle de 12 mousquets et de 12 bandoulières (1664). Un recueil, imprimé en 1677, indiquant l'ordre qui doit être observé dans les processions ou cérémonies lorsque le Conseil est appelé à y figurer, montre que la fonction d'imprimeur de la ville avait été maintenue.

La composition de cette assemblée pouvait être modifiée, mais les changements devaient recevoir l'approbation du roi. Une demande lui fut adressée, le 17 décembre 1670, afin d'obtenir que le nombre des magistrats soit réduit à six échevins et trois conseillers magistrats. La requête dut être agréée, puisque aux élections du 15 septembre 1677, on nomma trois échevins, trois jurats, trois conseillers magistrats et le clerc de ville ; M. Fabeau du Bruix fut choisi comme premier échevin.

Nouveaux impôts pour satisfaire les créanciers.

Pour permettre à la ville de Bayonne de faire face à ses nombreuses dépenses, le roi lui avait accordé, par lettres-patentes du 24 avril 1658, la jouissance de la moitié de la grande coutume, c'est-à-dire un revenu de 20.000 livres. L'intendant de la province voulut examiner les comptes de la ville, afin de s'assurer si elle avait réellement besoin des secours que le roi lui avait accordés. Il demanda au Conseil une évaluation des travaux exécutés par la ville tant pour la construction de bâtiments que pour la réparation des fortifications, des ponts et des digues du Boucau. Cette évaluation fut faite par les ingénieurs du Jardin et Boucheron, aidés de quatre maîtres maçons, et fut remise au premier échevin le 6 février 1667 ; elle s'élevait à 521.204 livres. Ces praticiens reçurent, pour leur peine, 450 livres et acceptèrent d'être payés avec de la poudre.

L'intendant avait, en outre, réclamé un état des recettes et des dépenses, voulant vérifier si les dettes de la ville s'accordaient avec les excédents de dépenses de ses budgets. Cet état, produit le 8 mars 1667, faisait ressortir 31.000 livres de recettes et 51.000 livres de dépenses. La majeure partie des recettes, 27.500 livres, était fournie par des droits sur le vin. Dans l'état des dépenses, l'entretien des digues du Boucau figurait pour 15.000 livres, celle des ponts pour 8.000 livres, les gages et livrées des officiers de la ville pour 14.000 livres. Une somme de 20.000 livres était consacrée à payer les espions envoyés à l'étranger ; aucune dépense n'était faite aux fortifications.

Cet état faisait bien ressortir une insuffisance de ressources correspondant au produit de la coutume. Inquiets sur le résultat de l'examen auquel s'est livré l'intendant, les échevins envoient un député vers le roi, afin de le prier de maintenir sa libéralité, invoquant la nécessité de payer plusieurs arrérages aux créanciers de la ville.

Un arrêt du roi, rendu le 17 juillet 1667, n'accorda pas à la ville des ressources suffisantes pour satisfaire à ses besoins et pour payer ses dettes, mais il lui indiqua un moyen d'y parvenir, celui de faire réduire les intérêts dus aux créanciers ou de leur demander l'abandon d'une partie de la créance. Le taux de l'intérêt payé par la ville était de sept et demi pour cent ; aussi, un grand nombre de créanciers goûtèrent-ils peu l'avis du roi et émirent-ils la prétention de se pourvoir en justice ; quelques-uns voulurent bien attendre le résultat des nouvelles requêtes que le Corps de ville faisait présenter au roi par ses députés.

Un débordement de la Nive, emportant ponts et chaînes, vint heureusement appuyer les démarches des échevins et modifier les dispositions du roi, qui accorda 20.000 livres d'octroi à la ville en place de la grande coutume (23 avril 1668). Le Conseil, pour obéir aux ordres du roi contenus dans son arrêt, entra dans la voie des économies, en supprimant les appointements d'officiers employés à des fonctions inutiles.

Le Conseil d'Etat, devant lequel avait été portée la contestation relative à une réduction des intérêts des créances de la ville, rendit un arrêt qui n'allouait aucun intérêt aux créanciers. Mais le Corps de ville, ne se considérant pas comme dégagé par cet arrêt, réunit, le 5 avril 1669, une assemblée générale des bourgeois dans laquelle il fut convenu qu'on paierait les intérêts courus depuis la date de l'arrêt au moyen d'un droit sur les vins.

Cette imposition n'ayant pas été appliquée, les créanciers réclament encore et, pour les apaiser, on demande au roi l'autorisation de lever de nouveaux droits sur les vins et sur le bétail (20 novembre 1670). Le roi était disposé à accorder, lorsque le Conseil, voyant l'opposition faite à la taxe du vin par les artisans joints aux conseillers magistrats, limite sa demande à une taxe sur les bœufs, les veaux, les moutons, le lait et l'huile. Mais les conseillers magistrats font signifier au Conseil leur opposition à ces dernières taxes et en avisent l'intendant (5 octobre 1672). L'accord ne fut établi définitivement qu'en 1675, au sujet de ces impôts, en même temps que fut réglée la participation des conseillers magistrats aux cérémonies publiques ; cet arrangement mit fin aux réclamations des créanciers.

———

CHAPITRE XII

SOULÉVEMENTS POPULAIRES CONTRE LES GENS DE POLICE DU ROI ET CONTRE LES FERMIERS DES IMPOTS ÉTABLIS PAR COLBERT. — MATELOTS ET NAVIRES FOURNIS A LA MARINE DE L'ETAT. — EMBELISSEMENT DE LA VILLE PAR LA CRÉATION DE PLACES. — GRANDS TRAVAUX DE FORTIFICATIONS A MOUSSEROLLES. — DESTRUCTION DE LA TOUR DES MENONS PAR LES EAUX DE LA NIVE (1665-1667).

Rébellion de Daudijos. — Discussion au sujet d'une porte du *Château-Neuf.* — *Entrée de la première garnison.* — *Uniforme du guet.* — *Résistance à la gabelle et au droit de fret.* — *Renouvellement du traité avec le Guipuzcoa.* — *Compagnie des Indes peu goutée.* — *Conflits de juridiction* — *Recrutement des matelots.* — *Construction de navires de guerre.* — *Cours d'hydrographie.* — *Magasin à poudre du Nard.* — *Canons et poudres.* — *Grands travaux de Deshoulières à Mousserolles. Barrage détournant la Nive vers Mousserolles. Premiers dégâts causés par le barrage.* — *Bastion royal.* — *Tour des Menons détruite par inondation.* — *Brèche de 35 toises dans l'enceinte.* — *Mesures de sécurité.* — *Création de la place Gramont.*

Rébellion de Daudijos.

Une émotion populaire aussi grave que celle suscitée par l'établissement des jésuites se produisit à Bayonne le 27 avril 1665. L'intendant Pelot avait envoyé dans cette ville un hauqueton du roi et un officier de dragons se saisir d'un certain Daudijos. Ce dernier, possesseur d'une maison sur les bords de la Nive, avait décidé plusieurs individus nommés Chauda, Massé, Lassac, Boucheron, etc., à se mettre en révolte contre l'autorité royale ; puis, se déclarant en faveur des Espagnols, il était allé se concerter avec eux et avait suscité plusieurs rébellions dans la Guyenne, le Béarn, le Bigorre, la vallée du Lavedan et la contrée comprise entre la frontière et Bayonne.

Le hauqueton, aidé par le capitaine du guet et les gardes de la ville, réussit à arrêter le valet de Dandijos ; mais, lorsqu'il le conduisait dans la prison ordinaire, il fut attaqué par une troupe de femmes et de gens sans aveu et fut forcé de rendre la liberté au valet. Les membres du Conseil se virent dans la nécessité de protéger le hauqueton et l'officier, menacés par la populace, et de les mettre en sûreté au château-Vieux, sous la protection du lieutenant d'Artagnan.

Afin de faciliter leur départ de la ville, on somme les patrons et claviers d'empêcher tout soulèvement ; en même temps, le premier échevin va protester auprès du hauqueton de son désir qu'il ne lui soit fait aucun mal et lui offre de mettre à sa disposition toutes les forces de la ville. Les compagnies d'artisans, réunies dans les quatre cloîtres, sont vivement admonestées et paraissent disposées à ne pas s'opposer à l'exécution des ordres du roi. Après un simulacre de recherche du valet, les deux envoyés du roi quittent la ville sans escorte et vont vers l'intendant Pelot afin de lui rapporter les événements dont Bayonne vient d'être le théâtre.

Mais les échevins, redoutant le courroux du roi, envoient un député vers Pelot pour l'adoucir ; ce fonctionnaire répond qu'il a déjà transmis le procès-verbal de l'affaire et exprime la crainte que le roi, pour châtier la ville, ne lui impose une garnison ; cette dure extrémité ne pourra être évitée que si les échevins se saisissent de Daudijos et de ses complices, lorsque ceux-ci s'approcheront de Bayonne.

Le Conseil de ville prend dès lors des mesures pour rendre possible l'arrestation des révoltés. Il fait réunir les vignerons de la ville et leur annonce que la ville échappera à la menace d'une garnison ou d'une imposition nouvelle, si l'information ouverte contre ceux qui ont excité le peuple à dégager le valet de Daudijos peut se poursuivre sans difficulté. On leur défend de crier « Vive Daudijos », ni de chanter une chanson dans laquelle ses actes étaient célébrés.

Daudijos avait des partisans, non seulement dans le peuple, mais parmi les bourgeois. Dans une assemblée extraordinaire des officiers du roi, du Corps de ville, des conseillers magistrats et des bourgeois, le premier échevin, après lecture d'une lettre du maréchal annonçant l'arrivée prochaine de troupes parties du Dauphiné, donne connaissance de la nomination d'un Conseil secret, chargé d'informer contre Daudijos et ses complices. On demande aux bourgeois s'ils sont prêts à exécuter les ordres émanant de ce Conseil ; ils répondent tous affirmativement, et donnent l'assurance qu'aucun d'eux n'aura de rapports avec Daudijos ou ses adhérents, directement ni indirectement. Mais les bourgeois absents de la réunion devaient être moins bien disposés ; ils furent toutefois invités à prendre le même engagement, avant la fin de la journée, sous peine d'une amende de 150 livres.

Ce Conseil secret fut réuni deux fois par jour ; il fit une enquête auprès des cabaretiers afin de découvrir si des habitants de la ville avaient eu des rapports avec les révoltés. Il prononça le bannissement hors la ville des familles de ceux qui avaient provoqué des désordres. Le délai accordé à celles-ci pour préparer leur départ étant arrivé à expiration, elles furent chassées de force par un échevin et un jurat, commis à cet effet et assistés par le capitaine et les soldats du guet, tandis que leurs meubles étaient jetés à la rue et que les chanoines du chapitre de Saint-Esprit étaient priés de refuser à ces familles l'autorisation de résider dans d'étendue de leur juridiction.

L'exil des Bayonnais compromis ne dura pas une année, car le roi accorda, le 16 janvier 1666, un pardon général aux habitants des pays de Toulouse, de Pau et de Bayonne. Les échevins, trouvant que les termes de l'amnistie étaient généraux et paraissaient s'appliquer à tous les habitants indistinctement, protestèrent auprès de l'intendant en demandant une rédaction plus précise visant seulement ceux qui avaient été bannis. Mais Pelot refusa de modifier les termes des lettres d'abolition, estimant que les passages qui blessaient les habitants de Bayonne ne visaient que les coupables.

Le procès contre Daudijos et ses complices fut jugé en 1675. Mais le roi ne tarda pas à leur accorder des lettres de grâce, les pardonnant et ordonnant la restitution de leurs biens, sous la condition d'abandonner le parti des Espagnols et des autres ennemis du royaume. La miséricorde du roi s'était manifestée en faveur des condamnés, parce qu'ils avaient reconnu leur faute et recherché les moyens de rendre quelque service considérable pour mériter le pardon de leurs crimes.

Le sieur Etienne de Lalande de Fabas, capitaine, était chargé de la garde du Château-Neuf, avec six hommes d'armes et six archers, qui y étaient logés avec lui. Dans un but resté inconnu, ce capitaine avait vivement engagé la ville de Bayonne à acheter ce château. Le Conseil, ayant repoussé son offre, craignit de l'avoir indisposé contre la ville, et, sous prétexte de l'indemniser de ses peines, lui fit don de 30 pistoles, afin de conserver sa bienveillance (13 août 1653). Ce présent ne décida pas Fabas à négliger les intérêts du roi, car ayant été informé, deux ans après, que le Château-Neuf devait servir de logement à la future garnison, il pensa que cette forteresse, pour être complètement indépendante de la ville, devait posséder une sortie sur la campagne ; il fit adopter cette idée par le roi et reçut l'ordre de faire ouvrir une fausse porte (poterne) dans le bastion Notre-Dame, contigu au château.

Discussion au sujet d'une porte au Château-Neuf.

L'ingénieur Boyer, envoyé par l'intendant Pelot, vint tracer l'emplacement de cette porte. Il provoqua une grande émotion chez les Bayonnais qui reprochaient à cette ouverture de rendre les surprises plus faciles. Les habitants firent savoir au roi qu'ils ne pourraient répondre de la garde de la ville et le sollicitèrent de modifier sa décision ; Louis XIV maintint son premier ordre et, pour écarter toute cause de conflit, il confia à la garnison du Château-Neuf la garde du bastion Notre-Dame, confiée jusqu'alors à la ville.

Fabas, accusé par le Conseil, d'avoir agi, en cette affaire, dans son intérêt personnel, s'irrite et veut exécuter sans retard l'ouverture de la porte ; il reçoit par des paroles injurieuses le premier échevin du Vergier, qui s'oppose une seconde fois à ce travail. Deux députés, Naguille et Romatet, sont envoyés vers le roi pour lui présenter les remontrances de la ville, pendant que le Corps de ville les fait appuyer par Colbert, La Vrillière, Gramont et Pelot. Le roi se laissa enfin convaincre par les députés bayonnais, et donna ordre (27 mai 1666) de maintenir l'état primitf des lieux. Dans une lettre adressée aux échevins, il exposait que la fausse porte avait été ordonnée afin que la garnison du Château-Neuf pût y entrer ou en sortir, sans traverser la ville, mais qu'il renonçait à la faire exécuter, montrant ainsi une entière confiance dans la fidélité et dans l'affection de la ville.

L'irritation du Corps de ville contre Fabas avait été portée à un si haut degré, que cette assemblée n'avait pas craint de défendre aux ouvriers et entrepreneurs chargés par le capitaine des travaux de la porte, de les exécuter, sous peine de mort, jusqu'à nouvelle décision du roi ; elle avait, en outre, présenté à la cour du Parlement une requête afin de faire ouvrir une information contre cet officier au sujet des injures dont il avait accablé le Corps de ville. Mais l'affaire fut arrêtée par l'intendant Pelot, auquel la ville devait l'heureux résultat de ses démarches, et qui en fut d'ailleurs remercié par la bouche de plusieurs députés.

Entrée de la première garnison.

Le soulèvement causé à Bayonne par Daudijos avait enfin déterminé le roi à mettre une garnison dans cette ville. Les trois compagnies du régiment de Normandie qui devaient la composer firent leur entrée le 4 août 1665 ; elles s'installèrent dans les deux châteaux, où des lits avaient été préparés par les soins des échevins, conformément aux ordres de l'intendant. Louvois leur prescrivit de tenir dans le Château-Neuf les vivres et les munitions nécessaires pour une durée de trois mois et de les renouveler fréquemment. Les hommes d'armes des châteaux, craignant de voir leur charge supprimée, firent présenter une revendication par les échevins devant le Conseil d'Etat, afin d'assurer à la ville le maintien des privilèges relatifs à la création des hommes d'armes.

Conflits entre soldats et habitants.

Les officiers des troupes de garnison ne sont pas disposés à reconnaître les attributions militaires du premier échevin, n'admettant pas qu'il puisse donner le mot d'ordre, faire fermer les portes et en garder les clefs, en l'absence du gouverneur ou de son lieutenant. Aussi, le premier échevin prie-t-il le lieutenant d'Artagnan de ne pas quitter la ville tant qu'un nouveau règlement n'aura pas été établi par M. de Saint-

Luc ; il lui demande, en cas de départ forcé, de faire fermer les portes par le plus ancien soldat morte-paye des châteaux. Le Tellier décida, au nom du roi, que les officiers des châteaux devaient observer les anciens règlements et, en particulier, faire prendre le mot, en l'absence du gouverneur, chez le premier échevin, détenteur des clefs.

Les capitaines des troupes se soumirent difficilement à ce règlement ; au lieu d'aller en personne prendre le mot d'ordre près du premier échevin, ou tout au moins de se faire remplacer par un sergent, ils y envoyaient un simple soldat. Il fallut l'intervention du maréchal pour avoir raison de leur résistance. Cette tension dans les rapports entre officiers et échevins amena des conflits auxquels participèrent la troupe et les habitants. Une ronde de nuit formée par ces derniers fut insultée par des soldats lorsqu'elle passa devant le Château-Neuf ; d'autres personnes furent même attaquées. Ces algarades amenèrent une protestation du Conseil auprès du commandant du château (1666).

Le cas inverse se produisit, trois ans après, lorsque les habitants ayant pris plus d'assurance, infligèrent de mauvais traitements aux soldats composant la garnison des châteaux. Ces conflits militaires ne pouvaient être jugés par les échevins ; le Conseil du roi décida que le règlement de ces affaires serait confié aux soins de M. de Saint-Pé, lieutenant du gouverneur (août 1671).

L'arrivée en ville d'une nouvelle compagnie, le 27 juin 1670, amena une discussion entre Saint-Pé et le premier échevin ; ce dernier ne voulait laisser entrer la troupe qu'après avoir vu l'ordre du roi qui l'envoyait tenir garnison à Bayonne. Le magistrat céda cependant devant le refus de Saint-Pé, mais il essaya d'obtenir du roi, par l'entremise de Gramont, que les ordres relatifs aux troupes de garnison lui soient communiqués.

Les soldats, ne pouvant vivre d'accord avec les habitants, étaient pour ceux-ci une cause perpétuelle de gêne ; aussi, le Conseil s'efforça-t-il de les rendre inoffensifs et même de les éloigner de la ville. Il demanda au capitaine Moisset, du Château-Neuf, de leur défendre de vaguer dans les rues après le mot d'ordre donné. Mais, poursuivant son objectif de faire placer la garnison hors ville, il pria le comte de Guiche de loger les soldats à Saint-Etienne.

Il ne semble pas que le désir de la ville ait reçu complète satisfaction. Nous voyons cependant, en 1674, le maréchal d'Albret faire loger trois compagnies réglées à Saint-Etienne, à Saint-Esprit et à Mousserolles, mais sans retirer la garnison des deux châteaux. En 1700, plusieurs compagnies du régiment de la reine occupaient la banlieue de Bayonne, et Saint-Pé demanda au comte de Montaigu de les loger dans les châteaux.

Une charge de major fut créée, par lettres-patentes du 4 janvier 1678, pour les troupes de garnison casernées dans les deux châteaux et pour celles qui pourraient être mises en ville ; elle donnait, en outre, droit d'inspection sur les corps de garde bourgeois. Cette charge fut donnée au sieur de la Vilette.

Le lieutenant de Saint-Pé avait obtenu du roi un nouveau règlement concernant la garde de la ville, en vertu duquel le gouverneur ou son lieutenant pouvaient ouvrir ou fermer les portes et les chaînes sans l'acquiescement du premier échevin (10 octobre 1670). Le roi ordonnait, en outre, que les quatre compagnies d'habitants qui montaient chaque jour la garde seraient portées à trente hommes dont la liste serait fournie à Saint-Pé ; ce règlement contenait diverses prescriptions au sujet des sentinelles, de l'ouverture des chaînes et portes.

Une ordonnance du roi enjoignit, en outre, à tous habitants, privilégiés ou non, de faire le guet et la garde. Cette obligation que chacun cherchait à éluder dut être fréquemment rappelée aux Bayonnais. Les vingt ouvriers de la monnaie, qui se prévalaient d'une exemption ancienne, furent contraints à ce service, lorsqu'il y avait menace pour la ville.

Uniforme du guet.

Le service du guet étant devenu plus chargé, les capitaines du guet eurent leurs gages portés à 500 livres, ceux des soldats du guet à 150 livres et ceux des tambours à 100 livres. L'uniforme des capitaines du guet était fourni par la ville ; il se composait d'un justaucorps, de culottes et d'un manteau. Le justaucorps était garni d'un parement de velours vert sur les manches, d'un petit galon vert sur les boutonnières, et de boutons en os doublés d'un cadis ratiné rouge. Les canonniers de la ville portaient aussi un justaucorps. Ces divers uniformes étaient renouvelés à l'occasion de la procession de la Fête-Dieu ; les vingt-huit drapeaux ou étendards des compagnies de la ville étaient, de préférence, remplacés au moment de cette cérémonie dans laquelle ils figuraient.

La prospérité du commerce, qui était pour les Bayonnais la principale source de leurs profits, devait les préoccuper pour le moins autant que la présence d'une garnison. Aussi, virent-ils avec appréhension la communauté de Cap-Breton construire un nouveau havre, dans lequel pouvaient s'abriter des navires de cent tonnes.

Résistance à la gabelle et au droit de fret.

Le commerce du sel pratiqué à Bayonne avec les contrées environnantes subit une grande diminution, à cause de l'impôt de la gabelle que Colbert établit à Mont-de-Marsan et dans diverses localités des Landes. Le sieur de Lalande du Luc se rendit à Paris pour protester contre cette innovation. (4 juillet 1663). Les habitants de la ville, quoique exempts de cet impôt, n'en étaient pas moins animés contre les employés chargés de le percevoir. L'un de ces derniers, Larrieu, demeurant à Hazembuau, ayant été reconnu en ville, fut poursuivi et battu par des artisans, qui lui appliquèrent l'épithète de gabeleur. L'instigateur de ces mauvais traitements, qui avait failli provoquer un soulèvement, fut jeté en prison par les échevins et menacé de la pendaison à la première récidive.

Le Conseil de ville s'émut particulièrement d'un droit de fret sur les navires étrangers, de 50 sols par tonne, établi par un arrêt du Conseil d'État, car cette mesure pouvait ruiner le négoce de la ville (17 novembre 1663). Le lieutenant-général de Lespès de Hureaux et d'Etcheverry furent aussitôt députés à Paris, en même temps que le maréchal de Gramont était prié de conférer avec le ministre Colbert sur cette grave question.

Les lettres reçues de Paris annoncent que la ville ne peut se soustraire à la levée du nouveau droit ; une assemblée de tous les bourgeois ayant occupé des charges inclina vers la soumission ; aussi, le Conseil, après avoir demandé au fermier de ce droit, des délais successifs, l'autorise à en faire la levée. Le fermier, qui attendait dans le Château-Vieux la décision des échevins, se rend avec ses commis à l'hôtellerie des Trois-Bonnets pour y prendre logis. Le peuple s'attroupe devant cette maison et cause du tumulte, tournant sa colère contre des étrangers. Les commis, pris de frayeur, sortent vivement de l'hôtellerie et prennent la fuite, poursuivis par la populace jusqu'à la porte du Château-Vieux, où elle n'ose entrer.

L'émeute, commencée le 28 février 1664, se prolongea jusqu'au 6 mars ; le menu peuple, une fois mis en mouvement, avait continué à s'agiter pendant la nuit, faisant des barricades et insultant les passants. Le Conseil, craignant les reproches du roi, fit sommer, par acte notarié, les commis de désigner la maison où le bureau du fret devait être placé, et leur notifia sa ferme volonté de faire exécuter les ordres royaux.

Une assemblée générale des bourgeois, à laquelle prirent part l'évêque, le lieutenant d'Artagnan, les officiers du sénéchal, ainsi que les patrons et claviers des compagnies d'artisans, délibéra sur la situation. A l'issue de cette réunion, les échevins, secondés par l'évêque et le lieutenant du gouverneur, se répandirent parmi le peuple et lui démontrèrent le danger auquel la ville serait exposée si l'autorité royale continuait à être méconnue. Puis, pour éloigner du peuple les étrangers qui s'étaient mêlés à lui afin de l'exciter, ils passèrent la revue de tous les artisans.

Un dédommagement de 220 livres fut donné aux commis du fret à cause des pertes causées par le soulèvement populaire ; le sieur Déxail, leur hôtelier, fut aussi indemnisé du dégât fait aux portes de sa maison enlevées par la foule.

Le ministre Colbert voulut bien examiner les plaintes des échevins ; il leur réclama des mémoires sur le commerce de la ville, afin de se bien renseigner. Ces documents furent rédigés par le sieur de Hondaco, juge de la Bourse de commerce, avec l'aide des bourgeois négociants. Malgré les efforts inimaginables tentés auprès de Colbert par les sieurs de Hureaux et d'Etcheverry, le ministre refusa de retirer l'impôt du fret, alléguant qu'il l'avait établi dans toutes les villes importantes et qu'il y allait de l'honneur de l'Etat de le maintenir à Bayonne.

Un nouvel impôt de 12 livres par quintal de sucre fut aussi l'objet des vaines réclamations du Conseil (1670). Les doléances des négociants adressées au maréchal parce qu'il avait autorisé des marchands étrangers et huguenots à résider en ville où ils accaparaient la meilleure partie du commerce étant restées également sans effet, le Corps de ville, voulant réduire le nombre de ces trafiquants, les obligea à se mettre sous le pot d'un bourgeois ou à quitter la ville (1678).

Colbert encourageait cependant les commerçants de tout son pouvoir ; il le montra en faisant approuver par le roi un nouveau code marchand (1673). Il ne fit aucune difficulté d'accorder aux bourgeois de Bayonne adonnés au négoce la confirmation de l'exemption du droit de coutume, mais il limita cette faveur en spécifiant qu'à l'avenir, aucun étranger ne pourrait être reçu bourgeois de grâce s'il ne possédait une part d'au moins 3.000 livres sur un vaisseau français de 100 tonneaux et au-dessus, ou le tiers d'un équipage français (1671).

De leur côté, les échevins insistèrent auprès du ministre afin que le roi envoyât à Bayonne un maître habile à instruire les bourgeois et voisins sur l'art de la navigation et la tenue des livres (1675). Mais ils s'appliquèrent surtout à rétablir l'ancien traité de correspondance avec le Guipuzcoa, qui facilitait le commerce avec cette province espagnole, pendant la durée des guerres.

Renouvellement du traité avec le Guipuzcoa. Ce traité, établi une première fois en 1653, fut rétabli pendant la campagne des Français dans les Flandres en 1667. Il fut encore renouvelé, le 27 août 1675, pendant que Louis XIV était en guerre avec l'Autriche, l'Espagne et la Suède. Les sieurs de Harreit et du Chala, députés par le gouverneur de Bayonne, se rendirent dans l'île des Faisans, où ils se rencontrèrent avec les députés du Guipuzcoa. Les deux parties se firent remise de la copie du traité, collationnée et attestée par quatre notaires après lecture des autorisations du roi de France et de la reine d'Espagne. Ce traité fut enregistré à Bordeaux, Nantes, La Rochelle et quelques autres ports.

Louis XIV et Colbert avaient formé, dans l'intérêt du commerce français, la Compagnie des Indes orientales à laquelle de grandes concessions de terrains furent données. Pour en assurer le fonctionnement, il fallait disposer de fonds considérables en réunissant de nombreux souscripteurs. Les bourgeois de Bayonne furent sollicités par le roi de souscrire ; ils prirent connaissance des articles de la concession dans une lettre des directeurs de la Compagnie, accompagnée d'une missive royale. D'après l'ordre que celle-ci contenait, les bourgeois se réunirent à l'Hôtel de Ville d'une part, les corps de métiers dans leurs quatre cloîtres de l'autre, afin de discuter sur cette affaire et de recueillir les signatures des adhérents. Cette formalité ayant été renvoyée à quinze jours plus tard, ne fut pas accomplie à l'expiration de ce délai. Il fallut que l'intendant Pelot, venu à Bayonne pour les besoins de sa charge, fît un exposé de cette affaire, et décidât les échevins à prendre à cœur la réussite de la souscription ; il menaça même la ville, si elle ne voulait complaire au roi, de voir rejeter par lui la demande de secours qu'elle avait faite pour la réfection des ponts et chaînes, et de retirer à ses bourgeois leur droit de bourgeoisie, comme le roi l'avait donné à entendre à ceux de Bordeaux.

Devant une pareille sommation, deux bourgeois et deux magistrats reçoivent la mission de décider les habitants à se faire inscrire. Les marchands étrangers résistent à leurs sollicitations, sous prétexte qu'ils font déjà partie de la Société, ou qu'ils ont leurs capitaux engagés dans la pêche de la morue ou de la baleine. Après bien des atermoiements et de longs retards, trois cents bourgeois se firent inscrire , ils versèrent le tiers de leur souscription, le 2 octobre 1665, et le reste le 21 juillet 1666. Afin de les récompenser, les directeurs de la Compagnie firent construire des navires pour son commerce dans les chantiers de Bayonne, situés à Saint-Esprit et à Blancpignon, et employèrent ces vaisseaux à charger et à décharger sur les quais de la ville.

Il faut croire que les résultats produits par cette affaire n'encouragèrent pas les Bayonnais à renouveler une expérience analogue, car lorsque les bourgeois de la ville furent sollicités, en 1669, par l'intendant, d'entrer dans la Compa-

Compagnie des Indes peu goûtée

gnie du Nord, ils se récusèrent en invoquant la misère du commerce et la gêne des négociants.

Conflits de juridiction. L'administration de la justice, assez mal répartie entre le tribunal du sénéchal et le Corps de ville, était cause de conflits qui se terminaient par des procès devant la cour du Parlement. Un accord s'établit au sujet de la justice criminelle qui fut laissée au sénéchal, moyennant une rétribution annuelle payée par la ville au lieutenant particulier (1660). Le duc d'Epernon intervint en 1662, dans une contestation d'attribution et décida que les crimes d'Etat et de lèse-majesté seraient jugés par les officiers du roi et non par les jurats. Toutes ces difficultés cessèrent dès que parut le Code Louis, enregistré au greffe du sénéchal, le 28 novembre 1667 ; mais avant de l'appliquer, le Conseil fit prendre des informations à Bordeaux sur la manière dont les magistrats de cette ville exécutaient les prescriptions du nouveau Code.

Les Bayonnais ne négligeaient pas de s'assurer la protection des membres du Parlement de Bordeaux, pour faciliter la réussite de leurs procès. Aussi, les échevins, ayant appris que le premier président de ce tribunal avait fait la remarque que la ville omettait de lui adresser les présents accoutumés, s'empressèrent de lui envoyer douze jambons, estimant qu'il importait à la ville de se conserver un ami de cette qualité au moyen de cadeaux dont la valeur n'était pas comparable à l'avantage qu'elle en pouvait tirer ; d'autres magistrats du Parlement reçurent en même temps de semblables présents.

Afin d'augmenter le nombre des affaires jugées devant le tribunal du sénéchal et accroître par cela même l'importance de Bayonne, les échevins avaient envoyé une députation demander au roi d'incorporer à la ville les juridictions de Maremne, de Gosse et de Seignanx. Mais ces territoires, compris dans le duché d'Albret, dépendaient du duc de Bouillon, qui en était propriétaire ; aussi le roi, ayant appris que les autorités de Tartas faisaient opposition à la demande des Bayonnais, fit connaître son impuissance et conseilla de s'adresser au duc de Bouillon, en lui offrant une compensation (1654).

Recrutement de matelots. Le recrutement de matelots destinés à la marine royale se faisait très difficilement à Bayonne, car la ville ne pouvait fournir que quelques bateliers, les marins proprement dits étant étrangers. Le capitaine Duclos se présenta à d'Artagnan, le 6 février 1667, porteur d'une lettre de Colbert recommandant de réunir le plus grand nombre de matelots pour la flotte royale. Les compagnies de tilloliers, de galupiers, de charpentiers de navires furent réunies et parvinrent à grand' peine à présenter soixante matelots sur les quatre cents

demandés. La plupart même étaient impropres au service
de la marine, et dix seulement furent agréés. Afin d'obliger les
échevins à faire de plus sérieux efforts, le juge de l'amirauté
s'opposa au départ des navires de la ville. Cette mesure fut
l'objet d'une plainte adressée au ministre Colbert, les échevins lui déclarant que la profession de matelot n'était pas
représentée en ville.

Une nouvelle demande de matelots ne causa pas les mêmes
embarras au Conseil. Sur les deux cents matelots réclamés
à la population des côtes de Guyenne, Bayonne en devait
fournir seize. Pour attirer les volontaires, on leur promit
douze livres par mois, et une avance de la solde de trois mois
au moment du départ. Les officiers de la marine royale
vinrent, dès lors, chaque année recruter des matelots et ne
tinrent nul compte de la protestation des armateurs mécontents de ne pouvoir conserver les matelots qu'ils avaient
engagés en ville pour des navires prêts à partir vers Terre-
Neuve.

Le ministre Colbert fit construire, dans les chantiers de *Construction de navires de guerre.*
Bayonne, des navires pour la flotte royale. Dans ce but, il
demanda aux échevins des charpentiers de navire (3 juin
1669). La construction de cette flotte, destinée au comte
d'Estrée, fut un instant arrêtée par les échevins qui, ayant
mis des droits sur les matériaux, voulaient en exiger le paiement. Les travaux reprirent cependant, sur la promesse que
les droits seraient payés à la ville.

Les mâts descendant des Pyrénées et approvisionnés pour
la marine royale furent déposés dans une construction édifiée en 1671, hors de la porte Saint-Esprit, sur la langue de
terre comprise entre l'Adour et le fossé du rempart des
Jacobins ; ils furent confiés par le commissaire Dumon à
la garde du sieur Saboullin.

Afin de permettre le passage, à travers le pont Saint-Esprit,
de ces gros navires construits à Mousserolles, on dut élargir
le pont-levis par lequel se faisait le passage. Ce travail
n'ayant été exécuté qu'en 1676, les échevins avaient dû faire
démonter une travée du pont à chaque lancement de vaisseau. Le cas se produisit en particulier, le 29 août 1672, lorsque le sieur Hontabat eut terminé deux des navires commandés par le roi. Ce travail de démontage ne coûta pas moins
de 400 écus, et, en raison de son prix élevé, fut mis à la
charge du trésor royal.

Le professeur d'hydrographie que la ville avait demandé au *Cours d'hydrographie.*
roi et à Colbert, en 1675, arriva de Dieppe le 19 octobre 1676.

Ce fut un ecclésiastique, à peine âgé de vingt-cinq ans,
le diacre Doutremer, qui reçut la mission d'apprendre la
navigation aux Bayonnais. Le Conseil lui accorda 600 livres

par an, un logement et une salle pour faire ses cours ; il lui fournit, en outre, les appareils nécessaires à ses leçons : sinus de déclinaison, quartiers anglais, mappemonde, astrolabe, compas de variation, etc.

Nouveau magasin à poudre du Nard.

La tour de Naguille, que la ville utilisait comme magasin à poudre, avait été achetée par elle au sieur du Linier en 1614. Elle servit longtemps à cet usage, jusqu'au moment où les échevins trouvèrent qu'elle était trop rapprochée des maisons et constituait un danger pour la ville ; ces magistrats conçurent alors le projet de transférer les poudres dans les tours du Nard et des Menons.

Le transport des poudres dans la tour du Nard n'eut lieu qu'en juillet 1663 ; les échevins constatèrent alors que ce local était mal approprié à cet usage, et ils étudièrent, de concert avec le sieur du Jardin, ingénieur du roi à Bayonne, le moyen d'aménager un magasin à poudre pour la ville dans une bâtisse touchant au couvent des Augustins (1666).

Cette solution temporaire permit d'attendre l'édification, dans le bastion du Nard, d'un magasin à poudre à l'emplacement de l'ancienne tour du Nard qui fut démolie (23 février 1671). Le magasin fut exécuté par Théodore Boucheron, ingénieur de la ville, au prix de 2.700 livres, en employant les matériaux fournis par la démolition du magasin des Augustins ; les poudres, qui avaient été déposées durant les travaux dans la tour de Naguille, furent mises dans le nouveau magasin le 1er avril 1672. Les religieux Augustins purent, dès lors, prendre possession de la tour de Naguille, qui touchait à l'église de leur couvent et qu'ils avaient achetée à la ville, deux ans avant, pour le prix de 3.500 livres.

En plus de ce magasin, la ville disposait de la tour des Menons, voisine du couvent des Cordeliers, où se trouvaient les grenades, et de la tour de Sault, contenant les hottes, les pics et les pelles.

Canons et poudre.

L'artillerie de la ville comprenait vingt-cinq pièces et trente-deux fauconneaux, distribués de la façon suivante : dix-huit pièces devant la porte Saint-Esprit, cinq pièces à la porte Saint-Léon, et trente-deux fauconneaux dans la maison de ville. Le nombre des canons subissait quelques variations. Il s'augmentait de ceux fournis par les nouveaux bourgeois, en paiement du droit de bourgeoisie (1), ou prêtés par les bourgeois armateurs dans un cas pressant. Parfois aussi, il se trouvait diminué de ceux que le roi prenait pour armer de nouveaux forts, tout en promettant de les faire remplacer.

(1) Le sieur de Baraduc, reçu voisin de la ville, donna deux pièces de canon pesant ensemble 30 quintaux pour acquitter son droit de bourgeoisie (4 septembre 1654).

L'artillerie et les armes appartenant à la ville étaient entretenues par les canonniers moyennant un gage annuel de vingt-cinq écus. Ceux-ci conservaient généralement leur charge toute leur vie ; ils étaient choisis de préférence parmi les armuriers de la ville ; tels étaient Pierre de Hirigoyen, Ogier et Bertrand de Lesseps, Cosinon. Les affûts et les roues des canons étaient entretenus et peints au goudron par un habitant dont l'unique rémunération consistait dans l'exemption du service de garde.

L'inventaire des armes était fréquemment dressé par un commissaire assisté d'un garde d'artillerie. Ce document signale l'existence de neuf cent quarante mousquets, douze arquebuses et trente-six pertuisanes. Les mousquets à la wallonne avec fourchette, en usage en 1615, avaient été remplacés par des mousquets du calibre de vingt balles à la livre, les seuls dont le roi autorisât l'usage dans ses corps de troupe (1667). Ces armes étaient prêtées, dans les circonstances critiques, aux habitants qui en étaient dépourvus ; mais, lorsque le Conseil voulait les faire réintégrer dans le magasin, il était obligé d'adresser à leurs détenteurs des appels pressants et réitérés.

Les échevins firent construire, près des lices (1659), une maison aménagée dans le but de raffiner les poudres, et l'affermèrent à un raffineur de poudres ; mais ils s'opposèrent énergiquement à l'installation des moulins et magasins à poudre que le sieur Bartelot, venu de Paris, se proposait de faire à Bayonne, à cause du préjudice qui devait en résulter pour les autres raffineurs.

A la suite de la ligue formée contre la France par l'Autriche, la Suède et l'Espagne, le roi Louis XIV, redoutant une attaque de cette dernière nation contre Bayonne, décida d'améliorer les fortifications de cette place. Il en confia la mission au sieur Deshoulières, époux de l'auteur si connu des poésies pastorales et ingénieur général d'Aunis et de Saintonge. Ce praticien fit construire un grand cavalier en terre, en arrière de la courtine du Château-Neuf, réunissant les deux bastions de Notre-Dame et de Saint-Jacques ; il fit prendre la terre nécessaire dans le fossé de la fortification préalablement creusé et considérablement élargi, afin de permettre aux eaux de la Nive de s'y écouler et de se jeter dans l'Adour, près de la porte Mousserolles. Ce travail, qui entraîna la démolition de divers chais, logements et d'une glacière, fut commencé le 13 août 1674. On y employa un millier d'ouvriers, payés à la tâche, à raison d'un denier ou un denier et demi par chaque corbeille de terre transportée, selon la longueur du trajet. Le cavalier occupa un terrain couvert de beaux ormeaux, dépendant des lices et

Grands travaux de Deshoulières à Mousserolles.

situé derrière le couvent de Sainte-Claire (1) ; il existe encore aujourd'hui dans la caserne du Château-Neuf, en face de l'entrée.

Deshoulières fit, en outre, commencer un demi-bastion détaché, destiné à couvrir la porte de Mousserolles. Le terrain mouvant ne permettant pas d'exécuter des fondations ordinaires, il fit établir un grillage en pièces de charpente, devant supporter la maçonnerie. Il décida ensuite de procéder avec apparat à la pose de la première pierre. En l'absence du gouverneur et de son lieutenant, il pria le premier échevin de Romatet, qui commandait dans la ville jusqu'à leur retour, de présider cette cérémonie. Ce magistrat se présenta, sur le chantier, le 5 novembre 1674, et ayant reçu une truelle des mains de Jean de Morassin, maître maçon, chargé d'exécuter l'ouvrage, il prit du mortier qu'il jeta sur le grillage de bois, et posa ensuite au-dessus une grande pierre qu'il frappa de trois coups de marteau pour l'affermir. Après s'être lavé les mains dans un bassin d'argent, Romatet y jeta six louis d'or, en laissant à Morassin le soin de distribuer cette somme aux ouvriers, au nom de la ville.

Deshoulières travailla aussi à renforcer le parapet en terre appuyé au mur de courtine compris entre le bastion Saint-Léon et la guérite de Cul-de-Loup, afin d'y aménager des plates-formes ; ce travail fut fait à peu de frais par les bouviers au moyen des décombres et terres inutilisées. Les chantiers furent arrêtés pendant l'hiver et l'ingénieur se rendit à Paris solliciter de nouveaux ordres.

De retour à Bayonne, en avril 1675, il fut reçu fort civilement par les échevins qui lui offrirent un logement. Cette marque d'attention n'était pas désintéressée, car la ville espérait, par l'entremise de l'ingénieur, recueillir quelques avantages ; celui-ci, cependant, accepta l'offre et assura le corps de ville qu'il s'empresserait, à l'occasion, de lui rendre service.

Barrage détournant la Nive vers Mousserolles. Pour détourner les eaux de la Nive dans le fossé aboutissant à Mousserolles, Deshoulières avait commencé l'établissement d'un barrage entre les tours de Sault et des Menons. Il avait démonté la chaîne qui barrait le cours de la Nive entre ces tours et l'avait remplacée par deux files de pieux entre lesquels il se proposait de faire battre de la terre. Une crue de la rivière se produisit, le 10 juillet 1675, et emporta une partie des pieux ; l'ingénieur se hâta de les remplacer, pour ne pas laisser la ville ouverte de ce côté et faire cesser les réclamations des échevins. La terre

---

(1) Arsenal d'artillerie.

extraite du fossé situé contre les Cordeliers fut employée à constituer le massif du barrage, autrement dit batardeau. Jugeant nécessaire de hâter ce travail, pendant la saison favorable, Deshoulières demanda quelques manœuvres, qui furent fournis par les patrons des vignerons.

Afin de bien montrer sa bonne volonté à contribuer aux travaux des fortifications, le Conseil délivra à l'ingénieur une certaine quantité de fer nécessaire aux écluses qu'il avait fait construire près la porte Mousserolles, à la jonction du fossé avec l'Adour. Comme le pont édifié contre cette écluse, au-dessus du nouveau canal, était dépourvu d'un pont-levis et pouvait nuire à la sécurité de la ville, le Conseil se préoccupa de cette lacune et obtint de l'ingénieur la construction du pont-levis.

Le batardeau de la Nive eut pour effet de relever le niveau des eaux et de faire refluer celles-ci sur les terres basses des environs. Le sieur de Hureaux, lieutenant-général, nomma les experts qui évaluèrent les dommages ; il fut alloué au sieur Ogier de Seignanx une indemnité de 3.142 livres. La fortification subit également des dégâts : le corps de garde de la tour de Sault, dont les fondations avaient été minées par les eaux, tomba dans la Nive et en resserra le lit ; le courant, étant devenu plus rapide, vint battre le mur de quai, au pied de la tour de Sault, et fit craindre qu'il ne fût renversé (2 octobre 1675). *Premiers dégâts causés par le barrage.*

La rapidité du courant dans le fossé de la fortification produisit l'effondrement d'une lanterne en maçonnerie, que Deshoulières avait commencé à démolir ; c'était une casemate basse, posée en tête du bastion Notre-Dame, flanquant le fond du fossé (1). Les murs d'escarpe du bastion Saint-Jacques, sapés aussi par les eaux, donnèrent des craintes et furent visités par le lieutenant Saint-Pé, accompagné des échevins.

Poursuivant son plan de transformation de l'enceinte, Deshoulières commença le bastion royal, qu'il établit sur la rive droite de la Nive, dans les prairies du Condot, en avant des Cordeliers et de la tour des Menons, afin de remplacer l'ancien bastion du Pied-de-Mulet ; ce dernier, dont les dimensions étaient trop restreintes, se trouva placé à l'intérieur du nouvel ouvrage. *Bastion royal.*

Les dégâts déjà constatés à diverses parties de la fortification diminuèrent considérablement la cohésion des maçonneries, facilitèrent les désastres qu'une forte inondation de la Nive allait bientôt occasionner aux remparts.

(1) L'attache des murs latéraux de cette lanterne est encore apparente sur la face extérieure du bastion.

La tour des
menons détruite
par
une inondation.
Les officiers de garde à la tour des Menons, signalèrent
une crue anormale de la Nive, durant la nuit du 24 au 25 janvier 1677. Le lieutenant de Saint-Pé et les échevins constatèrent, au point du jour, que les eaux franchissaient le
batardeau construit par Deshoulières entre les deux tours,
sapaient la chaussée comprise entre la Nive et le fossé de
la tour des Menons, et avaient pratiqué un creux de dix-huit
pieds de profondeur dans l'espace de terrain situé entre le
mur des Cordeliers et le bord de la rivière.

De nombreux ouvriers se mirent aussitôt à retirer, de la
tour des Menons fortement menacée, les poudres, les grenades et autres munitions de guerre qu'elle contenait ; mais
le mur de quai voisin de la tour s'étant renversé avec fracas
sur une longueur de quarante mètres, malgré son épaisseur de six mètres, les sauveteurs, voyant la terre manquer
sous leurs pieds et croyant trouver des abîmes partout, se
sauvèrent de côté et d'autre.

La chute du quai amena celle du corps de garde appuyé
à la tour des Menons ; ce petit bâtiment et le terrain du quai
furent entraînés par les eaux ainsi qu'une allée de six
ormeaux.

En moins d'un quart d'heure, le couvent des Cordeliers
et dix maisons voisines furent envahis par les eaux, sans
qu'il fût possible d'en rien retirer, cette rive se trouvant
inondée sur une largeur de quatre-vingts mètres ; le réfec-
toire des Cordeliers et plusieurs maisons s'effondrèrent, en
même temps que la tour des Menons se renversait avec
fracas, lorsque le batardeau vint à céder sur la rive des
Cordeliers. La grosse tour des Menons, large de dix-huit à
vingt mètres et haute de plus de quatre-vingt-dix mètres,
faisait l'orgueil des Bayonnais à cause de son antiquité et de
ses grandes dimensions. Une énorme quantité d'arbres et
de pièces de bois, retenue jusqu'alors par le batardeau, se
précipita avec violence sur les ponts et les chaînes, qui s'abat-
tirent à leur tour.

Des ravages non moins grands étaient à redouter dans le
nouveau canal de Mousserolles, autant pour les bastions
de Saint-Jacques et de Notre-Dame dont les fondements
étaient violemment battus par les eaux, que pour les murs
des deux courtines comprises entre la tour des Menons, le
Pied-de-Mulet et le bastion Saint-Jacques, car ces murs, ne
se trouvant pas contrebuttés à l'intérieur par les parapets en
terre, couraient le risque de céder à la poussée de l'eau. Le
renversement de ces murailles devait entraîner la submer-
sion de tout le quartier ; et déjà le jardin des Cordeliers
commençait à s'emplir de l'eau arrivant par d'anciennes
ouvertures et par celles qui venaient de se faire.

Les échevins restés dans le Bourg-Neuf, voyant ce péril extrême et sentant leur impuissance à le conjurer, songent alors à implorer le secours du ciel. Ils demandent aux habitants des quartiers de la rive gauche de la Nive, avec lesquels ils peuvent correspondre par l'Adour et la porte Lachepaillet, des prières publiques pour arrêter le fléau. Le saint sacrement est aussitôt exposé à la cathédrale, puis transporté au bout du pont Pannecau, suivi processionnellement de tout le clergé et des religieux, pendant qu'au Bourg-Neuf, les Jacobins et les Capucins agissent de même. On vit bientôt le courant de la rivière diminuer ; les eaux ne s'écoulèrent plus que par la brèche du batardeau, et cessèrent de menacer les murs des courtines de Mousserolles.

Durant ces événements, l'ingénieur Deshoulières, voulant s'épargner les insultes et les mauvais traitements dont les malheureux inondés auraient pu l'accabler, s'était retiré dans le couvent des Cordeliers. Le Corps de ville chargea le capitaine du guet d'aller le rassurer et lui conseiller de chercher un asile dans le Château-Neuf où commandait le lieutenant de roi. L'ingénieur ne tarda pas, en effet, à gagner le château accompagné par un échevin, sans que le peuple s'ameutât après lui ; peu de temps après, il put se retirer dans sa demeure.

Après avoir été visiter de nouveau le batardeau et avoir manifesté leur douleur à la vue du beau quai des Cordeliers où se construisaient des navires de trois cents à quatre cents tonneaux, transformé en un gouffre profond, les échevins recherchent les moyens d'empêcher la chute des maisons qui menacent ruine. Déjà, on ne trouve aucun vestige de huit d'entre elles (1). Deshoulières leur abandonne toutes les pierres dont il peut disposer, afin de faire des enrochements au pied des maisons sapées par les eaux ; il en raffermit les fondements à l'aide de pieux enfoncés à coups de béliers.

Les bois échoués sur les deux rives de l'Adour entre Bayonne et l'Océan sont ramenés en ville et servent à faire des estacades destinées à remplacer provisoirement les chaînes emportées.

La fortification visitée par les eaux avait aussi considérablement souffert.

La tour de Sault est en danger, à cause d'un creux de trois mètres de profondeur qui a mis à nu sa fondation du côté de la ville. Le flanc droit du bastion Notre-Dame, contre lequel venaient frapper les eaux arrivant du batardeau, était

---

(1) Celles des sieurs Lavie, Bidegain, d'Irrube, Combes, Caparosse, Larouquette, Laranguisse et Béhie.

sapé jusqu'à une profondeur de dix pieds au-dessous de ses fondements.

Brèche de 25 toises dans l'enceinte. Mais la partie la plus endommagée fut la courtine comprise entre les bastions Saint-Jacques et Notre-Dame. Ce rempart, crevassé en plusieurs endroits, cédait sous le poids des terres qui formaient le cavalier élevé par Deshoulières. Le sieur Lombart, commissaire de marine, envoyé par l'intendant, commande vainement de retirer les terres du cavalier; les crevasses vont en augmentant d'heure en heure et bientôt une brèche de trente-cinq toises de long se fait dans le mur de courtine, dont une partie s'effondre dans le canal, tandis que l'autre se renverse sur le talus précédant le pied du rempart.

Mesures de sécurité. Il fallait parer sans retard au danger de la brèche qui s'était reformée à l'emplacement de l'ancienne. Une compagnie de cent hommes est commandée à l'extraordinaire pour la garder, et, en attendant l'édification d'un corps de garde au pied du rempart, un poste provisoire est organisé sous la tente. En même temps, la brèche est fermée par une double palissade avec fraises, pendant que l'on raidit le talus qui la précède afin d'en rendre l'escalade difficile.

Le cours de la Nive est surveillé par deux grands bateaux, contenant trente hommes chacun, et placés, toutes les nuits, aux deux entrées de la rivière, à l'emplacement des chaînes détruites.

Le nombre des gardes fut doublé sur tout le périmètre de l'enceinte, ce qui porta à 500 l'effectif des hommes prenant le service chaque soir. Quant à la compagnie de la brèche, elle n'en bougea ni le jour, ni la nuit. Pour parer à toute éventualité et eu égard à la situation dangereuse de la ville, le Conseil fit mettre l'artillerie en état et s'assura que les magasins à blé n'étaient pas dépourvus.

L'intendant de la province arriva en poste, le 10 février 1677 et se rendit compte de l'étendue des désastres. Les échevins lui demandèrent un secours pour le rétablissement des ponts et chaînes, le remplacement de 60 milliers de poudre et des autres munitions qui s'étaient perdus avec la tour des Menons ; enfin, laissant de côté la réparation des fortifications qui regardait le roi, ils firent appel à sa générosité pour réparer les dommages particuliers. Pendant que Deshoulières et Lombart faisaient, par ordre de l'intendant, rétablir les chaînes, le Conseil chargea le pontier de la ville de refaire les ponts Mayou et Pannecau.

Durant son séjour en ville, ce fonctionnaire passa des marchés pour la réfection du rempart de la brèche, pour la construction du bastion royal, du demi-bastion de Mousse-

rolles et de la contre-garde de Sault (1). Ces travaux furent
précédés de la confection de divers batardeaux, afin de tenir
les eaux éloignées des ouvrages.

Le maréchal de Gramont, gouverneur de la ville, qui avait
été avisé du désastre par un député, arriva de Paris et fut
reçu en cérémonie à la porte Saint-Esprit (15 mars 1677).
Il ordonna de bâtir un mur de parapet le long de la rive
droite de la Nive, depuis le pont Mayou jusqu'au bastion du
Piémont et à la maison de la Douane. Il fit aplanir le terrain compris entre ce mur et les maisons de la ville et le
transforma en une belle place, qui prit le nom de place
Gramont (2).

Création de la place Gramont.

Le duc de Roquelaure, oncle du maréchal, nommé depuis
peu de jours gouverneur de la province vint aussi à Bayonne
(13 juillet 1677). Gramont, prévenu de son arrivée pendant
qu'il dînait chez Sorhaindo à Marrac, habitation de campagne assez éloignée de la porte Saint-Léon, n'eut pas le temps
de rejoindre son oncle avant son passage à la porte Saint-
Esprit. Néanmoins Roquelaure, cédant aux instances de son
neveu, consentit à revenir sur ses pas jusqu'à la porte de
Saint-Esprit, afin de permettre à Gramont de lui présenter
les clefs de la ville à cet endroit. Il ne revint plus à Bayonne,
et mourut en 1683, en possession de sa charge.

La paix de Nimègue, qui donna la Franche-Comté à la
France, marqua l'apogée de la royauté ; il semblait qu'elle
devait assurer au pays une longue période de repos. Mais
Louis XIV, dont les projets n'étaient pas complètement réalisés, ne voulut pas cesser d'améliorer les places fortes des
frontières. Il allait bientôt envoyer à Bayonne le plus habile
de ses ingénieurs, Vauban, qui devait transformer profondément les fortifications de cette ville et construire une
citadelle à Saint-Esprit.

---

(1) Cette contre-garde fut construite, en 1678, en avant du bastion de
Sault, sur un terrain appartenant au médecin de Cheverry, limité par la
Nive, les fossés de la ville, le ruisseau de la fontaine Saint-Léon et cette
même fontaine.

(2) C'est aujourd'hui la place de la Liberté.

CHAPITRE XIII

LE MARÉCHAL DE VAUBAN, CHARGÉ PAR LOUIS XIV DE METTRE BAYONNE EN BON ÉTAT DE DÉFENSE, VIENT DANS CETTE VILLE, RÉDIGE UN PROJET DE TRANSFORMATION DE SA FORTIFICATION ET EN RÈGLE LES DÉTAILS D'EXÉCUTION (1677 à 1692).

Venue de Vauban. — Son avis sur la fortification de Bayonne. — Construction d'une citadelle. — Bastion retranché de Saint-Bernard. — Réduit transformé en fort. — Bastions et ouvrages extérieurs modifiés. — Pont fortifié de la Nive. — Retranchement de Sainte-Claire. — Arsenal. — Seignelay et Vauban se réunissent à Bayonne. — Une forte garnison prend possession de la ville. — Protestations du Conseil contre les charges de la garnison. — Les troupes quittent la ville pendant l'hiver (1680-1681). — Le lieutenant de Saint-Pé, décédé, remplacé par de Planque. — Ecole de canonniers-bombardiers. — Couvent de Sainte-Claire annexé à la fortification. — Exécution de la contre-garde du Château-Vieux. — Casernes de la Citadelle achevées en 1685. — Démolition de l'hôpital Saint-Nicolas et de la chapelle Saint-Léon. — Création des allées Boufflers. — Vexations occasionnées par le lieutenant de Planque.

La paix générale de Nimègue, à la suite de laquelle la Franche-Comté fut cédée à la France, porta à son apogée la puissance de Louis XIV (1688). Trois ans après, Strasbourg se donnait à ce monarque. Ces événements heureux furent célébrés à Bayonne par un feu de joie.

Dans le but de consolider ses conquêtes, le roi voulut mettre ses places fortes frontières en bon état de défense. Il confia cette mission importante à Vauban, aussi bon ingénieur que valeureux homme de guerre, qui, ayant été employé à prendre ou à défendre de nombreuses forteresses, avait pu observer le côté faible de leurs défenses et découvrir le moyen d'y remédier.

Venue de Vauban. Vauban quitta l'Alsace pour se rendre à Bayonne dans les premiers mois de 1680. Il parcourut la frontière des Pyrénées occidentales et rédigea un plan de défense pour compléter celui qu'il avait établi, quelques mois auparavant, pour la région située à l'autre extrémité de la chaîne pyrénéenne. Il fit de Bayonne sa place de dépôt, de Saint-Jean-Pied-de-Port son point d'appui dans les montagnes ; il décida de réparer Navarrenx et d'améliorer le fort d'Hendaye, à l'embouchure de la Bidassoa. Il fut accompagné dans sa tournée par M. de Ferry, ingénieur général des fortifications de Guyenne et d'Aunis. Ce dernier, en raison des grands travaux qui

Demi-Lune de secours

Bᵗ de France

Nord

Demi-Lune
de la mer

Bᵗ du Dauphin

Citadelle

Demi-Lune
de St Esprit

Chemin
de St Bernard

Bᵗ du Roi

Bᵗ de la Reine

Les
Manufactures

St Bernard

Hauteur du fort

Place du
St Esprit

L'Adour fleuve

Bᵗ du Nord

Bᵗ de
Clément

Porte de
Mousserolles

Chᵘ Vieux

Demi-Lune
de la mer

Les
Jacobins

Les
Capucins

1ᵉʳ Bastion

Collège

Chᵘ Neuf

L'Hôtel de
l'institution

Bᵗ Notre
Dame

Cathédrale

Place
des Lisses

Demi-Lune
La Crepaille

Bastion des
Vieilles Boucheries

Cordeliers

Embouchement de St Léon

Bastion
St Jacques

Porte
St Léon

Anse
à courir

Bᵗ et Tour
du Saut

Bᵗ
Royal

Demi-Lune de
la queue de loup

BAYONNE FORTIFIÉE PAR VAUBAN EN 1680

allaient être entrepris, vint s'établir à Bayonne (1). A la même
date, Eusèbe de Foucaut alla remplir la fonction d'inspecteur des fortifications à Saint-Jean-Pied-de-Port.

Cinq ans après, Vauban étant revenu à Bayonne, se joignit
au marquis de Boufflers et à Ferry pour inspecter les divers
ouvrages de la région. Après avoir visité le fort d'Hendaye,
ils passèrent la Bidassoa et, s'étant rendus à la Madeleine,
faubourg de Fontarabie, ils essuyèrent des coups de feu qui
furent, par trois fois, dirigés contre eux par des Espagnols.
Pour montrer le mépris qu'ils faisaient de leur « tiraillerie »,
Boufflers et ses deux compagnons ne quittèrent le territoire
espagnol qu'une demi-heure après que leurs insulteurs se
furent retirés. Mais, dans le compte rendu de cette visite
adressé au marquis de Seignelay (2), Vauban proposait de
prendre Fontarabie pour avoir raison des injures qu'il en
avait reçues, et de la raser, « rez de pied, rez de terre » ; ou
bien de bâtir un fort pouvant contenir 600 ou 700 hommes
de garnison, sur une langue de terre, à l'embouchure de la
Bidassoa, assurant que c'était le moyen de dominer la rade
aussi bien que les Espagnols et de permettre aux habitants
d'Hendaye de sortir en mer pour aller pêcher sans que leurs
voisins puissent les en empêcher.

En repassant à Saint-Jean-de-Luz, Vauban visita le fort de
Socoa ; il émit l'avis qu'on pourrait, en construisant quelques digues, faire un port dans lequel trouveraient asile
quelques frégates destinées à protéger le commerce de ces
parages. Un court séjour à la Barre de l'Adour suggéra à
Vauban diverses améliorations à faire au chenal. Enfin,
avant de rentrer à Bayonne, les trois officiers se firent
débarquer sur une pointe de terre, située au bord de l'Adour,
au pied des hauteurs de Castelnau, à Saint-Esprit, afin d'examiner si une redoute élevée en cet endroit aurait des vues
d'enfilade sur les vallons cachés aux ouvrages construits
sur ces hauteurs, et si elle verrait, à bonne portée, le pont
que l'ennemi pourrait jeter en aval de la ville. Cet ouvrage
n'a jamais été fait, mais Vauban sembla avoir la prescience
du passage de l'Adour, en 1815, en face de Blancpignon, par
l'armée anglaise.

(1) Le Conseil était tenu de fournir le logement aux officiers de qualité.
L'état de ces logements fait connaître les noms des ingénieurs : de Ferry
succède à Deshoulières chez M. de Saint-Mesmin (1680 à 1694), Tauziet
(1683) Curé du Moutier père (1685 à 1709), Desfuiseaux (1707), Rouquette
(1708), de Lacour, directeur des fortifications (1709 à 1714), de Lavoye père
(1704-1709), du Moutier fils (1710-1713), Marin (1712-1713), Durand de Laroque
(1714), le chevalier Duvergier, directeur des fortifications de Guyenne (1714).

(2) Fils de Colbert et secrétaire d'Etat.

Avis de Vauban sur la fortification de Bayonne. Vauban étudia donc, dès son arrivée à Bayonne, un projet de réorganisation des fortifications de cette place et l'adressa à Seignelay, sous forme de mémoire, divisée en 150 articles, le 30 avril 1880. « Tout le monde, écrit-il, sait que la situa-« tion de Bayonne est une des plus mauvaises qui se puisse « rencontrer et beaucoup de gens ont désespéré qu'on en « pût rien faire de bon à raison de l'infinité de commande-« ments qui l'accablent (1) et du peu de circonvallation qu'il « y a à faire. » Après l'exposition de son projet, il termine par les considérations suivantes : « Il est bon de ne pas « regarder tout à fait Bayonne comme une place dont le « siège est impossible par les difficultés d'y pouvoir conduire « les matériaux nécessaires, puisque sous le règne de Fran-« çois Ier, M. de Lautrec, gouverneur de Guyenne et l'un des « plus grands capitaines de son temps, y fut assiégé avec « 5 ou 6.000 hommes, et qu'il y soutint quatre ou cinq « assauts qui faillirent à l'emporter ; il est vrai que l'Espagne « n'est plus en l'état qu'elle était en ce temps-là, mais il y « a grande apparence que nous n'aurons guère de démêlés « avec elle présentement que l'Angleterre et la Hollande ne « s'en mêlent, auquel cas la chose pourrait devenir possible « et le succès très dangereux. »

Dans son projet, le célèbre ingénieur s'attacha à supprimer les commandements qui menaçaient la ville ; l'occupation des hauteurs de Castelnau et de Saint-Bernard lui sembla de toute nécessité. Celle de Castelnau commandait les rivières, l'intérieur de la ville, le grand pont, permettait à l'ennemi de mettre le feu à la ville à coups de canons, de battre les assiégés de revers dans les ouvrages compris entre la corne Saint-Léon et l'Adour, d'incendier les vaisseaux l'espace d'une demi-lieue, et enfin d'intercepter l'arrivée de tout secours par la route de France.

Il fit aussi, dans un projet supplémentaire du 16 novembre 1685, la proposition d'établir sur la hauteur de Mousserolles, une redoute en forme de bastion (2).

L'occupation de ces hauteurs devait obliger l'ennemi à étendre beaucoup sa ligne de circonvallation ; mais Vauban, en disposant un barrage à l'entrée de la Nive dans la ville, dans le but d'inonder les prairies, sur les deux rives, jusqu'à trois quarts de lieue en amont, imposa à cette ligne une large interruption. Enfin, les nouveaux dehors (demi-lunes, chemins couverts, contre-gardes) qu'il ajouta en avant de l'enceinte de la ville haute, contribuèrent à tenir la circon-

(1) Hauteurs de Castelnau, Saint-Bernard, Mousserolles.
(2) L'occupation de cette hauteur ne se fit qu'un siècle après.

vallation plus éloignée des remparts et par suite à accroître son développement.

Construction d'une Citadelle.

La hauteur de Castelnau fut occupée par une citadelle en forme de carré, avec quatre bastions à orillons, trois demi-lunes, des tenailles dans les fossés des courtines pour favoriser les sorties. Une porte fut ouverte dans le front nord pour l'arrivée des secours, et une seconde, dans le front sud, mit la citadelle en communication avec le faubourg Saint-Esprit. Un parapet descendant vers l'Adour protégea cette sortie et une porte ménagée dans ce parapet au bord du fleuve fournit une sortie vers la campagne. Le tracé des ouvrages appartient au premier système de Vauban (bastions à orillons). A l'intérieur du fort, trois corps de caserne, d'abord prévus pour 800 hommes, puis portés à 1.200 ; des logements pour le commandant, le major, l'aide-major, le chapelain ; des magasins à poudre, un petit aresnal pour l'artillerie et une chapelle complétèrent cet ouvrage.

La dépense de la citadelle fut évaluée à 560.000 francs.

Vauban estimait qu'avec les avantages que sa situation lui donnait sur la ville et sur le port, elle n'avait pas son égale en Europe et qu'il fallait à peine 400 à 500 hommes pour la défendre. Il jugeait que 100 hommes dans chaque château étaient plus que suffisants pour maintenir l'autorité du roi sur la ville, sans qu'il fût nécessaire d'établir, dans ce but, un ouvrage retranché à Sainte-Claire, dans le quartier de Bourg-Neuf. Cette dernière construction lui parut, en quelque sorte honteuse, parce qu'on aurait pris autant de précautions contre un millier de misérables bourgeois, dont la moitié ne serait jamais de concert contre le service du roi, que s'il s'agissait de maîtriser Paris.

Bastion retranché de St-Bernard.

Il avait projeté d'occuper la hauteur du fort Saint-Bernard, sise à Saint-Esprit, à l'est de la rue Maubec par un bastion retranché, en garnissant les intervalles qui le séparaient de la citadelle ou de l'Adour par des courtines, un demi-bastion et des communications en crémaillères. Dans le second projet de 1685, Vauban recommandait à Ferry de faire dévier la courtine vers le haut Adour, afin d'englober le moulin et son étang ; de la rive du fleuve, ainsi annexée, il serait facile de battre les abords de la porte Mousserolles et du bastion de Notre-Dame. Une porte, ouverte au haut de la rue Maubec et donnant accès dans la campagne, devait être protégée par un redan. Ce bastion et ses liaisons furent commencées, mais ils restèrent inachevés.

Réduit transformé en fort.

Le projet apporta de nombreuses modifications de détail aux fortifications de la ville. Les plus importantes sont :

1° La construction d'un front bastionné à la gorge du réduit afin de rendre cet ouvrage tout à fait indépendant ; il

devrait recevoir une garnison de 100 hommes pour laquelle
il fallait bâtir une nouvelle caserne. Ce réduit était très bien
placé, pour la sûreté des deux ponts, de l'entrée des villes et
du cours des deux rivières. Le frontispice de la porte restait
à terminer ainsi que les corps de garde attenants. Cette porte
a été surmontée d'un étage, occupé aujourd'hui par le cercle
des officiers.

2° Les châteaux vieux et neufs, à la suite de quelques modifications, pourront loger 200 et 300 hommes de garnison et
fournir de bons emplacements, au sommet des grosses tours,
pour placer quatre canons, ayant toute facilité de battre
l'extérieur et l'intérieur de la ville.

Bastion et ouvrages extérieurs modifiés. 3° Le bastion royal fut continué et muni d'une grande traverse en capitale, maçonnée, pour en abriter le terre-plein
contre les vues des hauteurs voisines ; le bastion du Château-Vieux se transforma et prit la forme d'un éperon dont la
pointe vint s'appuyer à un batardeau. Le bastion de Saint-Jacques fut régularisé et rattaché par de nouvelles courtines
aux deux bastions voisins.

4° Une série de nouveaux ouvrages extérieurs en terre garnirent les dehors. Ce sont : la demi-contre-garde du Nard,
la demi-lune de la mer, la contre-garde du Château-Vieux, la
demi-lune de l'ouvrage à cornes, la demi-lune en avant de
Sainte-Claire dite demi-lune du Château-Neuf, la nouvelle
contre-garde de l'Adour en avant de la porte Mousserolles.

On supprima l'ancien ouvrage à cornes du Château-Vieux
qui avait lui-même remplacé une grande demi-lune.

Pont fortifié de la Nive. Vauban s'était enfin proposé de relier les enceintes de
Bourg-Neuf et de la ville haute, par un parapet qui aurait
franchi la Nive, à son entrée en ville. Il avait projeté, dans ce
but, de faire dévier toute l'eau de la Nive dans le fossé de
Bourg-Neuf. Il aurait alors fermé l'ancienne entrée de la Nive
par un bâtiment, placé en travers de la rivière, et assez élevé
pour ôter la vue de l'ancien cours de la rivière à l'ennemi
placé sur les hauteurs et l'empêcher ainsi de rompre à son
gré tous les ponts de la Nive.

Mais, pour réaliser ce projet, il fallait construire d'immenses batardeaux, tant à l'amont pour dévier les eaux vers
Mousserolles, qu'à l'aval pour empêcher le flux de l'Océan
de venir gêner les travaux. Les crues de la Nive ne permirent
pas de réaliser cette grande conception, et il fallut se résoudre à établir un pont à l'entrée de la Nive, en le munissant
d'un parapet fait avec de grosses planches (dosses de bois),
pour établir la continuité de l'enceinte, à travers la rivière,
et permettre la circulation des troupes hors de la vue de
l'ennemi.

Dans son projet de 1685, le grand ingénieur revient à la création du retranchement de Sainte-Claire ; il le trouve inutile au point de vue de la sécurité de la ville, puisque toutes les avenues de la place sont gardées par les châteaux, le réduit et la citadelle, et que les habitants de la ville ne peuvent rien tenter contre leur devoir. Mais cette partie retranchée aura son utilité, si l'on y place des magasins à poudre et un arsenal, car ces établissements seront ainsi clôturés. Il conseille de démolir les anciennes bâtisses de Sainte-Claire utilisées comme casernes en ne conservant que l'ancienne église, et de construire à leur place une caserne pour un bataillon (1.000 hommes). Le projet fut accepté et procura à Bayonne un arsenal de dépôt pour l'artillerie. La caserne a été édifiée à droite de l'entrée de la caserne du Château-Neuf.

L'exécution de cet important projet ne pouvait se faire sans avoir recours à la main-d'œuvre militaire. Le marquis de Seignelay, conseiller d'Etat, arriva le 27 avril 1880 à Bayonne, où Vauban l'avait précédé de quelques jours, afin d'arrêter la manière dont les travaux devaient être conduits. Il s'était plaint, dans une lettre adressée de Saint-Germain au premier échevin, de l'enlèvement des palissades placées à l'extérieur des remparts, et des dégâts causés par le bétail aux terrassements des bastions. Pour éviter de nouvelles observations, le Conseil, peu de jours avant l'arrivée de Seignelay, donna mission à un échevin et à un jurat de faire nettoyer les remparts et de réparer avec des gazons les talus dégradés ; il fit en outre enlever les logettes construites sans autorisation, sur le bord de l'Adour, près la porte Saint-Esprit.

En attendant la venue du secrétaire d'Etat, le Corps de ville, voulant honorer Vauban, gouverneur de Lille et délégué par le roi à la direction des travaux de fortification de Bayonne, le conduisit au Boucau, le 24 avril, lui offrit un beau repas et le combla de nombreuses marques de civilité, selon la coutume pratiquée à l'égard de personnes de qualité et nécessaires à l'Etat.

Le lendemain, une députation de la ville se rendit à Saint-Vincent, au-devant de Seignelay, qui arriva en poste à Bayonne, le 27 avril, à onze heures du soir, accompagné par l'intendant. Le Conseil le reçut en robes rouges, à la porte Saint-Esprit et le conduisit au Château-Vieux où il logea. Ces deux personnages allèrent le lendemain au Boucau et y furent « régalés » par la ville.

Après avoir étudié longuement les projets préparés par Vauban, et avoir conféré avec le marquis de Lambert, désigné pour commander les troupes destinées à Bayonne, Seignelay repartit, afin de soumettre à l'approbation de

Louis XIV le projet définitif, arrêté et daté du 30 avril 1680. Dans le mémoire accompagnant les dessins du projet, Vauban avait pris soin d'appeler l'attention particulière du monarque (par la mention marginale « à lire au roi ») sur les considérations qui militaient en faveur du projet et sur les propriétés de la future citadelle.

Une forte garnison prend possession de la ville. Le Conseil de ville reçut avis de l'intendant que le roi avait, par un ordre du 14 avril, décidé l'envoi à Bayonne de quatre bataillons, placés sous le commandement du marquis de Lambert, savoir : un bataillon du régiment de la marine, un du régiment de Rouergue et deux du régiment suisse de Stoppa. Ces troupes formaient un effectif de 4.500 hommes. L'intendant ajouta que ces gens de guerre devaient descendre de Peyrehorade ou arriver par Saint-Vincent, et séjourner un jour à Bayonne. Durant ce passage, ils auraient droit à l'étape, c'est-à-dire que la ville devait leur fournir le logement gratis, et les vivres en payant de gré à gré.

On peut se demander pour quelle raison, l'intendant de la province laissa entendre aux échevins que la charge de loger ces troupes ne durerait qu'un jour, à moins qu'il n'ait voulu éviter de les effrayer par l'annonce du séjour prolongé d'une garnison si considérable, ou bien qu'il estimât que l'Etat devrait prendre à sa charge le logement des soldats, après la première journée de séjour, imposée par le règlement de l'étape. Mais le Conseil ne reçut pas cette communication sans protester ; il chargea les représentants de la ville à Bordeaux de rappeler à l'intendant que Bayonne jouissait de l'exemption de loger des gens de guerre et leur recommanda de s'entendre avec lui.

Mais il n'était plus temps de réclamer, car les troupes, mises en route, devaient arriver sitôt après le départ de Seignelay. Le 2 mai 1680, deux bataillons de la marine et de Stoppa firent leur entrée en ville et allèrent camper sur les places du Piémont et de Notre-Dame. Le lieutenant de Saint-Pé, qui avait dû s'aliter, manda aussitôt près de lui le premier échevin de Wescomb et une partie des membres du Conseil. Ils trouvèrent réunis dans la chambre de Saint-Pé, le marquis de Lambert, maréchal de camp des troupes et une partie des officiers des deux bataillons.

Lambert s'avança vers le premier échevin et lui remit deux lettres du roi, disant qu'il avait reçu l'ordre exprès de ne point laisser sortir les troupes de la ville jusqu'à nouvel avis. Après une communication aussi impérative, le premier échevin ne put que protester de son obéissance, et le marquis, se montrant bon prince, l'assura qu'il annoncerait à la cour ses bonnes dispositions. Les échevins se retirèrent alors, disant qu'ils allaient s'occuper du logement de la troupe.

Toutefois, Lambert, redoutant quelque soulèvement dont la ville était coutumière, voulut s'assurer des places et des rues ; il profita de la nuit pour faire occuper les trois places Notre-Dame, du Piémont et des Carmes par des détachements de 200 hommes et poser des sentinelles à chaque coin de rue. Ces mesures enlevèrent aux habitants toute velléité de protester. La garde bourgeoise fournit, selon l'usage, la garde des quatre portes, où les chefs de poste se rendirent, après avoir pris le mot du premier échevin. Ce dernier avait été, par ordre du roi, prendre le mot du marquis de Lambert, comme il le prenait du gouverneur Gramont.

La garnison se compléta, le 7 mai, des deux autres bataillons, dont les soldats furent, comme ceux arrivés précédemment, logés chez l'habitant.

Néanmoins le Conseil, après avoir livré aux troupes les corps de garde des bourgeois, la porte de Saint-Esprit, les loges de la place publique (Notre-Dame), et la maison de la Douane (1), voyant que les soldats étaient employés aux travaux de fortification et prolongeaient leur séjour en ville persista à demander que les habitants fussent déchargés du logement de ces troupes, se plaignant qu'ils avaient à subir les inconvénients du renchérissement des vivres, pour lesquels l'intendant avait demandé l'établissement d'un tarif. Il décida d'envoyer des députés vers Louvois qui faisait une saison à Barèges, afin de l'intéresser à sa requête, et il leur recommanda de se plaindre seulement de l'entassement des troupes, mais de ne point parler de privilèges, estimant que ce n'était plus de saison ; il les invita à l'entretenir de la possibilité de loger à Bayonne les troupes dans des baraques, projet qui pourrait plaire au roi. L'intendant, qui devait se rendre à Barèges, promit d'entretenir Louvois de la question.

Le duc de Gramont ayant insisté auprès du roi en faveur de la ville, finit par obtenir que ses habitants fussent déchargés de l'obligation de loger une partie des troupes. Il fut décidé que la ville construirait, sur la hauteur de Castelnau, des baraques pour officiers et pour soldats ; celles-ci, au nombre de 200, seraient faites en bois, roseaux et paille. La ville devait en outre fournir le bois de chauffage nécessaire aux troupes du camp de Castelnau. Aussitôt cette concession obtenue, les échevins, effrayés de la dépense que va leur occasionner ce baraquement, adressent une requête pour obtenir décharge de la construction des baraques, ainsi

Protestation du Consul contre les charges de la garnison.

(1) D'après l'historien Baylac.

que de la fourniture du feu et de la chandelle aux soldats du camp (5 juillet).

La requête fut nécessairement écartée et la ville se mit en mesure d'édifier sommairement les baraques ; Bonnicart, capitaine du guet, se chargea de fournir, tous les quinze jours, 150 quintaux de paille fraîche au camp de Castelnau, à raison de 10 sols le quintal, afin de débarrasser le Conseil de cette corvée ; un autre adjudicataire procura le bois nécessaire.

Néanmoins, ces travaux et fournitures constituaient une charge, dont la ville entendait être débarrassée. Et bien que les bataillons de Rouergue et de Stoppa eussent quitté la ville pour aller occuper le camp de Castelnau, les habitants étaient encore grevés du logement des troupes de la marine. Aussi le duc de Gramont fut sollicité d'obtenir que les casernes fussent construites au plus tôt. Celles de Sainte-Claire, qui étaient commencées, avançaient trop lentement ; et cependant la ville supportait depuis plus de six mois la charge des gens de guerre, y compris les frais de l'hôpital des troupes. Le duc, qui partait pour Paris (11 octobre), promit d'entretenir le roi de cette affaire dès son arrivée.

Les troupes quittent la ville pendant l'hiver (1680-1681).

Une solution favorable aux désirs du Conseil ne se fit pas longtemps attendre. Les troupes reçurent l'ordre d'aller prendre leurs quartiers d'hiver dans diverses places de la Guyenne. Dès le 4 novembre, elles furent transportées par eau jusqu'à Port-de-Lannes et à Peyrehorade sur des galupes, aux frais de la ville.

Lorsque les échevins voulurent faire démolir les baraques de Castelnau, afin d'en recueillir les matériaux, ils s'aperçurent qu'une partie avait été renversée par les soldats avant leur départ, et durent se borner à terminer ce travail. Ils purent également démolir le corps de garde en bois établi par la ville au pied de la brèche du Château-Neuf, car les travaux de reconstruction de la courtine étaient suffisamment avancés pour rendre ce poste inutile.

Gramont a été remercié par les échevins de son entremise, mais son succès l'autorise à leur écrire que la ville doit se soumettre à la volonté du roi au sujet du logement des troupes, afin d'effacer la mauvaise impression que sa résistance a laissée dans l'entourage du roi. Les échevins répondent qu'ils ont été calomniés et demandent à l'intendant l'autorisation d'envoyer à la cour un député qui représentera au roi que tous leurs actes sont inspirés par la justice et la vérité.

Le lieutenant de Saint-Pé, décédé, remplacé par de Planque.

Durant ces événements, M. de Saint-Pé, qui se trouvait alité, au moment de l'entrée des troupes, vint à mourir (21 mai). La cérémonie de ses obsèques eut lieu dans la cathédrale de Notre-Dame, en présence du marquis de Lambert, de M. de Mathieu, colonel de la marine, des officiers du roi, du Conseil en robe et d'une nombreuse assistance. Son corps, porté par six de ses soldats, fut enterré à Saint-Pé. La charge de lieutenant au gouvernement de la ville pour le roi, ou plus couramment, de lieutenant de roi, fut accordée à M. de Planque, par lettre de provision du 21 octobre 1680. Le marquis de Lambert, dont les troupes étaient dispersées durant l'hiver, se rendit à la cour ; il fut accompagné (15 novembre), jusqu'à Saint-Vincent, par un échevin et un jurat.

Après avoir hiverné à Dax et à Saint-Sever, les bataillons suisses de Stoppa revinrent à Bayonne, au commencement d'avril 1681 ; il en fut de même des troupes françaises. Aucune contestation sérieuse ne s'éleva à leur sujet ; on dut se borner à leur défendre de décharger leurs mousquets au dedans ou au dehors de la ville, par crainte d'accidents. Aussi le roi, satisfait de la sagesse de la ville, promit d'en retirer les bataillons logés chez l'habitant dès que les remparts de la citadelle auraient atteint le niveau du cordon (1), et il envoya les troupes de la marine, arrivées de Bordeaux (18 novembre 1681), loger dans les châteaux et dans les forts. Enfin, sur des ordres venus de Paris, les troupes logées chez l'habitant furent retirées, les corps de garde de la place Notre-Dame et de celle du Piémont furent abandonnés par elles et le reste de troupes réglées se renferma dans la citadelle et les châteaux (2 mars 1682). Gramont, heureux de ce résultat, adressa ses félicitations aux échevins. Vauban, qui avait été fréquemment sollicité par la ville au sujet du dégrèvement des logements militaires, fit savoir aux échevins qu'ils devaient s'adresser à Louvois et à Gramont plutôt qu'à lui.

Les Bayonnais pouvaient croire qu'ils avaient enfin reconquis leurs anciennes franchises à l'égard des logements militaires. En effet, plus de trois ans s'écoulèrent sans qu'ils fussent sollicités d'abriter des soldats sous leurs toits.

Mais, le 4 juillet 1685, un ordre du roi leur fut communiqué de loger un régiment de bombardiers-fusiliers, composé de sept compagnies de bombardiers et de cinq de fusiliers, sous les ordres de M. de Vigny. Des commissaires sont nommés dans chaque quartier pour faire la répartition des logements, et le Conseil s'adresse en même temps à M. de Boufflers, intendant de la province, pour obtenir décharge en faveur de la ville.

L'école des canonniers-bombardiers fut installée à l'extérieur de la ville sous la direction de M. de Vigny, et put

Ecole
de canonniers-
bombardiers.

(1) Cordon horizontal en pierre de taille, couronnant le **mur du rempart** et marquant le pied du mur de banquette, placé au-dessus.

utiliser, comme magasin d'agrès, un corps de garde extérieur. Le Conseil dut fournir à cette école le charbon
nécessaire ; il prêta complaisamment au lieutenant des bombardiers, qui s'était présenté de la part de M. de Planque,
douze gabares, des cordes, ancres, planches et bois divers,
nécessaires pour exercer ses soldats à jeter un pont de
bateaux (juillet 1686).

Vauban ne refusa pas, au sujet du logement des bombardiers, de s'intéresser aux doléances de la ville, transmises
par M. de Ferry ; il fit connaître à cet ingénieur qu'il comptait se rendre à Paris le 15 mars 1686 et demander à Louvois
de dégrever la ville de ce logement ; il fit en même temps
inviter les échevins à écrire à Louvois. A la suite de cette
démarche, le commissaire des troupes à Bayonne tint conférence avec les échevins sur le moyen de retirer de la ville les
bombardiers qu'elle logeait depuis seize mois chez l'habitant.

La solution ne put être rapidement trouvée, car le régiment des bombardiers et fusiliers quitta la ville le 6 octobre
1687, après un séjour de vingt-six mois. L'échevin de Castelnau, chargé d'assurer le logement de cette troupe, avait reçu
une indemnité de 600 livres par an, à cause du grand travail
et des difficultés que lui causait sa mission.

Il ne resta plus à la charge de la ville que le logement des
officiers, commissaires des troupes, ingénieurs. Cette obligation était imposée par des arrêts du Conseil d'Etat et rappelée
par l'intendant. Le logement de l'ingénieur de Ferry, dans la
maison de M. de Saint-Mesmin, près le Piémont, ne comprenait pas moins de quinze pièces et était payée par la ville
600 livres par an ; quelques-unes de ces pièces devaient
servir de salles de travail aux ingénieurs du roi, parfois assez
nombreux à Bayonne, car on en comptait six en 1695 : de
Lavoye, de Pivert, de Germond, de l'Hermite, de Lézan, chevalier Duverger.

Les troupes furent employées, dès leur arrivée en ville,
en mai 1680, aux travaux de terrassement de la Citadelle, et
à ceux de la contre-garde du Château-Vieux : elles poursuivirent l'exécution du bastion royal et la réparation de la
brèche du Château-Neuf. Les terrains et maisons englobés
dans les nouveaux ouvrages furent estimés par deux experts,
l'un représentant l'Etat, et l'autre les divers propriétaires.
Cette opération se fit à diverses époques ; en 1680, l'arpenteur
Pouydonneng estima, pour le compte des bourgeois, les
terres et héritages incorporés dans la Citadelle, ainsi que
ceux, au nombre de onze, qui furent pris, en 1680 et 1681,
pour le bastion retranché et l'enceinte de Saint-Esprit ; les
frais de cette estimation furent payés par le Conseil.

En même temps que les travaux de terrassement se poursuivaient, on se mit à dégager les abords du Château-Neuf, afin de faciliter la construction du retranchement de Sainte-Claire, de la caserne projetée pour un bataillon et de l'arsenal. Il fallut acheter tout le couvent de Sainte-Claire, touchant la fortification, une partie du jardin des Cordeliers, sur le terrain desquels les nouveaux établissements devaient se construire ; de plus, afin d'agrandir l'esplanade du Château-Neuf, on acheta huit maisons comprises entre le clos des Cordeliers et le Château-Neuf, et une neuvième située entre le collège et le Jeu de Paume. L'esplanade devait être encore augmentée, en 1695, de tout le terrain occupé par le collège de la ville, qui se trouvait entre le Château-Neuf et le couvent des Capucins.

Couvent de Sainte-Claire annexé à la fortification.

Les ingénieurs du roi donnèrent le retranchement de Sainte-Claire à l'entreprise et firent attaquer à coups de pioches le magasin des lices condamné à disparaître (3 juillet 1680). L'intendant avait adressé au Conseil, au commencement de juin, un ordre du roi, prescrivant de vider le couvent de Sainte-Claire dans un délai de quinze jours. Le père Peyrelongue, gardien des Cordeliers, se rendit devant le Conseil et demanda, au nom de religieuses Clarisses, un secours pour les aider à transporter leurs meubles ; il sollicita en outre le prêt du collège jusqu'à ce qu'elles aient trouvé une maison à leur convenance. Les religieuses reçurent 300 livres sur des intérêts dus à leur couvent par la ville, mais détournèrent leurs vues du collège nécessaire à l'instruction de la jeunesse. Elles ne tardèrent pas à prendre en location la maison du chanoine de Niert pour le prix de 400 livres par an (28 juin). Toutefois, cet ecclésiastique exigea, avant de conclure, que le Conseil prît l'engagement de lui payer le loyer annuel sur les revenus dus par la ville au couvent.

Parallèlement aux travaux de Sainte-Claire furent poursuivis ceux de la courtine de la brèche voisine. Cette partie de l'escarpe était complètement remise en état, le 20 septembre 1680, quand le Conseil jugea inutile le corps de garde mis au pied de la brèche et le fit démolir.

Les casernes de Sainte-Claire n'avaient pu être avancées au même point ; elles étaient cependant en cours d'exécution et, si le Conseil se plaignit de la lenteur avec laquelle elles s'élevaient, c'est parce qu'il était pressé de les voir occuper par les troupes.

Un pavillon qui gênait la place du Réduit fut acheté et démoli. On opéra de même pour deux mauvaises bicoques adossées contre le mur de l'avant-cour du Château-Vieux, du côté nord, dont l'une contenait les fours de la ville, et l'on fit un fossé au pied de l'enceinte de cette cour.

L'intendant de la province vint à Bayonne, le 23 octobre 1680, et visita les travaux de la Citadelle. Le Conseil alla l'y rejoindre et le raccompagna en ville ; MM. de Lambert commandant pour le roi, de Mathieu colonel de la marine, de Stoppa colonel des suisses, de Planque lieutenant-colonel de Rouergue et quantité d'officiers le suivirent aussi jusqu'au pont Saint-Esprit. Avant d'aller dans son logis, chez M. de Saint-Mesmin, l'intendant annonça au Conseil la bonne nouvelle du départ des troupes allant hiverner en Guyenne.

Pour exécuter les travaux, après le départ des troupes, M. de Planque, lieutenant de roi, demanda des manœuvres aux localités des environs (novembre 1680). Celles-ci ne purent en fournir le nombre demandé (1). Ces demandes se renouvelèrent pendant la durée des travaux. A défaut d'hommes, les communautés fournissaient des filles ; celle de Biarritz en procura 30 à 40 qui vinrent travailler, en octobre 1681, sous la conduite d'un jurat de cette localité, à la contre-garde du Château-Vieux ; une autre bande, composée de 10 bouviers et de 30 filles fut employée, en octobre 1686, aux chantiers du bastion royal et du Château-Vieux. La punition de l'amende était infligée aux bouviers et aux filles qui ne se présentaient pas. Aussi lorsque, le mois suivant, M. de Laboulaye, commissaire du roi, demanda 40 filles « manœuvrières » à Biarritz, pendant la fête locale de la Saint-Martin, le garde-champêtre (le menin) eut grand'peine à les réunir et à les conduire à Bayonne.

Exécution de la contre-garde du Château-Vieux. Les travaux de la contre-garde du Château-Vieux durèrent trois ans (1681 à 1683), pendant lesquels la jouissance des chais de Tarride, situés au bord de l'Adour, fut interdite à leurs propriétaires, parce que les quais de ces chais et ceux du port étaient encombrés de matériaux de construction destinés à la contre-garde. L'un de ces chais fut même incorporé à la fortification et démoli en 1689.

Les murs d'escarpe de la Citadelle atteignirent la hauteur du cordon, en mars 1682, moment fixé par le roi pour retirer les troupes de la ville. Les ingénieurs de Ferry et Tauziet s'occupaient de faire activer les travaux, rendant régulièrement compte à Vauban de leur état d'avancement. Ils firent commencer les casernes de la Citadelle et prirent possession des terrains de Saint-Esprit nécessaires au bastion Saint-Bernard et aux courtines voisines.

(1) Sur 140 demandés à Biarritz, il en fut fourni 60.

Lorsque Vauban revint à Bayonne, en novembre 1685, il trouva les casernes de la Citadelle terminées, mais il jugea bon d'en augmenter la contenance. Il proposa au roi d'apporter quelques modifications au premier projet et, en particulier, de supprimer la porte Lachepaillet.

Casernes de la Citadelle achevées en 1685.

La ligue d'Augsbourg formée en 1686 par l'Espagne, l'Autriche et la Savoie, contre Louis XIV eut pour cause originelle la révocation de l'édit de Nantes. La guerre, dont les Flandres, le Palatinat et l'Italie furent pendant neuf ans le théâtre, ne prit fin qu'au traité de Ryswick, en 1697. La possibilité d'une attaque sur Bayonne décida le roi à ordonner que tous les dehors de la ville fussent dégagés des constructions et des obstacles qui gênaient les vues de la place. Les anciens retranchements de Lautrec, dans le camp Saint-Léon, n'étaient pas encore rasés ; on travailla à les supprimer et on donna leur terrain en échange contre d'autres pièces de terre nécessaires à la fortification.

Les échevins reçurent un ordre du roi, daté du 22 octobre 1687, de démolir l'hôpital Saint-Nicolas et la chapelle Saint-Léon, placés dans l'alignement des nouveaux chemins couverts. Mais, surpris par cet ordre, ils prient l'ingénieur Curé du Moutier et le commissaire de Laboulaye de retarder le moment de cette démolition, pour leur permettre d'attendre la réponse de Seignelay à une lettre qu'ils viennent de lui adresser ; ils prennent leurs dispositions pour mettre les malades dans l'hôpital de Saint-Esprit, au cas où leur demande subirait un échec.

Démolition de l'hôpital Saint-Nicolas et de la chapelle Saint-Léon.

L'hôpital Saint-Nicolas fut cependant démoli dans le courant de l'année 1688 ; il se composait de deux bâtiments, dont le plus important possédait quinze portes et vingt-une fenêtres. La chapelle Saint-Léon, avec logement du sacristain et de la benoîte, disparut également et fut remplacé par une croix de pierre encore existante ; elle se trouvait en avant de l'aile gauche de l'ouvrage à cornes Saint-Léon, au bord du glacis, et elle appartenait à la confrérie Saint-Léon. On renversa encore un oratoire ou petite chapelle, touchant la fontaine Saint-Léon.

L'ère des démolitions se prolongea jusqu'en 1689, sur le pourtour extérieur de l'enceinte. On fit tomber une maison et une métairie des Carmes en avant la contre-garde du Château-Vieux, une maison des Augustins voisine de l'hôpital Saint-Nicolas, deux maisons en avant de l'ouvrage à cornes, une maison derrière la chapelle Saint-Léon, onze chais sur les glacis de la porte Mousserolles, une grande maison et un chai en avant du bastion Notre-Dame, et quelques autres immeubles, ce qui porta à 35 le nombre de ceux qui furent démolis.

Ces bâtiments et les terrains incorporés furent évalués par des experts, comme cela avait été fait pour Saint-Esprit ; l'échevin de Morassin opéra pour le compte de l'Etat.

L'ingénieur Curé du Moutier commença à payer les maisons démolies, le 5 août 1688 ; mais les ressources de l'Etat ne permettant pas de régler le prix des terrains, les dépossédés durent se contenter d'en recevoir l'intérêt. Du côté de Mousserolles, au lieu d'édifier un ouvrage sur la hauteur, il fallut se borner à niveler au ras du chemin de Saint-Jean-Pied-de-Port une éminence de terre.

A l'intérieur de la ville, il fut jugé nécessaire de dégager la gorge du bastion de Sault, encombrée par un grand nombre de maisons. Neuf de celles-ci furent démolies en 1693, et cinq autres en 1695 ; parmi elles se trouvait l'abattoir de la ville. Deux tours, l'une du moyen âge à l'entrée de la rue des Basques, l'autre romaine à la rencontre des rues de la Salie et de la Poissonnerie, furent également abattues, afin de dégager les entrées de ces voies publiques.

Les échevins durent intervenir auprès du sieur Laforcade qui s'était emparé de cette dernière tour, appelée tour de Vergeron. A cette occasion, le Conseil rappelle aux habitants que les remparts et les tours compris entre le Château-Vieux et la tour de Sault appartiennent en toute propriété au roi et à la ville, et que ceux qui les occupent par pure tolérance ne les possèdent qu'à titre précaire et sont tenus de déloger sans pouvoir opposer prescription, ni possession, fût-elle de mille ans.

Enfin, le collège fut acheté en 1695 et sa démolition commencée pour agrandir encore l'esplanade du Château-Neuf, pendant qu'un arceau de la rue Panneau surmonté d'une maison et barrant aux défenseurs du Château-Neuf la vue de la rue disparaissait en même temps.

L'hôtel du gouvernement, dans lequel logeait le lieutenant de roi, était situé sur la place du Château-Vieux, et compris entre l'hôtel de la Monnaie et la rue Orbe. La mauvaise installation de ce logement, au milieu des écuries du gouverneur, avait frappé Vauban. Aussi ce dernier, jugeant que cet officier, obligé de recevoir des étrangers en l'absence de son chef devait jouir d'un logement mieux accommodé, donna à Ferry, avant son départ, des instructions pour l'améliorer.

La pénurie des fonds du trésor fit abandonner la construction de l'enceinte du faubourg Saint-Esprit. Le marquis de Seignelay écrivit au duc de Gramont (15 juin 1689) que l'intention du roi n'était pas de faire fermer cette année le faubourg Saint-Esprit, mais qu'il fallait donner ordre à l'ingénieur Curé de faire travailler en diligence au bastion retranché sur la hauteur Saint-Bernard et de hâter autant qu'il se pourrait le revêtement de la contre-garde de Mousserolles.

La courtine des Jacobins fut renforcée et son fossé élargi ; l'ingénieur de Lavoye fit jeter sur le bord de l'Adour la terre qui provenait du fossé. Le Conseil, qui avait, à diverses époques, émis des prétentions sur le terrain situé au pied de cette courtine, crut devoir protester, pour remplir sa mission de gardien des ports et rivières (28 juillet 1698). Les apports de terre constituèrent une grande plate-forme sur laquelle des arbres furent plantés et formèrent un jardin qui prit le nom d'allées Boufflers, à la suite de la visite qu'en fit le marquis de Boufflers, gendre de Gramont.

Création des allées Boufflers.

Un arrêt du Conseil d'Etat ordonna que le paiement des sommes dues, tant pour frais causés par les débordements de la Nive que pour acquisition de terrains nécessaires aux fortifications de Bayonne et pour démolitions d'immeubles dans les zones de servitude, serait supporté par moitié par les généralités de Bordeaux et de Montauban. L'imposition fut répartie sur un grand nombre d'années ; elle fut fixée à 16.534 livres et levée à partir de 1697.

L'œuvre de la réorganisation des fortifications de Bayonne, conçue et dirigée par Vauban, était presque terminée, lorsque ce grand ingénieur vint à décéder en 1707 ; on peut dire qu'il mourut sur la brèche, car il dirigeait en 1703 le siège de Vieux-Brisac, et que l'année qui précéda sa mort, il écrivit son traité sur la défense des places : il y conseilla l'emploi d'un troisième système de front bastionné, et recommanda spécialement les retranchements en arrière des bastions, afin de prolonger la résistance de la place.

La fréquence des conflits qui s'élevaient entre les habitants de Bayonne et les soldats avait été d'un grand poids dans la détermination que prit le roi de construire des casernes dans cette ville pour une future garnison. Gramont avait bien fait tous ses efforts pour épargner cette charge à la ville, et s'était employé de son mieux pour empêcher ces conflits d'amener de funestes conséquences. A l'occasion d'une rixe qui s'était produite, en avril 1679, entre les habitants et les soldats du Château-Neuf, le gouverneur écrivit aux échevins : « Les ministres veulent donner tort à la ville, mais Louvois « m'a promis d'étouffer l'affaire. Si elle parvenait à l'oreille « du roi, les suites en seraient graves. Sonner le tocsin, « assembler du monde pour aller attaquer la troupe dans un « château où elle est en garnison, tout cela est fort blâmable ; « il faut contenir l'habitant. »

Aussi, le marquis de Lambert eut soin de faire occuper par ses soldats, lors de l'entrée des troupes, en mai 1680, les corps de garde occupés jusqu'alors par les habitants. Deux mois s'étant passés sans qu'il eût fait mine de les rendre à la ville, le Conseil se demanda s'il ne convenait pas de s'adresser à l'intendant, et en cas de refus à Lambert lui-même, pour obtenir que la ville pût continuer à occuper le corps de garde de la porte Saint-Esprit et y tenir une sentinelle, comme elle l'avait fait jusqu'alors (juillet). Ses démarches restant infructueuses, le Conseil fit retirer de ce corps de garde les mousquets, les canons, et jusqu'à une paire de chenêts, qui appartenaient à la ville.

Les relations entre l'autorité militaire et les échevins devaient se ressentir de cet état de choses, qui amenait des discussions suivies de coups, entre soldats et habitants. L'arrivée du sieur de la Vilette à qui le roi avait, par lettres-patentes du 4 janvier 1678, accordé la charge de major sur les troupes en garnison dans les deux châteaux de Bayonne, et sur celles qui pourraient être mises en ville, aurait dû aplanir les difficultés, d'autant mieux que la commission de cet officier lui donnait droit d'inspecter les corps de garde bourgeoise (14 novembre).

Vexations occasionnées par le lieutenant de Planque. Mais l'absence de règlement précis fit naître des discussions au sujet de la garde bourgeoise entre la ville d'une part, de la Vilette, major et de Planque, lieutenant de roi, nouvellement promu à cette charge par lettre du 21 octobre 1680, d'autre part. Ce dernier, offusqué de ce que le Conseil lui eût refusé les meubles qu'il demandait pour son logement, voulut s'ingérer dans la police de la ville. Il fit emprisonner un soldat du guet pour avoir infligé une amende, par ordre de son officier de garde, à un habitant qui n'avait pas rempli ses obligations (22 décembre). Le Conseil, trouvant que cet acte était une nouveauté et une atteinte contre la possession immémoriale des privilèges de la ville, décida d'envoyer sa protestation à Gramont, à Louvois et à Roquelaure.

Le lieutenant de Planque, sans se laisser influencer par les plaintes des échevins, poursuit ses entreprises contre leurs prérogatives. Il réunit, le 14 avril 1681, les officiers des gardes bourgeoises et leur ordonne d'appliquer aux bourgeois et habitants les peines qui sont usitées dans l'armée ; il éconduit les députés qui viennent, de la part du premier échevin de Wescomb, lui demander de respecter le privilège de la ville au sujet de la garde, « qui est la seule fleur que la ville a pris soin de conserver ».

Cet officier, sans avoir égard à d'antiques coutumes, défendit aux officiers de garde aux portes de la ville, tant militaires que bourgeois, de donner le mot aux échevins, lorsque ceux-ci, après avoir allumé le feu de joie, la veille de la Saint-Jean, feraient la visite des portes, suivant l'usage établi à l'occasion de la trahison de Château-Martin. Plutôt que de subir cet affront, les membres du Conseil préférèrent supprimer, cette année, la cérémonie du feu de joie, en laissant la faculté à chacun d'en allumer pour son compte particulier. Le lieutenant voulut en outre empêcher les tonneliers de se réunir le jour de la fête de leur compagnie (1er octobre 1681) et de parcourir la ville précédés de violons ; devant les justes protestations des intéressés, il n'osa maintenir sa défense, et le Conseil retira le procès-verbal qu'il allait adresser à l'intendant.

Profitant de la présence de Gramont, le Conseil lui expose ses plaintes et lui remet un mémoire relatif à un projet de règlement sur la garde de la ville, afin de délimiter les pouvoirs de M. de Planque et ceux des échevins. Il proteste, en outre, contre la nouvelle création de la charge de major qui semble inutile, puisque la garde bourgeoise dont l'inspection a été donnée à cet officier relève du gouverneur et, après lui, du premier échevin qui reçoit les ordres du roi et du gouverneur. Le Conseil voudrait au moins obtenir que le major fût placé hiérarchiquement après le premier échevin et qu'il en reçût l'ordre en l'absence du gouverneur, ne conservant d'autres droits sur les bourgeois que celui de visiter les corps de garde et d'en rendre compte au gouverneur ou au premier échevin ; enfin, la ville demande que l'on puisse battre la caisse dans les cérémonies habituelles, sauf obligation, pour le cas de prise d'armes, de solliciter l'autorisation du gouverneur ou du lieutenant de roi.

Le premier échevin Wescomb reçut l'ordre « de se rendre incessamment aux pieds de la cour, afin de rendre compte au roi de l'exercice de sa charge ». Il partit, emportant les mémoires dressés par le Conseil, et fut défrayé de toutes ses dépenses. Grâce à la protection de Gramont, il put obtenir du roi que le droit de garder les clefs de la ville et de donner le mot en l'absence du gouverneur et de son lieutenant, serait conservé au premier échevin. Il fut interdit à ces deux autorités de s'ingérer dans la police et la justice du Corps de ville, ainsi que dans celles du sénéchal.

Le règlement était muet sur les cérémonies publiques, et cette omission décida le Conseil à se pourvoir devant le roi afin d'y introduire des changements. Aussi, pour s'éviter tous désagréments, les échevins résolurent de ne pas célébrer la Fête-Dieu selon l'usage (3 avril 1682). Gramont leur conseilla d'obéir au règlement sur la garde, sans demander qu'il fût modifié, et de se tenir pour satisfaits d'avoir obtenu le retrait des logements militaires. Mais, refusant de suivre ce conseil, les échevins envoyèrent une députation à Paris et en furent blâmés par le gouverneur (22 juin) ; faite dans de telles conditions, leur démarche resta sans résultat. Dès lors, de Planque et la Vilette continuèrent leurs vexations.

Ce dernier, voulant faire remuer des poudres, ne craignit pas de demander deux hommes au poste de la porte Saint-Léon, occupé par la garde bourgeoise ; il fut aussitôt arrêté par une protestation du Conseil, qui ne voulut pas admettre que les Bayonnais de garde fussent tenus d'accomplir ce travail et l'invita à s'adresser à d'autres personnes. Les habitants de la ville furent emprisonnés au château comme précédemment, pour avoir manqué à la garde, et maltraités par les soldats de la garnison.

M. de Planque, voyant le service de garde mal assuré, voulut en reviser le rôle et demanda pour ce travail des commissaires au Conseil, conformément au texte du nouveau règlement. Les échevins consentirent à désigner les commissaires, pour donner au roi une marque de leur soumission ; mais, pour ne pas renoncer ostensiblement à leurs anciens privilèges, ils insérèrent dans une délibération, la réserve de se pourvoir envers Sa Majesté, afin de maintenir les antiques règlements.

Cette réserve indisposa le lieutenant de roi, qui n'en conçut que plus d'animosité contre le Conseil et fit retomber sa colère sur un habitant de Mousserolles, Dias Boyer. Ce dernier, appréhendé par des soldats, fut placé sur le cheval de bois ou chevalet. Après l'y avoir laissé pendant cinq heures, lui infligeant ainsi « une infamie irréparable et une punition inventée seulement pour les soldats », de Planque le fit jeter dans les prisons du Château-Vieux, sans lui faire connaître le motif de sa sévérité. Le Conseil ne se lassa pas de protester, prétendant que personne ne devait être soustrait à ses juges naturels ; il fit dresser procès-verbal et l'adressa à l'intendant.

Comme le sieur de Planque avait entrepris de forcer les bourgeois de la ville à monter la garde au Château-Vieux, en les appelant trois par trois, le roi, ayant reçu les doléances des échevins, donna un règlement, daté du 17 décembre 1682, marquant le service des hommes d'armes et mortes-payes servant au Château-Vieux, et exemptant complètement les bourgeois de celui auquel le gouverneur ou son lieutenant prétendait les astreindre.

A partir de ce jour, la paix parut établie entre le lieutenant de roi et le Conseil, et ce dernier procéda librement à la nomination des sergents de quartier et d'un capitaine du guet. Il nomma à cette fonction de Lesseps, fourbisseur, à la place du capitaine Bonnicart, qui était décédé. Afin d'éviter que le règlement sur la garde bourgeoise fût méconnu ou mal interprété, les échevins le firent imprimer et distribuer aux officiers de cette garde (1690) ; cette mesure aida au maintien de la bonne harmonie.

CHAPITRE XIV

PASSAGE A BAYONNE DU DUC D'ANJOU, PETIT-FILS DE LOUIS XIV, APPELÉ A RÉGNER SUR L'ESPAGNE SOUS LE NOM DE PHILIPPE V. — LA VILLE EST ENCOMBRÉE PAR DE NOMBREUSES TROUPES ALLANT COMBATTRE EN ESPAGNE, SOUS LES ORDRES DE BERWICK ET DE VENDOME (1693 à 1710).

Mort du lieutenant de Planque ; des Noues, puis la Gibaudière lui succèdent. — Corps de garde. — Hôpital des troupes fréquemment déplacé. — La garde du matériel d'artillerie enlevée à la ville. — Organisation du service des fortifications. — Officiers et fonctionnaires militaires. — Composition de la garnison. — La solde des troupes avancée par les bourgeois. — Réjouissances à l'occasion de la naissance du duc de Bourgogne. — Bayonne vient au secours du roi par un don pécuniaire. — Fêtes en l'honneur de Philippe V se rendant en Espagne. — Le duc de Berwick passe à Bayonne. — La ville encombrée de troupes allant en Espagne. — Prisonniers d'Almanza logés dans les casernes. — Lettre du roi à la ville, sur la nécessité de continuer la guerre. — Passage de Vendôme. — Visite du duc d'Orléans, futur régent. — Fêtes à l'occasion de la paix. — Difficultés opposées au recrutement des soldats et des matelots. — Contestations entre l'amirauté et la ville au sujet de la police de la rivière. — Milices gardes-côtes.

La mort de M. de Planque, lieutenant de roi, se produisit le 26 octobre 1693 ; le commandement de la ville revenait, en vertu des règlements, au premier échevin, en l'absence du gouverneur. Mais Gramont, peu porté en faveur de la ville qu'il accusait d'ingratitude depuis qu'elle avait réclamé au roi contre le règlement de la garde, contrairement à son avis, avait laissé, avant son départ pour Paris, un ordre écrit prescrivant à M. des Noues, commandant de la Citadelle, de prendre le commandement de la ville, au cas où le décès prévu de M. de Planque se produirait.

Le sieur de Lalande Apitois, premier échevin, ayant eu connaissance de cet ordre, réunit le Conseil et l'amène à décider que des remontrances seront faites à des Noues, afin de réserver les droits de la ville. L'occasion se présenta à ce moment de célébrer par un feu de joie une victoire remportée en Savoie ; quoique des Noues n'ait pas reçu d'invitation, il se rendit à la cérémonie. Le Conseil lui fit signifier que les déférences qui lui avaient été rendues par politesse ne sauraient préjudicier aux prérogatives du premier échevin, et adressa sa réclamation à M. de Sourdis, commandant en Guyenne. Des Noues avait quitté la Citadelle depuis la mort de de Planque et était venu loger chez M. d'Outremer, régent d'hydrographie, installé dans le bâtiment de la Douane ; ayant été confirmé dans la charge de lieutenant de roi, il la conserva peu de mois et mourut le 2 avril 1694.

Le roi donna raison à la ville et fit écrire par M. de Châteauneuf, ministre d'Etat, qu'il confirmait le premier échevin dans son droit de garder les clefs et de donner le mot, en l'absence du gouverneur ou de son lieutenant. Aussi les échevins purent-ils rectifier seuls le rôle de la garde. La place de lieutenant de roi ne tarda pas à être pourvue d'un nouveau titulaire. La Gibaudière vint prendre possession de cette fonction le 7 août 1694, jour de son entrée à Bayonne. Ce choix, agréé par les échevins, leur fit augurer une période exempte de tracasseries.

Le nouveau règlement n'avait pu prévoir toutes les causes de conflit ; aussi ne fut-il pas étonnant d'en voir surgir entre la Gibaudière et deux échevins. Ceux-ci intervinrent dans une querelle de bourgeois, en présence d'un sergent des troupes et de quelques mousquetaires qui revendiquèrent pour eux le droit exclusif d'intervention (13 juillet 1696). Le différend fut porté devant la Gibaudière, lequel, après avoir entendu les échevins, fit connaître qu'il avait fait placer dans les corps de garde, selon les intentions du roi, une consigne relative à la répression des désordres ; ce document prescrivait à tout magistrat municipal, qui use de son autorité pour rétablir l'ordre, de se retirer devant tout détachement de troupes arrivant dans l'endroit où le désordre s'est produit. Cette solution, qui blessait l'amour-propre des échevins, ne fut pas agréée par eux ; voulant se ménager une retraite honorable, ils déclarèrent maintenir leurs prétentions, en se retranchant derrière d'anciens règlements.

Afin d'éviter le retour des contestations sans cesse renaissantes au sujet du service de la garde bourgeoise, le roi pensa qu'il serait opportun d'amener la ville à y renoncer (28 mars 1698). Gramont demanda donc au Conseil si les Bayonnais voulaient être exemptés de la garde. A cette question, les bourgeois, réunis en assemblée générale, comprirent qu'on voulait leur faire solliciter l'exemption du service de garde, et, sentant bouillonner dans leurs veines le vieux sang bayonnais, ils répondirent à l'unanimité que la ville ne pouvait adresser au roi pareille demande, parce qu'elle regardait comme un honneur et une prérogative particulière d'être gardée par ses habitants.

Le roi s'inclina devant d'aussi nobles sentiments, et, renonçant à son projet, il confirma à nouveau les privilèges de la ville. Aussi lorsque, le 22 juin 1703, les échevins envoyèrent à Gramont un mémoire demandant la diminution des gardes bourgeoises, le gouverneur se borna à répondre que la requête lui paraissait hors de saison.

Corps de garde.

La sécurité de la ville était assurée par les troupes des divers corps de garde ; aussi, lorsque les soldats vinrent en occuper quelques-uns, la ville fut tenue de les munir à ses frais de bois, de charbon et de chandelle. Ce service fut exécuté par la voie de l'adjudication au rabais, renouvelée tous les trois ans. Il s'appliqua, durant la période de 1680 à 1686, aux trois corps de garde de la porte Saint-Esprit, des places Gramont et Notre-Dame ; de 1686 à 1710, aux cinq corps de garde suivants : Saint-Léon et Mousserolles, tenus par les bourgeois ; place publique, place Gramont et porte extérieure Saint-Léon, tenus par les troupes réglées.

Hôpital des troupes fréquemment déplacé.

L'intendant de la province, ayant jugé que l'hôpital des troupes, établi à Liposse, était insuffisant, écrivit au premier échevin, par ordre du roi, de louer la maison joignant l'hôpital Saint-Esprit, et d'y installer cent lits garnis pour les malades militaires (7 juin 1680). Après en avoir délibéré, le Conseil essaie de s'en tirer par quelques gasconnades ; il demande à être déchargé de l'hôpital des troupes, ou tout au moins à faire supporter cette dépense par les juifs de Saint-Esprit, qui ne sont nullement chargés. Il cite l'exemple de l'intendant de Verthamon, lequel, ayant à pourvoir à une semblable dépense lorsque les Espagnols envahirent le Labourd, n'hésita pas à y faire contribuer toute la Gascogne, jusqu'à Toulouse, pour soulager la ville.

L'hôpital des troupes fut cependant enlevé de Liposse et transporté dans la maison du bourgeois de Fossecave, à Saint-Esprit, que le Conseil avait obtenue en location pour le prix annuel de 555 livres. Mais comme le nombre des soldats malades avait augmenté avec l'effectif de la garnison, l'intendant ayant constaté que l'hôpital Saint-Nicolas pouvait disposer de vingt lits, les fit mettre à la disposition des soldats malades ; il décida que si les frais de ces malades ne pouvaient être payés avec les revenus de l'hôpital, la ville devrait y pourvoir de ses deniers (12 juin 1682). Peu de jours après, il fit rassembler le reste du matériel de literie provenant de l'ancien hôpital des troupes qui n'avait pu trouver place dans le nouveau et le fit transporter à Saint-Nicolas, afin de permettre à ce dernier établissement de recevoir la moitié des malades de la Citadelle et des châteaux.

Ces solutions de fortune ne donnaient pas satisfaction aux besoins des troupes. Aussi, l'intendant, revenant à la charge, demanda au Conseil, le 20 septembre 1683, d'établir un hôpital général pour officiers et soldats, dont l'entretien serait aux frais de la ville, en faisant bénéficier celle-ci de la paye des malades. Les échevins, pour appuyer leur refus, alléguèrent les grandes dettes de la ville, les frais d'entretien des ponts et du havre de l'Adour, la diminution des recettes à la suite de l'arrêt du commerce des vins qui en fournissait la principale partie. Ils reconnurent que 'es deux hôpitaux de Saint-Nicolas et de Saint-Esprit étaient pleins de soldats ; mais ils avaient montré leur bonne volonté, en chassant de pauvres habitants de ces hôpitaux, pour faire place aux soldats. Tout en priant l'intendant de favoriser encore les intentions de la ville, le Conseil tourna ses vues vers le collège et avisa le principal de se tenir prêt à vider cet établissement.

Cette dernière solution reçut sa réalisation dans l'espace de quinze jours ; un échevin et un jurat furent chargés d'organiser l'hôpital. Le Conseil nomma quatre présidents de cet établissement : deux échevins et deux jurats ; le premier échevin en fut président honoraire de droit ; il désigna en outre deux médecins, deux chirurgiens, deux apothicaires, un hospitalier, un aumônier, enfin un infirmier à 400 livres de gages. Les honoraires des médecins et des chirurgiens furent fixés à 200 livres par an ; l'apothicaire dut installer une boutique dans l'hôpital. Afin d'assurer la marche du service et la bonne tenue des comptes, le Conseil décida de se transporter tous les mardis soirs dans l'hôpital des troupes. Aussi ne fut-il pas embarrassé pour répondre à une plainte des officiers, que l'hôpital ne manquait de rien et qu'il contenait plus de lits que de malades.

Néanmoins, pour s'alléger d'une charge si lourde, les échevins, après avoir vainement tenté, par l'intermédiaire de Naguille qui se trouvait à Paris, d'obtenir que la ville fût dégrevée de cet hôpital, résolurent de limiter leur dépense en mettant à l'adjudication l'entretien des malades militaires. Le cahier des charges fit connaître que l'hôpital contenait en moyenne cent soldats malades, et que la paye de ces derniers serait abandonnée à l'adjudicataire et lui serait soldée par le trésorier des troupes. L'entretien de l'hôpital fut adjugé, dans ces conditions, le 14 décembre 1685, pour une somme annuelle de 5.495 livres, payable par trimestre (quartier).

Il est à présumer que le sieur Denos, fermier de l'hôpital des troupes, jugea son entreprise désastreuse, puisqu'il chercha à en éluder les obligations par la fuite. Le collège était plein de soldats malades (20 août 1688) ; on était même obligé d'en placer dans les hôpitaux de Saint-Nicolas et de Saint-Esprit. Tout manquait à ces nombreux malades : nourriture, médicaments et objets de pansement, le sieur Denos, que l'on rechercha vainement, s'étant caché, afin d'esquiver les obligations de son bail. Pour remédier à cette situation, le Conseil fit donner des vivres aux soldats des trois hôpitaux et l'apothicaire voulut bien se dessaisir de ses drogues, à la condition d'être couvert par un ordre de l'intendant ; enfin, pour éviter l'encombrement, on évacua sur Dax, au moyen de bateaux, les soldats malades du bataillon des Flandres.

Afin de rendre le collège à sa destination normale, le Conseil prit à bail, le 29 décembre 1688, la maison de Morassin qui était située à Saint Esprit. L'acte de location en fut passé par le syndic de la ville suivant les conditions indiquées par l'ingénieur Curé du Moustier. Cet immeuble était en mauvais état et son appropriation en hôpital nécessita de nombreuses réparations. La bénédiction de la chapelle ne put avoir lieu que le 4 février 1689. A la même date, l'ingénieur fut chargé par le Conseil d'établir le devis d'un mur pour enclore le cimetière de cet hôpital, qui prit le nom d'hôpital royal de Saint-Esprit.

Le Conseil avait eu la chance de rencontrer, en M. Lafontaine, chirurgien major, un fermier de l'entretien des soldats malades, plus sérieux que Denos. Cependant, à l'expiration de son bail, fin décembre 1705, ce praticien ne voulut pas le renouveler, et comme il était question de faire diriger cet hôpital par des sœurs grises, selon les intentions du roi, le Conseil s'entendit avec le sieur Larretet, qui consentit à assurer, pour la même somme de 3.800 livres par an que recevait Lafontaine, l'entretien de l'hôpital jusqu'à l'entrée des sœurs. Celle-ci eut lieu le 1er janvier 1707, après que le contrat préparé entre les sœurs et le premier échevin eut été accepté par une assemblée générale de bourgeois. Mais la fourniture des denrées et objets nécessaires à l'hôpital continua à être donnée par adjudication.

Le propriétaire de l'immeuble loué à Saint-Esprit pour l'hôpital, l'ayant réclamé pour lui-même, le sieur Lespès de Hureaux offrit pour 1.200 livres par an celui qu'il possédait à Saint-Esprit, rue Sainte-Ursule. Son offre fut acceptée et un bail passé pour neuf ans (mai 1711).

L'organisation du service de l'artillerie, centralisé dans la main du duc du Ludde, grand maître de l'artillerie de France, vint décharger le Conseil de la tâche de garder et entretenir le matériel de ce service. Le dernier inventaire du magasin, établi en février 1682, par l'échevin et le jurat, commis à la garde du magasin de guerre, faisait ressortir les quantités suivantes de matériel : 27 pièces de fonte, 5.109 boulets, 24 canons de fonte réunis par quatre en forme d'orgue, 151 armures complètes, 985 mousquets, hallebardes et piques, 22.000 livres de poudre, 15.000 livres de plomb, et divers outils de pionniers (145 hoyaux, 450 pelles en bois, 100 pelles en fer).

Le sieur de Reboul s'étant présenté au Conseil, le 4 mai 1682, porteur d'une commission du duc du Ludde l'instituant

La garde du matériel d'artillerie enlevée à la ville.

garde magasin des armes et munitions de la ville, en demandant les clefs du magasin et un logement pour lui-même, ne reçut pas bon accueil. Les échevins, fort étonnés de sa requête, avaient écrit à du Ludde et à Gramont, les priant de révoquer la commission de Reboul, parce que la ville avait toujours eu la direction des magasins dont la gestion était confiée à deux membres pris dans le Conseil. Néanmoins, pour marquer leur soumission, les échevins voulurent bien remettre à Reboul l'inventaire des armes et munitions de guerre ; ils convoquèrent une assemblée de la bourgeoisie afin d'aviser au moyen de conserver à la ville la direction de l'artillerie, des armes et des munitions.

Le grand maître du Ludde parvint sans peine à les convaincre que cette remise était le résultat d'une mesure générale, et chargea de cette mission le garde-magasin Gailleau.

La ville donna dès lors congé aux maîtres faures Lesseps et Gaillards, chargés d'entretenir les mousquets, piques et hallebardes de l'arsenal et cessa de leur donner des gages. Elle continua cependant à faire entretenir les fusils et les hallebardes du corps de garde que le premier échevin tenait en son logis.

L'arsenal ne fut pas déplacé ; il fut maintenu dans le magasin touchant l'hôtel de ville jusqu'à son installation complète à Sainte-Claire. Mais le Conseil, se trouvant déchargé de ce magasin, refusa, malgré la demande instante du garde d'artillerie, d'en faire vitrer les fenêtres.

A cause des remaniements importants des ouvrages de fortifications, les magasins à poudre anciens ne purent contenir les approvisionnements de poudre que l'on jugea utile de constituer à Bayonne durant les guerres provoquées par la ligue d'Augsbourg. Gramont et son lieutenant, devant la nécessité de les abriter, décidèrent de les déposer dans la maison du collège, d'où l'on venait de retirer l'hôpital des troupes pour le transporter dans la maison de Morassin, à Saint-Esprit.

La ville fut appelée à fournir un logement aux commissaires provinciaux d'artillerie, qui résidaient à Bayonne. Cet office héréditaire avait été créé par un édit du mois de mars 1708 ; les gages en furent fixés à 900 livres et les appointements à 600 livres (1). Les titulaires de cet office furent, à Bayonne : André le Roux, 1708 ; François Claudon, 1709 : Dubarbier, 1710 ; Piau l'Hiloué et chevalier d'Escans, 1711 ; Chapelas, 1713 ; des Cars, 1715 ; les deux avant-derniers

(1) Les appointements furent mis à la charge des villes de la province et répartis, savoir : Bayonne 300 livres, Saint-Jean-de-Luz 50, Ciboure 50, Urrugne 50, Dax 50, Hendaye 50, Lourdes 50.

avaient été nommés par le duc du Maine et le dernier par le comte d'Eu, prince du sang, grands maîtres de l'artillerie.

Le sieur Duvivier fut employé à diriger la fabrication du salpêtre entrant dans la composition de la poudre. Il retirait cette matière des terres et platras provenant des démolitions des maisons (1692). Après avoir été longtemps employé à cette fabrication, il fut nommé garde magasin d'artillerie, grâce à la recommandation du duc d'Orléans (1708).

Le service des fortifications fut placé sous la direction du marquis de Seignelay, secrétaire d'État, puis sous celle de Lepelletier, sous-ministre d'État, intendant général des fortifications de France. Le représentant de ce service à Bayonne prit le titre de directeur des fortifications de Guyenne et des Pyrénées ; le premier titulaire fut de Lacour, brigadier d'infanterie, qui séjourna en ville de 1702 à 1714 ; il eut pour successeur le chevalier Duvergier. *Organisation du service des fortifications.*

Les ingénieurs en chef ou ingénieurs principaux, a'yant sous leurs ordres des ingénieurs ordinaires, recevaient les instructions des directeurs et faisaient exécuter les travaux ; ils prirent parfois le titre d'inspecteurs des fortifications. Les directeurs dépendaient de l'intendant de la province et lui adressaient leur correspondance avec le ministre. Le premier ingénieur en chef fut de Ferry ; il eut pour successeur de Lavoye, père, mort à Bayonne en 1709, et Curé du Moutier, père, dont la fonction se continuait en 1715. Ces deux derniers appelèrent leurs fils auprès d'eux, en qualité d'ingénieurs.

Plusieurs de ces ingénieurs, quoique classés à Bayonne, durent aller servir dans les armées d'Espagne. Ils débutaient avec les gages assez modestes de 600 livres par an, et une indemnité de logement de 150 livres servie par la ville, à défaut du logement en nature. En nommant ingénieur à Bayonne le sieur de Lavoye fils, le ministre Le Pelletier lui recommande de s'appliquer à bien dessiner, ajoutant que le dessin est la partie faible des jeunes ingénieurs. Dans la période d'années comprise entre 1683 et 1715, on relève les noms de onze ingénieurs ordinaires : Tauziet, de Lavoye fils, de Pivert, de Germond, de l'Hermite, de Lézan, du Moutier fils, Desfourneau, Boucherat, Marin, Desfuiseaux, Durand de Laroque.

L'exécution des projets établis par Vauban fit reléguer au second plan l'amélioration des parties défectueuses de l'enceinte proprement dite. Dans le voisinage du Château-Vieux, après l'achèvement du fer à cheval, les ingénieurs s'occupèrent de réparer la brèche qui existait entre ce château et le bastion du Nard (1712) ; ils procédèrent de même sur tout le périmètre de l'enceinte et parachevèrent l'œuvre de leur maître.

Officiers et fonctionnaires militaires.

Les troupes de la garnison de Bayonne étaient placées sous l'autorité du commandant en chef de la province ; cette charge fut occupée par le marquis de Boufflers, gendre de Gramont, du 29 mars au 30 août 1686 ; elle passa ensuite au maréchal de Saint-Ruhe. Le Conseil n'omit pas d'envoyer ses compliments à Boufflers par deux députés. Le premier soin de Saint-Ruhe fut de visiter les troupes de son commandement ; il arriva en poste à Bayonne et fut reçu à l'entrée de la ville par les membres du Conseil, qui, revêtus de leurs robes rouges s'étaient portés au-devant de lui pour le saluer. Durant son séjour, le Corps de ville ayant reçu la nouvelle de la naissance du duc de Berry, troisième fils du dauphin, dressa un feu de joie que le maréchal fut prié d'allumer.

La police des troupes composant la garnison des châteaux, et même accidentellement de la ville, et l'inspection des corps de garde bourgeois étaient exercées par un major, ayant un aide-major sous ses ordres. La nomination à ces fonctions était réservée au roi ; celle de major fut remplie par La Villette puis par Dauville (1713), et celle d'aide-major occupée successivement par Roquebert jusqu'en 1707, Hardicourt de 1707 à 1713, et de Larrerie à qui le roi accorda le brevet pour tout le temps qu'il serait capitaine aux portes.

L'intendant de la province avait, dans ses attributions, les questions intéressant l'installation des troupes stationnées ou de passage, lorsque le concours des villes était requis ; il correspondait avec le commandant des troupes et le commissaire des guerres, chargé du détail de l'administration des corps de troupe. Les intendants de la province, en raison de leurs rapports fréquents avec les échevins, étaient reçus par eux avec beaucoup d'égards, lorsqu'ils venaient à Bayonne et disposaient d'un logement réservé dans la maison Saint-Mesmin. MM. de Famon (1681), de Boufflers (1682 à 1685), de Ris (1686), de Bezons (1686 à 1693), de Labourdonnaye (1710), et Lamoignon de Courson, occupèrent successivement cette importante charge.

Celle de commissaire des guerres, appelée aussi commissaire des troupes, fut dévolue à Dubarbier, qui l'occupait en 1712. Il obtint de la ville un logement de 600 livres par an, et prétendit prendre le pas, dans les cérémonies publiques, sur le maire et son Conseil. Ce litige resta longtemps en suspens devant le Conseil d'Etat.

Composition de la garnison.

La composition de la garnison fut très variable. En 1688, on cite à Bayonne le bataillon de Picardie, commandé successivement par MM. de Dagan et d'Agoult ; en 1692, un régiment de dragons que le Conseil fait prendre à Dax par huit gaba-

res et quarante-huit bateliers ; en 1693, le régiment de Cot-
tentin (infanterie) ; en 1698, divers détachements des régiments de Bretagne, de Médoc, de l'Ile de France et d'artillerie ; en 1703, cinq compagnies de cavalerie, une d'infanterie ;
en 1704, une compagnie de cavalerie, une d'infanterie ; en
1714, le régiment de la reine (infanterie).

L'obligation de loger les officiers constituait une lourde
charge pour les villes ; celle de Bayonne dut fournir, en
1714, vingt logements à dix-neuf capitaines et à un aumônier du régiment de la reine, et huit logements à l'état-major
de ce même régiment ; elle aurait été plus grevée si treize
capitaines n'étaient partis en congé de semestre. Parfois, ces
officiers montrent des préférences que le Conseil s'applique
à satisfaire : M. de Saint-Ruhe, maréchal de camp, venant
commander à Bayonne en 1688, ne veut occuper que la maison de Mlle Dolins, et le Conseil s'empresse de la meubler.

Grâce à ces attentions, la bienveillance des officiers était
acquise à la ville, lorsque les échevins présentaient des réclamations contre les troupes. Ils se prêtèrent à empêcher leurs
soldats de prélever une bûche sur chaque bateau de bois
arrivant aux quais, abus que n'avait autorisé aucune ordonnance (1682) ; ils firent supprimer par le lieutenant de roi,
des « gargottes » tenues en ville par des soldats de la garnison, au détriment des taverniers, assujettis depuis peu de
jours au paiement d'une patente (1698) ; un abattoir de bœufs,
toléré par M. de Saint-Germain, commandant du Château-
Neuf, à l'intérieur de ce fort, fut également interdit, sur la
plainte du fermier de l'abattoir et sous menace d'indemnité
(1699).

Le gouverneur Gramont prêtait son appui aux échevins,
quand leurs revendications étaient légitimes. Il ne craignit
pas de se mettre en opposition avec le maréchal de Montrevel, gouverneur de la province, lorsque ce dernier adressa
des remontrances au Conseil, pour avoir décerné un décret
de prise de corps contre deux officiers du régiment de la
reine qui avaient maltraité deux capitaines de navire,
habitant la ville. Dans sa réponse à Montrevel, le Conseil
revendiqua le droit de « connaître » des différends qui pouvaient s'élever entre les officiers et les habitants (1715). Voulant faire exonérer la ville de la charge de loger les officiers,
Gramont tenta une démarche auprès de M. de Voisins, ministre d'Etat ; les échevins écrivirent, de leur côté, à l'intendant,
lui demandant de donner des ordres « précis et absolus »
afin que les officiers du régiment de la reine ne soient logés
chez les habitants qu'en leur payant un loyer convenu, conformément aux intentions du roi ; ils terminèrent leur lettre
en faisant connaître que ces officiers devenaient fâcheux et

difficiles. Le logement n'était dû par l'habitant qu'aux officiers des troupes de passage ; ceux du régiment de la reine auraient dû occuper les chambres qui leur étaient réservées dans la citadelle et les châteaux, mais ils les trouvaient assez peu confortables. M. de Voisins répondit que le roi ne voulait pas forcer les officiers à loger dans la citadelle et qu'il les autorisait à résider en ville, à condition de payer leur logement. Toutefois, si le loyer des capitaines devait dépasser six livres par mois, il absorberait une bonne partie de leurs appointements ; aussi le roi ne s'opposait pas à ce que la ville payât l'excédent des loyers sur ses revenus et le produit des octrois (1715).

Cependant, peu de mois après, le roi dispensa, par une mesure générale et bienveillante, les villes de la généralité de fournir le logement aux commissaires des guerres, de marine et d'artillerie, aux ingénieurs et autres officiers de même qualité. Les villes avaient bien droit à la bienveillance de Louis XIV, à cause de l'appui financier qu'elles lui avaient prêté, durant le terrible hiver de 1709 et la misère qui suivit la défaite de Villars à Malplaquet.

La solde des troupes avancée par les bourgeois. Le 17 mai 1709, le trésorier des troupes se trouva démuni de fonds, parce que le trésorier général n'avait pu en réunir. M. de la Gibaudière vint, en séance du Conseil, rendre compte de cette situation ; il exposa que les troupes n'ayant pas à manger, pourraient se mutiner et causer du désordre, et pria le Conseil de faire prêter au trésorier des troupes la somme de 3.000 livres pour payer le prêt des soldats de la ville, de la citadelle, du réduit et des châteaux. Il réclama même 1.000 livres avant midi. Les bourgeois se cotisèrent sur l'heure ; chacun prêta selon ses moyens, d'après un rôle établi par le Conseil. Sensibles au malheur public, ils avancèrent au trésor non seulement les 3.000 livres demandées pour la garnison de Bayonne, mais 10.000 livres nécessaires aux garnisons françaises de Pampelune et du Guipuzcoa, qui se trouvaient aussi en détresse. De nouveaux prêts succédèrent au premier, afin d'assurer le pain aux troupes ; le 6 octobre 1709, les bourgeois se trouvaient avoir avancé 36.000 livres. Enfin, après avoir fait une dernière avance, le 10 janvier 1710, ils apprirent avec satisfaction que l'intendant de Courson avait reçu des fonds pour payer aux soldats un mois de solde.

Durant cette période difficile, les bourgeois avaient été encouragés en apprenant que le roi avait exprimé sa satisfaction de leur conduite et avait promis de rembourser les fonds prêtés ; ils espéraient aussi que le roi, touché par leur conduite patriotique, voudrait bien soulager la ville en l'exonérant des logements militaires ; cet espoir n'avait pas tardé à se réaliser.

La paix de Nimègue, qui assura à la France un repos de plusieurs années, donna loisir à la ville de fêter la naissance des fils du dauphin et de bien accueillir les autorités qui la venaient visiter. Le marquis d'Ambres, lieutenant-général pour le roi en Guyenne, ordonna trois jours de réjouissance à l'occasion de la naissance du duc de Bourgogne, fils aîné du dauphin (28 août 1682). Tous les plaisirs furent épuisés : feux de joie, chant du *Te Deum*, détonations d'artillerie et de mousqueterie, danses publiques, bals, comédies, fontaine de vin au milieu de la place publique, festins dans chaque compagnie de métiers ; la plus belle attraction fut le tir d'un feu d'artifice, sur un bateau, au milieu de la Nive, en présence du duc de Gramont et d'une nombreuse noblesse ; ces invités assistèrent à la fête sur un bateau en forme de tonnelle, et furent par une délicate attention du Conseil, régalés d'une collation ; la population, massée sur les deux rives, manifesta sa joie par des cris d'allégresse. Enfin, les magistrats clôturèrent la fête par un bal donné dans la grande salle du palais épiscopal. La naissance du duc d'Anjou, second fils du dauphin, fut plus modestement fêtée ; elle donna lieu à un simple feu de joie, le dimanche 31 janvier 1684, « après vêpres ».

Réjouissances à l'occasion de la naissance du duc de Bourgogne.

Le sieur de Montaigu, lieutenant pour le roi au gouvernement de Guyenne, vint faire son entrée à Bayonne (10 juin 1679) ; après avoir été salué à la porte Saint-Esprit par le Corps de ville en robes rouges, il s'avança jusqu'au Château-Vieux à travers une double haie de garde bourgeoise postée le long du parcours ; puis, il se rendit chez le premier échevin où un repas lui fut offert. Trois mois après, M. de Famon, intendant de la province, arriva en ville et alla loger chez Deshoulières ; il accepta un dîner chez le premier échevin, auquel assistèrent en outre l'évêque Jean d'Olce, l'abbé de Lalanne, le sieur d'Urpère, lieutenant des gardes du corps du roi, Deshoulières et plusieurs échevins. Le marquis de Boufflers, ayant succédé à Famon, dans la charge d'intendant, fit son entrée à Bayonne le 16 janvier 1682 ; après avoir rempli pendant quatre ans cette haute fonction, il fut nommé commandant en chef de la province, et reçut, en 1692, le grade de colonel des gardes françaises. A chacune de ces promotions, le Conseil, reconnaissant des améliorations qu'il avait fait apporter à la ville, lui adressait ses compliments. Boufflers n'omit pas, de son côté, d'annoncer aux échevins la mort de son fils (1711), et lorsque lui-même vint à décéder quelques mois après, le duc de Guiche, son parent, en donna la nouvelle au Conseil, par une lettre datée du camp devant

Paillencourt ; les échevins adressèrent aussitôt leurs condoléances à la veuve du défunt, fille du duc de Gramont.

D'ailleurs, la vie des membres de la famille du gouverneur était tellement liée à l'administration de la ville, que les échevins ne laissaient pas un événement se produire dans cette famille, sans y prendre part. Ils firent célébrer un service funèbre à la cathédrale, à l'occasion du décès de la duchesse de Gramont (3 juin 1689) ; et lorsque, peu de jours après, sa belle-fille vint à Bayonne, elle y reçut un accueil princier ; son entrée eut lieu au bruit du canon, et les rues qu'elle parcourut étaient ornées de tapisseries.

Bayonne vient au secours du roi pour un don pécuniaire. La guerre de neuf ans, qui fut la conséquence de la ligue d'Augsbourg, entraîna Louis XIV à faire de grands frais dépassant ses ressources. Les villes de France vinrent à son secours par des dons pécuniaires. Le premier échevin de Bayonne exposa au Conseil que toutes les villes de France faisaient au roi des dons considérables pour l'aider à soutenir la guerre contre toute l'Europe ; Bayonne qui s'était toujours distingué par son affection et sa fidélité, ne devait pas rester en arrière. On décida de provoquer une grande réunion des officiers du sénéchal et de tous les bourgeois ayant rempli des charges afin de prendre une détermination. Pour qui connaissait le patriotisme des Bayonnais, la décision ne pouvait être douteuse ; l'assemblée résolut d'offrir au roi 60.000 livres et de lui marquer son regret de ne pouvoir faire un plus grand effort (18 avril 1689). La somme fut constituée avec 20.000 livres prises sur les nouvelles impositions destinées à désintéresser les créanciers de la ville et 40.000 livres avancées par les bourgeois selon leurs facultés. Le roi accepta l'offre de la ville (4 juin) à condition que les fonds avancés fussent remboursés avec le produit des impôts établis sur les viandes, le vin et l'huile.

Quelques événements relatifs à la guerre de neuf ans furent célébrés à Bayonne par des feux de joie : la prise de Montmélian en Savoie par Catinat (janv. 1692) ; celles de Namur (juillet 1692), de Charleroi (avril 1693) et d'Arth en Flandre (1697). La paix avec la Savoie (septembre 1696) et avec l'Empire (février 1698) furent publiées en ville ; elles furent suivies du traité de Ryswick qui reconnut Guillaume III comme roi d'Angleterre et permit à Louis XIV de ménager ses forces pour revendiquer la succession d'Espagne.

Le marquis de Sourdis, nommé d'abord lieutenant-général des armées en Guyenne (1690), et ensuite gouverneur de la province (1699), reçut les compliments de la ville à chaque promotion. Il conserva cette dernière charge, jusqu'en juin 1704, et céda alors sa place au maréchal de Montrevel.

Fêtes
en l'honneur de
Philippe V
se rendant en
Espagne.

Le roi d'Espagne Charles II avait désigné, pour son successeur, Philippe, duc d'Anjou, petit-fils de Louis XIV et second fils du dauphin. Le roi d'Espagne étant venu à mourir, Louis XIV en accepta la succession pour son petit-fils et lui adressa, au moment de son départ, ces paroles célèbres : « Allez, mon fils, il n'y a plus de Pyrénées ». A la nouvelle du prochain passage à Bayonne du roi d'Espagne, se rendant dans ses états, accompagné de ses deux frères, les ducs de Bourgogne et de Berry, et d'une suite nombreuse, l'assemblée des bourgeois donne au corps de ville pleins pouvoirs pour faire une belle réception et engager les dépenses nécessaires (29 novembre 1700).

Les magistrats du Conseil pensent d'abord à renouveler leur costume et la livrée des troupes du guet. Ils décident de revêtir des vêtements noirs, à l'exemple des jurats des autres villes importantes, et s'allouent 120 livres chacun pour l'achat du nouveau costume. Le capitaine du guet, qui va être appelé à parader devant le roi, ajoute à son uniforme un chapeau de castor avec plumet et des bas de soie couleur ponceau ; les soldats du guet, les sergents du maire et le trompette renouvellent leurs chapeaux enrubannés et leurs chaussures. Les sergents des quatre quartiers reçoivent trente livres pour se procurer un justaucorps de modèle uniforme. Voyant que M. de la Gibaudière, lieutenant de roi, allait être entraîné à faire des dépenses extraordinaires, le Conseil profita de l'occasion qui se présentait de lui marquer de la reconnaissance pour ses bons offices, en lui faisant un beau cadeau de 1.300 livres.

L'intendant de la Bourdonnais donna ordre à la ville, le 10 janvier 1701, d'aller prendre le roi Philippe V à Dax et de l'emmener par eau à Bayonne dans la galère du duc de Gramont. M. de Pontac, capitaine de vaisseau du roi, après avoir simplement demandé passage sur ce bateau pour aider à la conduite et au pilotage, émit la prétention, inacceptable pour les échevins, de donner la main au roi quand il monterait dans la galère, privilège réservé au commandant. M. d'Argoub, subdélégué de l'intendant, sollicité d'intervenir pour faire exécuter les ordres de son chef, eut bientôt mis Pontac à la raison.

Cependant, l'échevin de Bruix et le jurat de Morassin, après avoir conduit à Dax la galère du duc et plusieurs autres bateaux destinés au transport de Sa Majesté catholique, des seigneurs de sa suite, d'officiers de bouche et de gobelet et d'une partie de ses gardes du corps, ne purent jouir de la faveur qu'ils avaient disputée. L'intendant de la Bourdonnais se chargea de prendre soin de la conduite du roi, et les magistrats, après avoir été introduits près du monarque par M. de Sourdis, lieutenant général des armées en Guyenne, durent repartir pour Bayonne afin d'annoncer l'arrivée de Philippe V pour le lendemain, 13 janvier. Sitôt rendus, ils avisent la Gibaudière ; et le lendemain, dès sept heures du matin, au bruit de la générale, la garnison et les bourgeois se mettent sous les armes et se rangent depuis le pont Saint-Esprit jusqu'à l'évêché où le roi doit descendre. Le Corps de ville en robe et livrée, M. Desgranges, maître de cérémonies, MM. de Sourdis, de la Gibaudière et autres personnes de marque se groupent sur un grand plancher en pente que l'on avait disposé entre le quai de débarquement et l'entrée du pont Saint-Esprit. Pour abriter le roi, le Conseil avait fait apporter un dais de damas rouge parsemé de fleurs d'or, présentant sur ses quatre faces les armes de France et d'Espagne écartelées, en broderie d'or ; le ciel du dais était orné d'un grand soleil d'or, entouré de rayons et accompagné de l'emblème : *Nec pluribus impar.*

Lorsque la galère, signalée par les bateaux, parut en vue du pont, elle fut saluée par une décharge générale de l'artillerie de la ville, de la citadelle, des châteaux et du réduit. Le roi débarque et s'arrête après avoir parcouru six ou sept pas, afin d'écouter la harangue que lui adresse, au nom du corps, M. Duvergier, avocat et clerc assesseur de la ville. Dans un discours très bien tourné, l'orateur salue le passage du roi d'Espagne, fait allusion aux gloires de son aïeul Henri IV et de son grand-père Louis le Grand, et termine en exprimant le souhait que la France et l'Espagne restent unies dans leurs intérêts comme elles le sont par le sang de leurs rois.

Sa Majesté remercie : puis, refusant le dais qui est livré, selon l'usage, à ses pages, elle monte avec les deux princes ses frères, dans le carosse de M. de Sourdis, et se rend à l'évêché à travers la haie des soldats.

Après que le roi eut consacré ses premiers moments à recevoir les hommages des gentilshommes et des ecclésiastiques venus d'Espagne, le maître des cérémonies fait appeler le Conseil ; celui-ci s'avance dans la chambre du roi et lui offre, après les compliments d'usage, douze corbeilles remplies de bouteilles de vin blanc et rouge de Cap-Breton et de vin rancio exquis, de jambons de Lahontan et de cuisses d'oie contenues dans de petits barils ; le roi remercia le corps de ces présents en termes affectueux.

Les magistrats furent ensuite introduits auprès des deux princes logés au Château-Vieux : le duc de Bourgogne occupait l'appartement du duc de Gramont, qui avait vue sur la ville, et le duc de Berry celui de Mme de Gramont, placé dans ıe corps de logis faisant face à la citadelle (1). Après une harangue de Duvergier, le corps remit à chaque prince douze corbeilles remplies de cadeaux semblables à ceux qui venaient d'être offert au roi. Les magistrats allèrent ensuite rendre visite aux ducs de Beauvillers et de Noailles, à M. de Sourdis et aux autres principaux gentilshommes, auxquels ils firent aussi des cadeaux.

Le soir de ce jour, au signal donné par une canonnade générale, un feu de joie fut allumé et toutes les fenêtres des maisons s'illuminèrent ; la nuit se passa en réjouissances et danses publiques.

Les journées suivantes furent consacrées par le roi à ses nouveaux sujets, venus pour l'entretenir des affaires de l'Espagne. Le 17 janvier, il assista à une course de taureaux donnée sur la place Gramont. Ce terrain avait la forme d'un vaste rectangle, dont deux faces opposées, constituées par la rangée des maisons longeant la place et par le quai de la Nive, avaient été garnies d'estrades pouvant contenir 4 à 5.000 personnes. La maison de la Douane, située à la place de l'hôtel de ville actuel, formait un troisième côté, tandis que le quatrième était occupé par une série de quatorze loges où se trouvaient renfermés les taureaux destinés à la course ; au-dessus de celles-ci régnait une grande loge où se placèrent les magistrats du Conseil et les bourgeois notables. Le bel appartement que M. de Ferry, ingénieur général, occupait dans la maison de la douane, fut orné de beaux meubles et de tapisseries, et sa façade décorée par des draperies de damas rouge, à fleurs et franges d'or ; une grande galerie, disposée le long de cette façade fut réservée aux gentilshommes, tandis qu'une loge centrale abritait les grands d'Espagne. Le roi et les princes furent conduits, au bruit des tambours et des trompettes, dans l'appartement de M. de Ferry, et se mirent au balcon pour assister à la course dont ils se montrèrent très satisfaits.

Philippe V consacra la journée du lendemain, 18 janvier, à visiter la citadelle, puis il partit, le 19, salué par le Corps de ville à la porte d'Espagne (Saint-Léon). Ses deux frères le quittèrent à la frontière pour regagner Paris ; ils vinrent coucher à Bayonne le 23 janvier au soir et repartirent le 24 à la pointe du jour.

L'accession du petit-fils de Louis XIV au trône d'Espagne porta ombrage aux ennemis de la France et une grande ligne se forma pour détrôner Philippe V. Elle comprenait la Hol-

(1) Ces appartements ont été récemment affectés au directeur et au chef du Génie.

lande, l'Empire d'Autriche, la Prusse, le Portugal, la Suède et la Savoie ; à ces puissances vint se joindre l'Angleterre, lorsque Louis XIV eut reconnu comme roi de ce pays le fils de Jacques, compétiteur de Guillaume III. La Bavière prêta seule son appui à la France et à l'Espagne.

Vendôme porta la guerre en Italie et Villars en Allemagne. Les événements heureux de cette campagne fournirent aux Bayonnais l'occasion de manifester leurs sentiments d'allégresse. Des feux de joie et des *Te Deum* marquèrent la prise de Suzac en Italie (25 septembre 1702), la victoire de Friedlinghen, gagnée par Villars sur les impériaux et annoncée par une lettre du roi (29 octobre 1702), la prise de Brisac, Spire et Landau (1703), celle d'Augsbourg, enlevée aux impériaux par le duc de Bavière (1704). La ville célébra encore la prise de Suze en Italie, celles de la Verrue et de Nice perdues par le duc de Savoie, et une victoire en Lombardie, mais les armées françaises n'en furent pas moins obligées d'abandonner l'Allemagne, le Piémont et les Flandres, à la suite de combats malheureux.

La fille de Guillaume III, montée sur le trône d'Angleterre à la mort de son père, avait hérité de sa haine contre la France et ses alliés. Elle envoya une flotte s'emparer de Gibraltar, avec l'aide du Portugal (1704) ; l'année suivante, les Autrichiens, débarrassés des Français, envahirent l'Espagne.

Le duc Berwick passe à Bayonne.

Louis XIV envoya, au secours de son petit-fils, une armée placée sous les ordres du duc de Berwick. Ce général passa à Bayonne le 5 février 1704 ; il alla coucher chez la Gibaudière et reçut les compliments du Conseil.

Les négociations avec l'Espagne au sujet des troupes de secours furent confiées successivement au duc de Gramont, à l'abbé d'Estrées, à M. Amelot, qui passèrent à Bayonne où ils furent l'objet de nombreuses civilités.

La ville encombrée de troupes allant en Espagne.

Pendant la durée de la campagne d'Espagne qui ne prit fin qu'en 1707 par la victoire d'Almanza, gagnée par le duc de Berwick, la ville de Bayonne fut encombrée par de nombreuses troupes de passage. Dix régiments d'infanterie, onze régiments de cavalerie, un régiment de gardes flamandes, deux compagnies de canonniers, passèrent peu de jours après Berwick (22 février 1704) (1). Le Conseil, prévoyant

(1) 19 janvier : régiment de Berwick. — 20 janvier : bataillon de Warwick infanterie de Barrois, — 22 février : régiments d'infanterie : Maine, Barrois, l'Ile de France, Irlandais, Miromesnil, Bresse, Bigorre, Médoc, Orléans, Silleray ; gardes flamandes de la couronne ; régiments de cavalerie : Berry, Parabère, Pelleport, Meuzé, Vignaux, Vienne, Villers-Duret ; régiments de dragons Bouvelle, Montmain, Mahony, Irlandais ; compagnies de canonniers de Feraud et de Cassay.

que les habitants ne pourraient loger des corps aussi nombreux, s'entendit avec le sieur Brunet, commis au logement des troupes de passage ; des dispositions furent prises pour faire coucher les soldats dans les casernes et les châteaux, en laissant à la ville la charge de leur fournir les lits et ustensiles ; les officiers allèrent loger chez des bourgeois.

D'autres passages importants se produisirent en juillet 1706. Huit régiments de cavalerie et douze de cavalerie, conduits par le grand prévôt de l'armée des deux couronnes, s'arrêtèrent à Bayonne et se rendirent en Espagne, en prenant le chemin de Pampelune, par Ainhoa (1). Les casernes étant insuffisantes et la saison propice au campement des troupes, la ville fournit 6.000 perches pour dresser des tentes et 4.000 piquets pour chevaux ; elle avait préparé et organisé en écurie des chais de la rue Vieille-Boucherie, afin d'y placer les chevaux des officiers.

De nombreux détachements de recrues, se rendant à l'armée d'Espagne se concentrèrent à Bayonne ; enfin le dernier passage important se produisit avant la bataille d'Almanza. Les prisonniers de guerre furent conduits en ville et logés, avec les recrues, dans les casernes du Réduit et du Château-Neuf ; ils y causèrent des dégradations si importantes que Le Pelletier, ministre d'État, imposa à la ville la moitié des frais occasionnés par leur réparation, à cause de l'obligation qui lui incombait de loger les troupes de passage.

Prisonniers d'Almanza logés dans les casernes.

Le Conseil dut fournir du pain à ces malheureux ; il eut soin des malades qui erraient dans les rues de la ville, en les empêchant de communiquer aux habitants quelque contagion.

Les soldats napolitains, que le roi d'Espagne avait pris à son service, cherchèrent à rentrer en Italie, en gagnant la frontière de France ; le maréchal de Montrevel, gouverneur de Guyenne, mit bon ordre à cet exode en commandant aux échevins d'arrêter tout déserteur napolitain.

Si le succès des armes avait été favorable à Berwich, dans la bataille d'Almanza, il se tourna contre la France sur d'autres champs de bataille. Le marquis de Boufflers, qui s'était enfermé dans Lille, se vit obligé de rendre cette place (1707) ; Vendôme fut défait à Oudenarde par Eugène et Malbouroug (1708) et Villars battu à Malplaquet (1709). Le terrible hiver de cette année vint porter à son comble la misère de la France. Cependant Louis XIV se raidit

(1) Du 5 au 23 juillet : régiments d'infanterie : Charolais, Sillery, Barrois, Orléans, Maine, Ile de France, Guyenne, Gerninion ; régiments de cavalerie Bouvelle, Parabère, Villiers, Berry, Gerninion Valgrand de la Couronne ; régiments de dragons : Courtebonne, irlandais de Crafton, Douville.

contre la mauvaise fortune et refusant la paix dont la condition était de détrôner son petit-fils Philippe V, il se décida à continuer la guerre.

Le maréchal de Montrevel communiqua au Conseil, une lettre du roi annonçant qu'il a été dans la nécessité de rompre les négociations de la paix, à cause de l'orgueil et des exigences des puissances alliées, et malgré la douleur que lui cause la vue des souffrances imposées à son peuple par une longue guerre (5 juillet 1709).

Les mouvements des troupes continuèrent, mais les fonds nécessaires au service des étapes ne pouvaient plus être fournis par le trésor du roi.

Le sieur Croizat, étapier général de Guyenne, chargé d'assurer le logement des troupes marchant par étapes, avait un représentant à Bayonne, le sieur Jacques Feuga (1). Ce dernier annonça au Conseil le passage d'un corps comprenant 25 bataillons et 12 escadrons, rentrant d'Espagne (25 oct. 1709) ; mais ne possédant pas de fonds pour payer les denrées nécessaires à la subsistance de ces troupes, il pria la ville d'en avancer le paiement. Le Conseil qui avait déjà engagé les bourgeois à prêter une forte somme pour le prêt des garnisons de Bayonne, de Pampelune et de Guipuzcoa, consentit encore à cette avance. Toutefois, les habitants, dont les ressources étaient presque nulles, à cause du dépérissement du commerce, de la cherté du pain, du vin et des autres denrées, ne purent fournir de nouveaux fonds, et la ville dut aliéner le chai touchant le couvent des Carmes, afin de se procurer 5.600 livres (3 février 1710).

Vendôme se rendit en Espagne, afin de relever le prestige de nos armes ; il reçut, à son passage à Bayonne, les honneurs réservés aux princes du sang (29 avril 1710) ; après avoir subi un échec, il fut assez heureux pour battre complètement les impériaux à Villaviciosa (janvier 1711). Durant les deux mois qui précédèrent ce haut fait d'armes, Bayonne fut traversé par de nombreuses troupes ; le marquis du Rosel, lieutenant général des armées, qui commandait une partie de ces troupes, traita avec le Conseil de la fourniture des ustensiles qui leur étaient nécessaires et se montra fort exigeant (oct. 1710). Les officiers et soldats anglais faits prisonniers à Villaviciosa, furent internés à Bayonne jusqu'à la conclusion de la paix. Les officiers allèrent loger chez les habitants, et les soldats occupèrent les casernes que les échevins firent garnir de lits (oct. 1712).

---

(1) Feuga était commis aux revues et logement de troupes marchant par étapes, et avait reçu une commission de commissaire particulier alternatif et triennal.

Philippe II d'Orléans, futur régent du royaume, se rendit en Espagne en 1707, envoyé par Louis XIV. Il arriva à Bayonne le 8 avril, en chaise de poste. Le duc de Gramont qui l'attendait au bout du pont Saint-Esprit, l'arrêta et porta la parole ; le maire de la ville et le Conseil en robe lui firent la révérence. Il se dirigea ensuite vers l'évêché, marchant entre le duc et le maire, et suivi des magistrats du Corps de ville. Ces derniers, ayant été retirer leurs robes, se présentèrent de nouveau au duc d'Orléans, qui voulut bien promettre ses services à la ville.

Visite du duc d'Orléans, futur régent.

Il soumit les royaumes de Valence et d'Aragon, et après avoir pris Lérida d'assaut, il regagna la France à l'entrée de l'hiver, passant à Bayonne le 24 décembre. L'année suivante, il revint en ville le 29 février et y fut reçu avec le même cérémonial ; il pénétra en Espagne, fit les heureuses expéditions de Dénia et d'Alicante, et prit Tortose. Ce dernier succès fournit l'occasion aux Bayonnais d'allumer un feu de joie.

La naissance du prince des Asturies (sept. 1707) et celle du duc d'Anjou (mars 1710) donnèrent lieu à une semblable manifestation. La guerre des Flandres approchait de sa fin, lorsque le dauphin vint à mourir, suivi de près par la dauphine ; les échevins leur rendirent les honneurs funèbres, et voulurent donner à la cérémonie une importance telle que l'intendant fut obligé de leur rappeler qu'ils devaient ménager les fonds de la ville.

La prise de Marchiennes et de Denain, par Villars, célébrées par le chant du *Te Deum* (26 août 1712), amena une suspension d'armes avec l'Angleterre. Cette trêve fut publiée à Bayonne, par ordre du maréchal de Montrevel, le 12 septembre 1712. La publication fut faite par les membres du Corps de ville, à cheval, vêtus de leur robe rouge et précédés par les capitaines et soldats du guet, les sergents et greffiers de la mairie. Les rues furent illuminées en signe de joie, et le peuple ne pouvant retenir ses élans d'allégresse, cria : « Vive le roi ! » Peu de jours après, l'ordre fut donné de libérer les soldats anglais retenus prisonniers à Bayonne.

La prise de Douai par Villars fut suivie de la paix avec l'Angleterre, la Prusse, la Savoie et la Hollande. Cette paix ayant été publiée à Bayonne le 19 juin, et célébrée par un feu de joie et le *Te Deum*, comme le Conseil voulait offrir à cette occasion un repas aux diverses autorités de la ville et que ce jour-là, étant un vendredi, ne permettait pas une assez grande variété dans le choix des mets, le festin fut remis au 26 juin ; il fut donné à l'hôtel de ville. Les principaux convives étaient : de la Gibaudière, lieutenant de roi, et les officiers de l'état-major, les grands vicaires de Lansac

Fêtes à l'occasion de la paix.

et de Lissalde, le chanoine Sorhainde, doyen du chapitre, le marquis de Fonsagrada, écuyer de la reine douairière d'Espagne, de Folins, commandant du Château-Vieux, de Framboisière, commandant du Château-Neuf et son major, de Marigné, commandant de la citadelle et son major, le marquis de Poyanne, colonel du régiment de son nom, en garnison à Bayonne, de Moisset, capitaine de vaisseau commandant la marine, de Lacour, brigadier ingénieur général, du Montier, ingénieur à Bayonne, et des notables bourgeois.

A cinq heures du soir, on fit couler une fontaine de vin sur la place publique. Après le repas, les convives descendirent sur la place et allèrent danser la pamperruque dans les rues de la ville ; M. de la Gibaudière, donnant la main au maire, menait la danse à laquelle le peuple vint se joindre, à la clarté des illuminations.

La guerre entre le roi et l'empereur se poursuivit encore durant une année ; le maréchal de Bezons s'empara de Landau, et le maréchal de Villars prit Fribourg. Après ces faits d'armes, la paix fut conclue entre les deux monarques et annoncée au Conseil de ville par une lettre royale du 24 avril 1714 ; sa publication solennelle, qui suivit l'échange des ratifications, eut lieu le 7 décembre 1714.

La préparation des divers traités de paix amena à Bayonne des personnages importants : le duc de Noailles (1711) et le cardinal del Giudice, grand inquisiteur d'Espagne (1714), logèrent chez de la Gibaudière ; l'abbé de Mornay, ambassadeur près la cour de Portugal (1714), descendit dans la maison de Montaut ; on aménagea l'hôtel de M. de Hureaux pour recevoir les plénipotentiaires d'Espagne, qui s'acheminaient vers l'Allemagne pour y discuter les préliminaires du traité d'Utrecht (15 janvier 1712).

La reine régnante d'Espagne se rendit aux eaux de Barèges, à plusieurs reprises, et fut l'objet des attentions du Conseil qui prit soin d'expédier à Fontarabie du blé pour assurer la nourriture de sa suite pendant la disette (déc. 1710) et qui envoya des députés la saluer au moment de son passage à Saint-Jean-Pied-de-Port (12 nov. 1714).

Le duc de Guiche, fils aîné de Gramont, prit part à la célèbre campagne de Villars ; il avait été nommé, en 1712, à la survivance des gouvernements de son père. Il obtint pour son fils le comte de Louvigny, les titres de duc et pair (mai 1713), et fut désigné par Louis XIV, dans son testament, pour faire partie du Conseil de régence, pendant la minorité de son arrière-petit-fils.

Difficultés opposées au recrutement des soldats et des matelots. Afin de soutenir les guerres de la succession d'Espagne, Louis XIV imposa aux communautés des arts et métiers l'obligation de fournir des recrues à ses armées. Le contingent de la ville de Bayonne, ayant été fixé, par ordonnance du 10 décembre 1701, à 56 soldats, le Conseil ne prit aucune mesure pour le rassembler. M. de Sourdis, gouverneur de Guyenne, s'étonna du silence des magistrats, et les invita à presser cette levée. Ceux-ci cherchent d'abord à gagner du temps et prient Sourdis d'attendre la réponse du roi à un placet tendant à se faire dispenser de la levée. Ils prétendent que la ville en est exemptée par ses privilèges, en raison du service du guet et de la garde qui sont laissés à sa charge; d'ailleurs, la population mâle de la ville s'est affaiblie en fournissant des matelots ; pour cette raison, Saint-Jean de-Luz et Ciboure ont été dispensés ; une semblable faveur serait bien due à Bayonne.

Néanmoins, après une seconde lettre de Sourdis, le Conseil convoqua les compagnies des arts et métiers et les invita à lever les soldats ou à fournir l'équivalent de 100 livres par soldat. Ayant égard aux réclamations de la ville, l'intendant consentit à réduire à 46 le nombre des recrues et chargea M. d'Argoub, son subdélégué à Bayonne, de s'entendre avec les échevins afin de les répartir sur les diverses compagnies des arts et métiers, en proportion du nombre de leurs adhérents. Les tilholliers et les charpentiers de navires firent des difficultés : les premiers, taxés à un soldat désigné pour le régiment de l'Ile de France, répondirent qu'ils préféraient donner un matelot ; le Conseil se vit obligé de les sommer de fournir la recrue dans la huitaine et de la faire agréer par le subdélégué, ou bien de verser la somme de 100 livres. La compagnie des marchands en gros, taxée à 18 soldats, préféra se libérer par une somme d'argent ; un rôle de la capitation prélevée sur chaque marchand fut établi pour cet objet par les soins du Conseil qui en assura le recouvrement (mars 1702).

Le maréchal de Montrevel, gouverneur de Guyenne, eut aussi peu de succès que son prédécesseur, lorsqu'il demanda quelques dragons à la ville pour le régiment de Guyenne (20 juillet 1705) ; le Conseil consacra 300 livres aux frais de rachat de cette levée.

On pouvait croire que la levée des matelots en ville se ferait avec moins de difficultés. Cependant, le commissaire des classes de la marine ayant voulu recruter 135 matelots à Bayonne (19 janvier 1705), se vit opposer de nombreuses réclamations. Cédant aux instances des échevins, il consentit à affranchir de la levée les pilotes et les maîtres de pinasse, et il réduisit à 60 le nombre des matelots réclamés à la ville. Mais, afin d'éviter le retour de ces difficultés, il était nécessaire de répartir le contingent de la marine proportionnellement au nombre des matelots de chaque localité ; le recensement de ces derniers fut fait (8 déc. 1705), par M. de Lombard, inspecteur de la marine en Guyenne, et fut renouvelé chaque année.

La ville fut sollicitée, par le sieur de Larrestéguy, commissaire aux classes de la marine, à Bayonne, de fournir 15 matelots pour la frégate royale *La Vénus*. Le Conseil exigea que le commissaire lui montrât l'ordre du roi relatif à cette levée, et refusa de s'en occuper tant que ce document ne lui aurait pas été présenté. Larrestéguy, qui ne le possédait pas, dut le réclamer à Paris ; M. de Pontchartrain, ministre d'Etat et de la marine, adressa une lettre aux échevins, qui consentirent alors à fournir les matelots, mais en réduisant à 10 leur nombre.

Contestations entre l'amirauté et la ville, au sujet de la police de la rivière. Des contestations s'élevèrent entre l'amirauté et la ville de Bayonne au sujet des droits que cette dernière prétendait avoir sur la rivière de l'Adour. Comme le roi faisait préparer par son ministre de la marine, un règlement général pour les villes possédant une amirauté, le Conseil décida de députer auprès du ministre, avec l'agrément de l'intendant, le sieur de Hody, avocat, avec la mission d'obtenir le maintien de ses anciens droits sur la rivière ; il prit soin d'en faire l'énumération suivante : délivrer des titres aux pilotes, connaître de leurs différends et contraventions, créer des courtiers et interprètes, leur expédier les titres, recevoir le serment des maîtres charpentiers de navire et calfatiers, exercer sa police sur la compagnie des tilholliers et pêcheurs, affermer le lestage et le délestage de la rivière, ou le faire régir par des commissaires. Le député fut défrayé des frais de son voyage et reçut une indemnité journalière de 7 livres, 10 sols, durant son séjour à Paris, le Conseil s'excusant de ne pouvoir maintenir celle de 12 livres précédemment accordée, à cause des nouvelles charges imposées à la ville.

La préparation du règlement commencée en 1682 se prolongea jusqu'en 1687. Durant cet intervalle de temps, de fréquents différends s'élevèrent au sujet des pilotes que l'amirauté et le Conseil nommaient séparément. Un arrêt du Conseil d'Etat, du 17 juillet 1687, vint mettre fin à ces conflits ; il se prononça en faveur des officiers de l'amirauté, accordant seulement à la ville le soin des balises, les droits de lestage et de délestage, et la vente du poisson dans sa juridiction.

Le tribunal d'amirauté tenait ses audiences dans le bâtiment de la douane, mais le Conseil eut soin de spécifier que les pièces occupées par les juges de ce tribunal leur étaient cédées à titre de prêt (1700). Le roi fixa, par arrêt du 19 septembre 1711, la composition de ce tribunal à : 1 lieutenant criminel, 2 conseillers commissaires, 1 procureur, 1 substitut, 3 huissiers et 4 procureurs postulants.

La défense des côtes fut assurée par des troupes spéciales **Milices garde-côtes.** fournies par les pays voisins de la mer et appelées milices garde-côtes. Le roi créa, le 1er février 1705, les charges d'officiers généraux garde-côtes des capitaineries de Cap-Breton et de Mimizan. Les titulaires de ces charges firent signifier leur création à la ville, le 1er février 1709. Ces officiers se virent attribuer la jouissance d'un logement, qu'un arrêt du Conseil d'Etat (du 5 mars 1710) imposa à la ville, en étendant cet avantage aux commissaires de marine et aux commissaires aux revues de ces milices.

CHAPITRE XV

TRAVAUX IMPORTANTS AUX DIGUES DU BOUCAU. — TROUBLES APPORTÉS PAR LES NÉCESSITÉS DE LA DÉFENSE DANS L'ORGANISATION DE L'HOPITAL CIVIL ET DU COLLÈGE. — RÉTABLISSEMENT DES FONCTIONS DE MAIRE. — EXIL A BAYONNE DE LA REINE DOUAIRIÈRE D'ESPAGNE. — MORT DE LOUIS XIV (1710 à 1715).

Avis de Vauban sur les digues du Boucau. — Exécution du projet de Ferry. — Batterie construite à l'embouchure de l'Adour. — Commerce gêné par les guerres. — Quais à marchandises construits à St-Esprit. — Prétentions des Anglais sur Terre-Neuve. — Juifs portugais visés par des ordonnances spéciales. — Réclamations des créanciers de la ville. — Impôts proposés pour les satisfaire. — Hôpital civil rétabli dans la ville. — Bâtiments du collège affectés à divers usages. — Insuffisance des maîtres du collège. — L'introduction des jésuites proposée par deux évêques. — Composition du Conseil de ville modifiée. — La charge de maire rétablie. — Diverses autres charges incorporées à la ville. — Jean Duvergier, élu maire. — De Lalande, maire. — Economies sur les gages des officiers de la ville. — Ponts et estacades emportés par les eaux. — Liste des immeubles appartenant à la ville. — Amélioration de la voirie et dégagement des rues. — Eclairage des rues imposé par le roi. — Jeux et comédies fort goûtés. — Séjour de la reine douairière d'Espagne. — Prévenance du Conseil à son égard. — Conflts entre la Gibaudière et le Corps de ville. — Intervention du marquis de Rosel dans le service de la garde bourgeoise. — Le duc de Guiche, gouverneur de Bayonne. — Mort du roi Louis XIV.

Avis de Vauban sur les digues du Boucau. Exécution du projet de Ferry.

Les travaux de conservation et d'amélioration du havre de l'Adour étaient l'objet des préoccupations constantes du Conseil. Dès qu'un personnage marquant se présentait à Bayonne, les échevins le conduisaient au Boucau, et lui montraient les ouvrages exécutés ; du bon état de l'embouchure dépendait le commerce de la ville et il importait de lutter sans trêve contre l'action destructive du flot des marées. Vauban y fut conduit, le 14 avril 1680, et magnifiquement traité par le Conseil. M. d'Elbœuf, colonel dans l'armée napolitaine, s'y rendit après lui, accompagné par M. de Lambert et par les membres du Conseil. La digue de la rive gauche se trouvait bien dégradée, et la ville hésitait sur le remède à lui apporter ; des travaux de réparation furent mis en adjudication (19 juillet 1680), en attendant de nouveaux projets de transformation de cette digue. Sa conservation fut mise en danger par les galupiers de Bayonne qui retiraient du sable de sa base pour l'édification des remparts et casernes de la ville ; le Conseil s'en plaignit à Ferry et fit défendre à ces bateliers de continuer ce travail nuisible.

A la suite d'une seconde visite faite au Boucau par Vau
ban, en novembre 1685, en compagnie de Ferry et du marquis de Boufflers, alors intendant de la province, le célèbre
ingénieur émet l'avis que l'on pouvait remédier à la faiblesse
des digues de la barre, au moyen de jetées et de fascinages,
limitant la passe de l'Adour comme à Dunkerque. Les fascinages auraient 350 à 400 toises de longueur, et les jetées ou
digues seraient un peu moins longues. Moyennant ces travaux, des vaisseaux de 500 à 600 tonneaux pourront entrer
aisément, et le commerce de la ville en deviendra plus considérable.

Vauban et Boufflers déclarèrent, à la suite de leur visite,
qu'il était nécessaire de construire pour les pilotes, une
petite maison près des signaux de la barre, afin de les abriter et de leur permettre de se tenir toujours prêts à monter
sur les vaisseaux qui se présenteraient pour les diriger, sans
perdre l'occasion du vent ou de la marée. Le Conseil se conforma à leur avis et fit bâtir cette maison en 1687 ; il ordonna
ensuite aux pilotes de résider au Boucau et établit un nouveau règlement entre le pilote major de la rivière et les
pilotes de la barre.

Le mauvais état de la digue réclamait de nouvelles réparations ; le Conseil conféra à ce sujet avec le sieur de Laboulaye, conseiller du roi et commissaire de la marine. Ce fonctionnaire, jugeant que les pieux en sapin de la digue ne
présentaient pas une résistance suffisante, conseilla de les
remplacer par des pieux en chêne ; mais cette substitution
qui devait entraîner une dépense considérable, ne pouvait
se faire que successivement (1687).

La situation de la barre avait empiré, en octobre 1690, et le
Conseil, dont les fonds ne pouvaient suffire pour la remettre
en bon état, jugea utile d'en donner connaissance à Ferry,
afin de le prier de se rendre avec lui sur les lieux, et d'en
faire rapport à Seignelay, secrétaire d'Etat, avec l'espoir que
ce dernier ferait donner la somme nécessaire.

Il fallut attendre vingt-deux mois, avant d'obtenir l'approbation des projets de Ferry, trouver les fonds nécessaires et
mettre les travaux en adjudication. L'Adour menaçait de
s'échapper en détruisant la digue de la rive gauche et de se
jeter à la mer vers la Chambre d'Amour (1). Ferry proposa
de réparer la digue de la rive gauche, au moyen d'enrochements et de pièces de charpente, en la redressant, et de la
prolonger sur 135 toises jusqu'au grand môle projeté au delà

(1) Grotte au bord de l'océan, dans laquelle deux amoureux ont péri,
surpris par le flot de la marée.

de la barre. Le total du devis était de 42.000 livres ; les travaux furent mis en adjudication en août 1692, et placés sous la surveillance du bourgeois Van Barnevelt. Le roi coopéra à la dépense pour une somme de 24.000 livres, fournie par le produit de l'imposition sur les viandes, vins et huiles, consommés ou vendus en ville, de 1692 à 1695 ; la part de la ville de 18.000 livres, prêtée par quelques bourgeois, devait être restituée au moyen des fonds réservés au paiement des créanciers de la ville.

Le 24 novembre 1694, les travaux, évalués à 26.600 livres, dépassaient la moitié de l'œuvre. Ils approchèrent de leur fin, le 28 juillet 1695, car à cette date, les fonds étaient épuisés, et la ville, voulant terminer la digue, obtint du roi l'autorisation d'emprunter 6.600 livres et de récupérer cette somme sur la taxe des viandes, vins et huiles.

Batterie construite à l'embouchure de l'Adour. L'embouchure de l'Adour n'était protégée par aucun ouvrage fortifié. Le roi, pour parer à cette lacune, donna ordre de faire une batterie au Boucau, à l'entrée de la rivière. Le duc de Gramont et l'intendant de Bezons se concertèrent et firent rédiger un projet par l'ingénieur de Lavoye, employé par le roi aux fortifications de Bayonne. L'entreprise de cet ouvrage fut mise aux enchères ; les matériaux furent tirés des magasins de la marine, et la dépense prise sur les fonds publics (20 juin 1695).

Les travaux de réparation de la digue furent conduits par quatre ingénieurs envoyés par le roi, en mars 1695, et logés aux frais de la ville suivant un arrêt du Conseil d'Etat. Les travaux ne purent, quoique bien dirigés par eux, être terminés rapidement, car la violence du courant, contrariée par la présence de vantaux servant à ouvrir ou à fermer le canal, déplaçait tous les ans le lit de la rivière. Aussi les visites des échevins et des commissaires des travaux se succédaient au Boucau, sans amener de grands progrès dans l'avancement de l'œuvre. Il fallut encore se procurer de nouveaux fonds pour continuer la lutte contre les courants. Enfin, les travaux furent terminés en 1705 (1).

Commerce gêné par les guerres. La ville de Bayonne avait longtemps demandé un professeur d'hydrographie afin d'initier à l'art de la navigation les élèves capitaines de navire et faire prospérer le commerce. Les guerres prolongées et le mauvais état de la barre furent nuisibles aux transactions et portèrent un coup funeste au cours d'hydrographie. Le professeur d'Outremer, n'ayant plus d'élèves, et le roi ne pouvant fournir des fonds pour le payer, le Conseil avisa les intéressés que le cours d'hydrographie allait être bientôt supprimé (1680). Si les échevins virent

(1) Selon l'affirmation de Descande - *L'Adour* — 1897.

sans beaucoup de regrets cette école disparaître, ils ne supportèrent pas aussi facilement l'établissement d'un nouveau droit sur les marchandises expédiées de Bayonne vers les localités voisines, telles que Sames et Came. Ils protestèrent auprès de l'intendant invoquant les privilèges de la ville et la gêne que ce droit apportait au commerce de ses habitants.

La guerre occasionnée par la ligue d'Augsbourg arrêta le commerce avec la Hollande dont les marchands étaient en relations d'affaires avec ceux de Bayonne. Certaines marchandises, appartenant à des Hollandais et détenues par des commerçants de la ville, furent saisies par ordre des sieurs de Lagny et Dandin, étrangers à la cité, qui avaient obtenu du roi des lettres de représailles contre les Hollandais. Le Conseil se hâta de demander mainlevée de cette saisie, en invoquant les privilèges de la ville qui comprenaient la faculté d'user de lettres de représailles sur son territoire et dans un rayon de quatre lieues. Mais tout en protégeant le commerce avec les étrangers, les échevins ne permettaient pas à ceux-ci de tenir boutique ouverte en ville, voulant en réserver les avantages aux seuls habitants, en compensation de leurs charges (1692).

Afin de mettre le commerce des pays frontières, voisins des Pyrénées, à l'abri des événements de guerre, le roi de France, représenté par le duc de Gramont, et le vice-roi de Navarre, s'accordèrent sur les bases d'un traité de bonne correspondance entre le Labourd et la Navarre (27 juin 1689). Les bons effets produits par cet accord décidèrent le Guipuzcoa, la Biscaye et la Castille à suivre l'exemple de la Navarre. Les délégués de ces trois provinces espagnoles se donnèrent rendez-vous à la frontière, dans l'île des Faisans, avec ceux du Labourd, pour arrêter les clauses du traité sollicité par tous. Le sieur de Larre, clerc, et Dubroc, jurat, furent désignés pour défendre les intérêts du commerce bayonnais dans cette réunion (9 octobre 1693). Le roi de France ratifia ce traité et fit parvenir son approbation au Conseil, par l'intermédiaire de Gramont, le 17 septembre 1694.

Les intérêts de la ville de Bayonne eurent à souffrir d'un projet formé par l'ingénieur en chef de Lavoye, qui consistait à établir des quais pour débarquer des marchandises et à construire des chais pour les y renfermer, sur la rive droite de l'Adour, aux abords de la tête du pont Saint-Esprit. Les échevins, consultés par l'intendant au sujet de la convenance de ce projet, déclarèrent que ce serait la ruine du commerce et de la navigation de la ville. Leur réponse contenait une partie de la vérité, mais la menace d'une diminution dans le commerce de la ville ne prévalut pas, dans l'esprit du roi,

Quais à marchandises construits à Saint-Esprit.

sur l'avantage que l'exécution du projet devait procurer au commerce en général. Il donna en conséquence l'ordre d'exécuter un quai et des chais entre le pont Saint-Esprit et le pied de la rampe montant à la citadelle ; l'ingénieur de Lavoye qui avait vainement offert à la ville, pour la décider, une somme de 6.000 livres en échange du terrain vague lui appartenant sur lequel devaient s'élever les chais, et une rente perpétuelle de 10 livres en reconnaissance de la seigneurie directe qu'elle avait sur ce terrain, fut autorisé par le roi à passer outre au refus de la ville et à conclure avec elle sur la base de ses propositions (15 déc. 1702).

Les chais et les quais furent construits et ont servi au commerce depuis cette époque ; un groupe de chais, les plus voisins de la rampe de la citadelle, sont encore entre les mains de l'État et sont utilisés comme magasins pour les subsistances militaires.

La nécessité d'entretenir de nombreuses troupes avait obligé Louis XIV à se procurer de nouvelles ressources en établissant des droits de patente sur toutes sortes de marchands, courtiers, interprètes, rouleurs de vin, portefaix (1697). En pleine guerre de la succession d'Espagne, il créa des offices de courtiers, agents de change, de banque et de marchandises, commissionnaires en vin, cidres et eaux-devie, etc. (1704), et l'année suivante, les offices de contrôleurs de voiture.

La disette des grains qui s'était fait assez vivement sentir avait eu son contre-coup dans le commerce du blé si rémunérateur à Bayonne. Le Conseil, qui avait envoyé du blé à Fontarabie, en 1710, pour le passage de la reine d'Espagne, estima que la ville de Saint-Sébastien pouvait rendre le même service à Bayonne, qui s'en trouvait dépourvue. Il en fit donc la demande aux alcades de Saint-Sébastien qui s'empressèrent de déférer au désir exprimé par leurs voisins de frontière, d'autant plus facilement qu'un gros chargement de blé venait de leur arriver de Bretagne (février 1712).

Aussi les échevins, heureux de l'arrivée d'une cargaison de grains (6 mai 1712), manifestèrent leur mécontentement quand ils apprirent que le sieur Pascault voulait en envoyer une partie en Espagne pour les besoins de l'armée, au moment où la ville d'Oloron en demandait pour nourrir ses habitants.

Prétentions des Anglais sur Terre-Neuve. La reine d'Angleterre, sur le point de conclure avec Louis XIV le traité qui devait clore la guerre de la succession d'Espagne, voulut revendiquer la possession de l'île de Terre-Neuve en entier, en invoquant le prétexte que les Anglais avaient été les premiers à la découvrir.

Le maire de St-Malo, avisé de cette revendication qui de-

vait nuire considérablement aux intérêts de ses conci
toyens, grands pêcheurs de morue, s'efforça de la combattre. Il s'adressa aux échevins des villes de Bayonne et de
Saint-Jean-de-Luz dont les habitants s'adonnaient depuis
longtemps, dans les parages de cette île, à la pêche de la
morue, leur demandant de lui faire connaître ce qu'ils sa
vaient sur la découverte de Terre-Neuve, afin d'en aviser
le roi (12 mars 1710). M. de Pontchartrain, ministre de la
marine, fit connaître, deux ans après, l'état des négociations et annonça que le roi était disposé à abandonner aux
Anglais l'île de Plaisance, à Terre-Neuve (12 août 1712) ;
les échevins s'empressèrent de rassembler, sous forme de
mémoire, les renseignements qu'ils avaient pu recueillir et
les envoyèrent au ministre.

Les juifs portugais, dont l'activité commerciale gênait les
marchands bayonnais, étaient l'objet de prohibitions anciennes et souvent renouvelées. Redoutant la partialité du
tribunal des échevins, ils essayaient d'échapper à la juridiction de la ville en soumettant leurs griefs au gouverneur ou
à son lieutenant. Le portugais Cardoze excita contre lui l'a-
nimosité du Conseil, pour avoir porté plainte à M. de Planque contre un habitant qui avait frappé son domestique ; sa
démarche incorrecte fut aussitôt signalée à Gramont et demeura sans résultat (1691).

Juifs portugais
visés par
des ordonnances
spéciales.

Le Conseil crut nécessaire de faire une nouvelle ordonnance, afin de préciser les défenses imposées aux juifs, portugais et autres étrangers de la ville (23 août 1691). Elle leur
défendit de vendre aucune marchandise au détail, d'ouvrir
des magasins les dimanches et les fêtes, de venir en ville
traiter des affaires ces mêmes jours et d'y coucher sous
quelque prétexte que ce fût : elle interdisait aux habitants
et bourgeois de la ville de leur prêter leur nom, en fraude,
sous peine de perdre leurs privilèges et de payer une amende
de 300 livres.

Le juif Antoine Mendés, habitant de Saint-Esprit, n'ayant
pas tenu compte de la nouvelle ordonnance, continua à coucher dans la ville, et se vit infliger l'amende de 300 livres.
Appelé à s'expliquer, il invoqua pour excuse, qu'il était employé depuis trois ans dans la fabrique de tabac de Rodri-
gue Castro, marchand portugais, située rue des Cordeliers.
et qu'il n'avait cessé d'y coucher durant tout ce temps. Il
produisit une autorisation de la Cour des Aides, dans laquelle les échevins découvrirent qu'il s'était faussement attribué le titre de bourgeois de Bayonne et ils protestèrent
contre cette qualification. Néanmoins, ayant égard à la situation de l'inculpé, ils réduisirent l'amende de moitié, et
comme Mendés déclara ne pouvoir la payer, ils le firent

conduire en prison par le capitaine du guet. Cette peine donna occasion aux juifs de Saint-Esprit de protester auprès du lieutenant du roi contre l'ordonnance.

Celle-ci dut encore leur être rappelée en 1705, car ils tendaient sans cesse à échapper à ses défenses. Cardoze se montra plus particulièrement audacieux; il entreprit de construire une maison à Bourgneuf. Le Conseil refusa de lui donner l'alignement et s'opposa à l'exécution des travaux. Le roi, appelé à statuer dans ce litige, défendit à Cardoze et à tous autres Portugais de Saint-Esprit, d'aller demeurer en ville, sous peine de confiscation, et il condamna Cardoze à vendre sa maison.

Grâce à la faveur dont ils avaient joui auprès de Gramont et de ses aïeux, les juifs de Saint-Esprit avaient pu éviter la charge des logements militaires. Les habitants de la ville, lassés de fournir aux troupes de passage le logement, les draps et les couvertures, se plaignirent à Gramont de l'exemption dont bénéficiaient les juifs du faubourg ; ceux-ci n'étaient cependant pas dépourvus de ressources, puisqu'ils faisaient un grand commerce avec la ville. Le gouverneur reconnut le bien fondé de la requête, mais il ne voulut pas intervenir ; il conseilla cependant aux échevins de s'entendre avec eux pour leur faire partager la charge de loger les troupes de passage (26 novembre 1706).

Réclamations des créanciers de la ville. Impôts proposés pour les satisfaire.

La situation obérée des finances de la ville l'empêcha de satisfaire ses créanciers avec le produit normal de ses impôts. Elle constitua dans ce but, le 23 janvier 1680, un fonds particulier de 15.000 livres en levant une imposition sur les viandes de bœuf et de veau, l'huile, le vin de Navarre et le vin étranger déchargé en ville pour être expédié dans le Labourd.

Cette ressource épuisée, les protestations des créanciers se renouvellent et le roi ordonne de constituer de nouvelles ressources. Une grande assemblée de bourgeois se réunit, le 10 septembre 1685, et décide d'établir un impôt de 30 sols par barrique de vin du cru, de 3 livres par barrique de vin étranger et de 10 livres par outre de vin d'Espagne. L'ordonnance du Conseil relative à cet impôt fut publiée par les carrefours de la ville, sans tenir compte de l'opposition des quatre conseillers magistrats, qui, présents à l'assemblée, avaient demandé un délai pour se pourvoir contre sa décision.

Cet impôt donna un produit constant, tandis que les dettes de la ville allaient en augmentant. Aussi l'intendant de la province, pressé par les réclamations des créanciers, insista-t-il auprès des échevins pour la création d'un nouvel impôt annuel de 15.000 livres ; à son défaut, il se verrait obligé d'autoriser les créanciers à exercer des poursuites. Une assemblée générale proposa alors d'ajouter un impôt de 40 sols sur chaque barrique de vin étranger, déjà grevée de 3 livres ; mais l'intendant ayant refusé d'approuver ce supplément de droit sur le vin, on proposa de lui substituer un impôt sur les viandes et sur l'huile, qui fut approuvé par le roi (17 décembre 1687).

L'état des finances de la ville imposait à son trésorier l'obligation de rappeler au Conseil de limiter les dépenses , l'intendant ne manqua pas de faire cette recommandation à l'occasion des honneurs funèbres du dauphin et de la dauphine, et il prescrivit au trésorier de se refuser à payer les mandats relatifs à certaines dépenses superflues, avant qu'il les ait lui-même visées.

Les échevins ne négligèrent pas d'invoquer cette situation lorsqu'ils voulurent s'opposer à l'établissement de nouveaux impôts. Ils se concertèrent avec les populations du Labourd afin d'éviter les droits que le roi voulait établir sur le tabac et sur les bœufs (27 novembre 1681) ; ils protestèrent contre une imposition établie sur les huiles, fromages, beurres, morues, etc., venant de l'étranger, dont la ville était exemptée par le roi à cause du don gratuit qu'elle lui avait fait (1694) ; et ils firent opposition au fermier général du nouveau droit sur les cartes à jouer, invoquant une exemption du roi (1703).

Le Conseil parvint à déjouer une tentative du fermier de l'ancien droit des lods et ventes qui voulait appliquer ce droit à quelques habitants, quoique la ville en fût dispensée par ses privilèges. Une tentative analogue avait été faite en 1668, et l'intendant de Pélot avait reconnu les droits de la ville. Une démarche faite dans le même sens auprès de l'intendant à Bordeaux fut suivie de succès (4 novembre 1682).

Ce fonctionnaire ne consentit pas cependant à renoncer aux droits de franc-fief et de franc-alleu malgré les supplications du Conseil (1693). Le maire ne réussit à faire décharger la ville de ces droits réguliers, qu'en donnant au roi un don gratuit de 66.000 livres ; il se procura la moitié de la somme par le moyen d'un emprunt au denier dix-huit et l'autre moitié fut fournie par une nouvelle imposition (avril 1694).

Le service du guet et de garde imposé aux habitants de la ville leur avait valu anciennement l'exemption du service militaire. Le Conseil de ville avait vainement invoqué ce privilège, pour éviter aux compagnies des arts et métiers de fournir des recrues ; la nécessité des temps fit écarter cette ancienne coutume. Il tenta aussi, mais sans plus de succès, de faire décharger du ban et de l'arrière-ban les bourgeois de la ville qui possédaient des biens nobles (septembre 1693).

Les traitants du fermier général ne laissaient échapper aucune matière susceptible de fournir un impôt. Ils prétendirent que le moulin de la ville rentrait dans les cas de l'édit donné au sujet des moulins situés sur les rivières navigables, et voulurent en faire payer l'impôt à la ville. Mais les échevins n'eurent aucune difficulté pour leur prouver qu'il n'était pas visé par l'édit ; ce moulin, en effet, ne barrait pas la rivière ; il faisait partie intégrante de la fortification et avait été construit pour le cas de siège (1696). Il n'en aurait pas été de même pour les deux moulins que l'intendant avait proposé à la ville de construire en 1689, entre les ponts Mayou et Pannecau, afin d'en tirer revenu ; le Conseil n'avait pas donné suite à cette proposition en faveur de laquelle la sanction royale était acquise à l'avance, afin d'éviter une dépense importante de premier établissement.

La nécessité des guerres ayant forcé le roi à se procurer des fonds en créant l'office de trésorier et receveur des deniers patrimoniaux et d'octroi à Bayonne, le Conseil obtint la permission de racheter cet office en versant 270.000 francs ; il chercha à faire verser cette somme par un bourgeois qui accepterait en compensation la charge de trésorier (1696). La ville n'aurait pu, à cause de sa situation obérée, assumer à elle seule cette nouvelle charge, car outre le don gratuit de 66.000 livres fait en 1694, elle en avait fourni antérieurement un autre de 60.000 livres ; de plus, elle s'était imposée de 40.000 livres, afin de payer la part incombant à l'Etat dans les travaux de la barre ; et enfin, elle dépensait annuellement 5 à 6.000 livres pour loger les commissaires des guerres, ingénieurs et autres officiers.

Malgré ces nombreuses charges, le Conseil avait soin de donner chaque année une gratification au lieutenant de roi. Celle de M. de Planque s'élevait à 1.500 livres ; elle lui fut accordée avec approbation du monarque qui engagea vivement la ville à la payer régulièrement.

Un dernier impôt, plus onéreux que tous les autres, puisqu'il s'élevait au dixième du revenu de tous les biens fonds du royaume, fut ordonné par un édit d'octobre 1709. On laissa quinze jours aux propriétaires pour réclamer contre leur taxe. C'était l'époque du terrible hiver de 1709 et des batailles malheureuses. Chacun supporta avec courage cette nouvelle et lourde charge, dans l'espoir de la voir alléger à l'arrivée de jours meilleurs.

Hôpital civil rétabli dans la ville. L'hôpital civil, appelé hôpital de Saint-Nicolas, qui se trouvait à l'emplacement d'un chemin couvert, dépendant des nouveaux ouvrages de Saint-Léon, devait être démoli en exécution d'un ordre du roi du 22 octobre 1687. L'ingénieur Curé du Moutier, sollicité d'en retarder la démolition pour permettre à la ville de recevoir la réponse à une lettre demandant à Seignelay de nouveaux délais, refusa cette satisfaction aux échevins (5 novembre 1688).

Les directeurs de l'hôpital nommèrent alors trois experts pour en estimer la valeur, et ils se décidèrent à l'évacuer. Les pauvres et malades de Saint-Nicolas furent transférés dans l'hôpital de Saint-Esprit dans lequel la ville possédait 20 lits et une grande quantité de draps ; ils y déposèrent en outre le matériel de l'hôpital Saint-Nicolas. Cette solution provisoire se prolongea jusqu'au 3 mars 1690.

A cette date, les directeurs ayant reconnu que la maison Dagourette, située en ville, convenait bien pour un hôpital, en firent l'acquisition et la garnirent avec le matériel déposé à l'hôpital Saint-Esprit.

Il y a lieu de présumer que le prix d'estimation de l'ancien hôpital ne fut pas payé en totalité aux directeurs, car le trésorier des fortifications versa, en 1703 et en 1704, l'intérêt du capital représentant le logement de l'aumônier au trésorier de l'hôpital.

Le collège de la ville dut subir encore plus de vicissitudes que l'hôpital Saint-Nicolas. Cet établissement municipal était situé à Bourgneuf, entre le couvent des Capucins et le Château-Neuf. Au moment de l'arrivée des troupes à Bayonne, les échevins le proposèrent pour servir d'hôpital aux troupes (18 juin 1681). Ils en retirèrent les meubles et les firent transporter dans la maison du sieur Paul de Lalande, qu'ils prirent à bail pour y installer les classes.

Bâtiments du collège affectés à divers usages.

Le choix des régents du collège se ressentait des mauvaises conditions de son installation. L'un d'eux fut destitué par le Conseil, pour avoir osé pratiquer le métier de boulanger, rabaissant ainsi la profession de régent aux yeux de ses élèves.

La ville reprit possession de son ancien collège, à l'expiration du bail de Lalande, après y avoir fait exécuter quelques réparations indispensables. Les malades de la garnison l'avaient quitté pour aller à l'hôpital Saint-Nicolas (1682). Mais l'intendant ayant réclamé à la ville, dans le courant de l'année suivante, un hôpital général pour officiers et soldats, la ville proposa de nouveau les bâtiments du collège, et avertit le principal de déménager.

Le collège fut alors transporté, près du Château-Vieux, dans la maison de Niort, prise en location, en même temps qu'un jeu de paume qui en faisait partie (10 novembre 1683). Il y fut maintenu jusqu'au moment où l'ancien collège, après avoir servi successivement d'hôpital général des troupes et de magasin à poudre, fut rendu à la ville par du Vivier, fabricant de salpêtre pour le compte de l'artillerie (11 février 1692).

Il fut acheté en 1695, par l'Etat, pour agrandir l'esplanade du Château-Neuf. Toutefois, pour ne pas désorganiser les études et donner le temps de bâtir un nouveau collège, l'intendant laissa sur pied les deux grands corps de logis, se bornant à faire démolir les classes et les chais, et à prendre possession des jardins et des cours.

Insuffisance des maîtres du collège. Les régents du collège apportaient une grande négligence dans l'instruction de leurs élèves. Monseigneur de Priellé, évêque de Bayonne, alla s'en plaindre au Conseil. Il se présenta dans la séance du 10 mars 1683 et déclara que, dans la courte visite qu'il venait de faire de son diocèse, il avait trouvé beaucoup de prêtres ignorants et incapables. Il imputa cet état de choses à l'absence d'un bon collège, et émit l'avis qu'il serait facile d'y remédier en confiant la direction du collège aux Jésuites. C'était aux religieux de cet ordre qu'il convenait de s'adresser, pour remplacer les régents, plutôt qu'aux Pères de l'Oratoire ou à ceux de la doctrine chrétienne moins propres à l'instruction de la jeunesse. Le Conseil voulant examiner mûrement la proposition de l'évêque, demanda le temps d'y réfléchir.

Le prélat revint de nouveau à la charge le 7 Avril 1684 ; il se présenta devant le Conseil, puis se retira après avoir renouvelé ses arguments en faveur des Jésuites. Quand on arriva au vote, les voix se trouvèrent partagées, et pour éviter le retour des scènes qui avaient provoqué le départ de ces religieux, on tomba d'accord de ne traiter cette affaire qu'au cas où le roi en donnerait l'ordre. On se borna à répondre à l'évêque qui demandait copie de la délibération, que rien n'avait été décidé.

L introduction des Jésuites proposés par deux évêques. Monseigneur de Priellé avait succédé, sur le siège épiscopal de Bayonne, à l'évêque Jean d'Olce, qui était décédé dans sa maison noble d'Olce, en la paroisse d'Orsaire. Son corps avait été transporté à Bayonne et exposé dans la chapelle de l'évêché ; on l'avait ensuite promené processionnellement dans les rues de la ville et puis inhumé entre les balustres du maître-autel de la Cathédrale, où se faisait habituellement l'inhumation des corps des évêques.

A la nouvelle que Monseigneur de Priellé, récemment nommé, s'avançait vers la ville, les échevins envoyèrent des députés au-devant de lui, à Peyrehorade pour le saluer. (21 octobre 1682). Il fit son entrée le 18 novembre suivant, et fut reçu par les membres du Conseil, en robes rouges. Il mourut à Peyrehorade, le 19 janvier 1688 ; son corps fut porté en ville et enterré à la Cathédrale.

Son successeur, Monseigneur de Lalanne, reçut dans son abbaye de Saint-Ferme, les compliments du Conseil (13 septembre 1688), et ne tarda pas à venir prendre possession de son siège.

Monseigneur de Priellé, n'ayant pu réformer le collège, projeta d'établir en ville un séminaire pour y former des prêtres, sous la direction de Jésuites. Les magistrats, informés de ce projet, allèrent trouver le prélat, et le prièrent de considérer que les Jésuites avaient tenté plusieurs fois de s'introduire en ville, sans y avoir jamais réussi, à cause de l'antipathie que la population avait toujours professée à leur égard, et que ces tentatives avaient même provoqué de graves désordres. Ils demandèrent respectueusement à l'évêque de porter ses vues sur d'autres directeurs et en obtinrent la promesse qu'il s'efforcerait d'être agréable aux habitants (9 novembre 1699).

Après avoir réussi à tenir les Jésuites écartés de Bayonne, le Conseil se vit menacé de les voir arriver en plus grand nombre à Saint-Esprit, où l'évêque de Dax se proposait d'établir un Séminaire de Jésuites. Les projets des deux évêques avaient été très certainement inspirés par les membres de cet ordre puissant, qui ne voulait pas renoncer au projet de s'établir à Bayonne. Le clergé de Dax fut hostile au désir de son évêque et fit connaître son opposition aux échevins ; il leur demanda de joindre leurs efforts aux siens afin d'empêcher l'établissement de ce séminaire, et conseilla de faire agir le duc de Gramont. La démarche aboutit à un succès, car il ne fut plus question de séminaire à Saint-Esprit (27 novembre 1699).

A Monseigneur de Lalanne succéda Monseigneur de Beauveau (23 décembre 1701). Après avoir occupé son siège pendant sept ans, cet évêque céda la place à Mgr Druillet, lequel fit son entrée à Bayonne le 4 septembre 1708. Durant son épiscopat, quelques juifs de la ville se convertirent à la religion catholique ; l'un d'eux, se trouvant à la veille de se faire baptiser, demanda au Conseil de lui servir de parrain. Les échevins, se conformant à l'exemple donné par les grands d'Espagne accueillirent favorablement la requête de ce néophyte (12 août 1701).

Un arrêt du Conseil d'Etat, du 25 Juin 1685, prononça la réduction des magistrats du Corps de ville et de quelques offices qui en dépendaient. Il conserva seulement 4 échevins, 2 jurats, 1 trésorier, 1 greffier-secrétaire, 1 clerc avocat-conseil, un pontier, 1 capitaine du guet et 8 soldats du guet (1). Afin de marquer sa soumission, le Conseil supprima 1 receveur, 1 capitaine du guet et 4 soldats du guet.

Cet arrêt ne mentionnant pas les conseillers-magistrats, qui représentaient les artisans, le Conseil en prononça la

Composition du Conseil de ville modifiée.

- (1) Déjà réduits à 12 par le Conseil en 1682.

suppression. Deux habitants de la ville cherchèrent à exciter le peuple contre les échevins qui avaient pris cette décision et formèrent des attroupements séditieux. Ils furent emprisonnés et traduits devant la cour du parlement (22 février 1686).

Lorsque vint le moment de procéder à l'élection annuelle des magistrats, le roi nomma, par lettre de cachet du 15 septembre 1687, 2 échevins, 1 jurat, 1 syndic et 1 clerc. Toutefois, comme le Conseil voulait procéder à l'élection des membres que le roi n'avait pas remplacés, l'intendant ordonna d'y surseoir jusqu'à nouvel ordre. Les magistrats passèrent outre à la défense, en élisant le trésorier et le pontier, dont les fonctions ne pouvaient se perpétuer sur la tête des anciens titulaires, sans charger ceux-ci au delà de leur consentement. L'arrêt de 1685 étant muet sur les gages du pontier, le Conseil laissa à ce dernier le soin de se pourvoir à ce sujet et de réclamer les gages auxquels il prétendait.

Le roi, que l'intendant avait mis au courant des difficultés soulevées par l'exécution de son arrêt, autorisa le Conseil à faire les nominations aux offices de la ville. Se conformant à cette décision, le Conseil nomma un deuxième greffier (aux gages de 200 livres par an), 2 sergents, 2 soldats du guet et 2 tambours (9 juin 1688).

Le sieur d'Exail, qui avait été reconnu seul capitaine du guet, pour se conformer à l'arrêt, jusqu'à ce qu'il ait plu au roi de maintenir les autres capitaines du guet, fut trouvé bien âgé en 1688 ; aussi le Conseil nomma Bertrand de Lesseps, capitaine du guet, en survivance (1) de d'Exail, en considération de ce qu'il avait continué de remplir sa charge, sans en recevoir les gages, depuis le moment de sa suppression par le roi. Le 31 janvier 1689, d'Exail étant mort, de Lesseps lui succéda dans le titre de capitaine du guet.

La mutation des fonctions des magistrats eut lieu en 1688, comme l'année précédente. Le roi nomma par lettre de cachet, 3 échevins et 1 jurat ; après lecture de cette lettre, il fut procédé à l'élection du trésorier et du pontier. Avant de terminer la séance, les anciens magistrats, réunis en assemblée, adressèrent au roi une requête qui fut transmise par l'intendant, demandant que la prérogative d'élire les magistrats soit rendue aux bourgeois.

Le roi leur donna satisfaction, et les élections de l'année suivante furent faites par l'ancien Conseil et la majeure partie des bourgeois ayant occupé des charges : 2 échevins, 1 jurat, 1 clerc assesseur, 1 syndic, 1 trésorier et 1 pontier furent

---

(1) C'est-à-dire que la nomination deviendrait effective au décès de d'Exail.

élus (12 septembre 1691). L'assemblée demanda d'incorporer à la magistrature du Conseil les charges de syndic et de greffier qui avaient été réunies au domaine du roi ; elle sollicita une augmentation de 2 jurats, plus faciles à trouver parmi les bourgeois n'ayant pas encore rempli de charges, que les échevins, choisis seulement parmi les vingt bourgeois ayant porté charge.

Un édit du 3 octobre 1692 créa la charge de maire dans toutes les villes du royaume. Celle qui existait à Bayonne avait été supprimée en 1633, et la ville avait alors remboursé la somme de 24.000 livres, qui représentait le prix de la charge, aux héritiers Bobillard. Les bourgeois se réunirent pour savoir s'il ne convenait pas d'incorporer cette charge à la ville, sinon le Conseil ne pourrait en disposer comme autrefois, tant qu'elle serait la propriété du titulaire. Le bourgois Jean de Vinatier, marchand de la ville acheta cette charge et en prit officiellement possession dans une séance solennelle du Conseil (26 novembre 1693).

La charge de maire rétablie. Diverses autres charges incorporées à la ville.

La charge héréditaire de procureur du roi, nouvellement créée, fut acquise par Dibarboro. Celle de lieutenant-général de police, établie dans les principales villes du royaume par un édit du 16 octobre 1699, éveilla les appréhensions du Conseil ; il craignit que cette charge n'anéantît les principales attributions des magistrats de la ville et ne leur enlevât toute autorité et puissance. Une assemblée générale des bourgeois fut d'avis que la réunion de cette charge à la ville devait être demandée au roi, sans tarder, sauf à s'acquitter de son prix de 29.000 livres (et le décime en sus), avec les revenus patrimoniaux d'octroi et le produit des nouveaux impôts (19 déc. 1699). Moins de six mois après, les payements étaient effectués et la charge de lieutenant de police incorporée à la ville. On opéra de même pour celle de greffier du Conseil, remboursée aux héritiers de Dorday, dernier titulaire, pour une somme de 6.228 livres, et on nomma à cette charge le sieur Dugalard, notaire.

Le sieur de Lespès de Hureaux, qui avait joui de la charge de lieutenant de police, voulut continuer à s'immiscer dans les questions de voirie, qui ressortissaient de son ancienne fonction. On défendit aux ouvriers de lui obéir et on rendit publics les arrêts de réunion de sa charge. Mais de Hureaux en quête d'une nouvelle charge, acheta peu d'années après celle de subdélégué de l'intendant (1706). Il prétendit alors prendre le pas sur le Conseil de ville dans les cérémonies ; la ville soumit sa prétention au jugement du Conseil d'Etat.

Désireux de conserver intactes les anciennes prérogatives du Conseil de ville, les magistrats s'efforcent d'obtenir la suppression de la charge de lieutenant de maire, récemment créée, et de quatre assesseurs. Pour décider le roi, ils lui offrent même de renoncer aux gages qu'il était tenu de donner aux titulaires de ces fonctions. Ils font connaître à l'intendant que les charges d'assesseurs ont été achetées par quatre individus qui ont acquis en même temps la lieutenance de maire, pour l'exercer alternativement. Or ces charges héréditaires peuvent échoir au premier venu, pourvu qu'il possède assez de fonds pour les acheter, et l'on ne pourra l'en évincer, même s'il est dépourvu de tout mérite ou s'il sort de la lie du peuple.

Jean Duvergier élu maire.

Le roi supprima la lieutenance de maire de Bayonne en la réunissant au corps des assesseurs, et, pour donner ample satisfaction aux vœux des magistrats, il voulut bien leur accorder de nommer un maire biennal à la place du premier échevin dont les fonctions n'étaient pas différentes. Usant de cette faveur, le Conseil choisit pour maire Jean Duvergier (1) (10 septembre 1703).

La transformation en charges héréditaires de la moitié de celles d'échevins et de jurats aurait soulevé les vives protestations du Conseil, si cette assemblée n'avait eu égard aux dépenses extrêmes que le roi était obligé de faire pour soutenir la guerre contre un grand nombre d'ennemis. Les magistrats se bornèrent à faire connaître qu'ils ne protestaient pas contre cette innovation et qu'ils acceptaient en outre la création de la charge d'inspecteur des boucheries, pour lever l'impôt récemment établi sur la viande de détail (19 septembre 1704).

Une autre innovation, destinée à procurer des ressources au roi, consista dans la création de charges d'échevins et de jurats alternatifs. Mais établies en 1710, elles furent supprimées en 1714, et réunies à la magistrature du Conseil. La ville incorpora en outre, en 1707, l'office d'inspecteur des bâtiments et cheminées, avant qu'il n'ait été pourvu d'un titulaire.

Entré dans la voie des réductions, le roi continua en révoquant les exemptions et privilèges accordés aux offices de judicature, police et finance, créés en 1689, afin de constituer des ressources pour mettre son petit-fils Philippe V en état de conserver son trône. Il fit cette révocation dans le but d'augmenter le nombre des contribuables qui suppor-

(1) Il avait longtemps rempli les fonctions de clerc de ville ; son esprit vif et agité le poussait à intervenir d'une manière intempestive dans les discussions du Conseil. Il s'attira, le 19 septembre 1692, une verte remontrance des échevins, qui l'invitèrent à ne pas les interrompre et à donner seulement son avis lorsqu'il en était prié, son rôle consistant à écrire les délibérations et la correspondance du Conseil.

taient les charges de l'État, sachant que les titulaires se trouvaient assez indemnisés par le revenu des offices (1707).

Rompant avec les anciens usages, le Conseil décida que les jurats prendraient à l'avenir la même robe rouge que les échevins dont ils remplissaient les fonctions, à l'exemple des autres grandes villes du royaume et que la robe noire serait laissée aux assesseurs. Mais il maintint l'indemnité de 300 livres, accordée autrefois au maire, pour le corps de garde qu'il était obligé de tenir dans le lieu le plus apparent de sa maison. Le sieur de Lalande, qui reçut cette indemnité en 1708, est qualifié de maire perpétuel ; il y a donc lieu de présumer que la charge de maire biennal avait été encore une fois transformée. C'est en cette qualité qu'il remit au comte de Louvigny, fils du duc de Guiche, un présent de 1.300 livres de la part de la ville. Le comte, qui se trouvait de passage, craignant que la ville ne négligeât de lui donner cette marque traditionnelle d'attachement, avait chargé la duchesse de Gramont de rappeler cet usage à de Lalande. Quoique la démarche du maire n'ait pas été spontanée, Louvigny ne l'en chargea pas moins de remercier la ville et l'assura qu'il s'emploierait avec plaisir en sa faveur (Janvier 1708). L'usage des cadeaux était si commun que les autorités ne se faisaient pas scrupule d'en accepter. Le maréchal de Montrevel, dont les rapports avec la ville restèrent toujours cordiaux, pendant la longue durée de ses fonctions de gouverneur de la province, reçut un cadeau de cent bouteilles de vin des Canaries, envoyé par les échevins bayonnais.

Avant d'occuper la fonction de maire, le sieur de Lalande avait rempli celle d'échevin. Il encourut dans cette dernière situation la colère du roi, pour un motif que le registre des délibérations n'a pas intentionnellement mentionné, et fut relégué à Dax pendant un mois, par lettre de cachet (1693). Un de ses prédécesseurs, l'échevin Dibusty, se vit infliger une peine plus forte, dont la cause est aussi restée inconnue ; il fut privé de la charge d'échevin et rendu incapable d'entrer au Conseil de ville pendant dix ans (1685). On peut, sans craindre de se tromper, attribuer ces rigueurs à l'opposition que ces magistrats manifestèrent à l'égard des réductions apportées par le roi dans la composition du Conseil et de la vénalité attribuée aux fonctions restées jusqu'alors électives.

Les compagnies des arts et métiers de Bayonne n'échappèrent pas à l'augmentation de charges causées par les guerres ; le roi créa en ville les offices de maîtres, gardes, et jurés des arts et métiers, et ceux de mesureurs de bois

De Lalande, maire.

et de charbon. Tous ces offices furent taxés, et furent cédés contre le paiement de la taxe.

Afin de faire face à ses nombreuses dépenses, la ville sentit la nécessité de faire quelques économies. Elle abaissa à 100 livres les gages de son ingénieur et diminua ceux de quelques autres officiers de la ville. Elle réduisit à 12 le nombre des soldats du guet (1682), et simplifia le service de fermeture des portes afin de maintenir le total des gages des portiers à la somme de 100 livres fixée par le roi. Le portier de la porte de Saint-Esprit fut supprimé et sa mission remplie par l'employé chargé de la fermeture des chaînes. En raison de sa double tâche, ce dernier reçut 40 livres, tandis que les portiers des trois autres portes durent se contenter de 20 livres (1687). Les gages diminués ne tardèrent pas à être relevés de 10 livres : le Conseil accorda même 60 livres au portier de Saint-Léon qui devait réparer la serrure et les barres de la porte (1699).

La même raison d'économie fit supprimer, en 1680, la compagnie armée qui figurait dans la procession de la Fête-Dieu, car le renouvellement des uniformes qui se faisait dans cette circonstance était une cause de dépense considérable. Le Conseil conserva, dans cette cérémonie, les cierges, les drapeaux des compagnies des arts et métiers, les violons et les tambourins, mais il défendit aux artisans de faire des dépenses, selon l'ancien usage, afin d'éviter la ruine des familles. Cette prohibition fut renouvelée en 1689. Le roi, imitant les échevins, donna ordre d'aliéner l'hôtel des monnaies de Bayonne, qui ne lui était plus utile ; cet immeuble fut acquis par le chanoine de Lanne (1693).

Le poste de capitaine des portes fut réservé à la nomination du roi, comme ceux des châteaux ; La Chapelle obtint le poste de capitaine du Château-Vieux, en 1684 ; celui de capitaine des portes fut donné au sieur de La Montagne, lieutenant d'une compagnie de grenadiers du régiment de la marine (1686).

Les édits de création des nouvelles charges avaient négligé de formuler à leur égard des règles de préséance. Cet oubli faisait naître des conflits que le roi était appelé à trancher. Une discussion courtoise s'engagea entre le lieutenant-général au sénéchal et le premier échevin (22 février 1686), au sujet de la présidence d'une adjudication, revendiquée par chacun d'eux. Le premier se retrancha derrière les ordonnances et le second invoqua l'usage. Un arrêt du conseil du roi vint donner raison au lieutenant du sénéchal. Cette dernière magistrature avait eu pour premier titulaire, le sieur de Lalande du Luc, qui l'avait achetée en 1676, après avoir rempli la charge de pontier de la ville.

Un conflit de même nature se produisit, en 1694, dans la cérémonie funèbre du sieur Des Noues, lieutenant de roi ; le clerc de ville voulut disputer la seconde place au premier échevin, mais le Conseil appelé à trancher le différend donna raison à l'échevin.

L'entretien des fortifications fut complètement enlevé à la ville, lorsque les troupes vinrent occuper les casernes. Le roi lui laissa seulement l'obligation de maintenir en bon état les ponts ainsi que les estacades (1) barrant la Nive aux deux entrées de cette rivière ; il lui accorda pour cet objet 10.000 livres sur le produit de la grande coutume (9 janvier 1688). Cette ressource fut suffisante pour l'entretien normal et même pour ajouter un doublage de planches au tablier du grand pont de Saint-Esprit, usé par le passage des carrosses et les charrois de matériaux, mais elle ne permit pas de réparer le gros dégât que des pluies torrentielles occasionnèrent à ce pont. Le violent courant de l'Adour entraîna des bateaux et des radeaux de mâts appartenant au roi, et les précipita contre le pont Saint-Esprit, dont la moitié fut détruite et le reste ébranlé ; les estacades de la Nive furent également emportées et ses ponts gravement endommagés (2 janvier 1701).

Ponts et estacades emportés par les eaux.

En attendant leur réparation, le passage des rivières fut assuré par des bateliers, desquels la ville reçut une redevance. L'intendant chercha des ressources avant d'autoriser la réparation des ponts ; il proposa d'y affecter le fonds constitué pour l'installation de lanternes dans les rues de la ville. Mais le Conseil qui voulait conserver ce fonds affirma que l'éclairage des rues ne pouvait être supprimé, car il empêchait les soldats de vaguer en ville pendant la nuit et de troubler le repos des habitants ; il persista à mettre les frais de réparation à la charge du trésor public, prétendant que les dégâts du pont avaient été occasionnés par le choc de radeaux de mâts descendant vers Bayonne pour le service de la marine royale.

Vainement, il fit présenter au roi ses doléances par M. de Rol, bourgeois de Bayonne et banquier, député de la ville près la Chambre de commerce de Paris, le monarque décida que l'on se procurerait la somme nécessaire à la réparation des ponts en aliénant le tiers du fonds des lanternes et en continuant d'affermer le passage des rivières jusqu'à complète réfection des ponts. L'intendant vint hâter la mise en adjudication des travaux et l'ouverture des chantiers ; de gros pilots furent préparés et plantés dans le fond de la

(1) Les estacades étaient vulgairement appelées chaînes.

rivière en battant leur tête avec des forts moutons (1). La ville emprunta 20.000 livres pour ce travail.

Le pont Saint-Esprit fut entièrement remis en état le 11 septembre 1702. Un échevin, un jurat, et de Lacour, directeur des fortifications le visitèrent avant de le rendre à la circulation.

Au sujet d'un droit d'amortissement applicable aux immeubles qui ne changeaient pas de maître, la ville fut appelée à donner en 1690, l'énumération de ceux qu'elle possédait. C'étaient : l'hôtel de ville ; un magasin attenant, servant d'arsenal et prêté au service de l'artillerie ; le magasin d'armes des Carmes, prêté aussi à l'artillerie ; la maison de la douane qui contenait la bourse des marchands, un corps de garde de la garnison et un appartement occupé par le professeur d'hydrographie ; un moulin avec des écluses touchant l'étang du Piémont ; une petite maison, appelée loge, située sur la place publique et contenant un corps de garde et des locaux affectés à la justice de Saint-Etienne ; une fonderie d'artillerie dans une vieille maison de la rue Pannecau et, en dernier lieu, les clochers.

La maison de la fonderie n'était pas la seule de la rue Pannecau à se trouver en piteux état. Plusieurs autres immeubles de cette rue menaçaient ruine et mettaient la vie des passants en danger. Leurs propriétaires furent sommés de les étayer, en attendant le moment de les réparer.

Les autres immeubles appartenant à la ville n'étaient pas laissés en pareil état de dépérissement. Les réparations nécessaires après avoir été l'objet d'une courte discussion en séance du Conseil, se faisaient par les soins du pontier. Les échevins décidèrent, en 1702, de remplacer l'escalier en bois de l'hôtel de ville : ils mirent à sa place un bel escalier de pierre, plus en harmonie avec les fêtes brillantes qui se donnaient dans cet édifice.

La voirie de la ville reçut diverses améliorations. Les propriétaires des maisons bordant la Nive furent encouragés à construire des quais et reçurent des secours en argent (1691). Des égouts (canals), aboutissant à la rivière, écoulèrent souterrainement les eaux puantes et facilitèrent le nettoyage des rues donné à l'adjudication. Afin d'augmenter la quantité d'eau potable mise à la disposition des habitants, l'évêque de Lalanne et l'ingénieur de Lacour offrirent au Conseil de faire établir des fontaines moyennant un versement de 6.000 livres (1705).

En même temps qu'il dégageait la gorge du bastion de

(1) Machines servant à battre les pilots.

Sault des bâtisses qui y étaient adossées, l'ingénieur de Ferry avait décidé la ville à débarrasser le débouché de certaines rues des constructions qui le gênaient (1695). Il tenta aussi de faire disparaître les étages des maisons qui formaient saillie en avant des façades ; le but poursuivi par l'ingénieur était de donner à celles-ci un aspect plus architectural. Mais les échevins, habitués à cette disposition qui procurait de la fraîcheur pendant l'été en abritant contre les ardeurs du soleil une partie de la rue protestèrent auprès de l'intendant contre le projet de Ferry ; ils consentirent toutefois à supprimer les éviers formant saillie sur les façades des rues (1694). M. de Lespès de Hureaux voulut réveiller ce projet, en 1701 ; et quoique ayant abandonné la charge de lieutenant de police, rachetée par la ville, il se permit de donner des ordres aux ouvriers qui édifiaient des maisons. Le Conseil fit défendre à ces artisans d'obéir à Lespès et lui rappela, en publiant l'arrêt de suppression de sa charge, qu'il n'avait plus à s'immiscer dans les questions de voirie.

Les chemins de la banlieue de la ville ne furent pas négligés, grâce à la vigilance du marquis de Boufflers qui, durant le peu de temps qu'il exerça la fonction d'intendant de la province, fit réparer par les agents de la ville les chemins de Mousserolles et de Marrac ; le premier, servant au transport des munitions de guerre dirigées vers Saint-Jean-Pied-de-Port, réclamait un entretien constant (1685).

Un édit royal imposa aux principales villes du royaume l'obligation d'installer des lanternes, à la manière de Paris. Afin de former un fonds destiné à l'entretien à perpétuité de ces lanternes, le roi voulut obliger les habitants de Bayonne à payer une somme égale au vingtième de la valeur de leurs maisons. Ce fonds devait être versé dans les caisses de l'Etat. La ville invoqua sa situation pitoyable pour esquiver cette nouvelle charge. A la date du 21 octobre 1697, fixée par le roi pour faire cette installation, le procureur du roi adressa une sommation à la ville. Sans attendre le résultat d'une démarche confiée à Gramont, le maire, suivant le conseil de l'intendant, et craignant de s'attirer le courroux du roi, chargea le premier échevin Dubrocq de faire placer les lanternes et de les faire allumer.

Eclairage des rues imposé par le roi.

Ce dernier se récusa, par le motif que telle n'était pas la fonction du premier échevin. Mais sa résistance tomba à la lecture de la réponse du roi : Louis XIV voulait que les lanternes fussent posées, et menaçait les magistrats qui ne rempliraient pas leurs devoirs, de les interdire et de les remplacer. Les commissaires Dubrocq et de Vos, nommés par le Conseil, s'empressèrent d'obéir, et la ville demanda l'autorisation d'emprunter 30.000 livres, pour désintéresser le roi.

L'usage s'établit à Bayonne, dans les dernières années du
siècle, de se réunir dans des locaux que l'on appelait acadé-
mies, analogues aux salles de café actuelles ; on y jouait aux
cartes, aux dés et à divers autres jeux. Les individus qui
tenaient ces établissements, nommés académistes, étaient
soumis à la surveillance de la police. Le Conseil, estimant
que les jeunes gens devaient être tenus écartés de ces pratiques qui les entraînaient à la débauche, surtout pendant les
offices religieux, fit défendre aux académistes de faire jouer
les dimanches et fêtes durant les offices, et pendant la
semaine sainte ; il proscrivit surtout le jeu des trois dés,
particulièrement apprécié.

Le goût des pièces de comédie s'était aussi répandu parmi
la population de la ville. Un soldat du régiment de la marine,
Philippe de Touche, qui était en même temps auteur drama-
tique, composa une pièce comique, intitulée : *La Foire de
Bayonne*. Comme il s'apprêtait à la faire jouer en public, les
échevins en prirent connaissance. Ayant trouvé que cette
pièce contenait des accusations infamantes contre la population féminine de la ville, qu'elle accusait d'inconduite
contre toute vérité, le Conseil, prenant la défense de la
communauté de Bayonne, interdit aux comédiens de jouer
cette pièce sous peine de 500 livres d'amende, et menaça
son auteur de poursuites s'il lui prenait encore fantaisie de
composer des pièces aussi injurieuses pour les habitants de
la ville, pris tant au général qu'au particulier (1697).

Si le Corps de ville se montrait chatouilleux quand l'honneur des femmes était injustement attaqué, il faisait aussi
appliquer dans toute leur rigueur aux femmes de mœurs
légères les prescriptions des anciens règlements. Deux de
ces dernières furent arrêtées pour « avoir malversé ». Après
qu'on leur eût rasé la tête, elles furent dépouillées de leurs
vêtements, exposées au pilori et mises dans la cage de fer
qui fut plongée un instant dans la Nive : ce bain forcé était
en même temps un châtiment et un traitement propre à
calmer les nerfs de ces gourgandines (1690).

La ville possédait des tapisseries de haute lisse, qu'elle
prêtait gracieusement aux officiers pour orner leurs appartements ; elle jugea ensuite qu'il valait mieux, pour en assurer la conservation, les confier à un échevin. Ces tentures
servaient à décorer l'hôtel de ville, le bâtiment de la douane,
et les arcs de triomphe dressés à l'occasion de fêtes et de
passages princiers.

La reine Marie-Anne de Neubourg, veuve de Charles II,
roi d'Espagne, ayant intrigué contre Philippe V, fut exilée
à Bayonne par ce monarque qui lui accorda une rente de
quatre cent mille ducats. Les magistrats du Conseil, avertis

de son arrivée, allèrent prendre les ordres de Gramont ; ils lui proposèrent de loger les gens de la suite de la reine chez les hommes d'armes du Château-Vieux, qui, jusqu'alors, n'avaient pas eu à supporter le logement des troupes de passage. Le gouverneur écarta cette proposition, et pour éviter qu'à l'avenir les hommes d'armes et les archers de ce château ne fussent pas exposés à subir cette charge, il demanda au roi de les faire jouir des privilèges concédés aux gens d'armes de ses ordonnances et à leurs archers ; cette faveur fut accordée le 12 novembre 1708.

Anne de Neubourg arriva à Bayonne le 18 septembre 1706, à 7 heures 1/2 du soir. Elle descendit de son carrosse à la porte St-Léon pour entendre le discours de bienvenue que lui adressa Gramont, ayant à ses côtés son lieutenant, le maire et les membres du Conseil, revêtus de leur robe rouge. La reine remercia le gouverneur qui lui présenta les clefs de la ville ; puis remontant en carrosse, elle gagna le Château-Vieux, où le duc lui avait fait préparer un logement ; son carrosse et les nombreuses voitures contenant les personnes de sa suite, escortés par les gardes de Gramont qu'il avait fait venir de la Navarre et du Béarn, avec le lieutenant de la compagnie en tête, et aux portières du carrosse, le capitaine Depanhun et le cornette Dandoings, formèrent un cortège imposant qui défila le long des rues Mayour et des Tendes, traversa la place Notre-Dame et celle du Château-Vieux, toutes les maisons étant ornées de tentures et les fenêtres garnies de flambeaux. Le Corps de ville alla ensuite faire sa révérence à la reine, après avoir été présenté par Gramont.

Afin de maintenir la bonne harmonie entre les artisans de la ville et les domestiques espagnols de la reine, le Conseil pria celle-ci de défendre à ses serviteurs de porter des armes. En cas de trouble, le corps de garde devait suffire à prêter main-forte, sur la réquisition du Conseil, sauf à en rendre compte ensuite au gouverneur ou à son lieutenant.

Durant le premier séjour de la reine, il y eut échange de gracieusetés entre elle et le Corps de ville. A l'occasion d'une tragédie qui devait se jouer au collège et à laquelle la reine se proposait d'assister, le Conseil désirant lui faire quelques politesses, la fit pressentir par sa camaréra maïor et reçut l'avis que la reine agréait sa démarche. Tout le Corps alla la recevoir en robes à la porte du collège et lui offrit une collation après la tragédie. Il se prêta gracieusement à favoriser l'installation de la reine au Château-Vieux en lui permettant d'augmenter ses appartements aux dépens de celui occupé par M. de Coaquin, commandant du château, moyennant le paiement de 350 livres qu'il s'engagea à faire annuellement à cet officier, tant que la reine résiderait au Château-Vieux (1708).

Marie-Anne de Neubourg quitta Bayonne et alla séjourner à Bidache, chez le duc de Gramont. Durant son absence, elle alla à Dax prendre des bains d'eau minérale et de boue ; le maréchal de Montrevel vint l'y saluer, et la ville, profitant de la circonstance, fit double politesse en envoyant des députés saluer en même temps la reine et le maréchal (11 juillet 1712).

Cette nouvelle marque de déférence décida la reine à retourner à Bayonne. Elle fut reçue à la porte Mousserolles, le 27 novembre 1712, par le Corps de ville et le lieutenant de la Gibaudière ; puis elle gagna son palais du Château-Vieux, accompagnée par les acclamations du peuple et les détonations de l'artillerie.

Durant l'été de 1713, la reine alla s'établir à Lissague, maison de campagne située en dehors de la porte de Mousserolles. Mais ayant souhaité de voir le feu de joie par lequel le Conseil de ville se proposait de fêter la paix générale, et son désir étant venu à la connaissance des échevins, ceux-ci s'empressèrent de faire préparer le bûcher devant le Château-Vieux, et en informèrent la Gibaudière afin qu'il prévînt la reine (19 juin 1713). Cette fête plut à la reine qui voulut voir le feu de la Saint-Jean (23 juin). M. de la Gibaudière alla la prendre à Lissague et l'amena au Château-Vieux. Le Corps de ville en robes rouges se rendit, à 7 heures du soir, précédé des soldats du guet et des sergents massiers, et accompagné des bourgeois notables, au pied du Château-Vieux, près d'un bûcher nouvellement dressé. Marie-Anne de Neubourg vint se placer sur un balcon (1) magnifiquement orné, tandis que toute sa cour apparut aux fenêtres et galeries du château. Après de profondes révérences adressées à la reine, le lieutenant de la Gibaudière et le maire de Lalande mirent le feu au bûcher ; au même moment, les soldats du guet déchargèrent leurs armes et les canonniers de la ville mirent le feu aux couleuvrines amenées sur la place du Château-Vieux.

La sensibilité de Marie-Anne de Neubourg égalait son amour du plaisir. En parcourant, six mois après, les rues de la ville, la reine rencontra une femme, condamnée à mort pour avoir tué son enfant, au moment où cette malheureuse promenée sur un chariot à travers les rues de la ville était montrée au peuple avant d'être pendue. Prise de pitié, la reine alla demander sa grâce au maire. Ce dernier se con-

---

(1) Ce balcon est celui du bureau du directeur du génie, qui faisait partie de l'appartement du gouverneur Gramont.

fondit en excuses de ne pouvoir accorder une grâce réservée au roi seul.

La résidence du Château-Vieux ayant cessé de plaire à la reine, fut remplacée en 1714, par la maison de Montaut, et en 1715 par celle de Pierre de Lalande, qu'elle prit d'autorité, sans que le Conseil osât élever un mot de protestation. Mais elle résida surtout à Lissague qu'elle affectionnait particulièrement. Ses relations avec les échevins n'en restèrent pas moins empreintes d'une grande cordialité. Le Conseil ne laissait pas passer une occasion de lui témoigner son attachement ; tantôt il faisait prendre de ses nouvelles par un jurat, ayant appris qu'elle souffrait de la fièvre ; tantôt il se rendait en corps auprès d'elle, en carrosses, afin de la complimenter soit à l'occasion de sa fête de Saint-Anne (26 juillet 1714), soit au sujet du mariage du roi d'Espagne avec la duchesse de Parme (7 septembre 1714) ; parfois encore il allait la recevoir à la porte de Mousserolles au retour d'un voyage à Pau où elle avait été saluer la reine régnante d'Espagne, et la conduisait à son palais de la rue Montaut (décembre 1714).

Une fois cependant, le Conseil effectua, non sans protester, un versement de 10.000 livres que le roi Louis XIV avait ordonné de faire à la reine douairière d'Espagne pour lui permettre d'augmenter sa maison (12 juillet 1715). Mais les échevins s'étaient gardés d'adresser leurs réclamations à la reine, voulant lui éviter toute cause de peine.

Les rapports entre la Gibaudière, lieutenant de roi, et le Corps de ville cessèrent de garder le caractère d'aménité qu'ils avaient eu jusqu'alors. Quelques réclamations faites par les troupes de passage, ayant trait à l'insuffisance des ustensiles que la ville était tenue de leur donner, avaient indisposé cet officier (2 janvier 1706). Aussi, lorsque l'échevin Castera, après s'être permis d'arrêter et de faire désarmer quelques soldats causant du désordre, les conduisit devant la Gibaudière, ce dernier accueillit le magistrat par des injures et lui donna un soufflet en faisant du même coup tomber son chapeau à terre (17 février 1706). Aussitôt justice fut demandée au roi par la ville en adressant un procès-verbal à Châteauneuf, ministre d'Etat. En même temps, La Vrillière est prié de s'occuper de cette affaire et son secrétaire reçoit un cadeau de 18 jambons à titre d'encouragement.

Le lieutenant de roi affirmait que les échevins ne pouvaient prétendre à aucune action sur les officiers et les soldats, même quand ceux-ci n'étaient pas sous les armes, tandis que les magistrats émettaient une opinion contraire qu'ils appuyaient sur un avis donné par le roi en 1694 dans un cas analogue.

Poursuivant le cours de ses vexations, la Gibaudière fit

Conflits entre la Gibaudière et le Corps de ville.

emprisonner au Château-Vieux un habitant qu'il accusait d'avoir publié sa déposition dans une information contre un soldat de la garnison ; il refusa aussi de donner le mot au capitaine du guet, au défilé de la garde montante, sur la place Gramont. Puis, sur des remontrances ou interventions de tierces personnes, il consentit à relâcher le prisonnier et à donner le mot (mars 1706).

La Gibaudière voulut en outre empêcher que le Conseil de ville ne fît des patrouilles en corps à travers les rues, parce qu'elles étaient mal accueillies par les troupes. Gramont interposa son autorité pour concilier les deux autorités. Il demanda au Conseil de faire connaître au lieutenant de roi, le soir au moment du défilé de la garde, l'heure à laquelle il se proposait de faire sa patrouille, afin de laisser la facilité à la Gibaudière de régler les patrouilles de la garnison pour qu'elles ne se rencontrassent pas avec celle du Conseil, et d'éviter ainsi le renouvellement des désordres qui s'étaient produits.

Intervention du marquis du Rosel dans le service de la garde bourgeoise.

La venue du marquis du Rosel, lieutenant-général des armées, commandant au pays de Labourd, donna à la Gibaudière l'occasion de s'immiscer dans le service de la garde bourgeoise, au grand mécontentement des échevins, jaloux de leurs prérogatives. Le général, dont les magistrats avaient trouvé trop dures les exigences au sujet de l'ustensile des troupes de passage, voulut réformer le service de la garde bourgeoise. Dans ce but, il chargea un officier de cette garde de faire le recensement des habitants qui ne montaient pas la garde, soit par motif valable d'exemption, soit par négligence. Cette atteinte aux privilèges de la ville fut relevée par le maire, lequel fit observer au général, sur un ton très digne, que l'établissement des rôles n'incombait qu'à lui seul, et que s'il y avait des observations à faire à certains habitants, il était prêt à rappeler ceux-ci au devoir de la garde (14 novembre 1710).

Le marquis du Rosel et la Gibaudière, ne tenant plus aucun compte des règlements, cherchèrent à s'ingérer dans les attributions du maire, en réclamant la destitution d'un sergent de quartier et son remplacement par un candidat de leur choix. Le maire déclara ne vouloir déférer à l'invitation de ces officiers, tant qu'ils ne lui auraient pas fourni les preuves de la malversation du sergent. Mais ce dernier, qui se sentait coupable, donna sa démission, et le différend se trouva réglé, sans autre suite.

Toutefois, le général et le lieutenant de roi se plaignaient avec raison du relâchement de la garde bourgeoise. La Vrillière en avertit la ville, ajoutant que personne ne devait être exempté (avril 1711). Le roi crut nécessaire de le rappeler aux échevins ; il avait appris que les bourgeois se dispensaient de la garde, et il recommandait indistinctement à tous ses sujets de la monter à tour de rôle. Sensible à ces observations, le Conseil fit réformer les rôles.

Sur ces entrefaites, le duc de Guiche, fils aîné de Gramont, fut nommé par le roi au gouvernement de Bayonne. Le Corps de ville envoya des députés au-devant de lui, et lui offrit, selon l'usage, en l'honneur de sa promotion, un cadeau de 3.000 livres ; les échevins, en robes rouges, le reçurent au bout du pont Saint-Esprit, lui adressèrent leurs compliments et présentèrent les clefs de la ville. La garde bourgeoise reconstituée forma la haie sur son passage et occupa le corps de garde de Saint-Esprit comme elle le faisait avant l'arrivée des troupes du roi. Le soir de l'arrivée du duc, la ville fut illuminée et retentit du bruit de la canonnade (24 juin 1714).

Le duc de Guiche gouverneur de Bayonne.

Le duc de Guiche et le lieutenant de la Gibaudière quittèrent ensemble la ville, le 9 juillet, pour aller faire une inspection du côté de la frontière. Le cas de ce double départ avait été prévu par le règlement qui ordonnait de remettre les clefs au maire de la ville. Cependant, quoique ce dernier eût pris soin d'avertir la Gibaudière, et qu'il en eût reçu l'avis que les clefs lui seraient remises, la commission ne fut pas faite. C'était une atteinte grave aux prérogatives de la ville, et le Conseil, soucieux de ne pas créer un précédent funeste, adressa une plainte au maréchal de Montrevel et en avisa la Gibaudière. Celui-ci envoya aussitôt aux échevins un billet dans lequel il s'engageait à exécuter le règlement. En outre, comme le neveu de ce dernier, M. de Luteuil, capitaine d'infanterie, avait insulté un jurat qui était allé lui réclamer les clefs de la ville, il présenta, dès son retour, les excuses de son parent à tout le Corps de ville.

Dès ce moment, le lieutenant de roi se montra plus accommodant. Il modéra le zèle du capitaine des portes, faisant fonctions d'aide-major, qui envoyait chez les habitants qui manquaient à la garde, un détachement des troupes réglées pour les « pignorer » (1) et permettait à ces soldats, lorsque les habitants étaient absents de leur domicile, de prendre tout objet à leur convenance, au lieu de leur faire subir la punition accoutumée.

D'ailleurs, ce même capitaine des portes se vit accuser par le Conseil de bien d'autres irrégularités : occupation du logement de la porte Saint-Léon réservé aux officiers de la

---

(1) Pignore, sorte de punition défendue, mais souvent pratiquée, par laquelle on confisquait un objet.

garde bourgeoise, et malgré une allocation de 150 livres donnée par la ville pour le loger ; création d'un jardin sur le terre-plein du bastion voisin ; plantations d'arbres dans le fossé de la courtine des Jacobins et sa transformation en jardin maraîcher, au lieu de le laisser remplir par l'eau de la marée. Tous ces griefs, de peu d'importance, sont cependant transmis dans une plainte à Le Pelletier, surintendant des fortifications ; c'était une mesquine vengeance, peu digne d'une grande cité.

Mort du roi Louis XIV. Le roi Louis XIV, qui avait dû cesser, durant les derniers mois de sa vie, de diriger les affaires du royaume, mourut le 1er septembre 1715. La ville s'informa auprès de Gramont de la conduite qu'elle devait tenir à l'occasion de cette mort, envers le duc d'Orléans, régent du royaume. Aussitôt son avis connu, le Conseil écrivit au roi Louis XV et au duc d'Orléans, chargeant M. de La Vrillière de faire remettre ses lettres.

CHAPITRE XVI

RÈGNE DE LOUIS XV. — ÉVÉNEMENTS POLITIQUES. — PASSAGE A BAYONNE DES INFANTES. — MENACE DE LA FLOTTE ANGLAISE DURANT LA GUERRE DE SEPT ANS — (1714 à 1774).

Régence du duc d'Orléans. — Guerre d'Espagne. — Traité de paix ; échange de princesses. — Réception des princesses. — Sacre du roi. — Rupture du mariage espagnol. — Mariage du roi. — Guerre de la succession de Pologne. — Paix de Vienne. — Nouveaux mariages espagnols. — Guerre de la succession d'Autriche. — Passage de l'infante fiancée au dauphin. — Réceptions faites à diverses autorités. — Guerre de sept ans contre l'Angleterre. — Alerte causée par la flotte anglaise. — Précautions prises. — Camp d'Anglet. — Décès du dauphin et de Louis XV.

Après avoir accompli leur devoir envers le jeune roi et le duc d'Orléans, en adressant à ces princes les compliments de la ville, les échevins de Bayonne se préoccupèrent ensuite d'entretenir les bonnes dispositions des personnages de la cour qui pouvait mettre leur crédit au service de la ville ; ils saisirent l'occasion du nouvel an (31 décembre 1715), pour offrir leurs souhaits au comte d'Eu, prince du sang et gouverneur de la Guyenne, au duc de Gramont et au maréchal de Montrevel ; ils félicitèrent en outre le chevalier d'Asfeld, nommé surintendant des fortifications.

Fidèles à la mémoire du roi défunt, ils firent célébrer à son intention un service funèbre à la cathédrale de Bayonne ; peu de jours après, le lieutenant de la Gibaudière étant venu à mourir, ils se rendirent en corps à son enterrement.

Le régent Philippe d'Orléans, gêné par la tutelle du conseil de régence, dont Louis XIV avait désigné les membres dans son testament, obtint du Parlement l'annulation de cette disposition et se disposa à gouverner selon sa fantaisie. Ses pouvoirs dont la durée correspondait à la minorité du roi, ne pouvaient excéder 8 ans, puisque Louis XV alors âgé de 5 ans, ne devait atteindre l'âge de 13 ans fixé pour sa majorité qu'à la fin de ce délai. Toutefois, grâce aux combinaisons du cardinal Dubois, premier ministre, le duc d'Orléans allait conserver la réalité du pouvoir au delà de 1723, en collaboration avec ce dernier.

Régence du duc d'Orléans.

Le cardinal Alberani, premier ministre de Philippe V, roi d'Espagne, feignant de s'insurger contre la violation du testament de Louis XIV, conçut le dessein d'enlever la régence au duc d'Orléans, et de la faire attribuer à Philippe V. Il favorisa dans ce but une conspiration formée à Paris, dans laquelle entrèrent le duc de Cellamare, ambassadeur d'Espagne, et la duchesse du Maine. Mais la découverte de ce complot le fit échouer. A la suite de cet incident, le régent jugea prudent de faire surveiller la frontière espagnole et confia cette mission au maréchal, duc de Berwick, qu'il nomma commandant des troupes en Guyenne (août 1716). Cet officier général se rendit à Bayonne et fut reçu en grande pompe ; le sieur de Colins, lieutenant de roi à la place de la Gibaudière, lui présenta les clefs de la ville sur un plateau d'argent, et le conduisit à l'évêché où il devait loger (avril 1717).

Guerre d'Espagne. Les relations entre la France et l'Espagne restèrent tendues, et malgré la disgrâce du cardinal Alberani, le régent persista à vouloir entraîner l'Angleterre et la Hollande dans une alliance contre Philippe V. Durant les pourparlers, milord Stanhope, ministre et secrétaire d'Etat anglais, vint à passer à Bayonne en se rendant en Espagne, et fut salué par les échevins (octobre 1718).

Le maréchal de Berwick donna l'ordre, le 17 janvier 1719, de publier la déclaration de guerre avec l'Espagne, mais il défendit de lire la déclaration de Philippe V. Il vint un instant à Bayonne (6 février), se concerter avec M. de Silly, lieutenant-général, au sujet du plan de campagne.

Bientôt les troupes commencent à arriver. Les bataillons de Gervase et de Saillans sont logés dans les cloîtres ; puis cinq compagnies de dragons du régiment de Beaucourt et cinquante maîtres du régiment de Chartres vont stationner à Saint-Esprit. Ensuite passent successivement le régiment de la marine composé de trois bataillons, les régiments d'Orléans et de Soissonnais, la compagnie des mineurs de Dabis, deux bataillons du régiment de Limousin et diverses autres troupes (1).

On fait appel aux ressources locales pour assurer les besoins de ces troupes de passage. Les ustensiles des casernes et de la Citadelle, qui appartiennent aux habitants, sont

---

(1) Etat des troupes du roi qui ont passé à Bayonne à l'occasion de la guerre d'Espagne en 1719 :

Infanterie. — Gervase, 2 bataillons ; Poitou, 2 bataillons ; Bigorre, La Marine, 3 bataillons ; Dauphiné, Blaisois, Bassigny, Olonne, Touraine, 2 bataillons ; Limousin, 2 bataillons ; Périgord, Languedoc, Conty, 2 bataillons ; Hessy suisse, 2 bataillons ; Fusiliers, 2 compagnies ; Chartres, 2 bataillons ; Beaujolais, Royal artillerie, Bombardiers, 1 compagnie ; canonniers, arquebusiers.

Cavalerie. — Montrevel, Cayeux, Chartres, Bretagne, Latourcravates, Conty, Marsillac, Aubusson, Carabiniers.

Dragons. — Dauphin, Beaucours 1 compagnie, Lautrec, mestre de camp, Sommery, Epinay.

libéralement prêtés par eux ; les cordonniers de la ville
fabriquent des souliers pour les soldats, tout en ayant grande
attention de ne les livrer que contre payement ; les bouviers
de la banlieue sont employés à transporter les bagages de
l'armée ; le nombre des lits de l'hôpital militaire, fixé à 30
pour la garnison du temps de paix, est portée à 120 durant la
guerre ; une quantité considérable de tentes et 200 fournitures de couchage sont prêtées par la ville, et des abreuvoirs
sont établis à proximité des fontaines.

En même temps que les troupes traversent Bayonne, le
maréchal de Berwick et son fils y passent, se rendant à
l'armée d'Espagne (12 mai 1719), précédés par le prince de
Cellamare, ambassadeur d'Espagne, et M. de Livoy, gentilhomme de la chambre du roi. Le prince de Conti, qui
passe le 22 mai, en même temps que les régiments de Conti-
cavalerie, de Normandie-infanterie et de Bigorre, est salué
par le Conseil et parcourt les rues toutes pavoisées.

Pendant qu'une partie de l'armée est arrêtée sous les murs
de Fontarabie, l'autre partie s'est emparée du port de Passages et a saisi des galions espagnols. Monsieur de Landreau,
commissaire ordonnateur de la marine à Bayonne, fait partir
de cette ville tous les vaisseaux français ou étrangers qui
s'y trouvent, et les envoie à Passages pour y charger les
apparaux et les marchandises des galions capturés et pour
les transporter à Bayonne.

Le Corps de ville, que ce premier succès n'éblouit pas outre
mesure, prévoit les cas de famine ou de siège, et afin de
constituer une réserve de blé, il rend une ordonnance prescrivant aux particuliers de se procurer à leurs frais une
quantité de froment fixée pour chacun d'eux, avec faculté de
la conserver entière dans leur demeure ou de la déposer
dans le grenier municipal, situé au quai des Basques..

Les troupes françaises, établies dans le camp d'Irun, parvinrent, sous la conduite du duc de Berwick, à se rendre
maîtresses de Fontarabie (juin 1719). Le Conseil se hâta
d'envoyer son compliment au maréchal et ne manqua pas
de le fêter lorsqu'il revint en France (28 août). Il fit chanter
un *Te Deum* et dresser un feu de joie auquel M. Dauzeville,
maréchal de camp, et le premier échevin mirent le feu.
M. de Silly resta à Fontarabie dont il venait d'être nommé
gouverneur, tandis que le prince de Conti, se trouvant
malade, vint se rétablir au Château-Vieux, avant de repartir
pour Paris.

La prise de Saint-Sébastien fut fêtée le 11 septembre, par
des salves d'artillerie, des feux de joie et le chant du *Te
Deum*. Après ce fait d'armes, une partie de l'armée rentra
en France pour hiverner. Une troupe de comédiens italiens

édifia à Bayonne, avec l'autorisation de M. de Colins et du Conseil, un théâtre en planches, afin de récréer les troupes durant l'hiver ; mais il fut défendu de jouer des comédies contraires aux bonnes mœurs et aux préceptes du christianisme.

Au printemps suivant, une suspension d'armes vint mettre fin aux hostilités et faciliter la conclusion de la paix ; elle rétablit la liberté du commerce. M. de Silly rentra à Bayonne, accompagné de M. de Puynormand, lieutenant-général de l'armée, qui venait commander dans cette ville, à la place de M. Dauzeville, maréchal de camp, décédé depuis le 5 février 1720.

Les troupes qui gardaient Saint-Sébastien et Fontarabie évacuèrent ces deux places et traversèrent Bayonne, le 22 août ; c'étaient les régiments de Languedoc et de la reine, la compagnie des invalides.

Traité de paix ; échange de princesses. Le traité qui termina la guerre d'Espagne renfermait une clause relative au mariage de Louis XV avec l'infante, et à celui de Mademoiselle de Montpensier, fille du régent, avec le prince des Asturies. Il allait amener un échange de princesses qui devait procurer à la ville de Bayonne des réjouissances ; le duc de Gramont (1) y aurait pris une grande part, si la mort n'était venue le surprendre à Paris, le 25 octobre 1720, laissant son titre à son fils le duc de Guiche ; le fils de ce dernier, le duc de Louvigny, avait été nommé par le roi, à la survivance des charges et du gouvernement de son grand-père. Un service funèbre fut célébré à la Cathédrale par les soins du Conseil, qui invita le lieutenant de roi, le sieur de Hureaux, lieutenant-général (2) et les autres officiers principaux.

Deux mois avant le passage des princesses à la frontière, le Conseil de ville se préoccupe du cérémonial à observer en cette circonstance. Il avance les fonds pour la fabrication des meubles destinés à orner la construction de bois que l'on doit élever dans l'île de la Conférence et dans laquelle se fera l'échange des princesses. M. Dulivier, bourgeois de la ville, s'offre généreusement pour avancer la somme nécessaire aux apprêts de la fête dans Bayonne.

Les régiments de Chartres et de Latour cavalerie, les compagnies de grenadiers de Richelieu et de Touraine sont appelés à Bayonne où ils attendront le moment de gagner la Bidassoa, afin de border la rive droite de cette rivière durant la cérémonie de l'échange.

(1) Antoine IV, duc de Gramont.
(2) Lieutenant-général au tribunal du sénéchal.

Le 1er janvier 1722, une députation de la ville, comprenant un échevin, un jurat et deux bourgeois, se dirige vers Saint-Vincent, afin d'y saluer Mademoiselle de Montpensier arrivant de Paris. Les députés rencontrent à Ondres le maître des cérémonies, qui les invite à rebrousser chemin. Ce dernier arrive bientôt, suivi du prince de Rohan, auquel la ville donne un présent.

La princesse se présenta le soir, à la porte Saint-Esprit ; elle y fut reçue par le Corps de ville, en robes rouges, et fut complimentée par le premier échevin. Elle traversa la ville au bruit du canon, en parcourant les rues bordées par les soldats de la garnison et les troupes bourgeoises en armes, au milieu de maisons pavoisées et illuminées. Elle se rendit à l'évêché pour y coucher ; le Conseil de ville alla lui remettre des présents (1) qu'elle reçut avec une grâce infinie. Les magistrats passèrent ensuite dans l'appartement de la duchesse de Ventadour, qui accompagnait la princesse, et lui remirent un présent ; Rohan et le maître de cérémonies ne furent pas oubliés et eurent leur part des cadeaux.

Après deux jours de repos, la cour quitta Bayonne et se dirigea vers Saint-Jean-de-Luz. L'échange des princesses se fit le 9 janvier ; l'infante entra le surlendemain à Bayonne et fut reçue avec le même cérémonial que la princesse de Montpensier ; on alluma même des feux de joie devant chaque maison, pour faire plus brillante réception à la future reine de France. Le duc d'Ossuna, ambassadeur d'Espagne, allant rejoindre l'infante à Paris, passa le 1er Avril 1722 et logea chez M. Dadoncourt.

Ce grand d'Espagne se trouva à Bayonne le 21 janvier de l'année suivante, pour y recevoir Mademoiselle de Beaujolais (2), princesse du sang, qui se rendait en Espagne, accompagnée par le duc et la duchesse de Duras et par Madame de Saint-Germain, sa gouvernante. De nombreux cadeaux furent offerts à la princesse et à sa suite (3).

Les bourgeois de la bonne ville de Bayonne, non contents de célébrer le passage des personnages de marque, célébraient par des feux de joie tous les événements intéressant la famille royale. C'est ainsi qu'ils fêtèrent la convalescence du roi, le 18 août 1721 ; puis la cérémonie de son sacre et

(1) Douze grandes banastes (corbeilles) contenant des vins de toute espèce, jambons, barils remplis de cuisses d'oie et boîtes de confiture.

(2) Petite-fille de Philippe d'Orléans, frère de Louis XIV.

(3) 12 paniers à la princesse, 8 au duc de Duras, 8 à la duchesse, 6 à la gouvernante, 6 au maître des cérémonies. Ces paniers, ornés de feuilles de laurier, contenaient des jambons, des cuisses d'oie, des vins renommés, des oranges.

couronnement, le 8 décembre 1721 ; ensuite la date de sa majorité, le 8 mars 1722. Les officiers et les troupes sous les armes assistaient à ces fêtes, que présidait M. de Pinsun, commandant la place de Bayonne en l'absence de M. Dadoncourt.

Sacre du roi. A l'occasion de la fête du sacre, le Conseil offrit dans les salons de l'hôtel de ville un repas auquel il convia les principaux officiers : M. de Pinsun, commandant la place ; les officiers du tribunal du Sénéchal ; les officiers des régiments de Soissonnais et de Dauphiné ; M. de Magny, lieutenant-général d'artillerie ; M. Landreau, intendant de la marine : de Salmon, ingénieur en chef ; et les notables bourgeois ayant occupé des charges municipales. Le dîner fut composé de trois services, pour cinquante convives. A la fin du repas, on proposa de terminer la fête par une pamperruque à travers les rues de la ville ; M. de Pinsun prit la tête de la danse qui se termina à deux heures du matin.

Rupture du mariage espagnol. Les mariages combinés par le cardinal Dubois pour sceller l'alliance des maisons de France et d'Espagne, n'ayant pu être réalisés à cause de la jeunesse des futurs époux, furent abandonnés, lorsque le duc de Bourbon, petit-fils du grand Condé, devint premier ministre à la place de Dubois. L'infante Marie-Anne, élevée à Versailles, dut renoncer au projet de devenir reine de France et céder ce titre à Marie Leczinska, fille de Stanislas, ancien roi de Pologne.

Le maréchal de Thessé, ambassadeur de France, passe à Bayonne, le 20 mars 1725, allant en Espagne préparer les voies à la rentrée de l'infante. Deux bataillons arrivent à Bayonne pour renforcer la garnison dont le service sera augmenté pendant le passage des princesses ; les ponts de la ville sont réparés en toute hâte. Le duc de Duras, récemment nommé au commandement de la province de Guyenne, arrive en ville, le 6 mai 1725, précédant d'une semaine l'infante. A l'occasion de son entrée, le Conseil lui remet un présent de 4.000 livres et en distribue 600 aux officiers de sa maison ; le duc est logé par M. Dadoncourt.

L'infante Marie-Anne arriva à Bayonne, le 13 mai, avec sa suite, en pompeux équipage ; elle alla loger à l'évêché, après avoir traversé la haie formée par les troupes bourgeoises et celles de la garnison. Le Conseil lui rendit visite et lui remit les présents habituels ; il fit de même envers Madame de Tallar, sa gouvernante, Mademoiselle de Beaujolais et les autres personnes de sa suite. Le surlendemain, elle se rendit à Saint-Jean-Pied-de-Port où le duc de Duras la confia aux seigneurs espagnols et repartit de là pour Montauban.

La jeune reine douairière d'Espagne, qui rentrait de son côté en France, fut reçue à Saint-Jean-de-Luz par M. Dadoncourt, entouré d'un grand nombre d'officiers des régiments d'Auvergne et de Richelieu, et des jeunes gens les mieux apparentés de Bayonne. Elle s'avança jusqu'à Bayonne accompagnée par la princesse de Beaujolais qui avait quitté l'infante, par la princesse de Berghes, par la marquise de Conflans et par le prince de Robeck, venus au-devant d'elle jusqu'à la frontière. Les princesses furent saluées à la porte d'Espagne par le Conseil, au bruit du canon ; elles assistèrent ensuite au défilé des troupes bourgeoises et de la garnison, et reçurent à l'évêché les présents d'usage. Après un séjour de huit jours, elles prirent la route de Paris.

Le mariage de Louis XV avec Marie Leczinska suivit de près le départ de l'infante ; il fut fêté à Bayonne par un feu de joie, le 27 septembre 1725. Des manifestations semblables se produisirent, à l'occasion de la convalescence du roi, le 23 août 1726 ; puis pour célébrer la naissance de ses divers enfants : deux princesses (5 septembre 1727), le dauphin (19 septembre 1729), le duc d'Anjou (18 septembre 1730). Les réjouissances données pour fêter la naissance du dauphin durèrent plusieurs jours. Il y eut le 1ᵉʳ octobre procession, chant du *Te Deum* et trois repas officiels donnés par l'évêque, par le lieutenant de roi et par le Corps de ville, suivis d'un beau feu d'artifice tiré sur la rivière. Le lendemain, 2 octobre, on fit couler sur la place de l'hôtel de ville deux fontaines de vin, pendant que le peuple dansait au bruit des tambourins et que les tilholiers (marins) s'exerçaient avec adresse au tir de l'oie sur la rivière. La fête se termina le surlendemain, 4 octobre, par un concert donné à l'hôtel de ville et suivi d'une pamperruque dansée à travers les rues de la ville par cinq colonnes de dames et de cavaliers ; la première était conduite par M. de Hureaux.

Mariage du roi.

Le duc de Gramont, qui avait succédé à son père au moment du premier passage des princesses à Bayonne, passa à son fils aîné son titre de duc de Louvigny et fut fait maréchal (14 février 1724) ; mais il ne jouit pas longtemps de ce poste éminent, car il mourut le 16 septembre 1725. Le Conseil de ville adressa ses condoléances à la maréchale et à son fils, le duc de Louvigny ; il adressa à ce dernier ses félicitations, lorsque le roi lui donna le cordon bleu (20 février 1728), et lorsqu'il fut nommé maréchal de camp.

De semblables prévenances furent prodiguées au marquis de Brancas, ambassadeur de France en Espagne, quand il passa à Bayonne (16 avril 1728) ; au cardinal de Fleury, au sujet de sa promotion au ministère et à la pourpre romaine (21 octobre 1726) ; à M. Dargenvillers, nommé secrétaire d'État à la guerre (4 juin 1728) ; à M. de Pomereu, pourvu de l'intendance de Pau à la place de M. de Lesseville (16 avril 1731).

Les compliments à l'occasion du nouvel an fournissaient aussi au Conseil un motif d'assurer des protecteurs à la ville ; les ducs de Duras et de Gramont, la reine douairière d'Espagne, sensibles à ces bons procédés, avaient soin de l'en remercier (11 janvier 1732).

Guerre de la succession de la Pologne. A la mort d'Auguste II, roi de Pologne, sa succession fut disputée à Auguste III, son fils, par Stanislas, beau-père de Louis XV. Ce dernier fut soutenu par la France et l'Espagne, tandis que l'Autriche et la Russie appuyèrent Auguste III. La déclaration de guerre à l'empereur fut publiée à Bayonne le 10 octobre 1733. Les hostilités furent ouvertes sur le Rhin et en Italie. Berwick et Villars dirigèrent les opérations de l'armée d'Allemagne, où le duc de Gramont fut appelé à servir. Ce dernier assista au siège de Philisbourg en 1734, et, après la reddition de cette place, il fut nommé lieutenant-général ; il se rendit ensuite à la cour où le service de colonel des gardes françaises l'appelait aux côtés du roi.

Les succès des armées françaises et espagnoles furent célébrés à Bayonne par des feux de joie et le chant du *Te Deum.* Les prises de Milan, de Parme et de Guastalla opérées en Italie par Coigny, la défaite des Autrichiens par les Espagnols à Bitonto donnèrent lieu à une vive démonstration de joie. Le maire de Bayonne se mit à la tête des troupes et après les avoir fait défiler devant lui, il les conduisit sur le terre-plein du rempart compris entre la Tour de Sault et la porte Lachepaillet ; puis à un signal donné, il commanda trois décharges de mousqueterie dont le bruit se mêla aux coups de canon tirés de la Citadelle, du Château-Neuf et de la demi-lune de la porte Saint-Léon.

Les troupes réglées constituant la garnison de Bayonne avaient momentanément quitté cette place afin de participer aux opérations de guerre ; elles y furent remplacées par des milices de Béarn et du Labourd, auxquelles fut confiée la garde des portes de la ville. Néanmoins les échevins renouvelèrent aux bourgeois les prescriptions du service de garde, particulièrement essentielles pendant la guerre.

Paix de Vienne. La paix de Vienne mit fin aux hostilités ; une de ses clauses sanctionna la renonciation de Stanislas au trône de Pologne, mais elle lui donna, en compensation, la Lorraine, qui devait, à sa mort, être annexée à la France. Le corps de ville reçut l'ordre de publier cette paix à Bayonne, et de célébrer cet événement par des réjouissances, feux de joie et chant du *Te Deum* (19 juin 1739).

Les incidents de la guerre et les préparatifs du traité de paix avaient donné lieu à des déplacements d'ambassadeurs.

Le comte de Rottenbourg et Monsieur de Vaulgrenaut, tous les deux ambassadeurs de France en Espagne, passèrent à Bayonne (1734 et 1738), où ils furent l'objet des civilités des magistrats. Ces derniers usèrent de semblables prévenances à l'égard de M. de Balorre (11 février 1735), de M. de Saint-Contest (29 avril 1737) et de M. de la Bove (28 février 1744), en les complimentant lorsqu'ils furent nommés intendants de la généralité d'Auch. Ils adressèrent de même leurs félicitations à M. de Maurepas, ministre de la marine (1738), à MM. de Breteuil (29 février 1740) et d'Argenson (25 janvier 1743), ministres de la guerre, à l'occasion de leur entrée en charge. Le duc de Duras, commandant de la province et promu au maréchalat fut aussi complimenté (3 mars 1741).

L'alliance entre la France et l'Espagne fut cimentée par le mariage entre Madame, princesse de France, et l'infant Philippe d'Espagne. Le Corps de ville, prévoyant le passage de Madame se munit des cadeaux habituels ; il commanda à Tours 42 boîtes de confitures sèches, à Pampelune quatre peaux de boucs remplies de vin rancio, à Ramous, dans le Béarn, 144 jambons ; il s'approvisionna des fourrages nécessaires à la nourriture des 1200 chevaux compris dans l'escorte. *Nouveaux mariages espagnols.*

La princesse fut reçue, le 8 octobre 1739, au bout du pont Saint-Esprit, par M. de Rol Montpellier, maire, et par les membres du Conseil, en robes de cérémonie, suivis de tout le guet en armes. Après avoir écouté la harangue, elle passa les ponts et parcourut les rues en carrosse, jusqu'à l'évêché, entre deux haies formées par les soldats du régiment d'Eu et par les miliciens. Elle y reçut des mains des magistrats ainsi que les dames de sa suite, des cadeaux comprenant des jambons, confitures, vins nationaux ou étrangers, placés dans de grandes corbeilles que décoraient les écussons de France et d'Espagne.

Le soir, les illuminations jaillirent au signal du canon ; puis de nombreuses fusées sillonnèrent les airs ; l'hôtel de ville, le palais du gouvernement et la maison du maire furent les plus remarqués.

Le lendemain, Madame alla à la Cathédrale assister à la messe et entendre une harangue prononcée par l'évêque ; le soir, à cinq heures, elle se rendit à la comédie. Son affabilité envers les habitants fut poussée à un point si extrême, qu'elle leur permit d'entrer dans sa salle à manger durant ses repas et qu'elle leur adressa la parole d'une manière très avenante.

La garde bourgeoise prit les armes au moment de son départ, pendant que les échevins l'escortaient jusqu'à la porte Saint-Léon où ils prirent congé d'elle.

Guerre de la succession d'Autriche. La conflagration que souleva la mort de Charles VI, empereur d'Allemagne, vint démontrer l'utilité de maintenir l'union entre les branches française et espagnole de la maison de Bourbon. Marie-Thérèse, fille de Charles VI, eut à lutter contre le roi de Prusse, l'électeur de Bavière et d'autres compétiteurs de moindre importance. La France soutint l'électeur de Bavière, tandis que l'Angleterre et la Hollande adoptèrent le parti de Marie-Thérèse.

Avant que la guerre ne soit déclarée, on signale à Bayonne (27 mai 1743), la présence, dans les environs du port de Passages, de cinq vaisseaux de guerre anglais, dont l'un est armé de 50 canons. Ces navires arrêtent les bateaux qui passent et s'informent du nombre de corsaires espagnols que peuvent fournir les ports de Bilbao et de Saint-Sébastien.

La déclaration de guerre contre la Hongrie et l'Angleterre est affichée par M. de Lamberval et des mesures sont prises pour assurer un meilleur service de la garde bourgeoise à Bayonne (2 avril 1744). Les Anglais, Ecossais ou Irlandais qui se trouvent en France à l'état de vagabonds reçoivent l'ordre de rejoindre les régiments irlandais au service du roi de France, sous peine d'être condamnés aux galères.

Les succès des armées françaises eurent leur écho à Bayonne ; les prises d'Ypres, de Fort-Dauphin et de Fribourg précédèrent la victoire de Fontenoy (1745), dans laquelle Maurice de Saxe battit les Anglais. Le duc Louis de Gramont qui commandait le régiment de Hainaut-infanterie, venait d'être promu maréchal de camp ; il fut tué à cette bataille, ayant à ses côtés son second fils Antoine-Adrien, comte d'Aster ; ce dernier prit alors le titre de comte de Gramont.

De nombreuses villes des Flandres tombèrent successivement entre les mains des Français, après la victoire de Rocoux gagnée par eux sur les impériaux et les Anglais (24 octobre 1746). La bataille de Lawfeld, perdue par les Hollandais et les Anglais fit tomber Ber-op-zoom en notre pouvoir.

La paix d'Aix-la-Chapelle mit fin à cette guerre ; elle fut publiée à Bayonne et célébrée par un feu d'artifice (20 mai 1748). Un bataillon autrichien, retenu prisonnier, depuis Fontenoy, dans la caserne de la citadelle de Bayonne, fut rendu à la liberté et regagna ses foyers.

Passage de l'infante, fiancée au dauphin. L'infante Marie-Thérèse, fiancée au dauphin, se mit en route pour aller célébrer son mariage à Versailles. L'intendant, averti de son passage à Bayonne, donna l'ordre au sieur Loguet, ingénieur des ponts et chaussées, de rectifier le tracé du chemin royal, suivi par les voitures de poste entre cette ville et Saint-Jean-de-Luz, afin de rendre le trajet plus direct. Le génie fit aussi renouveler, sur l'invitation du comte d'Argenson, le pavage de la partie de ce chemin comprise entre la porte Saint-Léon et l'extrémité des glacis.

La garde bourgeoise qui aspirait à l'honneur de garder la dauphine durant son séjour en ville, obtint du duc de Gramont l'autorisation d'alterner, pour ce service, avec les bandes Gramontoises de la garnison, auxquelles cependant la droite fut réservée dans les cérémonies. Le maire, en qualité de colonel des gardes bourgeoises, désigna six officiers et cent bourgeois pour composer la troupe de service ; il leur fit délivrer le drapeau colonel et les obligea d'acheter, à leurs propres frais, un uniforme en peluche rouge et à boutons d'or, un chapeau bordé d'un galon d'or, des bas blancs, etc.

Le duc de Lauragais et le marquis de la Fare, chargés par le roi Louis XV de recevoir la dauphine dans l'île de la Conférence, vont loger chez M. de Hureaux. Ils font savoir aux magistrats qui doivent haranguer la dauphine que le roi les dispense de prononcer leur discours à genou et de lui présenter les clefs de la ville.

La dauphine arriva de Saint-Jean-de-Luz le 25 juin 1745. La porte Mignon (1) avait été augmentée, pour la circonstance, de deux galeries en charpente richement tapissées, sur lesquelles les membres du Corps de ville et la Société s'étaient placés pour saluer la princesse.

Après avoir écouté la harangue, l'infante parcourut la rue Mayour, dont les maisons étaient tapissées, et alla descendre à l'évêché où elle reçut les présents de la ville. Elle repartit vers la France deux jours après, non sans avoir exprimé au Corps de ville tout le plaisir que lui avait causé le séjour de Bayonne. M. de la Fare affirma, en bon courtisan, que « s'il avait su la compagnie des bourgeois si leste, il l'aurait envoyée à la frontière grossir le cortège. » Ce propos du marquis flatta la vanité des habitants et lui assura leur reconnaissance. Aussi n'eurent-ils garde de laisser passer, sans les célébrer par des réjouissances, les naissances des cinq fils (2) de cette princesse, se rappelant de la belle réception qu'ils lui avaient faite.

Le duc de Duras, nommé à l'ambassade de France près la cour d'Espagne, abandonna le poste de commandant de la province de Guyenne, qui fut accordé au comte d'Hérouville (23 juin 1755). Le nouveau commandant fit son entrée à Bayonne le 27 juillet suivant ; on lui offrit, selon l'usage,

Réception de diverses autorités.

---

(1) Ancienne porte romaine méridionale.
(2) *Duc de Bourgogne*, 16 septembre 1751 ; *duc d'Aquitaine*, 14 septembre 1753 ; *duc de Berry* (Louis XVI), 27 avril 1754 ; *comte de Provence* (Louis XVIII), 21 novembre 1755 ; *comte d'Artois* (Charles X), 30 octobre 1757.

une bourse de cent louis ; son secrétaire reçut cent pistoles et ses domestiques furent gratifiés de cinq louis.

M. d'Hérouville ayant appris que le duc de Gramont avait défendu aux échevins de lui rendre les honneurs tant que le roi n'aurait pas spécifié que son autorité s'étendait sur le pays de Labourd, les blâma de ne pas avoir tenu compte de sa nomination dès qu'il la leur avait notifiée et se fit délivrer une copie de la délibération du Corps de ville relative à cet objet.

Sans attendre la solution que le roi devait donner à ce conflit de pouvoirs, il céda sa place au maréchal de Richelieu (21 novembre 1755) ; ce dernier fut remplacé à son tour par le maréchal de Thomond (5 août 1757). Après lui, M. de Langeron, nommé le 30 octobre 1757, ne reçut pas le commandement du Labourd, qui fut attribué au comte de Gramont.

Le marquis de Paulmy, secrétaire d'État au département de la guerre et fils du comte d'Argenson, ministre de la guerre, remplaça son père dans cette haute charge, à la mort de ce dernier (janvier 1757). Il s'était rendu à Bayonne où le Corps de ville lui avait marqué toutes sortes d'égards (7 août 1753). Deux échevins en robe étaient allés au-devant de lui jusqu'à Saint-Pierre d'Irube, tandis que la garnison et la milice bourgeoise avaient pris les armes au moment de son entrée. Le Corps de ville le conduisit visiter la barre de l'Adour, où il lui offrit un repas et lui donna le spectacle d'un bateau franchissant cette passe difficile. Paulmy se souvint de cet accueil et se montra dans la suite disposé à accorder les demandes du Conseil. Le maréchal de Bellisle succéda à ce dernier et reçut à cette occasion les compliments des échevins (30 mars 1758).

La présence du duc de Biron, lieutenant-général des armées, colonel des gardes françaises et oncle du duc de Gramont, ne laissa pas le Corps de ville indifférent. Le duc était venu préparer le passage de l'infante Doña Luisa, épouse de Don Philippe : cette princesse, accompagnée par sa fille et par une suite nombreuse, traversa Bayonne le 11 décembre 1748.

M. d'Aligre, qui occupa la place d'intendant de la généralité, depuis le 14 mars 1749, et auquel succéda M. Maigret d'Eligny, le 24 mai 1751, eut avec les échevins de Bayonne de fréquents rapports et sut se faire regretter.

Guerre de sept ans contre l'Angleterre. Après huit ans de paix, l'Angleterre résolut d'anéantir notre marine et de s'emparer de notre empire colonial, déjà diminué par le traité d'Aix-la-Chapelle. Alliée à la Prusse, elle engagea la guerre de sept ans contre la France soutenue par l'Autriche. La déclaration de guerre fut publiée à Bayonne le 21 juin 1756.

La cour donna l'ordre d'expulser les Anglais du royaume. On défendit aux habitants de Bayonne, sous peine de 300 livres d'amende, de donner asile aux marins anglais capturés par les corsaires français sur les vaisseaux ennemis, et gardés prisonniers dans les forts. On avait songé à les enfermer dans les chais de Saint-Esprit, mais la place manquant pour les loger, le marquis d'Amou fut chargé par le ministre de les interner à Navarrenx et à Saint-Jean-Pied-de-Port. L'intendant donna l'ordre d'arrêter les fugitifs et de les incarcérer.

Les prisonniers anglais furent tellement entassés dans les châteaux Vieux et Neuf de Bayonne qu'ils y commirent des dégradations et en rompirent toutes les fenêtres. Aussi le duc de Tresmes, commandant à Bayonne et en Labourd, requérit-il des charrettes à bœufs pour les transférer à Mendionde.

Durant le cours de cette guerre, deux alertes vinrent jeter l'émotion parmi les Bayonnais. Le 23 septembre, un avis annonce qu'une flotte anglaise de cent voiles est entrée dans le pertuis de La Rochelle et que ses équipages ont opéré une descente dans l'île d'Aix. Le maire de Bayonne met à la disposition du duc de Tresmes, qui cumule la charge de commandant en Labourd avec celle de commissaire des côtes pour la marine, toutes les ressources dont la ville peut disposer, afin de lui permettre d'effectuer toutes les opérations propres à assurer la défense. Le commissaire requiert le recensement des grains, des farines et autres espèces de vivres. Il fait fournir une corvée chargée de déblayer les embrasures du Château-Neuf et demande un redoublement de précautions à l'égard des étrangers qui sont invités à se présenter devant les magistrats et une plus grande surveillance des vagabonds. Par surcroît de garantie, le maréchal de Thomond interdit le port d'armes à ceux qui n'ont point qualité pour en user et fait vérifier leurs titres. Mais il se défend de porter atteinte aux prérogatives des Bayonnais, laissant les échevins libres d'accorder la permission du port d'armes aux habitants qui veulent voyager.

La flotte anglaise ne se porta pas vers Bayonne, mais cependant l'année suivante certaines précautions furent prises, dès le 23 juin 1758, en vue d'un danger éventuel. On fournit au maréchal de Richelieu, nouveau gouverneur de Guyenne, la liste des habitants mariés ou célibataires, capables former une compagnie pouvant servir, le cas échéant, à la défense du pays. Les ingénieurs firent boucher une porte de l'abattoir, placée au bord de la rivière, quoiqu'elle offrît des commodités au public, parce qu'elle pouvait faciliter une surprise.

Alerte causée par la flotte anglaise. Précautions prises.

Une nouvelle alerte, plus vive que la précédente, se produisit, le 9 septembre 1758, lorsque le maréchal de Richelieu donna avis à Monsieur de Tresmes que les Anglais menaçaient de faire une descente à Bayonne. Tresmes fait aussitôt assembler en armes à l'Allée Marine tous les habitants incorporés dans les gardes bourgeoises et les passe en revue afin de savoir sur combien d'hommes il peut compter. Il répartit les troupes de la milice en sept détachements et leur assigne à chacun un lieu de rassemblement lorsqu'on battra la générale (1). Les marins en sont distraits, et sont affectés au service des batteries et à la garde des rivières, sous les ordres de M. de Laborde, capitaine de vaisseau du roi.

Tresmes constitua une troupe de réserve avec les jeunes gens exempts, appelés volontaires de la ville ; il les répartit dans quatre compagnies de 50 hommes, ayant chacune deux capitaines choisis parmi les principaux notables (2) et leur assigna l'hôtel de ville pour point de ralliement. Enfin, une troupe de travailleurs (portefaix, brassiers), devait être réunie au bas de l'hôtel de ville et exécuter, sous les ordres du capitaine du guet, les transports de matériaux et d'effets nécessaires à la défense de la place.

Le marquis d'Amou, lieutenant de roi, fait requérir chez les armateurs partis en course la poudre, les fusils avec leurs baïonnettes ; il fait recenser secrètement le blé, la farine, le bétail, afin de s'assurer s'il en existe un approvisionnement pour trois semaines. Il se préoccupe particulièrement de réunir des vivres pour la garnison de la Citadelle et suppute que, pour nourrir pendant quinze jours une troupe de 1.200 hommes nécessaire à la défense de ce fort, il faut 200 quintaux de biscuit, 45 bœufs et 80 moutons. Il prescrit en conséquence aux boulangers et bouchers de tenir ces vivres en réserve prêts à être dirigés sur les magasins de la Citadelle. Le recensement du biscuit donna un résultat satisfaisant puisqu'on en trouva 1.000 quintaux, c'est-à-dire plus de 4 fois la quantité suffisante.

Il fut recensé chez les armateurs de la ville, 2.781 fusils, 731 pistolets, 720 sabres, 307 baïonnettes, 800 fusils de chasse et 26.800 gargousses de fusils.

----

(1) Le détachement montant la garde le dimanche se réunira à la tour de Sault ; celui du lundi, à la porte d'Espagne ; celui du mardi, à la porte Lachepaillet ; celui du mercredi, au bastion du Nard ; celui du jeudi, à la place Gramont ; celui du vendredi, au réduit, et celui du samedi, à la porte de Mousserolles.

(2) Les quatre premiers capitaines étaient : de Behic, de Casaubon, de Picot, de Bretous.

Tresmes, de son côté, fit remonter vers Mousserolles tous les bâtiments arrêtés en aval du pont Saint-Esprit, afin de les mettre à l'abri d'un coup de main. Il se rendit à la barre de l'Adour, avec le marquis d'Amou, les officiers du génie et de l'artillerie, et M. de Laborde, capitaine de vaisseau, pour rechercher le moyen d'interdire l'entrée du port. Ils décidèrent de construire trois batteries sur la rive Sud. M. de Boisnanau, ingénieur en chef, fut chargé de procéder à l'abatage de 577 pins dans les pignadas de la ville, pour construire les plates-formes de ces batteries et placer des palissades à la tour de Sault ; on mit à cet effet à sa disposition une corvée comprenant 50 travailleurs, 8 charpentiers et 22 journaliers ; ceux-ci furent réunis par Morassin, subdélégué de Bayonne.

Tresmes fit encore délivrer à l'artillerie les pièces de canon et les affûts trouvés chez les armateurs corsaires, et transporter des armes, de la poudre, dans les magasins de la Citadelle et de l'enceinte de la place.

Le maréchal de Richelieu vint s'assurer par lui-même que les mesures de défense avaient été sérieusement prises ; le comte de Gramont et le Corps de ville l'accueillirent avec beaucoup d'honneur, ayant posté sur son passage les troupes de la garnison et la milice bourgeoise ; un cadeau de cent louis lui fut remis au nom de la ville (25 septembre 1758).

Le comte de Gramont, alors âgé de 32 ans, avait obtenu du roi, en 1756, le commandement en chef du Béarn, de la Navarre et du gouvernement de Bayonne. Il venait d'être nommé maréchal de camp, mais il jouit peu de temps de son grade, car il mourut, en 1762, à Bayonne, qui était le siège de son commandement. Son corps fut transporté à Bidache où il fut inhumé dans la sépulture de famille (24 septembre). Sa belle-sœur, la duchesse de Gramont, était morte peu d'années auparavant, à 33 ans (1756) ; le duc épousa en secondes noces Mademoiselle de Choiseul, parente du duc de Choiseul, ministre des affaires étrangères.

Le résultat de la guerre, tant sur terre que sur mer, fut désastreux pour la France ; le Canada, les Indes, les Antilles et le Sénégal tombèrent au pouvoir des Anglais. Aussi, craignant toujours une attaque sur les côtes de France, le duc de Choiseul donne ordre d'interdire le séjour des villes maritimes à tous Anglais, Ecossais ou Irlandais, et de les faire refouler dans les villes de l'intérieur ; il défend en outre de ne laisser pénétrer dans aucun port les bâtiments anglais, sous prétexte de commerce, et même s'ils rapatrient des prisonniers français, de crainte qu'ils ne renseignent les ennemis sur ce qui se passe dans ces ports (mars 1762).

Un camp de troupes fut établi dans les landes d'Anglet. Le prince de Beauveau, lieutenant-général des armées et quel- Camp d'Anglet.

ques autres commandants de troupe vinrent présider à sa formation ; le maréchal de Richelieu alla l'inspecter. Les régiments de royal-vaisseau, de l'Ile de France et de Hainaut y furent rassemblés, en même temps que les recrues destinées à l'armée de Portugal.

Le traité de Paris mit fin à cette guerre funeste pour nos armes et sanctionna nos pertes ; l'Espagne dut céder la Louisiane aux Anglais et reçut la Floride en échange. Les Bayonnais furent avisés, le 18 février 1763, de la signature de la paix avec l'Angleterre et le Portugal ; l'ordonnance relative à sa publication fut retardée au 3 juin.

Décès du dauphin et de Louis XV. La douleur publique causée par les désastres de la guerre s'accrut lorsque se répandit la nouvelle que la mort du dauphin était prochaine.

Pour conjurer ce malheur, une neuvaine de prières avait été commencée à Bayonne, le 13 décembre 1765 ; la châsse de saint Léon fut descendue de son autel et portée processionnellement à travers les rues de la ville. La population de Bayonne ne vit pas ses prières exaucées, et elle manifesta ses regrets en se portant en foule dans la Cathédrale, où les honneurs funèbres furent rendus à la mémoire du dauphin.

A l'intendant d'Etigny avaient succédé M. de Sallen en 1767 et M. d'Aine en 1768 ; ce dernier annonça au Corps de ville la nomination du duc d'Aiguillon comme ministre de la guerre. Si le duc de Choiseul avait tenté de réorganiser l'armée et la marine, et avait annexé la Corse, son successeur, le chancelier Maupeou, associé à d'Aiguillon et à l'abbé Terray, signala son passage au ministère par une mauvaise gestion.

Le roi Louis XV vint à tomber malade. A cette nouvelle, on institua à Bayonne une oraison de quarante heures ; on descendit la châsse de saint Léon et on l'exposa à la vénération des fidèles. La salle des spectacles fut fermée jusqu'à nouvel ordre (9 mai 1774). L'âge déjà avancé du monarque laissait peu d'espoir en sa guérison ; aussi ne tarda-t-il pas à mourir (20 mai). Des prières pour le repos de son âme furent demandées à l'évêque par son successeur, le roi **Louis XVI.**

CHAPITRE XVII

ADMINISTRATION MUNICIPALE ET MILITAIRE DURANT LE RÈGNE DE LOUIS XV.

1º ADMINISTRATION MUNICIPALE

Commandement intérimaire disputé au maire. — Colins, lieutenant de roi. — Nouveaux incidents au sujet du commandement. — Atteintes aux privilèges de la ville. — Rapports bien améliorés. — Acquisition de la charge de maire. — Nouvelle composition du Corps de ville. — Diverses prérogatives du maire. — Représentant de la ville à Paris. — Cachalot tué dans l'Adour. — Mariage de Mlle Bayonne d'Amou.

2º ÉTAT MILITAIRE

Etat-major de la place. — Logement des officiers. — Matériel des casernes. — Corps en garnison à Bayonne. — Fête militaire à l'hôtel de ville. — Rixes entre militaires et civils. — Invalides. — Milices. — Recrutement. — Hommes d'armes. — Compagnies de cadets.

1º ADMINISTRATION MUNICIPALE

Le décès de la Gibaudière, lieutenant de roi à Bayonne, survenu peu de jours après celui du roi Louis XIV, souleva de nouveau le conflit sans cesse renaissant au sujet des privilèges militaires revendiqués par les magistrats Bayonnais. Aussitôt qu'ils apprirent la mort de cet officier, le maire de Lalande et les échevins, revêtus de leurs robes, se transportèrent à sa demeure, précédés du capitaine du guet et des sergents massiers, afin de réclamer les clefs de la ville à son neveu, le sieur Leseuil (5 octobre 1715).

Peu impressionné par tout cet appareil, le sieur Lasserie, capitaine des portes, qui avait pénétré dans le logement de la Gibaudière, avec un détachement de soldats, s'opposa à l'entrée des magistrats, et au lieu de déférer à leur invitation d'exécuter les règlements du roi, il leur répondit en les traitant de séditieux et en leur appliquant d'autres épithètes injurieuses.

Le maire et les échevins se retirèrent et firent sommer MM. de Colins et de Flamboisure, commandants du Château Vieux et du Château-Neuf, et Damville, major de la ville, de leur faire la remise des clefs ; cette démarche n'eut pas plus de succès que celle tentée auprès du capitaine Lasserie. M. de Marigny, également sollicité, répondit n'avoir jamais ouï parler du règlement qu'ils invoquaient et vouloir se conformer uniquement aux ordres du maréchal de Montrevel.

Commandement
intérimaire
disputé
au maire.

24

Enfin le colonel du régiment d'infanterie de la reine refusa de recevoir le mot d'ordre du maire.

La résistance des officiers ne pouvait être plus entière et le conflit se trouvait avoir atteint l'état le plus aigu. Aussi le Conseil de ville, après avoir dressé un procès-verbal relatant tous ces faits, réunit-il le lendemain une assemblée générale de la communauté ; il fut décidé dans cette séance que l'on aviserait de cette situation les maréchaux de Villars et de Montrevel, les ducs de Gramont et de Guiche ; et que le maire donnerait quand même le mot d'ordre aux officiers des gardes bourgeoises. Il fut convenu en outre que le Corps de ville, pour sauvegarder sa dignité, n'assisterait à l'enterrement de la Gibaudière qu'au cas où il en serait prié et qu'il se retirerait si on lui contestait la droite.

Le duc de Gramont fit savoir que l'intention du régent était de laisser jouir le maire des privilèges de recevoir les clefs et de donner le mot jusqu'à la nomination d'un autre lieutenant de roi. Mais, d'autre part, le maréchal de Montrevel donna une commission à M. de Colins, commandant du Châteaux-Vieux, pour commander à la place de la Gibaudière jusqu'à ce que le régent en ait disposé autrement et répondit au député de la ville que M. de Colins, muni d'une commission provisoire, ne pouvait partager avec le maire le commandement de la place. Cette réponse augmenta l'audace des soldats de la garnison et les poussa à refuser de présenter les clefs, au moment de la fermeture des portes, à l'officier de la garde bourgeoise, en service de garde à la porte Saint-Léon, contrairement à un usage observé à l'égard des officiers de garde.

Colins, lieutenant de roi. · M. de Colins reçut, le 25 octobre 1715, sa nomination officielle à la charge de lieutenant de roi. Le maréchal de Montrevel, dans un but d'apaisement, lui conseilla de s'absenter durant peu de jours, afin de fournir au maire l'occasion de jouir de ses prérogatives et de donner en même temps une satisfaction à Gramont, qui avait pris le Corps de ville sous sa protection. Colins quitta donc la ville un dimanche, en recommandant à Damville, major de la place, d'aller porter les clefs de la ville au maire et de les reprendre à son retour.

Damville s'acquitta de la commission, suivi par deux soldats de la milice bourgeoise, et, pour se conformer à une prescription de Colins, il ordonna à l'un de ces soldats de rester en sentinelle à la porte du maire, comme signe de l'autorité qui lui était déléguée.

Nouveaux incidents au sujet du commandement. Le sieur de Lalande, chatouilleux sur ses droits, fit dire à Damville qu'il avait pris une peine inutile, puisque le maire possédait le commandement des milices bourgeoises avait le pouvoir de poser une sentinelle devant sa porte. Mais si le major Damville avait accepté de reconnaître les pouvoirs militaires dévolus au maire, il n'en fut pas de même pour les autres officiers. Le commandant de la Citadelle négligea de faire demander le mot d'ordre au maire ; M. de Marsillac, lieutenant-colonel du régiment de la reine se rendit à la place Gramont, le soir à l'heure de la garde et fit défiler la garde sans solliciter les ordres de ce magistrat. Seul, Damville avait soin de faire prendre les clefs chez Lalande par un sergent et deux soldats des milices bourgeoises, afin de fermer les portes de la ville.

Or, par une coïncidence singulière, un courrier de la cour d'Espagne se présenta le soir de ce même jour, vers huit heures, à la porte marine. Le maire averti, confia les clefs à un sergent de la milice, en lui ordonnant d'ouvrir la porte et d'amener le courrier près de lui.

La porte marine était gardée par un détachement du régiment de la reine ; l'officier, chef de poste, déclara au sergent milicien que l'ouverture de la porte n'était point son affaire et que le courrier serait conduit chez M. de Marsillac. Au même moment l'officier ouvrit la porte, et ne pouvant imposer silence au sergent, il appela : « A moi ! quatre grenadiers ! »

A cet appel, M. de Marsillac apparut et interrogea le courrier. Puis celui-ci, averti par le sergent milicien que le maire le mandait près de lui, répondit aux instances de Marsillac qui essayait de l'en détourner, qu'il était toujours bon d'obéir. Le courrier se rendit donc à l'appel du Maire et fut aussitôt congédié par lui. Le sieur de Colins arriva le lendemain soir, et reçut du maire les clefs des portes.

Ainsi, le sieur de Marsillac s'était emparé du commandement de Bayonne, contrairement aux privilèges de la ville sanctionnés par le roi. Le Conseil envoya une copie du procès-verbal relatant les faits, et porta plainte au régent et à Montrevel, contre cet officier.

Le régent répondit (15 novembre) qu'il s'opposait à ce que la jouissance du commandement de la ville ne subisse aucun empêchement lorsqu'elle se trouvait dévolue au maire, et qu'il ferait là-dessus ses observations à Villars. Ce dernier écrivit, de son côté, que, dans des occasions semblables à celle qui venait de se présenter, le maire devait donner le mot, avoir la garde des clefs, et rien de plus. Gramont conseilla à la ville de ne rien réclamer au delà du tempérament arrêté par le conseil de guerre et communiqué par Villars.

Le capitaine Lasserie, ayant prêté la main aux officiers des régiments contre les prétentions du maire, fut l'objet des sévérités de Gramont. Il fut invité par ce dernier à quitter le logement qu'il occupait à la porte Mousserolles et que les échevins réclamaient comme une dépendance de la ville. Après plusieurs mois de résistance, il obéit aux ordres du duc, mais il prétendit conserver un jardin dans le saillant de la contre-garde voisine. Cette faveur dépendait de M. Salmon, directeur des fortifications ; et le Corps de ville continuant à donner libre cours à sa rancune, envoya deux députés à cet ingénieur pour faire ressortir les inconvénients de cette concession.

Le départ du régiment de la reine, seule mesure propre à supprimer les difficultés et les conflits, fut demandé par Gramont, qui eut soin d'en avertir les magistrats. Mais cette démarche, qui constituait un blâme pour le régiment, devait au contraire multiplier les difficultés jusqu'à son départ. Le 16 décembre 1715, un sergent de la garnison arracha violemment les clefs de la porte Mousserolles des mains du portier, lorsque celui-ci les tendait à un officier de la milice pour procéder à la fermeture de la porte. Le Conseil demanda à M. de Colins réparation de l'affront reçu par l'officier et de la violation de l'ancien usage.

Les échevins désirant voir confirmer les privilèges de la ville, adressèrent des mémoires au régent sur cet objet (14 février 1716). Le duc de Gramont ne consentit pas à appuyer les prétentions des officiers de la garde bourgeoise qui voulaient forcer les sergents et soldats de la garnison à leur remettre les clefs, au moment de la fermeture des portes, lorsque le capitaine des portes ou les officiers de l'état-major n'y assistaient pas. Il leur conseilla de ne pas s'arrêter à ces minuties, ajoutant que l'abrogation de cette formalité est justifiée, que les plaintes pour de pareilles choses sont trop fréquentes, qu'elles ne sont pas bien reçues et font tort à celles plus importantes.

Le duc de Guiche, fils du duc de Gramont, obtint, par son intervention auprès du régent, durant un voyage de Villars, confirmation des privilèges du maire, touchant le commandement de la ville en l'absence du gouverneur et du lieutenant de roi. Les lettres patentes accordant cette confirmation parvinrent à la ville le 4 juin 1717. Le Conseil ne les trouva pas assez étendues en ce qui concernait les clefs et le commandement ; et, malgré Gramont qui conseillait d'en user modérément et de ne donner lieu à aucune plainte, les magistrats se proposèrent de les faire réformer.

Guiche, membre du conseil de régence, mettait au service de la ville l'influence que lui donnait sa haute situation. Il sollicita aussi des faveurs pour son fils, le duc de Louvigny, qui lui succéda dans la charge de colonel des gardes françaises et obtint la survivance (1) des gouvernements de Béarn, Navarre et Bayonne (janvier 1717).

Mademoiselle de Boufflers, petite-fille du duc de Gramont, épousa le prince Pectorano, grand seigneur espagnol. La rentrée du nouveau ménage en Espagne, après la cérémonie du mariage, se fit en passant par Bayonne. Le Corps de ville ne pouvait manquer de fêter un membre de la famille de son gouverneur ; il offrit à Pectorano et à son épouse un petit souper, le 8 mai 1717, et un dîner le lendemain. La mort du duc de Gramont (8 novembre 1720), survenue dans le Château-Vieux de Bayonne, a été mentionnée à l'occasion de l'échange des princesses ; elle fit passer sur la tête du duc de Guiche le titre de duc de Gramont.

La mort de Gramont arriva quelques mois après celles de M. Dauzeville, maréchal de camp à Bayonne et de M. de Colins, lieutenant de roi, renouvela le haut état-major de la ville : M. Dadoncourt fut nommé au poste de lieutenant de roi.

Atteintes aux privilèges de la ville.

A la suite de ces changements de personnel, les privilèges de la ville subirent de nouvelles atteintes. Pendant une absence de M. Dadoncourt, occupé à la délimitation de la frontière, M. de Pinsun, commandant de la Citadelle, reçut de la cour l'ordre de résider en ville et de prendre en mains le commandement de Bayonne et du pays de Labourd jusqu'à la rentrée du titulaire. Le Conseil de ville s'émeut de cette transgression à ses privilèges : le duc de Gramont exprime l'avis que le roi n'a aucune intention hostile et conseille de se tenir tranquille. Son avis n'est pas suivi ; des placets sont adressés au régent et au cardinal Dubois, ministre, afin de protester (19 septembre 1722).

Le roi fit répondre que si l'absence du lieutenant de roi ne durait que peu de jours, le premier échevin prendrait le commandement en son lieu et place : si, au contraire, l'absence devait être longue, le commandement passerait aux mains de l'officier placé immédiatement après le lieutenant de roi. Tel était l'ordre établi dans tout le royaume, et la ville de Péronne, après s'être insurgée contre ce règlement, avait fini par s'y soumettre.

Le Conseil de ville reconnut alors la sagesse des conseils de Gramont et ne renouvela pas ses réclamations. Il préféra employer plus utilement sa peine en saisissant l'occasion de condoléances à adresser au duc d'Orléans sur la mort de son père, pour lui demander d'accorder sa protection à la ville. Une semblable démarche fut faite auprès du duc de Bourbon (13 décembre 1723). Le parlement de Bordeaux était

(1) Survivance ou droit de succéder au titulaire actuel, soit au décès de ce dernier, soit par suite de sa démission.

aussi sollicité de mettre son influence au service des intérêts de la ville, au moment de l'envoi d'un cadeau fait annuellement au premier président et au procureur général de ce corps et consistant en jambons.

Ces puissantes protections assurèrent aux échevins la bienveillance des autorités militaires de la ville. Le maire prit le commandement et reçut les clefs des portes, le 23 mai 1727, durant une absence de Dadoncourt ; il constata avec satisfaction la déférence dont les officiers firent montre envers lui ; une sentinelle fut placée par eux devant sa porte ; les honneurs militaires lui furent rendus par les troupes du régiment de Saintonge, lorsqu'il vint à passer sur les glacis voisins de la porte marine où elles faisaient l'exercice, et la garde militaire de cette porte prit les armes à son passage.

Mais ces bons procédés n'endormaient pas la vigilance du Conseil de ville qui ne cessait de réclamer contre la moindre atteinte à ses privilèges. Ayant remarqué qu'une commission de major du Château-Vieux, concédée au sieur Castain, accordait à cet officier le droit de commander dans la place en l'absence du gouverneur et du lieutenant de roi, les magistrats adressèrent une réclamation à la cour (18 septembre 1724).

Ils firent opposition à une prétention du major qui voulait empêcher la ville de faire déposer du sable sur la place du réduit, et lui signifièrent que cet emplacement, constituant la place bourgeoise, appartenait à la ville et qu'ils pouvaient par suite en disposer à leur gré (1730). La même raison de possession fut invoquée par eux au sujet du pont-levis du pont Saint-Esprit, que le major ne voulait laisser lever sans que l'autorisation lui en ait été demandée (1732). Mis en éveil par ces contestations, les magistrats jugèrent prudent de renouveler les actes possessoires sur les sables, marais, eaux, et sur les droits de justice haute, moyenne et basse, que la ville possédait le long des rives de l'Adour, depuis Hausquette jusqu'au Boucau-Vieux.

Le sieur Castain, major du Château-Vieux, refusa de remettre les clefs de la ville à M. de Comarieu, maire de la ville, durant une absence de M. Dadoncourt, sous prétexte que ce dernier était rentré le soir, puis reparti le lendemain. Le maire qui doutait de l'exactitude du fait avancé par Castain, le fit vérifier par le capitaine du guet ; celui-ci alla interroger le maître d'hôtel de M. Dadoncourt et eut ainsi la preuve de son absence. Il envoya alors sommation à Castain de délivrer les clefs, en l'informant qu'il allait en référer au duc de Gramont et au garde des sceaux. Cette leçon ne plut pas à Castain qui continua à conserver les clefs durant une nouvelle absence de M. Dadoncourt.

Tout en désapprouvant le procédé dont la ville avait usé contre un officier de l'état-major, le roi voulut bien la main tenir dans ses privilèges. Gramont fut également choqué de la sommation faite à Castain, et, s'écartant du soin des intérêts de la ville, il tenta, mais en vain, de faire délivrer à cet officier, par le ministre de la guerre, un brevet particulier pour commander en l'absence du lieutenant de roi (octobre 1733).

A dater de cette époque, on ne signale plus d'atteinte grave aux prérogatives des magistrats. Le marquis d'Amou, qui commandait à Bayonne, prit généralement soin de remettre au maire, quand il s'absentait, le commandement et les clefs des portes. Le maire de Behic, pendant un intérim, reçut la visite du chevalier de Valence, colonel du régiment de Bourbonnais, récemment arrivé en ville ; cet officier usa à son égard d'une très grande politesse, jusqu'à lui demander l'autorisation de faire prendre les armes à son régiment et de faire occuper les postes affectés à ses soldats par la compagnie des grenadiers et celle des Cantabres, durant la prise d'armes (1751).

Une seule fois cependant, le marquis d'Amou fut réprimandé par le ministre, pour avoir omis de faire la remise du commandement et des clefs au maire, avant d'aller à Navarrenx où devaient être internés des prisonniers anglais.

Les échevins, malgré leurs bons rapports avec M. d'Amou n'avaient pas hésité à porter le cas à la connaissance du ministre (1757).

Une ordonnance du 1er mars 1768 prescrivit que le mot n'était dû, en dehors des troupes, qu'à l'ingénieur en chef, au directeur de l'artillerie et au commissaire des guerres. Le maire ne s'y trouvant pas compris, le comte de l'Hospital conseilla aux échevins d'en référer au roi en lui demandant de réparer cet oubli, mais par politesse, il continua d'envoyer le mot au maire.

Monsieur de Lamberval, major, voulut exiger du maire un compte rendu écrit des châtiments infligés par le tribunal des échevins à certains déliquants pour faits de service de garde ; le Conseil repoussa cette prétention et les deux parties en référèrent à la cour. Le ministre Amelot répondit que l'autorité de M. de Lamberval s'étendait à tous les faits intéressant la garde et la sûreté de la place : par suite les postes fournis par les habitants étaient placés sous ses ordres pendant la durée de la garde, et devaient se tenir prêts à recevoir sa visite dans les corps de garde. Par contre, la compétence des magistrats s'appliquait à tout ce qui se

Rapports bien améliorés.

produisait à l'intérieur de la ville et aux délits qui s'y commettaient, sans qu'ils fussent tenus d'en rendre compte au major (1741).

Acquisition de la charge de maire.

La composition de la municipalité fut aussi variable sous le règne de Louis XV que sous celui de son prédécesseur. Les offices municipaux, que l'on pouvait acquérir moyennant finances, ayant été supprimés par le roi en 1717, la ville fut invitée à rembourser au sieur de Lalande, maire en fonctions, la somme de 23.000 livres qui constituait le prix de sa charge; celui-ci l'avait d'ailleurs payée au sieur Vinatier, précédemment acquéreur de cet office. Après avoir vainement demandé au roi de dispenser la ville de faire ce remboursement et de le prendre à sa charge, le Conseil décida de désintéresser de Lalande par le paiement de six annuités. On procéda ensuite à l'élection des magistrats du Corps de ville, selon le mode usité avant la création des offices payants ; le sieur de Pinkeveer fut nommé lieutenant en la mairie (30 août 1717).

La guerre d'Espagne ayant vidé les coffres du roi, on rétablit, pour les garnir, les offices municipaux ; le Corps de ville adressa une supplique au roi, le priant d'accorder à la ville la faveur de réunir en elle les dits offices, moyennant le paiement de sommes que le procureur du roi devait lui faire connaître. Le roi se montra disposé à accueillir la demande, à condition que la ville présentât un titulaire pour chaque office soumis au payement des droits annuels et de ceux de mutation ; il lui imposa en outre de couvrir l'enchère de l'office de maire offerte par le sieur Dussault, à Paris (19 octobre 1722).

Mais la ville ne se presse pas de satisfaire aux conditions qui lui sont imposées. Aussi, le sieur Dussault se fait délivrer par le roi un titre provisionnel de maire mi-triennal et alternatif, le 24 novembre 1722. La ville se refuse à l'enregistrement du titre et à l'installation de Dussault. Celui-ci qui ne tient nullement à remplir cette fonction, fait connaître aux échevins qu'il cédera sa charge à prix coûtant (8 décembre 1722).

Il fallut l'intervention de Gramont pour amener l'accord entre la ville et Dussault. Ce dernier fut installé maire, et remit sa démission des deux charges de maire ancien et de maire triennal et alternatif, vingt-quatre heures après son installation au Conseil de ville, qui s'engagea à lui payer 1° une somme de 36.313 livres, sous forme de prêt au contrat, portant intérêt au denier 50 (2 pour 100) ; 2° le reste de la somme de 132.000 livres, que Dussault avait payée en billets pour acquérir la charge, après déduction du contrat ci-dessus. Il fut stipulé que cette somme payable en billets pourrait lui être versée en argent en lui faisant subir une réduction de 75 pour cent. Ce dernier mode de paiement fut choisi par Dussault, et la ville ayant trouvé un prêteur qui consentit généreusement à être remboursé en cinq annuités, sans recevoir d'intérêts, fut en mesure de désintéresser Dussault (4 février 1723).

Le Corps de ville ne procéda pas cependant à l'élection d'un maire ; il se contenta, durant plusieurs années, de donner le titre de maire au premier échevin. Une réclamation de l'intendant, adressée le 2 juillet 1736, au Conseil, ne le décida pas à nommer le maire. Enfin, deux ans après, les magistrats parvinrent à se mettre d'accord sur une nouvelle composition du Corps de ville, qui fut soumise à l'approbation royale. Cette assemblée devait comprendre : 1° le maire premier échevin ; 2° le clerc assesseur ; 3° cinq échevins ; 4° un procureur du roi, syndic. Ces charges étant biennales, les magistrats furent divisés en deux groupes ; l'un, comprenant le maire, deux échevins et le procureur, élus ensemble, le clerc et trois échevins, élus l'année suivante ; ne pouvaient être candidats que les Bayonnais pourvus du droit de bourgeoisie (29 mai 1738).

Nouvelle composition du Corps de ville.

Il y a lieu de présumer que le roi accorda toute satisfaction au Conseil de ville de Bayonne et le laissa élire ses divers membres selon son désir. La composition de cette assemblée donna entière satisfaction à une ordonnance royale édictée le 21 novembre 1758, en vertu de laquelle tout membre protestant devait être éliminé. Le maire, répondant à une question du procureur général au sujet de cette ordonnance, lui fit connaître que tous les membres du Conseil étaient de bons catholiques, car s'ils n'eussent possédé cette qualité, ils n'auraient pas été admis à exercer aucune fonction.

Les magistrats craignirent un moment de voir augmenter les dépenses de la ville. Le roi ayant créé les nouvelles charges municipales de trésorier et de contrôleur, voulut bien, toutefois, ne les imposer qu'aux villes libérées de toutes dettes. Cette création aurait grevé le budget de la ville de 15.000 livres par an, tandis que le même service se trouvait assuré avec 500 livres. Cependant, pour éviter toute surprise, et quoique la ville fût endettée, le Conseil demanda au roi de réunir ces charges à la communauté de Bayonne plutôt que de les concéder à des particuliers.

Si le commandement de la place était reconnu au maire, en l'absence du gouverneur et du lieutenant de roi, la première place pouvait encore lui être disputée dans les cérémonies autres que les parades militaires. Une ordonnance du 28 décembre 1754 vint écarter cette cause de conflit, en donnant au maire le pas sur les autres autorités, dans les cérémonies où il remplacerait le gouverneur ou le lieutenant de roi (1).

Diverses prérogatives du maire.

Afin de donner à sa fonction plus de prestige aux yeux du peuple, le maire avait fait décider par son Conseil qu'il aurait le droit de se faire suivre, dans ses déplacements officiels, par le capitaine du guet et par deux soldats du guet, armés de hallebardes (1726). L'une de ses prérogatives était d'établir dans sa maison un Corps de garde pour le guet, au moment de son entrée en fonctions. On avait essayé de le transférer à l'hôtel de ville, en 1752, afin d'en éviter le déplacement à chaque changement de maire, mais on s'aperçut bientôt qu'il y était mal surveillé, et l'ancien usage fut rétabli. Le maire, Debiey, nommé en 1758, s'empressa comme ses devanciers, de faire établir ce corps de garde chez lui, autant pour éviter la perte de ce privilège que pour accroître l'éclat de sa fonction. Malgré les honneurs attachés aux charges d'échevins, il se rencontra des habitants qui voulurent s'y soustraire. Le chevalier Picot, nommé échevin, le 1er juillet 1768, ne consentit pas à occuper cette charge, malgré que le Conseil d'État eût rendu un arrêt le déclarant déchu de ses droits de bourgeoisie, au cas où il persisterait dans son refus.

Le maire et son Conseil n'omettaient jamais, lorsqu'ils se rendaient en corps à la Cathédrale, pour assister aux offices, de se faire précéder de massiers, de capitaines et de soldats du guet, ces derniers armés de hallebardes qu'ils remplacèrent en 1738 par des fusils avec baïonnettes. Ils allaient dans le même appareil à la procession de la Fête-Dieu, et tenaient essentiellement à occuper le rang après le gouverneur ou son représentant. Dans la procession du 11 juin 1770, le major, les officiers de l'état-major et les domestiques du comte de l'Hospital barrèrent le passage aux magistrats ; ceux-ci en firent des représentations au comte, qui prit des mesures pour les satisfaire.

Pour compléter l'état des divers employés dont la nomination était faite par le maire, il faut ajouter au personnel subalterne accompagnant les membres du Conseil, et constituant le Corps de police, les canonniers chargés de fourbir les armes, les portiers, appelés fermeurs de portes, et le chasse-gueux, dont la mission consistait à débarrasser la

---

(1) Cette **ordonnance** annula celle du 16 juillet 1753, qui avait été rendue à la suite d'une discussion de préséance entre le maire et les officiers du sénéchal (tribunal), dans les processions et autres cérémonies publiques. Bien que le maire eût prétendu avoir le pas sur eux lorsqu'il possédait le commandement en l'absence du gouverneur et du lieutenant, le roi avait réglé que, dans tous les cas, le maire devait marcher avec le Corps de ville.

ville, dans les cas de trouble ou d'épidémie, de tous les rôdeurs et gens sans aveu.

Quoique le Corps de ville fût en fréquente correspondance avec l'intendant de la province, chargé, comme les préfets de l'époque actuelle, d'assurer l'exécution des ordres ministériels, la ville avait à Paris un représentant, qui était le plus souvent un avocat ; elle lui confiait la défense de ses intérêts. Le choix de ce député était soumis, à chaque mutation, à l'agrément du roi. Le sieur Dulivier, titulaire de cette charge et représentant de la ville dans le conseil de commerce de Paris voulut, en 1766, faire passer cette fonction sur la tête de son fils. Les échevins agréèrent sa demande et placèrent le nom du fils en tête de la liste de trois candidats qu'il était d'usage de présenter au roi. Ce dernier, faisant cas de la recommandation de la ville, porta en effet son choix sur Louis Dulivier.

Représentant de la ville à Paris.

Pour faire efficacement appuyer ses démarches, le Corps de ville ne perdait jamais une occasion de s'assurer des protecteurs. Parmi ceux-ci se trouvaient : le duc de Bouillon à qui la ville rendait hommage pour la juridiction de Saint-Etienne ; l'abbé de Cavallery, nonce du pape en Portugal, salué à son passage à Bayonne en 1732 ; le comte de Maurepas, ministre de la marine, auquel elle adressait ses souhaits de nouvel an (1738) ; le marquis de Gèvres et son père, M. de Tresmes, visités par le Conseil ; le maréchal de Richelieu, et Monsieur d'Etigny, intendant de la province, dont les noms furent inscrits au nombre des citoyens de la ville (1763). A cette liste bien incomplète, il serait superflu d'ajouter les noms des divers membres de la famille de Gramont, et en particulier de ceux qui reçurent les politesses du Corps de ville. Un de ceux-ci fut le comte de Gramont, qui jouit longtemps du titre de commandant en chef du département sous les ordres du maréchal de Richelieu, et du grade de maréchal de camp ; il s'était rendu à Bayonne, en 1754 et en 1756, appelé par le service de sa charge. Un repas lui fut offert chaque fois par le Corps de ville, ainsi qu'à la comtesse, sa femme, qui l'accompagnait. Il mourut dans cette ville en 1762 et fut enterré à Bidache ; à l'occasion de son décès, les échevins adressèrent leurs condoléances au duc de Gramont.

Peu d'événements marquants se produisirent à Bayonne durant le règne de Louis XV, si l'on écarte les faits militaires. Il suffira de signaler un incendie considérable qui détruisit presque entièrement les maisons bordant la rue du Pont Mayou, puisque douze d'entre elles furent totalement consumées et huit autres grandement endommagées ; le feu s'était déclaré à l'angle de la rue de la Goasque. Ce désastre incita l'intendant à réclamer l'achat de pompes (2 juillet 1736).

On peut noter aussi l'entrée d'un cachalot dans l'Adour, le 1er avril 1741 ; il mesurait 49 pieds de long et contenait dans ses boyaux une boule d'ambre. L'opération de sa capture fut assez mouvementée. Harponné à 2 heures du soir par un pilote, près de la digue de Ferry (barre de l'Adour), il fut filé jusqu'au banc de sable voisin de l'abbaye Saint-Bernard, sur lequel il se jeta. Les lamaneurs du Boucau l'y joignirent et le frappèrent à coups de lance pendant une heure et demie, jusqu'à ce que l'animal se soit remis à l'eau. Il alla, dans sa course, heurter les chaînes (barrages) de la Nive ; puis effrayé par le bruit des bateaux, il revint dans l'Adour qu'il remonta, passant sous le pont Saint-Esprit et s'arrêtant, épuisé, à 6 heures du soir, près de l'île d'Aiguemeou, à trois quarts de lieue en amont de la ville.

La famille du marquis d'Amou, commandant à Bayonne s'étant accrue d'une fille durant son séjour dans cette ville, le marquis demanda au Conseil de servir de parrain à cet enfant. Après avoir reçu une réponse favorable, il pria les magistrats de faire choix de la marraine. Ceux-ci désignèrent la duchesse de Gramont qui voulut bien accepter, mais demanda à être remplacée à cause de son éloignement. Elle fut suppléée par Mademoiselle d'Amou, sœur aînée de l'enfant, à la cérémonie du baptême ; la filleule de la ville reçut les prénoms de Marie-Louise-Victoire-Bayonne (8 mai 1752).

Vingt-et-un ans après, cette jeune personne convola en justes noces avec M. de Piis, ancien conseiller au parlement de Bordeaux. Ses parrains ne pouvaient se dispenser d'assister à son mariage ; ils apposèrent leur signature au contrat, le 24 septembre 1773, et accordèrent gracieusement au marquis d'Amou qui, par excès de délicatesse, le leur avait demandé, de ne signer qu'après le comte de l'Hospital, lieutenant-général, commandant à la place de Gramont.

Le lendemain, le maire et le procureur du roi, délégués par le Conseil, allèrent remettre à la jeune fiancée, un bijou que la ville avait fait exécuter à Paris, par l'entremise de son député Duverdier. C'était un bracelet en or garni de diamants ; au centre étaient représentées les armes de la ville, entourées du mot Bayonne dont les lettres étaient formées par des diamants.

Le 29 septembre, le Corps de ville en robe rouge, se rendit chez Monsieur d'Amou, pour conduire sa filleule à la Cathédrale et la remettre ensuite aux mains de l'époux. Mademoiselle d'Amou s'achemina vers l'église, donnant sa main droite à son père et sa main gauche au maire de Bayonne. Un grand dîner de noce fut donné le soir au palais du gouvernement ; tous les magistrats du Conseil y furent invités ainsi que leurs épouses. Une pamperruque dansée par tous les convives dans les rues de la ville termina la fête de ce jour. Le Corps de ville offrit ensuite un bal à l'hôtel de ville en l'honneur des nouveaux époux ; peu de jours après, le marquis d'Amou et sa fille se présentèrent à une séance de l'hôtel de ville et remercièrent le Conseil pour ses nombreuses marques d'affection.

2° ÉTAT MILITAIRE

L'état-major militaire de Bayonne comprenait en 1718 (1) un gouverneur particulier, un lieutenant de roi, un commissaire des guerres, les commandants des deux châteaux, trois majors, un aide-major, un capitaine des portes, huit officiers d'artillerie et six ingénieurs du roi. Ces officiers jouissaient de la faveur d'introduire en ville le vin nécessaire à leur consommation sans payer de droits (2).

Etat-major de la place.

La charge de lieutenant de roi à Bayonne passa du sieur de la Gibaudière au sieur de Colins, le 17 octobre 1715, par suite du décès du premier. Colins mourut le 30 septembre 1720 et fut remplacé par le sieur Dadoncourt. Ce dernier remplit sa charge jusqu'au 30 septembre 1740, date de sa mort. Le sieur de Lamberval pourvu après lui de cette fonction la céda, le 28 avril 1747, au marquis d'Amou qui la possédait encore au décès de Louis XV.

Monsieur de Pinsun fut successivement commandant du Château-Vieux et de la Citadelle ; il occupa jusqu'au 13 mars 1741, date de sa mort, cette dernière charge, qui passa ensuite à Monsieur d'Apremont.

Il existait aussi des charges de major du Château-Vieux, du Château-Neuf et de la Citadelle. La première était occupée en 1720 par le sieur Damville, qui en obtint un nouveau brevet pour trois autres années ; la seconde fut donnée en 1720 au capitaine de Castain, du régiment de Bourbonnais ; la troisième se trouvait aux mains du sieur Berne en 1717, et lui fut encore concédée par le régent pendant trois années, puis elle passa au sieur Castain.

La fonction de gouverneur de Bayonne était dévolue, en vertu d'un usage fort ancien, à un membre de la famille de Gramont. Mais, lorsque ce titulaire ne pouvait accomplir

---

(1) D'après un mémoire sur l'état de la ville par M. de Hureaux, lieutenant-général au sénéchal de Bayonne.

(2) L'intendant Legendre, de la généralité d'Auch, fixa en 1718 pour chaque officier le nombre de barriques pour lequel l'immunité des droits était accordée. Pour les officiers de place : Damville, major, 8 ; Dardicourt, aide-major, 6 ; Lasserie, capitaine des portes, 3.

sa charge, le roi lui nommait un remplaçant. Le comte de l'Hospital, lieutenant-général, fut nommé à ce titre, pour commander dans toute l'étendue du gouvernement de Bayonne, durant l'absence et sous l'autorité du gouverneur. Le Corps de ville, en robes rouges, alla le saluer à son arrivée (2 septembre 1765) ; il lui procura un logement, qui était à la charge de la généralité.

Le prince de Beauveau fut nommé commandant en chef de la Guyenne et fut salué à Bordeaux par une députation de la ville (2 septembre 1765). Le 4 octobre suivant, il débarquait aux allées Boufflers de Bayonne, près du réduit, venant par eau de Peyrehorade. Accueilli par les commandants de l'Hospital et d'Amou, par le Corps de ville en robe, il traversa la haie des troupes et de la garde bourgeoise et alla loger à l'évêché. Les magistrats lui firent remettre cent bouteilles de vin contenues dans des corbeilles enguirlandées ; mais lorsqu'on lui présenta la somme de cent louis (1) offerte, selon l'usage, au commandant en chef de la province, lors de sa première entrée, il hésita, demandant qu'on lui fournisse la preuve que ce don lui était dû, puis il en fit abandon à la ville pour le soulagement de ses pauvres et les nécessités les plus urgentes.

Logement des officiers. Bien que le roi eût édicté le règlement du 25 octobre 1716 sur la marche des troupes et sur leur casernement, ce document n'avait pas tout prévu, laissant aux villes la tâche de pourvoir à ses lacunes. Le logement des officiers devait, en principe, être assuré dans les casernes ; mais, en attendant leur installation, les villes eurent la charge d'y suppléer. Cette obligation causa beaucoup de soucis au Corps de ville et fut une source de dépenses.

Les échevins ne manquèrent pas de protester à chaque avis de logement ; ayant adressé leurs plaintes au duc de Guiche, chef du conseil de guerre, et mieux placé que tout autre pour être bien renseigné, le duc leur assura que la ville devait loger les officiers des régiments de la reine, de Dauphiné et du Blaisois parce que les chambres réservées pour eux dans les casernes étaient démunies de meubles, de lits et autres objets indispensables (8 mai 1716).

L'intendant fixa le taux des prix de logements d'officiers versés à la ville (2), mais ils étaient insuffisants et, malgré le zèle déployé par l'échevin Dubrocq qui était chargé de débattre les prix avec les habitants, la ville dut prélever 6.000 livres sur sa caisse en une année.

(1) Ou 2,400 livres.
(2) Colonel, 30 livres ; capitaine, 6 livres ; lieutenant, 3 livres.

Ayant appris par M. de Salmon, directeur des fortifications, que le Château-Neuf contenait 20 chambres inoccupées, le Conseil insista auprès de l'intendant, en lui demandant de décharger la ville de loger les officiers. Il profita de l'envoi de souhaits de nouvel an aux ducs de Gramont et de Guiche (1718). Ce dernier répondit que le seul obstacle à l'achèvement des logements d'officiers était le manque de fonds. Enfin, pressé de tous côtés, le marquis d'Asfeld se décida à accorder la somme nécessaire à l'installation de ces logements, depuis longtemps prévue au Château-Neuf.

Mais il faut croire que les officiers préféraient les logements de la ville à ceux des casernes, car la situation ne semble pas avoir été modifiée. Le roi, saisi d'une nouvelle protestation en 1736, décida que l'état de choses existant depuis vingt ans continuerait à subsister, mais qu'on s'efforcerait de créer quelques logements d'officiers en faisant sortir des casernes les artisans et gens de métier qui pouvaient s'y être établis.

A la suite de cette décision, l'intendant vérifia les logements d'officiers dans les Châteaux, accompagné par le maire, par M. Razaud, directeur des fortifications et de Chaville, ingénieur. Il en trouva 48 au Château-Neuf et à Sainte-Claire, 2 au Château-Vieux, 7 au réduit de Saint-Esprit. Cette visite démontra la nécessité de construire un corps de caserne au Château-Neuf pour loger tous les officiers (1738). La ville insista donc de nouveau pour être déchargée de ces logements.

Cette charge continua cependant à peser sur elle. En 1760, la ville avait avancé 15.254 livres pour cet objet ; mais l'intendant promit de les faire rembourser par la généralité de Guyenne. Le taux des indemnités de logement fut enfin relevé, par ordonnance royale du 20 juillet 1769 ; celui des capitaines fut porté de 6 à 15 livres. Celui des chefs de bataillon, récemment créés, fut fixé, par ordonnance du 14 juin 1774, à 20 livres.

La guerre d'Espagne, en produisant une affluence de troupes à Bayonne, ne permit pas de les loger complètement. Le matériel des casernes se trouva insuffisant. La ville put cependant prêter des paillasses et couvertures au régiment de Richelieu, arrivé le premier (16 janvier 1719), sous la conduite de M. Dauzeville, maréchal de camp, qui venait commander à Bayonne pendant la durée de la guerre. Il fallut que l'intendant s'engageât à faire supporter à l'avenir par le trésor royal la dépense des fournitures des casernes, pour décider les échevins à assurer ce service.

Ce fonctionnaire, malgré sa promesse, se heurta encore à des difficultés, lorsqu'il demanda à la ville de munir les

Matériel des casernes.

casernes de tables, bancs et rateliers d'armes, celle-ci prétendant qu'elle n'était pas tenue de les fournir. L'intendant montra cependant son intention de désintéresser la ville, car il fit relever les dépenses qu'elle avait faites à l'occasion du passage des troupes, pour les lui rembourser (11 sept. 1719).

Le service demandé aux échevins fut ensuite assuré par l'entreprise des lits militaires. Toutefois lorsque celle-ci n'avait pas à sa disposition le matériel de couchage, rendu nécessaire par une augmentation de garnison, l'excédent était laissé à la charge de la ville jusqu'à ce que l'entrepreneur ait été mis en demeure de le fournir (2 juin 1752).

Corps en garnison à Bayonne. Après la guerre d'Espagne, les régiments de Bavière-allemand et de Bourbonnais tinrent garnison à Bayonne (1720) ; puis le régiment d'Auvergne (1724). Ceux de Richelieu et de Saintonge (1) arrivèrent le 6 juin 1727, et vinrent camper sur les glacis. Le maire, qui commandait en l'absence de Dadoncourt, fit fabriquer, aux frais des états-majors de ces régiments, le matériel de campement nécessaire (2), et leur fit délivrer des outils pour installer le camp.

Les régiments de Piémont (1727), des Landes (1728), de Saint-Simon et de la Marche (1729), de Brie (1730), de la Marche et de la Reine (3) (1731), se succédèrent dans la garnison. Parfois, la place manquant dans les casernes, un des régiments était logé chez l'habitant, et lorsque la durée de cette occupation dépassait le délai fixé par les règlements, le Corps de ville faisait une réclamation et demandait que le régiment fût mis dans la Citadelle et les Châteaux.

Des craintes de guerre s'étant produites en 1733, on remplaça les troupes réglées, destinées à partir en campagne, par des bataillons de milices tirées du Béarn, du Labourd et de la généralité de Bordeaux. Elles restèrent deux années, puis revinrent en 1743. Les milices de Bergerac et de Marmande séjournèrent peu de temps et cédèrent la place à trois détachements de milices de la région, formant un effectif total de 1.200 hommes (4) ; on leur livra les trois postes de la Citadelle, du Château-Neuf et du Réduit, ainsi que les Corps de garde de la place Gramont, des avancées de Mousserolles et de Saint-Léon.

Entre les deux dates correspondant à la présence des milices, les casernes furent occupées par les régiments de la Ferté-Imbault, de Champagne, de Chartres, de la Reine. Les

---

(1) Son colonel était le marquis de Mirepoix.
(2) 630 fourches, 315 travées, 60 faisceaux.
(3) Son colonel, le comte de Lautrec.
(4) 200 hommes de la milice de Labourd, **750 hommes des bandes béarnaises**, 250 hommes des bandes gramontoises.

bons rapports ne cessèrent de régner entre le Corps de ville et les officiers de la garnison ; la présence du maire à la revue des deux régiments qui tenaient garnison le prouva suffisamment (25 juin 1735). Aussi les salles de l'hôtel de ville furent-elles gracieusement mises à la disposition des officiers du régiment de Chartres pour fêter, par un repas et un bal, la bénédiction des drapeaux fixée au 24 mai 1737, jour de la fête de Pentecôte.

Ces messieurs se rendirent, vers 8 heures du soir, avec leurs invités choisis parmi la société de la ville, à l'hôtel de ville où une table somptueuse, en forme de fer à cheval, avait été dressée et couverte de mets délicats par le maître d'hôtel du nonce d'Espagne, qui se trouvait à Bayonne. Le prince Emmanuel, infant de Portugal, en visite chez sa tante, la reine douairière de Neubourg, avait accepté l'invitation des officiers et présidait le repas. Son altesse permit aux dames de s'asseoir à la même table qu'elle-même, mais les officiers et les autres convives se tinrent debout pour les servir. Après le repas, on passa dans la salle de bal, au premier étage, éclairée par 120 bougies. Le prince ouvrit la danse, à 11 heures du soir, avec madame Debiey, épouse du premier échevin, faisant fonction de maire ; le bal se termina à 5 heures du matin.

Fête militaire à l'hôtel de ville.

Pendant la fête de l'hôtel de ville, les lieutenants du régiment donnèrent dans les salles du bâtiment de la bourse, situé place Gramont, un ambigu qui comprit souper, bal, illumination de la façade et tir de fusées.

Monsieur de Monconseil, colonel, inspecteur des troupes, était arrivé pour assister à la cérémonie de la bénédiction des drapeaux. Il fut logé par les soins de la ville à qui incombait l'obligation de fournir un logement effectif aux inspecteurs généraux de cavalerie et d'infanterie, durant le temps de leur séjour.

Le mélange des éléments militaires et civils était parfois cause de rixes qui se terminaient d'une façon tragique. Au cours d'une dispute (18 septembre 1724), deux soldats du régiment d'Auvergne furent blessés par des habitants de la ville ; l'un d'eux mourut à l'hôpital des suites de ses blessures ; les coupables furent l'objet de poursuites. Le 11 février 1737, un coup de pierre donné par un grenadier à un Bayonnais amena la mort de ce dernier ; le soldat fut mis en prison et obtint ensuite des lettres de grâce du roi.

Rixes entre militaires et civils.

La répression des crimes et délits militaires était réglementée par une ordonnance royale du 1er juillet 1727 et traçait leur devoir aux chefs militaires lorsque des cas analogues aux précédents venaient à se produire.

Il arriva rarement que les militaires aient manqué à la

déférence due aux magistrats de la ville. Une fois cependant dix grenadiers du régiment de la reine insultèrent le sieur de Bruix, premier échevin, pour en obtenir une diminution de la taxe du pain ; ils osèrent le menacer de lui couper la tête, les bras, les jambes, et de mettre le feu à sa maison s'il ne souscrivait pas à leur demande, dussent-ils même se trouver en face de potences dressées pour leur supplice.

Quatre de ces grenadiers furent arrêtés et jetés en prison par le commandant du régiment ; son major se rendit à l'hôtel de ville et présenta au Conseil les excuses des officiers du régiment à raison de l'insulte faite par les grenadiers à l'un de ses membres (22 juin 1723).

Le roi auquel fut transmis un rapport sur l'incident, ordonna que les grenadiers coupables seraient jugés par un conseil de guerre afin de donner un exemple à la garnison. Toutefois, le Corps de ville fit une démarche auprès de M. Dadoncourt, lieutenant de roi, afin d'obtenir que ces militaires ne fussent pas punis avec toute la rigueur que leur cas pouvait exiger et surtout qu'il n'y eût pas de condamnation à mort (30 juillet 1723).

M. Dadoncourt vint communiquer aux magistrats un projet de jugement du conseil de guerre, composé d'officiers du régiment de la reine : le principal coupable devait être condamné à la prison perpétuelle, et les autres à trois mois de prison. Les magistrats répondirent qu'il y en avait de reste et qu'ils trouveraient bon tout ce qui serait décidé par le conseil de guerre.

Le lendemain, les grenadiers furent conduits à la salle du conseil de guerre et, après qu'ils se furent mis à genoux, le président leur dit, en présence du premier échevin, qu'ils devaient la vie à Messieurs les magistrats qui s'étaient employés en leur faveur, rendant le bien pour l'insulte. Après confirmation de la sentence, le régiment fut assemblé et un ban publié pour recommander aux officiers et aux soldats de vivre en paix avec les bourgeois.

Le Corps de ville ne pouvait manquer d'intervenir lorsque l'élément civil se trouvait mêlé à ces sortes d'affaires et il faisait alors usage de son pouvoir. Les soldats fréquentaient un bouge dans la rue du Port-Neuf, tenu par la veuve Largade, sous prétexte de s'y livrer à un jeu d'épée ; mais, le soir, ils y commettaient des actes de libertinage. Pour en empêcher le renouvellement, le Conseil ordonna la fermeture du local à sept heures et demie du soir ; la veuve Largade n'ayant pas obéi fut jetée en prison (29 janvier 1717).

Le corps de garde de la porte Mousserolles était occupé par la troupe bourgeoise, et à ce titre, plus convenablement chauffé que celui de l'avancée de cette porte, confié aux soldats de la garnison. Ceux-ci d'ailleurs se plaignaient que les bûches de chauffage que leur délivrait la ville étaient trop petites et insuffisantes ; aussi allaient-ils se chauffer chaque jour dans le corps de garde voisin, ce qui fit l'objet d'une plainte à Colins, lieutenant de roi (20 novembre 1716).

Plus rares étaient les plaintes contre les officiers. Quelques propos vifs tenus par quatre capitaines du régiment de la reine contre le maire de Lalande (1716), et des coups donnés à un habitant par un officier du régiment de Dauphiné sont les seules incartades relevées contre eux durant tout le règne.

Aux milices du Labourd, parties de la ville en 1748, succédèrent les régiments de Royal-Cantabre (1) et d'Artois ; en 1750, un bataillon du Bourbonnais et des milices ; en 1751, le régiment de la marine ; en 1752, les régiments du Lyonnais et de Bourgogne. Le marquis de Villeroy, colonel du Lyonnais, vivait à la cour comme les grands seigneurs de l'époque ; il vint à Bayonne visiter son régiment, huit mois après son arrivée dans la place et s'assura que ses officiers étaient en bons rapports avec les habitants ; le lieutenant-colonel et le major avaient, sitôt rendus à Bayonne, échangé des visites avec le maire.

On peut encore citer, parmi les troupes qui tinrent garnison : en 1754, un bataillon du régiment du Boulonnais ; en 1755, le régiment de Mailly, qui réclama de la municipalité, avant son départ, un certificat de bien vivre ; en 1757, deux bataillons des grenadiers royaux de Châtillon (2). Cette troupe quitta la ville en 1761 pour se rendre à Metz ; la ville lui fournit des voitures pour ses bagages, selon les ordres du roi.

Il est à présumer qu'à partir de ce moment l'effectif de la garnison se trouva notablement réduit, car le maire demanda deux fois au maréchal de Richelieu, en 1763 et 1764, d'envoyer deux bataillons de troupe en ville, afin de soulager les habitants du service du guet et garde, qu'ils devaient assurer malgré son importance. Richelieu, qui commandait la province, n'avait pas le pouvoir d'accorder la demande faite par le maire, mais il insista auprès du roi, invoquant la nécessité de pourvoir à l'exécution de travaux de fortifications projetées à Bayonne, en faisant remarquer que les compagnies d'invalides qui s'y trouvaient étaient incapables de fournir la main-d'œuvre nécessaire.

Deux bataillons du régiment de Bourgogne arrivèrent le 24

---

(1) Le chevalier de Bela, colonel ; de Planque, lieutenant-colonel ; Chevalier Duhart, major ; 2 capitaines aides-majors ; 1 capitaine de grenadiers ; 10 capitaines ; 11 lieutenants ; 14 sous-lieutenants ; 2 chirurgiens majors.

(2) Les 2 bataillons comptaient ensemble : 17 capitaines, 30 lieutenants, 1.050 hommes.

mai 1765, relevant les deux compagnies d'invalides ; mais ils repartirent le 4 octobre de la même année. Une nouvelle réclamation du maire hâta l'arrivée de deux bataillons du régiment de Condé (15 avril 1766), remplacé successivement par des régiments entiers : en 1767, régiments de Clare et de Provence ; en 1768, régiment de Soissonnais.

Invalides. Les compagnies d'invalides établies par Louis XIV étaient envoyées de préférence dans le midi de la France, à cause du climat plus doux de cette région. Quelques-unes tenaient garnison au château de Lourdes, aux forts d'Hendaye, du Socoa, etc. ; des invalides isolés étaient envoyés dans leurs familles ou aux eaux de Barèges ; on signalait en 1727 de fréquentes mutations d'invalides entre ces diverses localités et l'hôtel des invalides, à Paris. Il en vint 2 compagnies à Bayonne en 1731. Le roi fixa dans un règlement, en 1737, les rations qui étaient dues aux invalides (officiers et soldats), allant rejoindre par étapes les compagnies d'invalides détachées ou allant jouir dans leur famille des retraites obtenues durant leur séjour à l'hôtel des invalides.

Milices. Les milices qui ont tenu, à deux reprises différentes, garnison à Bayonne étaient soumises à des règlements qui fixaient leur mode de recrutement et les circonscriptions afférentes à chaque compagnie. Il était recommandé de prendre de préférence les cadets de famille non mariés et les bâtards ; la quotité de chaque paroisse devait être fixée par une assemblée de baillis, de commandants de troupes et de députés des paroisses. On devait choisir des hommes de l'âge de 18 à 40 ans, et d'une taille d'au moins cinq pieds. L'armement et l'équipement de ces troupes, entretenues aux frais des paroisses, étaient déposés dans des magasins situés dans la circonscription.

Les milices de Navarre, dont le magasin se trouvait à Bidache, comprenaient le bataillon de Cize, la milice de Mixte et les deux compagnies franches d'Arberoue et d'Ostabaritz ; le baron de Lalanne était colonel en second du régiment de ces milices et d'Irumberg, le major ; quant au commandement en chef, il était dévolu au comte de Gramont sous l'autorité du maréchal de Richelieu.

Il existait aussi des troupes de milices affectées spécialement à la défense des côtes et appelées milices gardes-côtes ; le capitaine de chaque paroisse était nommé par Gramont (1).

Recrutement. Le service de cette milice ne portant que sur une catégorie d'habitants, il n'est pas étonnant que ceux-ci cherchassent

(1) Le capitaine de la paroisse de Soustons, placé sous les ordres directs du sieur Caule, inspecteur des milices garde-côtes, fut nommé par le comte de Gramont, le 22 septembre 1760.

à s'y soustraire. Ils quittaient leur résidence pour aller travailler dans les parties de la généralité où cette charge n'était pas imposée. Pour parer à cet inconvénient, l'intendant prescrivit aux magistrats d'inscrire les fugitifs et de les aviser de venir tirer au sort au premier avertissement, sous peine d'être poursuivis comme fugitifs.

Le recrutement dans les troupes réglées se faisait par enrôlement et, à défaut, par tirage au sort. Les jeunes gens de la ville, se trouvant inscrits au rôle de la milice, ne pouvaient s'enrôler dans l'armée active ; telle était du moins la prétention des échevins qui l'appuyaient sur des précédents et faisaient tous leurs efforts pour empêcher les engagements des habitants dans les troupes. Le cas se présenta le 12 mai 1721, pour un jeune homme de la ville engagé dans le régiment de Bourbonnais, en garnison à Bayonne ; le père se plaignit au Conseil, le pria d'intervenir auprès de M. Dadoncourt, et obtint de faire rayer des contrôles du régiment le nom de son fils, déjà inscrit sur les rôles de la milice de la ville.

Le même cas se reproduit, le 30 septembre 1731. Le père d'un jeune homme, enrôlé pour 6 ans dans le régiment de la reine, en garnison à Bayonne, proteste de ce que son fils a été racolé par un sergent qui l'a fait boire et l'a décidé à s'enrôler dans son régiment, sans que le jeune homme se doutât de ce qu'il faisait. Après avoir inscrit le nom du jeune garçon, le sergent lui avait demandé de tracer une croix sur une feuille blanche, comme preuve de son consentement. Le père invoqua aussi à l'appui de sa réclamation l'inscription de son fils dans la milice bourgeoise.

Afin de rendre le recrutement plus aisé, l'intendant avait fini par fixer le nombre de recrues que devait fournir chaque ville. Il adressa aux échevins de Bayonne, le 27 septembre 1743, une demande de 30 recrues, en faisant connaître les effets dont ils devaient être porteurs (1). Le Corps de ville fit des représentations afin de faire diminuer le nombre des recrues demandées et lui permettre, par suite, d'éviter un tirage au sort ; il tenta de faire admettre comme recrues vingt-quatre prisonniers qu'il prétendit aptes au service militaire et qui allèrent à la Citadelle pour se faire examiner.

La charge d'homme d'arme des Châteaux Vieux et Neuf continua à subsister ; elle était appréciée à cause de divers avantages qu'elle procurait, telles que l'exemption du guet, de la garde, et du logement des gens de guerre. La nomina-

Hommes d'armes.

(1) Une veste d'étoffe bleue, deux cols, un havresac, une paire de souliers et un chapeau bordé d'un galon d'argent faux.

tion des hommes d'armes faite par le gouverneur était enregistrée à l'hôtel de ville. Le bourgeois Etienne Galart fut nommé en 1739, et Ducasse en 1751.

Compagnies de cadets. Le roi créa en 1726 six compagnies de cadets gentilshommes de cent hommes chacune, et les établit dans certaines villes ; il fixa par ordonnance le service qui devait leur être imposé et il accorda aux capitaines commandant ces compagnies certaines immunités à l'égard des gouverneurs et des commandants de place. Une de ces compagnies fut établie dans la Citadelle de Bayonne jusqu'en mai 1729, date à laquelle les échevins firent transporter ses bagages à Port-de-Lanne et à Dax.

CHAPITRE XVIII

ORGANISATION DE LA GARDE BOURGEOISE, DES SERVICES DE L'ARTILLERIE, DU GÉNIE, DE LA MARINE DURANT LE RÈGNE DE LOUIS XV.

Garde bourgeoise. — Port d'armes. — Artillerie. — Fortifications. — Personnel de ce service. — Casernes et logements. — Corps de garde. — Ponts et estacades. — Projet d'agrandissement de l'enceinte. — Quai des allées Marines. — Terrain voisin des allées Boufflers disputé. — Litige au sujet du rempart romain de Lachepaillet. — Marine.

Au début du règne de Louis XV, la discipline de la garde bourgeoise de Bayonne était très relâchée ; le maire recevait de nombreuses demandes d'exemption ; tout le monde cherchait à se soustraire au service du guet et de la garde ; les rondes ne se faisaient plus. Pour remédier à cet état de choses, le Conseil fit d'abord reviser les rôles ; puis, afin d'entretenir l'émulation parmi les soldats de la garde bourgeoise, il s'efforça, avec l'approbation de M. de Colins, lieutenant de roi, de rétablir l'exercice du tir à la butte, négligé depuis 1680.

Garde bourgeoise

Malgré ces louables efforts, la situation ne s'était guère améliorée lorsque la guerre fut déclarée à l'Espagne. Le maréchal de camp Dauzeville, venu à Bayonne pour commander la place, constata un grand relâchement dans cette garde ; les compagnies, qui devaient compter quatre-vingts hommes présents, n'en possédaient que dix. Il fit assembler les officiers et soldats et, en présence de Colins, il les exhorta à faire exactement leur devoir, sans quitter le corps de garde durant les vingt-quatre heures de service (6 mars 1719). Il donna l'ordre à la troupe de réoccuper le corps de garde de Saint-Esprit, qui avait été abandonné depuis quelques mois à la garde bourgeoise.

Le privilège dont jouissait la ville de se garder et de se défendre par ses propres habitants était exceptionnel et valait bien quelques efforts pour le conserver. Et cependant si le nombre des soldats faisant réellement le service de garde et de guet se trouvait tellement réduit qu'il devenait impossible de l'assurer, la ville devrait bien se décider à renoncer à son antique privilège. On pouvait déjà se préparer à ce sacrifice, car il se présentait à la parade de la garde un nombre d'hommes à peine suffisant pour occuper les postes, soit par suite d'absences injustifiées, soit à cause d'exemptions motivées par des charges. Un signe précurseur fut la main-mise par les troupes du régiment de la reine sur certains postes des remparts, occupés de toute ancienneté par les bourgeois, sous le prétexte que les déserteurs du régiment s'échappaient de la ville par ces postes. Les capitaines des gardes bourgeoises s'en plaignirent, affirmant que ces postes leur avaient été enlevés par pure vexation ; ils signalèrent notamment le corps de garde de la courtine Boufflers et la guérite du bastion de la boucherie.

Le Conseil décida que tous les habitants exemptés ou non exemptés, âgés de 18 à 60 ans, se remettraient au service de garde, à l'exception des archers. Cette recommandation faite en 1725, fut rappelée en 1729, ce qui prouvait que les abus s'étaient perpétués. Comme certaines exemptions résultaient de lettres patentes, l'intendant fut prié d'en solliciter la réforme par une ordonnance royale ; on lui remit une liste de deux cents exemptés. Le roi ne fit pas difficulté de signer l'ordonnance du 3 septembre 1730, qui astreignait au service de garde et du guet tous les dispensés, n'accordant d'exemption qu'aux hommes d'armes, aux archers des châteaux et aux septuagénaires, conformément d'ailleurs à l'ordre du roi Louis XIV, en date du 20 septembre 1670.

Les abus et les sollicitations qui avaient annulé les effets de l'ordonnance de 1670, se reproduisirent après celle de 1730. Divers possesseurs de charges, tels que des employés de la monnaie, un notaire au service de la reine Anne de Neubourg, etc., demandèrent d'être exemptés. Pour couper court à ces sollicitations, le Conseil décida que tous les quémandeurs seraient exclus de toutes charges publiques à l'hôtel de ville, à la cour consulaire, à la chambre de commerce (30 juin 1732). Ces mesures n'empêchèrent pas le relâchement de s'introduire dans le service de garde : les nouvelles demandes d'exemption, transmises au garde des sceaux, furent rejetées par le roi qui déclara s'en tenir aux ordonnances.

Ne pouvant obtenir de dispense par voie légale, quelques officiers de la garde bourgeoise refusèrent nettement de faire le service de garde. Monsieur Dadoncourt, lieutenant de roi, prié d'intervenir, approuva les mesures que les échevins prirent pour vaincre ces résistances et promit de prêter main-forte, en cas de besoin (10 juillet 1732). Le même cas s'étant reproduit, le 13 avril 1736, Dadoncourt fit afficher le règlement royal dans les postes et avertit les officiers délinquants qu'ils seraient mis aux arrêts à une première infraction, et emprisonnés à la seconde.

Monsieur de Lamberval, ayant remplacé Dadoncourt en 1740, constata, à son entrée en fonction, que le service de garde était mal assuré. Il s'en plaignit à Gramont, réclamant trente-cinq hommes à chaque garde montante ; le gouverneur transmit ses observations au Corps de ville et lui donna le conseil de se concerter avec Lamberval. Cette assemblée, prise d'un beau zèle, usa de sévérité à l'égard des deux officiers de la garde bourgeoise qui avaient manqué à la garde en leur infligeant des arrêts jusqu'à nouvel ordre ; mais, voulant faciliter l'exécution du service, elle décida de fournir aux officiers, sur les revenus de la ville, le bois et la chandelle dont ils avaient besoin durant les vingt-quatre heures de leur garde, à l'imitation de ce qui se faisait pour les soldats des postes.

La guerre contre l'Angleterre et l'Autriche amena Lamberval à demander un plus grand nombre d'hommes dans les postes de la garde bourgeoise ; il insista afin que Gramont adressât au Conseil l'expression de son mécontentement au sujet du relâchement du service. Voyant l'inertie du Corps de ville, il fit emprisonner au Château-Vieux et placer dans le même local, un officier et trois sergents bourgeois, pour abandon de leur poste. Le Conseil réclama en vain auprès de Gramont qu'ils fussent transférés, selon les règlements, dans les prisons de la ville, à la porte Mignon ; le gouverneur ne considérant que le bien du service, approuva le lieutenant de roi et conseilla aux échevins de s'entendre avec lui.

On procéda alors au recensement des habitants en état de monter la garde. On trouva 825 hommes sédentaires et 230 marins ; mais le nombre de ces derniers ne pouvant compter que pour un cinquième, à cause des autres obligations qui leur incombaient, l'effectif des factionnaires s'éleva à 870. Les échevins demandèrent que le tour du service de garde ne revînt que tous les quinze jours. Or pour obtenir ce résultat, il fallait porter à 50 l'effectif de la garde montante; si l'on ajoutait à ce chiffre les 10 vignerons affectés au guet de nuit, et relevés le jour par 10 hommes de Saint-Esprit, on atteignait un effectif de 60 hommes de service chaque jour. Lamberval aurait dû se contenter, pour donner satisfaction au Corps de ville, de mettre 25 hommes dans chacun des deux postes de la milice bourgeoise, au lieu de 35 qu'il voulait y placer.

Sa persistance à réclamer ce dernier effectif devait amener à fixer le tour de garde à 11 jours au lieu des 15 jours demandés. Les échevins renouvelèrent leurs démarches auprès de Gramont et finirent par obtenir gain de cause.

La ténacité de Lamberval stimula le Conseil et le décida à faire exécuter le service de garde avec plus de régularité. Le motif de la guerre justifiait d'ailleurs l'insistance à exiger des habitants qu'ils montassent la garde en personne. Quelques exemples forcèrent les bourgeois à servir avec plus d'exactitude ; neuf d'entre eux ayant quitté le poste de Lachepaillet furent emprisonnés, puis relâchés après avoir subi une semonce (1744) ; une autre punition de prison fut appliquée à des bourgeois qui avaient esquivé le service du guet (1745).

Le marquis d'Amou succéda à Lamberval en 1747 ; dès son entrée en fonction, il décida les échevins à mettre l'armement de leur milice bourgeoise en harmonie avec les innovations introduites dans l'armée et leur fit acheter des mousquets avec baïonnettes, qui furent déposés dans les corps de garde (1) et placés sous la responsabilité des caporaux de service (3 février 1747). Il dut sévir comme Lamberval, afin de maintenir la régularité dans le service de garde. Ayant fait emprisonner au réduit des soldats bourgeois, qui s'étaient trouvés absents du corps de garde au moment du passage de la ronde, il céda sans difficulté à une réclamation du maire demandant à incarcérer les soldats dans la prison municipale de la porte Mignon.

Une ordonnance, complétant celle de 1730, fut rendue par M. d'Amou, d'accord avec le maire Picot (2 décembre 1754). Elle contenait défense, sous peine de prison, de quitter les corps de garde sans une permission expresse ; elle appliquait aux soldats remplaçants la même peine, en y ajoutant la confiscation de leur solde « de location ». Elle établissait pour les hommes des corps de garde un appel fait à l'improviste par les sergents de quartier : si la garde des postes était trouvée incomplète, ceux qui la composaient étaient condamnés à faire des heures de faction supplémentaire, sous peine de prison. Enfin, les caporaux avaient la charge de maintenir au complet l'effectif et le matériel de ces postes, sous menace de cassation et de quinze jours de cachot.

Ce document ne faisait aucune allusion aux motifs d'exemption. Cependant diverses décisions étaient intervenues à ce sujet. Gramont avait exempté de la garde les pères de dix enfants (1741) ; le ministre de la guerre avait adopté la même mesure envers neuf ouvriers d'art employés aux travaux des fortifications (1747-1749), et envers le bourgeois Durand, casernier (1750). Les officiers des milices ou des bandes, ayant prétendu se faire exempter, Gramont leur rappela qu'ils n'avaient droit à cette faveur qu'en temps de guerre, à cause des obligations qui leur étaient imposées, mais que pendant la paix, ils devaient suivre la loi commune.

Le Corps de ville, dans le but de soulager les habitants, conçut le projet de former un corps de 8 sergents, 16 caporaux et 200 volontaires soldés, faisant le service de garde

(1) 8 mousquets déposés aux postes de Mousserolles et de Saint-Léon, 4 à ceux de Lachepaillet et de la tour de Sault.

et guet à la place de la milice bourgeoise. Cette troupe devait occasionner une dépense de 25.000 livres. Quant à la milice qui comprenait un effectif de 80 officiers et 700 soldats, elle devait être conservée, non pour le service de garde, mais pour figurer seulement dans les cérémonies (septembre 1755). Ce projet ne fut pas exécuté pour des raisons d'ordre financier.

La guerre de sept ans fit adopter de nouvelles mesures et imposer un tour de garde plus fréquent à la milice bourgeoise. Le marquis d'Amou, tout en recommandant au Conseil l'adoption de ces nouvelles dispositions, exprima l'espoir qu'elles seraient inutiles. Il avait constaté que le service de garde ne prenant qu'un homme par famille, il se trouvait bien des jeunes gens qui en étaient exempts. Le lieutenant de roi fit obliger les maîtres des corps et métiers de fournir l'état des garçons, travaillant chez eux, en état de porter les armes; il recommanda de placer dans la même escouade le maître et ses garçons ou apprentis. Il fit assigner à chaque détachement de garde un point de réunion particulier (1). La milice avait 14 compagnies, sous les ordres du lieutenant-colonel Dubrocq ; comme elle fournissait deux compagnies de garde chaque jour, le tour de garde se trouva revenir tous les sept jours (26 mai 1759).

Afin de rendre moins lourd le service de la milice bourgeoise, le roi, par une ordonnance du 2 juin 1757, obligea les habitants de Saint-Esprit à monter la garde à Bayonne ; les juifs restèrent dispensés de ce service, car ils ne jouissaient pas de la faveur de porter les armes dans le royaume.

A la suite d'une diminution dans l'effectif de la garnison, celle-ci ne put fournir le poste de la place Gramont, que les troupes bourgeoises occupèrent, sur la demande du marquis d'Amou (1761). Des fusils tirés de l'arsenal de Bayonne furent prêtés à cette milice, par ordre du ministre, dans le but d'améliorer son armement. Mais le maire, craignant de ne pouvoir assurer la conservation de toutes ces armes, se contenta de cent fusils qu'il fit déposer dans les corps de garde, sous la responsabilité des caporaux (1764).

Au lieu de ce cadeau, le Corps de ville eût bien préféré qu'on lui accordât l'augmentation de garnison, qu'il ne cessait de demander depuis le moment où le départ d'une partie des troupes avait aggravé le service de garde laissé à la charge des habitants. Deux bataillons du régiment de Condé étant enfin arrivés (15 avril 1766), le comte de l'Hospital réduisit aussitôt le service journalier de la garde bourgeoise : le tour de rôle fut rétabli par quinzaine et l'effectif journalier

(1) **Mêmes points de réunion que ceux de la note 1, page 366.**

arrêté à 2 officiers, 4 sergents, 4 caporaux et 40 fusiliers.

A partir de ce jour, le comte de l'Hospital n'eut que peu d'observations à faire au sujet de la garde ; mais il ne craignait pas, si celle-ci se présentait incomplète, de la faire remplacer par les troupes réglées et d'en rendre compte au roi (22 mai 1771). D'ailleurs, on élaborait à Paris un nouveau règlement sur la garde bourgeoise dont les dispositions principales furent connues par le Conseil avant d'être livrées à la publicité ; l'avis du Corps de ville ne fut pas favorable à ce projet, parce qu'il contenait des innovations qui auraient surchargé les habitants (1773).

A cette époque, les corps de garde de la ville étaient au nombre de onze, dont cinq attribués à la garde bourgeoise et six aux troupes réglées. Ceux des bourgeois étaient : bastion de la boucherie, porte Saint-Léon (à gauche), tour de Sault (1), boulevard Lachepaillet, porte Mousserolles ; ceux des troupes : Château-Vieux, porte Marine, Réduit de tête de-pont, Réduit de Saint-Esprit, Château-Neuf et Citadelle.

Port d'armes. Le maréchal de Richelieu, ayant été informé que le maire de Bayonne avait délivré des certificats de port d'armes à plusieurs bourgeois de la ville, rappela à ce fonctionnaire municipal que, selon l'ordonnance royale, le port d'armes n'appartenait qu'aux nobles et aux anciens officiers. Le maire répondit que la ville avait anciennement le droit d'accorder le port d'armes à ses bourgeois allant voyager dans tout le royaume, et demanda au maréchal de vouloir bien la confirmer dans ce privilège d'usage immémorial. Richelieu reconnut, en effet, que le maréchal de Thomond et le duc de Tresmes avaient confirmé le privilège du port d'armes, en novembre 1757, mais il ne put retrouver si ces seigneurs avaient accordé aux échevins le droit de délivrer des certificats. Il voulut bien admettre cependant que le privilège était valable pour Bayonne et le pays de Labourd (1er janvier 1759).

Le maire ayant de nouveau accordé à des habitants de la ville des passeports dans lesquels se trouvait mentionné le droit au port d'armes, reçut un blâme du maréchal de Richelieu (7 novembre 1761). Il s'excusa et promit de se conformer, à l'avenir, à la volonté du maréchal.

Mais il s'adressa dans la suite au duc de Gramont en le priant d'obtenir du duc de Choiseul la confirmation du privilège. Le ministre lui fit savoir que le port d'armes n'avait jamais été donné aux Bayonnais que dans la ville et le pays de Labourd, c'est-à-dire dans l'étendue de sa juridiction et de son gouvernement ; il ne saurait donc s'étendre à la

(1) Gardé par la marine bourgeoise.

France entière comme le demandait le maire. Il ajouta qu'il avait été sur le point de supprimer ce privilège, à la suite d'un soulèvement qui s'était produit tout récemment à Hasparren, contre les employés de la ferme des cuirs, avec la connivence des magistrats locaux, et qui avait nécessité l'envoi de troupes pour protéger les employés attaqués par le peuple ; et s'il ne l'avait pas fait, c'était en considération de Gramont qui, par son insistance, avait fait modifier sa résolution (18 juin 1763).

Cette réponse clôtura définitivement l'incident et le maire ne tenta plus d'étendre au delà du Labourd le privilège du port d'armes accordé aux Bayonnais.

Le personnel du corps d'artillerie à Bayonne comprenait, en 1717, un lieutenant principal, un commissaire et deux gardes-magasin. Le premier se nommait Roux, le second Claudas et les deux gardes, Lieger et Duvivier ; l'année suivante, ce personnel avait doublé. Le lieutenant et le commissaire jouissaient de l'entrée sans droit de 8 et 6 barriques de vin. **Artillerie.**

Les magasins à poudre du Château-Neuf et du Réduit appelèrent l'attention des échevins, à cause des incendies qu'ils pouvaient occasionner. Le donjon du Château-Neuf, dans lequel 25 à 30 milliers de poudre venaient d'être déposés était attenant à un corps de casernes pourvu de cheminées, et par suite ne possédait pas les conditions requises pour les dépôts de cette sorte : d'être isolé et d'avoir une double enceinte. Afin de calmer les craintes des échevins, le roi ordonna au maréchal de Villars d'examiner en conseil de guerre le parti à prendre pour écarter le danger (21 août 1718).

Le magasin à poudre du réduit, qui présentait, quoique à un degré moindre, le même danger, fit l'objet d'une conférence entre les échevins et M. Demagny, lieutenant d'artillerie au département de Bayonne (5 décembre 1727). Ce même magasin servit plus tard d'entrepôt pour la poudre des armateurs de la ville ; on se préoccupa encore du voisinage de la caserne du réduit et surtout du corps de garde attenant, dans lequel on faisait du feu. Gramont fut d'avis qu'il devait être déplacé et Touros, directeur des fortifications, questionné par le gouverneur, indiqua qu'il pourrait être placé dans la tour de Sault, et que la dépense de son transfert devait être supportée par la ville (16 mars 1750). Les échevins répondirent que M. de Touros devait compléter son projet en procurant à la ville un autre corps de garde, puisqu'il disposait de celui de la tour de Sault ; ils prièrent en outre M. Dalincourt de fournir un devis du travail.

La ville avait prêté à l'artillerie un local compris dans la maison de la place Gramont pour en faire son magasin. Mais cette bâtisse en très mauvais état dut être reconstruite. Durant les travaux, les échevins décidèrent de ne pas prêter un autre magasin à l'artillerie qui n'y avait aucun droit, mais ils consentirent à laisser mettre les munitions et les effets dans le corps de garde de la place Gramont (1733) ; puis ces objets furent transportés dans l'arsenal, près le Château-Neuf, et dans un hangar disposé à cet effet par la ville au Château-Vieux (1734).

En 1746, le Corps de ville pensa qu'il serait prudent de placer son magasin à poudre hors de l'enceinte de la place et forma le projet d'en construire un au bas de la rampe de la Citadelle. Le devis établi par M. de Lescau, ingénieur en chef, comporta une dépense de 6.730 livres. Les fermiers traitants des poudres consentirent à fournir 3.000 livres pour leur part ; la ville aurait voulu faire supporter par la marine le quart de la dépense et payer le reste sur ses revenus, ou bien à défaut de cette solution, mettre un impôt sur la capitation. Il ne semble pas que ce projet ait été suivi d'exécution.

A la fin du règne de Louis XV, il existait à Bayonne quatorze magasins dépendant du service de l'artillerie, savoir :

1° Trois arsenaux : un à la Citadelle, un au retranchement de Sainte-Claire, un sur la place Gramont appartenant à la ville.

2° Trois salles d'armes : une au Château-Vieux, une dans l'arsenal de Sainte-Claire, une dans l'arsenal de la ville.

3° Huit magasins à poudre, tous situés hors de la ville et voûtés à l'épreuve de la bombe : un au Château-Vieux, deux au Château-Neuf, dans la tour carrée et entre les deux casernes, un au bastion Notre-Dame, un à la gorge du bastion Saint-Jacques, un à la gorge du bastion royal, deux à la Citadelle.

Le garde-magasin de l'artillerie Duvivier, ayant voulu faire le compte des cuirasses et des rondaches renfermées dans l'arsenal de la ville en 1744, n'y trouva que 85 cuirasses, 37 rondaches, 1.920 mousquets à mèche et diverses pièces d'armures dépareillées ; les armes en déficit furent considérées comme disparues au service du roi. Il fit vendre au profit du trésor royal les mousquets à mèche qui étaient inutilisables et les pièces d'armures, sans que la ville élevât la moindre protestation.

Il n'en fut pas de même pour les dix-huit arquebuses à croc ou fauconneaux de fonte que le maire Desbiey dut remettre, par ordre du roi, au chevalier de Malbez, commandant de la ville et du Château-Vieux, afin d'être déposées dans l'arsenal du Château-Vieux et confiées à la garde de Duvivier. Lorsque le maire apprit que le service de l'artillerie avait ordre de vendre ces pièces, ainsi que les cuirasses et rondaches dont la ville avait fait antérieurement la remise, il adressa une réclamation au maréchal de Belle-Isle, ministre de la guerre, et demanda à Gramont de l'appuyer. Il exposa que les dix-huit fauconneaux, montés trois par trois sur six affûts servaient à toutes les fêtes publiques depuis un temps immémorial et semblaient appartenir à la ville, puisqu'ils étaient marqués à ses armes ; il protesta aussi contre la vente des armures et rondaches qui faisaient l'ornement des salles de l'hôtel de ville.

Le ministre se laissa fléchir ; il renonça d'abord à l'aliénation de ces objets et consentit ensuite, sur les instances de Gramont, à les rendre à la ville, sous la condition de les prêter à l'artillerie (29 juin 1759).

Les canonniers de Bayonne, au nombre de six, étaient nommés et payés par la ville ; leurs fonctions se perpétuaient dans les mêmes familles (1). Ils obéissaient à un commandant (2), logé par la ville. Ils n'omettaient pas de célébrer la fête de Sainte-Barbe, leur patronne et se faisaient autoriser par le maire à tirer le canon à cette occasion (3).

Monsieur de Rochefort, lieutenant-général d'artillerie, demanda à la ville de porter de 6 à 8 le nombre des canonniers, afin de mieux assurer le service de l'artillerie ; les échevins, ne considérant que l'accroissement de dépense que cette augmentation devait entraîner, s'excusèrent en prétextant qu'ils ne pouvaient prélever les deux canonniers sur la garde bourgeoise, déjà trop réduite (1749).

Bayonne ne possédait pas de fabrique de canons ; mais celle de Saint-Etienne-de-Baïgorry, appartenant au vicomte d'Etchaux, produisait des canons en fer que le sieur Pinckeveer (4), négociant de Bayonne, y vendait (5 mai 1744).

Fortifications. Le service des fortifications dépendant du ministère de la guerre eut à sa tête durant la première moitié du règne, le chevalier (puis marquis) d'Asfeld, qui portait le titre d'intendant général des fortifications. M. Dargenvillers occupa ensuite cette haute fonction.

Personnel de ce service. Le chef de ce service à Bayonne était un directeur des fortifications dont l'action s'étendait sur l'étendue du territoire soumise à l'autorité du gouverneur. MM. de Salmon (1715 à 1727), de Touros (1728 à 1738), de Bertrand (1743), de

---

(1) Pierre Bovard obtint, le 26 septembre 1732, la charge de canonnier à la place de son père décédé.

(2) M. Marmier, commandant des canonniers en 1766.

(3) Le commissaire de l'artillerie sollicita cette permission pour eux, le 5 décembre 1749.

(4) Il fut pendant quelques mois, en 1717, lieutenant de maire à Bayonne.

Touros (1749 à 1762), d'Eyrignac (1767 à 1771), Sicre de Cinq-Mars (1772), occupèrent successivement ce poste.

La place de Bayonne était administrée par un ingénieur en chef, ayant sous ses ordres des ingénieurs ordinaires. Les ingénieurs en chef furent : Dumoulier, père (1715 à 1724), Daynes (1726 à 1734), de Chaville (1735), d'Alincourt (1747), de Canut (1756), de Boisnanau (1758), de Pinsun (1762 à 1772).

Parmi les ingénieurs ordinaires du roi, plusieurs ont laissé trace de leur passage. Ce sont : Durand de Laroque (1714), de Lavoye aîné et cadet, Dumoulier fils, Dufourneau (1717), Chatelain-Desmarest (1729), Dibusty (1755), Berard (1762 à 1773).

Ces divers fonctionnaires avaient droit au logement et jouissaient de la faculté d'introduire en franchise le vin de leur provision (1). Monsieur de Touros, directeur, s'étant pendant longtemps occupé des travaux de la barre de l'Adour, avait reçu de la ville un beau logement, en récompense de ses peines. Le Corps de ville ayant ensuite retiré cette faveur, se vit imposer par le marquis de Paulmy de payer annuellement à Touros une gratification de 300 livres pour tenir lieu du logement supprimé ; il tenta en 1755 de se soustraire à cette charge, en se retranchant derrière la volonté de l'intendant, mais le directeur des fortifications qui avait avec le Conseil de ville de fréquents rapports de service le menaça de lui causer du désagrément. Le procédé, pour si peu délicat qu'il paraisse, eut plein succès puisqu'il assura à Touros le maintien de la gratification.

Le personnel subalterne du service des fortifications comportait des caserniers et des portiers consignes. Il existait, en 1734, un casernier aux gages de 150 livres par an ; sa tâche devait consister à garder les locaux des casernes pendant qu'ils restaient inoccupés. Les portiers étaient chargés d'ouvrir et de fermer les portes des villes fortifiées. Ils furent institués à Bayonne en 1760, sur la demande du comte de Gramont, qui fit observer aux échevins que ces employés existaient déjà dans les autres places de guerre, tandis que la ville n'en possédait qu'un seul au réduit. Il jugea qu'il suffisait d'établir trois portiers-consignes aux trois portes de la ville (Lachepaillet, d'Espagne et de France), et de négliger la porte Marine qui n'en avait nul besoin. La dépense annuelle de 810 livres, correspondant aux gages de 270 livres pour chaque portier, fut mise à la charge de la ville ; toutefois, le pays de Labourd assura ce paiement jusqu'en 1770, date à laquelle la ville put jouir de la totalité de ses revenus.

(1) 8 barriques pour le directeur et 6 pour chaque ingénieur.

La mise en bon état des casernes qui en facilitait l'occupation, était l'objet des préoccupations du Conseil de ville, puisqu'elle devait lui éviter la peine de loger la troupe chez les habitants. Aussi, cette assemblée ayant appris que le chevalier d'Asfeld, intendant général des fortifications, était dans l'intention de faire réparer les casernes, tant de la Citadelle que des Châteaux, crut devoir lui en adresser ses remercîments, afin de le décider à réaliser son projet (12 mars 1717). Il fit une semblable démarche, vingt ans après, auprès de M. Dargenvillers, successeur d'Asfeld, dans le but de l'amener à construire une deuxième caserne au Château-Neuf. Mais cette fois, la réponse fut évasive ; l'intendant général prétendit qu'il fallait pour cela se procurer les fonds nécessaires, et la chose n'était pas aisée à cause des dépenses que causait la guerre de la succession de la Pologne. Il fut plus affirmatif pour rappeler que tous les officiers et soldats devaient être logés, sans qu'il en coûtât rien au trésor de l'Etat (28 mai 1738).

Casernes et logements.

Le logement du lieutenant de roi fut tantôt dans le palais du gouvernement et tantôt dans le Château-Vieux. En 1743, M. de Lamberval et sa femme étaient installés dans le palais qui est devenu, en s'agrandissant, l'hôtel de la Division ; un plan du Château-Vieux, dressé en 1754, place le logement du lieutenant de roi dans l'aile ouest, face à la campagne, tandis que le gouverneur occupait les ailes nord et est, qui regardent la ville. Une grande salle, située au-dessus de la porte de France, dans le réduit, était réservée aux réunions du conseil de guerre. Le beau fronton de cette porte, qui fait face au grand pont de l'Adour, fut complété en 1760, par un buste du roi Louis XV posé dans la niche centrale.

Deux nouveaux corps de garde furent construits ; l'un, de petite dimension, à côté de la porte des boucheries et proche du bastion de Sault en 1726 ; l'autre, destiné à l'officier de garde, au-dessus de la porte de la contre-garde de Mousserolles en 1724. Ce dernier travail causa quelque inquiétude au Corps de ville ; M. de Salmon qui le faisait exécuter le destinait-il à la milice bourgeoise, et dans ce cas ne porterait-il pas atteinte aux privilèges de la ville, puisque le poste de la garde bourgeoise existait déjà dans le bâtiment de la porte de Mousserolles attenant à l'enceinte et qu'il l'aurait déplacé sans l'aveu du Conseil ?

Corps de garde.

Les réparations du corps de garde de la place Gramont, occupé par la milice bourgeoise, étaient faites par les soins des ingénieurs du roi ; mais afin d'en assurer le paiement sur la caisse municipale, ils devaient au préalable réclamer au Corps de ville un certificat d'exécution.

Ponts
et estacades.

Le pont couvert et son estacade, reliant à travers la Nive, à l'amont de la ville, les bastions royal et de Sault, faisaient partie intégrante de la fortification et les travaux qui s'y exécutaient étaient payés par le trésor royal. Ce pont se trouva en si mauvais état, le 16 décembre 1716, que Colins, lieutenant de roi, crut devoir se présenter en séance du Conseil de ville, accompagné des ingénieurs Salmon, directeur, et Dumoutier, chef du génie pour déclarer qu'il était en danger imminent de s'écrouler ; il demanda une avance de fonds, afin de le consolider, en attendant les fonds du roi, et l'obtint sans difficulté. Ce travail n'était pas entièrement terminé le 12 août 1720, car les ingénieurs adressèrent au ministre un mémoire de ce qui restait à faire.

L'estacade de la Nive, voisine du réduit, était réparée à frais commun, la ville prenant à sa charge la moitié de la dépense, et le roi l'autre moitié ; on la refit en 1743. Il y avait en outre des estacades au pont Mayou et au pont rouge, situés à l'intérieur de la ville ; on doit croire que c'étaient des estacades de précaution, pour le cas où celles des ponts extrèmes auraient été rompues ; on les remit en état le 9 octobre 1758.

Projet d'agran-
dissement
de l'enceinte.

Le revêtement en maçonnerie de la courtine reliant le Château-Vieux au bastion du Nard, sur le bord de l'Adour, s'écroula au commencement de l'année 1712. On se borna provisoirement à fermer la brèche par plusieurs rangs de palissades ; mais ce remède était précaire, parce que l'ennemi pouvait arriver au pied de la brèche par le fossé sec du Château-Vieux.

On hésita longtemps à reconstruire un revêtement maçonné, parce qu'un projet d'agrandissement de la ville, étudié par le chevalier du Vergier et apostillé par Salmon, était soumis au ministre depuis le 15 janvier 1716. Une considération importante militait en faveur de ce projet. La ville devant nécessairement être attaquée par la Citadelle, selon l'avis des ingénieurs (1), il serait facile à l'ennemi, après avoir pris ce fort de ruiner par des coups de canon d'enfilade les abris de la courtine reliant le Château-Vieux à l'Adour et de battre directement en brèche celle bordant la rivière. La solution proposée, outre qu'elle remédiait à cet inconvénient, créait des magasins et des logements pour la garnison de défense. Car si la garde de la ville était conservée, suivant d'anciens privilèges, à la bourgeoisie, on ne pouvait songer à considérer cette milice comme suffisante pour assurer la défense de la place. Cette tâche devait être accomplie par des troupes réglées que les Châteaux et la Citadelle ne suffiraient pas

(1) Que corrobora le siège de Bayonne par Wellington.

à loger et qui trouveraient place dans les locaux projetés. On proposait de vendre aux bourgeois les emplacements disponibles, englobés dans la nouvelle enceinte, sauf la place à réserver pour les logements des officiers et de la troupe. Ce projet fut reproduit périodiquement depuis cette époque, et attendit sa réalisation durant plus d'un siècle.

On se proposa d'améliorer le bastion Saint-Jacques en 1718, et même de l'agrandir en 1773. L'ingénieur Bérard établit en 1767 un projet de pont dormant, en pierre, à l'entrée de la Citadelle dans la face tournée vers l'Adour. Mais ces travaux n'étaient pas aussi urgents que la consolidation de la courtine des Capucins (1), réclamée par Touros en 1749 ; ce rempart s'écroula, sur une longueur de 38 toises, le 26 avril 1765, entraînant un corps de garde dans sa chute. Il fut refait à neuf sur 46 toises de long ; la dépense qu'il occasionna fut de 37.200 livres, prises en entier sur le trésor royal, car la province et la ville ne donnaient rien pour la fortification.

Il était nécessaire de posséder un approvisionnement important de palissades, soit pour défendre les chemins couverts en cas de guerre, soit pour parer aux dégâts des ponts et des plates-formes. Ces bois devant être conservés à l'abri de la pluie, les ingénieurs du roi les placèrent dans un hangar qu'ils construisirent au milieu du retranchement de Sainte-Claire, en l'appuyant contre la grande traverse de maçonnerie (1729).

Monsieur de Chaville, ingénieur en chef, écrivit au Conseil de ville, selon les ordres du maréchal d'Asfeld, pour l'inviter à murer les croisées du bâtiment de la place Gramont, qui se trouvaient placées du côté de l'étang du moulin de la ville. Les échevins, qui avaient réussi sous le règne précédent à retarder l'exécution de cette mesure, firent encore quelques difficultés, prétextant que ces fenêtres, à cause de leur hauteur, étaient inaccessibles aux ennemis ; puis, finalement, ils s'exécutèrent (11 février 1735). D'ailleurs les rapports de service entre la mairie et le génie étaient empreints d'une grande cordialité, entretenue par un échange de bons procédés.

Si les ingénieurs n'hésitaient pas à donner leur avis à la ville sur des questions techniques toutes les fois qu'ils en étaient priés, le maire, de son côté, s'empressait, à première demande, de rendre des ordonnances (2) défendant aux habitants de s'approcher des ouvrages de fortifications, afin d'en éviter la dégradation.

Le payement de la somme de trente mille livres due aux

(1) Ou des Jacobins.
(2) Le maire Picot (23 janvier 1755).

propriétaires d'héritages endommagés ou pris par l'Etat en 1636 pour les ouvrages de fortification se trouva sans cesse retardé. La ville continua d'en payer les intérêts tant que lui fut laissée la jouissance de la moitié de la grande coutume ; mais, cette ressource ayant été retirée, elle se disposa à demander au roi le remboursement des capitaux ainsi que des intérêts payés par elle depuis 1667 (21 mars 1729).

Quai des Allées Marines. En vue d'empêcher les eaux des glacis qui se déversaient dans l'Adour, près de l'étang du moulin de Tarride, de refluer sur le pont-levis de la porte marine, Touros en 1735 et Bérard en 1771 s'opposèrent à ce que le lest des navires fût déposé sur le quai de Tarride ; Bérard défendit même à l'entrepreneur de la ville de travailler à exhausser ce quai dans la partie voisine de l'entrée des Allées Marines (11 juin 1770). Mais l'année suivante, l'ingénieur en chef de Pinsun trouva une solution qui donnait égale satisfaction aux intérêts civils et militaires, et il en fut remercié par Gramont (17 mai 1771). La ville fit construire, en 1758, un pont en pierre sur le canal du moulin de Tarride, par lequel les eaux de l'étang de ce moulin se déversaient dans l'Adour. Ce pont fut placé à la sortie des Allées Marines, bien plus courtes qu'elles ne sont aujourd'hui, et donna accès aux promeneurs sur le terrain placé en bordure de l'Adour, à l'aval du canal vers Blancpignon.

Terrain des allées Boufflers disputé. Le terrain compris entre les allées Boufflers et l'Adour continua à être l'objet de discussions entre la ville et l'Etat qui prétendaient l'un et l'autre à sa possession. Les ingénieurs des fortifications voulurent s'opposer au passage des constructeurs de navires à travers ce terrain, et leur interdire d'y faire chauffer leur goudron ; la plainte des constructeurs fut transmise par le Conseil à Salmon, directeur des fortifications, qui n'en tint nul compte (9 novembre 1724).

Les échevins, loin d'abandonner leurs prétentions, concédèrent à des armateurs certains emplacements sur ce terrain pour y construire des baraques, appelées cayennes, qui devaient leur servir de magasins d'outils ; l'ingénieur Dibusty, soutenu par Touros, s'opposa à la construction de ces baraques, en arguant que le terrain faisait partie de la fortification (12 octobre 1750).

Huit charpentiers de navires renouvelèrent la même tentative en 1762 et n'éprouvèrent plus de résistance de la part du service du génie.

Les ingénieurs s'étaient montrés plus tolérants, par ordre du ministre, qui préparait un règlement de cette question. Par une décision du 1er octobre 1770, le ministre de Choiseul autorisa les constructeurs de navires à conserver la jouissance du terrain compris entre l'Adour et la courtine de

Boufflers ; il défendit aux officiers de l'état-major et aux ingénieurs de les inquiéter. Il permit en outre aux constructeurs
de navires d'y édifier des baraques ou cayennes, en bois ou
en maçonnerie, d'y planter des pilotis. La ville put donc continuer à donner des concessions de cayennes aux allées
Boufflers.

Le vieux rempart romain qui bordait le boulevard Lachepaillet, du côté de la ville, partait du Château-Vieux et se
prolongeait jusqu'à la Nive en passant à la porte d'Espagne.
Les maisons de la rue Vieille-Boucherie, parallèle au boulevard Lachepaillet, n'étaient pas appuyées primitivement à cet
ancien rempart ; elles en étaient séparées par une ruelle
assez étroite qui formait l'ancienne rue du rempart et dont
le sol appartenait par conséquent au roi comme l'ancien
rempart lui même. A partir du seizième siècle, les propriétaires des maisons de la rue Vieille-Boucherie empiétèrent
successivement sur la petite ruelle de rempart et firent
appuyer leurs immeubles au mur romain. Ils voulurent
ensuite éclairer leurs maisons par des fenêtres ouvertes dans
le mur romain vers le boulevard Lachepaillet ; certains
même essayèrent d'enlever le vieux mur et de lui substituer
une nouvelle façade, percée d'ouvertures, avec l'approbation
tacite du Conseil de ville.

Litige au sujet du rempart romain de Lachepaillet.

Ces entreprises se produisirent principalement dans le
cours de l'année 1770. Le chevalier de Pinsun, ingénieur
en chef, soutenu par le directeur d"Eyrignac, et le major de
Pons, voulurent s'y opposer. Le Conseil de ville eut recours
à la duchesse de Gramont, femme du gouverneur de Bayonne
et sœur du duc de Choiseul, ministre de la guerre, pour
avoir raison de ce qu'il appelait des tracasseries déplacées.

La duchesse, venue en ville le 6 septembre 1770, consentit
à faire le tour des remparts, accompagnée par M. de Pinsun
et par le maire ; elle fut suivie par le comte de l'Hospital,
commandant à Bayonne, par le comte de Brienne, par M.
de Sarlabos, par l'abbé Colbert et par son capitaine des
gardes. Elle partit de l'évêché, près du Château-Vieux, et
elle parcourut l'allée de Madame, autrement dite boulevard
Lachepaillet, jusqu'à la porte d'Espagne.

Le maire lui montra des maisons récemment construites
en façade sur le boulevard, auxquelles le ministre n'avait pas
voulu permettre de faire des ouvertures sur la façade de ce
boulevard, et il fit ressortir la grande gêne qui résultait de
cette interdiction par suite de l'impossibilité d'éclairer ces
maisons.

Il cita une semblable interdiction dont M. de Touros avait
frappé la maison de la douane, située sur la place Gramont,
et l'obligation qui en était résultée pour la ville de boucher

ses fenêtres du côté de l'étang. A la vérité, la défense avait
été ensuite levée, mais la ville n'avait pu, faute de fonds,
profiter de cette concession.

Le maire exposa aussi les prétentions de la ville sur le
terrain touchant les allées Boufflers : M. de Pinsun fit connaître que Vauban avait formé le projet de construire une
fausse-braye sur son emplacement et qu'il était nécessaire
de le maintenir disponible. Mais M. de Brienne riposta que
cet ouvrage ne se ferait pas encore de cinquante ans.

Enfin pour terminer ses doléances, le maire ajouta que la
gêne apportée à l'achèvement du quai des Allées Marines
nuisait aux agréments d'une si belle promenade. La duchesse
promit ses bons offices, insistant pour qu'on la regardât
comme une Bayonnaise. Après cette visite, la duchesse fut
conduite en promenade au Boucau où on lui offrit un repas,
puis elle assista à un bal donné aux Allées Marines, dans
une salle champêtre.

La réponse du ministre de Choiseul parvint aux échevins
le 1er octobre 1770 : elle réglait la contestation des allées
Boufflers au gré de la ville et elle autorisait les propriétaires
des maisons du boulevard Lachepaillet à ouvrir seulement
des fenêtres sur leur façade et non des portes.

Forts de cette autorisation, certains possesseurs de maisons sur le boulevard Lachepaillet crurent pouvoir faire
démolir des parties de l'ancien mur romain : l'ingénieur
Bérard, après en avoir référé au directeur d'Eyrignac, les en
empêcha. Ils se plaignirent au Conseil, disant que l'on voulait s'opposer à l'établissement d'ouvertures du côté de l'ancien mur. La plainte, transmise au comte de l'Hospital, fut
examinée devant Bérard, qui allégua que l'ancien mur était la
propriété du roi et non des riverains du mur, et que d'ailleurs
son épaisseur et sa dureté étaient telles qu'il n'était pas
possible d'y pratiquer des jours, sans le démolir complètement. Pour accorder les deux parties, l'Hospital proposa de
tenir les fenêtres du rez-de-chaussée à 4 ou 5 pieds au-dessus
du sol, de les barreauder et de laisser libres celles des autres
étages.

M. d'Eyrignac s'était permis de dire que si le roi avait
accordé la construction de cayennes, surtout en maçonnerie,
sur le terrain voisin des allées Boufflers, ce devait être par
surprise. Ce propos imprudent fut exploité par le Conseil
et répété à Gramont. Aussi le gouverneur irrité ne craignit
pas de qualifier de malhonnête le procédé dont avait usé
d'Eyrignac à l'égard des concessions de Choiseul. Il écrivit
au directeur des fortifications, lui faisant connaître sa ferme
intention de protéger la ville et de faire ratifier par M. de

Monteynard, nouveau ministre de la guerre, les décisions de son prédécesseur.

Les menaces auxquelles fut exposée la ville de Bayonne, durant la guerre de sept ans, de la part de la flotte anglaise, obligèrent le directeur Touros et l'ingénieur en chef Boisnanau à remettre en état de défense les ouvrages les plus exposés de la place. Le duc de Tresmes, qui commandait en ville à la place de Gramont, ordonna à Bayonne et aux localités environnantes de fournir des charrettes avec leurs bouviers ; Morassin, subdélégué de l'intendance à Bayonne, fut chargé de transmettre les demandes de corvées (1) aux jurats des villages voisins (septembre 1757). On procéda durant l'été de 1758 au curage des fossés du bastion du Nard ; ce travail, mis à la charge de la ville et du pays de Labourd, fut exécuté à l'entreprise, par les soldats des bandes gramontoises, qui traitèrent avec les échevins de Bayonne et les délégués du Labourd.

L'exécution de deux batteries au Boucau sur les deux rives de l'Adour, décidée dans la même circonstance par le duc de Tresmes, se fit sous la direction de l'ingénieur de Boisnanau, à la disposition duquel furent mis des ouvriers en nombre suffisant (2).

Les négociants, se conformant à un usage patriotique mis en pratique dans les périodes critiques, avancèrent les sommes nécessaires à la mise en état des fortifications de la ville, comptant en demander le remboursement au roi dès sa rentrée à Versailles.

Marine.

Le corps des officiers de la marine royale attachés au port de Bayonne comprenait, en 1717, MM. de Moisset, commandant, Lodreau, commissaire-ordonnateur (3), Dutastet, commissaire-contrôleur et Cheneveau, garde-magasin. Comme les officiers de l'armée de terre, ils étaient logés par la ville et jouissaient de l'entrée en franchise pour leur provision de vin (4).

Monsieur de Maurepas, ministre de la marine, fit établir un feu à Biarritz pour faciliter l'atterrage des bâtiments qui venaient chercher l'entrée du port. Ce feu fut placé au sommet d'une tour déjà existante et il fut alimenté par de la houille (2 février 1739).

L'arrêt du Conseil d'État, relatif à son établissement, fixa en même temps les ressources applicables à son entretien ;

(1) Biarritz fournit 4 à 6 hommes pour les travaux de fortifications.
(2) Voir détail chapitre XVI (Alerte causée par la flotte anglaise...).
(3) Cette fonction remplie en 1757 par M. de la Courtaudière.
(4) 8 barriques pour les deux premiers, 6 pour le troisième, 4 pour le dernier.

il imposa pour cela un droit spécial de tonnage sur les bâtiments entrant dans les ports de Bayonne et de Saint-Jean-de-Luz. La place de gardien de ce feu fut adjugée au moins offrant (1er juillet 1739).

Le maire et les échevins nommèrent le sieur Toulau, pilote lamaneur à la barre de l'Adour, à la place de Charles Salenave, décédé. Mais ils n'arrêtèrent définitivement leur choix sur ce candidat qu'après lui avoir fait passer un examen dans une salle de l'hôtel de ville devant le sieur Simonin, professeur d'hydrographie, deux capitaines de navires et deux pilotes de la barre ; ils s'assurèrent en outre que le roi l'avait dispensé des deux campagnes obligatoires pour tout marin dans la marine royale (19 décembre 1731).

Une balise de sapin fut mise sur la roche des Casquets, dans le lit de l'Adour, à la place de la bouée qui marquait bien insuffisamment ce point dangereux de la rivière. Le gardien du Boucau qui surveillait les rives nord et sud de l'Adour, fut également chargé de porter son attention sur ce signal (5 février 1740).

Le Corps de ville fit élever, à la sortie de la porte marine, autrement dite de secours de la place Gramont, une terrasse munie d'organeaux et de canons pour l'amarrage des navires; ce fut le commencement du quai des Allées Marines (1727). Une câle pour la réparation des navires fut établie à l'extrémité des Allées Marines, près du moulin de la Visitation, en 1757, en même temps que le pont permettant de franchir le canal du moulin.

La fosse aux mâts, dépendant du service de la marine, se trouvait le long de la courtine des Jacobins, près des allées Boufflers. Afin d'arrêter les fuites d'eau qui se produisirent à travers le mur de la fortification et qui auraient interdit l'usage de la fosse, la marine fit cimenter le mur à ses frais (1764).

Pendant la guerre de sept ans, les corsaires bayonnais firent aux Anglais une guerre acharnée. Le Conseil de ville adressa en 1757 au ministre de la marine la liste des corsaires de la ville. A l'exemple du sieur Lauga, armateur de Bayonne, qui obtint la permission du roi d'armer en course, pour soixante jours, une goëlette de six canons et de douze-pierriers, les armateurs bayonnais se pourvurent des autorisations nécessaires et se livrèrent à la chasse des navires anglais.

Afin de préserver Bayonne de toute contagion, le Corps de ville établit sur les sables du Boucau, du côté d'Anglet, un hôpital pour les malades des équipages des corsaires, en prélevant une contribution sur les armateurs.

Les corsaires firent de nombreuses prises et amenèrent un grand nombre de matelots anglais prisonniers. On songea d'abord à mettre ceux-ci dans les chais de Saint-Esprit ; puis on fut obligé, à cause de leur nombre, de les renfermer dans le Château-Neuf où ils occupèrent une caserne et un pavillon, et encore dans une caserne du Château-Vieux. Ils brisèrent la plus grande partie des fenêtres de ces bâtiments et imposèrent à la marine un surcroît de dépense par le fait des réparations de ces dégâts (1757).

La course maritime se continua avec succès en 1760 ; trois navires corsaires de Bayonne (l'*Amiral,* la *Colette,* le *Comte de Guiche*), amenèrent chacun dans le port un bateau anglais avec son équipage ; l'un d'eux était chargé de blé, un autre de thé et le dernier portait des munitions de guerre (mars 1760).

Mais la guerre de sept ans avait été désastreuse pour la marine royale. Les villes maritimes furent sollicitées de venir à son secours en fournissant des navires. Le pays de Labourd projeta d'offrir au roi une frégate, et l'on fit souscrire les habitants de Bayonne et de Saint-Jean-de-Luz. La frégate fut offerte à Louis XV, le 12 avril 1762 ; les députés chargés d'en faire l'offre exprimèrent l'espoir que le roi voudrait bien l'agréer, pour le rétablissement de sa marine, comme marque du zèle de la ville pour son service. Son armement était de 22 canons, parmi lesquels six à balle et quatre en batterie.

Elle fut aussitôt mise en chantier ; elle porta le nom de *Bayonnaise* et fut lancée à l'eau le 27 janvier 1764. Le che valier de Luppé, lieutenant de vaisseau à Rochefort, en avait sollicité le commandement avec instance ; il ne tarda pas à venir en prendre possession.

CHAPITRE XIX

AMÉLIORATION DE L'EMBOUCHURE DE L'ADOUR ET TRAVAUX D'EMBELLISSEMENT DE LA VILLE DURANT LE RÈGNE DE LOUIS XV. — DÉPART DE LA REINE DOUAIRIÈRE D'ESPAGNE.

Havre de l'Adour. — Commerce. — Papier-monnaie. — Concurrence des juifs. — Edilité, fontaines. — Pont St-Esprit. — Grave accident au pont — Bâtiment de la douane. — Porte Marine. — Quais. — Allées Marines. — Allées Paulmy et Boufflers. — Précautions contre l'incendie. — Dégagement des rues. — La reine Marie-Anne de Neubourg. — Impôts et taxes. — Fermiers des impôts ; leurs exploits. — Maréchaussée, police et guet. — Hôpitaux. — Chirurgie. — Justice. — Collège. — Evêques. — Théâtre

Havre de l'Adour.

Le Conseil de ville de Bayonne proposa au comte de Toulouse, grand amiral de France, de renoncer à son droit de balisage sur les balises de l'Adour ; aux fréquents déplacements qui se produisaient dans les fonds de la rivière auraient dû correspondre, dans l'intérêt des navires, des changements de balises, et malheureusement ce service était parfois négligé. Il demanda donc de renoncer à ce système défectueux et offrit de construire une tour et d'entretenir à son sommet un feu et d'autres signaux, dans le but d'éviter les naufrages trop fréquents sur la côte (14 février 1718).

Cette disposition qui devait être adoptée en 1739 par le ministre de la marine resta à l'état de projet. Force fut donc de continuer à se diriger d'après les balises ; or le vent et les marées ayant déplacé les sables le 24 décembre 1723, et les ayant amenés dans le chenal de la barre de l'Adour, il se forma un grand banc de sable qui boucha l'ancien passage et le rejeta contre les vignes d'Anglet. Les commis préposés par l'amiral à l'entretien et au déplacement des balises marquant la route à suivre par les navires ne modifièrent rien et laissèrent les vaisseaux en danger de perdition. Le Conseil de ville, ne considérant que le bien public, s'empressa de remédier à la nonchalance des commis de l'amiral en faisant couper des pins pour les transformer ensuite en balises, plantées en des points convenables ; il solda ce travail avec les fonds de la ville.

Les pilotes proposèrent de faire à la barre un petit canal du côté nord ; le contrôleur général, auquel cette idée fut soumise par le Conseil, répondit qu'il s'en rapportait aux lumières des gens de métier et principalement à Monsieur de Salmon (7 août 1724). Le Conseil de ville fit alors rédiger un mémoire sur la réparation de la barre de l'Adour, accompagné d'un plan indiquant les cours actuel et ancien de la rivière, et il l'adressa à Monsieur Marchand qui s'occupait, sous les ordres du chevalier d'Asfeld, de tout ce qui regardait le service du génie et par conséquent des projets de la barre (8 octobre 1725).

Le directeur Salmon fut en effet chargé de rédiger un projet d'amélioration de la barre, mais ayant cédé sa place à Touros, en 1727, c'est à ce dernier qu'incomba la tâche de présenter le projet. Sur ces entrefaites, un navire hollandais, ayant touché une roche au fond du lit, faillit couler : on s'empressa de signaler cet endroit dangereux au moyen d'une bouée enchaînée à une ancre, et le maire Morassin, après l'avoir visité en compagnie de Dadoncourt, lieutenant de roi, signala l'urgence de nouveaux travaux (12 mai 1727).

Le maire accompagna le directeur de Touros et l'ingénieur en chef Dayme, dans la visite qu'ils firent à la barre, le 21 juillet suivant, avec le major Castain et le pilote-major. Les ingénieurs reconnurent que l'ouverture d'un canal à la barre n'était pas aussi difficile et si coûteuse qu'on le croyait ; ils arrêtèrent donc les bases d'un projet qu'ils se proposèrent de justifier devant M. de Vigny, ingénieur-directeur des fortifications d'Aunis, envoyé à Bayonne par le chevalier d'Asfeld, surintendant des fortifications de France, pour étudier cette question.

M. de Vigny arriva en ville le 29 août et fut invité par le Conseil ainsi que M. de Touros à un repas à l'hôtel de ville. Les échevins lui firent savoir que M. de Maurepas, ministre de la marine, trouvait le travail d'amélioration de la barre nécessaire, et qu'il regrettait de ne pas avoir actuellement des fonds à lui consacrer.

Le projet fut soumis au Conseil d'Etat qui décida de l'approuver. Le Corps de ville profita de l'envoi de ses compliments au cardinal de Fleury à l'occasion de la nouvelle année, pour le remercier de ce qu'il avait ordonné d'amasser des fonds pour les travaux de la barre (5 janvier 1728) ; il apprit bientôt que le cardinal attendait l'envoi du devis de la dépense pour donner l'ordre de travailler. En effet, la première remise de fonds eut lieu le 20 août suivant.

Cette réparation très importante était évaluée à 300.000 livres, somme qui devait être imposée sur les généralités et qui ne pouvait rentrer qu'à la fin de 1729. Aussi, lorsque le premier versement fut épuisé, les commerçants de Bayonne, pour ne pas laisser interrompre les travaux, consentirent à faire à l'entrepreneur l'avance de 60.000 livres ; ou plutôt ils fournirent 45.000 livres et la ville emprunta le complément (8 avril 1729).

Le 18 septembre 1730, les fonds de la généralité se faisant attendre, un nouveau prêt de 30.000 livres fut consenti par les principaux négociants.

Selon Descande (1), M. de Touros aurait substitué des digues en maçonneries aux anciennes qui étaient en charpente. Cet ingénieur, afin d'épargner les fonds, demanda d'employer aux travaux de la barre les soldats de plusieurs bataillons ; les échevins demandèrent à M. de Pinsun, commandant de la Citadelle, de loger un bataillon dans ce fort, afin de ne pas trop charger les habitants (7 mai 1731).

Touros appela près de lui, au Boucau, où il résidait à cause des travaux, des capitaines de navire et des pilotes, afin d'examiner avec eux de quelle façon devait être placé le débouché de la rivière dans la mer (13 juillet 1731). Il eut, sous ses ordres, pour assurer l'exécution des travaux, les ingénieurs en chef Dumoutier, de Chaville, de Vaudé et plusieurs ingénieurs ordinaires (2). La conservation de la digue fut son principal souci : aussi il ne craignit pas de se plaindre à M. de Maurepas, ministre de la marine, contre les pilotes qui s'acquittaient mal de leur mission de surveillance ; cette plainte parvint aux échevins, qui nommaient les pilotes et qui, seuls, pouvaient les châtier (8 janvier 1748).

L'épuisement des fonds occasionna un arrêt dans les travaux de la barre. Sur ces entrefaites Touros fut déplacé ; d'Eyrignac, son successeur, eut soin, en attendant la reprise des travaux, de se rendre fréquemment compte, par des sondages, de l'état du chenal de la barre (18 février 1763).

Dès que le duc de Choiseul eut fait connaître que le roi destinait une somme de 200.000 livres à la continuation des travaux de la barre (17 décembre 1764), le directeur d'Eyrignac alla s'installer au Boucau et continua l'œuvre de Touros.

Ce dernier, à cause des services qu'il rendait journellement à la ville, avait reçu du Conseil, en 1733, l'offre gracieuse d'un logement dans la rue de l'Ouesque ; mais cette faveur n'avait pu lui être maintenue l'année suivante Cependant le Conseil, qui avait constamment recours à ses bons offices, avait renouvelé plusieurs années après son acte gracieux, que le marquis de Paulmy transforma ensuite en une gratification annuelle de 300 livres. Le directeur d'Eyrignac, qui se prêta moins à aider la ville, ne semble pas avoir joui de l'avantage accordé à son prédécesseur.

Commerce.

La peste de Marseille qui sévit avec violence de 1720 à 1723 et qui occasionna la mort de Monseigneur de Belzunce,

(1) L'Adour, brochure, 1897.

(2) De Lavoye, Gilbert de Bitry, Camet, Rochepiquet, Florens, Lescamps, etc. (DD, 67).

victime de son dévouement pour les malades, causa de grandes pertes aux commerçants bayonnais. Les vaisseaux venant de Marseille, de Cadix et de Lisbonne durent faire quarantaine et l'introduction en ville de marchandises provenant des localités infectées fut prohibée sous peine de 2.000 livres d'amende. Des soldats des gardes bourgeoises se placèrent aux ports de la ville pour surveiller les étrangers ; M. de Hureaux fut le premier à remplir ce service et communiqua, par son exemple, une louable émulation (4 juillet 1721). Les mesures prohibitives se prolongèrent jusqu'au 25 janvier 1723 et un feu de joie marqua la fin de cette triste période.

Le papier-monnaie que l'on introduisit en France et qui y produisit une ruine considérable, parvint jusqu'à Bayonne. Sur l'ordre de l'intendant, un bureau de banque y fut établi, dirigé par trois négociants, l'un ayant le titre d'inspecteur et les deux autres celui de directeur (12 août 1720) ; M. de Lacroix, directeur de la Monnaie, fut nommé trésorier de la banque et ouvrit les comptes (2 septembre). Le Corps de ville demanda à Lepelletier d'autoriser la division de billets de mille livres en coupures de cent livres et de dix livres. Les billets de banque tombèrent bientôt dans un tel discrédit qu'ils ne purent être échangés contre de l'argent qu'en subissant une perte des trois quarts de leur valeur nominale. C'est d'après cette réduction qu'ils furent comptés dans le remboursement fait par la ville en 1723 au maire Dussault du prix de sa charge.

Le Corps de ville fit afficher une ordonnance défendant aux juifs portugais de Saint-Esprit de s'établir en ville, d'y résider et même d'y manger et coucher, d'y vendre des marchandises au détail et de traiter des affaires avec les habitants catholiques, les dimanches et jours de fête ; cette défense fut communiquée au syndic des juifs. Déjà le Conseil avait essayé, par ordonnance du 22 octobre 1714, de forcer les juifs à vendre le samedi (jour du sabbat), et de leur interdire de le faire les dimanches et fêtes, pour éviter de nuire au commerce des catholiques. Mais la répétition des mêmes prohibitions suffit à démontrer qu'elles étaient considérées comme lettres mortes par les juifs. Le Conseil ayant renouvelé, par son ordonnance de police du 25 septembre 1761, l'interdiction pour les juifs de vendre au détail dans la ville, leurs syndics lui firent signifier un acte de protestation contre cette défense.

D'autres causes apportèrent de la gêne au commerce de la ville. On peut signaler, parmi celles-ci, les innovations que les fermiers généraux introduisirent dans la perception des droits et qui soulevèrent les plaintes des magistrats (2 février 1739). Les entraves imposées aux marins étrangers

Papier-monnaie.

Concurrence des juifs

par l'obligation de déposer leur provision de tabac à l'entrepôt de Bayonne jusqu'au départ du navire, aussi bien que
les peines de mille livres d'amende ou de galères encourues
par les contrevenants, n'étaient pas faites pour attirer à
Bayonne les bâtiments étrangers.

Le duc de Duras, ambassadeur de France en Espagne,
vint à Bayonne, le 6 octobre 1752, écouter les doléances des
négociants et s'enquérir des causes qui avaient amené la
diminution du commerce de la ville. Il alla visiter le Boucau
avec la duchesse, sa femme, et assista à un repas de gala
qui lui fut offert dans les salles de l'hôtel de ville.

Les armateurs offrirent de prolonger à leurs frais le quai
des Allées Marines, si utile pour le commerce, car il servait
à l'amarrage des navires et au débarquement des marchandises (16 mars 1761). Le Conseil accepta leurs offres et fit
exécuter ce travail par parties, malgré quelques difficultés
soulevées en 1770 par l'ingénieur Bérard, que son collègue,
l'ingénieur en chef, s'efforça d'aplanir.

Les négociants Bayonnais proposèrent un moyen radical
pour relever le commerce de la ville, en demandant la
franchise de leur port. Un mémoire fut rédigé le 28 janvier
1774, et adressé aux protecteurs de Bayonne ; il resta sans
effet, mais la question devait être reprise sous le règne de
Louis XVI et être résolue à l'avantage de la ville.

La Chambre de Commerce instituée dans la ville fut installée le 12 octobre 1731 au premier étage du bâtiment de la
place Gramont, au-dessus de la bourse des marchands.

Edilité.
Fontaines. L'alimentation en eau de la ville était depuis longtemps
une des préoccupations du Conseil. Cette assemblée avait
décidé, dans sa séance du 28 juin 1717, d'amener en ville
l'eau de deux sources ; celle de Choron, située hors la porte
Saint-Léon, devait être conduite dans la ville haute, et celle
du Tast, en avant de la porte de Mousserolles, était destinée à
alimenter Bourgneuf.

Avant de commencer la réalisation de ce coûteux projet,
les échevins songèrent à se procurer les fonds nécessaires.
Ils demandèrent au roi (14 février 1724), l'autorisation de
faire une loterie ; il leur fut répondu que la loterie était
réservée à la compagnie des Indes, mais que le roi était
disposé à concéder des droits d'octroi.

Le Conseil de ville revint à la charge, le 16 avril 1728, et
demanda au contrôleur général la permission de faire une
loterie de 500.000 livres, et d'appliquer une partie (1) du
produit réalisé par cette opération, à la construction de
trois fontaines et d'abreuvoirs. Dès que les magistrats eurent

(1) Les treize centièmes du produit.

appris que la loterie était autorisée pour un an, ils passèrent un marché pour terminer les fontaines, le 18 septembre 1730. Le travail fut commencé par la ville haute et dura plusieurs années ; une fontaine, que l'on appela fontaine des Carmes ou de la place d'Armes, fut construite sur un emplacement de la place d'Armes, cédé par les Carmes contre le mur de leur couvent (1733).

Il semble que l'installation des fontaines soit longtemps restée inachevée, puisque le Conseil de ville décida, le 23 avril 1756, de consacrer une somme de 24.000 livres à poursuivre ce travail et d'indemniser les propriétaires des sources ; il y employa en outre les 30.000 livres prêtées au roi durant la guerre de sept ans par les bourgeois de la ville et récemment restituées à la ville (17 juin 1764).

Ces diverses sommes n'ayant pas suffi à exécuter tout le programme des travaux des fontaines projetées, le Conseil y affecta le premier acompte du legs de 50.000 livres fait par la reine Anne de Neubourg à la ville. On s'occupa aussitôt de mettre les travaux en adjudication, et, pour éviter les mécomptes qui avaient dû se produire précédemment, on demanda à Paris un fontainier ayant fait ses preuves (8 janvier 1770). M. de Gency, ingénieur hydraulique, arriva à Bayonne le 22 mai 1771 pour faire commencer les travaux ; il put les terminer le 22 mars 1774. Les magistrats constatèrent alors avec satisfaction que les eaux des sources de Choron et des Agots arrivaient en ville et abandonnèrent sans regret la somme de 15.000 livres à M. de Gency pour ses honoraires.

Le passage des troupes pendant la guerre d'Espagne avait grandement endommagé le grand pont de Saint-Esprit, sur l'Adour. Lorsque le Conseil jugea indispensable de le remettre en état, il eut recours aux bons offices du directeur Touros afin d'examiner les réparations qu'il convenait d'y faire. Le devis des travaux s'éleva à 43.000 livres et fut adressé à l'intendant pour autorisation ; le Conseil insista pour que la dépense fût mise à la charge de l'Etat ou de la généralité (10 novembre 1728). **Pont Saint-Esprit.**

La travée mobile de ce pont, appelée bascule, que l'on relevait pour laisser passer les navires, ne donnait pas un passage de largeur suffisante ; la ville en décida l'élargissement et mit ce travail en adjudication (21 mars 1750).

Un navire entraîné par un courant violent ayant heurté les piles du pont, celui-ci en éprouva un tel ébranlement que quinze piles furent abattues et emportées au loin par la force des eaux (8 avril 1770). **Grave accident au pont.**

La ville fit aussitôt établir un pont provisoire au-dessus de l'ancien pont et préleva un droit de péage sur les passagers.

Cette opération excita la mauvaise humeur de M. d'Eyrignac, directeur des fortifications, qui dit au clerc de ville que le pont serait depuis longtemps remis en état si la ville ne retirait cent mille livres du droit de passage ; le clerc lui répondit que cet argent devait servir à payer les entrepreneurs et que les magistrats en avaient les mains nettes. Le Conseil porta plainte au comte de l'Hospital qui le fit prier de ne pas pousser l'affaire jusqu'au roi. Il vint lui-même porter ses remercîments au Corps de ville et obtint de M. d'Eyrignac qu'il rendît visite au clerc (28 mai 1770).

Ne trouvant pas chez le directeur des fortifications la même complaisance qu'auprès de Touros, le Conseil fit dresser le projet et le devis de la réparation du pont Saint-Esprit par M. Picault, ingénieur des ponts et chaussées (29 juin). Le travail se trouva terminé le 22 juillet 1771 et la ville obtint l'autorisation de l'intendant pour un emprunt de 100.000 livres destiné à le payer.

Bâtiment de la douane. Le bâtiment de la douane, situé sur la place Gramont, servait aussi de bourse des marchands ; sa façade fut embellie le 8 novembre 1717, par l'horloge que l'on retira du porche de la cathédrale. Le directeur Touros qui occupait une partie du bâtiment, ayant constaté que les murs qui surplombaient étaient lézardés et menaçaient ruine, émit l'avis de le démolir et de le reconstruire sur un nouveau plan ; il s'occupa d'établir le projet et de l'adresser à l'intendant (1730).

Cet édifice fut reconstruit en 1733 ; on plaça dans ses fondations des jetons aux armes de la ville, portant le millésime de l'année. Il devait plus tard renfermer la salle de comédie ou de théâtre. La façade, du côté de l'étang du moulin de la ville, était munie d'ouvertures dont le service des fortifications exigea la suppression, en 1735, par mesure de sécurité, et qu'il permit de rétablir en 1754, sous condition de curer l'étang et son canal afin d'augmenter la profondeur de l'eau au pied de la façade.

Porte Marine. La porte Marine, voisine du bâtiment de la douane, fut aussi reconstruite en 1733 ; elle donnait issue sur une levée de terre formant séparation entre la Nive et l'étang du moulin de la ville. Ce remblai, sur lequel se trouvait la chaussée du chemin, était protégé par des pilots du côté de la Nive ; il avait été planté d'ormeaux en 1727. La porte fut élargie en 1759 à la demande de la ville ; le marquis de Paulmy, ministre de la guerre, voulut lui en faire supporter les frais, puisque le travail avait été demandé dans un but d'embellissement ; mais les échevins firent remarquer que le sol de cette porte dépendait de la fortification et que c'était donc à l'État à supporter la dépense.

Des travaux importants furent aussi faits aux quais de la ville. Une ordonnance vint fixer l'alignement du quai des Menons (1) depuis le pont Pannecau jusqu'à l'angle du bastion du réduit de Sainte-Claire, autrement dit bastion royal (1736). Les Cordeliers ou Menons, dont le couvent longeait la rive de la Nive, avaient coutume de déposer des décombres et de la terre sur ce bord de rivière, sans suivre aucun alignement ; on les invita, le 27 novembre 1724, à soutenir les remblais par un quai, sous peine de se voir interdire en ce lieu tout dépôt de terre, et, sans nul doute, le quai qu'ils édifièrent fut compris dans l'alignement de 1736.

Le quai des Basques, compris entre la tour de Sault et la rue de la Poissonnerie, fut construit à l'entreprise en 1742, aux frais des riverains. La rue du pont traversant, qui lui faisait suite, longeait les quais de cette rive en franchissant sur des arceaux en maçonnerie quelques canaux servant de ports. Sur le bord de l'un de ces canaux, appelé port de Suzée, on installa un corps de garde de police en 1750, qui servit, concurrement avec celui du pont Pannecau, construit en 1752, à assurer la police des quais et des ports.

L'allée Marine, commencée en 1727 par la plantation de quelques ormeaux sur la levée de la porte marine, fut poursuivie en 1738 par le maire, après entente avec M. de Chaville, ingénieur en chef ; deux autres rangées d'ormeaux furent plantées entre la levée et la Nive. La plate-forme de la levée dut être en même temps élargie et le côté longeant la rivière, garanti contre l'attaque des eaux par un quai en maçonnerie, qui fut achevé le 3 février 1749.

Le marquis de Paulmy, ministre de la guerre, qui vint visiter les fortifications de Bayonne en août 1753, autorisa la ville à prolonger le quai des Allées Marines et à le terminer par un arrondi, qui devait être l'origine d'une nouvelle allée d'ormeaux suivant le pied des glacis. Ce quai fut aussitôt construit sur la rive de l'Adour, vis-à-vis les chais de Tarride, à l'extrémité de l'allée Marine ; à sa suite, on établit un autre quai, au delà du canal du moulin de la Visitation, vers Blancpignon. Ce travail fut mis en adjudication par les soins de la ville et se poursuivit en 1754 ; les murs du quai construit à la suite de celui de l'allée Marine furent faits en pierres sèches.

M. de Monteynard, ministre de la guerre, permit, le 12 novembre 1773, d'étendre les promenades de l'allée Marine, en plantant des arbres et en comblant le fossé de cette allée. La plantation des arbres fut faite en prolongement de ceux

Quais.

Allée Marine.

(1) Sur la rive droite de la Nive, à l'entrée de la ville, vers l'amont.

de l'allée Marine, et continuée sur la digue de l'étang servant à retenir les eaux du moulin des dames de la Visitation.

Allées Paulmy et Boufflers.

Le directeur Touros se chargea de faire exécuter la nouvelle allée autorisée par le marquis de Paulmy, allant de l'Adour au chemin royal de Saint-Jean-de-Luz, en suivant le pied des glacis ; il fit démolir les chais placés au bas de cette allée, qui prit le nom d'allée de Paulmy. Cette promenade servait de trait d'union entre celle de l'allée Marine et les glacis de la porte Saint-Léon, que le comte d'Argenson, ministre de la guerre, avait permis, le 24 juillet 1750, de transformer en promenade.

Le chemin royal de Saint-Jean-de-Luz avait aussi subi de profondes modifications aux abords de la ville, par ordre de l'intendant ; à l'occasion du passage de la dauphine, le sieur Loguet, ingénieur des ponts et chaussées, avait été invité, le 10 août 1744, à étudier un tracé plus direct pour cette voie. Il convient d'admettre que le tracé fut alors changé dans la traversée de la fortification ; après avoir passé la porte d'Espagne, il traversa l'ouvrage à cornes et la face droite de sa demi-lune. A sa sortie du glacis, il fut accompagné d'une allée de chênes, qui fit partie de la promenade organisée en 1750.

Poursuivant le programme des embellissements de la ville, le Conseil fit aux allées Boufflers une nouvelle allée d'ormeaux, en se conformant aux indications gracieuses de l'ingénieur Bérard ; ce dernier, qui ne ménageait pas les marques de sa complaisance, avait donné son concours pour dessiner l'autel et le chœur de la cathédrale et pour la réparation du pont Saint-Esprit. Le comte de l'Hospital accepta de planter le premier arbre de cette allée.

Précautions contre l'incendie.

Le grand incendie qui consuma un grand nombre de maisons dans la rue du Pont-Mayou, en 1736, attira l'attention de l'intendant sur l'absence de pompes ; le Conseil en fit venir une de Hollande (6 septembre 1737). Afin de diminuer les chances d'incendie, le Conseil ordonna, le 16 mai 1740, d'élever les conduits de cheminée au-dessus des toits et interdit aux habitants de conserver dans leurs maisons une quantité de matières combustibles supérieure à des limites indiquées, sous peine d'amende.

Dégagement des rues.

Continuant l'œuvre d'assainissement des rues de la ville entreprise par leurs prédécesseurs, les échevins décidèrent, le 19 octobre 1717, de poursuivre la démolition des tours et des arceaux qui rétrécissaient et rendaient obscures les rues de Bayonne ; ils firent enlever, dans le même but, les barrières formant corps de garde, dressées devant la demeure des premiers anciens échevins.

M. de la Bove, intendant, rendit une ordonnance contenant

défense expresse de ne rien construire dans les rues qui pût en intercepter le passage et prescrivant de démolir l'arceau des Cinq-Cantons, dernier vestige de l'ancienne porte romaine orientale. A la suite de cette ordonnance, les arceaux placés en travers des rues, restes d'anciennes enceintes, disparurent successivement ; en 1746 celui de la rue Orbe ; en 1747 celui de la rue Argenterie ; en 1760 celui de la rue du Port-Neuf. Il ne resta plus debout que la porte Mignon, ancienne porte romaine méridionale, qui devait disparaître en 1816.

Le Conseil de ville fit ensuite démolir, en 1761, un grand nombre de façades de maisons, qui menaçaient ruine.

Le pavage des rues reçut de notables améliorations ; celui des rues du Pont-Mayou et de Bourg-Neuf fut mis en adjudication (21 octobre 1726). Il en fut fait de même pour l'éclairage des rues (1er mai 1761).

La reine Marie-Anne de Neubourg était exilée à Bayonne depuis 1706, où elle était l'objet des attentions du Conseil de ville ; elle était veuve du roi Charles II d'Espagne qui avait laissé sa couronne à Philippe V, petit-fils de Louis XIV. Après avoir résidé au Château-Vieux, elle habita plusieurs résidences successives. En 1718, elle occupait la maison de M. de Benac, dont le loyer laissé à la charge du Corps de ville s'élevait à 1.400 livres.

La reine
Marie-Anne
de Neubourg.

Après un séjour de trois semaines au couvent de Saint-Bernard, au pied de la Citadelle, la reine entra en ville, saluée à Saint-Esprit par les échevins en robe rouge. Ayant appris qu'elle souffrait de la fièvre, le Conseil fit prendre de ses nouvelles et célébrer une grande messe pour obtenir de Dieu le rétablissement de sa santé ; il s'empressa de faire chanter un *Te Deum* si tôt qu'il fut informé de sa guérison (20 février 1728).

La reine fut priée par les échevins, le 2 juillet suivant, d'être marraine de la grande cloche de la cathédrale que l'on venait de refondre. Le Conseil, qui en fut le parrain, lui offrit pour son bouquet un gros esturgeon du poids de trois quintaux. Le baptême eut lieu le 9 septembre, et la reine s'y fit représenter par le duc de Fernandina, grand maître de sa maison et son majordome.

La dernière gracieuseté faite à Marie-Anne de Neubourg par le Corps de ville consista en un bouquet qui lui fut offert à l'occasion de la Sainte-Anne (le 2 juillet 1736), accompagné de quatre paniers de fruits et de quatre autres contenant cent bouteilles de vin.

Elle s'apprêtait à habiter le château de Saint-Michel, à Marrac, qu'elle faisait aménager pour y abriter ses amours avec le chevalier de Larréteguy, commandant de la Citadelle, lorsqu'une scène scandaleuse qui eut pour auteur le frère de Larrétéguy, lieutenant au régiment de Champagne, décida son rappel en Espagne (1737).

La nouvelle du prochain départ de Marie-Anne de Neubourg vint semer l'inquiétude parmi ses nombreux créanciers de Bayonne. Le maire, par l'intermédiaire du ministre Amelot, cherche à convaincre la cour d'Espagne de la nécessité de payer les dettes de la reine. Le roi d'Espagne fait inviter les créanciers à se faire représenter à Madrid, afin de se mettre d'accord sur un accommodement ; ceux-ci sont appelés à l'hôtel de ville pour déclarer leurs créances. Toutefois la cour d'Espagne ne peut cacher son étonnement de ce que la reine, qui a reçu 1.800.000 livres pour payer ses dettes avant de rentrer en Espagne, n'ait pas désintéressé ses créanciers (21 août 1738).

Le majordome se présente, le 6 septembre suivant, à l'hôtel de ville, afin de transmettre les remerciments et la reconnaissance de la reine pour les attentions dont elle a été l'objet durant son long séjour à Bayonne. Elle promet, ajoute-t-il, de prendre sur ses premiers fonds une somme de 40.000 à 50.000 livres et d'en faire don à la ville pour être employée à des fontaines publiques ou à tout autre travail décoratif au choix du Conseil ; elle fait travailler à son portrait, qu'elle destine à la maison de ville. Enfin il termine par l'assurance que la reine se propose d'insister auprès de la cour d'Espagne afin que ses dettes soient promptement payées.

Le 17 septembre 1738, jour fixé pour son départ, elle quitta le palais de Saint-Michel où le maire et quatre-vingts jeunes gens à cheval étaient allés la prendre. Elle entra en ville dans son carrosse, ayant son majordome à cheval près de la portière de droite, et le maire près de celle de gauche. Elle passa devant le régiment de Duras posté aux abords de la porte Saint-Léon, traversa la ville au centre de laquelle deux compagnies de 700 hommes de milice bourgeoise formaient la haie, passa à Mousserolles où elle trouva le régiment d'Eu ; elle fut haranguée à cette porte par un échevin et saluée par le Conseil qui lui fit ses adieux.

Après une halte pendant laquelle la ville lui fit servir un superbe goûter, Marie-Anne de Neubourg alla coucher à Tornuntoa, et continua sa route vers Pampelune. L'échevin de Labat se rendit dans cette ville présenter ses compliments à la reine et (chose non moins importante !) arrêter avec elle l'état de ses dettes, dont le total était de 700.000 livres.

La reine douairière d'Espagne mourut en juillet 1740 ; un service funèbre fut célébré à son intention dans la cathédrale de Bayonne, et à la douleur causée par cette mort vint se mêler quelque désappointement, provenant de ce que les dettes de la reine restaient toujours impayées.

On apprit cependant, le 17 juillet 1741, qu'elles étaient liquidées (1), et qu'il ne restait plus aux créanciers, pour rentrer dans leur bien, que de solliciter des assignations (2). Cependant le ministre d'Espagne retira son approbation, en prétendant que l'état des dettes était majoré et qu'il voulait de nouveau le faire reviser.

Etait-ce le vrai motif des entraves apportées par le ministre au paiement des dettes de la reine ou bien faut-il les imputer au manque de fonds ? Après vingt années d'attente, les créanciers adressèrent une réclamation à Madrid et présentèrent l'état de leurs créances, qui, avec les intérêts, montait au total de 1.200.821 livres, non compris les 50.000 livres de gratification léguée par la reine à la ville.

Enfin, le 8 janvier 1770, l'Espagne versa au trésorier de la ville un premier à-compte du legs de la reine, lequel fut aussitôt employé au travail des fontaines, selon le vœu exprimé par la légataire.

À l'avènement de Louis XV, la communauté de Bayonne **Impôts et taxes.** paya au trésor royal 40.000 livres de don gratuit. Lorsqu'elle fut imposée, le 31 décembre 1725, pour le don de joyeux avènement, correspondant à la majorité du jeune roi, elle fit entendre ses protestations et finalement se décida à le payer en trois termes, moitié en argent, moitié en papier (21 octobre 1726).

Un nouveau don gratuit ayant été réclamé à la ville en 1759, une assemblée générale des bourgeois fut réunie le 15 juin pour délibérer sur les moyens de le payer. Elle fit prier l'intendant de le réduire au plus bas taux possible, la situation financière des habitants étant des plus tristes à tous égards. La ville paya cependant, car la France était engagée dans la guerre de sept ans et ne pouvait se passer de subsides. Il en fut encore de même pour un troisième don gratuit de 20.000 livres imposé à toutes les villes après la signature du traité de Paris, en 1763, pour achever de payer les dépenses d'une guerre désastreuse.

Pour faire face à ces fortes dépenses, le Conseil de ville s'efforça d'augmenter le revenu des octrois, en réduisant la faveur accordée aux membres du clergé, aux moines des quatre ordres religieux et aux employés de la monnaie d'introduire leur provision de vin sans payer de droits (8 avril 1770). En adoptant cette mesure, les échevins ne purent

(1) C'est-à-dire vérifiées.
(2) Mandats de payement.

s'empêcher de remarquer que la misère du peuple augmentait tous les jours, en même temps que s'aggravait la diminution du commerce et que croissait l'importance des subsides imposés à la province.

Le retard apporté par la ville au payement du dernier terme du don gratuit était la conséquence de l'état de marasme des affaires. Ce terme était dû depuis 1768 et, lassé de le réclamer, l'intendant menaça la ville d'employer contre elle des moyens énergiques ; il annonça que le sieur Dufau, porteur d'une contrainte, viendrait s'installer à Bayonne et laisserait à la charge de la ville le paiement de son logement, fixé à trois livres par jour, jusqu'à parfait paiement.

Le roi voulant venir en aide à la ville, eut recours à un procédé qui ne pouvait s'employer que durant les temps de crise, car il dépréciait le crédit de la ville ; il réduisit de trois cinquièmes les dettes de Bayonne (19 janvier 1756). La banqueroute partielle qu'il imposait ainsi à la ville à l'égard de ses créanciers ne valait pas mieux, comme procédé financier, que la loterie royale de 30 millions établie par arrêt du 30 octobre 1747 pour procurer des fonds.

Fermiers des
impôts.
Leurs exploits.

Une des preuves de la misère générale était la difficulté qu'éprouvaient les fermiers généraux à faire payer les impôts ; les divers moyens employés dans ce but étaient des causes de plainte de la part des populations.

Leurs agents surveillaient en armes les remparts de la ville pendant la nuit, pour empêcher la contrebande ; ils furent rencontrés par une ronde de la milice bourgeoise et désarmés par elle. Une plainte fut adressée au ministre de la guerre, afin de protester contre le port d'armes dont usaient ces records (29 février 1740).

Ces mêmes agents firent une descente, le 16 janvier 1741, dans des bâtisses en construction afin de les inspecter ; ils se firent suivre par deux soldats, la baïonnette au canon. Ce moyen de perquisition à main armée provoqua une grande résistance de la part des propriétaires des bâtisses et une émotion considérable parmi le peuple. On éleva surtout des protestations parce qu'ils ne s'étaient pas fait accompagner par un magistrat ou un commissaire de police.

Le 15 décembre de la même année, une émeute éclata dans la rue des Cordeliers, à la suite de la saisie de toiles peintes ou indiennes, dont la vente avait été prohibée par le directeur et le contrôleur des fermes ; toutefois, les émeutiers se laissèrent disperser par le maire.

Mais les employés des fermes se plaignirent au roi que le tumulte n'avait pas été arrêté assez tôt et qu'ils avaient de ce fait couru un danger. Le Conseil d'Etat condamna à 3.000 livres d'amende envers le directeur des fermes le négociant bayonnais qui détenait les étoffes d'indienne, et rendit les magistrats personnellement et civilement responsables de cette amende pour le retard apporté par eux à réprimer le tumulte (26 mars 1742). Une nouvelle saisie d'indiennes, suivie de leur incinération, provoqua de nouveaux incidents, difficilement réprimés (27 septembre 1743).

Les désordres se reproduisirent au sujet de la levée de nouveaux droits sur la cire, les parchemins, le papier, la poudre à poudrer, etc., et obligèrent les magistrats à exercer des poursuites contre leurs auteurs (12 mai 1748). La résistance aux agents du fisc devint si générale que le roi dut autoriser les fermiers généraux à mettre sur pied des cavaliers pour supprimer les bandes armées et les contrebandiers.

Les brigades de la maréchaussée, qui devaient prêter main-forte aux agents des fermiers généraux, furent logées par les villes, suivant une ordonnance royale du 7 décembre 1769, qui prescrivait de leur fournir des logements, des écuries et des greniers. Elle fixa la composition du détachement logé à Bayonne à un exempt, un sous-brigadier et six cavaliers ; la ville exécuta l'ordre du roi au moyen d'une location

Maréchaussée, police et guet.

Le service du guet se composait à Bayonne d'un capitaine et de soldats. Ces fonctions se perpétuaient généralement dans les mêmes familles. Les magistrats, qui en nommaient les titulaires, ne faisaient pas difficulté d'agréer des parents du mort ; le cas se produisit pour Jean de Lesseps, nommé capitaine du guet, en survivance de son oncle (18 mars 1718). Les gages de ces employés furent augmentés par la ville (10 septembre 1723), avec l'approbation de M. de Lesseville, intendant à Pau. Le Conseil jugea opportun de fixer le service du personnel du guet et fit rédiger à cet effet un règlement en 45 articles, traitant de la police, de la propreté et du bon ordre dont le soin incombait au capitaine du guet et à ses soldats (21 avril 1738).

Ils avaient la tâche de veiller à ce que les juifs exécutassent les ordonnances qui les concernaient, tant au point de vue de leur résidence que de leur commerce ; cependant, malgré les infractions à leurs arrêtés, les magistrats usaient rarement de rigueur ; c'est à peine si, durant tout le règne, on relève une condamnation à dix livres d'amende qui fut infligée à deux juifs pour avoir couché au réduit, situé dans l'enceinte de la ville (8 mars 1720).

La vigilance du guet s'exerçait sur les filles débauchées, qui étaient forcées, sitôt arrêtées, de faire le tour de ville traînées dans un chariot ; elles étaient ensuite mises en cage, dépouillées de leurs vêtements et trempées dans la Nive, avant d'être chassées de la ville (8 mars 1723).

Le guet tenait aussi la main à l'exécution d'un arrêté du

Conseil portant défense aux habitants de loger les soldats pendant la nuit et de leur acheter un objet quelconque ; cette mesure assurait le bon ordre dans la ville durant la nuit et la conservation des effets militaires (1723).

Hôpitaux. La ville de Bayonne possédait deux hôpitaux. L'un appelé hôpital royal militaire ou simplement hôpital royal, était situé à Saint-Esprit dans une maison appartenant à M. de Hureaux à qui elle était louée ; le Conseil de ville en payait le loyer aux prix de 1.200 livres par an, majoré d'une somme de 250 livres pour toutes les réparations nécessaires (1). Cet hôpital devait posséder 30 lits jugés suffisants pour la garnison, mais il pouvait en contenir 87.

Il reçut, le 17 avril 1716 les soldats malades provenant des garnisons de Navarrenx et de Saint-Jean-Pied-de-Port. Comme son entretien était laissé à la charge de la ville, les échevins réclamèrent contre cette dépense (22 janvier 1717) ; l'intendant, après avoir soumis leur requête au roi, les informa que le Conseil de guerre avait décidé de dégrever la ville (14 mai). Mais le roi se borna à rembourser au trésorier de la ville les frais d'entretien de l'hôpital royal, après déduction de la dépense afférente aux trente lits obligatoires pour la garnison. Ce paiement fut assez élevé, à cause du grand nombre de soldats hospitalisés pendant la guerre d'Espagne (19 juin 1719).

Le Conseil se déchargeait sur une femme (2) du soin d'entretenir les fournitures de cet hôpital ; il fournissait à ses frais non seulement la literie, mais les capotes, bonnets et chemises (3). Toutefois ce dernier article n'était dû qu'aux soldats pauvres ; il en fut réclamé deux cents dans le cours de la guerre d'Espagne, par M. de Guerchay, lieutenant-général (5 février 1720).

L'hospice militaire de Barèges, dans lequel on utilise la vertu d'une source d'eau thermale pour la guérison des fractures, fut construit en 1738 ; on y édifia alors deux bâtiments pour les officiers peu fortunés et pour les soldats. La fourniture du mobilier et l'entretien des malades fut mis en adjudication à Auch dans le courant d'octobre 1738 (4).

A l'hôpital civil de Saint-Nicolas, on avait joint celui de Saint-Léon. L'évêque de la Vieuville lui avait légué sa maison de Lissague qui fut vendue par les administrateurs de l'hôpital (8 août 1738) ; le produit de cette vente fut employé aux frais d'entretien des malades. Lorsqu'il fut épuisé, le

---

(1) Bail renouvelé le 3 juin 1720.
(2) La veuve Dangla : en 1727.
(3) 16 mars 1750. — BB. 42.
(4) EE (militaire).

Conseil de ville, obligé de couvrir les frais de l'hôpital qui excédaient ses revenus, demanda l'autorisation d'établir un nouveau droit sur les vins et eaux-de-vie consommés à Bayonne.

La création d'un hôpital général pour les pauvres mendiants et les filles de mauvaises mœurs était vivement désirée par le régent, qui chargea M. de Hureaux de sonder à cet égard les intentions de la ville (24 novembre 1719). Les magistrats ne repoussèrent pas ce projet, mais ils ne s'occupèrent de le mettre en exécution que cinq ans après, en avisant l'intendant qu'ils recherchaient un local convenable (7 juillet 1724) ; ils firent choix de la maison Danglade (30 avril 1725).

Parallèlement à cette œuvre humanitaire, le Conseil appuya l'installation d'une manufacture destinée à procurer du travail aux pauvres dont le nombre avait augmenté en même temps que la misère publique : elle fut établie dans une maison appartenant à Sorhaindo. On employa les pauvres à tricoter les bas de laine. A la tête de cette manufacture étaient placés quatre bourgeois directeurs, renouvelés chaque année par le Conseil de ville ; ils avaient recours à des quêtes pour soutenir cette entreprise (1er mai 1767).

La chirurgie, qui avait jusqu'alors fait moins de progrès que la médecine, fut professée à Bayonne en 1733. Le Conseil fit disposer une salle dans laquelle le sieur Delgart, nommé par lui, put donner des leçons de chirurgie. Ses cours d'ostéologie et d'anatomie commencèrent en septembre et octobre 1733.

Chirurgie.

La justice était rendue à Bayonne, au nom du roi, par M. de Hureaux, lieutenant au tribunal du sénéchal. Il prétendait connaître des discussions entre habitants et officiers, mais le Corps de ville protesta contre cet empiètement de ses droits (28 août 1716).

Justice.

Un incident assez curieux se produisit entre les magistrats du Corps de ville et les officiers de l'amirauté au sujet du bain forcé auquel une fille de mauvaises mœurs avait été condamnée par les premiers. Cette fille, travestie en homme et mêlée à une bande de soldats, avait été arrêtée et emprisonnée pour cause d'inconduite : le Conseil de ville l'avait condamnée, sur la réquisition du procureur du roi, à être exposée dans la cage de fer, traînée ainsi par la ville, puis baignée dans la rivière et chassée de la ville. Mais les officiers de l'amirauté, par le motif que la cage devait être trempée dans la Nive, prétendirent que le jugement empiétait sur leur juridiction et en référèrent au procureur général du parlement de Bordeaux (19 juillet 1717).

Les magistrats de la ville répondirent que leurs prédécesseurs avaient toujours joui librement du droit d'appliquer cette peine ; ils produisirent, à l'appui de leur dire, une lettre de La Vrillière, secrétaire d'Etat, du 29 mai 1707, approuvant la continuation de cet usage ancien, dont l'application se justifiait d'autant plus que depuis 1680, date marquant l'arrivée des troupes dans la ville, la débauche des filles n'avait fait qu'augmenter et que le nombre des enfants exposés ou étouffés s'était considérablement accru.

Collège.

L'évêque, le chapitre de la cathédrale et le Corps de ville se concertèrent sur la désignation d'un principal du collège, et convinrent de le choisir parmi les prêtres et religieux. Mais pour éviter l'introduction en ville d'une nouvelle communauté, on s'entendit pour défendre au principal d'avoir près de lui aucun membre de sa congrégation : cette réserve visait indirectement l'ordre des Jésuites, qui avaient en vain tenté de s'établir à Bayonne. Le choix se porta sur le père Bassoigne, prêtre doctrinal, qui fut nommé principal (17 septembre 1720).

Cependant, Jean de Belloc (1), chanoine de la Cathédrale, réclama cette charge pour lui-même. Sa prétention souleva un long procès suivi d'un accord, en vertu duquel le chanoine fut installé principal du collège. Mais cette solution déplut à l'évêque de Bayonne, André de Druilhet, qui y fit opposition et donna son appui au père Bassoigne (26 juillet 1723).

Les deux prétendants à la régence du collège seraient longtemps restés en compétition s'ils ne se fussent décidés à donner ensemble leur démission de cette charge, dans un but de conciliation. Le chanoine reçut une rente annuelle de 400 livres, moyennant l'exécution de certaines obligations, et Pierre Dupont, prêtre de la Cathédrale, fut nommé principal du collège, aux gages de 500 livres par an, supportés par la chanoinie préceptorale (1er février 1725).

Evêques.

L'évêque André de Druilhet habitait Toulouse avant de venir occuper le siège de Bayonne ; il mourut à Saint-Jean-de-Luz le 27 novembre 1726. Son successeur, l'abbé de la Vieuville, ne fut nommé que le 9 avril 1728, et décéda le 30 juin 1734.

Monseigneur de Beaumont qui vint après, occupa le siège épiscopal le 22 septembre 1741 ; il fut suivi par Monseigneur d'Arche, nommé évêque le 30 avril 1745 et installé le 15 décembre suivant.

Le Conseil de ville intervint très rarement dans les questions religieuses, soit par indifférence, soit plutôt que la population se soumit plus facilement aux lois religieuses. Les registres municipaux mentionnent un seul arrêté, défendant

(1) *Alias* : de Cholet.

de donner à boire et de faire jouer pendant les offices du dimanche, et prohibant les courses de taureaux pendant les cérémonies de la Cathédrale « ce qui est cause, ajoute philosophiquement le rédacteur des registres, que l'église reste vide » (18 septembre 1724).

Le service religieux des prisons municipales de Mignon se faisait dans la chapelle qui y avait été aménagée ; il resta assuré, comme par le passé, à tour de rôle, par les moines des diverses communautés religieuses de la ville, savoir : Carmes, Jacobins, Augustins, Cordeliers et Capucins (17 avril 1739).

Un théâtre en planches, avec loges et galeries, fut établi en août 1733, dans une partie du jardin du Château-Vieux, voisine du couvent des Carmes et donnée en jouissance à Dadoncour comme lieutenant de roi. Cette construction entièrement en bois laissait à désirer au point de vue de la solidité ; le maire et M. de Charville, commandant du Château-Vieux, voulant prévenir tout accident, la visitèrent et la firent consolider en y ajoutant quelques pièces de charpentes. Pour écarter les chances d'incendie pendant les bals et les représentations d'opéras, donnés dans ce théâtre, le maire, mis en éveil par les réclamations des voisins, prit les précautions nécessaires (4 janvier 1737).

Théâtre.

Le comte de l'Hospital, commandant en ville à la place de Gramont, fit part au maire, le 13 janvier 1769, du projet d'installer une salle de spectacle dans le bâtiment de la ville, situé sur la place Gramont. Le maire fit des objections, exposa que la ville avait des dettes et qu'elle venait d'emprunter 60.000 livres, et émit la crainte que la situation de ses finances ne permît pas de réaliser le projet. Le comte, que cette réponse indisposa, prit le Conseil en grippe et lui fit savoir qu'il avait des motifs de se plaindre de lui. Il refusa de recevoir deux échevins chargés de lui présenter les excuses du Conseil et d'exposer ses raisons. Le comte, en adressant au duc de Richelieu, commandant en Guyenne, copie de la délibération du Corps de ville, le sollicita d'intervenir dans cette affaire.

Monsieur de Morassin, subdélégué de l'intendant, profita du moment où le comte relevait d'une maladie pour s'entremettre ; il conseilla aux échevins de faire une démarche auprès de lui pour le féliciter sur le rétablissement de sa santé, et il amena ainsi la réconciliation (29 mars 1769).

Le théâtre en bois du jardin du Château-Vieux, trop peu confortable, avait été abandonné et la salle de spectacle installée dans la maison du bourgeois Dubrocq. Mais les murs de celle-ci menaçant ruine, le Conseil de ville revint au projet mis en avant par le comte de l'Hospital, consistant à placer la salle de spectacle dans le bâtiment de la douane. Il l'adopta d'autant plus facilement qu'il trouva le moyen de l'organiser sans qu'il en coutât rien à la ville. Le sieur Richard Dubec, qui occupait cette maison à titre de locataire, offrit d'y installer la salle de spectacle à ses frais, à condition d'en jouir gratuitement pendant quinze ans ; il devait après ce délai abandonner toute l'installation à la ville, qui accepta ces offres avantageuses (22 juillet 1773).

CHAPITRE XX

RÈGNE DE LOUIS XVI, JUSQU'A LA RÉUNION DES ÉTATS GÉNÉRAUX EN 1789.

Bayonne transféré à l'intendance de Bordeaux. — Sacre du roi. — Passage de l'empereur d'Autriche. — Naissance du dauphin ; fêtes. — Guerre de l'indépendance. — Passage du comte d'Artois. — Traité de Versailles. — Les maires Verdier et Poydenot aux assemblées des notables. — Vœux au sujet des états généraux. — Cahier des doléances. — Réunion des états généraux. — Mauvaise situation financière de la ville. — Economies recherchées. — Incident au théâtre. — Franchise du port et privilèges. — Bayonne port franc. — Maire élu. — Garnison. — Garde bourgeoise. — Fortifications. — Marine. — Barre de l'Adour. — Travaux d'édilité. — Hôpitaux. — Evêques.

Le duc de Berry, fils du dauphin Louis et petit-fils de Louis XV, monta sur le trône de France en 1774, sous le nom de Louis XVI. Le ministre Choiseul lui avait fait épouser Marie-Antoinette, fille de l'impératrice Marie-Thérèse, afin de cimenter l'alliance autrichienne. Le nouveau roi, bon et même débonnaire, n'était pas apte à gouverner ; il consacrait ses loisirs à l'étude de la géographie et à certains arts manuels, plus particulièrement la serrurerie.

Les anciens ministres furent congédiés et remplacés par Maurepas, Malesherbes et Turgot ; ce dernier fut chargé du contrôle général des finances.

Aussitôt après le décès de Louis XV, le parlement de Bordeaux ordonna, par un arrêt du 23 mai 1774, aux diverses autorités du royaume de maintenir les peuples dans l'obéissance due au nouveau roi. La mutation du pouvoir royal ne fut l'objet à Bayonne d'aucune manifestation publique ; on se borna à célébrer un service funèbre pour le roi défunt.

Le bon cœur de Louis XVI lui dicta la première mesure de son règne ; ce fut la remise du don de joyeux avènement. Elle fut d'autant mieux accueillie à Bayonne, que les finances de la ville étaient peu prospères. Les ministres tentèrent de faire des économies et de supprimer des abus. Turgot fit étudier la réduction des intendances ; il réunit celles d'Auch et de Pau, et plaça Bayonne et le pays de Labourd sous la dépendance de l'intendant de Bordeaux (2 décembre 1774) ; il nomma successivement à ce poste M. de Clagny, en remplacement de M. d'Esmaugart (28 août 1775) et M. Dupré de Saint-Maur (7 juin 1776). Le comte de Noailles, commandant de la province de Guyenne (17 mars 1775) fut remplacé, quelques mois après sa nomination à cette charge, par le duc de Mouchy ; ce dernier fit son entrée à Bayonne le 16 septembre

Bayonne
transféré à l'in-
tendance
de Bordeaux.

1775, accepta le vin d'honneur, mais suivant l'exemple du roi, il refusa la bourse de 100 louis, qui lui fut offerte, selon l'usage traditionnel. Comme les élections municipales se firent durant son séjour en ville, il assista au repas donné aux nouveaux élus.

Le comte de l'Hospital, qui remplissait depuis longtemps à Bayonne la charge de commandant de la place, en l'absence de Gramont, mourut le 27 août 1774 ; le maire conduisit le deuil comme commandant intérimaire. Il ne semble pas que le ministre de la guerre ait donné un successeur au comte.

Sacre du roi. Un *Te Deum* fut chanté à la Cathédrale, à l'occasion du sacre du roi, en présence du marquis d'Amou, lieutenant de roi, des états-majors, du Corps de ville et d'une nombreuse assistance. Le soir, un feu de joie et des illuminations accompagnées de trois décharges de mousqueterie sur les remparts complétèrent la fête (17 juillet 1775).

Les sages réformes des ministres ayant déplu à la cour, Louis XVI, poussé par la reine, nomma Necker, habile financier, à la place de Turgot (29 novembre 1776), lui donnant les titres de conseiller des finances et directeur général du trésor royal ; M. de Saint-Germain occupa le poste de ministre de la guerre.

Passage de l'empereur d'Autriche. L'empereur d'Autriche, Joseph II, frère de la reine de France, passa incognito à Bayonne, le 24 juin 1777, sous le nom de comte de Falkestein ; il dispensa le Corps de ville de toutes visites et de démonstrations publiques. Il alla loger dans l'auberge St-Etienne, sur la place d'Armes, et partit pour l'Espagne, en compagnie des comtes de Colorédo et de Cobensel. Après lui passa le marquis d'Ossun, ambassadeur d'Espagne, à qui le Corps de ville alla offrir ses respects, en robe rouge, précédé de ses massiers ; l'ambassadeur eut soin de lui rendre sa visite (8 décembre 1776).

L'empereur avait, durant sa traversée de France, reçu de bonnes nouvelles de sa sœur : son heureux état ne fut pas modifié par la naissance d'une princesse. Le Conseil de ville, s'intéressant aux couches de la reine, avait fait célébrer une messe pour demander un heureux résultat (30 novembre 1778) ; il fit chanter un *Te Deum* après sa délivrance, qu'il fêta en outre par un feu de joie, des détonnations d'artillerie, et une illumination de la façade de l'hôtel de ville par neuf cents lampions (28 décembre).

Naissance du dauphin. Fêtes. La naissance du dauphin donna lieu à des démonstrations plus vives. Elle fut annoncée par un courrier de cabinet, porteur d'une lettre du ministre de la guerre, qui devait apprendre la nouvelle aux cours d'Espagne et de Portugal (26 octobre 1781). Presque en même temps, le Corps de ville et l'évêque recevaient une lettre du roi pour leur faire part de cet événement et demander de le célébrer par des réjouissances et un *Te Deum*.

La cérémonie eut lieu le 11 novembre. On fit d'abord une distribution de pain aux pauvres. Puis, le marquis d'Amou ayant allumé le feu de joie, une salve des fauconneaux de la ville disposés sur la place Gramont et une décharge de mousqueterie faite par les soldats du guet firent retentir les airs, aux acclamations du peuple, criant : « Vive le roi, la reine et monseigneur le dauphin ! »

Un grand repas fut ensuite offert (19 novembre), à l'hôtel de ville par M. Dubrocq, maire, et les échevins, à toutes les autorités. Le lendemain, prise d'armes par la garnison et les troupes bourgeoises ; puis salve de la milice sur les remparts avec le maire-colonel à sa tête. Le surlendemain, superbe pamperruque dans les rues, suivie d'un bal et d'un ambigu à l'hôtel de ville. On put affirmer que ces réjouissances durèrent un mois entier, car les jours intermédiaires furent remplis par des jeux de société, des fêtes nautiques et des chansons qui démontraient la joie de tous les habitants de la ville. Les fêtes furent clôturées par un acte de charité : la distribution aux pauvres de 1.400 livres de pain.

Mais à côté de cette joie exubérante et peut-être factice, des attroupements de gens armés qui se formaient de tous côtés dénotaient un malaise profond dans les masses populaires, provoqué par la disette du blé.

Une ordonnance fut rendue et publiée le 7 septembre 1781, pour les prévenir et empêcher les désordres.

La guerre de l'indépendance de l'Amérique septentrionale vint détourner les esprits, durant quelques années, des idées de révolte engendrées par la misère et les abus du pouvoir. Les négociations au sujet de l'appui donné par la France aux américains des colonies anglaises, insurgés contre la mère-patrie, furent dirigées par M. de Vergenne, ministre des affaires étrangères et Franklin, savant américain. Une alliance fut conclue en 1778, entre ce dernier et le roi Louis XVI.

La flotte franco-espagnole se mesura avec celle des anglais et remporta quelques avantages. Elle prit le Sénégal, l'Ile Saint-Vincent et différents ports de la côte d'Afrique ; le vice-amiral d'Estaing réussit même à battre Biron, amiral anglais. Tous ces succès furent célébrés à Bayonne par le chant du *Te Deum* (24 septembre 1779).

Parallèlement à la marine royale, les corsaires de Bayonne donnèrent la chasse aux navires anglais. Un de ces corsaires, l'*Audacieuse*, captura à lui seul trois navires anglais et les conduisit au Socoa, où il attendit, avant de rentrer à Bayonne, l'accomplissement des mesures sanitaires imposées à son équipage et à ceux de ses prises (27 janvier 1779).

Guerre de l'indépendance de l'Amérique.

Les corsaires se multiplièrent au point que le roi édicta un règlement sur la course et les armements de ces navires (16 janvier 1780). Les marins anglais faits prisonniers furent en partie internés en ville ; cent quatre-vingt-onze d'entre eux furent échangés le 25 août 1781.

De nouvelles réjouissances eurent lieu le 10 décembre 1781, à l'occasion de nouveaux succès aux Antilles et dans l'Amérique du Nord. Le passage à Bayonne du comte d'Artois, frère du roi, qui se rendait en Espagne, se rattache à des négociations relatives à cette guerre.

Passage du comte d'Artois. Démonstrations. Le comte arriva le 12 juillet 1782, à dix heures du soir. Il fut salué sur le pont Saint-Esprit par le maire et son Conseil, le marquis d'Amou, lieutenant de roi, le major, l'aide-major, le capitaine des portes, les commandants des Châteaux et de la Citadelle, les officiers du génie et de l'artillerie, et un grand nombre de personnes de rang distingué. Il traversa en carrosse les rues Mayour et de l'Argenterie, et la place Notre-Dame, jonchées et tapissées, puis il alla coucher à l'évêché. Le Corps de ville alla présenter ses respects aux seigneurs formant la suite du prince : le comte de Maillé, le chevalier de Crussol, d'Alsace, le chevalier des Cars et MM. de Vaudreuil.

Le lendemain une flottille vint prendre le comte près du pont de pierre, pour le conduire au Boucau ; elle se mit en mouvement acclamée par la foule et signalée par des détonations d'artillerie. Après la visite des deux digues, le cortège se rendit dans une construction en planches que l'on venait de dresser et qui contenait une table de soixante couverts. Le prince prit place à une table, et fut servi par le Maire ; la deuxième table des soixante couverts fut servie aussitôt après la première. Pendant le repas, un bâtiment passa la barre à pleines voiles.

La flottille remonta ensuite l'Adour jusqu'à Bayonne et le prince se rendit avec sa suite sur une estrade disposée contre la maison de la douane, sur la place Gramont, afin d'y assister à une partie de paume à la main. De là, il passa au jeu de paume, situé vis-à-vis le jardin de la visitation, où se joua une partie de raquette à quatre.

Le prince revint alors au balcon de la place Gramont d'où il vit se dérouler une pamperruque sur deux files, dansée au bruit des tambours et d'instruments de musique, éclairée par cinquante flambeaux ; le prince voulut bien descendre et se placer au milieu des danseurs, qui l'accompagnèrent jusqu'à la porte de l'évêché.

Le comte d'Artois eut un compliment pour chacun et ajouta qu'il se ferait un plaisir de repasser, à son retour d'Espagne. Il reçut un cadeau de cent bouteilles de vin et de vingt-quatre jambons ; MM. de Maillé et de Crussol eurent vingt-quatre bouteilles et six jambons.

Le 24 juillet 1782, le duc de Bourbon, prince du sang, vint à passer, en se rendant par Madrid au siège de Gibraltar ; il se présenta, suivi du comte de Puységur et du marquis de Vibraye. Il reçut le lendemain les compliments du Conseil ; il employa ensuite sa journée à assister à la manœuvre d'un bataillon de grenadiers royaux au camp Saint-Léon, à visiter la citadelle et la barre de l'Adour ; le soir il y eut, en son honneur, bal et souper à l'hôtel de ville. Le duc repartit le 26 juillet, salué par le canon.

Le comte d'Artois, qui revint le 14 novembre, traversa la ville entre deux haies de troupe et de milice. Il se borna à assister le soir au spectacle, et repartit le lendemain de grand matin. Le duc de Bourbon repassa ce même jour et fut reçu comme le comte d'Artois.

Entre les deux séjours du frère du roi, la ville reçut la visite du comte de Fumel, commandant en chef de la province qui vint faire sa première entrée. Les échevins lui rendirent les honneurs dus à sa charge : grenadiers royaux et milice bourgeoise postés sur son parcours, cadeau d'une bourse de 100 louis d'or et de corbeilles contenant des bouteilles de vin. Il refusa la bourse, mais fit bon accueil au vin. Les échevins l'invitèrent à dîner à l'hôtel de ville ; il repoussa le fauteuil qu'on lui présentait et prit une chaise comme les autres convives. Lorsqu'il quitta la ville, les honneurs habituels lui furent rendus (20 septembre 1782).

Necker fut obligé de se retirer devant les intrigues de la cour en 1783 et Calonne lui succéda. Sous le ministère de ce dernier fut conclu le traité de Versailles qui, tout en consacrant l'indépendance de l'Amérique du Nord, assura la restitution à la France du Sénégal, de Gorée, de Pondichéry, etc. Cette paix fut publiée à Bayonne, le 9 janvier 1784, par les échevins à cheval, en robe, précédés de leurs massiers et du personnel du guet ; elle fut signalée par les réjouissances ordinaires.

Traité de Versailles.

La ville manifesta son attachement traditionnel pour la famille royale en célébrant par des salves d'artillerie la fête de Saint-Louis (22 juillet 1785) et la naissance du duc de Normandie, fils de Louis XVI (11 avril 1785). Ce même jour marqua le passage du duc de Lavauguyon, ambassadeur de France en Espagne (1).

Le ministre Calonne, ne sachant où trouver des fonds, augmenta le gaspillage. Il tenta pourtant de mettre de l'ordre dans la perception des finances, et d'établir exactement la

(1) Descendu à l'hôtel Saint-Etienne, salué par le Corps de ville.

consistance des biens de l'État ; le service du domaine fut chargé d'en dresser les tableaux. Pour faciliter ce travail, en ce qui concernait le terrain des fortifications, le parlement de Bordeaux fixa, par un arrêt du 21 juin 1782, la manière de procéder à « l'arpentage et au lever des plans figuratifs et géométriques des fossés, remparts, et de leurs emplacements tant anciens que nouveaux, libres ou occupés, de toutes les villes de la généralité de Bordeaux » ; M. de Boucheporn, qui fut nommé intendant à Bordeaux, le 22 juillet 1785, tint la main à l'exécution de cet arrêté.

Mais malgré ses bonnes intentions, Calonne ne trouva d'autre remède à la situation que de conseiller au roi la réunion des notables, afin d'en obtenir l'abandon de leurs privilèges. Il fut dès lors pris en grippe par la cour.

Le maire Verdier, député à la première assemblée des notables.

Néanmoins, le roi, résistant à l'influence de son entourage, voulut réunir l'assemblée des notables et la fit convoquer à Versailles par M. de Vergenne, ministre d'État. Le maire de Bayonne, Verdier, reçut donc avis, le 9 janvier 1787, d'être rendu à Versailles, le 29 janvier suivant, jour fixé pour l'ouverture d'une assemblée composée de gens de diverses conditions, devant laquelle le roi Louis XVI avait le projet de communiquer ses vues pour parvenir au soulagement de son peuple, à l'ordre dans les finances et à la réforme de plusieurs abus. Le maire partit le 15 janvier, et eut soin de passer à Pau afin d'y conférer avec l'intendant sur les affaires de la ville.

Ce magistrat municipal tint, dès ce moment, les membres du Corps de ville au courant de ce qui se passa à Versailles. Il leur apprit (lettre du 29 janvier 1787), qu'il avait été présenté au roi avec les maires des autres villes, les parlements et les députés des autres états. Après plusieurs renvois successifs, causés par des retards dans l'arrivée des notables, l'assemblée fut ouverte le 25 février 1787, à Versailles et présidée par le roi ; une seconde réunion fut présidée par Monsieur, frère du roi.

Le maire annonçait, le 4 mai 1787, que Lamoignon était nommé garde des sceaux, le comte de Montmorin, ministre des affaires étrangères, et Monseigneur de Brienne, archevêque de Toulouse, ministre d'État. Il avait précédemment envoyé un arrêt du Conseil d'État concernant la suppression, à titre d'essai, de la corvée pendant trois ans, et son remplacement par une prestation en argent. Il envoya huit brochures contenant les discours du roi devant l'assemblée des notables et un ouvrage de Necker.

Le comte de Brienne, parent du ministre, fut nommé commandant en chef de la province de Guyenne (23 juillet 1787), puis le 21 septembre suivant, ministre de la guerre ; il fut remplacé en Guyenne par le comte de Fumel (7 décembre 1787).

Bayonne et le Labourd, après avoir été rattachés de nouveau à l'intendance de Pau, furent une seconde fois réunis à celle de Bordeaux (3 septembre). Le sieur Verdier, maire de la ville, fut convoqué le 24 août 1787, sur l'ordre du roi, par l'archevêque de Bordeaux, à l'assemblée provinciale de la province d'Aquitaine qui devait se réunir à Bordeaux. Cette mesure était le premier pas dans le rétablissement de la vie provinciale, seul remède à la centralisation excessive qui causait de si criants abus.

Le roi s'étant décidé à convoquer les Etats généraux de son royaume, l'intendant de Neuville fit part à la ville de la décision de Louis XVI, et d'un arrêt du Conseil d'Etat, en date du 5 juillet 1788, qui engageait les magistrats municipaux à s'occuper incessamment de faire des recherches et de fournir au gouvernement tous les éclaircissements sur les questions à l'ordre du jour (4 août 1788).

Une lettre du roi, du 9 octobre suivant, convoqua à Versailles, pour le 3 novembre, le maire de Bayonne, à une assemblée de notables de diverses conditions, et des plus qualifiés du royaume, afin de donner leur avis sur la manière la plus juste de procéder à la formation des Etats généraux qui devaient être réunis en 1789. Le maire Poydenot partit le 24 octobre, après avoir obtenu du commandant de place une réduction dans l'effectif journalier de la garde bourgeoise.

Le maire Poydenot, député de la deuxième assemblée des notables.

Il n'était pas encore rendu à Paris, qu'il apprit le remplacement du ministre de Brienne par Necker, à la suite d'essais infructueux de réformes. Le nouveau ministre fut nommé directeur général des finances et ministre d'Etat.

Pendant l'absence du maire, le Conseil de ville reçut les ampliations des délibérations de divers Corps de ville, dans lesquelles ceux-ci demandaient au roi que le tiers état fût admis à élire des députés à l'assemblée des Etats généraux : c'étaient les villes de Tours, Aix, Riom, Honfleur, Cahors, Rouen, Draguignan, Nantes, Dieppe, Auray, Carcassonne, Béziers, Lunéville, Orléans, etc., qui prenaient la tête du mouvement en faveur de la participation du tiers état aux affaires publiques. Les magistrats ne purent que suivre leur exemple et répondirent en faisant connaître leur avis favorable (1er décembre 1788).

De leur côté, le juge et les consuls de la bourse de Bayonne adressèrent un placet au roi afin d'obtenir l'admission des négociants à l'assemblée des Etats généraux (15 décembre).

Les principaux notables de Bayonne et anciens échevins, parmi lesquels se trouvaient compris de Lalanne, ancien

Vœux au sujet des États généraux.

maire, Michel Chegaray, Dominique Dubrocq, Dominique
Cabarrus, Laurent Dubroca, Barthélemy Hyrigoyen, Pierre
Damberger, Paul Faurie, aîné et cadet, Pierre Laxague, Charles Lasserre, chevalier de Bréthous, Jacques Poydenot, présentèrent au Corps de ville un mémoire exprimant le désir
de faire connaître, au nom de leurs concitoyens, leur vœu
au sujet de la formation des États généraux, et de le faire
parvenir au roi, à l'exemple des autres villes du royaume
(19 décembre 1788).

Ce mémoire fut soumis à une assemblée générale des communautés, corporations et citoyens de l'ordre du tiers état
de la ville, réunie le 27 décembre suivant. Les résolutions
qui furent prises firent l'objet d'un procès-verbal que l'on
transmit au roi. L'assemblée demanda :

1° Que toutes les provinces concourent à la composition
des États généraux du royaume en proportion de leur
richesse et de leur population ;

2° Que, pour la formation des États généraux, les deux
premiers ordres soient balancés par le troisième, de façon
que pour un député du clergé et deux de la noblesse, l'assemblée en ait trois du tiers état ;

3° Que les élections soient libres et que, parmi les membres du tiers, il ne se trouvât pas des annoblis, des financiers, et des citoyens préposés à des entreprises d'ouvrages
publics ;

4° Que les trois ordres opinent et délibèrent toujours en
commun, et que les voix ne se comptent pas par ordre, mais
par tête.

Le maire Poydenot fit connaître au Conseil de ville, par une
lettre du 30 novembre 1788, qu'il avait assisté à plusieurs
séances de l'assemblée des notables ; il l'informait dans une
seconde lettre que les séances de cette assemblée avaient
cessé le 12 décembre, et le renseignait sur les visites qu'il
avait faites au nom de la ville, aux ministres et à des membres de l'assemblée. Dans une dernière missive (9 janvier
1789), le maire annonçait que le roi, sur l'avis de Necker,
avait admis que le tiers état fût représenté dans l'assemblée
des États généraux par un nombre de membres égal à ceux
totalisés du clergé et de la noblesse.

Le roi décida de convoquer les États généraux pour le 24
avril 1789. L'ordonnance qui faisait connaître cette décision
est lue au prône des offices et publiée à son de trompe. En
conséquence, tous les négociants, armateurs et marchands
et autres catégories d'habitants composant le tiers état, âgés
d'au moins 25 ans (à l'exception de ceux agrégés aux corporations d'arts et métiers qui seront appelés avec leurs compagnies), devront s'assembler à l'hôtel de ville de Bayonne,

le 3 mars, à 3 heures de l'après-midi, pour choisir leurs représentants à une assemblée locale du tiers état. Celle-ci devra se réunir le lendemain, 4 mars, à l'hôtel de ville pour concourir à la rédaction des cahiers et nommer douze députés pris dans le tiers état.

Le mouvement décentralisateur s'était propagé jusques dans le pays des Lannes (1) qui songeait à se reconstituer en s'isolant. Les villes de Dax, Saint-Sever et diverses autres localités de cette région adhérèrent à un projet de rétablir les états particuliers du pays des Lannes, en les séparant de ceux de Guyenne. Mais la ville de Bayonne, tout en sollicitant de faire partie de ces états, se demanda si l'avantage de la ville le commandait (23 février 1789).

Le cahier des plaintes, remontrances et demandes du tiers état fut établi par les sieurs Ducourneau, Faurie aîné, Hirigoyen, Dufourcq, Meilhan et le notaire Duhalde ; il fut terminé le 7 mars 1789.

Cahier des doléances de Bayonne.

Les douze bourgeois, élus le 4 mars par l'assemblée du tiers état, ayant à leur tête le maire Poydenot, allèrent remettre ce cahier à M. de Hureaux, lieutenant général du sénéchal, afin que celui-ci le présentât à l'assemblée des délégués qui devait se réunir en ville le 9 mars. Les vingt-neuf corporations d'arts et métiers remirent aussi leurs vingt-neuf cahiers. Les douze délégués choisirent trois d'entre eux : Ducourneau, lieutenant particulier de l'Amirauté, Barthélemy Hirigoyen, et Jacques Poydenot, pour porter le cahier des doléances des habitants (Corps de ville et corporations), à l'assemblée générale qui devait se tenir à Dax et y concourir à la nomination de deux députés qui auraient la charge de représenter la sénéchaussée des Lannes à l'assemblée des États généraux.

Les trois députés de Bayonne écrivirent de Dax, le 2 avril, que MM. de Bosquiot, lieutenant général du sénéchal de Dax, et Lamarque, procureur du roi au même siège, avaient été nommés députés du tiers état des trois sénéchaussées de St-Sever, de Dax et de Bayonne, pour les représenter à l'assemblée des États généraux, dont la réunion devait avoir lieu à Versailles, le 27 avril 1789.

Les deux députés se rendirent à Versailles ; ils se firent inscrire chez le grand-maître des cérémonies de France, pour être présentés individuellement au roi, conformément à ses ordres. Ils assistèrent ensuite à l'assemblée des États généraux dont la réunion avait été renvoyée au 4 mai 1789.

Réunion des états généraux.

La situation de maire de Bayonne n'était guère enviable, depuis que les finances de la ville s'étaient de plus en plus

_____

(1) On dirait : Landes, aujourd'hui.

obérées. Au commencement du règne de Louis XVI, les maires, bien que nommés à l'élection, consentaient difficilement à remplir leur charge, et parfois même la refusaient nettement. Aussi le roi, pour obvier à cette grève d'un nouveau genre, dut-il bientôt prendre la détermination de désigner le maire de la ville. Il en était de même des échevins ; M. Delane ayant refusé, aux élections du 24 septembre 1779, la place d'échevin, on dut nommer M. Clérisse à sa place.

Mauvaise situation financière de la ville.

Dans la séance du Corps de ville du 30 novembre 1774, on signala l'impossibilité où se trouvait la ville d'équilibrer son budget au moyen de ses ressources normales. Elle ne pouvait pourvoir aux dépenses indispensables comprises dans les états de prévision et à celles qui se présentaient fortuitement. Aussi jugea-t-on qu'il était instant de porter remède à cet état critique. Diverses solutions furent passées en revue : d'abord faire une loterie, puis augmenter les droits d'octroi de la ville ; et parallèlement la décharger des logements militaires que l'on ferait supporter par la généralité, suspendre les entrées en franchise des vins accordées à certains privilégiés.

L'intendant s'intéressa à la triste situation des finances de la ville et étudia le moyen de la soulager de certaines charges. Il indiqua la possibilité de l'alléger en lui enlevant l'obligation de procurer des casernes aux cavaliers de la maréchaussée et de fournir des voitures aux troupes changeant de garnison ; il voulait aussi la dégrever des logements militaires qui lui coûtaient 3.323 livres par an, et de l'hôpital militaire dont la dépense d'entretien de 3.6?0 livres lui parut pouvoir être supportée par la caisse de l'extraordinaire des guerres. Enfin il conseilla à la ville de se procurer des ressources nouvelles par un droit sur les objets consommés en ville et de renoncer à frapper les marchandises en transit, ce dernier droit devant lui être difficilement accordé (9 juin 1775).

Soulèvements contre le fermier des tabacs.

Pendant que le Corps de ville se débattait contre des difficultés d'ordre financier, la population était mise en émoi par les agissements du fermier des tabacs, qui arrêtait les habitants porteurs de tabac. Deux mouvements populaires se produisirent, le 24 février et le 10 avril 1775, à la suite desquels, grâce à l'intervention de l'intendant, le contrôleur général des finances rendit à la ville la liberté du commerce du tabac dont elle jouissait antérieurement et qu'un arrêt du Conseil d'Etat du 4 mai 1773 avait supprimée, en créant le nouveau privilège. A la suite de cette décision, le Conseil de ville rendit une ordonnance défendant les attroupements.

L'intendant ne put obtenir de faire dégrever la ville de la charge de l'hôpital militaire, en la reportant sur les fonds de l'extraordinaire des guerres, car le ministre répondit que ce service se trouvait trop chargé. Mais il obtint de l'étapier général de la province de Guyenne qu'il remboursât à la ville les frais des voitures et chevaux qu'elle avait fournis aux troupes.

La franchise du port de Bayonne avait été sollicitée par les échevins, à la fin du règne précédent, comme moyen de relever le commerce de la ville ; le renouvellement des privilèges de la ville devait être aussi demandé au nouveau roi, afin d'en assurer la conservation. Ces deux objectifs n'étaient point perdus de vue par le sieur Dulivier, député de la ville à Paris, chargé du soin de ses intérêts ; il crut un moment que l'occasion propice se présentait de solliciter ces deux faveurs et réclama à la ville le dossier de ces affaires (17 octobre 1774).

Cependant, dans une assemblée générale de la communauté de Bayonne, réunie le 19 juillet 1775, il fut décidé que l'on renoncerait à demander la franchise, pour se borner à solliciter la confirmation des anciens privilèges de la ville.

Economies recherchées dans le budget de la ville.

Une question plus pressante était celle du paiement des dettes. La ville s'était bien procuré, par voie d'emprunt à divers habitants, une somme de 80.000 livres qui lui était nécessaire pour la réunion de l'office de trésorier au Corps de ville. Mais il lui fallait trouver 89.000 livres de recettes annuelles pour équilibrer ses charges avec ses ressources. L'intendant, dans le but de lui venir en aide, demanda un état général des dépenses imposées à la ville pour les objets concernant les troupes, telles que frais de casernemnet, de logements, d'ustensiles, loyers de magasins, d'écuries, de corps de garde, dépenses de transport et d'éclairage, etc.

Le Corps de ville fournit à l'intendant l'état qu'il demandait. Mais, contrairement au conseil de cet administrateur, il sollicita le roi d'accorder à la ville un droit de transit de 30 sols sur chaque barrique d'eau-de-vie, et un autre de 8 sols sur chaque barrique de vin, chargées à Bayonne pour l'étranger ; il demanda en même temps de gager un emprunt avec ce droit.

Les relations entre le marquis d'Amou et le Conseil de ville gardaient leur caractère de cordialité qu'avait encore accentué les cérémonies du baptême et du mariage de Mademoiselle Bayonne d'Amou ; le portrait de cette jeune dame, devenue Madame de Piis, fut offert par la famille à la ville et placé dans la salle des délibérations du Conseil (17 mars 1775).

Désaccord au sujet de la police du théâtre.

Une rixe survenue au bal du grand théâtre, le 24 février 1776, faillit amener la brouille entre ces deux autorités. Le marquis d'Amou ayant ordonné, à cette occasion, l'arrestation de trois personnes, voulut obliger le Conseil à les em-

prisonner ; mais les échevins les jugeant innocents, refusèrent d'obtempérer aux injonctions du lieutenant de roi, dont
l'intervention n'était pas justifiée par les règlements. M.
d'Amou en référa au roi ; de son côté, la ville adressa un
mémoire à son député à Paris, et fit part de l'incident à l'intendant, aux ducs de Mouchy et de Gramont, à M. de Saint-
Germain, ministre de la guerre (24 février 1776).

Il faut croire que le ministre avait des affaires plus pressantes que celle de mettre d'accord les autorités civiles et
militaires de Bayonne, car sa réponse ne parvint à la ville
que le 24 janvier 1780 : le prince de Montbarey, successeur
de M. de Saint-Germain, fit connaître, à la suite d'une
nouvelle instance du maire, que les commandants de place
n'avaient pas à intervenir dans la police intérieure des spectacles. Leur rôle, selon l'ordonnance du 1er mars 1768, devait
se borner à envoyer une garde à la comédie pour y maintenir
le bon ordre, arrêter les turbulents et les remettre sur le
champ aux juges de police pour être punis. Ainsi fut réglée
la contestation survenue entre le marquis d'Amou et le
Conseil.

Néanmoins, l'autorité royale ne se considérait pas liée par
l'ordonnance de 1768, et intervenait directement dans certains cas. C'est ainsi qu'elle envoya à la ville des lettres de
cachet contre quatre individus, au sujet d'une dispute au
spectacle (5 mars 1784).

Le marquis d'Amou mourut lieutenant de roi, le 28 février
1788. A la cérémonie funèbre qui eut lieu à la cathédrale de
Bayonne, chaque membre de la famille du mort fut accompagné par le maire ou un échevin : il en fut de même pour les
dames assistées par les femmes des magistrats de la ville.

Franchise du
port et renouvel-
lement
des privilèges.

La question restée en suspens de la franchise du port ou
de la confirmation des privilèges de la ville fut de nouveau
examinée. Une grande réunion de bourgeois passa en revue
les anciens privilèges de Bayonne et constata que plusieurs
d'entre eux qui se trouvaient en opposition avec le mode
nouveau de gouvernement, ne pouvaient être conservés.
Ils s'en rapportèrent sur le choix à faire, à la sagesse du Conseil de ville qui confia ce travail à six bourgeois (19 juin
1776). L'étude, terminée le 9 août suivant, fut mise à la
disposition des membres des trois corps (Corps de ville,
Chambre de Commerce et Bourse), pendant vingt jours, pour
leur permettre de la discuter utilement dans une assemblée
de ces trois corps.

Celle-ci se réunit, le 14 octobre 1776, en présence de
l'intendant, et après une longue délibération, on procéda au
vote ; les voix se partagèrent également entre les deux solu-

tions, la franchise du port, ou la confirmation des privilèges
préalablement élagués.

Aucune décision n'ayant été prise, le choix entre les
deux solutions resta indéterminé jusqu'au 27 janvier 1778 :
cent six bourgeois ayant insisté, dans une requête adressée
au Conseil, pour connaître le résultat des démarches que
l'on avait demandé de faire, une assemblée générale décida
que tout le dossier serait mis à la disposition du public. Une
autre assemblée, réunie à l'hôtel de ville le 26 novembre 1779,
ne fit pas avancer la question, car les esprits n'avaient pu se
fixer sur la solution la plus avantageuse pour les intérêts de
la ville.

On finit cependant par opter en faveur de la confirmation
des privilèges, et l'intendant Dupré de Saint-Maur, sollicité
par la ville, consentit à faire des démarches dans ce sens.
Mais caressant l'espoir d'obtenir les deux solutions à la fois
et n'osant en faire la demande, le Conseil exprima l'espoir
que « Sa Majesté, n'écoutant que ses sentiments paternels,
« pèsera, dans sa sagesse, les différents partis qu'il est possi-
« ble de prendre et choisira celui qui conciliera le mieux les
« intérêts de la ville avec ceux de l'État. » (2 juin 1780).
Le duc de Gramont, après avoir pris connaissance du mémoire de la ville, refusa de l'appuyer, car la demande comprenait la suppression de la coutume dont une part lui appartenait, et il ne voulut pas agir contre ses intérêts (15 janvier
1781).

La charge de député de la ville à Paris (1), devenue vacante
par la mort de M. Dulivier, ne pouvait, dans les circonstances présentes, rester sans titulaire (19 mars 1781). Le
Conseil se mit donc à rechercher trois candidats dont la
liste devait être soumise au roi par M. de Necker, directeur
général des finances. M. de Lesseps, ancien ministre de
France à Bruxelles s'offrit aux échevins, mais il ne fut pas
désigné par le roi, qui donna la préférence à M. Bayetel.

Délégué de
la ville à Paris.

Ce délégué s'employa à faire des démarches au sujet d'une
nouvelle route que les états de la Navarre espagnole se proposaient d'établir entre Pampelune et Bordeaux, afin d'éviter
qu'elle ne nuise aux intérêts du commerce bayonnais. Comme on préconisait un tracé de cette route par Saint-Jean-
Pied-de-Port, qui devait détourner de Bayonne les marchandises de la région navarraise, le Conseil indiqua un autre
tracé par Ainhoa et Bayonne, à travers le Bastan, qui ne
présentait pas le même inconvénient.

Il reçut encore la mission de justifier le refus que la ville
avait opposé, le 12 février 1781, à l'enregistrement d'un brevet

(1) Que l'on appelait aussi député du commerce au Conseil d'État.

de major de Bayonne, accordé par le roi au sieur de Lincé, précédemment capitaine au régiment de Condé-infanterie. Le refus de la ville provenait de l'extension donnée dans le brevet aux attributions du major, au détriment des prérogatives du maire, puisque le brevet portait que, durant l'absence du gouverneur ou du commandant, le major aurait droit de commandement aussi bien sur les gens de guerre que sur les miliciens et les corps de garde bourgeoise. Le Conseil envoya une copie du brevet donné au prédécesseur du sieur de Lincé et obtint facilement du maréchal de Ségur, ministre de la guerre, que le nouveau brevet fût rédigé de façon à respecter les droits du maire ; ce document fut alors enregistré à l'hôtel de ville.

Le délégué de la ville suivit aussi le procès engagé devant le Conseil d'Etat entre le Corps de ville et le ministre de la marine, au sujet du droit, revendiqué par les deux parties, de nommer le professeur d'hydrographie de Bayonne ; ce droit fut maintenu à la ville (5 juin 1781).

Reprise de la question de la liberté du commerce. Mais au-dessus de ces questions d'ordre secondaire, la ville plaçait l'affaire du renouvellement de ses privilèges liée à celle de la franchise de son port. Le ministre de Vergenne pensa qu'il était nécessaire, pour arriver à une solution, d'en discuter les conditions avec un comité de Bayonnais. La réunion en fut fixée à Paris, dans la demeure de M. Villevant, pour le 8 mai 1782, et le sieur Bayelet, député de la ville, fut prié d'y assister.

Ce dernier ne perdit pas de vue les suites de cette affaire et en communiqua les diverses phases au Corps de ville. Les ministres s'en occupaient, le 7 octobre 1782, mais il était à craindre que la suppression du droit de coutume appartenant à la maison de Gramont, ne fît échouer le projet ; il fut aussitôt décidé, pour avoir raison de cet obstacle, d'envoyer aux ministres M. Galart, député spécial, porteur d'un mémoire faisant ressortir les avantages qui devaient résulter pour la ville de la franchise de son port.

Une clause du traité de paix et d'alliance conclu entre le roi de France et les représentants des Etats-Unis de l'Amérique du Nord contenait la promesse d'un port franc sur les côtes françaises. Le roi paraissait porté à désigner Bayonne (2 février 1783) : aussi le député de la ville reçut-il des instructions expresses pour rendre la franchise du port aussi avantageuse que possible aux intérêts de la ville, et de mettre à profit la bonne volonté de M. de Vergenne, ministre des affaires étrangères, et de la comtesse de Gramont, qui s'employaient avec ardeur au succès des affaires de la ville.

La solution poursuivie par le Corps de ville était ouvertement appuyée par M. de Saint-Maur, intendant de Guyenne :

ce fonctionnaire avait même rédigé et fait imprimer un mémoire sur la décadence du commerce de Bayonne et de Saint-Jean-de-Luz, ainsi que sur les moyens d'y remédier. Il en fit la lecture dans une séance publique de l'Académie de Bordeaux, afin de donner à ses idées l'appui de l'opinion publique (21 avril 1783).

La décision du roi fut enfin donnée, par un arrêt du 9 mai 1784, qui accorda la franchise du commerce au port de Lorient ; un second arrêté du 14 mai déclara la franchise, à partir du 1er septembre suivant, des ports de Bayonne et de Saint-Jean-de-Luz, ainsi qu'à leurs territoires. Cependant, les lettres patentes accordant la franchise laissaient un doute au sujet de certains articles de consommation courante, tels que grains, légumes, bois, que l'on pourrait croire frappés d'un droit, tandis qu'ils en avaient été exempts jusqu'alors. Le cas fut soumis à l'intendant en lui demandant d'empêcher cette aggravation possible des charges de la ville ; celui-ci, toujours bien disposé en faveur de Bayonne, demanda au Conseil un mémoire dont il appuya les conclusions auprès du roi (12 août 1784).

> Bayonne déclaré port franc.

Heureux d'avoir obtenu plein succès dans ses demandes, le Corps de ville envoya un présent de 3.000 livres à M. Dupont, inspecteur général du commerce, qui avait chaudement appuyé les sollicitations de la ville. Il adressa une lettre de remercîments au comte de Vergenne, et manifesta sa reconnaissance à la comtesse de Gramont et à M. Galart, délégué spécial de la ville (3 janvier 1785).

Durant le cours des négociations qui précédèrent la concession de la franchise du commerce, le maire s'était trouvé aux prises avec les créanciers de la ville qui le harcelaient de leurs réclamations. Leur impatience se manifesta d'autant plus vivement, qu'ils ne pouvaient se flatter d'être payés, tant que les revenus de la ville ne s'élèveraient pas au delà de 60.000 livres. Or le bail de ces revenus ne prenait fin que dans trois ans, et, pour se procurer des fonds avant son expiration, il fallait recourir à un emprunt. L'importance de celui-ci devait être déterminée par les conditions suivantes: 1°. payer les créanciers ; 2°. parer à l'insuffisance du budget durant les trois années ; 3°. couvrir les frais de réfection du pavage des rues, qui se trouvait grandement dégradé. Un emprunt de 120.000 livres nécessaires pour parer à tous ces besoins pourrait être gagé sur les revenus de la ville et son remboursement être mis à la charge du nouveau fermier (29 septembre 1784).

> Impatience des créanciers de la ville.

Il importait essentiellement à la ville, dans la situation obérée où elle se trouvait, de ne pas laisser réduire ses revenus, tant que la franchise de son port n'aurait pas amené le relèvement du commerce. Aussi le maire de Bayonne, apprenant que les habitants de Saint Esprit faisaient des démarches pour s'ériger en communauté indépendante, insista auprès de l'intendant afin d'empêcher ce projet d'aboutir (30 novembre 1785).

L'adjudication des revenus de la ville fut passée, le 14 août 1786, pour une durée de neuf années. Cette opération eut lieu en présence de l'intendant, conformément à un arrêt du Conseil d'Etat, en date du 23 juin précédent et malgré les anciennes prérogatives de la ville qui donnaient aux échevins le droit de passer le bail sans son assistance.

Maire nommé à l'élection. Le droit de nommer le maire de Bayonne était réservé à l'autorité royale, depuis que cette charge, peu aisée à remplir à cause des embarras financiers de la ville, ne tentait plus l'ambition des bourgeois bayonnais. Le sieur Verdier, maintenu dans ses fonctions de maire par un ordre royal du 4 septembre 1786, devait cependant être le dernier nommé par le roi.

La ville sollicita la faveur de nommer son maire, le 3 septembre 1787, et y fut autorisée par ordre royal du 27 mars 1788. M. Poydenot, qui fut élu à cette fonction, représenta la ville de Bayonne à l'assemblée des notables, qui se réunit à Paris le 3 novembre 1788.

A l'imitation des autres villes de France, Bayonne demanda au marquis de Lafayette la faveur de l'inscrire comme citoyen de la ville : le héros de l'indépendance américaine accepta ce titre avec reconnaissance (8 février 1785).

Les membres du Conseil continuèrent les bonnes relations qui avaient existé de tout temps entre leurs prédécesseurs et les membres de la famille de Gramont. Ils allèrent complimenter le comte de Gramont pour la survivance du grade de capitaine dans les gardes de corps du roi qu'il venait d'obtenir de la faveur royale (30 juillet 1779) ; ils saisirent en outre l'occasion d'aller le visiter ainsi que son frère le duc de Guiche, pendant un court passage à Bayonne, et lui dirent combien ils étaient reconnaissants envers la comtesse, sa femme, pour son active intervention dans l'affaire concernant la franchise du commerce (21 juillet 1788).

Ils nommèrent des portiers aux portes de Mousserolles et de Saint-Léon (1788), ainsi que des soldats du guet : l'un de ces derniers, nommé Cruax, dit « Vive l'Amour », était un ancien caporal du régiment de Vivarais (1766). La nomination des hommes d'armes resta réservée à l'autorité royale.

Les chefs militaires ne manifestèrent jamais envers les juifs l'aversion qu'éprouvaient à leur égard les magistrats du Corps de ville. Plusieurs membres de la famille de Gramont, loin de leur être hostiles, leur avaient accordé une protection, mal dissimulée sous une indifférence calculée. Le marquis de Caupenne, commandant à Bayonne, ayant adopté les idées de liberté et d'égalité, prônées par les philosophes, avait donné l'autorisation à un juif de porter l'épée. Il reçut à ce sujet une protestation du Corps de ville, auquel il promit de retirer l'autorisation qu'il avait donnée au juif et d'exiger de ce dernier qu'il ne sortît plus avec une épée (30 mai 1783).

Pour faire obstacle aux nombreuses désertions qui se produisirent dans l'armée française, la première année de son règne, Louis XVI institua d'abord à Metz, puis à Strasbourg, à Lille et à Besançon, des prisons pour les déserteurs condamnés aux travaux forcés. Des invalides furent leurs geôliers et, afin d'empêcher les évasions, on attacha les prisonniers par une ceinture en cuir cadenassée, à laquelle était fixée une chaîne terminée par un boulet (12 décembre 1775). Ces dispositions, pour être rendues plus efficaces, furent portées à la connaissance des populations et des troupes.

Nombreux déserteurs dans l'armée.

Mais en même temps le roi ordonna la suppression de 48 régiments provinciaux et 12 régiments de grenadiers royaux qu'il avait formés l'année précédente, afin de supprimer les troubles occasionnés par les levées de ces régiments et les charges qu'elles imposaient au peuple (15 décembre).

Il se montra aussi plein de mansuétude pour les déserteurs en leur faisant grâce, parce qu'il apprit qu'ils avaient été poussés à déserter par certains embaucheurs ; contre ces derniers, il édicta des peines très sévères, telles que la mort et les galères, pour couper court à leurs agissements coupables (12 septembre 1776).

Le roi donna de nouveau libre cours à ses sentiments de clémence en amnistiant les soldats déserteurs vraiment repentants, et en édictant contre les autres déserteurs une nouvelle échelle de peines mieux appropriées à leurs fautes (17 décembre 1784).

Le marquis de Caupenne, fils du marquis d'Amou, fut adjoint à son père dans la place de lieutenant de roi à Bayonne (20 juillet 1780). Tout en continuant à remplir cette fonction, il fut successivement nommé brigadier d'infanterie (5 juin 1781) et maréchal de camp (17 janvier 1783). Il était encore à Bayonne lorsque son père y mourut le 7 janvier 1788, et occupait avec lui le logement du gouvernement (1), affecté au lieutenant de roi, en face du Château-Vieux.

Le titre de commandant de place ou commandant de la ville fut donné au lieutenant de roi. Les commandants des

(1) Hôtel actuel de la division.

deux Châteaux, qui, jusqu'alors, étaient indépendants du lieutenant du roi, lui furent subordonnés par une décision du ministre du 22 janvier 1781. Les fonctions de major étaient parfois réunies sur la tête du même officier ; tel fut le cas de M. de Malian, nommé le 26 septembre 1788 major de Bayonne et du Château-Vieux.

La ville continua à fournir le logement aux officiers de la garnison ; l'intendant n'omettait pas d'en demander le remboursement, mais ses bonnes dispositions restaient parfois sans effet, par suite de la pénurie du trésor.

Une ordonnance royale du 17 mars 1788 obligea les villes à loger les lieutenants-généraux, commandant les divisions des troupes et les autres officiers généraux. En vertu de cette décision la ville fournit le logement au marquis d'Hautefeuille, maréchal de camp, et au comte de Jumilhac, chef de division (6 juin 1788).

Régiments en garnison. Parmi les régiments qui tinrent garnison à Bayonne, on signale : en 1774, ceux de Vivarais et de Cambrésis ; les invalides à la Citadelle ; en 1777, celui du Perche ; en 1778, celui de Bourbonnais ; en 1785, le régiment de Languedoc, puis celui de Cambrésis. Ce dernier régiment détacha, en juillet 1787, un bataillon à Saint-Jean-de-Luz, pour être employé à des travaux de fortification entrepris au fort du Socoa.

Durant son absence, le service de la garde bourgeoise se trouva augmenté, et la ville réclama un troisième bataillon. Il ne fut pas donné suite à sa demande, dans l'espoir que la fraction du régiment détachée à Saint-Jean-de-Luz ne tarderait pas à rentrer.

Les maires de la ville continuèrent à user de leur prérogative du commandement en l'absence du lieutenant de roi ; on peut citer le maire Monho durant un voyage du marquis d'Amou, le 18 septembre 1780, et le maire Verdier, le 22 juillet 1785.

Garde bourgeoise. Le service de la garde bourgeoise était rendu très lourd par le grand nombre d'exemptions accordées à diverses catégories d'habitants. Un état des exemptés, dressé en 1786, comprenait : officiers du sénéchal, membres du Corps de ville, état-major de la place, amirauté et bureau de la marine, maréchaussée, notaires, employés du grand bureau du duc de Gramont, courtiers de marine, employés du poids du roi, employés du bureau du contrôle et du bureau de la poste, ouvriers du génie, gardes du duc de Gramont, archers de la connétablie, canonniers, hommes d'armes et archers des deux Châteaux, monnayeurs, enfin infirmes et septuagénaires. Ainsi un total de 1.219 exempts, en regard d'un effectif de 826 faisant le service. La disproportion entre les deux catégories était trop accusée et sollicitait une réforme.

Le marquis de Caupenne, commandant la place, et les échevins tentèrent bien d'y remédier ; mais après un relèvement sensible de l'effectif des habitants non exemptés, de nouvelles exemptions vinrent aussitôt le réduire. Comme ces dernières étaient accordées aux citoyens les plus aisés, le poids de la garde retombait uniquement sur la classe des malheureux et des indigents.

Ayant fait cette constatation pénible, le Corps de ville se borna à solliciter fréquemment des réductions dans le service de garde, mesure difficilement conciliable avec le service de place, surtout depuis que les travaux des fortificatons du Socoa avaient enlevé à la ville un bataillon du régiment de Cambrésis. Toutefois, pour éviter les fraudes occasionnées par la production de fausses autorisations d'exemptions, le Conseil fit dresser un état des exemptés, avec les motifs de l'exemption et la date de leur enregistrement à l'hôtel de ville ; il en fit distribuer des extraits à chacun des sergents de quartier, en leur ordonnant de les tenir à jour (27 juillet 1787).

Le comte de Brienne, nouvellement nommé au commandement de la province, consentit à ce que le nombre des soldats de la milice bourgeoise, commandés de garde pour vingt-quatre heures, fût réduit à 48, et promit de le porter à 18 lorsque le deuxième bataillon de Cambrésis serait rentré à Bayonne. Il manifesta sa satisfaction d'avoir pu, en adoptant cette mesure avantageuse pour les habitants de Bayonne, concourir au soulagement de la classe indigente (24 août 1787).

La garde bourgeoise qui occupait, depuis la réduction de la garnison, les postes des deux Châteaux et de la Citadelle, ne laissant à la troupe que celui de la place Gramont (août 1786), les abandonna aux soldats de la garnison, lorsque le comte de Brienne réduisit son service de garde. M. de Caupenne lui fit alors occuper les postes de la boucherie, Lachepaillet, Tour de Sault et Saint-Léon, jusqu'au jour où, par suite de la rentrée du bataillon de Cambrésis, il fut possible de restreindre l'effectif en service à 18 hommes, affectés à la garde du poste de Saint-Léon (7 décembre 1787). Mais le commandant de place exigea alors que le Conseil de ville opérât, sur la liste de la milice, un triage des sujets les plus vigoureux et les plus aptes au service militaire.

La réduction du service de garde fut sanctionnée par un ordre du roi, du 15 février 1788, fixant à 1 officier, 1 sergent et 16 hommes, l'effectif nécessaire à la garde du poste Saint-Léon, et contenant une autorisation pour la ville de se faire délivrer par M. Ducros, directeur de l'artillerie à Bayonne, 32 fusils pour armer cette garde bourgeoise. Les fusils furent remis le 22 avril, mais on imposa à la ville l'obligation de les rapporter à la salle d'armes du Château-Neuf à première réclamation.

Avant de quitter la ville pour se rendre à l'assemblée des notables à Versailles, le maire Poydenot obtint du marquis de Caupenne une nouvelle réduction du chiffre des miliciens de garde ; il fut fixé à douze. Durant son absence, le maire sollicita de cet officier l'autorisation de se faire remplacer dans le service de garde (24 octobre 1788) ; cette démarche dénote quelle conscience ce magistrat municipal apportait à l'accomplissement de ses devoirs de citoyen. Le service de la garde était assuré par un échevin, remplacé chaque semaine, et appelé pour ce motif commissaire de semaine : il devait être présent, chaque jour, à la parade de la garde montante.

La réduction successive du service de la garde bourgeoise était l'indice que cette institution ne correspondait plus aux nouvelles mœurs et qu'elle était condamnée à disparaître. Elle ne tarda pas, en effet, à être remplacée par la garde nationale.

Fortifications. Le service des fortifications fut assuré à Bayonne par trois directeurs successifs : M. Sicre de Saint-Marc, qui résida à Bayonne en 1775, M. d'Auvare de Verragone, directeur des fortifications de Guyenne et d'Aunis, chargé aussi des fortifications du Labourd, de 1777 à 1785, et M. de Pinsun, à partir de 1785.

La fonction de chef du génie fut remplie par Bérard (1775-1779), par Desclaisons (1780 à 1785), et par Desandrouins à partir de 1785 ; peut-être même Bérard l'a-t-il de nouveau occupée en 1789. L'ingénieur en chef Desclaisons mourut à Bayonne le 8 avril 1785 ; le maire et les autres autorités de la ville se rendirent à son enterrement, sur la convocation du nouveau chef du génie.

Parmi les ingénieurs ordinaires qui servirent pendant le règne de Louis XVI, on cite M. de Pinsun (1775), le chevalier de Labaudère (1777), de Basignan (1787), et Bérard (1789).

On n'exécuta, durant ce règne, aucun travail important de fortification. Depuis la paix d'Utrecht, en 1713, le service du génie avait renoncé à poursuivre l'achèvement des ouvrages de fortification et à en assurer l'entretien. Les brèches de la courtine de mer, entre le Château-Vieux et le bastion du Nard, n'étaient pas bouchées, sinon par une simple palissade, quoiqu'elles se fussent produites en 1712. Il est vrai que pour exécuter cette réparation d'une façon complète, il ne fallait rien moins qu'une dépense de 300.000 livres.

Bérard avait projeté en 1775, d'exécuter, d'après les plans de Vauban, une fausse braye en avant de la courtine des Jacobins, entre le réduit et la porte de Mousserolles, et de revêtir en maçonnerie la contrescarpe du fossé de cette courtine ; la pénurie des fonds fit renoncer à ce projet. Cet ingénieur se borna à établir une galerie de bois sur les deux façades de la caserne de Sainte-Claire.

Le Corps de ville, que le succès de ses revendications au sujet du terrain longeant les allées Boufflers avait mis en appétit, réclama la propriété des murs, des remparts et des fossés de l'enceinte de Bayonne et celle du sol qu'ils occupaient ; mais un arrêt du Conseil d'Etat, du 24 août 1779, le débouta de ses prétentions, en déclarant que ces ouvrages et leur assiette faisaient partie du domaine de la couronne.

Le service du domaine se fit alors autoriser, par arrêt du parlement de Bordeaux, du 21 juin 1782, à procéder à l'arpentage des terrains de la fortification et au lever de leur plan pour toutes les villes de la généralité de Bordeaux. Et lorsque le Corps de ville voulut faire opérer le lever du sol de ses rues et de ses maisons, il se trouva obligé d'en demander l'autorisation au ministre de la guerre. Elle lui fut accordée, le 3 juin 1785, sous la condition de se borner à lever le terrain limité par les rues de rempart, de telle sorte que l'enceinte fortifiée ne fut pas comprise dans les opérations des levers et ne fût pas figurée sur son plan.

Les magistrats se plaignirent aux ingénieurs du roi de certains atterrissements qui s'étaient formés contre le mur du quai de la place Gramont et dont ils attribuèrent le dépôt à la conformation défectueuse des estacades de la basse Nive. Le chef du génie exposa que, depuis l'année 1680 où Vauban s'était vu forcé, à la suite de grandes inondations, de remplacer les deux ponts éclusés, placés à l'entrée et à la sortie de la Nive, par deux estacades à double rang de pilots, ces ouvrages avaient été refaits trois fois, en 1715, en 1760, et 1786. A cette dernière date, on crut bon de remplacer les traverses flottantes, placées entre les deux cours de pilots, et destinées à s'opposer au passage des bateaux, par trois traverses fixes, distantes entre elles de deux pieds et demi et établies : la première au niveau de la haute mer (1) ; la deuxième à mer moyenne ; la troisième à basse mer. C'étaient ces traverses fixes qui, en arrêtant les branches entraînées par les eaux, occasionnaient le dépôt des terres ; le chef du génie émit l'avis qu'il fallait, pour y remédier, rétablir les traverses flottantes. Afin de permettre le passage des bateaux,

Palissades et atterrissements de la Nive.

(1) La marée remonte jusqu'à Bayonne.

üne ouverture avait été ménagée dans les estacades ; elle était fermée soit par une poutre flottante en face du réduit, soit par une portière composée de deux bateaux vis-à-vis la tour de Sault.

Le travail des estacades, fait en 1786, avait coûté 30.000 livres, qu'il avait fallu prélever sur une somme de 60.000 livres accordée cette même année pour les travaux de la Barre, parce que le trésorier des fortifications n'avait pas de fonds pour le payer ; il paraissait donc difficile de recommencer ce même travail sans nouvelles ressources.

Mais la ville était encore plus responsable que les officiers du génie des atterrissements qui se produisaient dans la Nive, car elle avait reconstruit en 1777 le pont Mayour en avançant la culée gauche de 15 pieds vers la rivière.

De plus, les bâtiments et surtout les caboteurs espagnols jetaient leur lest dans le port, le long du premier quai des Allées Marines (1), et causaient la faible profondeur de l'eau en cet endroit. D'ailleurs un procès pendant depuis plus de cent ans entre l'amirauté et le Corps de ville pour fixer leurs juridictions respectives sur le lit de la Nive, expliquait suffisamment pourquoi la police de la rivière ne se faisait pas (1787).

Forts du Socoa et d'Hendaye.

Des travaux de fortification furent entrepris en 1785, à Hendaye et au Socoa, près de Saint-Jean-de-Luz. M. Desandrouins, chef du génie, procéda à l'adjudication des travaux chez le commissaire des guerres, à Bayonne, en présence du marquis de Caupenne, commandant la place en l'absence de son père le marquis d'Amou, de M. de Pinsun, directeur en chef du génie et d'un certain nombre d'ingénieurs du département ; conformément aux ordonnances, le maire avait été prié par le chef du génie d'assister à la séance d'adjudication (22 juillet 1785). Un bataillon du régiment de Cambrésis fut détaché de la garnison de Bayonne et envoyé pendant six mois à Saint-Jean-de-Luz, afin de travailler aux nouveaux ouvrages du Socoa.

Il existait encore sur la côte un ouvrage de batterie à Cap-Breton ; en prévision d'une attaque des côtes pendant la guerre d'Amérique, M. de Tréforest, capitaine au corps royal d'artillerie de Bayonne, avait fait expédier par des bouviers, le 8 août 1781, au magasin de cette batterie, divers approvisionnements de munitions et de matériel (2).

Marine.

La marine royale recrutait ses matelots parmi la population des côtes. Les marins habitant les régions avoisinant la ville

(1) L'ancien quai touchant la porte marine.
(2) 4 barils de poudre, 50 boulets de 24, 1 paquet de mèches, 3 armements complets et 12 leviers.

de Bayonne avaient été classés et fournissaient des équipages aux navires de l'Etat. Mais, ayant appris que les bateliers et les pêcheurs habitant les îles de l'Adour tributaires de Bayonne ne figuraient pas sur les contrôles de l'inscription maritime, ils en conçurent de la jalousie et portèrent plainte au roi, qui donna l'ordre de dénombrer et de classer les marins de ces îles (5 avril 1781).

Les échevins de Bayonne conservèrent le droit de nommer les pilotes de la barre, ceux de la rivière de l'Adour et les gardiens des digues des deux rives, jusqu'au 20 avril 1784, date d'un règlement fait par le ministre de la marine qui enlevait aux villes la nomination des pilotes. Les protestations de la ville restèrent sans effet, et le ministre, usant de son droit souverain, exempta du service de la garde bourgeoise les pilotes-lamaneurs.

Afin d'assurer le bon recrutement des capitaines de la marine marchande, le ministre de la marine avisa les magistrats de la ville qu'il se proposait d'envoyer à Bayonne deux savants, les sieurs Monge et Levêque, pour interroger sur l'hydrographie les jeunes navigateurs candidats au grade de capitaine de vaisseau (7 décembre 1787). Les examens furent passés le 5 août 1788, en présence des officiers de l'amirauté ainsi que des membres du Corps de ville, invités par les premiers.

Les grands travaux effectués depuis peu de temps à l'embouchure de l'Adour eurent pour résultat de maintenir le chenal de la barre suffisamment libre pour que le passage des navires ne subît pas d'interruption. On signala bien, le 7 janvier 1783, que des dépôts de sable venaient obstruer la barre et qu'il serait bon de projeter une écluse de chasse pour les dissiper, mais aucun indice ne vint confirmer la formation de ces dépôts.

Barre de l'Adour.

Le port de la Nive, on l'a vu plus haut, manquait de profondeur en certains endroits, par suite de dépôts naturels ou de jet de lest. Aucun travail ne vint améliorer cette situation; on préféra augmenter la sécurité des vaisseaux en rade de Bayonne, en augmentant le nombre fort insuffisant des corps morts servant à les amarrer, aussi bien le long du quai des Allées Marines que du côté de Saint-Esprit (26 novembre 1787).

Malgré la courte période d'années correspondant au règne de Louis XVI, les travaux d'édilité réalisés par la ville présentèrent une certaine importance. Un pont de pierre construit sur le grand chemin de Saint-Jean-de-Luz, près d'Anglet, fut achevé le 6 décembre 1779. Le pont Pannecau, qui menaçait ruine, fut remplacé par un pont provisoire. Les ressources faisant défaut pour le reconstruire, la ville dut recourir

Ponts et quais.

à l'emprunt ; le roi autorisa le Conseil, par lettres patentes du 19 juin 1780, à emprunter les 30.000 livres nécessaires et permit ainsi d'entamer la reconstruction du pont. Dans des cas analogues, il était d'usage de prélever sur les ponts provisoires un droit de passage qui servait au paiement partiel des travaux ; pour donner force de loi à cet usage, la ville le fit sanctionner par un arrêt du roi (12 octobre 1787).

Les travaux du quai des Menons, commencés sous le règne de Louis XV, furent poursuivis et donnés à l'entreprise par voie d'adjudication (19 mars 1781). La partie de ce quai, voisine du pont Mayour, était dépourvue de balustrade et présentait un danger pour le public ; on le munit d'un petit mur de 3 pieds de hauteur formant parapet.

Lanternes et noms des rues.

L'éclairage des rues, qui était assuré par des lanternes fumeuses, fut notablement amélioré, par la pose de reverbères fournissant plus de lumière (5 juillet 1782). Enfin, sur le conseil de l'intendant, les magistrats prirent des mesures pour faire inscrire le nom des rues sur des plaques indicatrices, placées aux angles des rues, et mettre les numéros des maisons au-dessus des portes d'entrée ; ce travail, commencé le 11 mars 1785, était terminé le 14 septembre 1787.

Manufacture des pauvres supprimée.

La manufacture installée en ville pour fournir du travail aux pauvres, donnait peu de profits. On essaya bien de se procurer quelques fonds en donnant au bénéfice des pauvres, le 17 mars 1775, une représentation théâtrale, dont le produit fut partagé entre la manufacture et l'hôpital civil de Saint-Léon (1), mais les directeurs jugèrent qu'il n'était pas possible de la maintenir, à moins qu'une personne charitable ne vînt à son secours ; ils se plaignaient même de ne pouvoir trouver acheteur pour les jupes fabriquées dans l'établissement.

Le Corps de ville décida donc de demander à l'intendant d'en autoriser la suppression ; on proposa de la faire durer, en attendant sa décision, avec le produit d'une quête spéciale. Mais l'intendant fut d'avis qu'il fallait la conserver pour former les orphelins au travail et il envoya une ordonnance de 1.200 livres, à titre de secours, pour servir à l'achat des matières premières, mises en œuvre par la manufacture (27 janvier 1778).

Les directeurs, à force d'expédients, réussirent à prolonger l'existence de cette manufacture pendant deux années. Enfin, le 6 décembre 1779, cet établissement ne produisant plus, ses ressources étant réduites à zéro, et la quête ne donnant presque rien, le Conseil se décida à congédier les vieillards et les enfants, en donnant à chacun un léger secours.

(1) 2/3 de la recette à la manufacture, 1/3 à l'hôpital Saint-Léon.

L'hôpital civil de Saint-Nicolas (ou Saint-Léon) n'était point réduit à une pareille extrémité ; il avait, pour alimenter son budget, le produit de certains droits d'octroi, dont le roi accordait la prorogation, lorsqu'elle lui était demandée (1).

Le loyer et l'entretien de l'hôpital militaire, situé à Saint-Esprit continuèrent à être mis à la charge de la ville ; la dernière décision de cette espèce fut prise, le 27 août 1787, par le maréchal de Ségur, ministre de la guerre. Parfois cependant, quand la dépense paraissait trop élevée, on obtenait du ministre certaines remises (2). Mais lorsque la ville tenta de se faire rembourser la valeur des effets, des lits et des ustensiles de l'hôpital militaire, le ministre lui fit connaître que ce matériel appartiendrait désormais au roi, jugeant, selon toute apparence, que la ville en avait été indemnisée d'une façon indirecte (30 mai 1783).

Monseigneur d'Arche, évêque de Bayonne, décéda le 17 octobre 1774. Il eut pour successeur l'abbé de Taillefer (2 décembre). Monseigneur de Laferronays, évêque de Saint-Brieux, fut nommé à Bayonne, le 6 février 1775 ; il n'arriva dans cette ville que le 31 janvier 1776, et fut ensuite pourvu de l'évêché de Lisieux, le 28 novembre 1783, laissant son siège à M. l'abbé de la Villevieille.

Le chapitre de Saint-Esprit créé par le roi Louis XI, fut supprimé par arrêt du roi du 10 juin 1783 ; les chanoines qui le composaient demandèrent l'appui des magistrats de Bayonne, pour faire revenir le roi sur sa décision ou obtenir leur réunion au chapitre de la cathédrale.

Evêques.
Chapitre.

FIN

----

(1) Une prorogation eut lieu le 8 février 1785.

(2) La ville fut déchargée d'une somme de 2.040 livres, formant une partie de la dépense des fournitures de linge, de luminaire, etc.

TABLES DES MATIÈRES

TABLE DES NOMS D'HOMMES

TABLE DES NOMS DE LIEUX

TABLE DES CORPS DE TROUPES

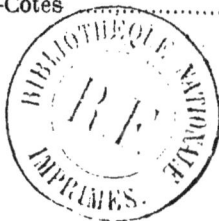

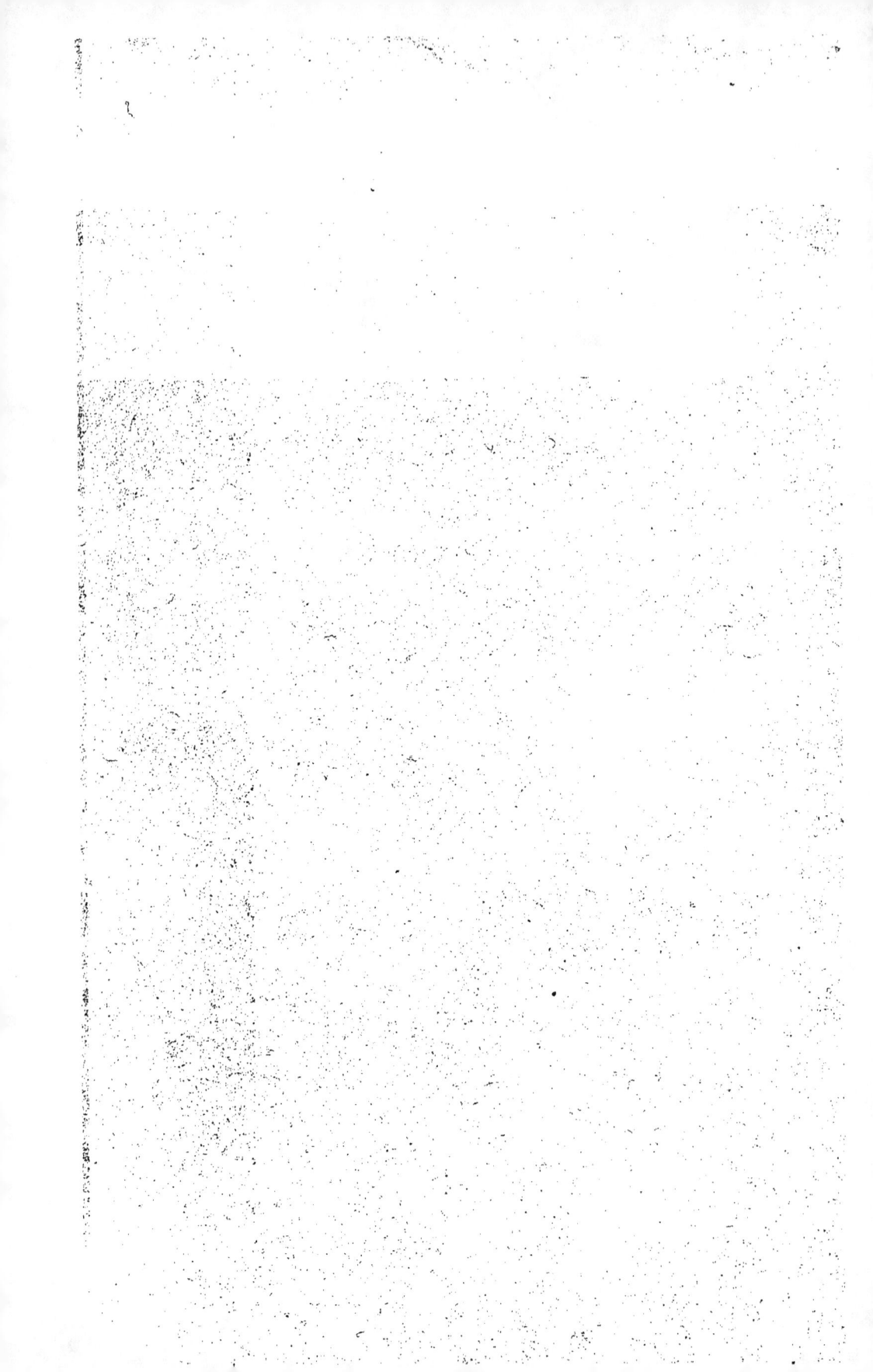

www.ingramcontent.com/pod-product-compliance
Lightning Source LLC
Chambersburg PA
CBHW050553270326
41926CB00012B/2034